EL croquis 86 + 111

editores y directores / publishers and editors
Fernando Márquez Cecilia y Richard Levene
arquitectos

diseño gráfico y maqueta / layout
Richard Levene

redacción editorial / editorial staff
Paloma Poveda
producción gráfica
Cristina Poveda
documentación
Mayte Sánchez
fotografía
Hisao Suzuki
traducción
Jamie Benyei, Jorge Sainz

galería de arquitectura / architecture gallery
Mayte Sánchez

administración / administration
Mariano de la Cruz y Marta García
suscripciones
Yolanda Muela y María de Pablo
distribución y departamento comercial
Ana Pérez Castellanos
secretaría
Fabiola Muela y Francisco Alfaro

diseño y producción / design and production
EL CROQUIS EDITORIAL
fotomecánica e impresión
Ideacrom / Monterreina
encuadernación
Encuadernación 90

publicidad / advertising
MEDIANEX EXCLUSIVAS, S.L.
Seminario de Nobles, 4. Entreplanta dcha. E-28015 Madrid
tel.: 34-915593003. fax: 34-915414269
e-mail: nexpubli@arquinex.es
[Publicación controlada por OJD]
publicidad Italia
FIORUCCI INTERNATIONAL, S.A.S.
Viale Sabotino, 9. 20135 Milano. Italia
tel: 39-0258310219. fax: 39-0258315710
e-mail: fiorint@tin.it

el croquis editorial
Av. de los Reyes Católicos, 9. E-28280 El Escorial. Madrid. España
REDACCIÓN - tel.: 34-918969414. fax: 34-918969415
SUSCRIPCIONES - tel.: 34-918969410. fax: 34-918969411
DISTRIBUCIÓN - tel.: 34-918969413. fax: 34-918969412
e-mail: elcroquis@infornet.es
http://www.elcroquis.es

distribución internacional / international distribution

Alemania, Austria, Bélgica,
Francia, Holanda, Países Escandinavos, Suiza,
Australia, Canadá, Estados Unidos y Japón
IDEA BOOKS
Nieuwe Herengracht 11. 1011 RK Amsterdam. Holanda
tel: 20-6226154/6247376. fax: 20-6209299
e-mail: idea@ideabooks.nl
Italia
INTER LOGOS S.R.L.
Strada Curtatona, 5/F. 41100. Loc. Fossalta Modena. Italia
tel: 39-059-418711. fax: 39-059-418785
Inglaterra
THE TRIANGLE BOOKSHOP
36, Bedford Square. London WC1B 3EG. Inglaterra
tel: 44-2076311381. fax: 44-2074364373
e-mail: info@trianglebookshop.com
Brasil y Portugal
A ASPPAN, S.L.
c/ de la Fundición, 15. Pol. Ind. Sta. Ana. 28529 Rivas Vaciamadrid. Madrid. España
tel: 34-916665001. fax: 34-913012683
e-mail: asppan@asppan.com
Argentina y Uruguay
LIBRERIA TECNICA CP67
Florida 683. Local 18. 1375 Buenos Aires. Argentina
tel: 5411-43146303. fax: 5411-43147135
e-mail: info@cp67.com
Chile
EDITORIAL CONTRAPUNTO
Avda. Salvador 595. Santiago de Chile
tel: 562-2233008/2743707. fax: 562-2230819
e-mail: contrapunto@entelchile.net
México
LIBRERIA JUAN O'GORMAN
Av. Constituyentes, 800. Lomas Altas. C.P. 11950. Mexico D.F.
tel: 525-2599004. fax: 525-2599015
e-mail: info@j-ogorman.com
Perú
LIBRERÍA ARCADIA
Alcanfores 267. of 107. Miraflores. Lima 18. Perú
telefax: 511241-7347
e-mail: arcadia@viabcp.com
Puerto Rico y Miami
COTI IMPORT, INC.
5849 NW. 112 Court. Miami FL 33178. Estados Unidos
tel: 1-305-7157354. fax: 1-305-4184978
e-mail: sales@onlyarchitecture.com
Venezuela
EUROAMERICANA DE EDICIONES
Avda. Francisco Solano. Edif. Lourdes, piso 4. Oficina 11. Sabana Grande. Caracas 1070. Venezuela
tel: 58-2-7612280. fax: 58-2-7630263
Corea
M&G&H CO.
Suite 901. Pierson Bd. 89-27. Shin Moon Ro - 2 ka. Chongro-ku. Seoul 110-062. Korea
tel: 82-2-7328105. fax: 82-2-7354028
e-mail: mghkorea@chollian.dacom.co.kr
Líbano
A.A.S. - ARCHITECTURE ASSOCIATION STUDIO
BCD. Saifi. Debbas 164 Bldg. Lebanon
tel: 961-1990199 / 961-3408608. fax: 961-1990199
e-mail: aastudio@inco.com.lb

distribución nacional / national distribution

EL CROQUIS EDITORIAL
Avda. de los Reyes Católicos, 9. E-28280 El Escorial. Madrid. España
tel: 34-918969413. fax: 34-918969412
e-mail: distribucion@elcroquis.es
A ASPPAN, S.L.
c/ de la Fundición, 15. Pol. Ind. Sta. Ana. 28529 Rivas Vaciamadrid. Madrid. España
tel: 34-916665001. fax: 34-913012683
e-mail: asppan@asppan.com

ISBN: 84-88386-29-X
depósito legal: m-40173-2003
impreso y encuadernado en Madrid
el croquis es una publicación miembro de ARCE y de la Asociación de Editores de Madrid
Premio COAM Publicaciones 1985
Premio a la EXPORTACION 1992 de la Cámara de Comercio e Industria de Madrid
Publicación controlada por **OJD**

1991 2002

MVRDV

PRÓLOGO PROLOGUE

MVRDV 1991 2002

EPÍLOGO EPILOGUE

OBRAS Y PROYECTOS WORKS AND PROJECTS

WINY MAAS

1959 **Nace en Schijndel, Holanda**
1978-1983 **Estudia Arquitectura Paisajística, RHSTL Boskoop**
1984-1990 **Estudia Arquitectura y Diseño Urbano en la Universidad Técnica de Delft**
1987-1988 **Trabaja para DHV, Amersfoort, y para la UNESCO, en Nairobi**
1990-1993 **Trabaja para la Office for Metropolitan Architecture, Rotterdam**
1991- **Colabora con Jacob van Rijs y Nathalie de Vries**
1990-1997 **Tutor de proyecto en la Academia Bouwkunst, Rotterdam**
1991-1995 **Tutor de proyecto en la Universidad Técnica de Delf, Departamento de Arquitectura**
1996-1999 **Tutor de proyecto en el Instituto de Berlage, Amsterdam**
1997-1999 **Tutor de proyecto en la Architectural Association, Londres**
1998 **Profesor visitante en la Universidad Técnica de Viena**
2000- **Profesor y tutor de tesis en el Instituto Berlage, Rotterdam**
2003- **Profesor visitante Eero Saarinen de Diseño Arquitectónico en la Escuela de Arquitectura de la Universidad de Yale, New Haven**

JACOB VAN RIJS

1964 **Nace en Amsterdam, Holanda**
1982-1984 **Estudia Química en la Universidad de Amsterdam**
1983-1984 **Estudia en la Academia Vrije, La Haya**
1984-1990 **Estudia Arquitectura en la Universidad Técnica de Delft**
1990-1993 **Trabaja para la Office for Metropolitan Architecture, Rotterdam**
1991- **Colabora con Jacob van Rijs y Nathalie de Vries**
1992-1995 **Tutor de proyecto en la Universidad Técnica de Delft, Departamento de Arquitectura**
1994-1997 **Tutor de proyecto de la Academia Bouwkunst, Rotterdam**
1995-1997 **Tutor de proyecto en el Instituto Berlage, Amsterdam**
2000-2001 **Profesor visitante en la Universidad de Rice, Houston**

WINY MAAS

1959 Born in Schijndel, The Netherlands
1978-1983 Study RHSTL Boskoop landscape architecture
1984-1990 Study Technical University of Delft, Department of Architecture and Urban Planning
1987-1988 Worked for DHV, Amersfoort/ UNESCO, Nairobi
1990-1993 Worked for Office for Metropolitan Architecture, Rotterdam
1991- Collaboration with Jacob van Rijs and Nathalie de Vries
1990-1997 Design tutor, Akademie voor Bouwkunst Rotterdam
1991-1995 Design tutor, Technical University of Delft, Department of Architecture
1996-1999 Design tutor, Berlage Institute Amsterdam
1997-/1999 Design tutor, Architectural Association London
1998 Visiting professor, Technical University Vienna
2000- Staffmember and thesis tutor, Berlage Intituut Rotterdam
2003- Eero Saarinen visiting professor of architectural design, Yale University, School of Architecture, New Haven

JACOB VAN RIJS

1964 Born in Amsterdam, The Netherlands
1982-1984 Study University of Amsterdam, chemistry
1983-1984 Study Vrije Academie, The Hague
1984-1990 Study Technical University of Delft, Department of Architecture
1990-1993 Worked for Office for Metropolitan Architecture, Rotterdam
1991- Collaboration with Jacob van Rijs and Nathalie de Vries
1992-1995 Design tutor TU Delft, Department of Architecture
1994-1997 Design tutor Akademie voor Bouwkunst Rotterdam
1995-1997 Design tutor Berlage Institute Amsterdam
2000-2001 C.F. Cullinan Visiting Chair Professor, Rice University, Houston

PREMIOS

2002 **Nominados al premio NAI, Rotterdam, por las Viviendas Hageneiland, Ypenburg**

2001 **Gran Premio Rhénan d'Architecture, Strasbourg, por la Casa Doble en Utrecht (Bjarne Mastenbroek y MVRDV)**
Finalista del Premio Mies van der Rohe de Arquitectura Europea, por el Pabellon de Holanda para la Expo 2000

2000 **Fritz Schumacher Preis, Alfred Toepfer Stiftung, Hanover**
J.A. van Eckprijs, BNA, Amsterdam, por los Apartamentos WoZoCo's
Mención Honorable en el Premio Difusión Internacional de Arte, ZKM-Karlsruhe, por el proyecto de *Metacity/Datatown*

1999 **Premio Belmont, Forberg Schneider Stiftung, Munich, por el Pabellón de Holanda para la Expo 2000**
Finalista del Premio Mies van der Rohe de Arquitectura Europea, por los Apartamentos WoZoCo's

1998 **Mención Honorable en el Premio Nacional del Acero, Holanda, por la Doble Casa en Utrecht**

1997 **Premio del Hormigón del Betonvereniging por la Villa VPRO, Hilversum**
Premio Merkelbach del Fondo de las Artes de Amsterdam por los Apartamentos WoZoCo's
Premio Dudok del Municipio de Hilversum por la Villa VPRO
Finalista del Premio Mies van der Rohe de Arquitectura Europea, por los Tres Pabellones del Parque Nacional Hoge Veluwe

AWARDS

2002 Nomination for the NAI-prize, Rotterdam, for Hagen-island, Ypenburg

2001 *Grand Prix Rhénan d'Architecture*, Strasbourg, for DoubleVilla Utrecht (Bjarne Mastenbroek and MVRDV)
Finalist of the Mies van der Rohe Award for European Architecture, for the Dutch Pavilion on Expo 2000

2000 Fritz Schumacher Preis, Alfred Toepfer Stiftung, Hanover
J.A. van Eckprijs, BNA, Amsterdam, for WoZoCo's
Honourable Mention International Media Art Prize, ZKM-Karlsruhe, for the *Metacity/Datatown* project

1999 Belmont Prize, Forberg Schneider Stiftung, Munich, for the Dutch Pavilion on Expo 2000
Finalist of the Mies van der Rohe Award for European Architecture, for WoZoCo's

1998 Honourable Mention National Steel Award, the Netherlands, for Double House Utrecht

1997 Concrete Award from the Betonvereniging, the Netherlands, for Villa VPRO
Merkelbach Award from the Amsterdam Fund for the Art, for WoZoCo's
Dudok Award from the Municipality of Hilversum, for the Villa VPRO, Hilversum
Finalist of the Mies van der Rohe Award for European Architecture, for Three Porters' lodges at Hoge Veluwe National Park

Photo by Rob T'Hart

NATHALIE DE VRIES

1965	**Nace en Appingedam, Holanda**
1984-1990	**Estudia Arquitectura en la Universidad Técnica de Delft**
1990-1993	**Trabaja para Mecanoo, Delft**
1991-	**Colabora con Jacob van Rijs y Winy Maas**
1996	**Tutor de proyecto en la Universidad Técnica de Delf, Departamento de Arquitectura**
1998	**Tutor de proyecto en la Academia Bouwkunst, Arnhem**
1999	**Tutor de proyecto en el Instituto de Berlage, Amsterdam**
2002-	**Profesor de construcción y dibujo técnico TU Berlin**

NATHALIE DE VRIES

1965	Born in Appingedam, The Netherlands
1984-1990	Study Technical University of Delft, Department of Architecture
1990-1993	Worked for Mecanoo, Delft
1991-	Collaboration with Jacob van Rijs and Winy Maas
1996	Design tutor TU Delft, Department of Architecture
1998	Design tutor Akademie voor Bouwkunst Arnhem
1999	Design tutor Berlage Institute Amsterdam
2002-	Construction and Technical Drawing Professor TU Berlin

MVRDV

ENTREVISTA EN DOS TIEMPOS
TWO STEP INTERVIEW

El Espacio del Optimismo
[una conversación con Winy Maas, Jacob van Rijs y Nathalie de Vries]
The Space of Optimism
[a conversation with Winy Maas, Jacob van Rijs and Nathalie de Vries]
LUIS MORENO MANSILLA + EMILIO TUÑÓN

Redefiniendo las Herramientas de la Radicalidad
[una conversación con Winy Maas, Jacob van Rijs y Nathalie de Vries]
Redefining the Tools of Radicalism
[a conversation with Winy Maas, Jacob van Rijs and Nathalie de Vries]
CRISTINA DÍAZ MORENO Y EFRÉN GARCÍA GRINDA

[una conversación con Winy Maas, Jacob van Rijs y Nathalie de Vries]

El Espacio del Optimismo

Luis Moreno Mansilla+Emilio Tuñon

Otoño 1987

En la ciudad de Rotterdam, frente al Kunsthal, un control de policía nos hace indicaciones para que apartemos a un lado nuestro automóvil. Mientras un agente nos pide, amablemente, la documentación, nos da tiempo a revisitar, con una breve mirada, el edificio de Koolhaas, el arquitecto que ha logrado resucitar la historia de la vanguardia arquitectónica holandesa. (Nunca se sabe lo que tienen de casual este tipo de pequeños sucesos...)

Tras una rápida identificación, de forma casi rutinaria, de las personas y del vehículo, ponemos rumbo hacia el área portuaria, donde una avejentada pastilla de vidrio y metal, situada en primera linea sobre el canal, acoge un conjunto de oficinas y despachos de arquitectos.

En la tercera planta de este curioso edificio de los años sesenta, se encuentra situado el *playground* de la firma MVRDV: un complejo aglomerado de cosas y personas en continuo movimiento. Las tres personas que llevan adelante el trabajo de dirigir la oficina, Winy, Jacob y Nathalie, se mueven como electrones, dando instrucciones de un lado a otro. (¡Hay que dejar todo funcionando antes de comenzar a conversar!)

Durante unos minutos, mientras la máquina empieza a ponerse en marcha, esperamos a los arquitectos en un pequeño cuarto de unos diez metros cuadrados, donde se acumulan tal cantidad de objetos que uno es incapaz de recordarlos con total nitidez: mamparas de aluminio junto a carpinterías de madera, mesas de variado aspecto y cualidad, un muestrario de sillas cada cual más diferente, raros objetos parecidos a minerales translúcidos de colores opalinos, fragmentos y fragmentos de 'FARMAX', el libro que la oficina está preparando en este momento, catálogos comerciales mezclados con publicaciones de la propia firma, café y coca cola, vasos y cucharillas, cartas, solicitudes de trabajo y multitud de faxes, trozos y restos de maquetas de madera, de metal, de resina, de cartón, de corcho...

Mientras vamos reconociendo uno a uno los objetos contenidos en este espacio, las nubes pasan por el horizonte movidas lentamente por el viento, un helicóptero no para de rondar sobre el edificio, y nuestros ojos se dejan llevar por el hipnótico, y continuo, discurrir de las barcazas por el canal. Desde este pequeño cuarto cada instante, cada mirada nos parece diferente. Desde este pequeño cuarto, dentro de un agitado mundo en el que fenómenos y multiplicidades se superponen en continuo movimiento, entrevemos que un aire de optimismo se respira en la oficina, tal vez el mismo que se respira en la ciudad, y el mismo que se respira en el país...

Luis Moreno Mansilla (Madrid, 1959) y Emilio Tuñón Alvarez (Madrid, 1958) son arquitectos y Profesores Adjuntos en la Escuela de Arquitectura de Madrid. Después de colaborar con Rafael Moneo, entre los años 1983 y 1992, establecieron su propio estudio. Durante el periodo 1990-1992 forman parte del consejo de redacción de la revista *Arquitectura*. En 1993 fundan la cooperativa de pensamiento *CIRCO*, editando una publicación mensual del mismo nombre.

[a conversation with Winy Maas Jacob van Rijs and Nathalie de Vries]

THE SPACE OF OPTIMISM

LUIS MORENO MANSILLA+EMILIO TUÑON

Autumn 1987

In Rotterdam, opposite the Kunsthal, our car is waved to one side at a police checkpoint. While an officer courteously asks us for our papers, we have time for a brief glance back at the building by Koolhaas, the architect who has managed to revive the history of the Dutch architectural avant-garde. (One never knows how fortuitous this type of event really is...)

After a quick, almost routine identification of the passengers and the vehicle, we set off for the port area where prominent tablet of glass and metal on the front line overlooking the canal houses a group of offices and architects' studios.

On the third floor of this curious building from the 1960's is the 'playground' of the firm MVRDV— a complex agglomeration of objects and people in constant movement. The three people who keep the office management going, Winy, Jacob and Nathalie, move about like electrons, giving instructions on one side and another (Everything has to be set in motion before starting the discussion!).

For a few minutes while the machine is starting to warm up, we wait for the architects in a small 10m² room which is full of so many things that one is incapable of recalling them clearly: aluminium screens alongside wooden frames, tables with differing aspects and qualities, a sample of increasingly varied chairs, rare objects that look like translucent minerals with opalescent colours, fragments and more fragments of 'FARMAX', the book that the office is drafting at the moment, sales catalogues mixed up with publications by the firm, coffee and chocolate, plastic cups and spoons, letters, job applications and a multitude of faxes, bits of models in wood, resin, cardboard, cork...

While we take in the objects in this space one by one, the clouds are pushed by the wind across the horizon, a helicopter circles ceaselessly over the building and our eyes are led by the hypnotic, continuous flow of barges on the canal. From this small room, each instant, each glance, seems different to us. From this small room, in this agitated world where phenomena and multiplicities overlap in continuous movement, we perceive an air of optimism breathed in this office, perhaps the same one that is breathed in the city, the same one that is breathed in the nation...

Luis Moreno Mansilla (Madrid, 1959) and Emilio Tuñón Alvarez are architects and Assistant Professors at the Madrid School of Architecture. After collaborating with Rafael Moneo from 1983 to 1992 they began working independently. They were editors of the magazine *Arquitectura* from 1990 to 1992. In 1993 they founded the cooperative of thought *CIRCO*, and they have published since then a monthly magazine of the same name.

Apartamentos WoZoCo's
WoZoCo's Apartments
Amsterdam, The Netherlands, 1994/1997

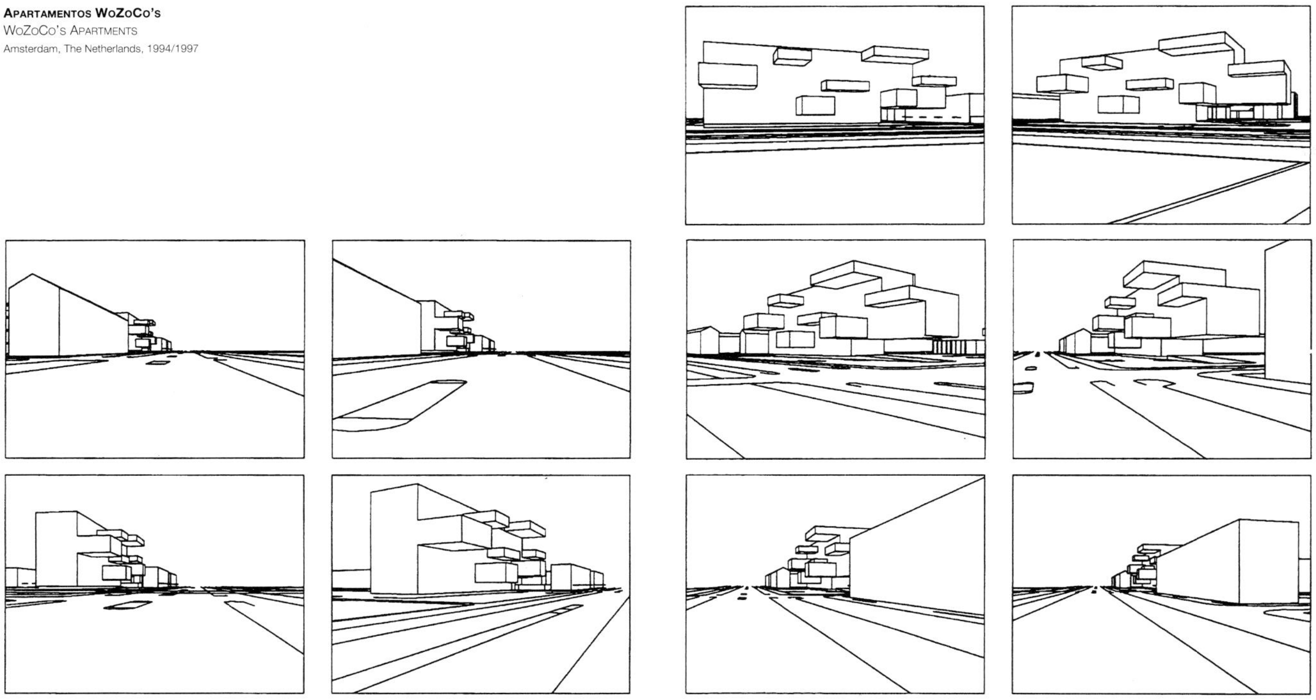

Paseando bajo los Apartamentos WoZoCo's, el aire que respiramos está lleno de optimismo. ¿Es real esta impresión? ¿Qué ha pasado en estos años en los Países Bajos que ha permitido a la gente joven tener rápido acceso a proyectos significativos? ¿Qué ha cambiado en la administración holandesa y qué ha cambiado en la arquitectura?

Holanda es un país con una situación muy específica, con una densidad de población enorme, que disfruta de un ciclo económico bastante bueno y con una considerable demanda de vivienda, lo que permite una singular producción edificatoria con presupuestos relativamente bajos. Así que en términos absolutos, dentro de una gran cantidad de proyectos es normal que se dé una mayor probabilidad de encontrar encargos interesantes. Además, la gente empieza a darse cuenta de que en general merece la pena invertir en arquitectura... Y ahí es donde intervienen los arquitectos jóvenes. Ya sabéis, "vamos a darles una oportunidad y veamos qué sale de todo ello". En Holanda se te permite hacer algo antes incluso de haberte probado a tí mismo, y esto, claro, te ayuda a experimentar y a formarte.

Respecto a WoZoCo's, el barrio Amsterdam-Osdorp, donde se encuentra el edificio, es un típico ejemplo de barrio holandés de posguerra, un lugar donde el espíritu pionero de los cincuenta y los sesenta aún está presente, aunque a primera vista la zona parezca deprimente. El optimismo del proyecto encaja bien en esta atmósfera donde lo nuevo se considera normal.

En el Nombre del Progreso

Hablábamos ayer de lo extraordinario, de lo inusual. ¿Cómo puede aceptar la administración tal grado de incertidumbre, de sorpresa?

Para diferenciarse de otras administraciones, o de otras ciudades... Al estar pasando hoy muchas cosas, el peligro es que todas ellas se acaban pareciendo más o menos; y la administración es consciente de ello. En la arquitectura empieza a ser valorada la 'diferencia', casi de manera similar a como la normalidad se hace de nuevo especial.

Holanda parece disfrutar de una cierta demanda de progreso. Es como si el antecedente erásmico de este progreso fuese considerado como algo positivo... Y aunque no sepamos exactamente qué significa progreso, sí que es algo que proporciona

Walking underneath the WoZoCo's Apartments, the air we breathe is full of optimism. Is this impression real? What has happened in recent years in the Netherlands that has given young people such fast access to big projects? What has changed in the Dutch public service the nation's architecture?

Holland has a specific situation— it has an enormous population density, quite a healthy economy and a big demand for housing that leads to a large building production at relatively low costs. So in absolute terms, within that growing amount there's also a bigger chance of finding interesting projects. Besides, people are starting to realise that it's worthwhile investing in architecture in general... And that's were the young architects come in. You know, "Let's give them a chance and see what comes from it." In Holland you are allowed to do something before you have proven yourself, and so obviously that helps to experiment and prove yourself.

Amsterdam-Osdorp, the siting for the WoZoCo's project, is a typical example of a Dutch post-war neighbourhood, where the pioneering spirit of the fifties and sixties is still around although at first sight the area looks depressing. The optimism of the project fits in well with this atmosphere where the new is considered normal.

In the Name of Progress

We were speaking yesterday about the extraordinary, the unusual... how can the government accept this degree of uncertainty, of surprise?

In order to differentiate themselves from other administrations or cities...! Because there are lots of things going on, there is a danger that they might all look more or less the same, and the government is aware of that. Difference in architecture starts to pay off, almost in such a way that normality becomes special again.

Holland seems to have a demand for progress. It's almost as if the Erasmian background for that progress is considered as something positive. And although we don't exactly know what progress means, it does provide space for experimenting and argument, for renovation and for new ideas.

Ciudad en Sombra en Bergen op Zoom
Shadowtown in Bergen op Zoom
The Netherlands, 1993

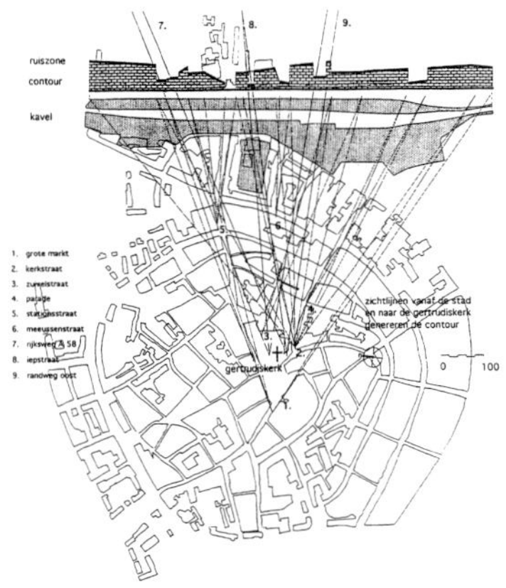

espacio para la experimentación y la discusión, para la renovación y las nuevas ideas; es una cultura optimista, y el que se dé aquí quizá sea por ser parte de una tradición.

No se teme al progreso, a lo nuevo.

It's a very optimistic culture, and the reason why it's here is perhaps because it's part of a tradition.

There is no fear of progress, of the new.

Palabras-Cofre

¿Cómo se transforman las ideas en cosas, y viceversa? El trabajo de verdad en la oficina parece empezar con la definición del programa, algo que reelaboráis continuamente...

Sí, es una redefinición del problema. En la Villa VPRO el programa que se nos dio empezaba como la memoria tradicional que redacta para el cliente un consultor profesional en gestión edificatoria. Así que tuvimos que considerar esta memoria tan general que no reflejaba mucho de la naturaleza singular de la compañía, y explicar a ésta, y al gestor de edificación, que tenían que reescribir y reordenar su pensamiento acerca del proyecto. Entonces introdujeron un pre-contrato que nos permitió criticar la memoria y desarrollar el concepto en una fase de prediseño.

Cada proyecto parece estar ligado a un tipo de 'palabra-cofre', que no es ni una abstracción ni una forma: en el edificio VPRO de Hilversum, descubrimos las cualidades de las villas donde la compañía solía estar ubicada; una tira plegada de papel con diagramas es suficiente para explicar el edificio de los Grandes Almacenes en Meent; en las viviendas Molensloot, la palabra alfombra es capaz de dar forma a toda la construcción. No estamos hablando exactamente de forma, ni estamos hablando tampoco de conceptos, es un compromiso entre ambos, absorbiendo de ambos lados. Pero, ¿no pensáis que el conjunto de técnicas usadas para producir arquitectura es más decisivo que describir de nuevo los hechos? ¿Tenéis una manera —un modelo de conversación entre vosotros— o el modelo es superponer cosas?

Una 'palabra-cofre' intenta resumir la posible herramienta o medicina para una situación planteada a través de una propuesta arquitectónica. Es una manera de comunicarse con el cliente, la situación, los usuarios, los observadores; pasa a través de dibujos y de lo que describís como 'palabras-cofre', porque pueden también tocar capas emocionales, elementos de los proyectos que hasta ese momento no han sido descritos. Las 'palabras-cofre' añaden valor emocional a nociones abstractas. Es como un hilo de Ariadna que te permite llegar al fin concebible.

Chest Words

How do ideas transform themselves into things and vice versa? For you, real work seems to begin with the definition of the programme which you re-elaborate...

Yes, a redefinition of the question. In the Villa VPRO the programme started off as a traditional brief by a professional adviser in building management for the client. So at the beginning we had to take into consideration this very general brief, which didn't reflect much of the special nature of this company. We had to explain to the company and the building manager that they would had to rewrite and rearrange their thinking about the project. So they a introduced a pre contract, a pre-design phase, which created the opportunity to criticise the brief and to develop a concept.

Each project seems to be linked to a type of 'chest word', that is neither an abstraction nor a form. In the VPRO building in Hilversum, we discovered the qualities of the villas where the company used to be located; a folded up strip of paper with diagrams is enough to explain the Meent Department Store Building; in the Molensloot housing, the word carpet is able to give shape to the whole construction. On the other hand, we are not exactly speaking about form, nor are we speaking about concepts; it is a threshold between the two, absorbing from both sides. But don't you think that the set of techniques used to produce architecture is more decisive than describing facts again? Do you have a way, a model of conversation amongst yourselves, or is it a model of overlapping things?

A 'chest word' tries to summarise the possible tool or medicine for the found situation through an architectural proposal. In this way it wants to communicate with the client, the situation, the users, the observers; it goes through drawings and through what you describe as 'chest words', because they can also touch emotional layers, elements of the projects which have not been described prior to that moment. The 'chest words' add emotional value to abstract notions. It's like an Ariadna wire which you can take to the thinkable end.

Grandes Almacenes en el Meent
Department Store at the Meent
Rotterdam, The Netherlands, 1994

El proyecto para los Grandes Almacenes Meent, en Binnenrotte, forma parte de la ordenación urbanística de la zona que se deriva de la construcción de un túnel para el ferrocarril. El nuevo espacio creado será utilizado como plaza de mercado dos días a la semana. ¿Cómo combinar el programa requerido con el deseo de ampliar o extender este gran espacio urbano al máximo? Los grandes almacenes se pueden convertir en parte potencial del mercado si se extiende éste, a través de un paso de cebra, hasta las plantas del edificio. Al 'enrollar' esta alfombra de mercado —el suelo se convierte en pared, se convierte en techo, etc.— surge un edificio en el que los diferentes niveles se convierten, casi de forma natural, en parte del mercado y del espacio abierto. Se crea una ruta que conecta las diferentes tiendas y conduce a una terraza en la cubierta con vistas al mercado y al río. El suelo continuo termina aquí en una pared/pantalla de mensajes culturales y comerciales, del tipo "el dinero crea buen gusto", o "rellene ahora sus declaraciones de impuestos", o bien "pepinos a 0.99 florines", transformando el *Binnenrotteplein* en el Piccadilly Circus de Rotterdam.

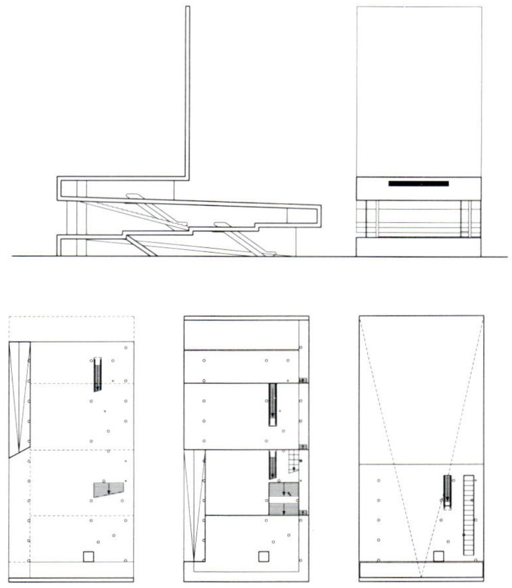

Plantas y alzados Oeste y Norte / Floor plans and West and North elevations

Debería también funcionar en niveles diferentes. Debería funcionar para un determinado cliente, aunque siempre intentamos convertirlo en una cuestión de mayor alcance, de tal manera que se convierta en ejemplar.

It should also work on several levels. It should work for this particular client, but we always try to make it an issue that goes beyond that point so that it becomes exemplary.

Paisajes de Datos [*Datascapes*]

¿Cómo se desarrolla el planeamiento de la ciudad hasta el trazado de un edificio? En la Ciudad en Sombra de Bergen op Zoom al reinterpretar el planeamiento de la ciudad —convirtiendo en cualidad el que los edificios no debían ser vistos— transformásteis el problema en el origen del proyecto, donde la anamorfosis o las proyecciones establecen las reglas precisas que determinan el trazado de la construcción. ¿Qué son los 'paisajes de datos'? ¿Es una técnica? Decís que el pragmatismo sublime sustituye a la intuición artística, pero ¿no hay escasa intuición en deformar datos, en convertir datos en formas?

Los 'paisajes de datos' pueden ser vistos como una clase de técnica, o como una herramienta que intenta revelar las teorías del caos que tanto aparecen en el debate arquitectónico actual, procurando escapar de la mítica ocultación de las nociones del caos existente. Supongo que los trabajos que hemos hecho en los últimos tres años pueden ser todos considerados escenarios de datos, en el sentido de que todos intentan decir algo acerca de las limitaciones con las que te encuentras, las que establece la sociedad, las normas o las leyes edificatorias —que

Datascapes

How does city planning develop into the outline of a building? In Bergen op Zoom Shadowtown, by reinterpreting the city planning, turning the fact that buildings are not to be seen into a quality, you transform the problem into the origin of the project where anamorphosis or view projections establish the precise rules that determine the outline of the construction. What are datascapes? Is it a technique? You say that sublime pragmatism replaces artistic intuition, yet there is little intuition in deforming data, transforming data into shapes.

Datascapes can be seen as a kind of technique or a tool that tries to unfold the chaos theories, which appear so much in the current architectural debate. By using this it tries to escape from the mythical hideaway of the existing chaos notions. I suppose the work we've done in the last three years could all be considered as datascapes, in the sense that they all try to say something about the limitations which you encounter, which are set up by society, by the rules, or by the building laws which are set up. 'Artistic' intuition lies in the use of the technique, in the way you can look at things. It is a kind of mirror in a way of showing these

The scheme for the department store on the Meent, Binnenrotte, is part of the development of the zone made available by the construction of a railway tunnel. The new square so formed will be used as a market-square for two days in the week. How to combine the given program with the desire to extend or strecht this big urban space to its maximum? The department store becomes a potential part of the market by extending it via a zebra crossing to the floors of the building. By 'rolling up' this market carpet (floor becomes wall, becomes ceiling, etc.), a building is formed in which the floors almost naturally become part of the market and the open space. A route is created which will connect the different shops and lead to a roof terrace with a view over the market towards the river. The continuing floor ends here as a wall that can serve as a screen for cultural and commercial messages, ranging from "money creates taste" and "fill in your tax forms now" to "cucumbers fl. 0.99", transforming the "Binnenrotteplein" into the Piccadilly Circus of Rotterdam.

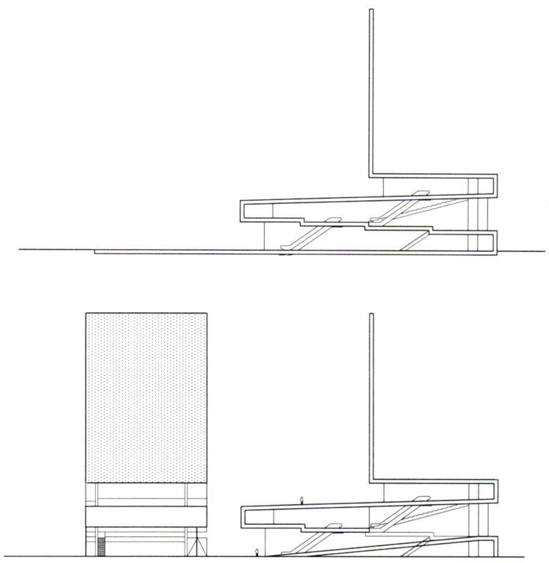

Sección longitudinal y alzados Sur y Este / Longitudinal section and South and East elevations

son establecidas—. La intuición 'artística' radica en el uso de la técnica, en la manera en que puedes mirar las cosas. De alguna manera es una especie de espejo de esas limitaciones; normalmente es muy difícil mostrarlas puesto que están 'escondidas', engullidas por otros parámetros. Pero al radicalizar las cosas —es como una olla a presión— esas limitaciones 'aparecen'. Lo cual hace posible el discutirlas y el generar una argumentación.

limitations. Normally it is very hard to show these limitations since they are 'hidden', swallowed by other parameters.

But by pushing things to an extreme, compared to a pressure cooker, these limitations 'appear', which makes it possible to discuss them and to create a discourse around them.

¿Puede el arquitecto, ajustando los elementos convencionales de la arquitectura y del paisaje urbano, fomentar efectos nuevos que representen, de un modo crítico, el mundo en que vivimos?

Aparentemente, sí.

Can the architect, by adjusting the conventional elements of architecture and urban landscape, encourage new effects which represent, in a critical way, the world we live in?

Apparently so.

Forzando los Límites

¿Es la manera creativa que tenemos actualmente de trabajar una distorsión de la realidad? Decimos esto porque en la Ciudad en Sombra de Bergen op Zoom una vez que se elige la técnica se determina la forma sin casi necesidad de dibujarla. ¿Por qué la forma de las cosas tiene que venir de un mundo extraño? Algo de alguna manera artístico....

No queremos discutir la forma aislada, sin la razón. Por eso no confiamos en ese enfoque meramente artístico de los arquitectos. La forma, a pesar de todo lo complicada que pudiera parecer, se convierte de nuevo en auto-explicativa.

Pushing the Limits

Is the creative way of working we have nowadays a distortion of reality? We say this because in Shadowtown, once the technique is chosen, the shape is determined: you hardly need to draw it. Why should the shape of things come from a strange world? Is it something artistic in a way...

We don't want to discuss shape in isolation, without reason.

That's why we don't trust a merely artistic approach by architects. The shape, however complicated it appears to be, becomes self-explanatory again.

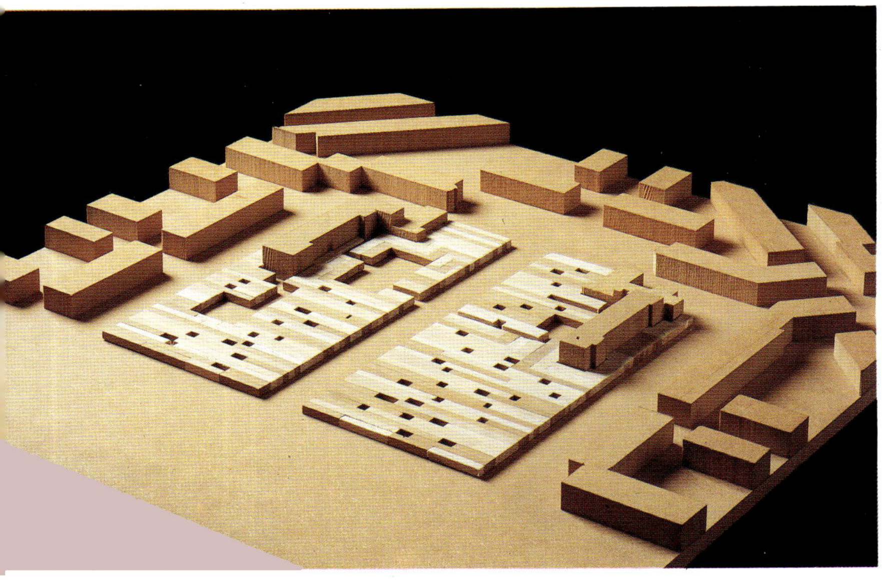

Planta general, vista de corredores longitudinales y detalle de planta tipo

Overall plan, view of longitudinal passageways and typical floor plan detail

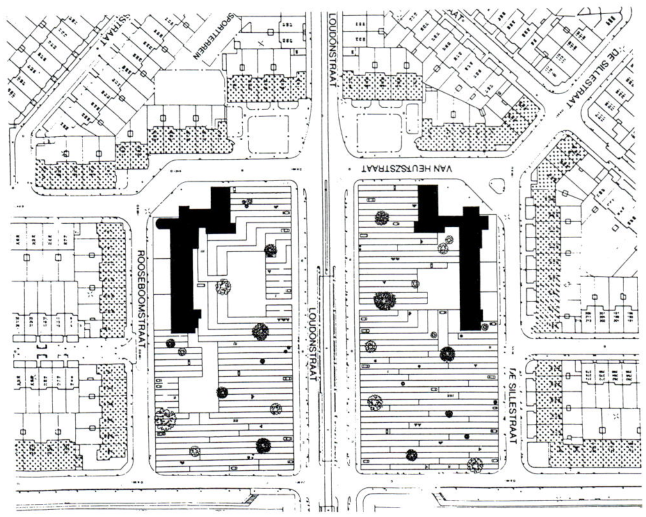

Proyecto Molensloot
Estudio urbano para el centro de La Haya. Holanda, 1994

¿Cómo aumentar la densidad en esta composición urbana monumental diseñada en los años treinta por van Eesteren y otros, sin destruir sus delicadas cualidades? Continuar utilizando los bloques de viviendas de tres plantas típicos de La Haya llenaría la plaza actual y absorbería las dos escuelas existentes (también de van Eesteren), haciéndolas parecer una memoria pompeyana. Al transformar el volumen de tres plantas en una densa alfombra de viviendas, a modo de parcelas de cultivo, los monumentales edificios de las escuelas quedan rodeados por un plinto de tres metros de altura, surgiendo como ave fénix de este nuevo volumen. La composición del espacio urbano queda preservada. Casas alargadas y con cubiertas de cristal conectan la calle con los jardines de las escuelas. Al poder considerarse la cubierta como la principal fachada y ventana, la arquitectura se manifestará sólo a través del interior. Este urbanismo fragmentado evita cualquier representación arquitectónica competitiva. Los árboles y los arbustos existentes se mantienen y se utilizan como elementos especiales en el interior de las casas, dotando a cada una de ellas de un carácter distintivo; una casa bajo los plátanos, otra cercada con un seto, e incluso otra en torno a las rosas. Para contrarrestar cualquier posible claustrofobia, cada casa dispone de una vía de escape: la terraza elevada, con vistas panorámicas sobre la alfombra de casas que parecen un 'lugar de barbacoa' lleno de vecinos.

Si uno conoce los parámetros y acepta los puntos de partida y explica el principio, normalmente también acepta el resultado que se genere por esos principios. Aunque se podría explicar al revés, mostrando primero los resultados, la mayoría de la gente lo entiende si se le explica el principio que subyace en el concepto generador. Pero depende de cómo apliques las estadísticas o las reglas, o las normas que estés considerando.

A menudo es necesario forzar los límites.

If one knows the parameters, accepts the starting points and you explain the principle, one usually also accepts the result that is generated by these principles. Whereas you would explain it the other way around by showing the results first. Most people do understand it if you explain the principle which is in the generator.

But it depends on how you apply the statistics or the rules or the regulations that you're looking at.

Often it's necessary to push the limits.

Historia/Monotonía

En las memorias de vuestros proyectos habláis de cuestiones relacionadas con una redescripción personal de la historia, con un modo particular de ver lo que está construido. Por ejemplo, en VPRO habláis acerca de la técnica organizada como "en la Roma antigua", en las Viviendas de La Haya os referís a Molensloot como "la memoria de Pompeya", y al podium del que emerge el monumento "como el Fénix reconstruido", el mapa de Nolli, etc. ¿Es la historia una biblioteca donde se puede coger un libro, o es como un paisaje sin tiempo? ¿Son los objetos independientes de las ideas que les dieron forma?

Sí, la historia puede ser vista como un instrumento colectivo para explicar la realidad encontrada. Así que si usamos Pompeya, cumple su propósito como instrumento para hablar de la relatividad de la arquitectura in situ. Pero no es solamente una herramienta, sino también una referencia que aparece en los textos para clarificar e intensificar ciertas ideas. ¿Pueden elementos de la historia ser usados como 'palabras-cofre'?

¿Es más importante la relación entre las cosas que las palabras que usamos?

Ambas son importantes; un proyecto debe ser capaz de mantenerse por sí mismo; la relación con algo más permite leer el proyecto de una manera diferente... Aunque quizá relación no sea la palabra correcta, es más una recombinación de elementos específicos, o a veces incluso una fusión. La Villa VPRO es un híbrido entre una villa y una oficina.

History/Flatness

In the descriptions of your projects you speak of questions related to a personal redescription of history, with a particular way of seeing what is built. For instance, in VPRO you speak about the technique being organised as "in ancient Rome", in The Hague Housing you quote Molensloot's "Memory of Pompeii" and the podium from where the monument emerges "as the Phoenix rebuilt", the Nolli map, etc. Is history like a library where you can pick a book, or is it like a landscape without time? Are objects independent from the ideas that gave them their shape?

Yes, history can be seen as a collective tool to explain the found reality. So if we are using Pompeii, it covers its loads as a tool to speak about the relativity of architecture in situ. But it is not only a tool but also a reference appearing in the texts to clarify and intensify certain ideas. Can elements of history be used as a 'chest word'?

Is the relationship between things more important than the words we use?

Both are important. A project should be able to stand on its own, the relationship with something else makes it possible to read the project in a different way... Although maybe relationship is not the right word, it's more a recombination of specific elements, or sometimes even a fusion. The Villa VPRO is a hybrid of a villa and an office.

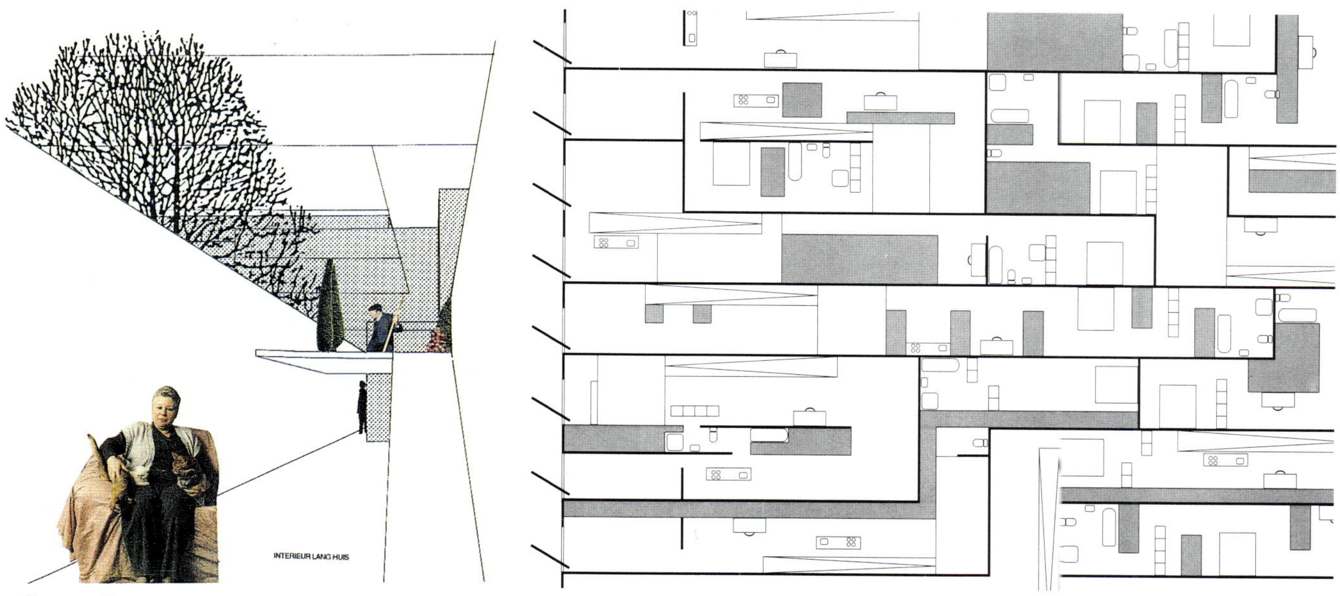

MOLENSLOOT MANIFESTATION
Urban study for the center of The Hague. The Netherlands, 1994

How are we to increase the density of this monumental 1930's urban composition by van Eesteren and others without destroying its delicate qualities? Continuing to use the The Hague typical three-storey housing blocks would fill the present plaza and swallow the two existing schools (also designed by van Eesteren) turning them into a Pompeian memory. By turning this present three-storey envelope into a dense 'allotment garden'-like carpet of dwellings, the monumental school buildings end up surrounded by a three meter high 'plinth'. They rise like Phoenixes from this new volume. The monumental composition of the urban space has been preserved. Long, stretched houses with glass roofs connect the streets with the school gardens. Since the roof can be considered as the main facade and window, architecture will manifest itself only through the interior. This chopped urbanism avoids any competitive architectural representation. Existing trees and shrubs are maintained. They are used as special elements within the houses, giving each house a distinct character; one house under the plane trees, another with hedges and yet another round the roses. To counter any possible claustrophobia, every house has a means of escape: a raised terrace with a panoramic view over this carpet of houses, which appears as a 'barbecue plain' crowded with neighbours.

Puede que tengáis razón, cuando decís que la arquitectura ha superado el estado del objeto como tal. Ha alcanzado más que nunca un estado de interrelaciones con todas sus posibilidades comunicativas. Incluso en arquitectura la era posterior a Einstein ha llegado por fin; actitudes lineales hacia el progreso se han disuelto en una situación más gaseosa en la que el arquitecto combina elementos con el fin de abarcar el progreso relativo.

Neoplasticismo/Expresionismo

En 1922 Mondrian escribió: "La idea enraizada de que la arquitectura debería confiar en la expresividad tridimensional conduce a considerar la superficie 'plana' del Neoplasticismo como imposible en arquitectura. Pero ver la arquitectura como la imagen de la forma es, sin embargo, una concepción tradicional. Es la visión visual (perspectiva) del pasado. La nueva visión (también para el Neoplasticismo) no es desde un único y preciso punto de vista, ni considerando las cosas en todas partes y en ninguna al mismo tiempo... Ni ligada a lugares o al tiempo (de acuerdo con la teoría de la relatividad). En realidad se localiza enfrente del plano. De esta manera se ve a la arquitectura como una multiplicidad de superficies; una vez más, plano..." La realización de la arquitectura en un futuro lejano y hoy. ¿Os identificáis con estas palabras?

'Superficie' es una palabra que puede ser vista como reinterpretación del vocabulario del tiempo de Archizoom. La 'superficie' proporciona una posible continuidad y libertad. Proporciona literalmente espacio para las cosas que todavía no están planeadas y completadas. Este es un pensamiento muy optimista. Pero la 'superficie' también es una herramienta para desconectar, como en la Casa doble de Utrecht, una especie de membrana entre dos fuerzas, entre dos familias, el momento en el que el plano 'se congela, 'se petrifica' y por lo tanto, el optimismo aparentemente sin fin se acaba en realidad, y lo genérico se convierte en específico. El hecho de que no haya un sólo o preciso punto de vista es todavía atractivo, se refiere a un movimiento libre, pero no habría que ver la arquitectura meramente como una multiplicidad de superficies, sino también de espacios. Neo-neoplasticidad, neo-plasticidad dada la vuelta.

You might be right when you say that architecture has overcome the state of the object as such. It has reached a state of interrelations more then ever with all its communicative possibilities. Even in architecture, the post-Einstein era has come to an end, where linear attitudes towards progress have dissolved into a more gaseous situation where the architect combines elements in order to handle relative progress.

Neoplasticism/Expressionism

In 1922 Mondrian wrote: "The rooted idea that architecture should count on three-dimensional expressiveness leads the Neoplasticist 'flat' surface to be considered impossible in architecture. But seeing architecture as the image of the form is, nevertheless, a traditional conception. It is the visual vision (perspective) of the past. The new vision (also for Neoplasticism) is not from a single and precise point of view, looking upon things everywhere and nowhere at the same time... nor linked to places or time (according to the Theory of Relativity). It actually locates it in front of the plane. Thus it sees architecture as a multiplicity of surfaces; once again flat... " The realisation of architecture in the far future and today. Do you identify yourselves with these words?

'Surface' is a very hip word lately although it can be seen as a reinterpretation of the vocabulary of the Archizoom era. 'Surface' provides a possible continuation and looseness. It literally makes space for the things which are not planned or filled in yet.

This is a very optimistic thought. But 'surface' is also a tool for disconnecting , like in the Double House in Utrecht: it's a kind of membrane between two forces, two families. It's the moment where the plane 'freezes', 'petrifies' and therefor the seemingly endless optimism actually ends and the generic becomes specific.

The fact that there is no precise or single viewpoint is still appealing: it refers to a loose movement, but I would not like to see architecture merely as a multiplicity of surfaces but of spaces as well. Neo-neoplasticity, neoplasticity inside out.

The Hoorn Quadrant
Estudio para la creación de 750 viviendas
Study for the development of 750 viviendas
Delft, The Netherlands, 1992

Debido al limitado presupuesto asignado a viviendas, el programa para zonas residenciales se consolidó como un 'urbanismo de porcentajes', de manera que la combinación de las demandas económicas y sociales desembocó en unos estrictos porcentajes de máximos para tipos de viviendas —100 m², con un máximo de tres plantas y acceso en planta baja—, jardines —40 m² por casa—, espacio de aparcamiento —1,2 coches por casa—, pavimentación —30 m² por plaza de aparcamiento, incluidos accesos— y zonas verdes —5 m² por casa—. Para resolver la demanda de individualidad y variedad (aparentemente la única herramienta arquitectónica usada en la vivienda colectiva y por tanto sobreutilizada), la zona de ordenación de Delft, donde la demanda era la de un proyecto urbano de 700 viviendas, se organizó en franjas incluidas en un área de aparcamiento, el único elemento con medidas estrictas. Al dividir el espacio disponible en una zona no construida —en la que se excavará un lago— y otra zona construida, aparece una tranquila porción de espacio vacío al lado de una intrigante 'saturación' consistente en unas 100 viviendas con acceso en planta baja por hectárea. Las viviendas se organizan mediante un sistema de división en franjas basado en la retícula espacial del aparcamiento. Al aplicar en cada franja una combinación diferente de la cuota de porcentaje asignada en cuanto a tipos de viviendas, pavimentado, zonas verdes y espacio de aparcamiento pavimentado —oscilando las composiciones entre las series inteligentes y las combinaciones absurdas— las franjas se disuelven en una atmósfera de Casbah. Cualquier posible atisbo de claustrofobia queda contrarrestada con la construcción de una torre o un patio en cada vivienda y elevando el nivel del espacio abierto en un punto determinado —utilizando la tierra que se extraería de la construcción del lago—, creando una colina con vistas sobre esta 'rastrojera' de viviendas que alcanzaría hasta el mar.
Due to the tight budget allotted to housing, the program for residential areas was set up as an 'urbanism of percentages', so that the combination of economy and social obligations led to strict maximum percentages for dwelling types (100 m2 with a maximum of three storeys, ground access), gardens (40 m2 per house), parking space (1.2 cars pera house), pavement (30 m2 per parking place, including roads) and greenery (5 m2 per house).
To address the demand for individuality and variety, seemingly the only architectural tools used for mass housing (and therefore overused), the planning area in Delft, where the request was for an urban design for 700 dwellings, was organised in bands set in a parking area, the one element with strict measurements.

Tipología / Dwelling types

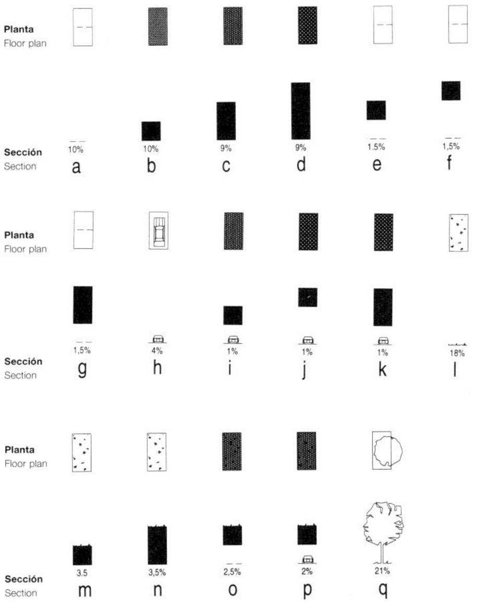

Diagrama de plantas / Floor plans diagram

Diagrama de secciones / Sections diagram

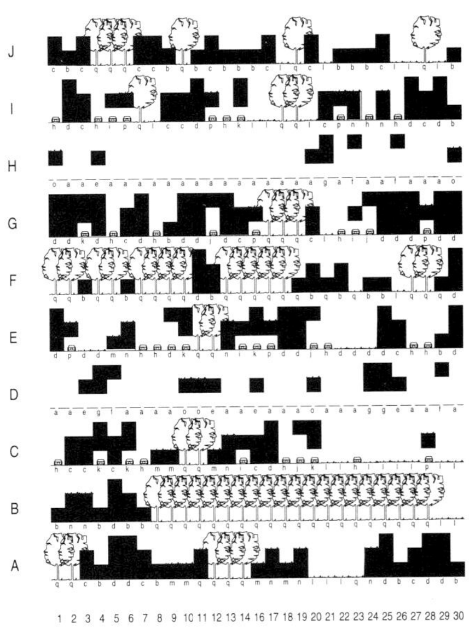

Ideas que petrifican/Nuevos Resultados

[Vaya, hemos visto brillar vuestros ojos con la palabra 'petrificación'. Sí, nos gusta esta palabra porque nos interesa el modo en que las ideas se convierten en objetos. No cosas sólo en términos de espacio, sino también material en términos de materia, haciéndose mayor, o más grueso, o más pesado, o más suave, como en un cambio directo de gas a sólido... **Un buen subtítulo: Más allá del Líquido.]**

A través de una disposición no convencional de elementos convencionales vuestros edificios son capaces de crear nuevas situaciones en el ensamblaje. ¿Entendéis el trabajo de arquitecto como creador, o como técnico capaz de seleccionar y combinar con el fin de alcanzar nuevos resultados?

Ambos; un arquitecto debe ser un creador y también un técnico. Nosotros procuramos combinar la técnica del ensamblaje con fuertes envolturas de zonificación, a menudo 'descubiertas' a través de una minuciosa recombinación de programas y de elementos específicos del lugar. Por ejemplo, en el concurso Molensloot se pidió a todos los arquitectos participantes construir sus casas adosadas a las adyacentes, juntándolas todas en un sólo bloque. Pues bien, con el fin de dramatizar los edificios de carácter monumental allí existentes, nosotros sugerimos un perfil con una altura estricta de tres metros. A esa altura todo individualismo quedaría seccionado. De repente uno puede empezar a imaginarse una posible cohabitación de diferencias extremas: edificios antropológicos, arquitectura retro, racionalista; cada uno puede construir su ideal, la acción seccionadora lo convierte en una pieza sólida...

O en el caso del proyecto para el plan maestro de la Hogeschool en Nijmegen. El ensamblaje permite al cliente contratar a dife-

Petrifying Ideas/New Results

[We noticed your eyes beginning to sparkle at the word 'petrification'. *Yes, we like this word because we are concerned about the way in which ideas become objects. Not things just in terms of space, but also material in terms of matter, becoming bigger or thicker or heavier or smoother, like in a direct change from gas to solid...* A good sub-title: Beyond Liquid.]

Through an unconventional disposition of conventional elements, your buildings are able to create new situations in the assemblage. Do you understand the work of an architect as a creator or as a technician able to select and combine in order to achieve new results?

Both. An architect should be both a creator and a technician. We combine the technique of assemblage with strong zoning envelopes, often 'discovered' through a thorough recombination of programme and site-specific elements. For example, looking at the Molensloot project. There, all the participant architects have been asked to build their houses next to the adjacent ones, sticking them all together into one block. In order to dramatise the existing monuments, we suggested a strict height contour of 3 meters. At that height all individualism would be chopped off. Suddenly one starts to imagine a possible cohabitation of extreme differences: anthropological buildings, retro-architecture, rationalist; everyone can construct their ideal, the chopping off action turns it into a solid piece...

By dividing the available space into one unbuilt area, to be dug out into a lake, and one built area, a calming piece of empty space was created next to an intriguing 'fulness' at about 100 ground-access dwellings per hectare. The dwellings are organised by a system of strip division based on the parking space grid. By applying to each strip a different composition of the allocated percentage share of dwelling types, paving, greenery and paved parking space —the compositions ranging from intelligent series to absurd combinations— the strips dissolve in a Casbah-like environment. Any claustrophofia is countered by constructing a tower room or a patio in each dwelling and by raising the level of the open area at one point, using the ground dug out for the lake, making a hill with a view over this 'stubble field' of housing all the way to the sea.

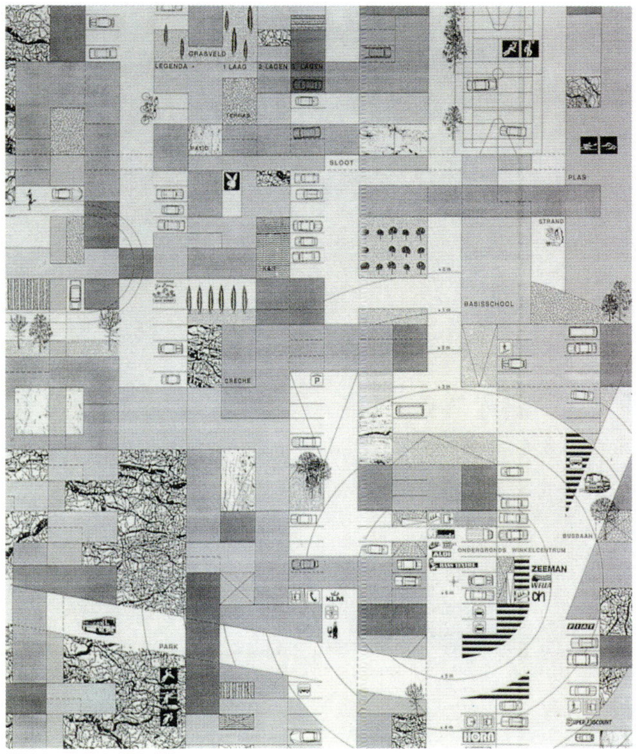

rentes arquitectos para diferentes fases del proyecto, pero mantiene, muy desde el principio, un concepto claro del campus-techo sobre todas estas diferentes arquitecturas. La única regla a tener en cuenta por todos los arquitectos es construir tantos conceptos diferentes de escuelas como sea posible. Convierte la 'diferencia' en un objeto. Cuanto más fuertes y grandes sean las diferencias, mejor funcionará.

Or in the case of the project for the masterplan of the Hogeschool in Nijmegen. The assemblage enables the client to hire different architects for different phases of the project, but keep a clear concept of the roof-campus on top of all these different architectures right from the beginning.

The only rule for the series of architects is to build as many different spatial concepts for schools as possible. It turns 'difference' into an object. The bigger the differences, the stronger it works.

La Desaparición de la Fachada

El concepto tradicional de fachada no parece existir ya; vuestros edificios exhiben una especie de corte genérico. También encontramos esa actitud en el proyecto de O.M.A. del Educatorium de Utrecht, donde la fachada se reduce irónicamente a pequeñas piezas de travertino que cubren los cantos de las losas de hormigón...

El edificio VPRO se paraba justamente ahí; se continúa esa idea en los detalles de los bordes. No queríamos enfatizarlo con un material especial. Es sólo un corte, la fachada se convierte en una sección que muestra el principio del interior.

Mostrar el interior —incluso el propio— parece un tema muy moderno. Podría ser perverso, pero tiene similitudes con esa mezcla de lo privado y lo público tan de hoy en día: estás cruzando un paso de cebra y a la vez estás escuchando la conversación de amor del vecino que está llamando por teléfono a su novia; o esa manera que tiene la gente de hablar de su vida privada en televisión para intentar conseguir algo de atención... En semejante estado de cosas todas las antiguas limitaciones entre la vida privada y su publicidad parecen ser irrelevantes. [Acabo de volver de Brasil. Allí no paran de construir edificios modernos del tipo 'exhibicionista', y eso que el clima demanda para este tipo

Missing Facade

The traditional concept of facade does not seem to exist any more: your buildings exhibit a kind of generic cut. We also find this attitude in Koolhaas' Educatorium where the facade is ironically reduced to small pieces of travertin covering the edges of the concrete slabs...

The VPRO-building just stopped there; that notion is continued in the detailing of the edges. We didn't want to emphasise it with a special material. It's just a cut: the facade became a section showing the principle of the interior.

Putting the inside, even your own, on display seems a very modern topic. It might be perverse but it has similarities with the mixture of privacy and publicness these days: walking on the zebra crossing and listening to the love conversation of the neighbour who is phoning his girlfriend, the way people show their privacy on the television in order to attract attention. In such a condition the ancient limitations between privacy and publicity seem to be irrelevant.

[I've just made a trip to Brazil, where there are a great number of these exhibitionist modernistic buildings. Although the climate demands that all these kinds of buildings have to be covered with an excessive amount of louvers, the will to show the interior is stronger than the unavoidable

ANUPE

Plan Urbano para el Campus de la Universidad de Educación Profesional de Arnhem y Nijmegen

Urban Plan for the Campus of the Arnhem and Nijmegen University of Professional Education

Nijmegen, The Netherlands, 1995/1996

Desde una colección de edificios aislados hasta una única institución. Actualmente los equipamientos educativos de tipo superior en los Países Bajos están siendo reagrupados en una amplia gama de nuevos complejos constructivos. En el marco de esta operación, la arquitectura se utiliza para mostrar las diferencias entre las distintas instituciones. No sólo entre un tipo de equipamiento y otro, sino entre instituciones como ANUPE y aquéllas utilizadas para otros tipos de educación. El 'aura' y el 'carácter' están siendo utilizados como elementos clave en la pugna por incrementar el número de estudiantes. En este sentido, ANUPE se revela de foma bastante modesta. En lugar de producir una gama progresiva de edificios competitivos, ha intentado concentrarse en lo único que realmente le interesa, la educación, con un campo concentrado y de carácter eminentemente introvertido. ANUPE es el fruto de la colaboración entre diferentes tipos de educación de características muy diversas, todos ellos con el objetivo de distinguirse con espacios y requerimientos especiales. La construcción de los diferentes edificios enfrentados entre sí puede crear un conglomerado, una 'super-Casbah' donde los equipamientos educativos para los sectores sociales, técnicos, educativos y aquellos relativos al cuidado de la salud son acomodados en una amplia gama de espacios, concebidos de forma individual, que abarca desde el tipo-claustro o el tipo-museo, al carácter teatral, clásico o antroposófico.

From a collection of separate buildings to a single institution. Currently the facilities for higher education in the Netherlands are being regrouped into a range of new building complexes. Within this operation architecture is used to show the difference between the different institutions. Not just between one facility and another but between institutions like ANUPE and those used for other types of education. 'Aura' and 'quality' are being used as key elements in the competition to increase the number of students. In this respect ANUPE comes out quite modestly. Instead of producing a progressive range of competitive buildings, it has tried to concentrate on the one thing in which it really wants to be involved, education, a concentrated field and one that is largely inward-looking. ANUPE is a collaboration involving different sorts of training with widely differing characteristics, all wanting to profile themselves with special requirements and spaces. Building the various buildings up against one another can create a conglomerate, a 'super-Casbah' where educational facilities for the social, technical, educational and health care sectors are accommodated in a range of individually selected theatrical, classical, cloister-like, museum-like and anthroposophical spaces.

de edificios una enorme cantidad de persianas. La voluntad de mostrar el interior es más fuerte que las inevitables consecuencias de esta transparencia.] Tradicionalmente una fachada es algo que observas desde fuera, pero también se podría considerar la vista desde dentro mucho más relevante, como en el VPRO.

Todo esto se puede entender como parte de un proceso de densificación que se nos echa encima. Cuando los edificios se juntan unos a otros, el mundo comienza a interiorizarse. La arquitectura se está bifurcando en dos direcciones: una en la dirección del urbanismo; otra en la del interior, que ahora está empezando a jugar un papel efectivo. Y esta interioridad no se expresa solamente por la posición más cercana de los edificios, también se expresa en el 'intensivo' diseño de los espacios públicos intermedios, con el uso de elementos como lámparas, bancos, jarrones de flores, etc., de tal manera que devienen en interiores.

Aparece un mapa de Nolli contemporáneo. En ese mismo momento la fachada comienza a desaparecer. Deja de existir. Aparecen los híbridos entre edificios y estructura urbana, como palacios, bazares y fortificaciones.

consequence of this transparency.] Traditionally a facade is something you observe from the outside, but at the moment you could consider the view from the inside to be far more relevant. This was also the case with the VPRO-building.

It can all be seen as a part of the forthcoming process of densification. When buildings come closer to each other, the world starts to become interiorised. It is part of an observation that architecture is diverging in two directions- one is in the direction of urbanism and the other is the direction of the interior, which is starting to play an effective role. This interiorisation is not only expressed by the closer position of the buildings. It also expresses itself in the intensive 'design' of the intermediate public spaces with lamps, a bench, a flower pot, so they become interiors.

A contemporary Nolli map appears. At that very moment the facade starts to disappear. It ceases to exist. Hybrids between buildings and urban fabric appear, like bazaars, palaces and fortifications.

Lo que más apreciamos en el edificio VPRO es que esta manera de entender la arquitectura lleva a construir el interior como si fuera un espacio exterior. Encontramos que la definición de espacios abiertos es el pensamiento arquitectónico más crítico de nuestros días...

What we appreciate most in the VPRO building is that this way of understanding architecture leads the interior to be built as if it were an exterior space. We find that the definition of open spaces is the most critical architectural thought of our days...

Hay tantos significados diferentes comprendidos dentro de 'el vacío'... Es un símbolo de 'escape', de 'futuro', de 'desconocido', de fantasía, de protección. ¿Cómo explotar esta ambigüedad? Estas últimas semanas hemos estado trabajando en una propuesta para un espacio vacío entre dos ciudades. Su principal razón de ser es el proteger a ambas ciudades de ser conectadas, es, en realidad, una especie de cortafuegos... Nosotros nos empezamos a aburrir de aquel vacío porque nadie sabía qué hacer con él. ¿Debíamos poner allí césped y convertirlo entonces en un super 'verde común'? ¿O debíamos poner un bosque? ¿O no sería mejor, más interesante, provocar el uso de este vacío con una tupida serie de caminos que enlazaran las ciudades más que desconectarlas, desafiando el emplazamiento de programa? Esta periferia así propuesta se transformaría en centro, en una ciudad en sí misma, en una versión vegetal de Manhattan. Se traduciría lo 'desconocido' en una provocación de 'uso', de 'libertad' y de 'flexibilidad', simplemente activando los potenciales del vacío.

There are so many different meanings enclosed within 'the void'. It is a symbol for 'escape' and for 'future', for the 'unknown', for fantasies and for protection. How can you exploit this ambiguity? In the last few weeks we have been working on a proposal for an empty space between two towns. Its main reason for existence was to protect these towns from being connected: a kind of fire break. We started to get bored with this void because no one knew what to do with it. Should we put in grass and turn it into a super 'common green'? Or should we put in forest? Or might it be more interesting to provoke the use of this void by an extended series of pathways, linking the towns rather than disconnecting them, and challenging the programme location. Thus turning this proposed periphery into a centre, into a city itself, into a vegetated version of Manhattan translates the 'unknown' into a provocation of 'use' of 'liberty' and 'flexibility'. We simply activate the potentials of the void.

Por ejemplo, en WoZoCo's nos mencionásteis el vacío entre las cajas. Allí el vacío está hecho por la caja. También se podría considerar este 'vacío' como un interior público; en este caso, un vacío bastante social, una calle en el aire.

Las viviendas en voladizo tienen, además de un vecino a quince metros, una vista emocionante. Los balcones de los apartamentos 'regulares' del otro lado del edificio repiten esta idea pero a otra escala, introduciendo lo que llamamos la zona de 'murmullo'.

Pero la palabra vacío puede incorporar tantos significados que empieza a carecer de significado otra vez... El vacío es como una serpiente que va a todas partes. Puedes usarla donde quieras, está en cada proyecto de diferente manera. Quizá tenga que ver con la ambigüedad.

In WoZoCo's, for instance, you mentioned the voids between the boxes. There the void is created by the box. You could also consider this 'void' as a public interior, in this case quite a social void, a street in the air.

Beside having a neighbour 15 or so meters away, the cantilever houses also have an exciting view. The balconies of the 'regular' houses on the other side of the building repeat this idea on another scale, introducing what we call a 'small-talk' zone.

But the word "void" can incorporate so much meanings that it starts to become meaningless again... The void is like a snake that goes everywhere. You can use it wherever you want, so it exists in every project in a different way. Maybe it's about ambiguity.

Exterior/Interior

Otra manera de entender esto sería considerar el contorno del edificio como el resultado de la definición del aire que lo rodea. No defines el objeto, sino que defines el aire que entra en el edificio y lo rodea. Por ejemplo, en los Vacíos Berlineses, lo que nos parece interesante son los vacíos creados entre las casas, más que los distintos tipos de apartamentos resultantes —que no están obsesionados, como en la modernidad, por resolver un puzzle sólido—.

En este caso es meramente un juego de forma y anti-forma, las inimaginables anti-formas o vacíos, algunos incluso más ideales que los otros. A veces puedes diseñar definiendo condiciones o un conjunto de reglas, para poder activar el proceso. A veces está ahí para ser usado, pero más a menudo tienes que desencadenarlo. En el proyecto de Vacíos Berlineses, empezamos por los tipos ideales de vivienda, que dieron luego forma a los tipos no-perfectos. Son las casas que ocupan los 'entresijos' de los ideales conocidos. Intentamos equiparar idealismo con no-idealismo, establecer una forma por su anti-forma.

Queríamos trasladar el poder del 'pochée' que existe en los castillos medievales —cuando entras por una puerta, encuentras súbitamente el tesoro escondido—, y crear una súbita conciencia del vecino, una curiosidad por lo que hay detrás de esa forma, una razón para hacerles una visita, un posible modo de socializar dentro de áreas densificadas.

Exterior/Interior

Another way of understanding this would be to consider the outline of the building as the result of the definition of the air that surrounds it. You don't define the object but the air that is entering and surrounding the building. For example, in the Berlin Voids what we find interesting are the voids created between the houses rather than the different types of apartments that arise, which are not obsessed, as in modernity, with solving a solid puzzle...

In this case it is merely a game of form and anti-form, the unimaginable anti-forms or voids as you call them, some of which may even be more ideal than the others. Sometimes you can design by defining conditions or a set of rules, so you can activate the process. Sometimes it's there to be used, but more often you have to trigger it. In the Berlin Voids we started by putting in the ideal types of housing, and these ideals than shaped the imperfect types in between. Well, these are houses that occupy the 'in-between' of the known ideals. We try to equalise idealism with non-idealism. We try to set a form by its anti-form.

We try to describe the power of the 'pochée' which exists in mediaeval castles -when you go through a door you suddenly find the hidden treasure-, and a sudden awareness of the neighbour, a curiosity of what is behind that form, a reason for visiting them, a possible way of socialising within densificating areas.

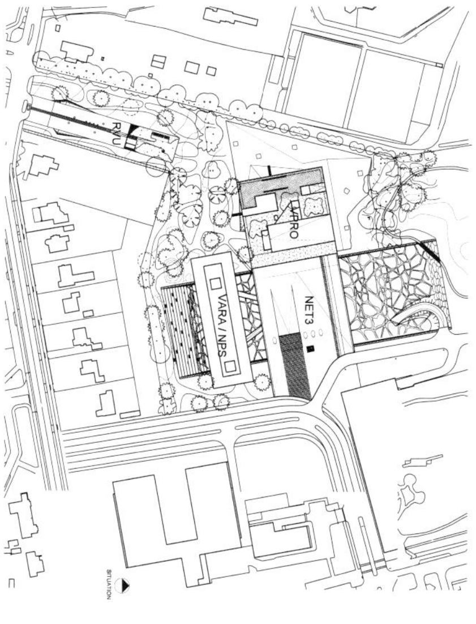

Plano general de situación / Site plan

NET 3

Diseño de un edificio de acceso común para las tres emisoras del canal Net 3

Design for a communal entrance building for the Net 3 broadcasting companies

Hilversum, The Netherlands, 1994

La idea era situar los cuatro edificios de manera que todos ellos se beneficiaran de su ubicación en el paisaje en una de las laderas de Hilversum Hill, formando un mini-campus dentro del Media Park, el centro holandés de radiodifusión. Las diferentes identidades de las emisoras (VPRO, VARA, NPS y RVU) se agrupan en un único canal, el NET3. Son estas diferencias las que constituyen la identidad del Canal 3, diferencias que son exploradas trasladando las características específicas al paisaje y al entorno existentes y a la identidad de cada uno de los edificios dentro del 'campus'. El edificio central (NET3) es una continuación del eje existente del Media Park. La cubierta de este edificio ha sido diseñada como una plaza pública, bajo la cual un gigantesco 'hall de trabajo' conecta las diferentes emisoras. El edificio tiende un puente sobre un valle lleno de plazas de aparcamiento y que se extiende hacia la Villa VPRO, situada al final del eje del Media Park. En el interior de este hall, una serie de puentes que se bifurcan guían a los visitantes y los usuarios a los diferentes edificios como si se tratara de las terminales de un aeropuerto. El diseño del jardín de este 'campus' intenta sacar partido de la inclinación del terreno. Se prevé la plantación de acacias con madreselvas aromáticas en sus ramas. Se abrirán caminos en la alta hierba amarilla mediante el uso de diversos programas cortacésped. Los lugares que se crean bajo los árboles refuerzan el carácter pintoresco.

The garden design for this 'campus' takes advantage of the existing sloping landscape. It is to be planted with acacias with scented honeysuckle in their branches. Paths will be left clear in the high yellow grass using various mowing programmes. Spots placed under the trees strengthen the picturesque character. Four buildings are to be placed on one of the slopes of the Hilversum Hill, in such a way that they all profit form their position in the landscape, thus forming a mini-campus within the much larger Media Park of the Dutch broadcasting centre. The different identities of the broadcasting companies (VPRO, VARA, NPS and RVU) are grouped together in a single channel, NET3. It is these differences that 'make' the identity of Channel 3, differences that are explored by making use of the specific characteristics in the existing landscape and setting and in the identity of the individual buildings within the 'campus'. The central building (NET3) is a continuation of the existing axis of the Media Park. The roof of this building has been designed as a public square. Under this square a giant 'working hall' connects the different broadcasting companies. The building forms a bridge over a valley filled with parking places towards de Villa VPRO, situated in the end of the Media Park axis. Within this hall a series of bifurcating bridges guide the visitors and users to the different buildings as to the different terminals of an airport.

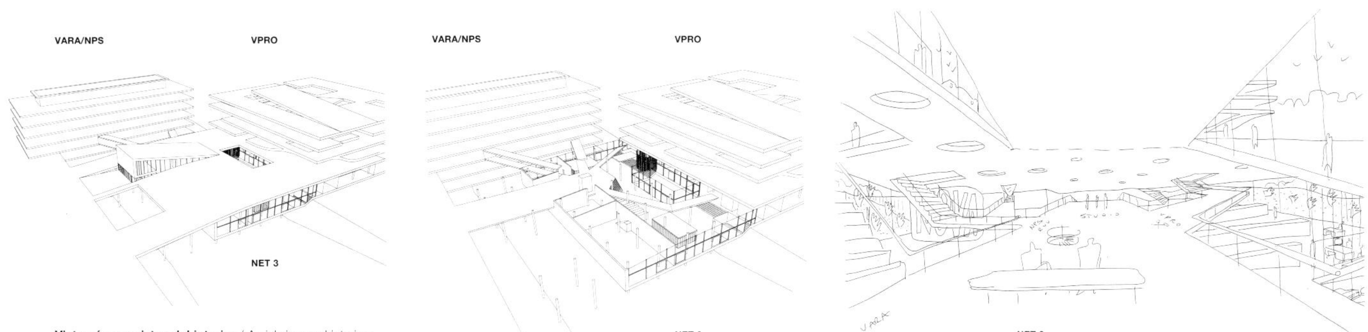

Vista aérea y vistas del interior / Aerial view and interiors

Igualdad y Diversidad

¿Cómo surgió en la Casa doble de Utrecht la idea de elaborar la sección transversal como si fuese una planta, evitando una línea convencional recta de división?

Uno de los dos clientes vio el proyecto de los Vacíos Berlineses y dijo: "Quiero tener una casa como esa", sin saber que se realizaría al final pero como modelo perfecto de cohabitación en su casa doble. Una de las parejas quería vivir en una especie de *piano nobile* y conseguir así un área de estar más apartada de la planta baja; y la otra quería cocinar y comer en la planta baja, casi en el jardín. La primera pareja quería un gran dormitorio contiguo a la cubierta; la otra quería combinar su salón de TV con el nivel de dormir; etcétera. Esta línea de división 'de goma' propuesta entre las dos se convirtió en una herramienta fiable para negociar sus límites y para explotar los posibles ideales de los interiores y las vistas. Esto causó una cierta dependencia asumida por las dos parejas: sin la otra, nunca hubiera sido posible obtener semejantes cualidades. El resultado fue una cierta conciencia de sus diferencias.

Nos interesa la cuestión de la uniformidad y la diversidad: la presencia simultánea de algo que es regular y que también es diverso, de algo que es como somos nosotros, los humanos... ¿Se sustituye el concepto abstracto de vivienda ideal por una amplia gama de distintas viviendas ideales? ¿Son la unidad y la diversidad la sombra de lo similares y distintos que somos los hombres?

Sí, evoca una situación a lo Marguerite Duras: el lugar con conciencia social; debido a los muros de hormigón uno no oirá al otro, pero sin embargo, eres consciente de que él, o ella, está por ahí, ya que el volumen del vecino penetra en tu casa. Provoca una cierta conciencia que podría ayudar a tratar con los demás en una situación densa. En lugar de oír, puedes sentir a tu vecino

Equality and Diversity

How did the idea of elaborating the cross section as if it were a floor plan, avoiding a conventional straight line division, arise in the Double House in Utrecht?

One of the clients saw the Berlin Voids project and said, "I want to have a house like that", not knowing that it would occur in the end as a perfect model for the cohabitation of their double house. One couple wanted to live on a kind of piano nobile and thus get a more secluded living area from the ground floor, the other wanted to cook and eat on the ground floor almost 'in' the garden, the first couple wanted a big sleeping room next to the top, the other wanted to combine their TV salon with the sleeping level, etceteras. This proposed 'rubber' division line between the two turned into a reliable tool to negotiate their boundaries and to exploit the possible ideals of interiors and views. This led to a certain voluntary dependency between the two couples: without the other it would never has been possible to obtain such qualities. A certain awareness of their differences was the result.

We are concerned with the issue of uniformity and diversity: the simultaneous presence of something which is regular and something which is diverse, something which is like the way we humans are... Is the abstract concept of ideal dwelling replaced by a wide range of different ideal housing?. Is unity and diversity the shadow of how similar and different we humans are?

Yes, it evokes a Marguerite Duras-like situation: the place with social awareness; due to the concrete walls one will not hear the other, but you are nevertheless aware that he or she is around, due to the neighbouring volume penetrating the house. It causes a certain awareness that might help to deal with each other within a dense situation. Instead of hearing, you can feel your neighbour —as in the project of the Casa

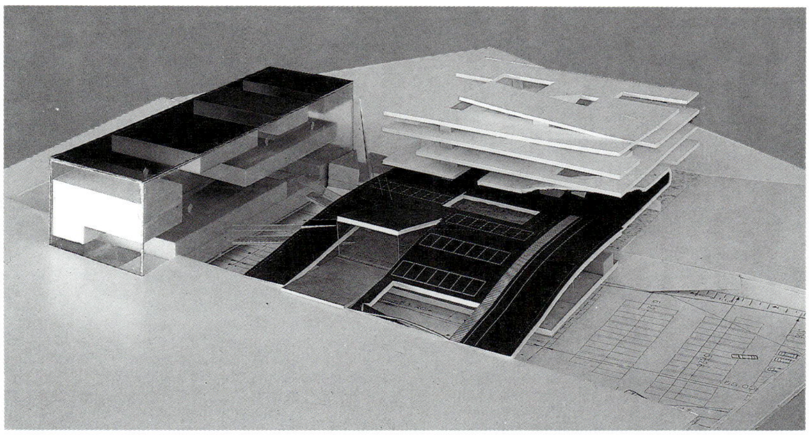

Mediante la excavación de los terrenos se crearán diversas áreas individuales: un 'valle de brezo' que bordea la villa VPRO; una 'trinchera' de aparcamientos bajo los edificios del NET3 y el VARA/NPS —donde los coches pueden aparcar bajo una tela de araña de parras cultivadas—; un despreocupado Sawah en el edificio del VARA/NPS; y bajo el edificio del RVU, un jardín de lava con lámparas que se encienden como ascuas relucientes. Una serie de pequeñas zonas de trabajo, completamente equipadas, salpicarán este jardín de forma que sea posible trabajar allí con todas las comodidades.

Excavation is used to create a number of individual areas: A 'heather-valley' bordering on the Villa VPRO; a parking trench under the NET3 and VARA/NPS buildings, where cars can park under a spider's web of cultivated vines; a 'Sans Souci'-like Sawah at the VARA/NPS building; and under the RVU building a lava garden with lamps that light up like glowing embers. Small, completely equipped, work units will be placed in this garden, so that working in the garden is provided with every possible convenience.

—como en el proyecto de la Casa piú bella, una casa simplemente interviene en la otra—. Los temas del proyecto de Berlín han generado dos vías, una es la de la Casa doble de Utrecht —allí la negociación y la conciencia entre las dos familias se convirtieron en el tema central del proyecto—, la otra vía es la combinación de muchos ideales.

Acerca del Lugar

¿Se entiende el lugar en términos de paisaje más que en términos de forma? ¿Es el concepto de paisaje algo que vuestros edificios comparten con la naturaleza?

Si 'paisaje' puede ser traducido como 'sinfín' entonces el 'paisaje' es un tema bastante serio e inagotable para ser examinado. Si 'naturaleza' se puede equiparar a 'libertad' entonces se pueden considerar multitud de exploraciones. La mayoría de nuestros edificios quieren investigar estas cuestiones. Tendemos a ser extremadamente específicos con el lugar, sin convertirnos en *regionalistas críticos*. Se podría considerar como 'doblar el paisaje'. Tendemos a agrandar o a enfatizar ciertos aspectos de un lugar. El lugar no es una fuerza ineludible de la naturaleza. A veces tienes que redefinir el lugar, hacer un nuevo lugar. Es una base para lo existente, como en el proyecto Molensloot; o un espacio abierto en el barrio, como en el proyecto WoZoCo's. O una pendiente que aparece súbitamente debido a la implantación, como en el proyecto RVU.

¿No estáis preguntando por una combinación de especifidad del lugar y falta de lugar? Hay un momento en el VPRO en el que el lugar desaparece y se convierte en interior. Hay un momento en el WoZoCo's en el que el lugar estaba allí, pero cuando paseas por las galerías también se ha convertido en interior.

piú bella, one house simply intervenes in the other—. The themes of the Berlin project have gone in two directions.

One direction is used in the Double House in Utrecht, in which negotiation and awareness of the other became an issue. The second aspect is the combination of many ideals.

On Site

Is the site understood in terms of landscape rather than in terms of form? Is the concept of landscape something that your buildings share with nature?

If 'landscape' can be translated as 'endlessness' then 'landscape' is a pretty serious and endless topic to be examined. If 'nature' can be equated by 'freedom' then lots of explorations can be considered. Most of our building seem to investigate these matters.

We tend to be extremely site-specific, without becoming critical regionalists, You could consider it as a doubling the landscape. In our work we tend to enlarge or emphasise certain aspects of a site. Site is not an unavoidable force of nature. Sometimes you have to redefine the site, make a new site. It is a base for the extant like in the Molensloot project, or an open space in the neighbourhood like in the WoZoCo's project. Or a slope that suddenly appears due to implantation, like in the RVU project.

Aren't you asking for a combination of site-specificness and sitelessness? There is a moment in the church when indeed the site disappears in heaven. There is a moment in the VPRO when site disappears and turns into interior. There is a moment in the WoZoCo's when the site was there but, when you walk onto the galleries, it has become interior as well.

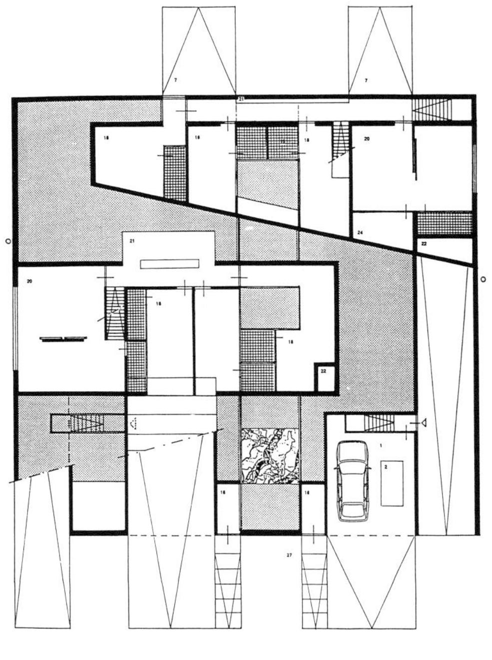

Planta nivel calle / Street level plan

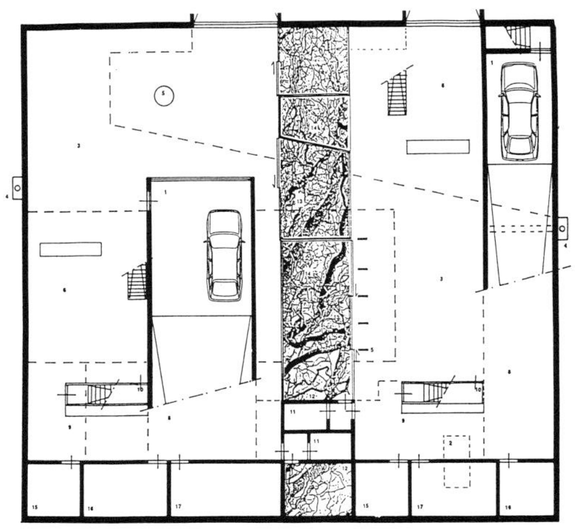

Planta inferior / Lower level plan

1 **Garaje**
2 **Foso de trabajo**
3 **Sala de estar**
4 **Chimenea**
5 **Columna de madera**
6 **Cocina-comedor**
7 **Naranjal**
8 **Espacio multiuso**
9 **Gimnasio**
10 **Aseo**
11 **Sauna**
12 **Jardín-sauna**
13 **Jardín de bambú**
14 **Invernadero**
15 **Cuarto plancha**
16 **Almacén**
17 **Instalaciones**
18 **Dormitorio**
19 **Baño**
20 **Apartamento invitados**
21 **Biblioteca**
22 **Arenero**
23 **Cerezo**
24 **Césped**
25 **Jardín de rocas**
26 **Asfalto**
27 **Cubierta de cristal**
28 **Paseo entablado**
29 **Rejilla acero**
1 Garage
2 Working pit
3 Living-room
4 Fireplace
5 Wooden column
6 Kitchen dinning-room
7 Orangery
8 Multifunctional space
9 Gymnasium
10 Toilet
11 Sauna
12 Sauna garden
13 Bamboo garden
14 Greenhouse
15 Linen room
16 Storage
17 Technical space
18 Sleeping room
19 Bathroom
20 Guests appartment
21 Library
22 Sandpit
23 Cherry tree
24 Grass
25 Rockgarden
26 Asfalt
27 Roof of glass
28 Boardwalk
29 Steel grate

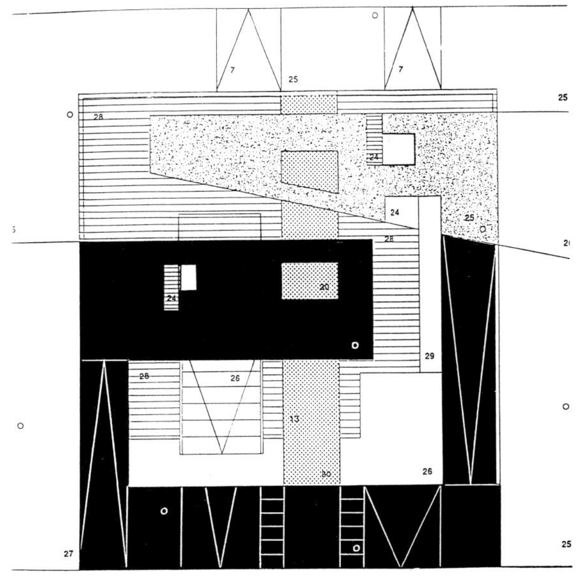

Planta de cubiertas / Roof plan

La Casa piu Bella del Mondo

Nuestra respuesta a la propuesta de diseñar dos viviendas pareadas en un suburbio italiano fue la de algo que procuraba retirarse a su concha, y que en gran medida se evadía del mundo exterior. El exterior de esta doble villa es un muro bajo, compuesto por una colección de todos los tipos posibles de piedra. El muro bordea el límite del terreno disponible y envuelve un 'valle escondido' con un fondo de dos niveles. El muro soporta una cubierta de vidrio. La vista desde las zonas de vivienda del nivel inferior, interrumpida por cerezos y formas flotantes —apartamentos, garajes y rampas—, atraviesa la cubierta hasta alcanzar el cielo. De este modo la cubierta es la fachada más individual del edificio, una composición de elementos de vidrio y partes del mundo subterráneo que aparecen como franjas de hierba, asfalto, madera y piedra. En las zonas residenciales de las afueras, el coche es el principal medio de conexión con el mundo exterior, sólo superado por determinados equipamientos propios de la era de la comunicación.

The response to a request for a semi-detached house in an Italian suburb that would deserve the title 'the most beautiful house in the world', was something that retired into its shell and largely hid itself away from the outside world. The exterior of the double villa consists of a low wall, composed of a collection of every possible sort of stone. The wall is placed round the edge of the available ground and surrounds a two layers deep 'hidden valley'. The wall supports a glass roof. From the living rooms on the lowest level the view, interrupted by overhanging cherry trees and floating shapes —apartments, garages and ramps— extends through the roof up to the sky. The roof is thus the building's most individual facade, a composition of glazing elements and components from the underworld which appear as stretches of grass, asphalt, wood and stone. In Suburbia, the car, second only to various pieces of communication equipment, is the main way of connecting with the outside world.

Enseñar

Habéis dado clases en la Escuela de Arquitectura de la AA de Londres, en la Academia de Arquitectura de Rotterdam, en la Universidad Técnica de Delft y en el Instituto Berlage de Amsterdam. Cuando no existe un modelo, ¿cómo compartís el entusiasmo hacia la arquitectura con vuestros estudiantes?

Existen diferentes actitudes hacia la enseñanza a lo largo de los años. Una de ellas es la de la investigación en lugar de la del diseño. Al seleccionar temas como FARMAX, un estudio de densidades extremas, o como los ESCENARIOS DE DATOS, un estudio de lógicas escondidas, o sobre INFRAESTRUCTURA, un estudio del uso intensificado, o sobre LA CIUDAD LIGERA, un Broadacre contemporáneo, uno puede concentrarse. Una situación típica de cátedra es concentrarse en determinados temas sociales e intentar darles respuestas. En ese sentido son parte de una voluntaria implicación en una investigación específica y un modo específico de tratar con el urbanismo y la arquitectura. Lo asumen totalmente y exploran ese campo parcial.

Ese es también uno de los peligros de enseñar. Por una parte es bueno crear escuelas con una identidad clara, y educar a los estudiantes en una determinada tradición, e intentar hacer clara esa tradición; pero por otra parte, a menudo tanto los profesores como los estudiantes pierden conciencia de su propia tradición. Así que cuando entras de profesor invitado debes intentar investigar, subrayar esa actitud e intentar concienciar más a los estudiantes de la peculiaridad de sus elecciones.

En cualquier caso, casi nunca enseñamos diseño ya. No nos parece tan interesante. Preferimos intentar entrenar a los estudiantes en maneras de pensar, o en descubrir hechos que gene-

Teaching

You have taught at the A.A. School of Architecture in London, The Academy of Architecture in Rotterdam, the Technical University in Delft and at the Berlage Institute in Amsterdam. When a model does not exist, how do you share your enthusiasm for architecture with the students?

There are different attitudes to teaching during the years. One of them is research instead of design. By selecting topics like FARMAX, the study of extreme densities, or DATASCAPES, the study of hidden logics, or of INFRASTRUCTURE, the study for the intensified use, or THE LITE CITY, a contemporary Broadacre, one can concentrate. It's a classical situation of professorship by focusing on certain topics within society and trying to give answers to them. In that way, they are part of a voluntary entry into specific research and into a specific way of dealing with urbanism and architecture. They adopt it totally and explore that partial field.

That is also one of the dangers of teaching. On the one hand it's very good to create schools with a clear identity and educate students in a certain tradition, and try to make that tradition clear, but on the other hand you often see that both teachers and students have become unaware of their own tradition. So when you enter as a guest teacher you can try to investigate, make an issue of this attitude and try to make the students more aware of the peculiarity of the choices they are making all the time.

In any case, we hardly teach design any more. It's not that interesting. We rather try to train students in ways of thinking or fact-finding that generate form. To set up their own 'iron logic', where something subjective like taste is less relevant.

Los seis garajes (más tarde se hizo evidente que la propiedad de tres coches por familia es algo muy común en el norte de Italia. A causa de las normas contra la contaminación, todo el mundo tiene un coche pequeño para los días laborables pares, otro para los impares, y uno grande para el fin de semana) requeridos en el programa hacen sentir su presencia por toda la casa. Los coches penetran en el interior de la vivienda con una variedad de formas inimaginable. Un espagueti de rampas que suben y bajan envuelve en su movimiento a las salas. Los dormitorios son piedras que flotan en la cubierta de cristal, como los nenúfares en el agua. Las dos casas quedan separadas entre sí por un 'muro' de bambú, mamparas de vidrio, paneles de placas de cristal, mallas y papel de arroz, creando una línea divisoria desigual con un máximo de contactos inesperados.

The six garages (It later appeared that the ownership of three cars per family is very usual in northern Italy. Because of the smog limitation rules, everyone has one small car for even workdays, one for odd workdays and a large car for the weekend) required by the specification make their presence felt all over the house. Cars penetrate deep into the house in an unimaginable variety of ways. A spaghetti of rising and falling ramps surround the living rooms with movement. The bedrooms are accommodated in stone shapes which stand out like water lilies against the glass roof. These shapes also contain bathroom blocks. The roof of each bath block is accessible from the bedroom and serves as an observatory for the occupant. It offers a magnificent view over the surrounding Suburbia. The two houses are separated from one another by a bamboo 'wall', screens of glass, plate glass panels, netting and rice-paper, so creating a jagged dividing line with a maximum of unexpected contacts.

ren forma. Establecer tu propia 'lógica de hierro', donde algo subjetivo como el gusto sea menos relevante.

Lo que resulta fantástico de la educación actual es poder estar aprendiendo un año en una Escuela y después ir al año siguiente a otra, en otra parte y con un enfoque totalmente distinto. Es, desde luego, un lujo; pero si puedes, te acabas haciendo tú mismo tu propia composición de maestros y direcciones... No intentamos indicarles el camino completo a los estudiantes, simplemente les conducimos durante medio año dentro de nuestro mundo.

What's fantastic about the current education situation is that as a student you can go for one year to Barcelona to the school of Bohigas and then leave to go to a school with a totally different approach somewhere else. It's a bit of a luxury but you are creating a composition of masters and directions, and you do it yourself in the end as a student. We do not intend to provide the total path to the students.

We just take them into our world for half a year.

¿Cómo ha influenciado en MvRdV vuestra experiencia de trabajo en los estudios de O.M.A., van Berkel, Mecanoo, Torres & Lapeña...?

How has your working experience with O.M.A, Van Berkel, Mecanoo, Torres & Lapeña and so on influenced MvRdV?

Si hay una palabra que conecte las experiencias en OMA con nuestro trabajo actual la palabra es 'comunicación', en su sentido más amplio: la cultura del folleto, el uso de colaboradores extremadamente diferentes, la cantidad de consejeros, los recursos de todo tipo de bibliotecas, las increíbles y extendidas posibilidades de los distintos medios. La 'comunicación' acelera el pensamiento. En cambio, la profesión no va tan deprisa como uno podría imaginar, quizás porque la producción edificatoria es lenta y también por la duración de los discursos intelectuales. Lo que resulta aconsejable y útil es viajar y trabajar fuera, en alguna parte, durante e incluso después de tus estudios. Esto sí ha influido en nuestro estado actual. Habría sido diferente si no hubiéramos hecho eso. Pero es difícil describir qué sería diferente... Podría ser la manera de trabajar. Es obvio que hay influencias: las experiencias de trabajo pueden ser vistas como parte de tu educación. Pero cuando avanzas de nuevo aquello se convierte en historia.

If there is one word that connects our experiences at OMA with our current work, it is 'communication' in the broadest sense of the word: the booklets-culture, the use of extremely different collaborators, the number of advisors, the resources from all kind of libraries, the incredible extended possibilities of different media. 'Communication' accelerates thinking. Unlike these possibilities, the profession is not as totally accelerated as one might imagine, due to the slow building production and to the duration of intellectual discourse.

It's quite recommendable and useful to travel and work somewhere during and after your study. It definitely has influenced our actual state. It would have been different if we had not done that. But it's hard to describe what would be different. It might be the way of working. It is obvious there are influences: working experiences can be seen as a part of your education. But when you move on again, it simply becomes a part of your history.

Urbanismo Ligero

Light Urbanism

Plan Urbano para 13.500 alojamientos en la isla de IJsselmonde

Town planning study for 13.500 dwellings in the IJsselmonde island

Rotterdam, The Netherlands, 1995

Las zonas residenciales que se construirán desde ahora hasta el año 2015 en el contexto de la operación Vinex (un programa urbanístico promovido por el gobierno para la construcción de 800.000 viviendas) están todas resultando más o menos iguales, todas con una densidad común de unas 35 viviendas por hectárea. Pero se está empezando a sentir que muy bien podríamos prescindir de este tipo de urbanismo. ¿No sería mejor proponer un entorno residencial más experimental, uno que fuera razonablemente fácil de fragmentar más adelante, de manera que la gente no estuviera atada a él para toda la vida. Una forma de urbanismo más relajada, que pueda ser aplicado hasta que hayamos decidido si queremos convertir todas nuestras zonas residenciales en una ciudad compacta, o si preferimos un urbanismo más caótico —algo totalmente al margen de la cuestión de dónde deberían ser ubicadas—. Esta forma 'más ligera' de urbanismo puede llevarse a cabo acortando el periodo de depreciación de los artículos duraderos —viviendas, carreteras y cableados—. Esto se puede conseguir haciéndoles de forma más barata, de forma diferente, o no haciéndoles en absoluto: usando caminos de hierba, en lugar de vías asfaltadas; lagos de almacenamiento y purificación, en lugar de redes de saneamiento; prescinciendo de las conducciones de gas y usando sólo tomas de electricidad y paneles solares; teléfonos móviles y antenas parabólicas, en lugar de cableado para teléfono y televisión; unos cuantos montones de madera, en lugar del relleno hidráulico; tele-autobuses, en lugar de los caros tranvías rápidos. La economía proporciona una asombrosa gama donde elegir, permitiéndonos tomar muchos caminos diferentes con un mismo presupuesto: o grandes jardines alrededor de las casas, que permitan la creación de un entorno tipo villa por el precio normal de una vivienda de ese tipo, con una densidad de 7-10 viviendas por hectárea; o bien, un espacio super-comunitario que pueda calificarse de bosque o reserva natural. Se pueden concebir dos estilos urbanos: Campingland y Villageland.

The housing estates to be realised between now and 2015 in the context of the Vinex operation (a housing programme for 800,000 dwellings, set up by the government) are all turning out more or less the same, all with a density of around 35 dwellings per hectare. It is beginning to be felt that this could be the sort of estate that we could well do without. Would it not be better to put forward a more experimental residential environment, one that would be reasonably easy to break up later, so that people would not be tied to it for eternity? A more relaxed form of urban development, one that can be applied until we have worked out whether we want to turn all our new housing estates into one compact town or a supersprawl —quite apart from the question of where they should be located. This 'liter' form of urban development can be brought about by shortening the depreciation period for durables —dwellings, made up roads, cables and wiring—. This can be done by making them more cheaply, making them differently or not at all: using grass paths instead of asphalt tracks, storage lakes instead of sewers, no gas pipes, only electricity supplies and individual solar panels, mobile phones and dish aerials instead of cabling for TV and telephone, a few wooden piles instead of hydraulic filling, call-up buses instead of an expensive express tram. The economy provides an amazing range of choice, allowing us to develop in all sorts of different ways within the same budget: either large gardens round the houses, enabling a villa-like environment to be created for the normal price for such a dwelling at a density of 7-10 dwellings per hectare, or a super-communal space that can be set up as a wood or a nature reserve. Two urban styles can be envisaged: Campingland and Villageland.

LIGEREZA. Nuestros suelos parecen estar llenos. ¿Pero llenos de qué? La mezcla suburbana de granjas a modo de fábricas, casas con jardines y naves industriales parece contener densidad sin materia. Enormes extensiones de nuestros suelos se están transformando en este mar de deliberada mediocridad. ¿Aceptamos esta condición como algo inmutable, o podemos imaginar entornos experimentales, que puedan ser desmantelados para cambiar nuestros objetivos urbanísticos más adelante? Esta forma más ligera de urbanismo se puede forzar reduciendo el coste económico de aquellos aspectos más caros de nuestros métodos de urbanización: caminos de hierba en lugar de asfalto, estanques ecológicos en lugar de conducciones de alcantarillado, cables eléctricos en lugar de conducciones de gas para la calefacción, teléfonos móviles en lugar de líneas telefónicas, minibuses o autobuses a la demanda en lugar de costosas líneas metropolitanas. Este tipo de economía puede dar lugar a interesantes posibilidades: con un mismo presupuesto nos podemos permitir unas densidades más bajas. De este modo, la economía establece una conexión con la ecología, al producir la sensación paradójica de que la sostenibilidad ecológica ha sido traducida en ligereza y temporalidad. ECOLOGÍA = ECONOMÍA

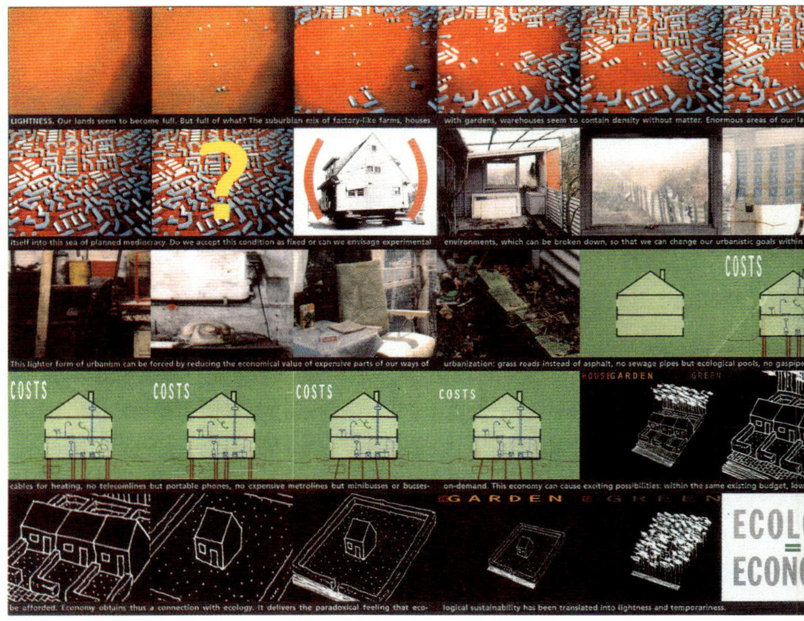

Abstracción/Material

La arquitectura muy abstracta y al mismo tiempo extremadamente material, —y que empuja a los proyectos hacia esos dos polos— implica que algo en la materia sobrevive al pensamiento... ¿Cómo se habita el espacio entre lo abstracto y lo material?

Una buena pregunta. Aunque no fácil de contestar... Vuestra sugerencia parece relacionarse con el Arte Povera, que tanta influencia tuvo en la arquitectura suiza y en muchos paisajistas. Esta arquitectura está floreciendo debido a su limitado material: un árbol, algo de césped, algo de pavimento, una valla. Esto puede claramente ser abstracto, y por lo tanto, se convierte en extremadamente directo por sus limitaciones materiales. Pero, ¿no está conduciendo esta limitación a una sobrerreducción de la realidad encontrada? ¿No calma esta limitación las cosas más que las acelera? ¡Cuán productivo es lo reductivo! ¿No es por lo tanto muy temporal?

Para alcanzar una abstracción en una realización son esenciales una conciencia de las cualidades materiales y una sofisticación. En nuestro caso se sostiene en un doble sentido, que conduce a una abstracción, pero que nunca es compulsiva sino que sólo aparece cuando quieres.

Abstract/Material

Architecture that is very abstract and at the same time extremely material, that pushes projects towards these two poles, implies that something in the matter outlasts the thinking... How is the space between the abstract and the material inhabited?

A good question. Not easy to answer though... Your suggestion seems to relate to the Arte Povera movement, that influenced Swiss architecture and lots of landscape architects so much. This architecture is flourishing due to its limited material: a tree, some grass, some pavement, a fence. It can clearly be abstract and it therefore becomes extremely direct because of its material limitations. But isn't this limitation leading to an overreduction of the found reality? Doesn't this limitation calm things rather then accelerating them? How productive is the reductive? Isn't it therefore very temporary?

To reach an abstraction in a realisation, it is essential to have an awareness of the material qualities and sophistication. In our case it is handled by a certain degree of double meaning which leads to an abstraction that is never compulsory.

Unidad/Fragmentos

La falta de un punto de vista fijo, que señala Mondrian, está quizá ligada a una visión y a una representación septentrional. No es en absoluto una manera narrativa de mirar las cosas, donde las ideas y las cosas se superponen como en una naturaleza muerta holandesa —pintaban con detalle los objetos que eran luego tapados por otros— o como en los *overpaintings* de Max Ernst... En vuestro trabajo podemos ver la superposición de problemas técnicos, memorias, estadísticas, preocupaciones sociales, etc, aparentemente organizadas de una manera caótica pero que produce una vitalidad y una validez intrigantes. En esta tortuosa aproximación, ¿cómo explicáis esta inesperada unidad que sentimos en cada proyecto?

La unidad inesperada es una buena descripción de ese sentimiento. Una lógica sorprendente puede ser bastante útil, si no

Unity/Fragments

The lack of a fixed point of view that Mondrian described is perhaps linked to a northern vision and representation. It's not a narrative way of looking at things at all, where ideas and things overlap each other as in a Dutch still-life (they painted with detail the objects that were later to be hidden by others) or as in Max Ernst overpaintings... In your work we can see the overlapping of technical questions, memories, statistics, social concerns, etc...apparently organised in a chaotic way which produces an intriguing vitality and validity. In this torturous approach, how do you explain this unexpected unity that we sense in each project?

Unexpected unity is a nice description of that feeling. A surprising logic can be quite useful if it is not necessary to convince somebody

CAMPINGLAND. En una sociedad cada vez más individualizada, la clase media puede aumentar mucho: más gente que trabaja en menos horas. Una sociedad con una cantidad relativamente grande de trabajadores en casa, con relaciones laborales y sociales de carácter diverso y diferenciado. La ciudad se disuelve en una 'tierra' de parcelas más grandes y más pequeñas, que están organizadas por distintas series de redes. Casas, chalets, granjas, pequeñas viviendas, condominios y colonias se agrupan en un gran 'supercamping', donde el ambiente vacacional forma parte de la vida cotidiana. **VILLAGELAND.** En una sociedad que puede caracterizarse por la 'ley del más fuerte', aquéllos que tienen y aquéllos que no tienen se organizarán para proteger sus posesiones, o para luchar por obtener éstas. Esto lleva a ciudades que consisten en comunidades cercadas en mayor o menor medida, 'pueblos' o 'colonias'. Cuanto mayores sean las diferencias entre los grupos, mayor será la complejidad y más intensa la posible necesidad de cohesión. Bordeando estos pueblos con 'campos de fuego', su relativa autonomía queda asegurada, dando paso a los campos ecológicos requeridos.

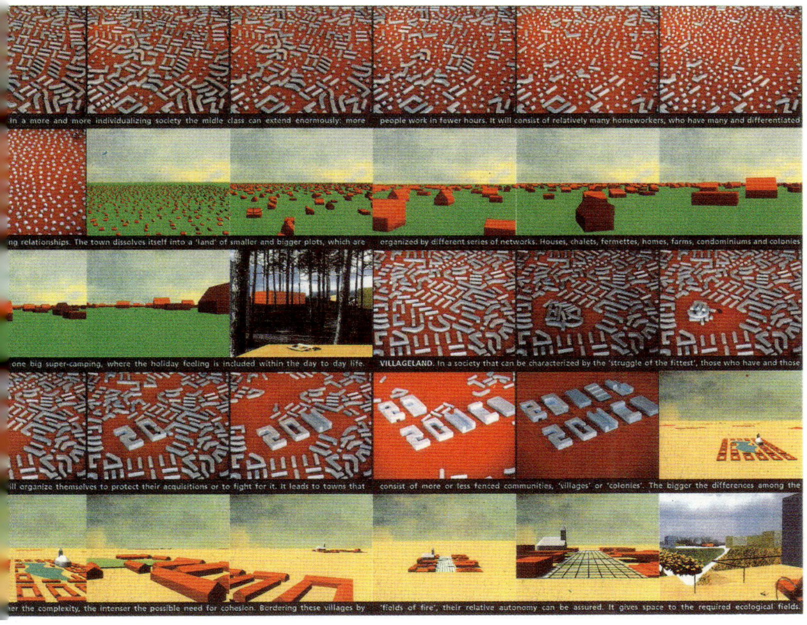

PERMANENCIA. Este tipo de urbanismo más ligero cuestiona la permanencia de la ciudad: ¿deberíamos considerar todo el tejido urbano existente como algo permanente? ¿Son todos nuestros edificios tan valiosos que deberían ser considerados como monumentos? ¿Puede reemplazarse este tipo de comportamiento urbanístico, pesado e inmutable, por uno de carácter más ligero en el que podamos dejar lugar para los experimentos y la imaginación? Si consideramos el valor económico del entorno construido, podemos revalorar su necesidad después de su funcionamiento. Evaluando la calidad de lo existente, se pueden prever enormes 'vacíos' y múltiples fantasías en el plazo de tres años, en los que pueden aparecer monumentos como el 'Mont St. Michel's'. La ciudad existente encuentra la oportunidad para disolverse en un paisaje de cambios. Extrañas mezclas de programa se hacen imaginables: desde vivir en una granja hasta ser granjero dentro de la ciudad. El 'cambio' encuentra su lugar dentro del urbanismo. Define el espacio para lo 'impredecible'.

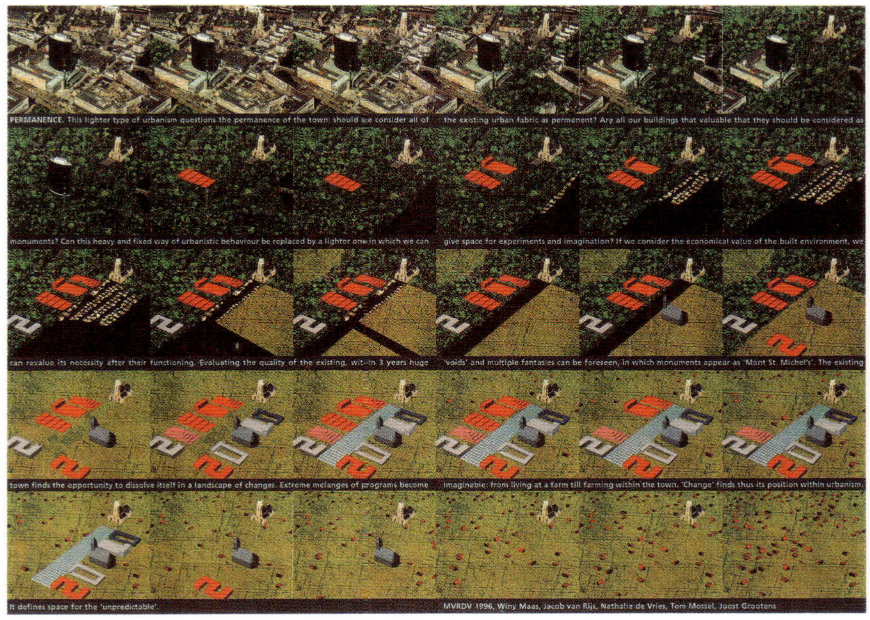

necesaria para convencer a alguien de tus ideas. Durante el proceso estas redes de razonamiento se hacen más y más ricas.

La cuestión es si estamos buscando ese elemento unificador, o por el contrario es un mero efecto secundario. Siempre hay elementos que se organizan de una forma que tiene sentido. Por ejemplo, en el centro comercial que estamos ahora diseñando en <u>Leidschenveen</u>. Las superficies del nivel del omnipresente aparcamiento son al mismo tiempo el espacio público que conecta y enlaza todo el programa planteado. Su forma se convierte en un signo que puede ser visto desde los alrededores.

Nuevos Territorios

¿Es el modelo de reformular el suelo un resultado de las operaciones geométricas ligadas a la papiroflexia y las técnicas de Origami, o es un problema de materialización del espacio a través de un sistema de percepciones fenomenológicas?

La cuestión específicamente importante en los Países Bajos es si se debe o no construir: en muchos casos nuestros proyectos tienen que ser edificados en áreas ya ocupadas por la propia naturaleza o por espacios públicos. Esto significa que siempre hay una relación dubitativa entre la cosa que tienes que construir y el lugar sobre el que en realidad vas a construir.

Vuestra pregunta se refiere a cuáles son los nuevos territorios que se deben hacer. Intentar extender espacio debido a la falta del mismo. Esta prolongación del lugar urbano, o de la planta baja, es muy popular en este momento. Se puede encontrar en el trabajo de cada vez más y más arquitectos; hay mucho cuento en las universidades acerca de trabajar con esto. No podemos intentar razonar toda manipulación del suelo —de tal manera que podamos convertirlo en una escalera cuando se necesite la escalera, convertirlo en una rampa cuando se necesite una rampa, una colina cuando se necesite una colina, etc.— con el fin de levantar una escenografía no-lineal, imaginable y susceptible de debate... Y con estas técnicas, se lleva el paisaje a la arquitectura. Es también sobre continuidad, por supuesto: de dentro y fuera...

about ideas. During the process, these webs or reasoning become richer and richer.

The question is, are we searching for this unifying element, or is it a mere side effect? There are always elements from this organisation which organise themselves into a meaningful shape. For instance in the mall we are now designing at <u>Leidschenveen</u>. The surfaces of the omnipresent parking layer are at the same time the public space that connects the given program. Its shape becomes a sign that can be seen from the surroundings.

New Territories

Is the model of reformulating the ground a result of the geometrical operations linked to the paper folding and Origami techniques, or is it a problem of materialisation of the space through a system of phenomenological perceptions?

I think the question of whether to build or not to build is specifically important in the Netherlands. In a lot of cases our projects have to be built on sites that are already 'occupied' by nature or public space. This means that there is always a dubious relationship between the thing you have to build and the site you are actually going to build it on.

I think your question is about what new territories have to be made. Trying to extend space due to the lack of it. This prolongation of the urban site or the ground floor is very popular at the moment. You can see it in the work of more and more architects; there is a lot of hype around at universities about working with that. Can't we try to give reason to every manipulation of the floor, so that we may turn it into a stair when the stair is needed, turn it into a ramp when a ramp is needed, a hill when a hill is needed, etceteras, in order to build up an debatable, imaginable non-linear scenography...? And of course with these techniques, the landscape is introduced into architecture. It's also about continuity of course: of inside and outside...

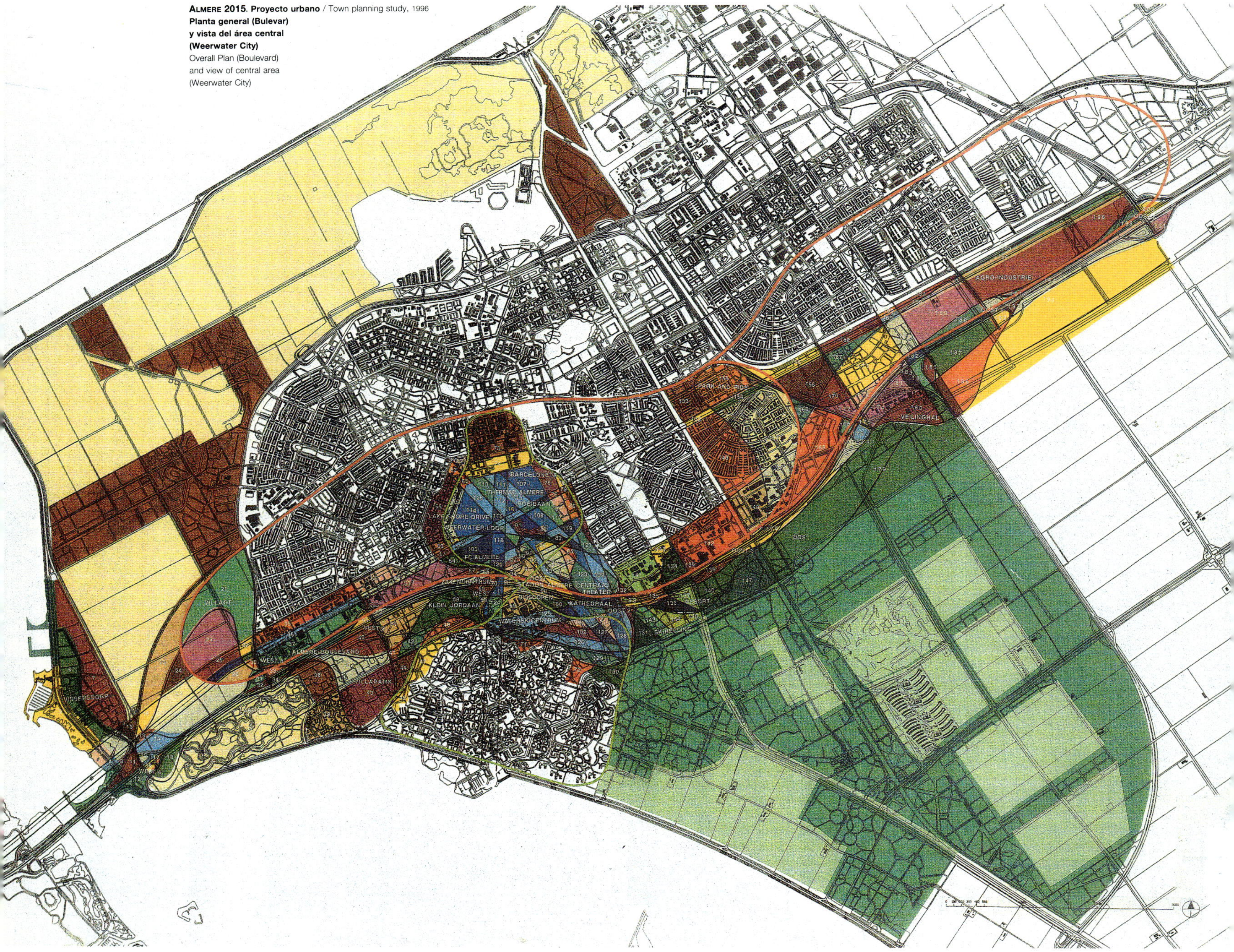

ALMERE 2015. Proyecto urbano / Town planning study, 1996
Planta general (Bulevar)
y vista del área central
(Weerwater City)
Overall Plan (Boulevard)
and view of central area
(Weerwater City)

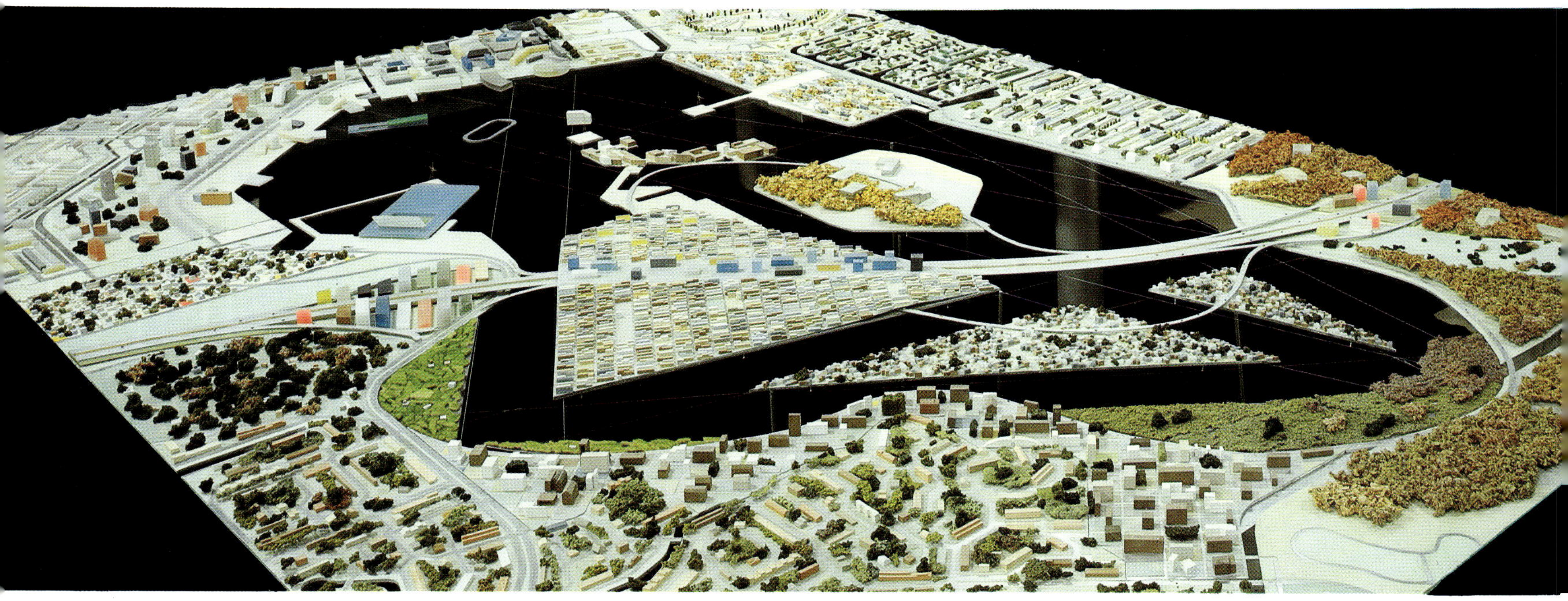

En los ochenta, la discusión era sobre pantallas, así que el problema se concentraba en las fachadas de los edificios —si debían ser totalmente permeables y entrópicas, etc.— y de alguna manera esta discusión ha avanzado ahora, de tal manera que el edificio entero, el espacio interior entero, se ha convertido en sujeto para la transición del paisaje.

Volúmenes/Superficies

La formación de volúmenes como resultado de superficies, como en los Grandes Almacenes en Meent o en la Casa Doble de Utrecht, es atractiva. Parece aquí que el espacio vive entre superficies más que entre volúmenes. Es interesante pensar que un único plano plegado da forma, continuidad a los pisos, techos, muros y planos esculturales. Esas superficies tienen a veces una forma topográfica como el paisaje interior de VPRO, o de una manera más independiente, en la Iglesia en Barendrecht o en las Piscinas Sloterpark, donde los pliegues de las superficies contienen el agua.
Otros edificios, como la Villa en Hasselt, emergen de un apilamiento de volúmenes secos con una vitalidad que emerge de los espacios libres entre las caras. En ambos casos, las visiones transversales en diagonal y las iluminaciones cruzadas dan cualidad a los espacios, de tal manera que las habitaciones aparecen como el exterior —aunque no lo sean— de los volúmenes cerrados. La vista simultánea de un gran número de niveles produce un conflicto y una duda en el observador y hace la percepción más animada. ¿Es esta técnica una expresión del espacio arquitectónico de hoy en día?

¡Estáis haciendo una pregunta excesivamente formal!... Algunas veces se suscita la discusión sobre cuándo debes, o no, usar vidrio en una fachada. Ese debate podría resumir este tema. Algunas veces se necesita intimidad. ¿Cuándo se necesita intimidad? ¿Cuándo se puede ser público? La frontera es curiosa en una era donde lo público y lo íntimo están ya tan entremezclados. ¿Cómo tratar con esta idea? Puede que algunas veces mostrando esto mediante la extensión de lo público al máximo, e intentando forzar la 'concentración' como un modo de supervivencia.

Bueno, nuestra pregunta estaba relacionada con el papel que juegan la estructura y la energía. Quizá reformulando las palabras de Viollet le Duc: "hay una poética en la estructura", podamos encontrar poética en la manera en que la arquitectura trata con la energía. Lo que encontramos interesante en el proyecto WoZoCo's es que el espacio y la estructura son la misma cosa, mientras que en otros proyectos, como en VPRO, hay una especie de independencia entre la definición del espacio a través de las superficies, y la estructura a través de una retícula abstracta impuesta....

A veces, el interior radica dentro de la superficie, a veces fuera, y entonces la estructura no siempre juega el mismo papel.

Porque ahí, el espacio, la estructura y la energía tienen el mismo perfil, no hay diferencia entre ellos. En cualquier caso, ¿es la estructura de columnas, con su carácter lineal, un residuo de la modernidad, o es el precio de la transparencia radical, en una arquitectura principalmente definida por superficies?

Sí, muy cierto. Pero el estado del arte no ha llegado tan lejos. Financieramente no podíamos permitirnos plantas descentralizadas que podrían haber ayudado en ese sentido. ¡Todavía no podíamos permitirnos conexiones sin columnas en ese edificio!

Creemos que habéis encontrado un modo de expresión personal, en WoZoCo's, donde la arquitectura está hecha por volúmenes más que por superficies. ¡Es un edificio fantástico!

¡Vaya! ¡Al final de esta conversación acabó apareciendo la palabra 'personal'!

Personal en el sentido que sospechamos la necesidad de establecernos en la naturaleza y en la cultura. Eso es algo que al final todo el mundo necesita hacer por sí mismo... Quizá no sea sólo algo relacionado con la 'originalidad'... ¿Preferiríais evitar esta palabra?

En realidad, no.

In the 80's the discussion was about screens, so the problem was focused on the layering of facades, if they should be totally permeable and entropical, etc., and somehow this discussion has now moved on, so actually the whole building, the whole interior space, has become subject to the transition of landscape.

Volumes/Surfaces

The formation of volumes as a result of surfaces, like in the Department Store at the Meent or the Double House in Utrecht, is attractive. It seems here that space lives between surfaces more than between volumes. It is interesting to think that a single folded plane gives form, continuity to floors, ceilings, walls and sculptural planes. Those surfaces sometimes have a topographic form like the interior landscape of VPRO, or in a more independent way, in the Church in Barendrecht or in the Sloterpark Swimming pool, where the folding of the surfaces contains the water. Other buildings, like the Villa in Hasselt emerge from a piling up of dried volumes with a vitality emerging from the free spaces between the faces. In both cases, the diagonal transversal visions and the crossed illumination bestow quality on the spaces, so that the rooms look like the exterior of the closed volumes (although they are not). The simultaneous view of a large number of levels produces a conflict and doubt in the observer and makes perception more lively. Is this technique an expression of the architectural space nowadays?

I think you are asking an excessively formal question! We sometimes have a discussion about when you should and should not use glass on a facade. That debate might summarise your topic. Sometimes you need intimacy. When do you need intimacy? When can it be public? The border between them is intriguing in an era where the public and the intimate are so intermingled. How to deal with this notion? Maybe sometimes by showing this through an extension of the public to a maximum, and thus trying to force 'concentration' as a way to survive.

Our question was actually related to the role played by the structure and energy. Maybe by reformulating Viollet le Duc's words "There is poetics in the structure", we can find poetics in the way that architecture deals with energy. What we find interesting in WoZoCo's is that space and structure are the same thing, whereas in other projects, as in VPRO, there is a kind of independence between the definition of space through surfaces, and the structure through an imposed abstract reticule...

Sometimes the interior lies inside, sometimes outside the surface, and structure does not always play the same role.

Because there, space, structure and energy have the same profile- there is no difference between them. In any case, is the column structure, with its linear character, a residue of modernity or is it the price of radical transparency, in a architecture mostly defined by surfaces?

Yes, very much so. But the state of the art has not got that far. Financially we couldn't afford decentralised plants which could have helped in that way. We couldn't afford connections without columns in that building yet!

We think you have found a personal form of expression, in WoZoCo's, where architecture is created through volumes rather than surfaces. It's a fantastic building!

Fancy that! The word 'personal' finally comes out right at the end of this discussion!

Personal in the sense that we suspect there is a need to establish ourselves in nature and culture. This is something which ultimately everybody needs to do by themselves... maybe this is not just something related to originality... would you prefer to avoid this word?

Not really.

[una conversación con Winy Maas, Jacob van Rijs y Nathalie de Vries]

REDEFINIENDO LAS HERRAMIENTAS DE LA RADICALIDAD

CRISTINA DÍAZ MORENO Y EFRÉN GARCÍA GRINDA

Primavera, 2002

En la mayoría de prácticas culturales, la necesidad de establecer previamente una estructura teórica personal a la que el trabajo va a referirse y a las que cada exploración va a terminar por ejemplificar, parece haber quedado desplazada ahora en favor del interés por los modelos de trabajo, por los procedimientos y las herramientas con las cuales éste se ejecuta.

Las que podríamos llamar técnicas de la intersubjetividad, es decir, el conjunto de prácticas que permite compartir ámbitos hasta ahora privados, parece haberse adueñado del dominio público. Lo que parecía reservado al secreto del oficio, aquello que no debía ser desvelado, es ahora sobreexpuesto, mostrado, explicitado y objeto de textos y discusiones públicas. Si antes quedaba reservado como algo cuya ocultación garantizaba la continuidad de una práctica, ahora se exhibe sin pudor, y su crítica y renovación es lo que permite, más allá de la heterogeneidad de maneras y resultados divergentes, trazar el difícil panorama de las prácticas culturales contemporáneas. Ni las obras en sí mismas, ni las argumentaciones que las generan parecen concitar el interés de décadas pasadas. Sólo los modos, las herramientas y los protocolos de trabajo suscitan en el ámbito público suficiente masa crítica de discusión. Quizá por eso, para los arquitectos no hay nada más morboso que las fotografías del interior de los estudios mostrando una jornada habitual de trabajo; y los críticos se han convertido en escudriñadores de lo ajeno y en guías de paseos imaginarios por lo que antes eran espacios de visita imposible.

Siempre habíamos pensado que una entrevista era una forma relajada e indirecta para algunos autores de elaborar una introducción a su obra, sin que estuviera demasiado presente el ansia por establecer principios de orden teórico; que permitía hacer fluir intereses, visiones y aproximaciones que, favorecidos por la aparente naturalidad de la conversación, se pudieran presentar sin tapujos como subjetivos y contingentes. Que, modificando el modelo de preguntas y respuestas, era una herramienta de trabajo con la que combinar ese grado de necesaria obscenidad en la exposición pública del interior de una oficina, de sus herramientas, trucos e incluso de su ambiente físico, con la oportunidad de fijar las preocupaciones que en un momento determinado animan la practica de un autor u oficina. Así es que para nuestra conversación con los tres integrantes de MVRDV, más que preguntas preparamos una extensa lista de temas que pensábamos utilizar como guías para conducir la conversación.

Pero, como resulta sencillo entender, una entrevista en la que intervienen cinco personas intercambiando visiones e ideas acerca de ciertos temas, se asemeja más a una intensa reunión de trabajo en la que priman la divergencia, la diferencia entre pareceres y la abundancia de ideas expresadas del modo más claro y rápido posible, que a una conversación precisa y dirigida en la que resultaría crucial concentrarse en una línea teórica compartida. Al igual que ocurre cuando MVRDV proyectan —como más tarde descubriríamos— nuestro encuentro resultó ser una concentración de discursos personales autónomos, que muchas veces se producían en paralelo, solapándose de manera atropellada en ocasiones, y superponiendo el final de una argumentación con una afirmación que casi la contradecía. Sus intervenciones fueron construyendo progresiva y aditivamente un discurso en el que, paradójicamente, resultaba complicado distinguir con precisión las aportaciones de cada uno.

[a conversation with Winy Maas, Jacob van Rijs and Nathalie de Vries]

REDEFINING THE TOOLS OF RADICALISM

CRISTINA DÍAZ MORENO & EFRÉN GARCÍA GRINDA

Spring, 2002

In most cultural practises, the need for a personal theoretical structure that a work must refer to, and which each exploration ultimately exemplifies, now seems to have been replaced by an interest in working models, and the procedures and tools used to implement this work.

What be could called techniques of intersubjectivity, in other words, a set of practises that enables hitherto private environments to be shared, seems to have taken hold of the public domain. What seemed to be kept as a trade secret, something that could not be revealed, is now overexposed, on show, made explicit and turned into the subject of texts and public debate. It used to be restricted, its very occlusion being a guarantee of the continuity of a practice, whereas now it is displayed brazenly and its criticism and renewal are what enable us to trace the difficult panorama of modern cultural practice, beyond the diversity of manners and divergent results. Neither the works as such nor the arguments that generate them seem to stir the same interest as in past generations. Only the fashions, tools and protocols of work arouse sufficient critical mass to trigger any debate in the public sphere. Perhaps that is why architects take such delight in perusing photos of a normal day's work in their peers' studios, and critics have become scrutinisers of others or guides on imaginary tours through spaces that were previously impossible to visit.

We used to think that an interview was a relaxed, indirect way for authors to sketch an introduction to their work without too much anxiety to establish principles of theoretical order; which allowed interests, visions and approaches, encouraged by the apparently natural style of the conversation, to flow unhampered and be presented as subjective and contingent ideas. We though that by changing the question-answer model, an interview would be a useful tool to combine that degree of necessary obscenity of the public exposure of an office interior, its tools, tricks of the trade and even its physical environment, with the chance to define the concerns which motivate the practice of an author or a studio at a given point. So, instead of drafting questions for our conversation with the three members of MVRDV, we prepared a long list of topics to use as a script for the discussion.

However, as the reader can easily imagine, an interview involving an exchange of visions and ideas about certain subjects between five people is more like an intense staff meeting in which divergence, differences between approaches and a flood of ideas are expressed as fast and clearly as possible, rather than being a precise, guided conversation that has to focus on a shared line of theory. As we were to discover later, our encounter ended up resembling the atmosphere when MVRDV are designing: a cluster of independent personal discourses which often ran parallel, sometimes overlapping or colliding, and sometimes superimposing an almost contradictory statement over the end of the previous argument. Their contributions were a progressive, additive construction of a discourse in which, paradoxically, it was difficult to clearly distinguish the input of each person.

Como consecuencia de ello, la pluralidad de las mismas, la desatención por la genealogía de las ideas, la singularidad o la contundencia de las afirmaciones —mezclado todo ello con una cierta alergia a la complicación y al discurso intelectualizado de muchos de sus colegas— acabó por reflejarse irremediablemente en la entrevista, que se sucedió de manera itinerante por su recién ocupada oficina, favorecida seguramente por la abundancia de espacio: después de sucesivas ampliaciones en las que fueron fagocitando físicamente el espacio de otras oficinas de arquitectura con las que MVRDV compartían edificio, la abundancia de invitaciones a concursos restringidos, y algunos nuevos encargos, les decidieron a mudarse a este nuevo espacio.

Su nueva sede es un edificio industrial de dos plantas construido a principios de siglo, en el que la abrumadora cantidad de maquetas de trabajo —de resina, *foam*, plástico o cartón— se despliegan libres de las restricciones dimensionales de su antigua oficina. En las naves longitudinales de la planta baja, en las que trabajan sus colaboradores, apenas es posible distinguir planos o grandes dibujos entre el material disperso encima de las mesas. El trabajo de MVRDV se centra en la producción de cuadernos de pequeño formato —folletos en la jerga del estudio— en los que se recoge el material elaborado para un proyecto o una investigación, incluidos los aspectos técnicos necesarios. Su oficina se ha transformado en una factoría de producción de ideas que se materializan en forma de pequeñas publicaciones —el estudio, a pesar de su tamaño, carece de impresoras de gran formato— más que en una oficina dedicada a elaborar documentación técnica.

Quizá por ello, el ambiente parece completamente relajado —los integrantes del estudio se jactan, con evidente satisfacción, de la diferencia en las condiciones laborales, horario y ausencia de presión con respecto a otros estudios de la ciudad— incluso ante el ritmo acelerado de trabajo, la simultaneidad de entregas o la imposibilidad de consultar algún aspecto durante la entrevista —que resultaba ser una de las escasas ocasiones en la que los tres fundadores de la oficina coincidían físicamente en ella—.

Durante el encuentro, pocos temas consiguieron que los integrantes de MVRDV se alejaran de exposiciones cortas —enunciadas de forma sintética y efectiva— con las que evitaban responder de forma directa a las preguntas, para reconducirlas a terrenos diferentes, o simplemente desactivarlas. Descubrimos que MVRDV no son conversadores; eluden con habilidad los temas hasta que encuentran un punto donde concentrar su respuesta. Entonces son contundentes, claros y directos. Elaboran su discurso casi en términos propagandísticos, con afirmaciones que utilizan una calculada insolencia y que tienden a presentar la pregunta como erróneamente formulada para, buscando otro campo de intereses, volverla a lanzar reformulada socráticamente en términos completamente diferentes.

As a result, their pluralism, their lack of concern for the genealogy of ideas, the uniqueness or the conviction of their statements, all mixed with a degree of aversion for complication and the intellectualised discourse of many of their colleagues, ultimately became reflected in an almost peripatetic interview around their new office, no doubt encouraged by the abundance of space. After a series of extensions which physically poached space from other architects' studios that shared the building with MVRDV, the number of invitations to restricted competitions and new commissions made them decide to move. Their new headquarters is a two-storey industrial building built at the start of the last century, in which the overwhelming volume of working models in resin, foam, plastic and cardboard are laid out without the dimensional restrictions of their former studio. In the longitudinal rooms on the ground floor used by their associates, one can barely distinguish plans or large-format sketches from the material scattered across the tables. The work of MVRDV is focused on the production of small-format notebooks, pamphlets in the studio jargon, which contain the material produced for a construction or research project, including the necessary technical details. The office has been turned into a factory of ideas that are materialised in the form of small publications (despite its size, the studio lacks large-format printers) instead of being an office used for the production of technical documents.

Perhaps that is why the environment seems relaxed. The members of the studio boast with obvious satisfaction about the differences in comparison to other studios in the city in terms of working hours, conditions and lack of pressure, despite the accelerating pace of work, the simultaneous deadlines and their inability to consult on certain details during the interview, which turned out to be one of the few occasions when the three office founders have physically coincided in it.

During our meeting, there were few subjects that drew the members of MVRDV away from pithy explanations, pronounced synthetically and effectively in a way that enabled them to avoid direct answers and shift the topic onto different ground or simply disarm it. We discovered that MVRDV are not conversationalists; they nimbly avoid the issue until they discover a point on which they can focus their answers. Then they become emphatic, clear and direct. They weave their discourse in almost propaganda-like terms, with statements that use a calculated insolence and a tendency to regard the question as wrongly worded, only to seek out a different area of interest and reformulate it socratically in completely different terms.

→ **APARTAMENTOS WOZOCO**
WOZOCO'S APARTMENTS FOR ELDERLY PEOPLE
Amsterdam-Osdorp, The Netherlands, 1994/1997

→→ *FARMAX*
Recorridos en torno a la densidad
FARMAX
Excursions on density
1998

1 Investigación como Práctica

Desde el arranque de vuestra trayectoria, habéis asumido la investigación como una tarea necesaria, y a ella dedicado no pocos esfuerzos. A través de su práctica radical parece que se ha desarrollado el perfil de vuestros intereses. Sorprende esa combinación simultánea de investigación y práctica profesional (tan estimulante) de vuestra producción. ¿Cómo implementáis la investigación en la práctica?¿Cuáles son los procedimientos que hacen posible conectar eficazmente esos dos ámbitos y que se realimenten constantemente?

Para nosotros la combinación de práctica e investigación es imprescindible, y durante los últimos años, esa relación se ha intensificado gradualmente. Sin la existencia de *Farmax*, no habría habido WoZoCo's, o sería completamente distinto; sin *3d City* no habría Pinault; incluso, sin Silodam nunca habríamos llegado a idear *Functionmixer...* Hasta los proyectos de menor escala poseen cualidades que generan información y herramientas aplicables en ámbitos más amplios. Esto ocurre hasta en proyectos realmente minúsculos —como en las casas de Borneo—, donde la confrontación con el tamaño de las parcelas a través del trabajo con la densidad, derivó inevitablemente hacia una investigación sobre la implosión dimensional: sobre cómo vivir en el espacio más pequeño imaginable.

En una profesión implicada directamente en la planificación y, por lo tanto, en lo que está por venir, las exploraciones que se proyectan hacia el futuro parecen elementales y necesarias. Y ya que no podemos saber con exactitud lo que el futuro nos depara, esas investigaciones tienen que estar basadas necesariamente en hipótesis y especulaciones; pero, aún así, tienen la inmensa capacidad de generar un conocimiento más profundo sobre nuestros escenarios de trabajo y, por lo tanto, resultan extremadamente útiles.

En cualquier proyecto o concurso nos resulta imprescindible acometer una labor de búsqueda que permita explorar las posibilidades de un tema específico. Algunos de esos ejercicios pasan a formar parte de un catálogo más amplio de temas e intereses, o del dominio de una investigación de mayor alcance. Lo que comienza siendo específico se convierte en relevante para propósitos más genéricos. Incluso, desde hace dos años, un grupo de trabajo de nuestra oficina se dedica de modo permanente a tareas de investigación. Es una tarea financiada por escuelas, universidades, gobiernos locales o nacionales, y empresas privadas, o editoriales.

1 Research as Practice

From the outset, you have regarded research as a necessary task, and you have devoted a considerable amount of your effort to it. This radical practice seems to have shaped the outline of your interests. This stimulating aspect in your production of simultaneously combining research and professional is surprising. How do you implement your research in the practice of MVRDV? What procedures have enabled you to link these two fields and their ongoing feedback so efficiently?

For us, the combination of practice and research is indispensable. For the last few years this relationship has gradually intensified. If it hadn't been for *Farmax*, WoZoCo's wouldn't have existed or it would have been completely different; without *3d City*, Pinault wouldn't have exist; and without Silodam, we never would have been able to come up with *Functionmixer*... Even the smallest-scale projects have qualities that generate information and tools that are applicable in larger scenarios. This happens in really minuscule projects, like the case of the Borneo houses, where a confrontation with the size of the allotments through our work with dimension inevitably led to research into dimensional implosion: about how to live in the smallest imaginable space.

In a profession that is directly involved in planning and hence in what is to come, explorations that are projected into the future seem elementary and necessary. And because it's hard know exactly what is in store for us in the future, this research has to be based on hypotheses and speculations. But even so, they have the immense capacity to generate deeper knowledge about our working scenario and so they become extremely useful.

In any project or competition, we find it indispensable to carry out a search that enables us to explore the possibilities of a specific subject. Some of these exercises become part of a larger catalogue of subjects and interests, or the domain of broader research. What begins as specific ends up being relevant to more general proposals. In addition, for the last two years one of the task groups at our office has been working full-time on research topics. It is being funded by schools, universities, local and national governments, private companies and publishing houses.

→ *FUNCTIONMIXER*
Estudio en torno a la mezcla de funciones
Study on functionmixing
2001

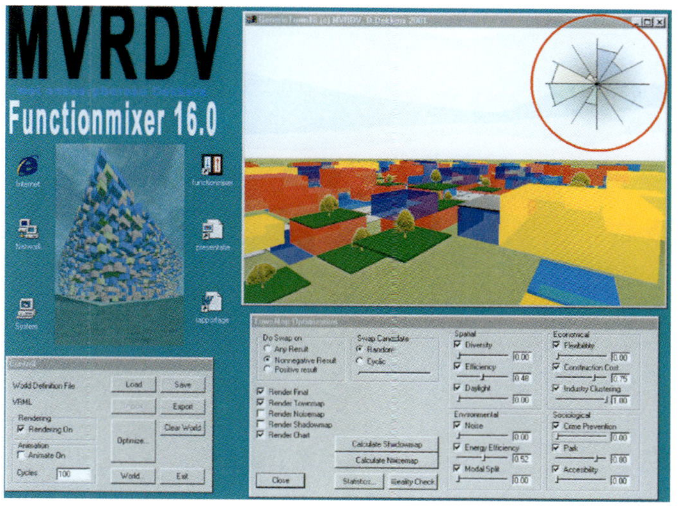

Los trabajos abarcan desde las investigaciones hipotéticas de *3d City,* desarrolladas en entornos universitarios, hasta desarrollos aplicados de fragmentos de *3d City* para Ballast Nedam —una constructora y empresa de ingeniería holandesa—, o para parte del planeamiento regional de los Países Bajos, la cuenca del Ruhr, Cataluña o Suiza, o bien analizan las posibilidades de agrupaciones comerciales en entornos periféricos densos para IKEA, o de paquetes de *software* como el *Functionmixer* —financiado por una beca nacional de investigación holandesa, y desarrollado en combinación con los gobiernos locales— el Regionmaker y el Housemaker —que hemos elaborado para una nueva Exposición sobre el tema de la Vivienda—. Con la editorial Actar hemos iniciado una nueva serie de publicaciones en las que se mostrará, tres veces al año, el resultado de estas investigaciones.

The work stretches from the hypothetical research of *3-D City,* developed in university environments, to applied developments of fragments of *3-D City* for Ballast Nedam, a Dutch construction and engineering firm, or for part of the regional plan in the Netherlands, the Ruhr basin, Catalonia and Switzerland, or the potential of shopping complexes in dense peripheral locations for IKEA, or software packages like *Functionmixer,* funded by a Dutch national research grant and developed in conjunction with local governments, the Regionmaker and the Housemaker, which we have designed for a new exhibition on the subject of housing. With the publishing firm Actar we have begun a new series of books or magazines that will present the results of this research three times a year.

Investigar tiene que ver con inventar uno mismo las herramientas y los procesos con los que abordar los problemas. Desde fuera, buena parte de vuestro trabajo más radical parece haber estado centrado en lo urbano, y más específicamente en cómo generarlo. ¿Han sido desde el principio la 'hiperdensificación' y la 'ligereza' las palabras claves que han generado la secuencia de intereses?

Research has something to do with inventing the tools and processes to tackle the problems. From the outside, a considerable part of your most radical work appears to have been focused on urban aspects, and more specifically on how to generate it. Have hyperdensification and lightness been the keywords that have generated your sequence of interests from the outset?

En realidad, no. Ha habido una evolución natural en todas esas investigaciones. Es como si la selección de un tema siempre implicara el siguiente o, al menos, lo descubriera. El aspecto público de cada paso de ese trabajo ha estimulado y fomentado la crítica. Por lo tanto, ésta ha devenido a lo largo de los años en parte integrante del propio proceso de evolución de los temas —desde *Farmax*, vía *Metacity/Datatown,* hasta *3d City, Pigcity, Functionmixer* con *Agromixer* y *Regionmaker*—. Y también ha ocurrido con el proyecto sobre satélites, que puede que sea el proyecto reciente más interesante que haya salido del Instituto Berlage.[1]

Not really. There has been a natural evolution in all of this research. It is as if the choice of a topic always implied the next one, or at least discovered it. The public aspect of each step in this work has stimulated and encouraged criticism. So, over the years this has become an integral part of this evolutionary process of the subjects; from *Farmax*, via *Metacity/Datatown,* to *3d City, Pigcity, Functionmixer* with *Agromixer* and *Regionmaker*. And it has also happened with the project on satellites, which could be the most interesting work that has come out of the Berlage Institute.[1]

1 Este proyecto reflexiona sobre la capacidad productiva global del planeta, y analiza el cálculo ecológico de las necesidades alimenticias de la Tierra. En el supuesto de que todos nosotros adoptáramos el modelo actual de consumismo americano, y aceptáramos como hipótesis el crecimiento de la población durante 30 años en un cien por cien, entonces necesitaríamos aproximadamente ocho planetas Tierra para resolver el problema ecológico. Eso quiere decir que, o cambiamos radicalmente nuestros hábitos, o inevitablemente necesitaremos ampliar la Tierra, por ejemplo, proyectando y construyendo satélites en el espacio exterior —además, los tomates crecen mejor a 10.000 kilómetros de altitud—. Esos nuevos enclaves agrícolas serían lunas artificiales alrededor de la Tierra. Y eso implicaría una nueva tarea, que desafía a la arquitectura, a sus herramientas y a sus límites.

1 This project meditates on the global production capacity of the planet, and analyses the ecological footprint of the food requirements of the Earth. If we were all to adopt the current US consumption model and we accept the hypothesis that in 30 years, the world's population will have grown by 100%, we will need roughly eight Planet Earths to resolve the ecological problem. In other words, we must either change our habits radically or we will need to expand the size of the world. By designing and constructing satellites in outer space, for example, given that in any case, tomatoes grow better at an altitude of 10,000 kilometres. These new agricultural colonies would be artificial moons circling the Earth. This involves new tasks that are challenging architecture, its tools and its limits.

→ *PIGCITY*
Diseño y estudio acerca de las nuevas posibilidades de densificación en agricultura
Design and study about new densification possibilities in agriculture
The Netherlands, 2000

¿Tiene algún significado para vosotros la palabra 'pragmatismo'?¿Quizá la absoluta primacía de la práctica sobre otros aspectos; incluso cuando uno encara la investigación?¿O sólo la necesidad de basar vuestro trabajo —y por tanto, la teoría personal— en la definición de unos instrumentos prácticos ligados a unos problemas concretos?

¿Pragmatismo? Jamás empleamos esa palabra. Quizá se trate de una consecuencia del hecho de que seamos holandeses y desde fuera la gente nos vea como pragmáticos. Pero aquí, en Holanda, lo 'pragmático' no es realmente un asunto transcendente, ni siquiera suscita interés; se percibe meramente como parte de nuestra historia y cultura, como una especie de 'actitud calvinista'. En cualquier caso, los análisis pragmáticos ayudan a entender las reglas y la lógica de los sistemas complejos que nos rodean, y también empujan a ser precisos, no sólo intuitivos. La actitud pragmática se podría entender como una necesidad por trabajar con mayor precisión. Hace falta tener esa clase de precisión extrema en tu trabajo para poder convencer a la gente del valor y la utilidad de algo que no es habitual, y que, por eso mismo, no responde a modelos aceptados o establecidos.

Ser 'pragmáticos' para nosotros tiene que ver con tener una relación distinta y renovada con las ideas. Esa actitud nos ayuda a percibir las ideas como planes de acción, como algo que nos permite vislumbrar una manera diferente de encarar los problemas, de desbloquearlos. ¿Os identificáis con alguno de los filones del pragmatismo como filosofía? ¿O simplemente creéis que se trata de una mera negación de problemas metafísicos, de una despreocupación por cuestiones no derivadas de la resolución práctica de los problemas?

Los análisis pragmáticos también ayudan a cuestionar temas más cercanos a lo metafísico. En algunos de nuestros métodos de investigación se expresa esa dependencia mutua, como, por ejemplo, en *Datascapes,* en el que intentamos mostrar cómo, llevando lo arquitectónico al límite, sus limitaciones se hacen visibles y debatibles. En *3d City* y en *Functionmixer* empleamos el método contrario. Iniciamos, mediante el establecimiento de ciertos ideales urbanos, una serie de investigaciones, utilizando métodos que abordan temas tales como la complejidad, la globalización, lo urbano o lo político.

2 Identidad e Interiorización Espacial

En muchos de vuestros proyectos parece haber una preocupación constante por cómo generar una identidad propia del edificio, sobre cómo clarificarla y hacerla transmisible. El edificio muestra así claramente lo que es. Uno nunca pensaría que su naturaleza, y las leyes implicadas en su generación, son diferentes de lo que, orgu-

Does the word 'pragmatism' mean anything to you? Perhaps the absolute primacy of practice over other aspects, even when one tackles research? Or just the need to base your work and hence your personal theory on the definition of practical instruments linked to specific problems?

Pragmatism? We never use that word. That might be a consequence of the fact that we are Dutch and from outside, people regard us as pragmatists. But here in Holland, it is not really an issue, and it does not even arouse any interest; it is merely regarded as being part of our history and our culture- a sort of 'Calvinistic attitude'. In any case, pragmatic analysis helps to understand the rules and the logic of the complex systems around us and forces us to be precise, not just intuitive. One could define a pragmatic attitude as the need to work with more precision. You need that extreme sort of precision in your work if you want to convince people about the value and the usefulness of something that is unusual, and that doesn't respond to accepted or established models.

For us, being 'pragmatic' has to do with having a different, renewed relationship with ideas. This attitude helps us to perceive ideas as action plans, as something that gives us a different sort of outlook to face up to problems, to unblock them. Do you identify with some of the lines of pragmatism as a philosophy, or do you simply believe that it is merely a negation of metaphysical problems, a lack of concern for issues that do not derive from the practical resolution of problems?

Pragmatic analysis also helps to question issues that are closer to metaphysics. That mutual dependency is expressed in some of our research methods, as in *Datascapes*, for example, where we try to show how, by pushing architecture to the limit, its limitations are made visible and debatable. In *3-D City* and *Functionmixer*, we use the opposite method. We start a series of investigations with the establishment of certain urban ideas, with methods that tackle issues like complexity, globalization, urbanity or politics.

2 Spatial Identity and Interiorization

In many of your projects there seems to be a constant concern with how to generate an identity for a building, about how to clarify it and make it transmissible. The building clearly shows what it is. One would never think that its nature and the rules involved in its generation are different from what it displays so

→ *METACITY / DATATOWN*
1998

llosa y claramente, muestra. El objetivo parece ser que nada difumine esa lectura, sino presentar el edificio como lo que claramente es, hacer su identidad perfectamente visible. ¿Por qué ésa confianza en un único criterio muy claro?

clearly and proudly. The objective seems to be to prevent anything from blurring that reading, and instead, displaying the building clearly as what it is; making its identity perfectly visible. Why do you put such trust in a single, clear criterion?

La expresión de los edificios es resultado de un proceso complejo. Es una manera de decir: esto es lo que realmente importa. Es un error pensar que un edificio de aspecto complejo represente necesariamente una sociedad compleja. Nosotros muchas veces elegimos conscientemente el extremo opuesto: exponer únicamente lo más importante, eliminar el ruido en el resultado final. Pero esto no tiene nada que ver con mostrar la identidad. Está claro que podemos elegir una determinada identidad y que, además, un color o la sección de un edificio no constituyen por sí mismos su identidad. Lo que tratamos de señalar es más bien el modo en que los edificios se comportan justo en el límite entre interior y exterior, o cómo negocian con lo público y lo privado.

The expression of buildings is the result of a complex process. It is a way of saying, 'This is what is really important'. It is a mistake to think that a complex-looking building necessarily represents a complex society. We often deliberately choose the opposite extreme, only showing what is most important and deleting the noise from the final result. But that has nothing to do with showing its identity. It's clear that we can choose a certain identity and that in addition, a colour or a section of a building do not, in themselves, constitute its identity. What we try to show is rather the way that buildings behave right on the borderline between interior and exterior, or how they negotiate with public and private.

Bajo nuestro punto de vista, ese interés por la identidad no sólo se manifiesta en los *edificios* de MVRDV, sino también, y quizá más claramente, en los proyectos urbanos o regionales. De alguna manera, y paradójicamente, cuanto mayor es la escala más se acentúan las singularidades.

The way we see it, this interest in identity is not only displayed in MVRDV's buildings, but also, and perhaps more clearly, in your urban or regional planning projects. Somehow, paradoxically, the greater the scale, the more accentuated the singularities.

En un momento como el presente, tan confuso con respecto al futuro, nuestra idea es que debemos trabajar con regiones. ¿Debemos procurar que existan regiones que presenten caracterizaciones económicas específicas en el mundo, sí o no? ¿O las singularidades de las regiones desaparecerán en el futuro? Éste resulta un tema fascinante cuando se trata de discutir sobre identidad.

Una postura muy aceptada es la que señala que una razón para seguir confiando en la singularidad de estos enclaves es tener distintas identidades, distintos caracteres y, sobre todo, una alta especialización. Por una parte, en sí misma esta especialización impulsa el progreso —y por lo tanto, profundiza en él— y por otra, podría estimular el potencial y la mutua interdependencia entre las regiones. Y, en un período posterior, conduciría a una estabilización de la mayor parte de las áreas del globo. Pero mucha gente también opina que deberíamos dejar de acentuar las singularidades para tender a ser más globales —seguramente en razón a las posibilidades y los desafíos que plantea el mundo virtual—. Es un tema crucial que tenemos en nuestras manos en este momento.

At a time like this with such confusion about the future, we believe we have to work with regions. Should we strive to ensure that there are regions with specific economic features in the world or not? Or should the individual features of regions disappear in the future? This is a fascinating subject when you are trying to discuss identity.

One widely accepted position points out that one reason for continuing to confide in the special features of these enclaves is the fact that they have different identities, different characters, and above all, a high degree of specialisation. On the one hand, this specialization in itself impels progress, and thus takes it to a deeper level, and on the other hand, it can stimulate the potential and mutual dependency amongst regions. At a later stage, it may also lead to a stabilization of the majority of the areas around the globe. But many people also think that we should also stop accentuating individualities and instead tend to be more global, probably due to the possibilities and challenges posed by the virtual world. This is a crucial issue at hand right now.

¿Forma parte de vuestra agenda el establecer unas mínimas pautas estilísticas, una especie de *manera* MVRDV que permita ofrecer una clara imagen de oficina hacia el exterior? ¿O seguís empeñados en trabajar solamente en el modo y en las herramientas con las que se encaran los problemas? La definición de los instrumentos de trabajo

Is the establishment of minimum stylistic patterns part of your agenda— a sort of MVRDV style that allows you to project a clear image of your office to the outside world? Or do you still insist on only working in the way and with the tools that are used to tackle problems? The definition of your working instruments seems

→ **HAN HIGHSCHOOL**
Escuela del departamento de salud y bienestar social
School building for the department of health and welfare
Arnhem-Nijmegen, The Netherlands, 2000-

parece ser una de vuestras principales preocupaciones, pero cuando uno repasa los proyectos de los últimos años, muchos de ellos comparten preocupaciones formales. ¿Es difícil escapar de un mínimo determinismo formal en la práctica de la arquitectura?

to be one of your major concerns, but when one looks over your projects from the last five years, many of them have common formal concerns. Is it hard to escape from a minimum degree of formal determinism in architectural practice?

La forma ayuda a mostrar el contenido. Sería estúpido pensar en la existencia de una arquitectura sin forma. Podríamos razonar y discutir acerca de la cantidad de aspectos formales de un proyecto. Algunas veces la parquedad ayuda a cumplir los fines que se persiguen; otras, lo sobrecargado.

Form helps to display content. It would be silly to think of architecture without form. We could reason and debate the number of formal aspects in a project. Sometimes terseness helps to achieve your set goals, but at other times an overloac does the same thing.

De los temas recurrentes en vuestra producción quizá destaca la cantidad de trabajo dedicado en proyectos y escritos a la creciente interiorización espacial; de hecho buena parte de los proyectos de la oficina ensayan, de modo directo o indirecto, este planteamiento.

Amongst the recurrent themes in your projects, what possibly stands out is the amount of work in projects and writings devoted to the growing spatial interiorization. In fact, a considerable part of the projects test this proposition either directly or indirectly.

Los edificios que nuestra oficina diseña suelen estar directamente ligados a actitudes generales, a los intereses e investigaciones de los que hemos hablado. Pero es más importante la idea de que en todos ellos estamos implicados en proyectar verdaderos espacios tridimensionales, en generar ciudad en tres dimensiones. En primer lugar, todos estos proyectos pueden leerse como nuestra crítica más profunda a la interiorización —como se mostraba en el capítulo sobre *icebergs* de *Farmax*—.

En segundo lugar, hay un gran potencial para un futuro desarrollo sostenible si consideramos las aglomeraciones urbanas como conjuntos integrales e interdependientes. Nosotros trabajamos constantemente con la idea de mezclar funciones, integrar diferencias y diseñar objetos que sean capaces de modificar sus cualidades y características en el futuro.

Además, nos preocupan los aspectos sociales, y nos planteamos cómo trabajar con la mezcla de funciones, haciendo de ella algo interesante y deseable bajo determinadas circunstancias de densidad y compacidad espacial.

Y en tercer lugar, en las cajas y sólidos vaciados trabajamos con la interiorización espacial, porque al tratarse de un entorno habitable es mucho más relevante trabajar con ese espacio interior que con una fachada —el proyecto de Nijmegen/HAN University se ha vaciado totalmente, y propone un interior continuo que ejemplifica claramente esta idea—.

Además, al tratarse de una especie de refugio, el volumen puede ser proyectado desde el interior hacia fuera; se podría comparar con la manera en la que se diseñaron coches, como el *Espace*, el *Scenic* o el *Twingo*: sus diseñadores buscaban maximizar las posibilidades internas trabajando preferentemente con las dimensiones y condiciones del interior. El resultado es un coche cúbico cuyo exterior está determinado por esas cualidades interiores y no por un diseño de carrocería más o menos comercial.

The buildings designed by our office are usually directly related to general attitudes, interests and the research we have talked about. But what is more important is the idea that we are all involved in designing real three-dimensional spaces, in generating a city with three dimensions. In the first place, all of these projects can be read as our deepest critique of interiorization — as shown in the chapter on *Icebergs* in *Farmax*—.

Secondly, we think that there is great potential for future sustained development if we consider urban agglomerations as integrated and interdependent units. We are constantly working with the idea of mixing functions, integrating differences and designing objects that are capable of modifying their qualities and characteristics in the future.

We are also concerned with social aspects, and we propose a way of working with the mixture of functions, making it something interesting and desirable under circumstances of spatial density and compactness.

And thirdly, in the hollowed boxes and solids, we work with spatial interiorization because being an inhabitable environment, it is much more relevant to work with that interior space than with the facade: the Nijmegen/HAN University project has been totally emptied, and it proposes a continuous interior that clearly exemplifies this idea.

Furthermore, being a sort of refuge, the volume can be designed from the inside outwards; you could compare it with the way cars like the *Espace*, the *Scenic* or the *Twingo* are designed: their designers sought to maximise the internal possibilities by working primarily on the interior dimensions and conditions. The result is a cubic car whose exterior is determined by these interior qualities and not by a more or less commercial chassis design.

→↓ PALAU DE LA BIODIVERSITAT
Barcelona, Spain, 2000

Nos interesa ese tipo de transparencia, esa interiorización espacial que no es completa y radicalmente interior sino que trata de generar una gradación e interdependencia entre interior y aspecto exterior.

Nunca describiríamos estos espacios como atrios, en sentido clásico. En los edificios con atrio, este espacio intermedio y climatizado es muchas veces un espacio representativo y con una gran carga de dramatismo. Hablamos de otro tipo de interiorización, que puede ser muy interesante y que hemos empleado a menudo; casi de un modo no deliberado generamos un espacio intermedio que termina por estar definido por sus cualidades climáticas. Se trata de áreas que pueden generarse mediante una manipulación inteligente del programa, sin añadir metros cuadrados extra y con estados intermedios de climatización, evitando de esta manera costes adicionales. Ahora mismo estamos más interesados en generar climas diferentes en el interior de los edificios que en hacer espacios claramente diferenciados.

We are interested in this type of transparency, this spatial interiorization that is not complete or radically interior, but which instead strives to generate a grading and interdependency between interior and external appearance.

We would never describe these spaces as atriums, in the classic sense of the word. In buildings with an atrium, this intermediate, acclimatised space is often a representative space that is heavily laden with dramatism. We are talking about another type of interiorization which can be quite interesting and which we have used often: almost by chance, we generate an intermediate space that ends up being defined by its climatic qualities. These are areas that can be generated by an intelligent manipulation of the programme and with intermediate states of climatization, but without adding extra square metres or additional costs. Right now we are more interested in generating different climates inside buildings than in creating clearly differentiated spaces.

Si se produce un trabajo que persigue la indefinición de los límites de los objetos, parece claro que la interiorización como problema desaparece. O en realidad, carece de relevancia hablar de estos conceptos disyuntivos, porque uno es el envés del otro. En algunos casos se producen inversiones drásticas entre interior y exterior, empezando por su organización, sus características ambientales o formales. ¿Podríais hablarnos de esa cualidad que tienen muchos de vuestros proyectos en los que se diluyen las diferencias entre lo que es interior y exterior?

Todos ellos son instrumentos adecuados en los que aplicar nuestra creencia en la compactación. Todos ellos son ejemplos de cómo es posible generar auténtico espacio tridimensional.

If a task arises that seeks a non-definition of the limits of the objects, it seems clear that interiorization as a problem disappears. Or it is irrelevant to speak of these disjunctive concepts because one is the reverse side of the other. In some cases there are drastic inversions between interior and exterior, starting with their organization, their environmental or formal characteristics. Can you tell us about the quality contained in many of your products in which the differences between interior and exterior are blurred?

They are all appropriate instruments for applying our belief in compaction. They are all examples of how it is possible to generate a genuine three-dimensional space.

Eso parece estar en relación con las menciones constantes al *poché*. ¿Ese tipo de piezas podrían definirse como meros espacios intermedios clásicos? ¿O acaso estos espacios de identidad definida necesitan de otros secundarios para que se puedan producir en toda su pureza o banalidad? ¿Quizá en la presente etapa han asumido los recorridos y las circulaciones el papel de espacios intermedios?

Ya empleamos el término *poché* en *Farmax*, así como describimos el de *nicho,* ese espacio necesario para sobrevivir en un mundo globalizado. Para nosotros el nicho explica de qué manera se pueden combinar intimidad con apertura y visión de conjunto. Antes hablábamos de identidad, de si el trabajo con ella tiene potencialidad o no; quizá estos objetos introvertidos puedan jugar un papel clave en la descripción y el potencial de la diferenciación. Estos espacios, en sí mismos, se constituyen en diferentes identidades. O al menos son la representación de una identidad.

This seems to have to do with your constant references to poché. Could these types of pieces be defined as mere classic intermediate spaces? Or do these areas of defined identity require other secondary spaces for them to be produced in their full purity or banality? Is it possible that at this point, the itineraries and circulations have taken on the role of interstitial spaces?

We used the term *poché* back in *Farmax*, as we describe the *niche*— a space that is necessary in order to survive in a globalized world. For us, it explains how you can combine intimacy with aperture and vision of the whole. We spoke before about identity, about whether working with it has potential or not; perhaps these introverted objects can play a key role in the description and the potential of differentiation. These spaces as such become different identities. Or at least they are the representation of an identity.

→ CENTRO CULTURAL MUNICIPAL DE MATSUDAI
MATSUDAI CULTURAL VILLAGE CENTRE
Japan, 2000-

3 Monumentalidad

¿Es la monumentalidad, y cómo producirla, un tema oculto de MVRDV? ¿Cómo se acostumbra a generar ese carácter monumental que ligado a una cierta sensibilidad contemporánea parece demandarse de modo creciente a los arquitectos?

Bueno, no es un tema tan oculto. La monumentalidad puede ser una herramienta extremadamente útil. Durante los setenta y los ochenta —e incluso después de los recientes discursos sobre lo virtual— el término ha sido empleado generalmente de modo erróneo. Como consecuencia, el potencial que es inherente a los monumentos se ha obviado con frecuencia. En ocasiones, es necesario que la escala de los edificios sea monumental, especialmente los de carácter público. Para activar la atención se puede intentar reinventar la monumentalidad de forma contemporánea.[2]

En ocasiones, ese carácter monumental se recoge o plasma a través de piezas cuyo contenido visual ayuda a fijar un paisaje, o la identidad de una ciudad...

Los iconos ayudan a fijar tendencias, o deseos públicos, que permanecen ocultos para la misma sociedad. Permiten visualizar, o explicar, un aspecto específico o la visión contemporánea que existe sobre dicho aspecto y que no es fácilmente perceptible. Se pueden considerar mensajeros de conceptos, o deseos futuros, o generaciones que están por venir.

En algunos proyectos también está presente, en relación con ciertos aspectos monumentales, un empleo muy explícito de estructuras resistentes, casi redundantes...

Calificarlo como redundante no sería del todo correcto. En la mayoría de los casos la maximización estructural lo que realmente hace es generar un espacio público. Porque la estructura en sí misma no se convierte en el punto de atención, sino más bien la atención se dirige al efecto que aquélla produce.

¿Es ésta una estrategia útil para producir monumentalidad?

Sí, la monumentalidad influye en la estructura. Para un arquitecto ésta es una de las herramientas con las que resulta abordable la producción de monumentos. La lucha contra la gravedad ha sido siempre uno de los modos más sencillos de convertir un objeto arquitectónico en monumental. En este sentido, WoZoCo's no fue tan revolucionario.

2 Podríamos decir que *Pigcity* es, en relación con esta idea, un monumento de producción y una expresión del deseo de generar una manera diferente de producir carne para consumo humano. Muestra un nuevo modo de aprecio por la producción de alimento; porque en *Pigcity* los cerdos no se ocultan en barracones repugnantes, sino que se hacen visibles de un modo explícito.

3 Monumentality

Is monumentality and the way you produce it a hidden theme of MVRDV? How do you get used to generating that monumental character which, when linked to a certain modern sensibility, seems to be increasingly demanded of architects?

Well, it is not so hidden. Monumentality can be an extremely useful tool. In the 1970's and '80's, and even since recent debates on the virtual, the term has generally been used in the wrong way. As a result, the potential of monuments has often been hidden. Sometimes the scale needs to be monumental, especially in public buildings. In order to activate attention, it can create a more contemporary monumentality.[2]

Sometimes you seem to take it up or manifest it through pieces whose visual content helps to define a landscape or the identity of a city...

Icons help to freeze public trends or desires that remain hidden to that very same society. They allow you to visualise or explain a specific aspect that exists before our eyes but is not easily perceivable. They could be regarded as messengers of concepts or future desires or generations to come.

Some projects also contain, in relation to certain monumental aspects, an extremely explicit use of resistant, almost redundant structures...

Calling them redundant is not entirely correct. In most cases, what structural maximization really does is to generate a public space. Because the structure in itself does not become the focus of attention, but rather the effect that this produces.

Is that a useful strategy for producing monumentality?

Yes, monumentality has an influence on structure. It is one of the tools that makes it possible for an architect to tackle the production of monuments. The struggle against gravity has always been one of the simplest ways of making an architectural object monumental. In that respect, WoZoCo's was not so revolutionary.

2 We could say that with respect to this idea, *Pigcity* is a monument to production and an expression of the desire to generate a different way of producing meat for human consumption. It shows a new form of pride in food production, because at *Pigcity* the pigs are not hidden away in disgusting sheds, but instead they are made explicitly visible.

→ **LA NUBE DEL ARTE [DOCE TIERRAS]**
NUAGE D'ART [DOUZE TERRES]
Propuesta para la Fundación François Pinault
Proposal for Fondation François Pinault
Ile Seguin, Paris, France, 2001

En proyectos como WoZoCo's, Matsudai, o Pinault, estudiamos la manera de mejorar y ampliar el dominio público. *Wozoco's* trata de cómo producir espacios abiertos en tres dimensiones y sin columnas, por medio de voladizos. En Matsudai, utilizando grandes luces, se genera una plaza pública sin columnas y libre de nieve: un refugio a gran escala. En el museo Pinault nos concentramos en cómo una institución privada podría llegar a convertirse en un espacio público. Los esfuerzos estructurales crean tal riqueza en el dominio público que convierten este desafío en algo abarcable; incluso llegan a desafiar las obras de arte que la institución contiene.

4 **Nuevos Contextos: Datos y Naturaleza**

La manipulación de elementos naturales, y la referencia constante a lo natural, parecen haber asumido ahora el papel central que, hace algunos años, la ciudad densa tenía en vuestro trabajo: un lugar y un material con los que es ineludible trabajar, y sobre los que se hace necesario articular un discurso.

¿Naturaleza? ¿Qué clase de naturaleza, la naturaleza humana? Para nosotros naturaleza es simplemente una actividad urbana. Necesaria para poder sobrevivir, obtener oxígeno, animales, comida y ocio; y necesaria por razones psicológicas. Podemos enfatizar e investigar esa necesidad de maneras distintas. En el Palacio de la Biodiversidad tratamos de usar las colecciones para establecer una investigación que interprete o pruebe un entorno en evolución. Usamos la colección para crear una biblioteca de referencia de todas las especies del mundo; en su interior, un robot crea posibles relaciones diferentes entre ellas. De esa manera, el edificio se convierte en el laboratorio más denso imaginable; en un Arca de Noé contemporánea.

Sin embargo, en Hengelo el problema consistía en hacer apartamentos para gente mayor —personas que viven en pequeñas casas aisladas— y tratar de no hacerles la vida muy difícil, dándoles al menos un gran balcón, una especie de jardín privado. No se trataba de "poner árboles en las terrazas porque resulte sorprendente". Tiene que ver con la seducción que ejerce sobre la gente que ahora vive en casas suburbanas volver a vivir en la ciudad. ¿Podemos crear equivalencias urbanas de las casas suburbanas en el marco de un contexto urbano? ¿Podemos hacer casas apiladas con jardín?

En el concurso de Silicone Hill para Estocolmo nos enfrentamos con el deseo del cliente de hacer un monumento en una de las ultimas colinas desocupadas de la ciudad. ¿Cómo combinar el deseo de generar un extenso programa visible con el acto de supervivencia del último refugio ecológico de la ciudad? Mediante el corte de una parte del terreno existente, y tirando hacia arriba de ese fragmento, se podía crear una gruta, un

In projects such as WoZoCo's, Matsudai, or Pinault, we studied the best way to improve and expand the public domain. *Wozoco's* deals with how to produce open spaces in three dimensions without columns through the use of cantilevers. In Matsudai, large spans are used to generate a snow-free public square with no columns. It is a large-scale refuge. In the Pinault museum, we concentrated on the way a private institution could become a public space. Structural efforts create so much richness in the public domain that they turn the challenge into something that is feasible; they even challenge the works of art housed in the institution.

4 New Contexts: Data and Nature

The manipulation of natural elements and a constant reference to what is natural now seems to have taken on the central role that the city once played in your work a few years ago; as a place and a material it is inevitable to work with, and about which one must articulate a discourse.

Nature? What sort of nature— human nature? We regard nature as simply an urban activity. It is a necessity for survival. You need it to get oxygen, produce animals, food and leisure; and also for psychological reasons. We can emphasise and research this need in different ways. In the Biodiversity Palace, we try to use the collections to establish a type of research that interprets or tests an evolving environment. We use the collection to create a reference library for all the species in the world; inside, a robot creates different potential relationships between them. By this means, the building becomes the most densely imaginable laboratory— a modern Noah's Ark.

In Hengelo, however, the problem consisted of building apartments for elderly people; people who live in small isolated houses, and try to not make life difficult for them, providing them with at least a large balcony— a sort of private garden. It is not a matter of "putting trees on terraces because it is surprising". It has to do with the seductive effect on people who now live in suburban houses and come back to live in the city. Can we create urban equivalencies to suburban houses in the urban contextual framework? Can we build stacked houses with gardens?

In the Silicone Hill competition for Stockholm, we were faced with the client's desire to build a monument on one of the last unoccupied hills in the city. How could we combine the desire to generate a large visible programme with the act of survival of the city's last ecological refuge? By slicing part of the existing land and pulling this fragment up, we could create a grotto, a niche, which would contain the required programme.

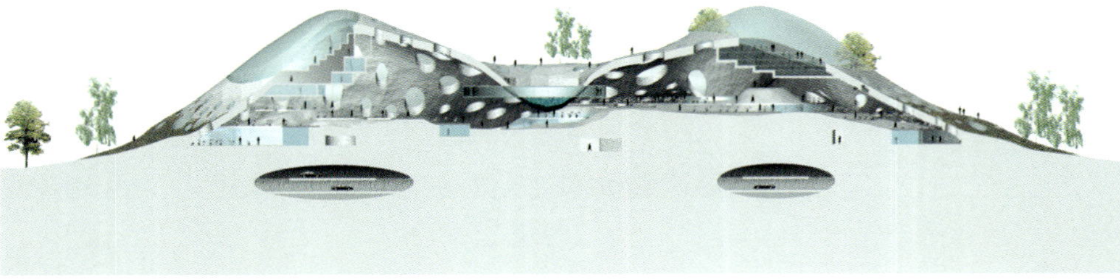

→ **LA COLINA DE LA SILICONA**
SILICONE HILL
Propuesta para la Nueva Sede de Correos de Suecia
Proposal for the Sweden Post Headquarters
Stockholm, Sweden, 2001

nicho, que contuviera el programa demandado. Se crea así un escondite para las actividades de esta compañía. Y se amplía la colina, se hace más grande. De esa manera, se monumentaliza la naturaleza.

En Hannover investigamos cómo interiorizar la producción de oxígeno, cómo plantar y mantener un bosque en una planta elevada y en el interior de un edificio. ¿Qué necesidades se plantean? ¿Cuánta luz hace falta? ¿Cuánta ventilación? ¿Qué especies deberían colocarse cerca de la fachada para conseguir una reducción de la presión del viento? ¿Necesitaríamos calefactar las raíces en invierno? ¿Qué opinan los técnicos de incendios sobre este tema?

Finalmente, en *Pigcity* investigamos las consecuencias de la producción ecológica de carne. ¿Cuánto espacio es necesario para alcanzar la producción demandada? ¿Podríamos continuar con la misma organización productiva, o deberíamos investigar cómo construir otro tipo de granjas? En este estudio también se cuestiona la propia necesidad de la carne de cerdo. Si todos fuéramos vegetarianos, ese tema estaría resuelto.

So we would create a shelter for this company's activities. And the hill is expanded, it is made bigger. So by this means, nature is monumentalized.

In Hannover we investigated how to interiorize oxygen production, how to plant and tend a forest on a raised plan and inside a building. What are its requirements? How much light? How much ventilation? What species should be placed near the facade to reduce the wind pressure? Would we need to heat the roots in winter? What do the fire technicians think about all this?

Finally, in *Pigcity* we investigated the consequences of ecological meat production. How much space is necessary to achieve the required output? Could we continue with the same production organisation or should we investigate how to construct a different type of farm? In this study we also questioned the very necessity of pork meat. If we were all vegetarians, this issue would be resolved.

Sin duda, vuestra labor podría definirse como contextual, pero de un modo muy peculiar: escogéis, a través de un ejercicio de análisis profundo, los aspectos del contexto con los que preferís trabajar. De alguna manera seleccionáis la clase de contexto al que os váis a referir, que generalmente se presenta de manera muy abstracta, construido a partir de datos genéricos que dependen sólo indirectamente de los lugares físicos dónde trabajáis.
¿Cómo ha evolucionado esa idea de contexto, ahora que habéis comenzado a ampliar vuestros radios de actuación y comenzado a diseñar fuera de Holanda? ¿Cómo se compatibiliza esa idea de contexto, tan abstracta, con esa alusión a una mirada más relajada y desprejuiciada sobre las ciudades, que os lleva a trabajar muchas veces con los aspectos más tópicos de éstas? ¿Es ahí donde reside la subjetividad del arquitecto, en la recreación del contexto que elige para trabajar? ¿O en los medios que emplea para manejar la información que recibe de ese contexto?

No doubt your work could be defined as contextual, but in a very special way: using an exercise of deep analysis, you choose those aspects of the context you prefer to work with. Somehow you select the type of context you are going to refer to, which generally is presented in a very abstract way, constructed from generic data that only depend indirectly on the physical places where you work.
How has this idea of context evolved now that you have begun to expand your radius of action and you have begun to design outside the Netherlands? How do you compatibilize such an abstract idea of context with that reference to a more relaxed, unprejudiced outlook on cities which often leads you to work with the most clichéd aspects of cities? Is that where the subjectivity of the architect lies in the recreation of the context he or she chooses to work in? Or is it in the means used to handle the information received from this context?

Es al mismo concepto de contexto al que tratamos de dotar de un significado distinto. Muy a menudo, el entorno en el que tenemos que construir es muy poco interesante. Por supuesto, podríamos esforzarnos en tratar de encontrar alguna peculiaridad, pero entonces en muchas ocasiones tendríamos que forzarla, exagerarla o incluso inventarla. Paradójicamente, la única especificidad suele subyacer en el hecho de que el contexto de cada proyecto puede contener un aspecto ejemplificador con respecto a sus cualidades. Luego cada proyecto puede desvelar una manera de proceder para un grupo de lugares similares o un determinado tipo de edificios; o la combinación de ambos. Así es que tendemos a ver el contexto en un sentido amplio.

It is the very word 'context' that we try to endow with a different meaning. Quite often the environment we have to build in is quite uninteresting. Of course we could make an effort to try and find a peculiarity, but then we would often have to force it, exaggerate it or even invent it. Paradoxically, the only specificity usually underlies the fact that the context of each project could contain an exemplifying aspect with respect to its qualities. So each project could reveal a form of proceeding for a similar group of sites or a certain type of building. Or the combination of both. That is how we tend to see the context in a broad sense.

←↓ 3D GARDEN
Edificio de Apartamentos y Oficinas
Office and Apartment Building
Hengelo, The Netherlands, 2001

Un ejemplo de esto sería el proyecto para Hengelo. Su sistema de balcones podría entenderse como un prototipo para construir viviendas con una amplia variedad tridimensional. Calculamos el presupuesto teniendo en cuenta lo que costarían los voladizos, precisamente para poder incluirlos. Pero la sorpresa fue que, con el mismo tamaño que una casa convencional, con un árbol y con una buena porción de terreno volando veinte metros por delante de la fachada, este tipo de apartamentos no suponía un sobrecoste excesivo. El sistema proporciona a sus propietarios mucho más que una casa, y todo casi al mismo precio que lo que cuesta el suelo necesario para colocarlos sobre el terreno, en vez de en altura.

Lo que resulta interesante de este concepto de contexto que proponemos es que el precio del suelo pueda modificar el tamaño de estos jardines-voladizo. En el caso de Hengelo, los balcones se fueron reduciendo progresivamente hasta el límite; pero en otro proyecto, en una torre de Amsterdam, sin embargo, hemos propuesto que los voladizos fueran de mayores dimensiones. De esa manera un mismo prototipo aparece bajo diferentes manifestaciones del mismo contexto, y se reformula según los datos de cada localización —en este caso, el precio del suelo—.

An example of this is the project for Hengelo. Its system of balconies could be understood as a prototype for the construction of housing with a wide three-dimensional variety. We calculate its cost taking into account the expense of including cantilevers. But much to our surprise, with the same size as a conventional house, with a tree and a decent slice of land cantilevered twenty metres out from the facade, the apartments would not cost very much more. The system provides its owners with much more than a house, and all at the same price as the cost of the land otherwise needed to set them on the ground instead of at a height. What is interesting about the conceptual context that we propose is that the price of land can change the size of these garden-cantilevers. In Hengelo, the balconies have gradually been reduced to the utmost, yet we have proposed the construction of another tower in Amsterdam, which logically would have larger cantilevers. So the same prototype appears in different manifestations of the same context, and it is reformulated with the data of each location, in this case, the price of land.

¿Si vuestro quehacer se relaciona intensamente con el contexto y con su redescripción, podría la historia o la cultura, como un campo de relaciones complejas, formar parte de esa nueva noción ampliada de contexto?

If your task is intensely related to the context and its redescription, could history or culture, as a field of complex relations, form part of this new broadened notion of context?

Respecto a éste tema hemos conversado recientemente con los miembros de Archigram sobre su trabajo. En su época, en su generación, tenían fantasías poderosas acerca de las posibilidades inagotables del espacio, acerca de las posibilidades de ampliación, flexibilidad y mutabilidad de las ciudades. La investigación de esos temas cesó bruscamente en los setenta. ¿Por qué ese tipo de ideas —hay gente que las denomina ideologías— tiene más sentido ahora, cuarenta años después, que en la época de Archigram?

We recently had a discussion with the members of Archigram about their work in terms of that subject. In their time, in their generation, they had powerful fantasies about the inexhaustible possibilities of space, about the possibilities of extension, flexibility and mutability of cities. Research into those issues suddenly came to a standstill in the 1970's. Why do these sorts of ideas, some people call them ideologies, make more sense now, forty years later, than in the period of Archigram?

5 Normalidad y lo Extremo

La estrategia de lo extremo conlleva una suspensión del juicio sobre las cosas. No interesa si una herramienta, o un tema, es momentánea e intrínsecamente bueno o malo, sólo si es operativo; si es así, simplemente uno se apropia de ello y lo utiliza. ¿Hasta dónde, hasta qué punto, lleváis esa suspensión del juicio crítico? Vuestra obra parece estar sustentada, más que en un desarrollo racional de ciertas ideas, en un trabajo casi compulsivo, basado en una elección radical y llevado hasta el extremo. ¿Confiáis, por lo tanto, en la radicalidad de lo momentáneamente arbitrario?

5 Normality and the Extremity

The extreme strategy involves a suspension of judgement of things. Whether a tool or a topic is momentarily and intrinsically good or bad is not interesting, only whether it is operative. If that is the case, one simply acquires it and uses it. To what extent do you take this suspension of critical judgement? Your work seems to be based on almost compulsive work, which is based on a radical choice taken to an extreme, more than on a rational development of ideas. So, do you confide in the radicalism of what is momentarily arbitrary?

→ FORO DE LA AVIACIÓN
FLIGHT FORUM
Eindhoven, The Netherlands, 1998/2002

La observación nos parece correcta, y lo que realmente separa a esas dos tendencias es sólo una línea muy fina. La arbitrariedad es la principal fuente de innovación, o de progreso. Y lo es porque está relacionada con la incertidumbre. La manifestación de esa paradoja es que no todo nuestro trabajo es racional. Puede que incluso tenga más relación con lo arbitrario, con lo inseguro, o con la incertidumbre acerca del futuro. El acto de llevar hasta el extremo una cierta arbitrariedad, y su posterior racionalización, pueden llegar a ser clarificadores.

Precisamente en ese momento el proyecto se hace crítico. La tarea crítica es un aspecto crucial en arquitectura, o en arte. La arquitectura puede acomodarse a aspectos críticos y, por tanto, comentar con aridez ciertos aspectos de la sociedad. Incluso, y llevada al límite, la crítica puede convertirse en una poderosa herramienta. Se puede ser crítico en la construcción de edificios sin caer en el cinismo, aceptando las condiciones y tipologías habituales en la producción, pero al tiempo, utilizándolas de un modo extremo. Esta actitud monumentaliza el aspecto crítico.

Flight Forum es una crítica directa a esa clase de recintos no industriales, donde el sistema de rotondas es omnipresente, en los que es imposible no marearse yendo primero a la izquierda, después otra vez a la izquierda y luego otra vez a la izquierda, para finalmente encontrar las naves del 9 al 5, y todo ello con miedo a bajarse del coche porque en las calles traseras te pueden agredir. En Flight Forum no hay calles traseras, es esencialmente una sola calle a la que todos los edificios presentan una fachada principal claramente visible desde la calzada. La imagen representativa — cargar, descargar, estacionar, conducir— se combina en un único espacio. Es el máximo acto de control.

That observation seems correct to us. There is just a very thin line that really separates these two trends. Arbitrariness is the major source of innovation or progress. And that is so because it is related to uncertainty. The demonstration of that paradox lies in the fact that not all of our work is rational. Maybe it is even more related to arbitrariness, to insecurity, or to an uncertainty with respect to the future. The act of taking a certain arbitrariness to an extreme, and its subsequent rationalization, may be clarifying.

At that point, the project becomes critical. Criticism is a crucial aspect in architecture and art. Architecture can accommodate those critical aspects, and can therefore comment wryly on certain facets of society. Taken to the limit, criticism can even become a powerful tool. You can be critical in the construction of buildings without falling into the trap of cynicism, accepting the standard conditions and typologies in production, but at the same time using them in an extremized way. This attitude monumentalizes a critical aspect.

Flight Forum is a direct criticism of non-industrial compounds in which the system of roundabouts is omnipresent, where it is impossible not to become dizzy going left first, then left again, and then left once more before you finally arrive at your 9 to 5 warehouse, all the time in fear of getting out of the car because these back streets might be potential rape zones. In Flight Forum there are no back streets. It is essentially a single street in which all the buildings have a main facade that is clearly visible from the roadway. The representative images —loading, unloading, parking, driving—are combined in a single space. That is the maximum act of control.

Os habéis referido en ocasiones a los aspectos sublimes de lo banal, o a la reconquista de lo extravagante. En algún lugar habéis comentado la necesidad de devolver a lo banal cierto grado de humanidad. ¿Esconde lo banal un valor no vislumbrado anteriormente? ¿Qué se quiere decir con banal: lo no aceptado por la práctica cultural? ¿O se pretende reproponer una valoración de lo a-crítico y supuestamente inocente?

You have sometimes spoken about the sublime aspects of banality, or the reconqest of extravagance. Somewhere you mentioned the need to devolve a certain degree of humanity to banality. Does banality hide a value that was not glimpsed previously? What do you mean by banality: something that is not accepted by cultural practice, or are you trying to repropose an appreciation of what is non-critical and supposedly innocent?

Tenemos un gran interés por proyectar en zonas convencionales y por entender las imposibilidades, o las posibilidades, de trabajar en tales condiciones. El 99% de la construcción que se produce hoy en día es absolutamente convencional. Sin ningún valor añadido. Esta situación generalizada, donde la arquitectura ha dejado por completo de tener valor, cuestiona el papel mismo del arquitecto. Recordad los años noventa, cuando todos los arquitectos relevantes proyectaban únicamente museos o iglesias en los que predominaba lo extravagante.

We are very interested in designing conventional zones and understanding the impossibilities or possibilities of working under these conditions. In construction, 99% of what is produced today is absolutely conventional. With no value-added element. This widespread situation, in which architecture has absolutely no value, questions the very role of the architect. Remember the '90's, when all the relevant architects only designed museums or churches that were dominated by extravagancy.

→ MOBILOSKOP PAPENBURG
Centro cultural y comercial
Culture and comercial centre
2001

↓ ESPLANADE ET VALLÉE
Propuesta para la OMS ONUSIDA
Proposal for the OMS ONUSIDA
Geneva, Switzerland, 2002

En el Flight Forum la banalidad de cualquier parque empresarial sigue todavía presente. Pero el proyecto adquiere otro sesgo por el mero hecho de ser una simple reorganización de los elementos que suelen componer un parque de esas características. Utilizamos sesenta hectáreas de naves convencionales —solamente mejorando el sistema de infraestructuras— y usamos programas banales para mejorar un objetivo específico. No se trata de un único edificio de negocios para un gran cliente. Se utiliza lo banal como remedio. Y es un alivio cuando vas allí ahora y paseas en coche; puro disfrute. La pregunta es: ¿cómo puede ser reformulada la banalidad sin perder el sentido de comunidad o de espacio público? ¿Puede utilizarse la banalidad para descubrir herramientas nuevas?

In Flight Forum, the banality of any business park is still there. But the project takes on a different slant through the mere act being a simple reorganization of the elements that usually make up this sort of park. We use 60 hectares of potentially conventional warehouses in which we just improve the infrastructure system, and we use banal programmes to improve a specific objective. It is not a single business office for a big client. We use banality as a remedy. And it really is a relief when you go there and drive by in your car; pure joy. The question is, how can banality be reformulated without losing a sense of community or public space? Can banality be used to discover new tools?

Habéis descrito la táctica de lo extremo como una de vuestras principales herramientas. ¿Es una táctica necesaria para superar el peso de la razón y la poderosa fascinación de lo visual que existe en vuestros proyectos?¿Cuál es el sentido de esa radicalización?

You have described the extreme tactic as being one of your major tools. Is that tactic necessary to overcome the weight of reason and the powerful fascination of the visual that exists in your projects? What does this radicalization mean?

Quizá radique ahí ese posible sentido de lo extremo. En la animación de *Metacity/Datatown,* por ejemplo, el paisaje de montañas de basura era horrible y hermoso al mismo tiempo, o *Schöner Schrecken* (horror hermoso en alemán). Definitivamente va más allá de la razón. La visualización de ideas y problemas de un modo específico nos cuestiona en qué dirección queremos dirigir nuestro medioambiente y, de manera esperanzadora, no sólo nos desafía a nosotros sino también a los demás.

La utilización de lo extremo puede ser útil para generar claridad. Lo extremo es un hito en el desarrollo del progreso. Nos muestra dónde se encuentra exactamente el límite.

Perhaps that is where that possible sense of the extreme lies. In the *Metacity/Datatown* animation, for example, the landscape of mountains of rubbish was horrible and beautiful at the same time, or *Schöner Schrecken* (beautiful horror in German). It definitely goes beyond reason. For us, the visualization of ideas and problems in a specific way questions the direction we want to guide our environment, and encouragingly, not only challenges us but also others as well.

The use of extremism can be useful in gaining clarity. The extreme is a milestone in the development of progress. It shows us exactly where the boundary is.

¿Podéis revelarnos la intención que subyace detrás de esa inagotable capacidad para redefinir los límites de la disciplina, para ir más allá de las convenciones de la cultura arquitectónica? ¿Es un propósito crítico?¿O pura y devastadora ingenuidad? En ciertas prácticas contemporáneas se ha instalado un cierto grado de cinismo que permite adoptar una posición distanciada con respecto a los auténticos problemas.

Can you reveal the hidden intention underlying your inexhaustible capacity to redefine the limits of our discipline, of going beyond the conventions of architectural culture? Is it a critical purpose? Or is it pure, devastating ingenuity? In certain modern practises, a degree of cynicism has taken hold which permits a distanced position from problems.

El cinismo es, por supuesto, el peor motor para la arquitectura. Teniendo en cuenta que la arquitectura debe tratar con el progreso, la mejor fuente sería el optimismo. Pero hay una curiosa frontera entre la ironía y el cinismo. Cuando se utiliza profusamente lo extremo como técnica es prácticamente inevitable que no acabe convirtiéndose en algo cínico. Se necesita un determinado nivel de éxito en tu trabajo para que no llegue a ocurrir. Así es que resulta estimulante luchar contra ello; es casi un juego. Cambiar las reglas de tráfico —algo que tuvimos que hacer en el proyecto Flight Forum— puede convertirse en algo muy valioso.

Of course, cynicism is the worst possible driving force for architecture. Bearing in mind that architecture has to deal with progress, optimism is the best source. But there is an intriguing interface between irony and cynicism. When *extremization* is used profusely as a technique, it is almost inevitable for it not to become somewhat cynical. You need a certain degree of success to prevent that from happening. So it is stimulating to fight against it— it is almost a game. Changing the traffic rules, which was something we had to do in the Flight Forum project, can become very rewarding.

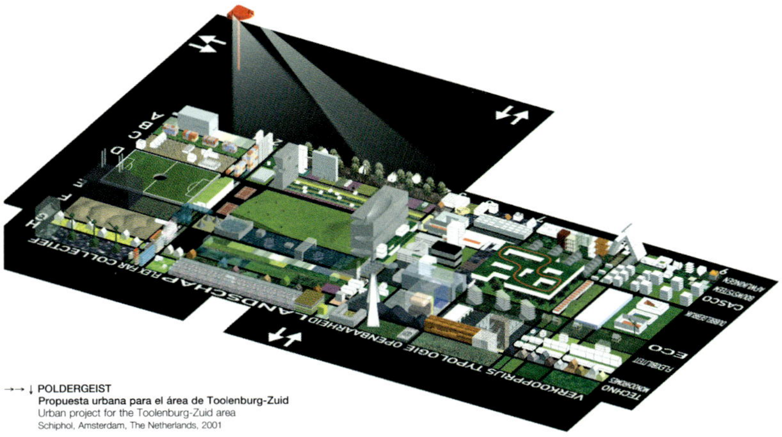

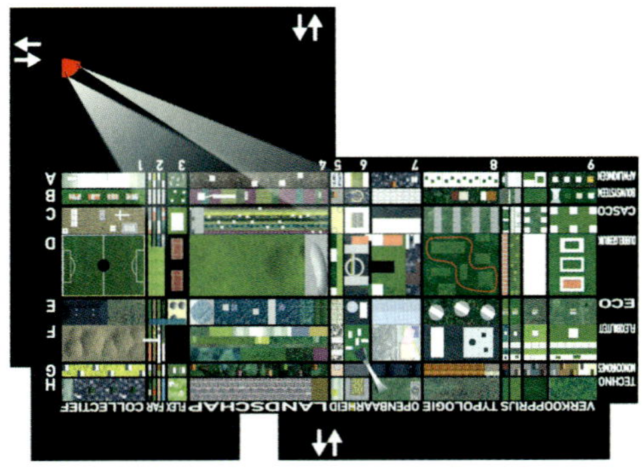

→→ ↓ POLDERGEIST
Propuesta urbana para el área de Toolenburg-Zuid
Urban project for the Toolenburg-Zuid area
Schiphol, Amsterdam, The Netherlands, 2001

Muchas de las posturas radicales de los años sesenta terminaron por desembocar en un distanciamiento con respecto a los problemas por puro desencanto, en el cinismo y en la ironía, cuando, sin embargo, ciertas prácticas tenían instantes cargados de lucidez y sagacidad, como el de los Radicales Italianos.

Es cierto, ¿por qué dejaron de ser radicales? ¿Qué están haciendo ahora? ¿Por qué no encontraron un modo de dar más sentido, más significado si cabe, a sus ideas altamente provocativas? Es realmente curioso.

Ya hemos hablado de eso antes, se ha ser lo suficientemente honesto como para mostrar las consecuencias que conlleva nuestro comportamiento como sociedad, aunque éstas no sean positivas. La arquitectura puede jugar un papel crucial mostrando un posible futuro que podría no gustarnos en absoluto. Por una parte, proyectamos el futuro, y es a menudo desagradable; pero por otra, sabemos que si ahora lo ignoramos tendremos que enfrentarnos a ello más adelante. Y debemos admitir que algunas veces sí que nos sentimos atraídos hacia un 'mal planeamiento'. Se puede ver en algunas de nuestras imágenes de un posible futuro. ¿Es esto lo que quizá nos atrae del trabajo de los Radicales italianos?

Quizá su renuncia tenga que ver con un exceso inicial de ingenuidad, y también de confianza en la transformación completa de su entorno social...

Los dibujos de Archizoom eran tan atractivos como repulsivos. Ahora vuelve a ser una buena época para intentarlo de nuevo. *MetaCity-Datatown* es así parcialmente. Es una total fascinación por los problemas que conlleva la escala gigante. Se trata de ir más allá; queremos tratar, mostrar y hablar de la escala global. Para ello tienes que asumir la vastedad del impacto de determinados hábitos. Es lo que pretendemos mostrar con estos dibujos. Eso es también lo que se puede ver en los proyectos de Superstudio y Archizoom —quienes sacaron a escena estos temas, y mostraron la necesidad y la urgencia de pensar en todo ello—. Pero la traslación que otros hicieron a proyectos reales fue demasiado precipitada, y devino con rapidez en algo rutinario y contraproducente.

Y de nuevo surge la pregunta de por qué no continuaron en esa línea. Prácticamente se podría comentar lo mismo acerca de Archigram. Quizá ellos simplemente dejaron de ser propositivos y quisieron dedicarse a la docencia. De alguna manera, continúan alimentando un nuevo espíritu radical a través del trabajo de sus estudiantes. Vuestra pregunta sugiere acertadamente que este tipo de trabajo puede conducir fácilmente a la frustración. Por otra parte, la disciplina arquitectónica no puede desperdiciar sus oportunidades dedicándose a plantear solamente preguntas, ni tampoco análisis; ni incluso, probablemente, sólo respuestas.

Through pure disenchantment, many of the radical positions of the 1960's ultimately became distanced from the problems, they turned into cynicism and irony when, on the other hand, certain practises contained instants laden with lucidness and wisdom, as in the case of the Italian Radicals.

That is true, but why did they stop being radicals? What are they doing now? Why did they not find a way to provide more sense, more meaning if you like, to their highly provocative ideas? It really is intriguing.

We have discussed this before. You must be honest enough to be able to show the consequences of our behaviour as a society, even if they are not positive. Architecture can play a crucial role in displaying a possible future that we might not like at all. We have a dual role: on the one hand, we design the future, and that is often unpleasant, but on the other hand, we know that if we ignore it now, we will have to face up to it at a later date. And we have to admit that sometimes we find 'bad planning' attractive. You can se that in some of our images of a possible future. Perhaps that is what attracts us to the work of the Italian Radicals.

Their renunciation might have something to do with an initial excess of ingenuity and also trust in the complete transformation of their social environment...

The Archizoom sketches were both attractive and repulsive. This is a good time to tackle it once again. *MetaCity-Datatown* is partially like that. It is a total fascination with the problems involved in the giant scale. It is a fascination with going beyond the large scale. We want to tackle, show and talk about the global scale. To do this you have to grasp the enormous scale of the impact of certain habits. That is what we try to do with these drawings. It is also what you can see in the Superstudio and Archizoom projects, which brought these issues to the fore and showed the urgent necessity to think about the whole issue. But their translation into real projects by others was done in haste, and it quickly became routine and counter-productive in the end.

Again one asks why they did not continue with that line. Practically the same comment could be made about Archigram. Perhaps they simply went underground to focus on teaching. In some way they are still feeding a new radical spirit through the work of their students. Your question rightly suggests that this type of work can easily lead to frustration. But on the other hand, architectural discipline should not miss its chances by devoting itself solely to questions and not to analysis or possibly even answers.

→ *COSTA IBÉRICA*
Hacia la ciudad del ocio
Towards the leisure city
Benidorm, Spain, 2000

Para John Dewey, utopía es "proyectar un fin sin tener interés en los mecanismos específicos a través de los cuales ese fin proyectado puede convertirse en realidad". Es decir, sin prestar interés a las técnicas específicas que permiten llevarlo a cabo. No pretendemos definir vuestro trabajo como utópico, pero sí nos interesa conocer qué papel juegan estas técnicas en el trabajo y en la investigación de vuestra oficina.

¿Queréis decir estos mecanismos? La palabra mecanismo indica que una consideración utópica podría llegar a realizarse. Tiene relación con la práctica social, que resulta mucho más interesante que alcanzar una meta con ayuda de la tecnología. Un mecanismo describe cómo pueden utilizarse los medios de producción. Entonces, podemos definir la arquitectura como un instrumento que pertenece a dicho mecanismo, ni más ni menos.

La creación de utopías —incluso las de carácter negativo— podría también entenderse como una herramienta para entender la mecánica de los procesos, o el progreso en sí mismo. Pero también como una técnica —sí, técnica— que muestra las consecuencias del planeamiento, o de su carencia. Sobre todo, las utopías nos proporcionan una imagen visible de cómo puede ser el futuro y nos ayudan a entender nuestra sociedad actual, construyendo un ambiente propicio para el debate.

For John Dewey, utopia is "to project an end that we have in our horizon without having an interest in specific mechanisms through which this projected end can be attained". That is, having no interest in the specific techniques that make an end possible. We are not trying to define your work as utopian, but we are interested in the role that these techniques play in the work and research at your office.

Do you mean mechanisms? Mechanism indicates that a utopian consideration is feasible. It is related to social practice, which is much more interesting than achieving a goal with the help of technology. A mechanism describes how the means of production can be used. So one could define architecture as an instrument within that mechanism, no more and no less.

The creation of utopias, even negative utopias, could also be regarded as a tool for understanding the mechanics of processes, or progress as such. But also as a technique- yes, technique- to show the consequences of planning or the lack of planning. However, most utopias give us a visible image of how the future can be, and they help to understand our present society, constructing a propitious environment for discussion.

Cristina Díaz Moreno y Efrén García Grinda son profesores asociados de Proyectos en la ETSAMadrid, en la ES de Arquitectura de la UEM-Cees, y en las Escuelas de Arquitectura de la Universitat Internacional de Catalunya y de la Universidad Politécnica de Alicante durante el curso 1999-2000. Crearon 'cero9' en 1997, una estructura abierta localizada en Madrid que permite colaboraciones exteriores puntuales, —en las que han participado, entre otros, Guillermo Fernández Pardo o Ángel Jaramillo— que hacen posible la conexión real entre práctica profesional, investigación y docencia. Han ganado, entre otros, los concursos de los *Alojamientos Temporales en PRS*, Madrid en 1997, y las *Viviendas Europan 6* en Jyväskylä, Finlandia, en 2001.

Cristina Díaz Moreno and Efrén García Grinda are both Associate Projects Lecturers at the Madrid School of Architecture, at the UEM-Cees Architecture School, and the Architecture Schools at the International University of Catalonia and the Polytechnic University of Alicante in the 1999-2000 academic year. In 1997 they established 'cero9', an open structure based in Madrid which permits occasional outside collaboration —participants have included Guillermo Fernández Pardo and Ángel Jaramillo— searching for the real connection among professional practice, investigation and teaching. They have won, amongst some others, the following competitions: *Temporary Housing in PRS*, Madrid, in 1997, and *Housing Europan 6* in Jyväskylä, Finland, in 2001.

OBRAS Y PROYECTOS
WORKS AND PROJECTS

Viviendas Hageneiland en Ypenburg
Hageneiland Housing, Ypenburg

Casas Balcón en Zoetermeer
Balcony Dwellings in Zoetermeer

Casas Rústicas en Waddinxveen
Country Estates in Waddinxveen

Centro Urbano Leidschenveen
Leidschenveen Town Centre

Proyecto BUGA 2001+Plant City
BUGA 2001+Plant City

Pabellón de Holanda para la EXPO 2000
Dutch Pavilion for the EXPO 2000

Edificio de Oficinas en Calveen
Office Building in Calveen

Parque de Oficinas Unterföhring
Unterföhring Park Village

Foro de la Aviación
Flight Forum

Museo de las Artes Primitivas en el Quai Branly
Museum of Primitive Arts Quai Branly

[LNV] Nueva Sede del Ministerio de Agricultura
[LNV] New Office of the Ministry of Agriculture

Centro Cultural Effenaar
Effenaar Cultural Centre

Centro de Actividades Naturales [NAC]
Nature Activity Centre [NAC]

Biblioteca Central de Brabante
Central Library Brabant

La Nube del Arte [Doce Tierras]
Nuage d'Art [Douze Terres]

La Colina de la Silicona
Silicone Hill

Museo Cultural Municipal de Matsudai
Matsudai Cultural Village Museum

Centro de Certámenes y Distribución BMW
BMW Event and Delivery Center

Galaxia Mediática [Instituto Eyebeam]
Media Galaxy [Eyebeam Institute]

Ciudad Danubio [Torres que se besan]
Donau City [Kissing towers]

Villa Voladora
Flying Village

Quattro Villas en Ypenburg
Quattro Villas, Ypenburg

Casas Patio en Ypenburg
Patio Houses, Ypenburg

Muelle de Viviendas en Oegstgeest
Pier Housing in Oegstgeest

Viviendas en Sanchinarro
Housing in Sanchinarro

Buurt Ne9en
Buurt Ne9en

Casa Barcode
Barcode House

Villa Hunting
Hunting Villa

Alemania [Concurso Europan. Primer Premio] / Germany [European Competition. First Prize]

VACÍOS BERLINESES

1991 BERLIN VOIDS

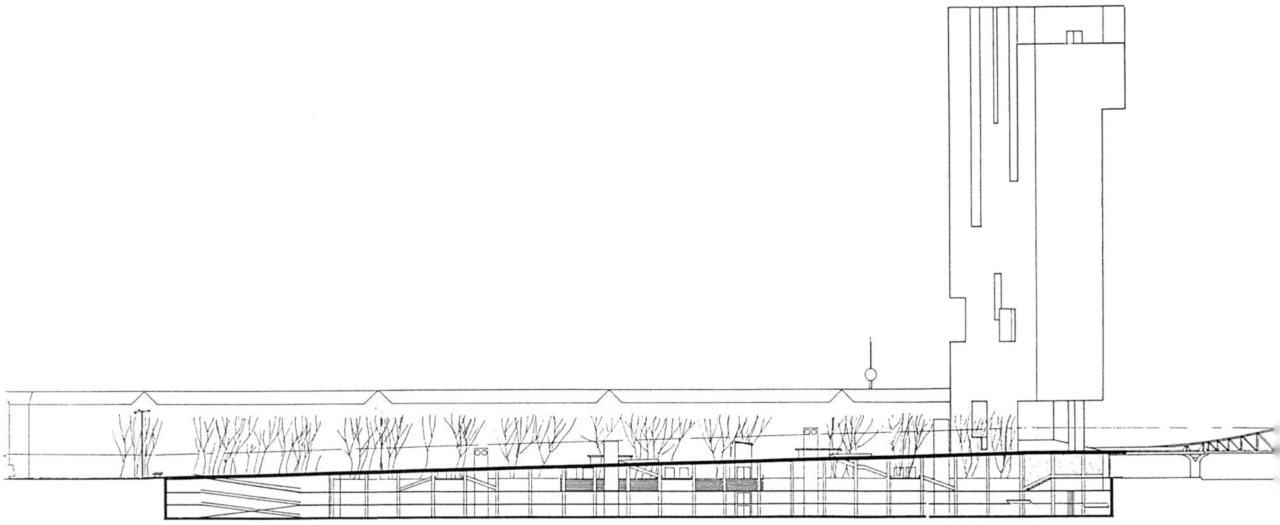

Tras la demolición del Muro y la reunificación de Berlín, el gobierno central propuso una ubicación del barrio de Prenzlauerberg para el 2º Concurso de Viviendas Europan. La construcción de 284 viviendas y 30.000 m^2 de espacio comercial pretendía dar una inyección de 'progreso' a este espacio residual del barrio que antes ocupaba un antiguo puesto de control ruso próximo al muro. Pero, ¿cómo satisfacer estas aspiraciones? ¿Respetando el antiguo envoltorio formal para que el Berlín Occidental continúe abandonándose a la tendencia que conlleva esos inhumanos bloques de pisos (*Mietskasernen*)? ¿O debería el edificio alzarse orgullosamente, favoreciendo las conexiones literales entre estos *Mietskasernen* y otras *Grosshäuser* en el horizonte, para que Berlín pudiera disfrutar de una cohesión a gran escala más propia de una capital? De ser así, entonces el edificio se mostraría como un barrio vertical atestado de 'ideales'. [Desde la época moderna todos los arquitectos parecen sentirse obligados a diseñar la casa ideal. ¿Pero existe acaso el lugar ideal?]

With the Wall torn down and East and West Berlin recently reunited, the central government proposed this location as part of the 2nd Europan housing competition for the infill of a left-over space in the nineteenth-century Prenzlauerberg district, a former Russian checkpoint next to the old Wall zone. 284 houses and 30,000 m^2 of commercial space are to be placed so as to give this area a shot of 'progress'. How are we to satisfy these aspirations? Should the former envelope be respected, so that East Berlin continues to withdraw into the world of inhuman tenement blocks (*Mietskasernen*)? Or should the building stand proudly, encouraging literal connections between these *Mietskasernen* and other *Grosshäuser* on the horizon, so that Berlin can enjoy the large-scale cohesion worthy of a capital city. It could then display its contents to the outer world as a vertical neighbourhood packed with 'ideals'. Since modernist times every architect seems to feel obliged to design the ideal house. But is there such a thing as the ideal place?

La demanda de una mayor variedad de viviendas y de formas más extremas es cada vez mayor. La casa ideal ya no existe: hay cientos de casas ideales. El ideal permanente y único se ha sustituido por muchos ideales temporales. Es como si compráramos hogares en lugar de casas, algo mejor que convertir por nosotros mismos una casa en un hogar. Los ideales familiares se pueden ampliar con una serie de 'permutaciones' extrapoladas de la vivienda estándar, y que oscilan entre la sencilla tipología de delantera/trasera y la tipología de escaleras; entre la casa con la superventana, la casa sin cubierta, la casa sin muros, y la casa-foso; la casa católica, la casa con torres, la casa desconectada, etc. Partiendo de estos ideales se puede diseñar un bloque de viviendas a modo de rompecabezas chino. Pero la ubicación de aquéllos dentro del envoltorio del edificio da lugar a viviendas intermedias con una cantidad aún mayor de espacios y características inesperadas. ¿Acaso no es lo inesperado el sublime objetivo de nuestra 'profesión de constructores de viviendas'? La tecnología moderna nos ha permitido hacer que los muros y suelos de hormigón absorban casi cualquier posible contacto entre los vecinos, lo que estimula el anonimato otorgando a lo visual un nuevo papel. Ahora, el vecino no está oculto a la vista, sino presente. ¿Podría esto estimular una cierta seguridad y conciencia social? Ahora, se despierta la curiosidad sobre cuál puede ser el aspecto de la casa de tu vecino, y de la casa del vecino de tu vecino, y de la casa del vecino del vecino de tu vecino... 284 'ideales' se exponen según una composición congelada de tipologías, unas conocidas y otras recientemente descubiertas.

The demand for greater variety and even more extreme forms of dwelling is gaining momentum. The ideal home no longer exists: there are thousands of ideal homes. The one permanent ideal has been supplanted by many temporary ones. It seems as though we buy homes instead of houses, rather than turning a house into a home for ourselves. The familiar ideals can be extended through a series of extended or extrapolated 'permutations' on the average house: so from the straightforward front-to-back type to the stair type, the house with the superwindow, the house with no roof, the house with no walls, to the pit house, the catholic house, the house with towers, the disconnected house, etc. Out of these ideals, a housing block can be constructed like a Chinese puzzle. But the placing of these ideals within the building envelope gives rise to in-between houses with even more unexpected spaces and qualities. Is the unexpected not the sublime goal of one's 'dwelling career'? Modern technology has enabled the concrete walls and floors to absorb almost every possible contact between the neighbours. Anonymity is stimulated. This leaves a new role for the visual. Through this Chinese puzzle of houses, the neighbour is not hidden from view but present. Might this stimulate a certain social awareness and security? The puzzle arouses curiosity as to what your neighbour's house might be like, and your neighbour's neighbour's house, and your neighbour's neighbour's neighbour's house... 284 'ideals' are shown to the east and west (of Berlin) in a frozen composition of well-known and newly-discovered dwelling types.

TYP

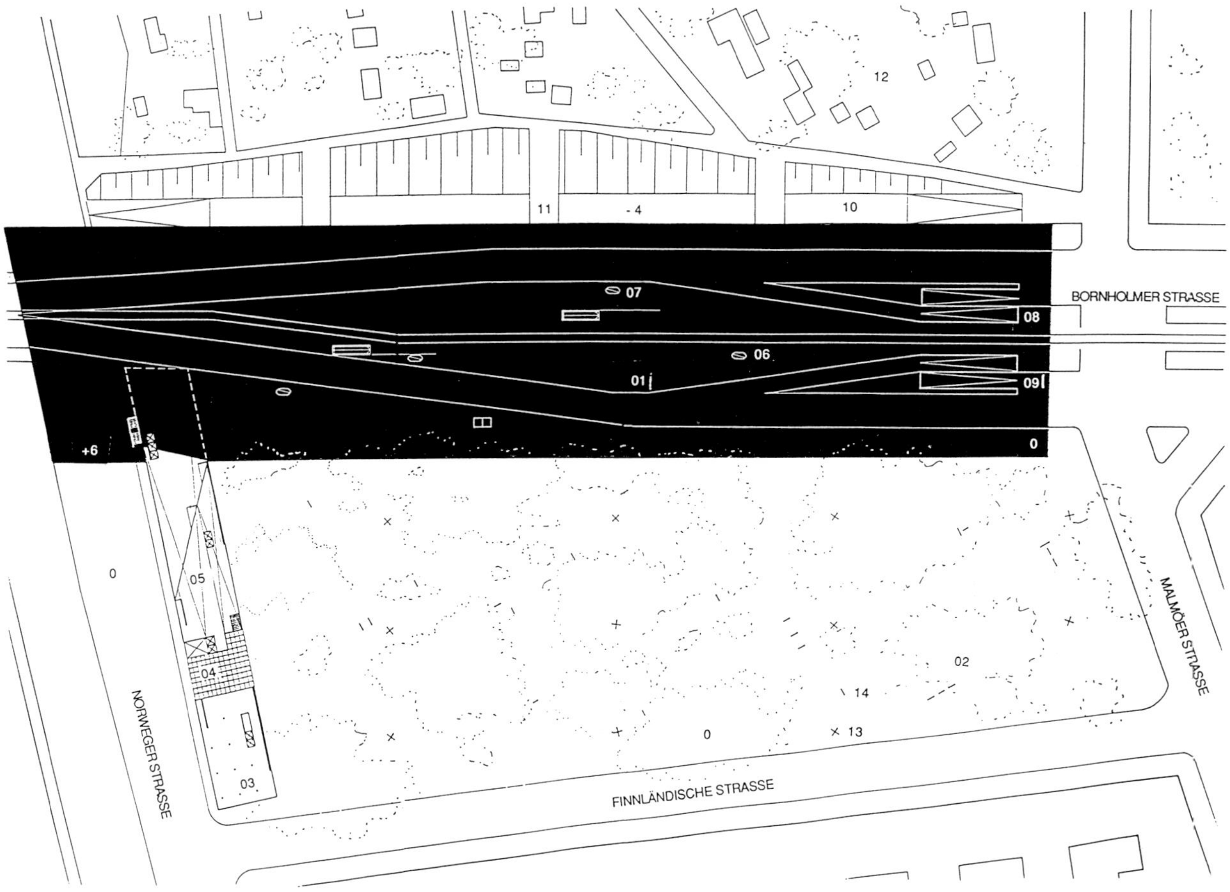

Planta de acceso / Entrance floor plan

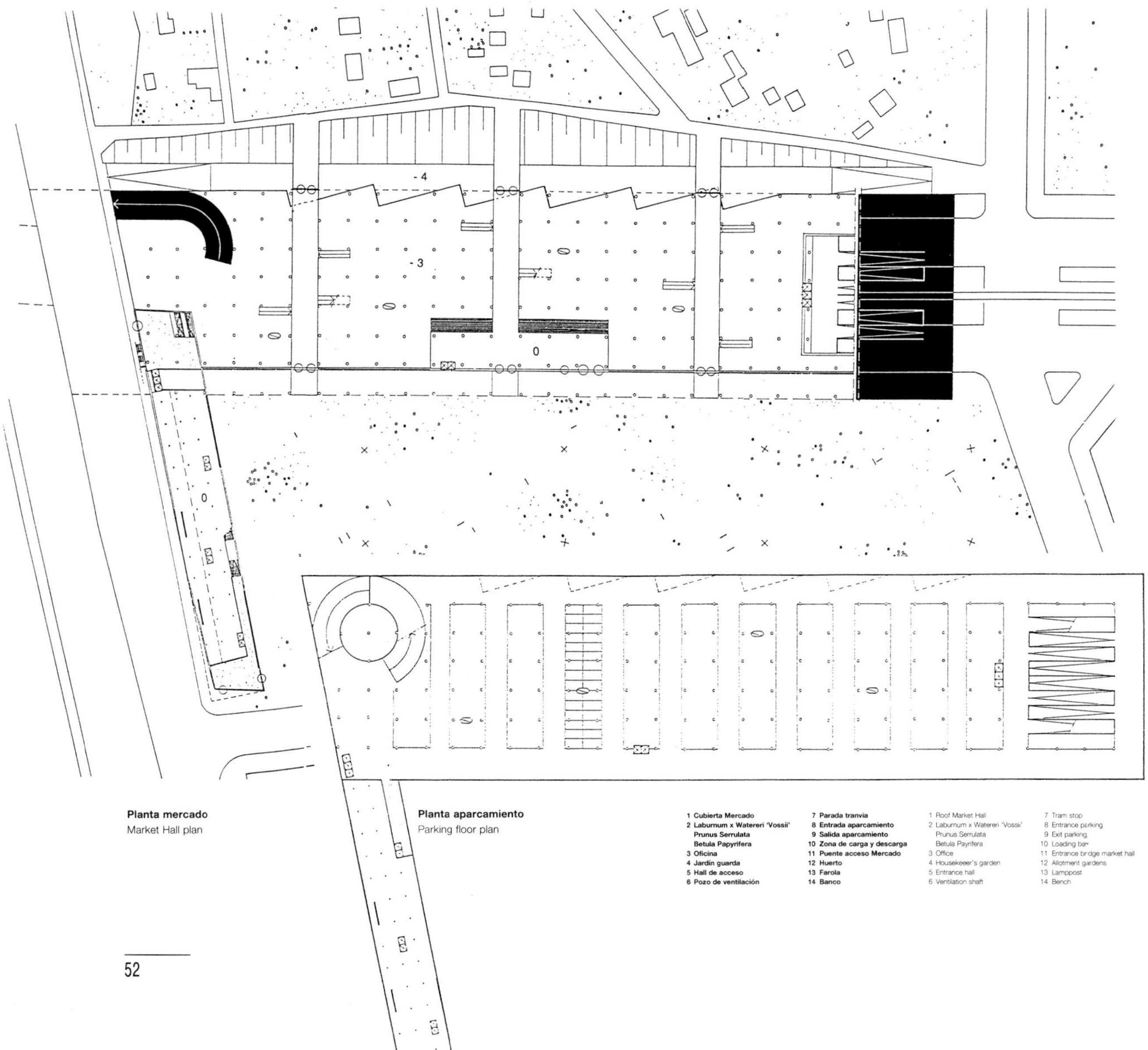

Planta mercado
Market Hall plan

Planta aparcamiento
Parking floor plan

1 Cubierta Mercado	**7 Parada tranvía**	1 Roof Market Hall	7 Tram stop
2 Laburnum x Watereri 'Vossii' Prunus Serrulata Betula Papyrifera	**8 Entrada aparcamiento**	2 Laburnum x Watereri 'Vossii' Prunus Serrulata Betula Payrifera	8 Entrance parking
3 Oficina	**9 Salida aparcamiento**	3 Office	9 Exit parking
4 Jardín guarda	**10 Zona de carga y descarga**	4 Housekeeer's garden	10 Loading bar
5 Hall de acceso	**11 Puente acceso Mercado**	5 Entrance hall	11 Entrance bridge market hall
6 Pozo de ventilación	**12 Huerto**	6 Ventilation shaft	12 Allotment gardens
	13 Farola		13 Lamppost
	14 Banco		14 Bench

Detalle de sección
Section fragment

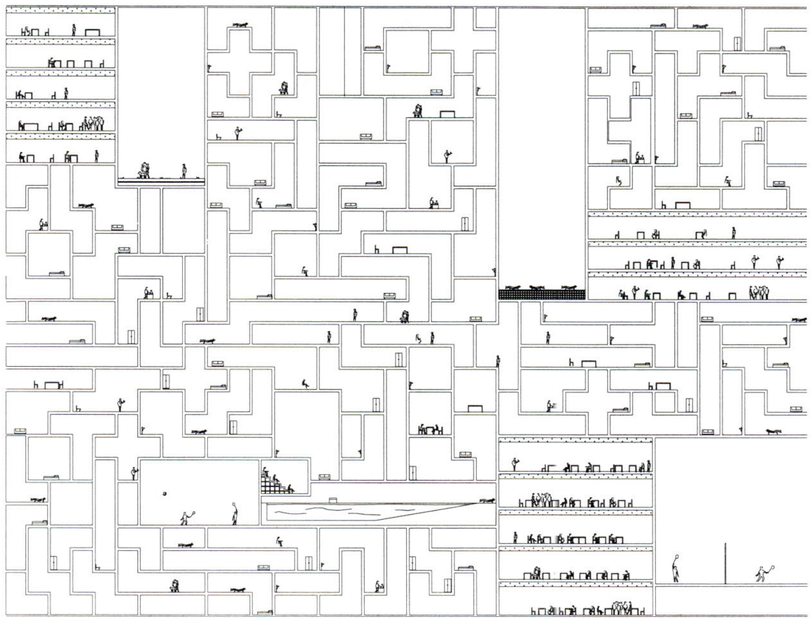

1	**Casa-Célula**	Cell-House
2	**Casa-Hall**	Hall-House
3	**Casa-L**	L-House
4	**Casa-Serpiente**	Snake-House
5	**Casa-Z (vertical)**	Z-House (vertical)
6	**Casa-Z (horizontal)**	Z-House (horizontal)
7	**Casa Zino el Dino**	Zino the Dino House
8	**Casa-Bucle**	Loop-House
9	**Casa-Torre**	Tower-House
10	**Casa-Foso**	Pit-House
11	**Casa-T**	T-House
12	**Casa-desconectada**	Disconnected-House
13	**Casa-Gruta**	Grotto-House
14	**Casa-Media Serpiente**	Halfsnake-House
15	**Bügel-Haus**	Bügel-Haus
16	**Casa-Terraza**	Terrace-House
17	**Casa-Iglesia**	Church-House
18	**Casa-Capilla**	Chapel-House
19	**Casa-Pídola**	Leapfrog-House
20	**Casa-Cruz**	Cross-House
21	**Casa-Cactus**	Cactus-House
22	**Casa-XYZ**	XYZ-House
23	**Casa-ZYX**	ZYX-House
24	**Casa-Zigzag**	Zigzag-House
25	**Casa-Patio**	Patio-House
26	**Casa-Cúpula**	Dome-House
27	**Casa-U**	U-House
28	**Casa-Agujero**	Hole-House
29	**Casa-Loft**	Loft-House
30	**Casa-larga**	Long-House
31	**Casa-Escaleras (norte-sur)**	Stair-House (north-south)
32	**Casa-Escaleras (este-oeste)**	Stair-House (east-west)
33	**Casa-Losa**	Slab-House
34	**Casa-Corredor**	Corridor-House

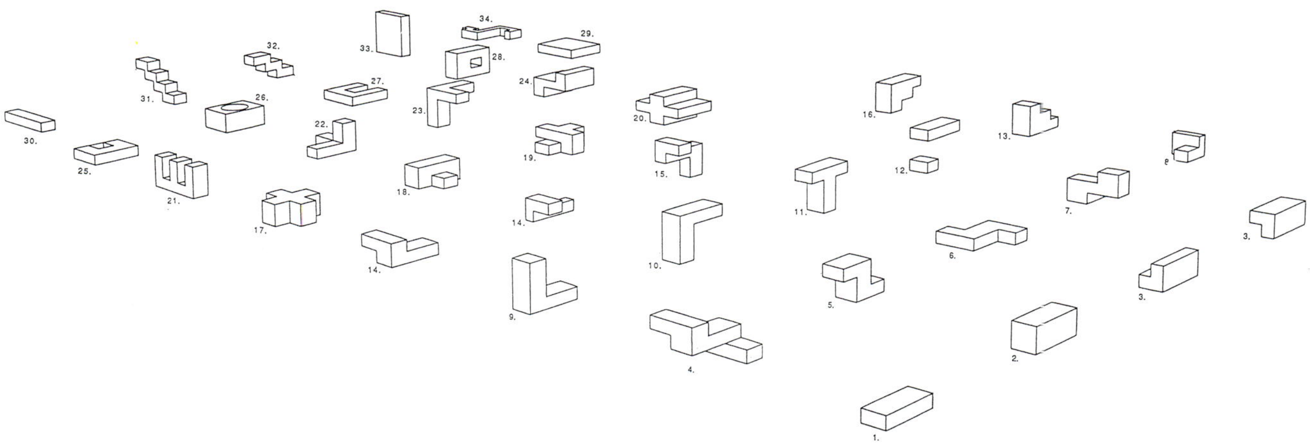

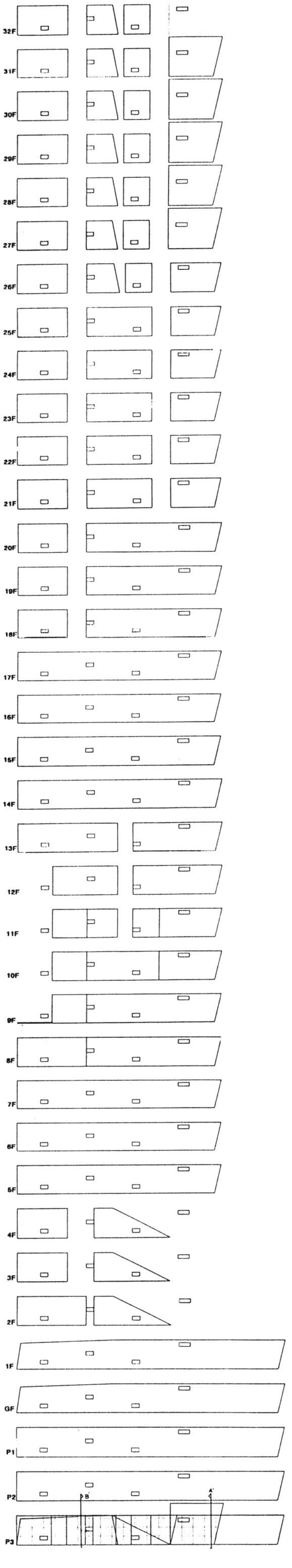

Plantas / Floor plans

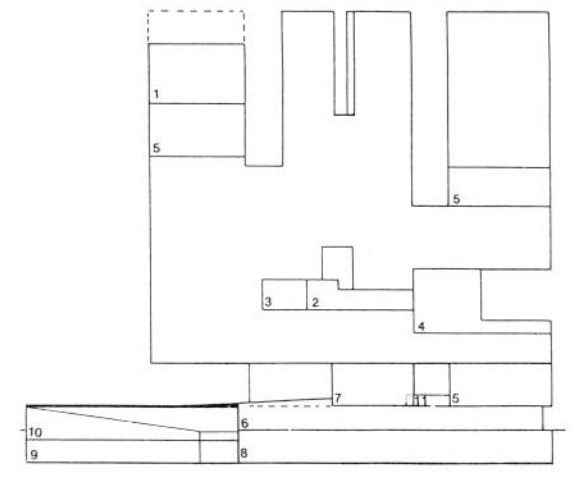

Espacios públicos / Public functions

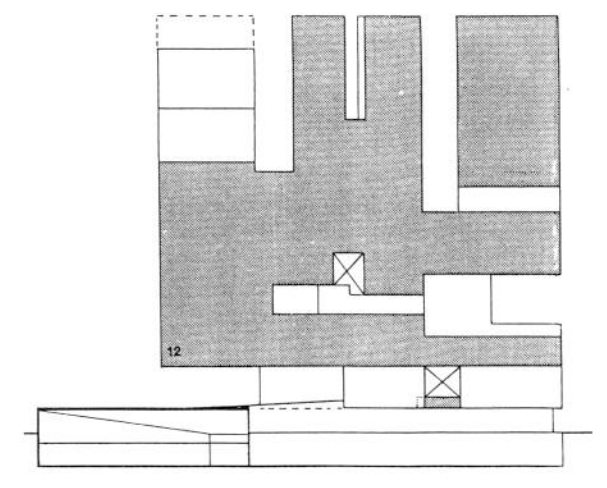

Alojamientos / Dwellings

1 **Casa del Cine/Centro de Fiestas**
2 **Acondicionamiento/Sauna**
3 **Gimnasio**
4 **Escuela Primaria/Guardería**
5 **Oficinas**
6 **Tiendas/Estudios**
7 **Hall de entrada**
8 **Almacén/Instalaciones**
9 **Aparcamiento**
10 **Mercado**
11 **Vivienda guarda**
12 **Alojamientos**

1 Filmhouse/Party center
2 Fitness/Sauna
3 Gym
4 Primary School/Kindergarten
5 Offices
6 Shops/Studios
7 Entrance hall
8 Storage/Technics
9 Parking
10 Market hall
11 Housekeeper's house
12 Dwellings

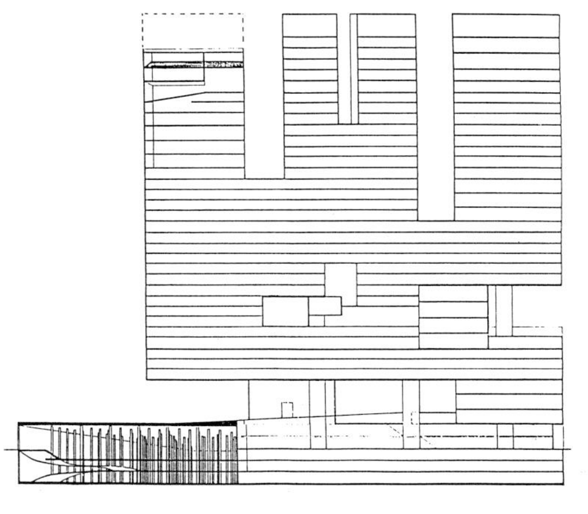

Sección longitudinal / Longitudinal section

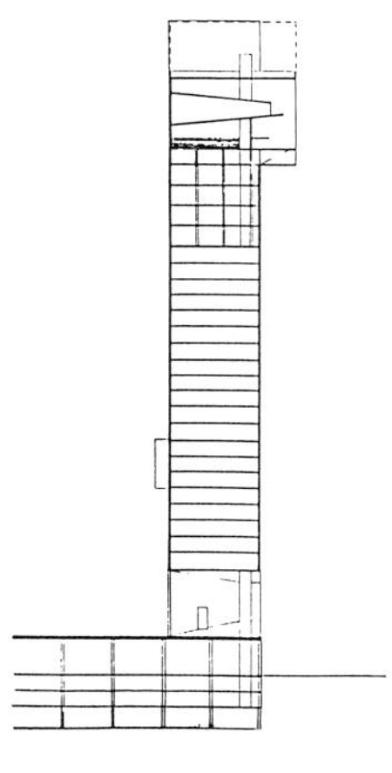

Sección transversal AA
Cross section AA

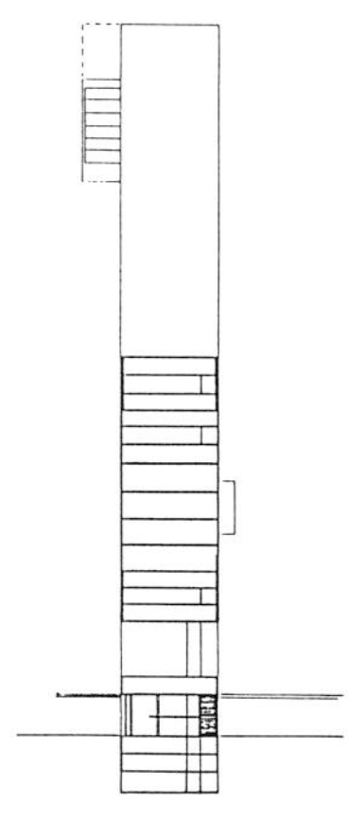

Sección transversal BB
Cross section BB

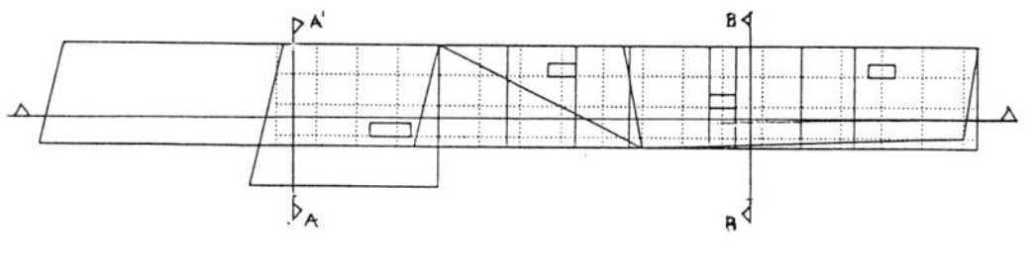

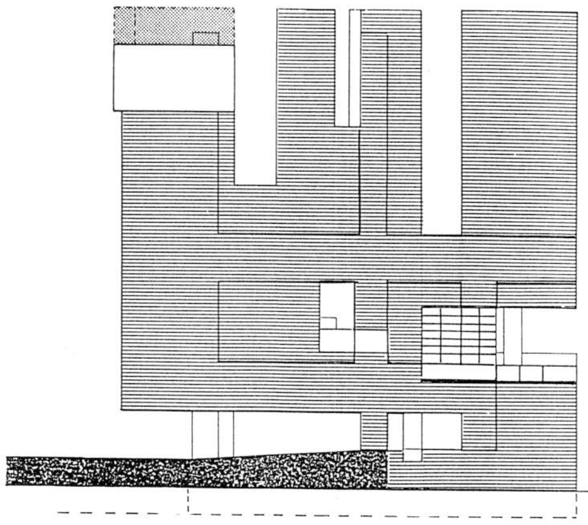

Alzado Oeste / West elevation

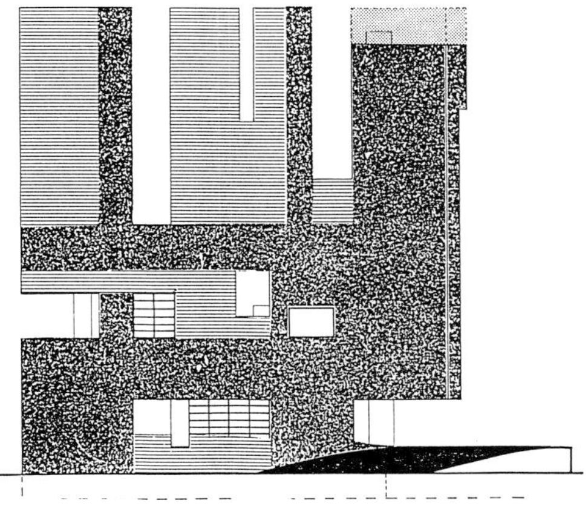

Alzado Este / East elevation

TYP
02

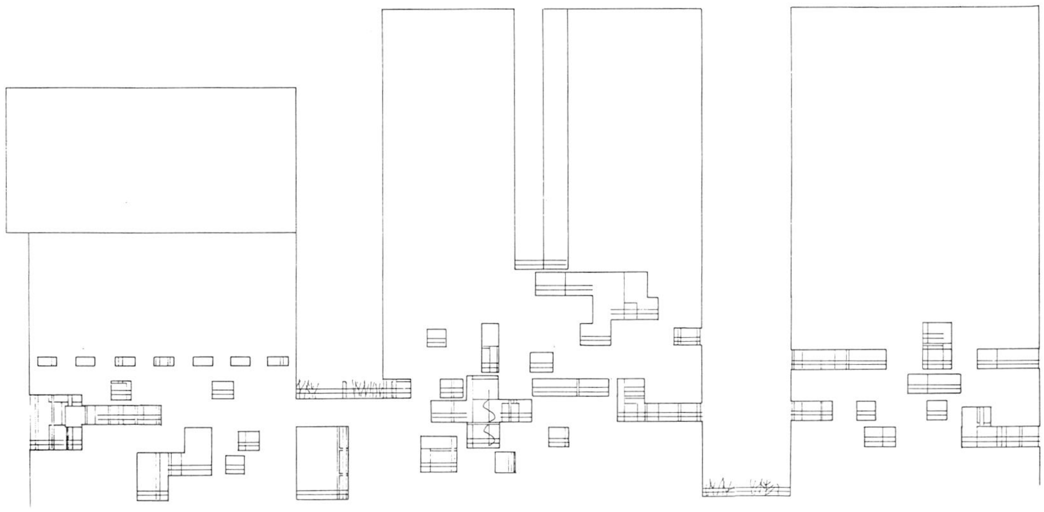

Alzado parcial Oeste / Partial West elevation

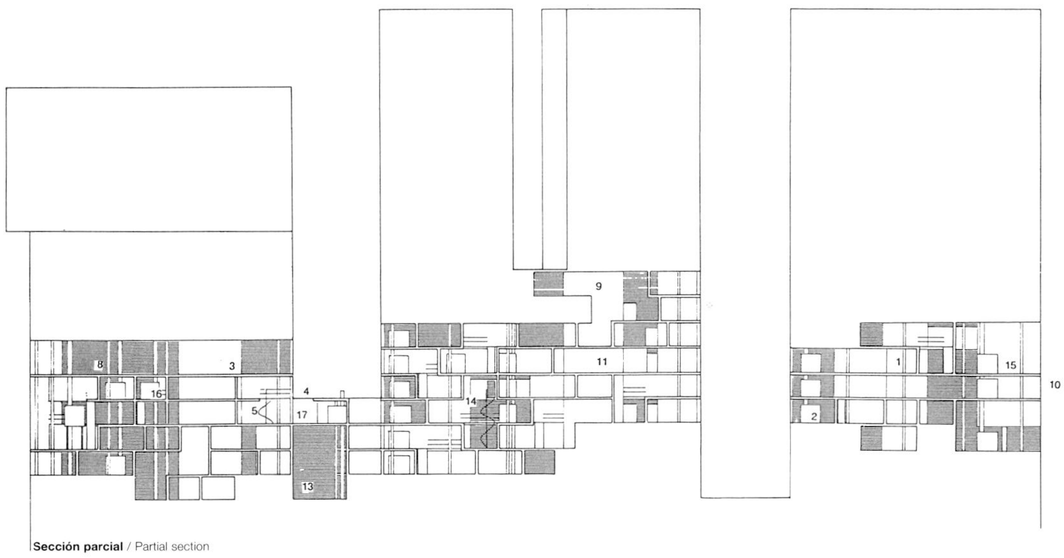

Sección parcial / Partial section

1 Pozo de ventilación
2 Aseo
3 Ascensor
4 Patio
5 Escaleras
6 Logia
7 Pantalla
8 Oficinas
9 Casa 'Serpiente'
10 Casa 'Torre'
11 Casa 'Loft'
12 Casa 'Larga'
13 Casa 'Iglesia'
14 Casa 'Cruz'
15 Casa 'Hall'
16 Casa 'Célula'
17 Casa 'Patio'

1 Shaft
2 Bathing Unit
3 Elevator
4 Patio
5 Stairs
6 Loggia
7 Screen
8 Offices
9 'Snake' House
10 'Tower' House
11 'Loft' House
12 'Long' House
13 'Church' House
14 'Cross' House
15 'Hall' House
16 'Cell' House
17 'Patio' House

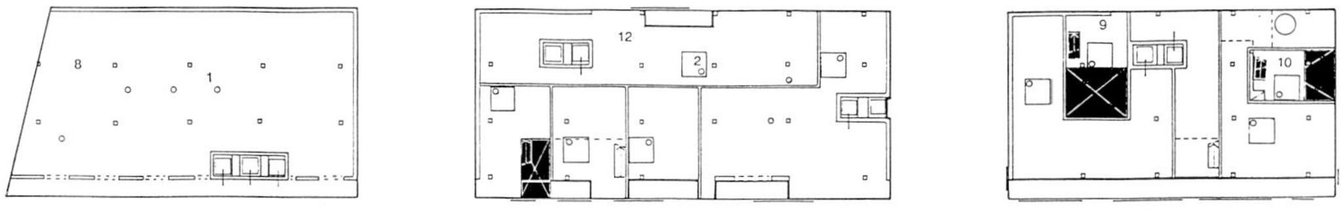

Planta 21ª / 21st floor plan

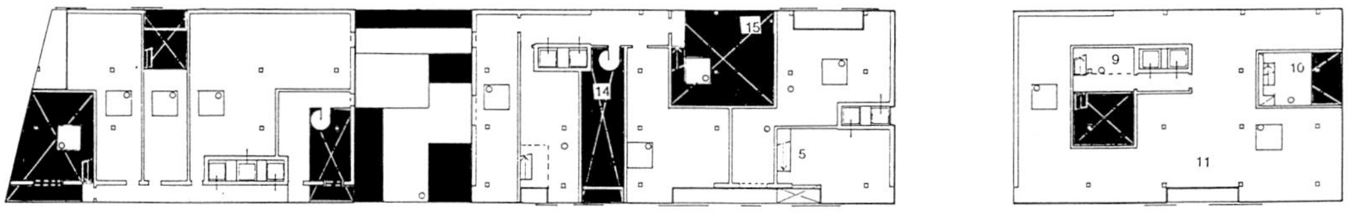

Planta 20ª / 20th floor plan

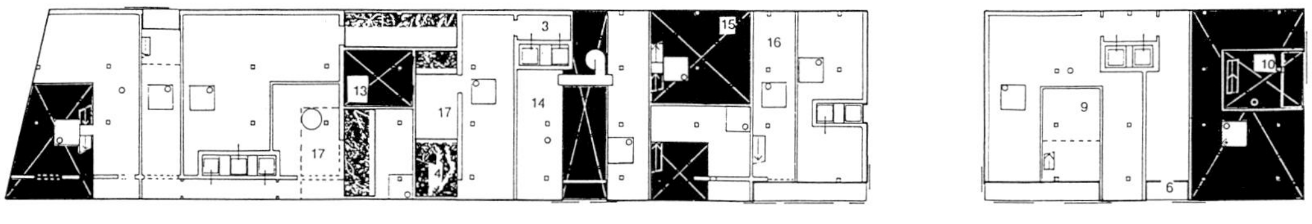

Planta 19ª / 19th floor plan

Holanda / The Netherlands

IGLESIA EN BARENDRECHT

1993 CHURCH IN BARENDRECHT

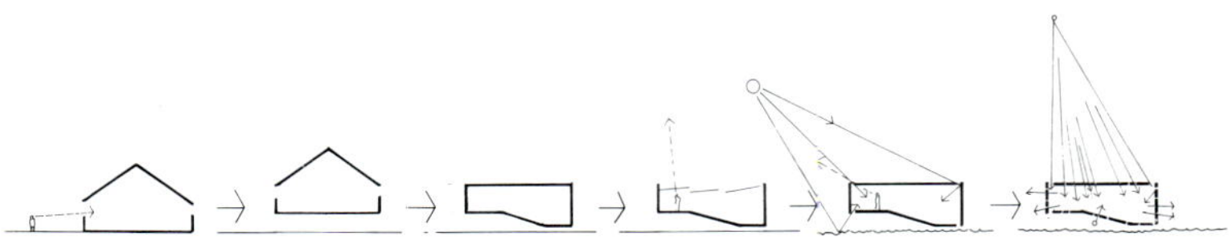

¿Qué tipo de espacio resulta apropiado para una parroquia que desea combinar el planteamiento clásico de la fe con la idea de modernidad? Una comunidad que no quiere implicarse en aquel lenguaje simbólico de la renovación, típico de los años sesenta, sino que asume la tarea de la reinterpretación continua de la Palabra escrita y su estudio atento. Esta Nueva Iglesia debe ser un espacio en sintonía con la 'tradición moderna'.

En un entorno de ladrillos, vallas metálicas y plásticos, el edificio debe ser algo más sólido: una 'roca' dentro de un mar de viviendas aisladas de dos plantas. Una 'roca' soportada por columnas y ligeramente elevada del suelo, de manera que parezca flotar y a la vez surgir de la tierra. Esta elevación permite entonces que el resto del programa —vestíbulo, sala recreativa, aparcamiento de bicicletas, guardería, cocina, aseos, almacén y zonas técnicas— se dispongan bajo el volumen de la iglesia, haciendo al edificio más compacto. El proyecto proponía la iglesia rodeada de un lago, para reflejar la luz bajo el suelo elevado. Si esto no fuera financiera o técnicamente posible, se podría sustituir por un pavimento hecho de conchas marinas, un 'mar seco' enmedio del asfalto de la nueva zona residencial. La plaza se plantaría de árboles frutales, símbolo de la tentación terrenal, antesala de la iglesia.

El edificio combina las ideas de apertura y refugio. Al plegar el suelo en una composición de planos que se elevan suavemente se sugiere la ilusión de un paisaje montañoso: un primer paso hacia la apertura combinado con la intimidad de un 'valle'. Esto también permite a todo el mundo ver al pastor y además a la congregación. Los pliegues sirven para dirigir la vista y también de simple conexión con la planta baja. El suelo se mantiene separado de las paredes que lo rodean, lo que le da la sensación de ser algo flotante, como una 'alfombra'. Es como si una fuerza desconocida hubiera provocado que el suelo se agitara y se levantara sobre la tierra. En estas superficies de hormigón —con acabados granulados de piedra y silicona— se colocan filas de bancos de madera con soportes de acero, dispuestas como las hileras de las cepas en una viña. A través de la cubierta de cristal, la nave de la iglesia recibe tanto la luz natural como la emitida por un foco situado en lo alto de un mástil, algo así como un moderno faro en el horizonte de Barendrecht.

What sort of space is suitable for a church parish which wants to combine a classic approach to the faith with a sense of modernity? A community that does not really want to get involved in the symbolic language of renewal dating from the sixties but sees its task and desire as being the concentrated study and continuous reinterpretation of the written Word. This New Church must be a space suitable for a 'modern tradition'.

In an environment of brick, laths and plastic, the building must be something more solid: like a 'rock' in a sea of two storey detached houses. A 'stone' that is slightly elevated above the ground by a collection of columns, so that it seems to float and come away from the earth. This elevation also enables other programme elements —vestibule, hobby room, bicycle store, creche, kitchen, toilets, storage space and space for technical facilities—to be put under the body of the church, so making the building more compact. We proposed that the church be surrounded by a lake, to reflect light up under the raised church floor. If this were not financially or procedurally possible, we propose surrounding it with paving made of shells, a 'dried-up sea' in the midst of the asphalt of the new housing estate. This square will be planted with an orchard of fruit trees; a symbol of earthly temptation before one enters the church.

The body of the church serves to combine the ideas of openness and shelter. By 'folding' the floor into a composition of gently rising floors an illusion is evoked of a hilly landscape: a first step towards openness combined with the intimacy of a 'valley'. This also allows everyone to see the minister and, more than that, the congregation. Each fold determines the appropriate direction in which to look. These folds also make a simple connection with the ground floor. By keeping the floor separate from the walls that surround it, a feeling is created that the floor is 'floating', like a 'carpet'. It is as if some unknown force has made the floor shake and rise up over the earth. On these concrete surfaces, finished with granules of stone and silicon, are placed rows of simple wooden pews on steel supports. The pews stand like rows of vines in a vineyard. The church hall is 'overlit' through the glass roof and the light at the top of a mast which serves as a modern beacon on Barendrecht's skyline.

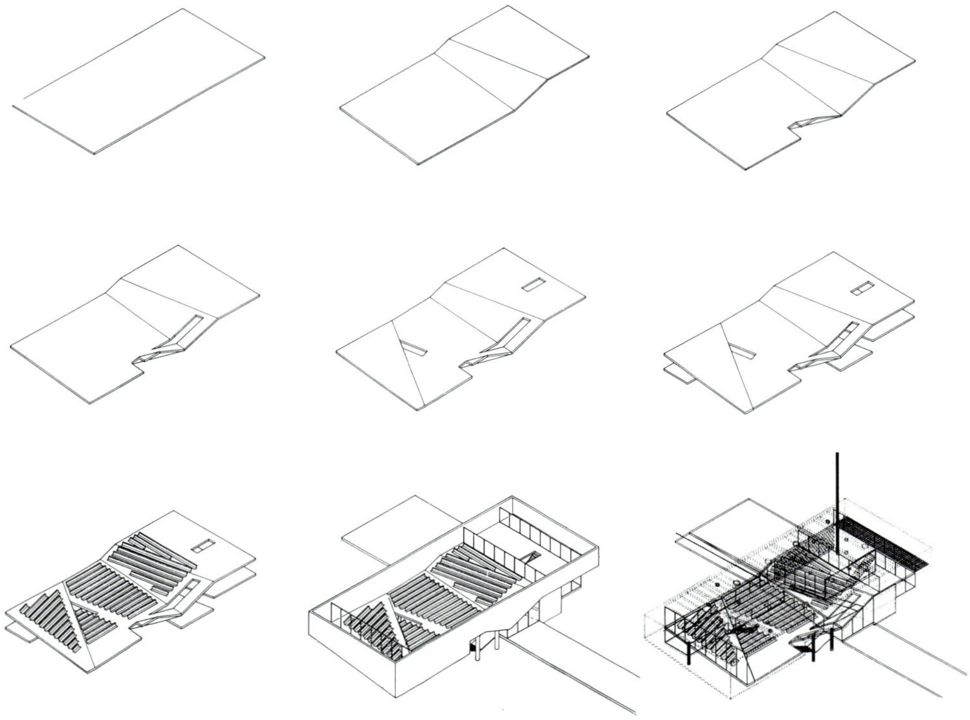

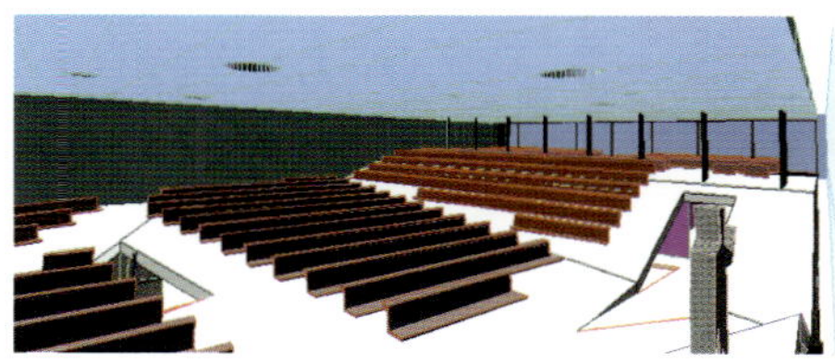

7°C GENESI

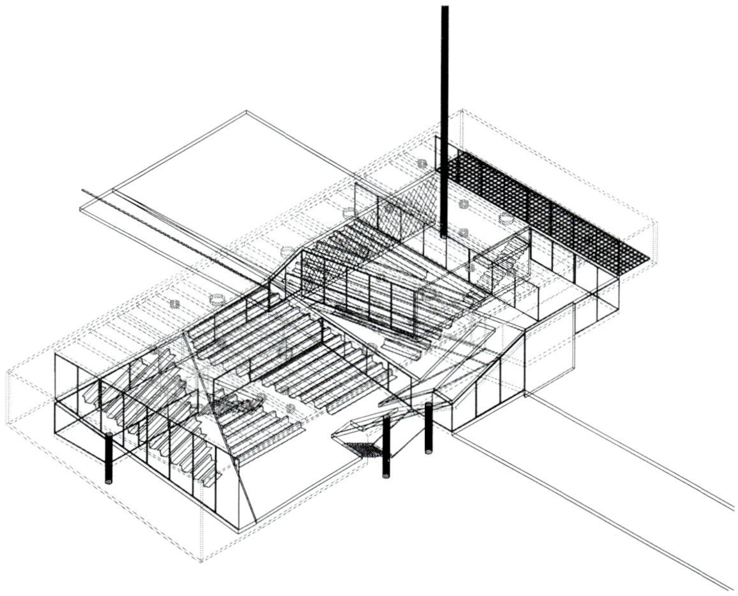

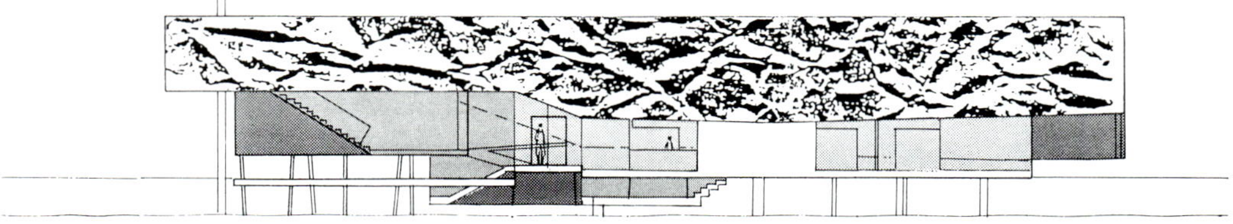

Alzado Oeste / West elevation

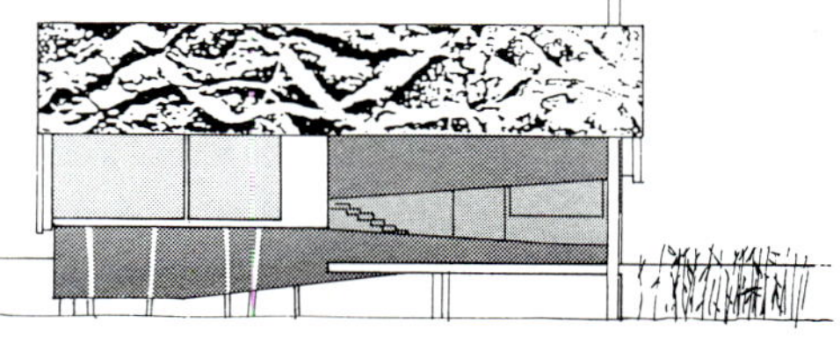

Alzado Norte / North elevation

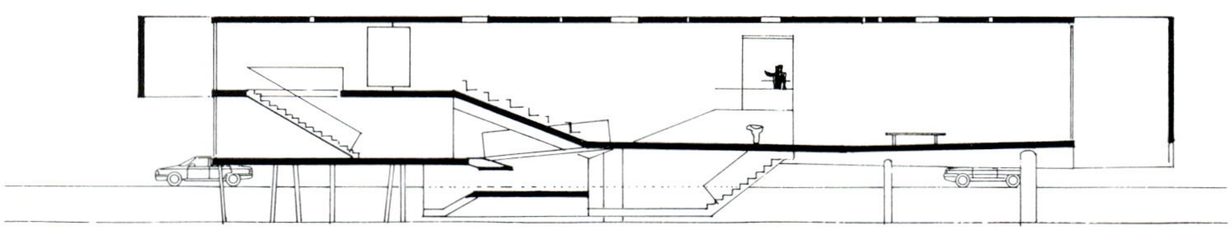

Sección longitudinal / Longitudinal section

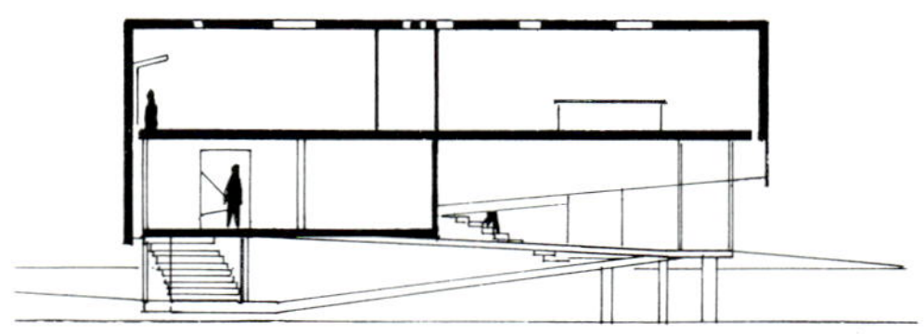

Sección transversal / Cross section

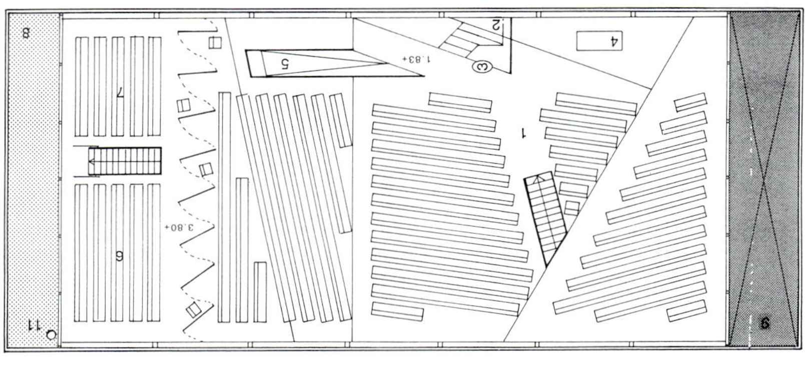

Planta superior / Upper level plan

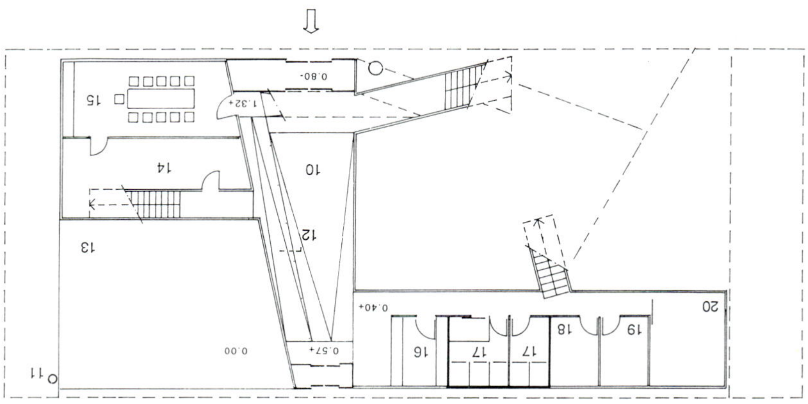

Planta baja / Ground floor plan

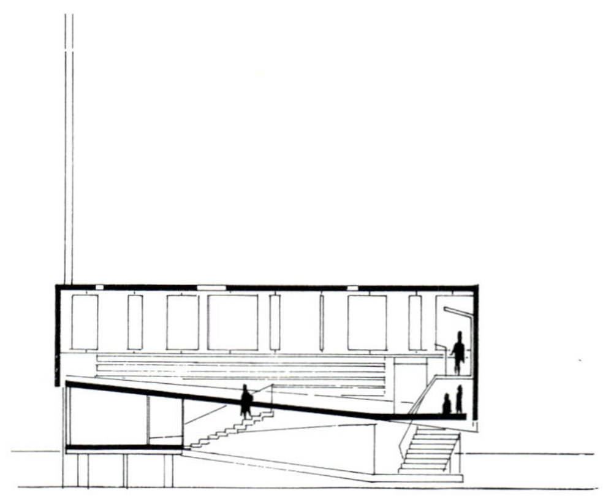

Sección transversal / Cross section

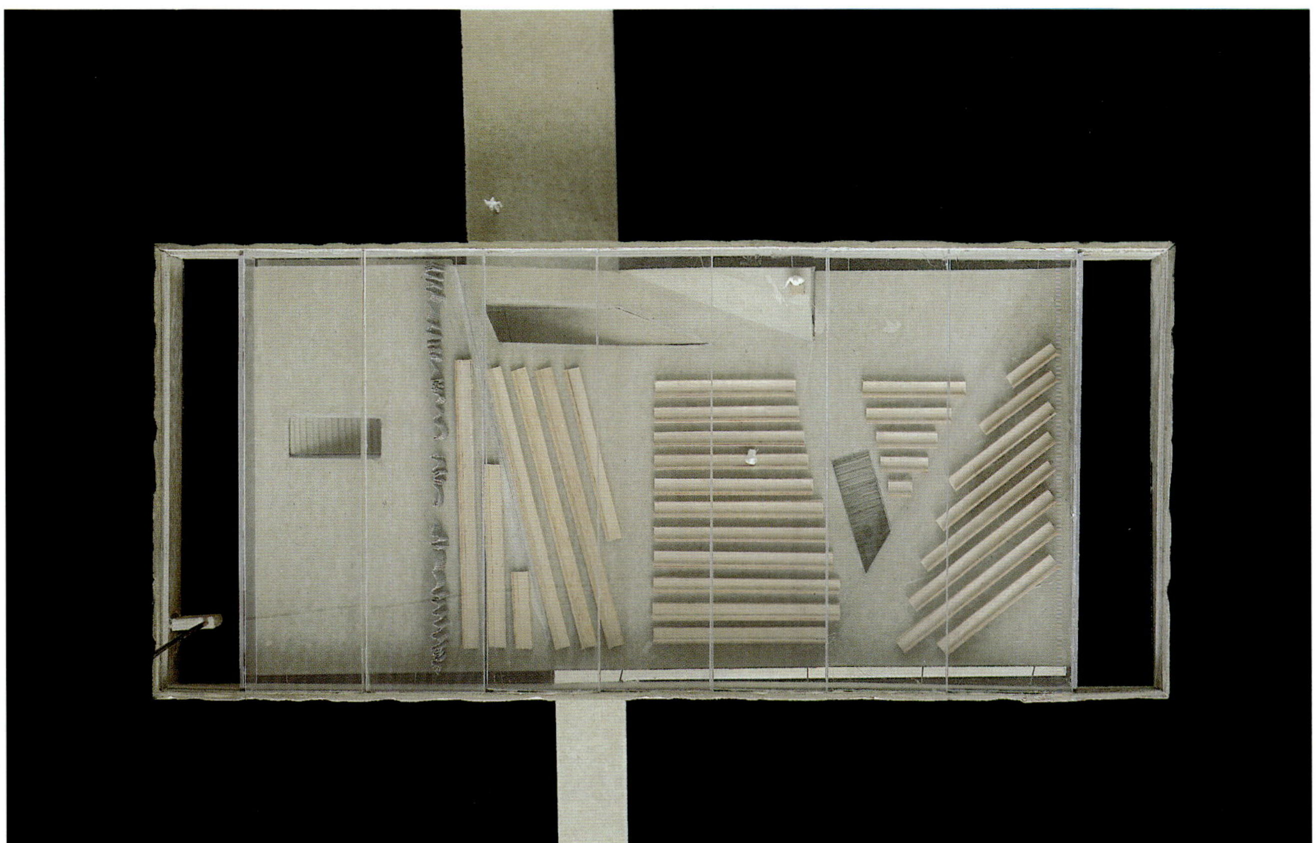

Amsterdam, Holanda [Concurso] / The Netherlands [Competition]

PISCINAS SLOTERPARK

1994 SLOTERPARK SWIMMING-POOL

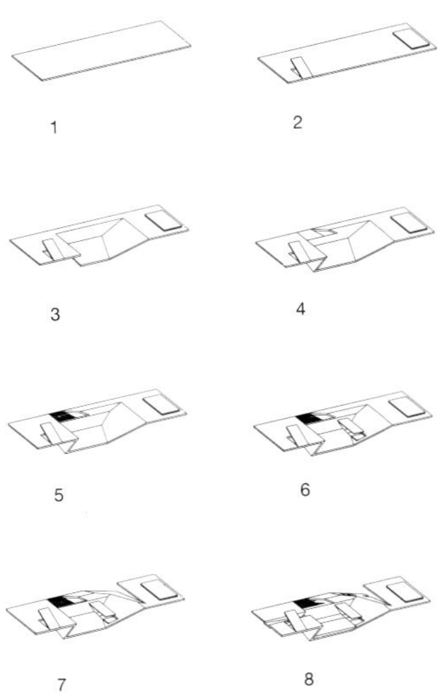

¿Cómo combinar los ideales de un baño público de los años cincuenta, base de la ampliación, con los deseos selectivos y más individualistas del ciudadano contemporáneo? Mientras que antes se requerían piscinas de gran tamaño para el baño masivo —y con frecuencia al aire libre—, lo que ahora se demanda son lugares más íntimos, que procuren el solaz de sus usuarios, o útiles para un entrenamiento espartano. Situando la ampliación justo sobre las piscinas existentes se conseguía una compacta combinación: una base espartana de baños utilitarios —y susceptibles de utilizarse por separado— y sobre ella un nivel recreativo de carácter más hedonista. Esta superposición combinaba el comedimiento de la intervención —que privaba al parque del menor espacio posible— con una 'presencia' armónica con las torres que hay alrededor del lago.

La altura constructiva necesaria para cubrir los baños ahora existentes se utiliza para diseñar unas vigas de celosía con altura de techos, que permiten espacio para la ampliación del programa —¡nadar en el ático!—. El empleo de vigas a diferentes alturas hizo posible convertir el suelo en un paisaje recreativo. Los pliegues del suelo se extienden, desde un valle de sauna hasta un muro de escalada a modo de gruta con una galería situada sobre la zona de saltos; desde una piscina/playa con suave pendiente, pasando por un 'collado', hasta un valle más recóndito con una galería que mira a las canchas de *squash* y al cerramiento de las salas de deportes. El suelo plegado también controla la accesibilidad del mundo superior, facilita la separación acústica, forma un ciclo termal de ahorro energético entre los baños y evita los reflejos en la sala de competición. Las deformaciones de la sala superior surgen como una 'estampación' en el techo de la sala de competición. Los pliegues hacen que la sala superior aparezca como una 'playa', con una vista panorámica sobre el Sloterplas. Los baños recreativos se disponen como baños dentro del baño; una cascada que mana del muro Alpino forma una 'gruta' natural en el agua; un anillo de pequeños chorros forma un espacio separado para niños pequeños en el 'rompiente'; y una serie de estanques de remolinos se disponen en la pendiente de la playa. Una malla metálica rodea la cubierta que es transitable —un jardín de césped, madera, plástico, arena y granito— que así se convierte en parte del parque.

How can we use the extension of the Sloterpark pool to combine the ideals of the public bath movement of the fifties with the differentiated and more individual wishes of the contemporary city-dweller? Where the first group wanted large size pools for mass immersion, often in the open air, the second group wants more intimate places for recreation or Spartan training. Placing the extension over the existing pools creates a compact combination of a Spartan foundation of more utilitarian an separately hireable baths which has above it a more hedonistic recreational level. This stacking combines modesty, taking as little space as possible from the park, with a 'presence' that goes well with the existing towers round the lake.

The necessary constructional height for roofing over the existing baths is exploited by the application of full-storey high lattice girders, so providing space for extension of the programme— swimming in the attic! The use of girders at different heights made it possible to turn the floor into a recreational landscape. The folded floor extends via a sauna valley to a grotto-like climbing wall, with a gallery overlooking the diving area, from a gently sloping beach bath via a 'saddle pass' to a more intimate valley with a gallery overlooking the squash courts and the enclosure for the sports halls. The folded floor also controls the accessibility of the upper world, handles acoustic separation, forms an energy-saving thermal cycle between the baths and avoids dazzle effects in the competition hall. The deformations of the upper hall appear as an 'imprint' on the ceiling of the competition hall. The folds make the upper hall feel like a 'beach' with an outlook over the Sloterplas. Recreational baths are placed as baths in the bath; a waterfall streaming off the Alpine wall forms a natural 'grotto' in the water, a ring of sprays forms a separable space for toddlers in the 'surf' and a number of whirlpools are lodged in the sloping beach. A net fence surrounds the roof, which is accessible and so becomes part of the park; one can walk over a garden of grass, wood, plastic, sand and granite.

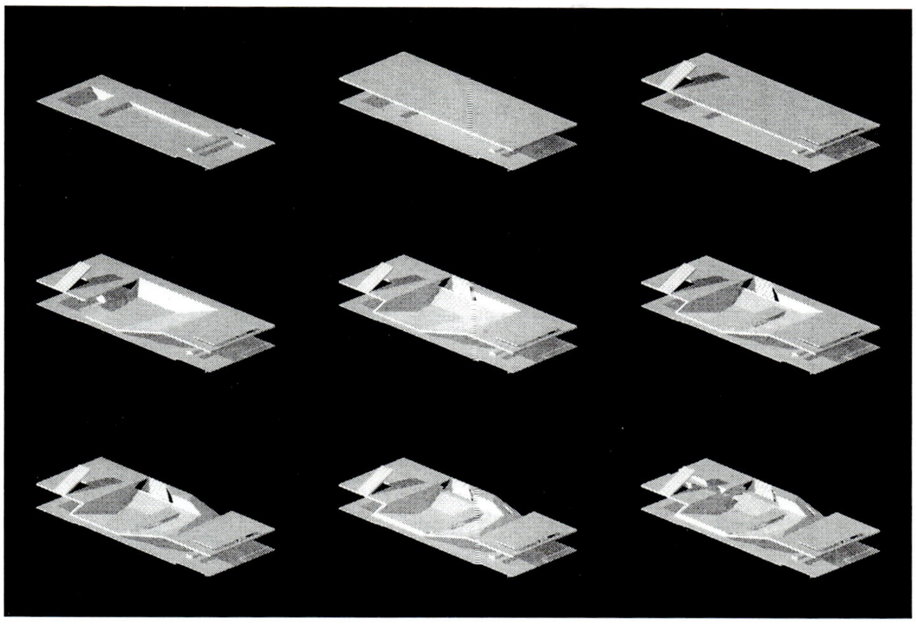

Secuencias papiroflexicas
Folding sequences

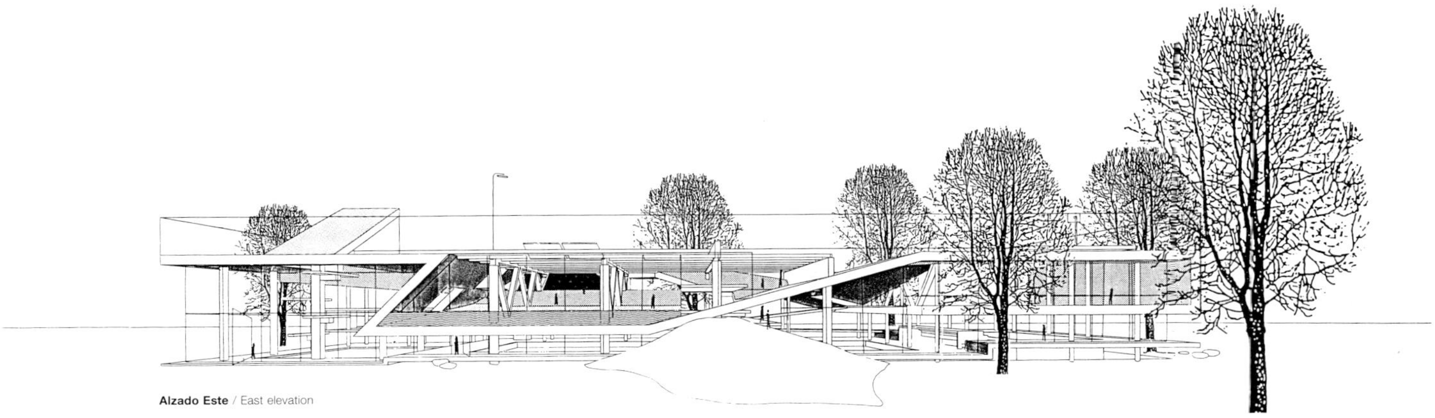

Alzado Este / East elevation

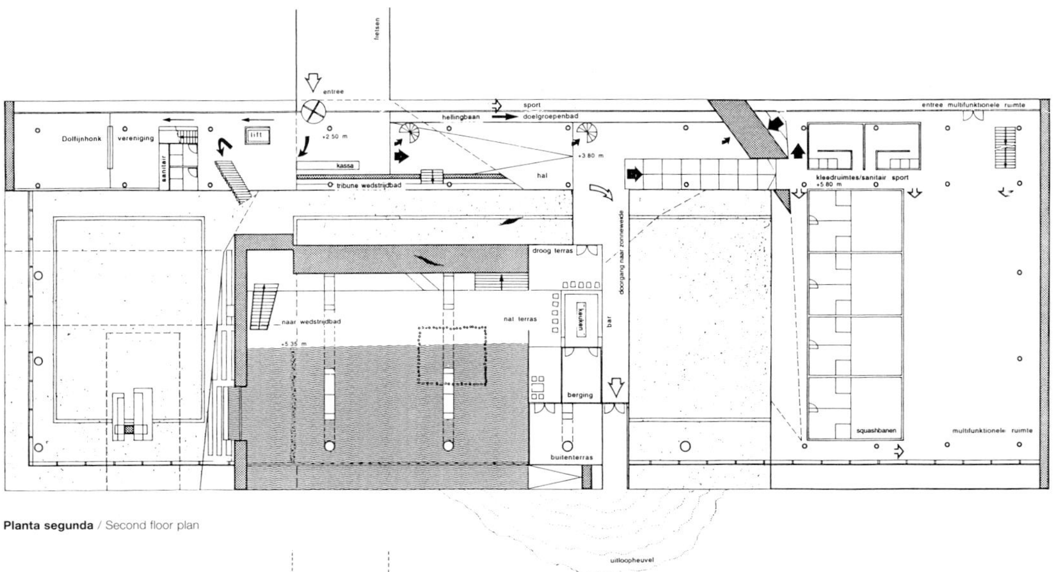

Planta segunda / Second floor plan

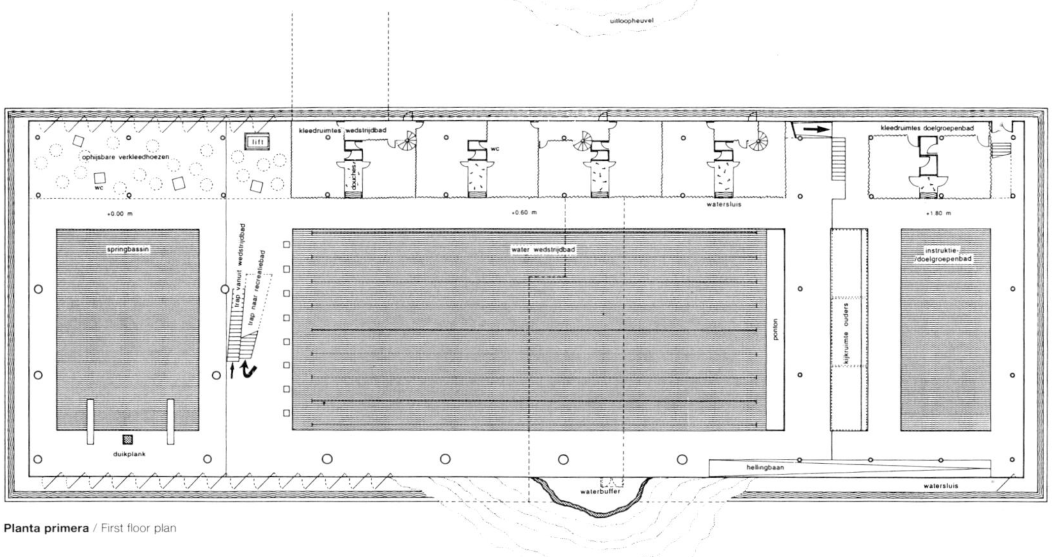

Planta primera / First floor plan

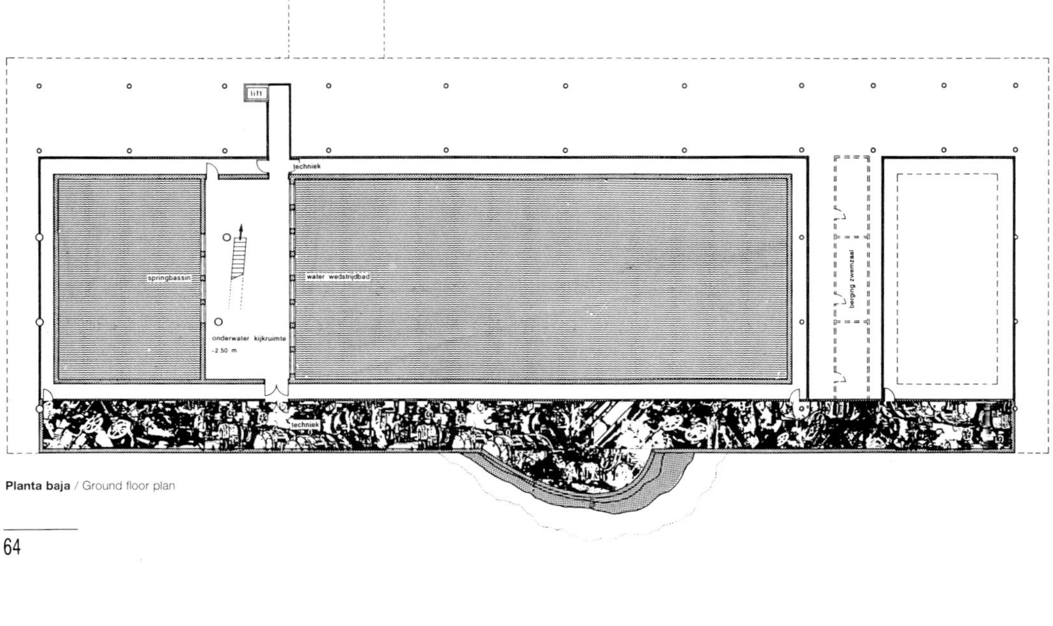

Planta baja / Ground floor plan

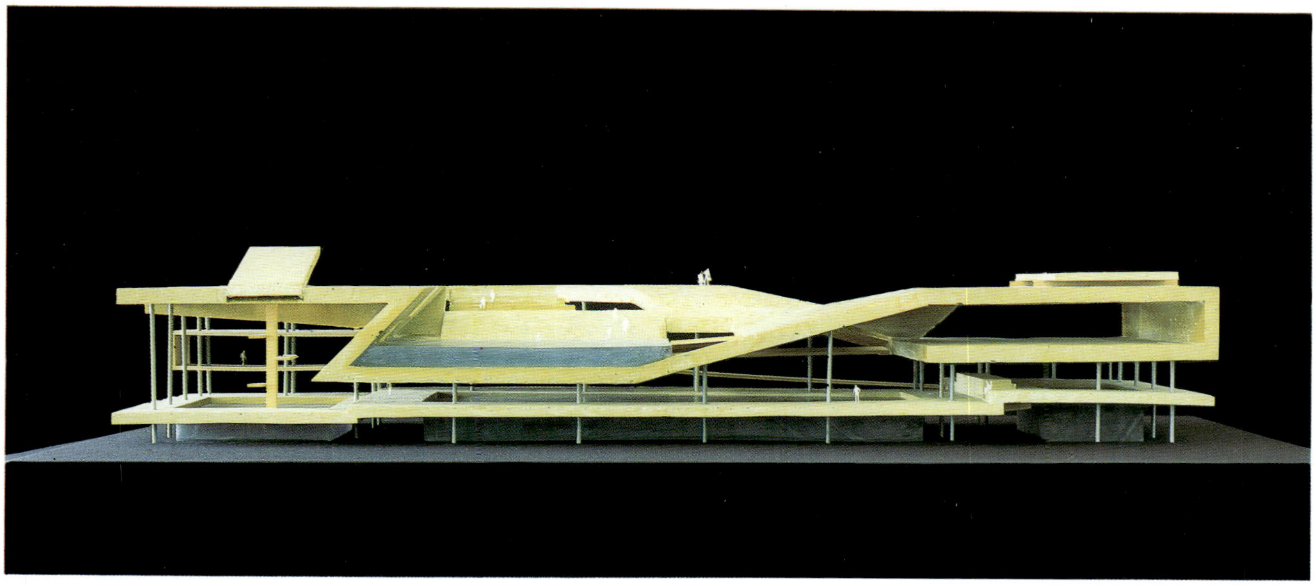

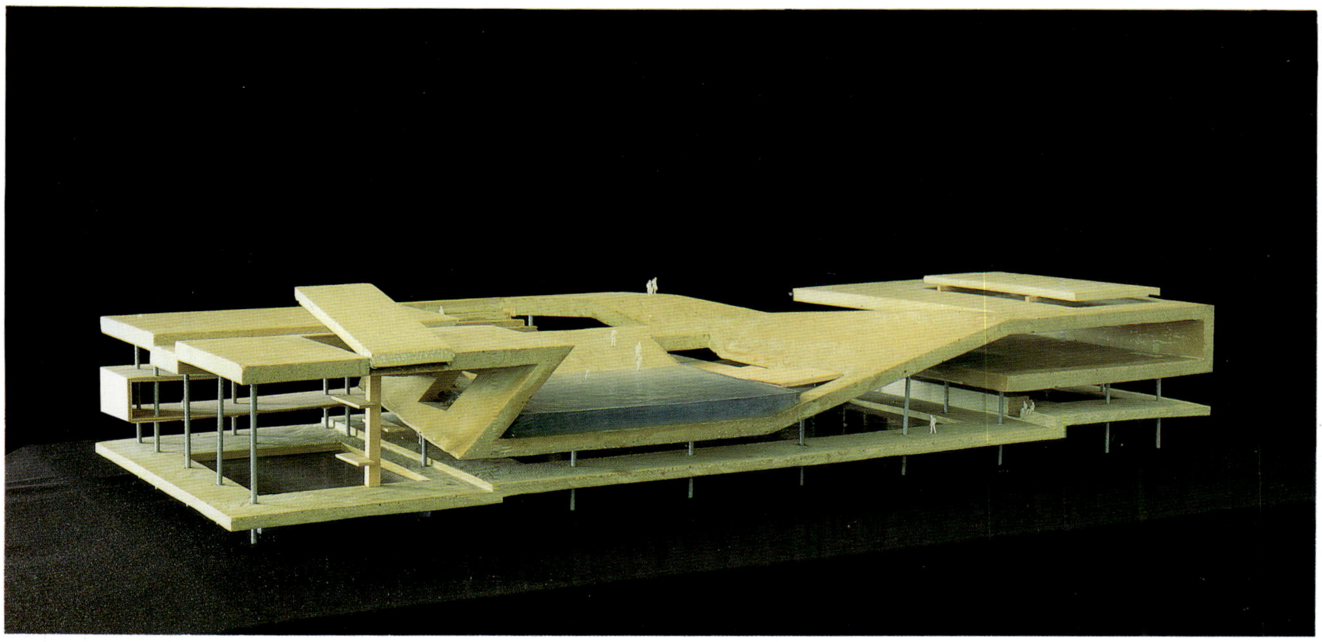

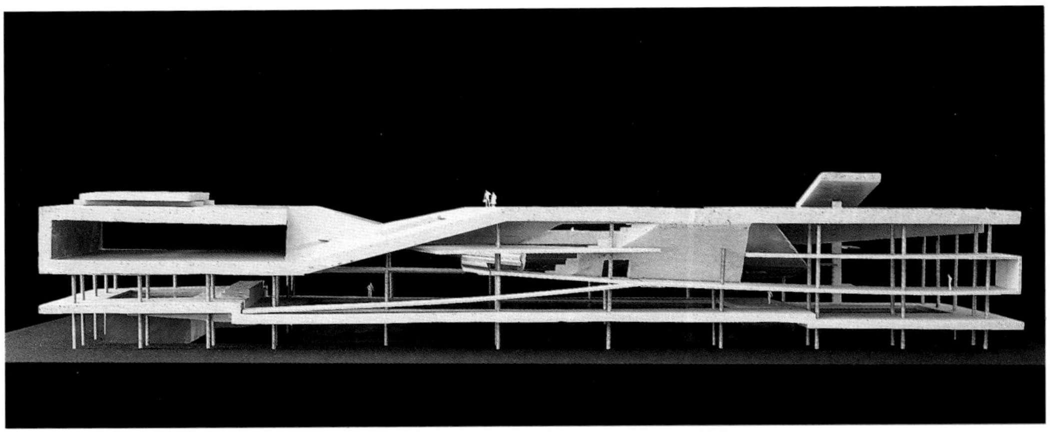

Vista de la fachada Oeste / View of West facade

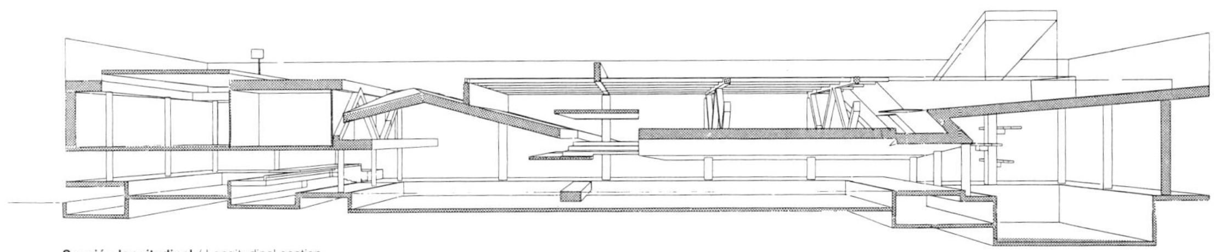

Sección longitudinal / Longitudinal section

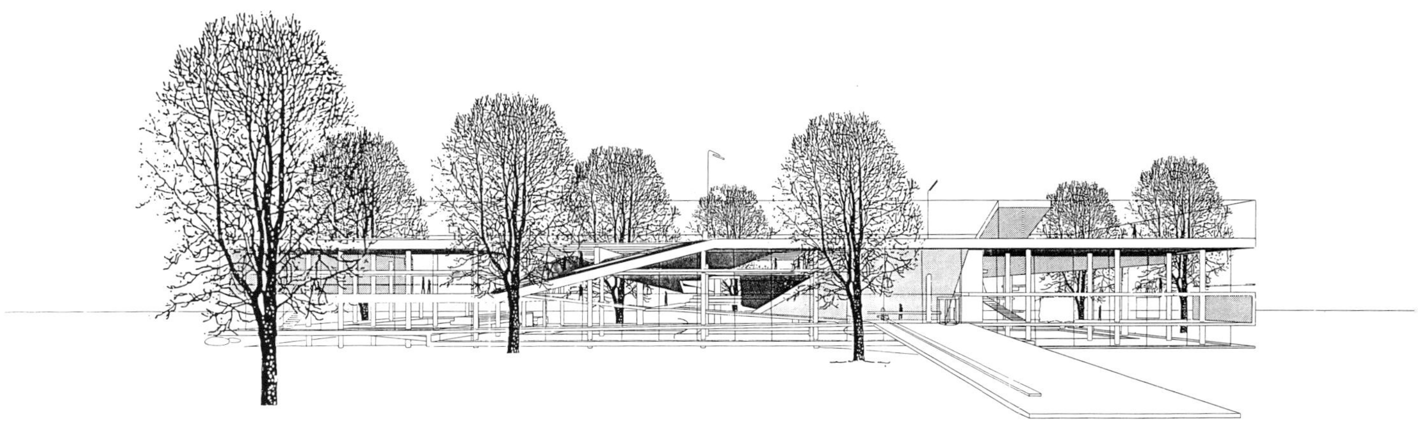

Alzado Oeste / West elevation

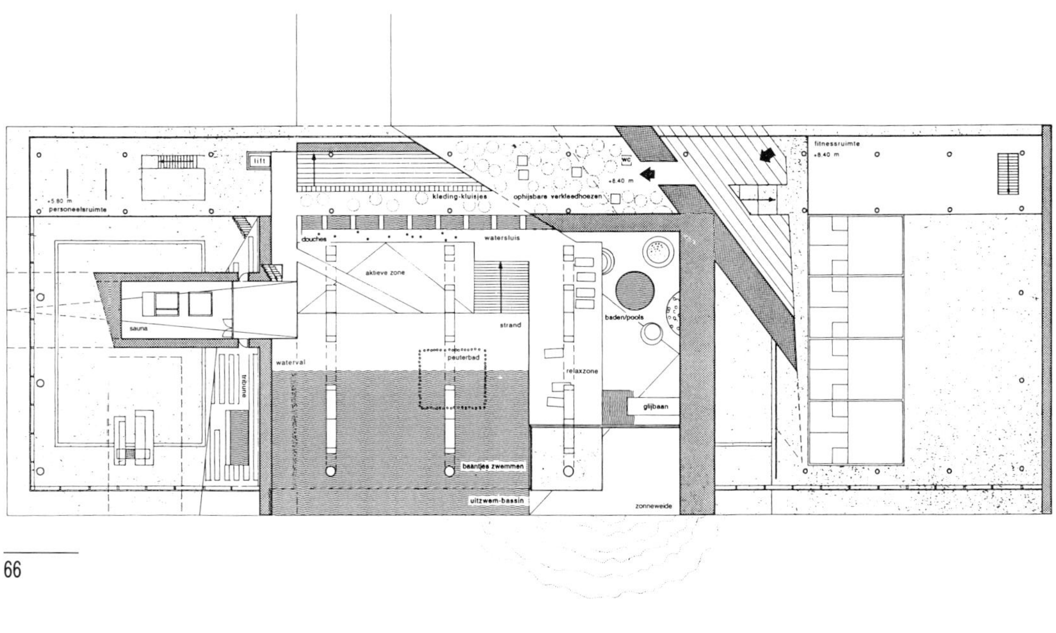

Planta tercera / Third floor plan

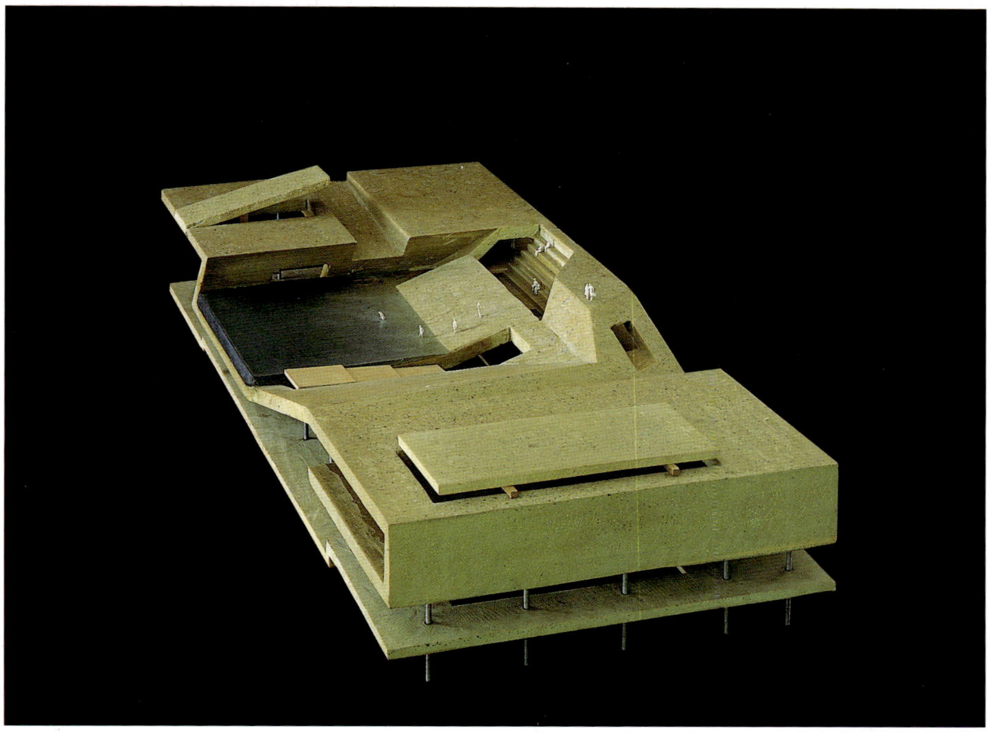

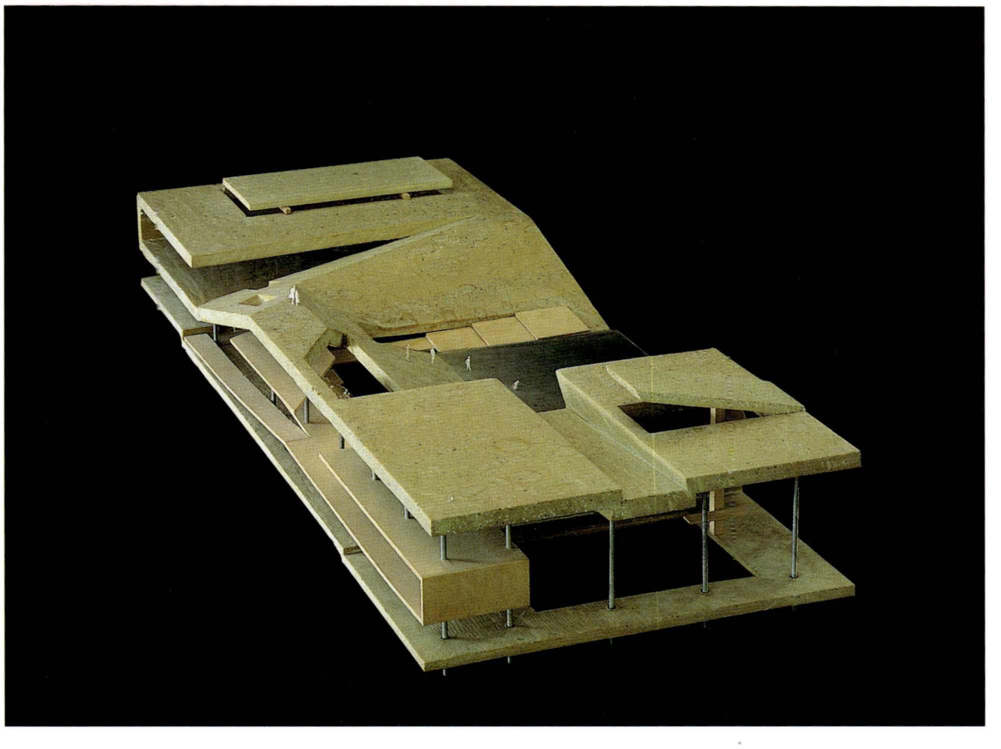

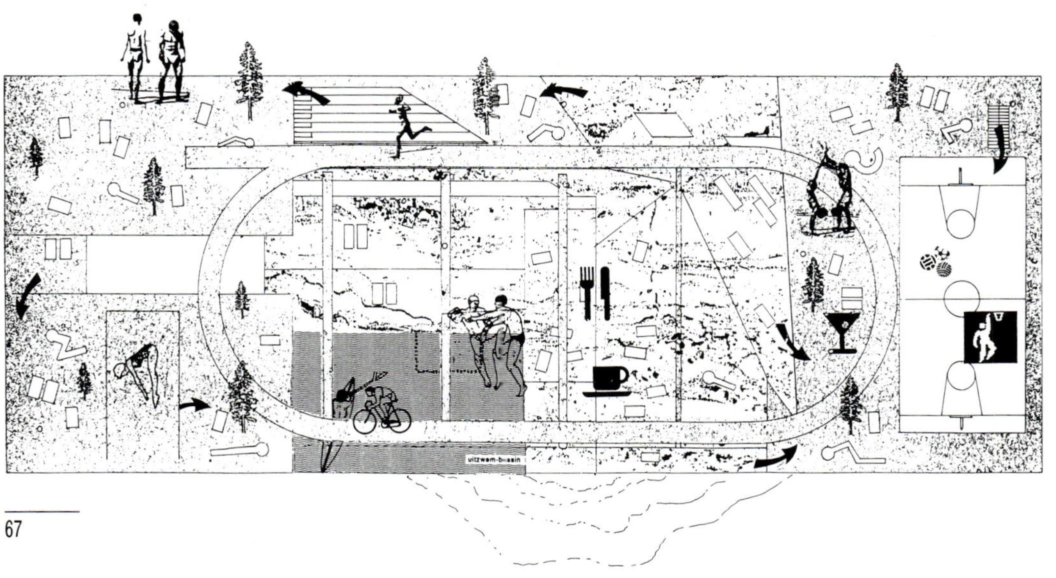

Planta de cubiertas / Roof plan

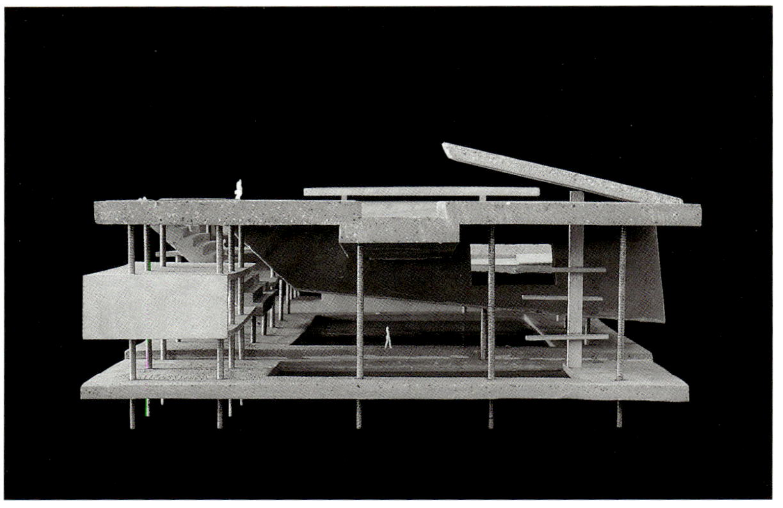

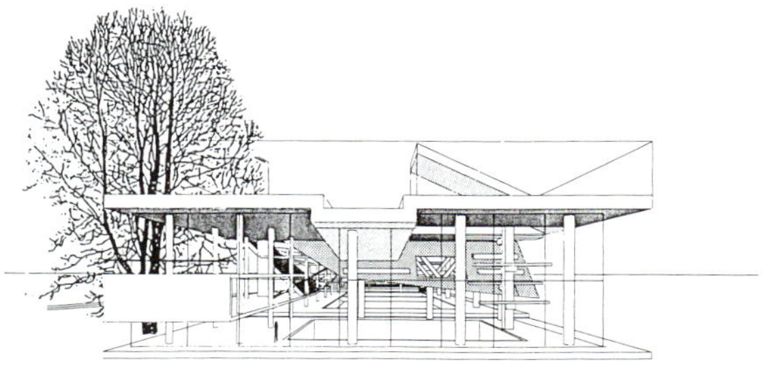

Alzado Sur / South elevation

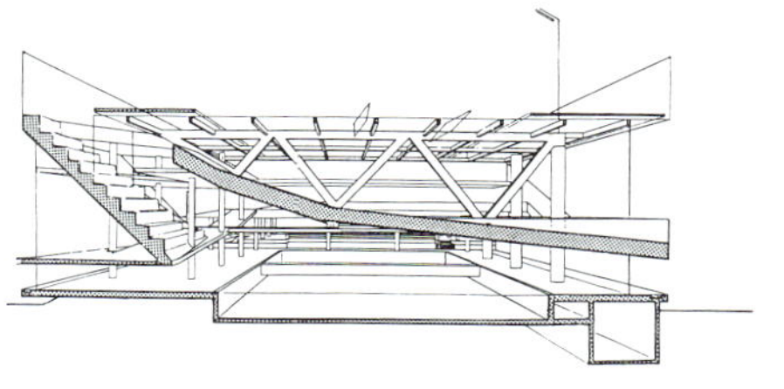

Sección t·ansversal Este-Oeste, hacia el Norte
East-West cross section, looking North

Sección transversal Este-Oeste, hacia el Sur
East-West cross section, looking South

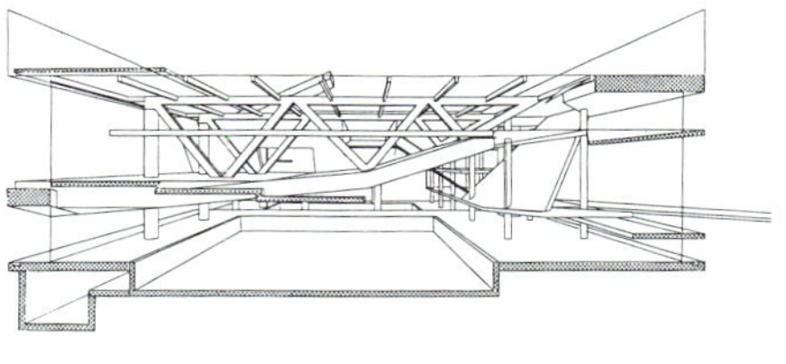

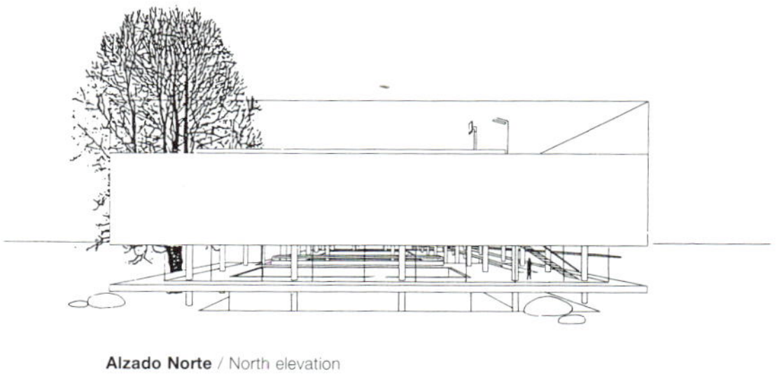

Alzado Norte / North elevation

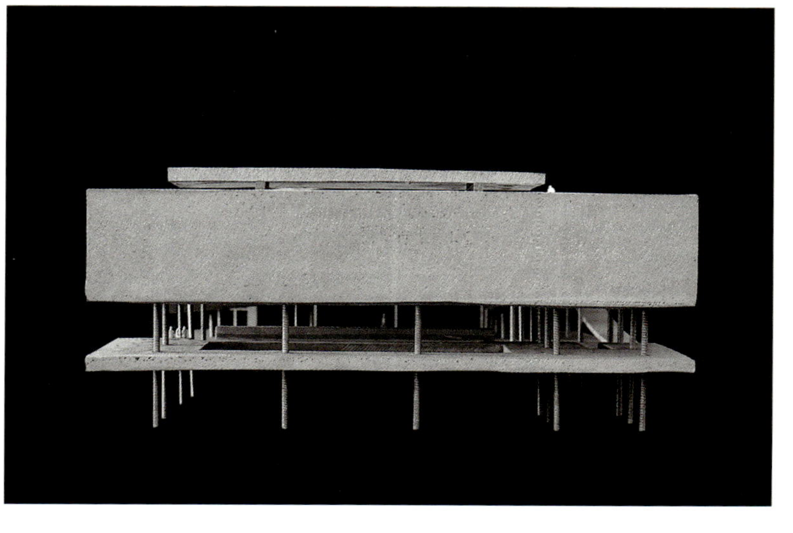

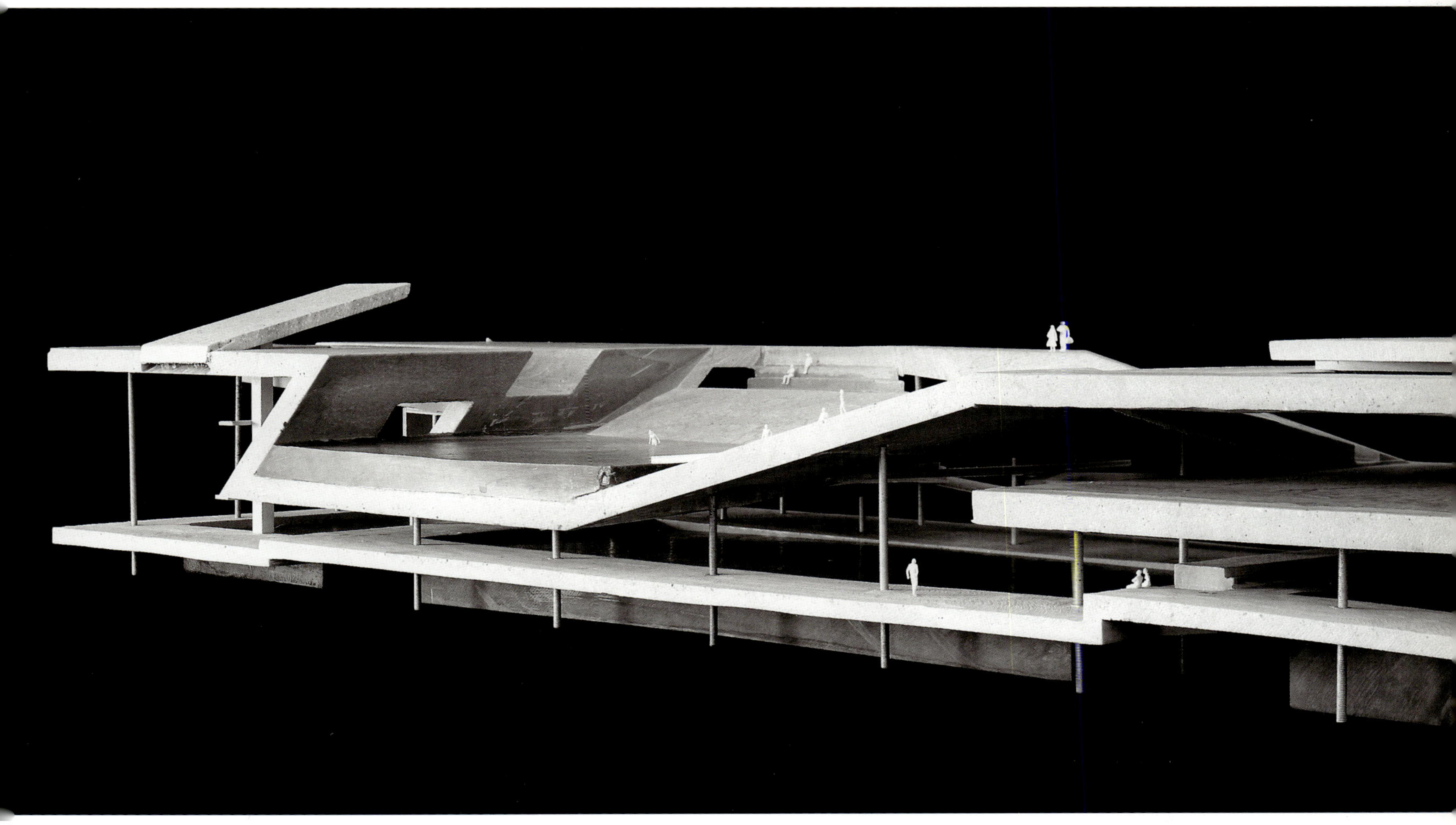

Holanda / The Netherlands

PABELLONES EN EL PARQUE NACIONAL HOGE VELUWE

1994/1996 PORTERS' LODGES IN THE HOGE VELUWE NATIONAL PARK

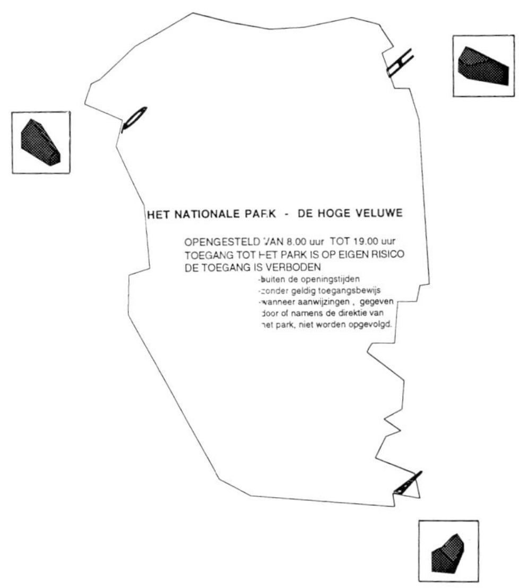

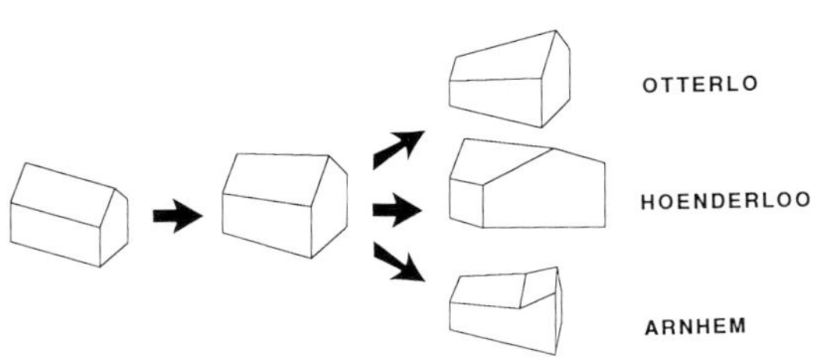

Estos tres pabellones están situados en los accesos al parque, en los pueblos de Rijzenburg, Hoenderloo y Otterlo. El parque es famoso por su belleza natural y por el Museo Kröller-Müller, situado en su interior. También es conocido por la arquitectura de sus edificios, por ejemplo, el Museo de Henry van de Velde —con la ampliación de Wim Quist— y el Refugio de Caza para los Kröller-Müller, realizado por Hendrik P. Berlage.

These three lodges are situated by the entrances to the 'Hoge Veluwe' National Park, in the villages of Rijzenburg, Hoenderloo and Otterlo. The park is famous for its natural beauty and for the Kröller-Müller Museum that is situated in the middle of it. The park is also known for its high quality architectural buildings, for example the museum by Henry van de Velde, with an extension by Wim Quist, and the Hunting Lodge for the Kröller-Müllers designed by Berlage.

La forma arquetípica de la casa del guarda, una pequeña casa, se deforma en cada caso por las condiciones específicas del solar —el movimiento del tráfico de vehículos, la situación de los aparcamientos de coches y de bicicletas— y ampliada (estirada) en dirección a los visitantes. A cada uno de los tres pabellones de acceso se le dio un carácter material diferente. La madera (cedro rojo occidental), el acero (cortén) y el ladrillo representan los tres elementos del parque: naturaleza, arte y arquitectura. En la entrada de Rijzenburg se utiliza la madera, evocando la naturaleza y la caza —los orígenes del parque—. El pabellón Hoenderloo hace referencia al arte —al Museo Kröller-Müller, a su colección de arte moderno y a su completo jardín de esculturas—, y se construye en acero cortén. Finalmente, la arquitectura del parque queda expresada en el pabellón Otterloo, con su acabado de ladrillo y hormigón. Todos los materiales fueron utilizados en su estado original, y ahora están envejeciendo gradualmente con el tiempo.

The shape of the archetypal lodge, the little house, is deformed by site-specific conditions, such as the movement of passing traffic, the positions of car parks and bicycle parks, and is enlarged (stretched) in the direction of the visiting public. Each entrance lodge was given a different material expression. The wood (Western Red Cedar), steel (Corten steel) and bricks represent the three elements of the park: nature, art and architecture. At the Rijzenburg entrance, wood has been utilized, recalling nature and hunting— the origins of the park. The Hoenderloo lodge refers to art —the Kröller-Müller Museum with its collection of modern art and its extensive sculpture garden— and is constructed of Corten steel. Finally the architecture of the park is evoked in the Otterlo lodge with its brick and concrete finish. All the materials were used in their natural state and are gradually weathering over time.

Con objeto de enfatizar el carácter artificial y objetual de las cabañas, el mismo material recubre todo el edificio —cubiertas, contraventanas y puertas incluidas— procurando atender en la resolución de los detalles constructivos a la cualidad física de cada material. También se pueden cerrar completamente, convirtiéndose entonces en misteriosos objetos esculturales.

To further emphasize the object-like and artificial quality of the lodges, the same materials are used all over the buildings, including roofs, shutters and doors, with a detailing that corresponds to the physical quality of the materials. The lodges can be completely closed, thus turning them into mysterious sculptural objects.

ARNHEM
Madera / Wood

OTTERLO
Ladrllo / Brick

HOENDERLOO
Cortén / Corten steel

OTTERLO

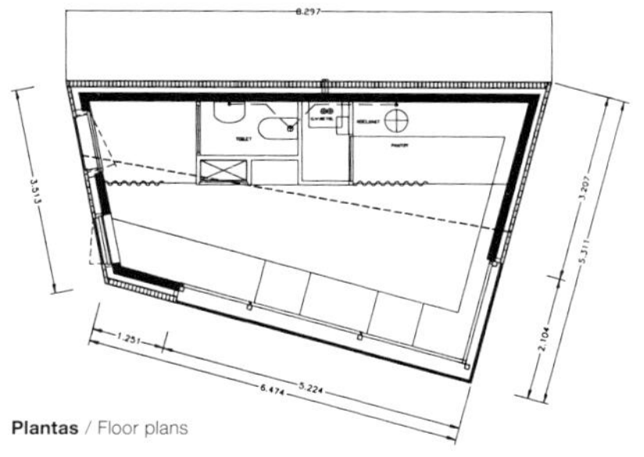

HOENDERLOO

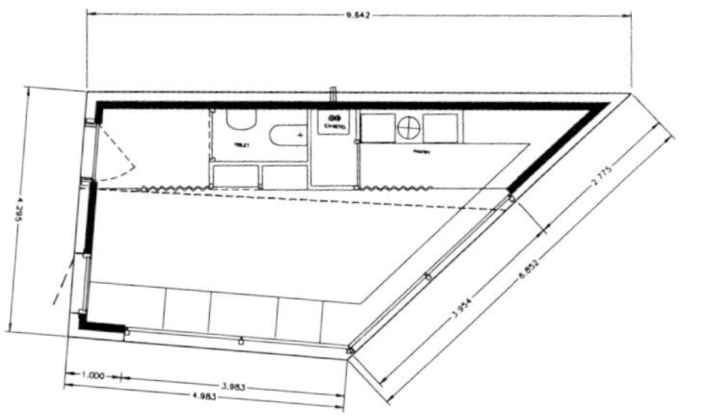

ARNHEM

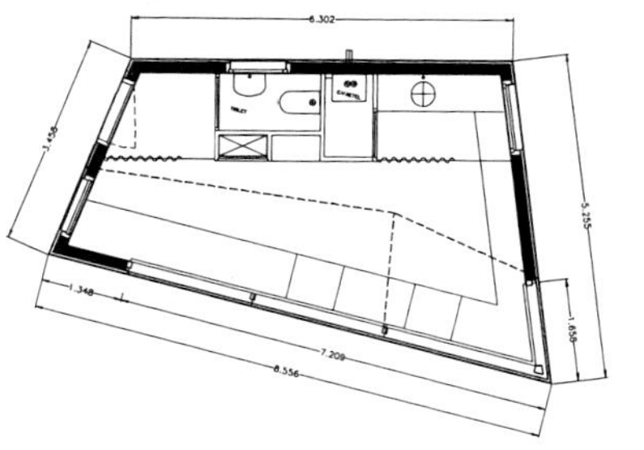

Plantas / Floor plans

Volumetría / Volumetric perspectives

Alzados desplegados / Unfolded elevations

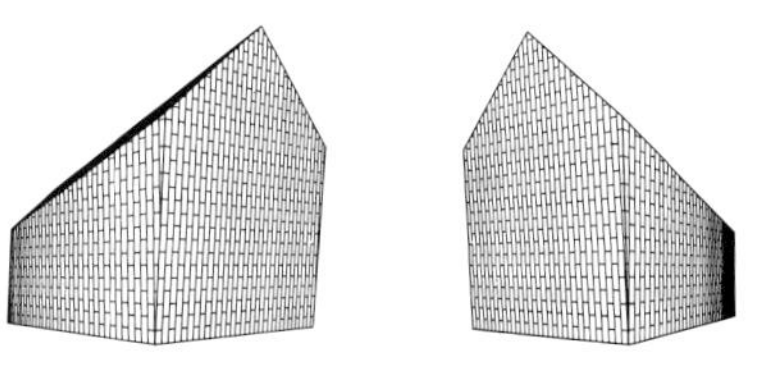

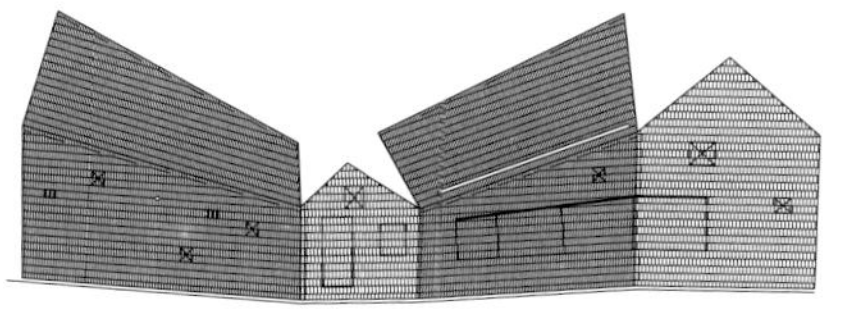

OTTERLO
Ladrllo / Brick

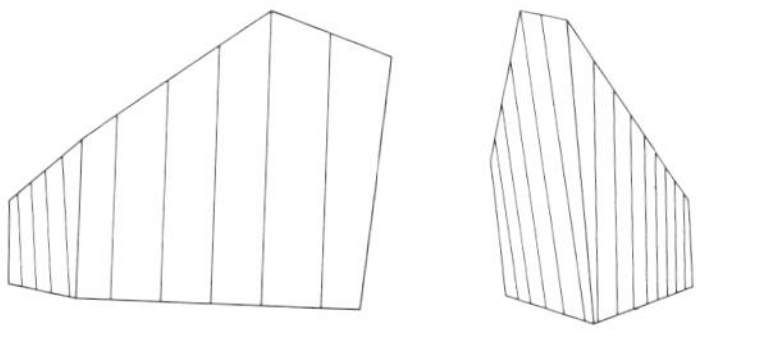

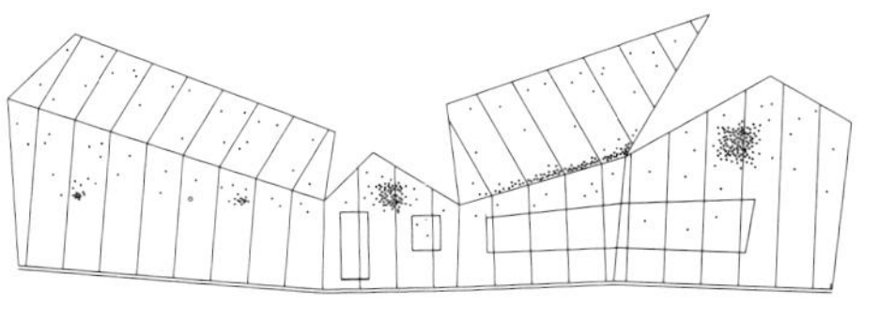

HOENDERLOO
Cortén / Corten steel

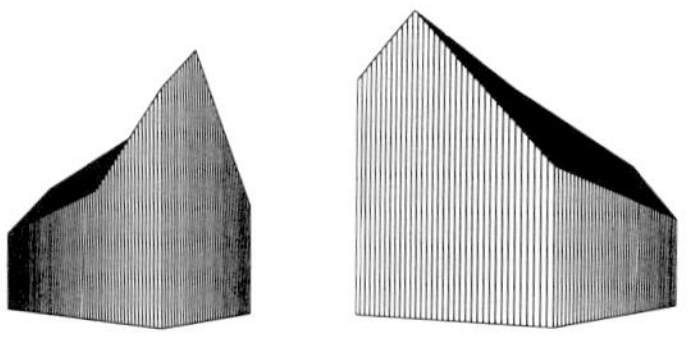

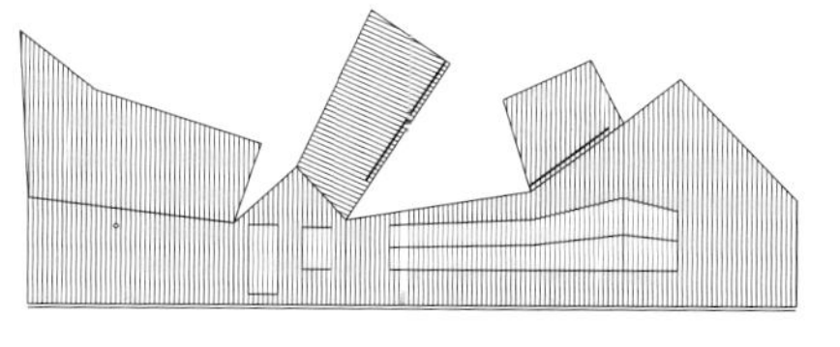

ARNHEM
Madera / Wood

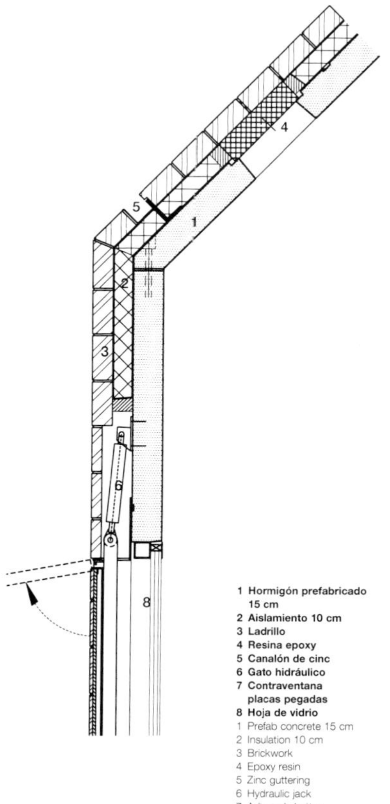

1 Hormigón prefabricado 15 cm
2 Aislamiento 10 cm
3 Ladrillo
4 Resina epoxy
5 Canalón de cinc
6 Gato hidráulico
7 Contraventana placas pegadas
8 Hoja de vidrio
1 Prefab concrete 15 cm
2 Insulation 10 cm
3 Brickwork
4 Epoxy resin
5 Zinc guttering
6 Hydraulic jack
7 Adhered shutter sheeting
8 Glass pane

OTTERLO

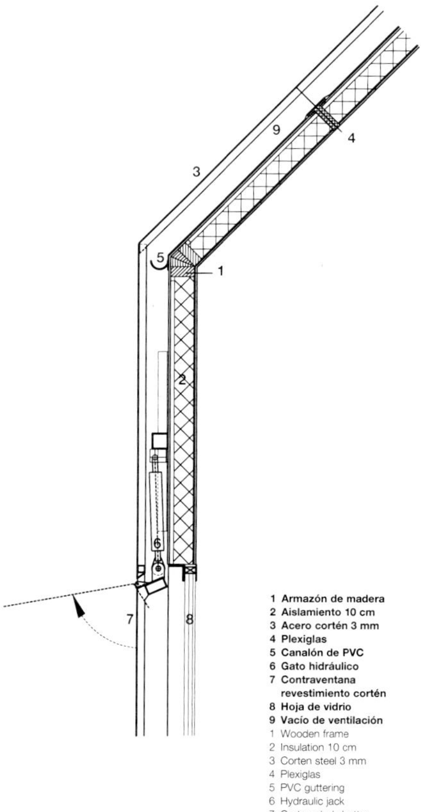

1 Armazón de madera
2 Aislamiento 10 cm
3 Acero cortén 3 mm
4 Plexiglas
5 Canalón de PVC
6 Gato hidráulico
7 Contraventana revestimiento cortén
8 Hoja de vidrio
9 Vacío de ventilación
1 Wooden frame
2 Insulation 10 cm
3 Corten steel 3 mm
4 Plexiglas
5 PVC guttering
6 Hydraulic jack
7 Corten clad shutter
8 Glass pane
9 Ventilation void

HOENDERLOO

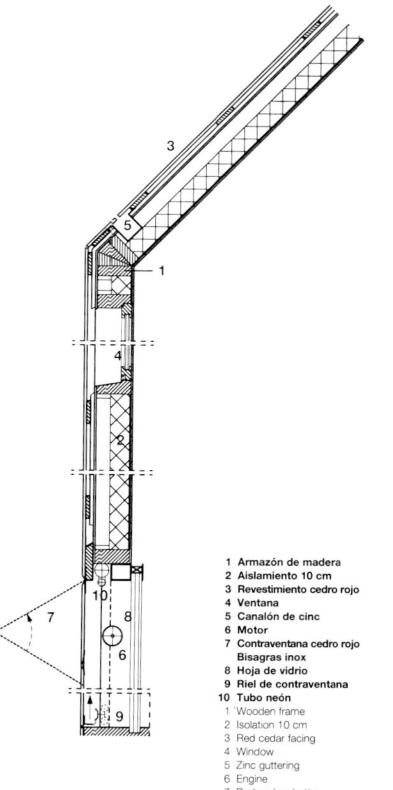

1 Armazón de madera
2 Aislamiento 10 cm
3 Revestimiento cedro rojo
4 Ventana
5 Canalón de cinc
6 Motor
7 Contraventana cedro rojo Bisagras inox
8 Hoja de vidrio
9 Riel de contraventana
10 Tubo neón
1 Wooden frame
2 Isolation 10 cm
3 Red cedar facing
4 Window
5 Zinc guttering
6 Engine
7 Red cedar shutter, Stainless steel hinges
8 Glass pane
9 Shutter bar
10 Neon tube

ARNHEM

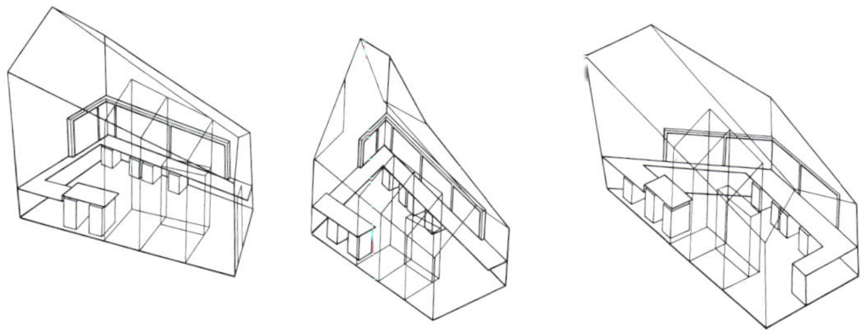

Perspectivas de interior / Interior perspectives

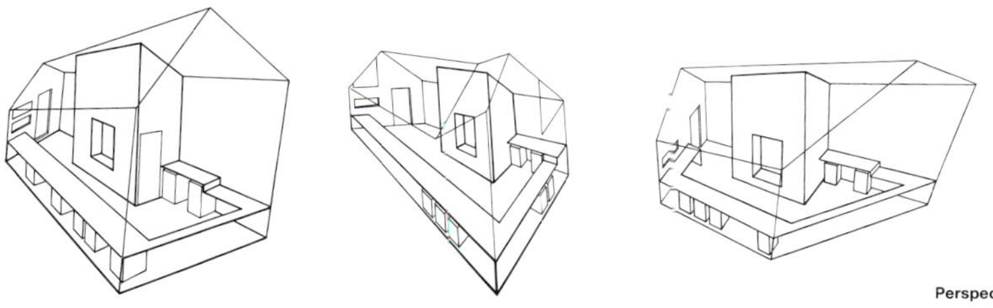

Perspectivas de interior / Interior perspectives

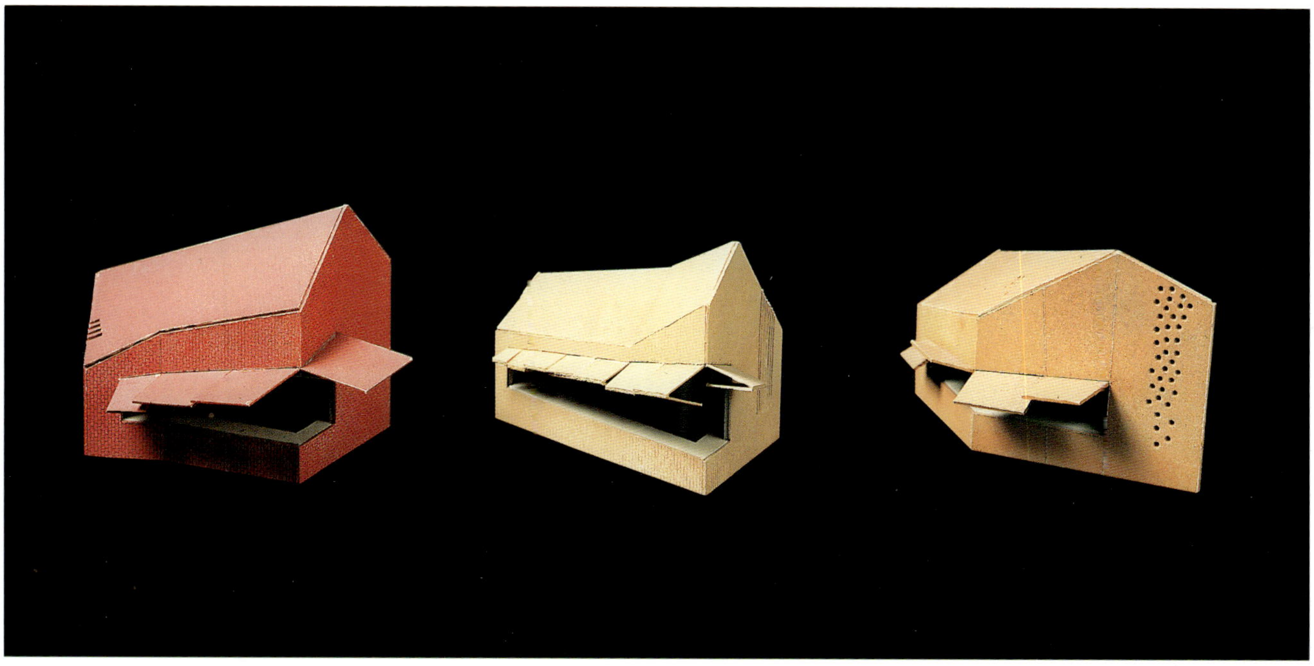

OTTERLO
Ladrillo / Brick

Vista Este / Eastern view

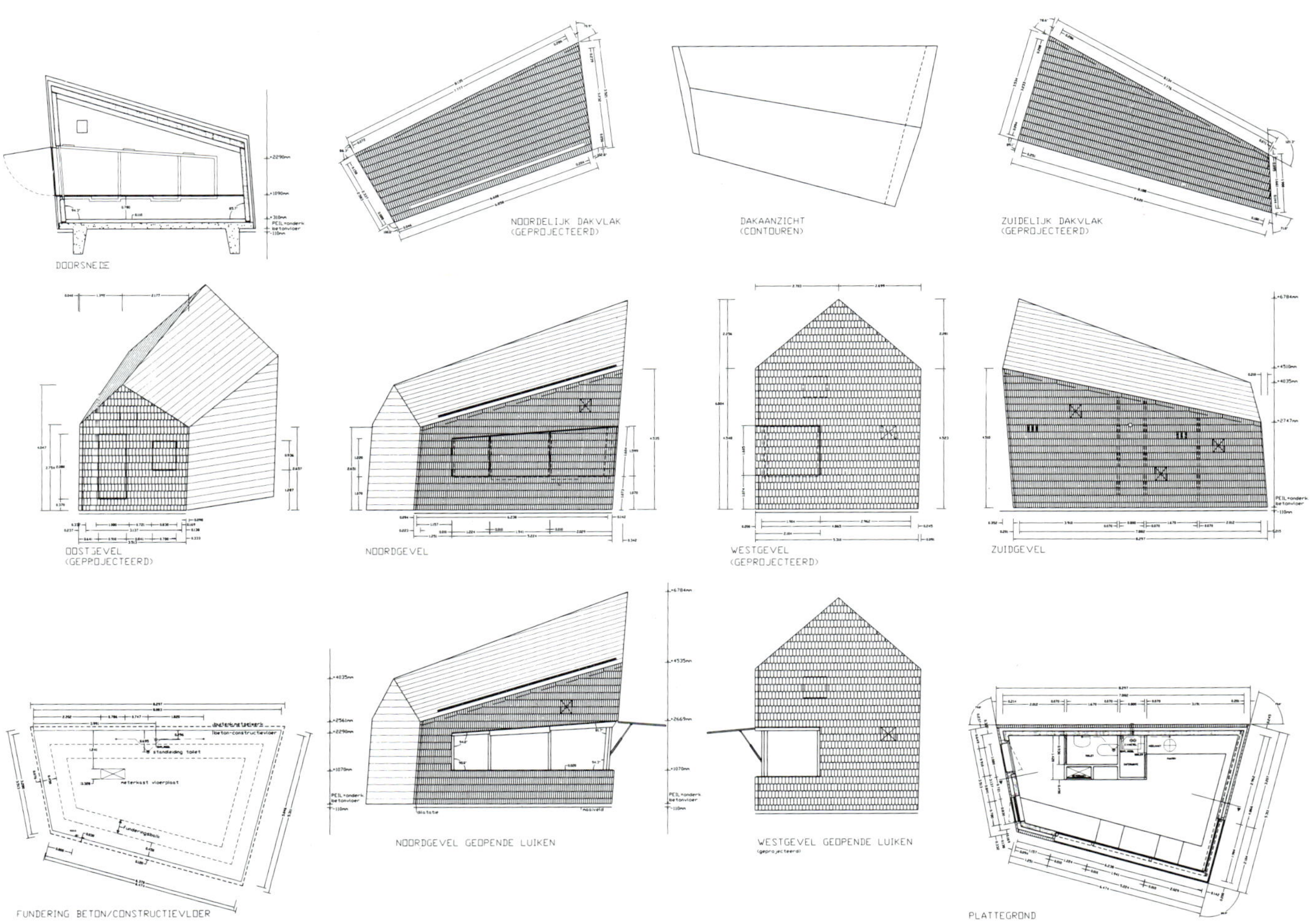

DOORSNEDE
NOORDELIJK DAKVLAK (GEPROJECTEERD)
DAKAANZICHT (CONTOUREN)
ZUIDELIJK DAKVLAK (GEPROJECTEERD)
OOSTGEVEL (GEPROJECTEERD)
NOORDGEVEL
WESTGEVEL (GEPROJECTEERD)
ZUIDGEVEL
FUNDERING BETON/CONSTRUCTIEVLOER
NOORDGEVEL GEOPENDE LUIKEN
WESTGEVEL GEOPENDE LUIKEN
PLATTEGROND

Vista Noroeste / Norhtwestern view

HENDERLOO
Acero Cortén / Corten Steel

Vista Sur / Southern view

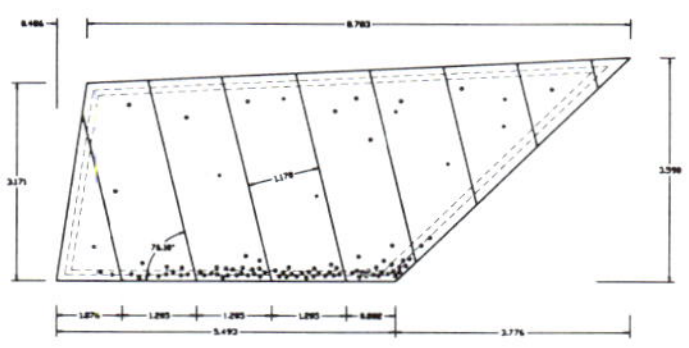

OOSTELIJK DAKVLAK
(GEPROJECTEERD)

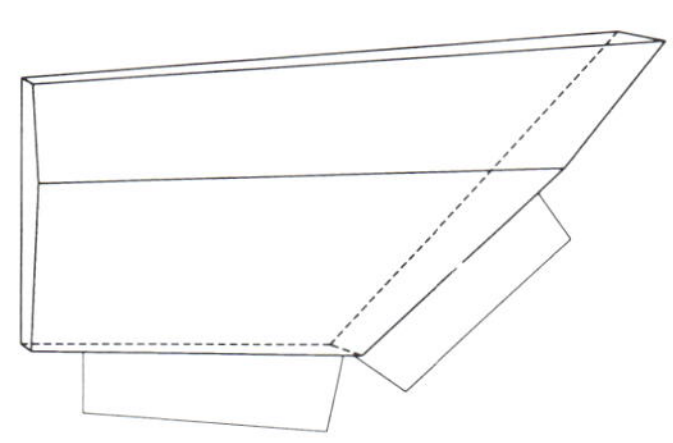

DAKAANZICHT
(contouren)

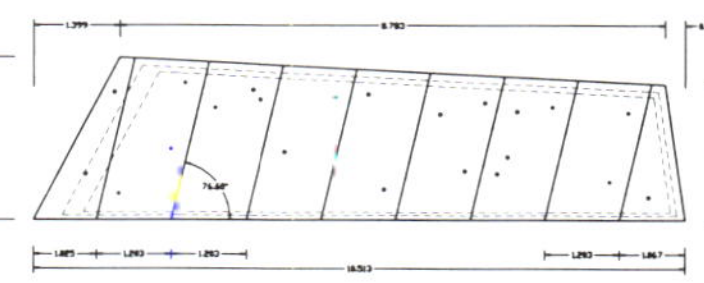

WESTELIJK DAKVLAK
(GEPROJECTEERD)

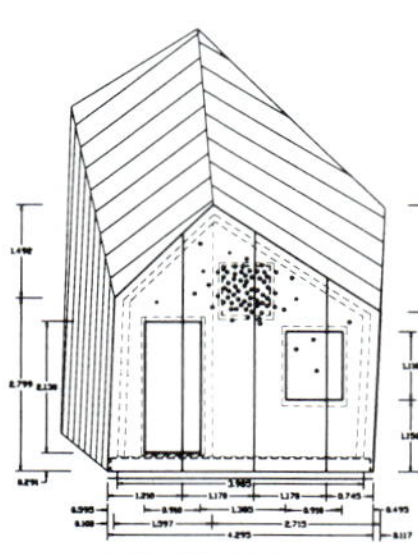

ZUID-WEST GEVEL
(GEPROJECTEERD)

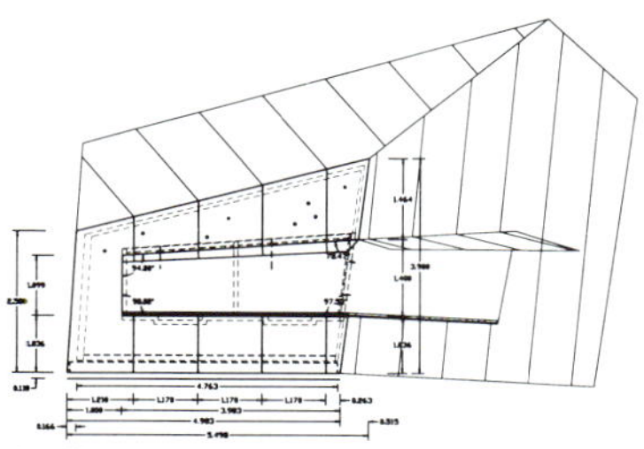

ZUID-OOST GEVEL
(GEPROJECTEERD)

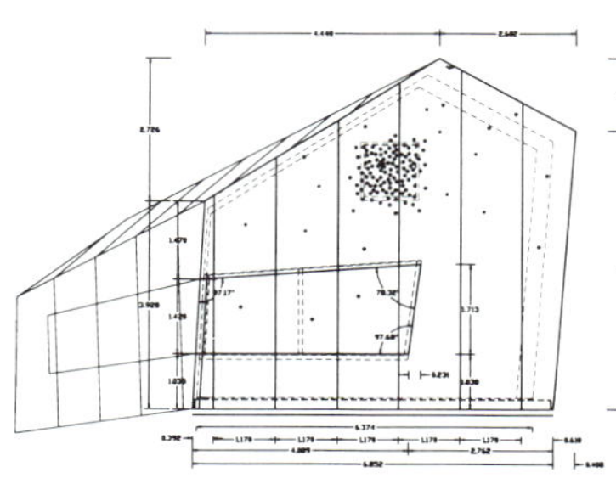

OOST GEVEL
(GEPROJECTEERD)

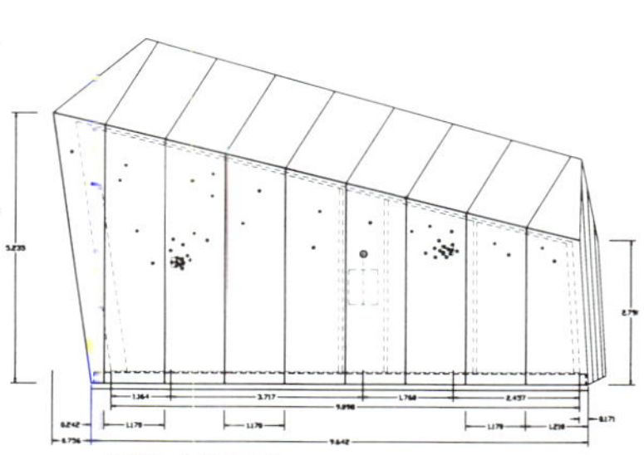

NOORD-WEST GEVEL
(GEPROJECTEERD)

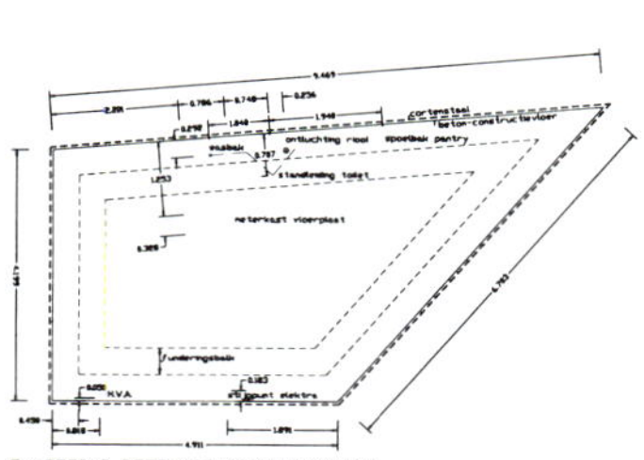

FUNDERING BETON/CONSTRUCTIEVLOER

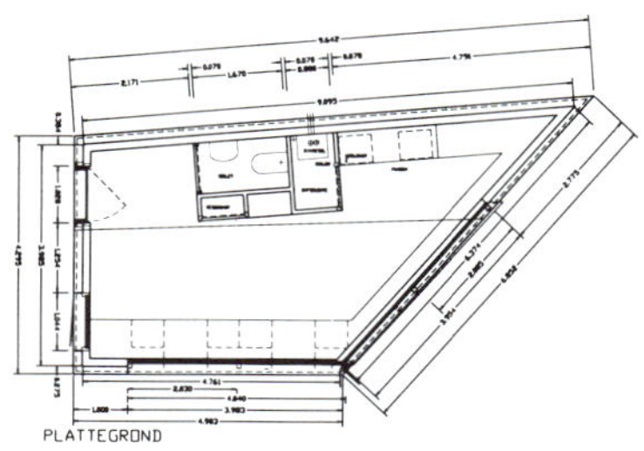

PLATTEGROND

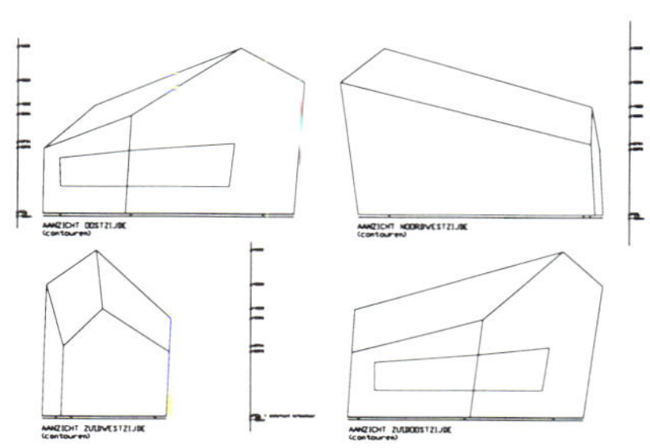

Vista Este / Eastern view

ARHEM
Madera / Wood

Vista Noroeste / Northwestern view

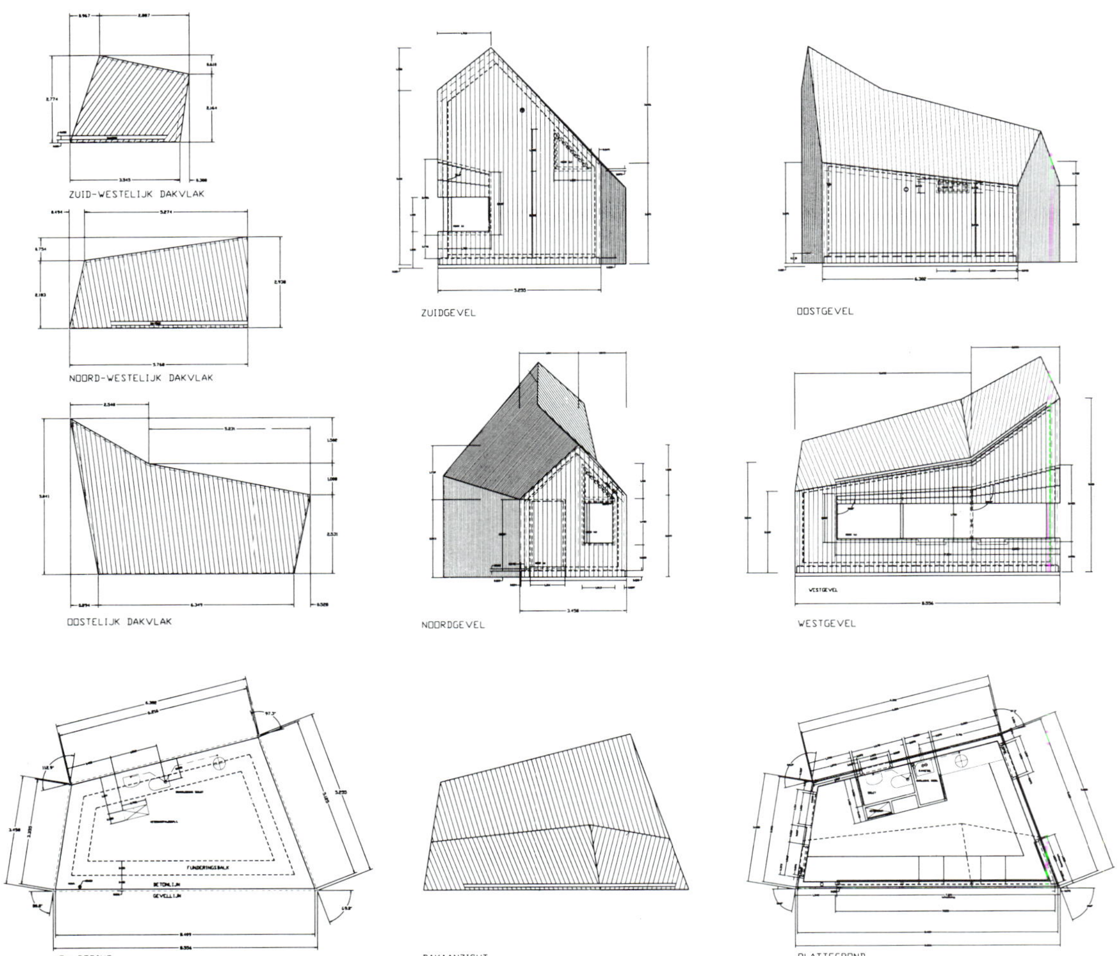

Vista Oeste / Western view

Hilversum, Holanda / The Netherlands

CAMPUS NET 3

1993/2001 NET 3 CAMPUS

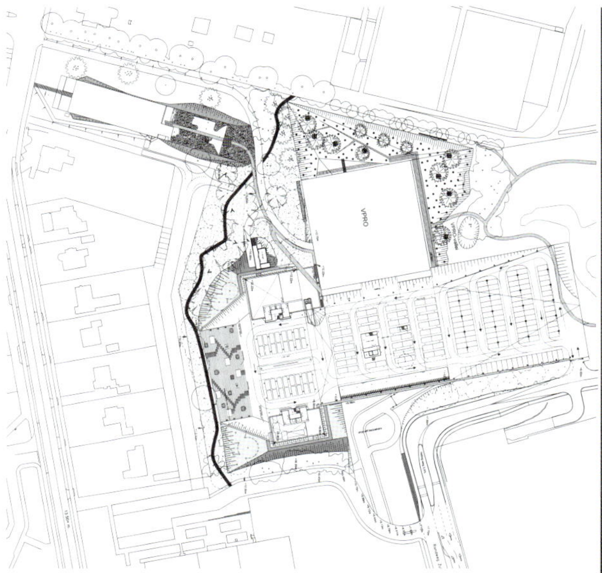

Plano de situación del conjunto / Overall site plan

Es éste el diseño de un edificio de acceso común para las compañías de radiodifusión de la NET 3 (VARA, NPS, VPRO y RVU) con sede en cuatro edificios situados en una de las laderas de la colina Hilversum. Su particular disposición permite que todos se beneficien de este emplazamiento, creándose un mini campus en el marco del Parque de los Medios del Centro Holandés de Radiodifusión. Las diferentes identidades de las compañías (VPRO, VARA, NPS y RVU) se agrupan en un único canal, NET 3, son precisamente estas diferencias las que 'otorgan' su identidad al Canal 3, diferencias que son exploradas haciendo uso de las características específicas del marco paisajístico y del emplazamiento, así como de la identidad de cada uno de los edificios situados dentro del 'campus'.

It is this design for a communal entrance building for the NET 3 broadcasting companies (VARA, NPS, VPRO and RVU). Four buildings are to be placed on one of the slopes of the Hilversum Hill, in such a way that they all profit from their position in the landscape, thus forming a mini-campus within the much larger Media Park of the Dutch broadcasting center. The different identities of the broadcasting companies (VPRO, VARA, NPS and RVU) are grouped together in a single channel, Net 3. It is these differences that 'make' the identity of Channel 3, differences that are explored by making use of the specific characteristics in the existing landscape and setting and in the identity of the individual buildings within the 'campus'.

El edificio central (NET 3) es una continuación de los ejes ya existentes en el Parque de los Medios. La cubierta del edificio ha sido diseñada como una plaza pública. Debajo de dicha plaza, un gran 'vestíbulo de trabajo' conecta las distintas compañías de radiodifusión. El edificio forma un puente, sobre un valle cubierto de plazas de aparcamiento, hacia la Villa VPRO, situada al final del eje del Parque de Difusión. Dentro de este vestíbulo una serie de puentes conducen a los visitantes y usuarios hacia los diferentes edificios como si se tratara de las terminales de un aeropuerto.

The central building (NET 3) is a continuation of the existing axis of the Media Park. The roof of this building has been designed as a public square. Under this square a giant 'working hall' connects the different broadcasting companies. The building forms a bridge over a valley filled with parking places towards the Villa VPRO, situated in the end of the Media Park axis. Within this hall a series of bifurcating bridges guide the visitors and users to the different buildings as to the different terminals of an airport.

El diseño de este 'campus' aprovecha la pendiente del paisaje. Se pretende plantar acacias con madreselvas olorosas enredadas entre sus ramas. El césped amarillento se segará para despejar los caminos, y se crearán unas zonas bajo los arboles que acentúan el carácter pictórico. Se recurre a la excavación para crear un número de áreas individuales: un 'valle de brezo' lindando con la Villa VPRO, un aparcamiento debajo de los edificios NET 3 y VARA/NPS donde los coches aparcan bajo una telaraña de parras; una especie de *Sawah* 'descuidado' en el edificio VARA/NPS, y debajo del edificio RVU, un jardín de lava con antorchas, lucen como las ascuas incandescentes. Unidades de trabajo pequeñas, y completamente equipadas se ubican en el jardín para que se pueda trabajar en él con todas las comodidades.

The garden design for this 'campus' takes advantage of the sloping landscape. It is to be planted with acacias with scented honeysuckle in their branches. Paths will be left clear in the high yellow grass using various mowing programs. Spots placed under the trees strengthen the picturesque character. Excavation is used to create a number of individual areas: a 'heather-valley' bordering on the Villa VPRO, a parking trench under the NET3 and VARA/NPS buildings, where cars can park under a spider's web of cultivated vines; a '*Sans Souci*'-like *Sawah* at the VARA/NPS building; and under the RVU building a lava garden with lamps that light up like glowing embers. Small, completely equipped, work units will be placed in this garden, so that working in the garden is provided with every convenience.

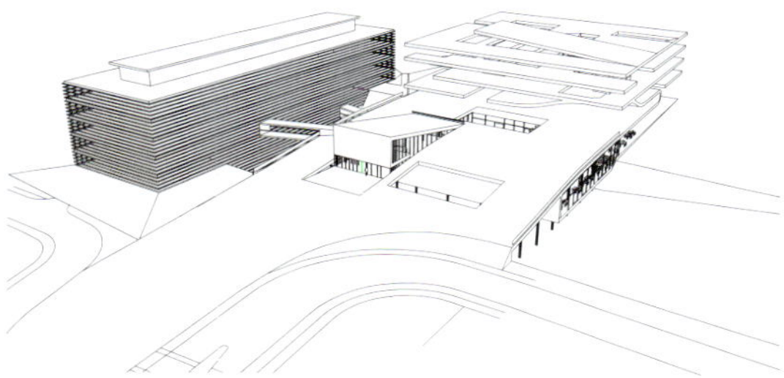

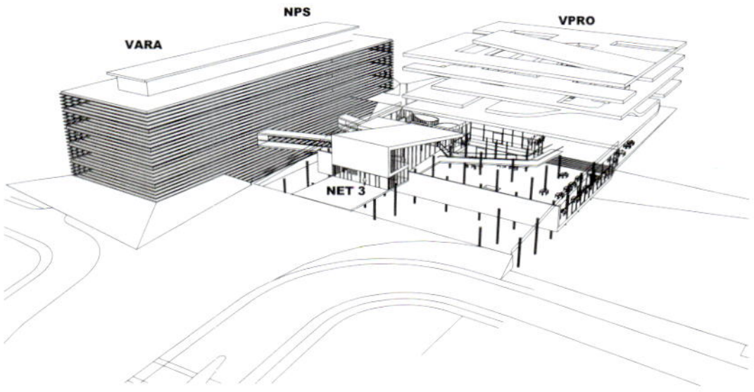

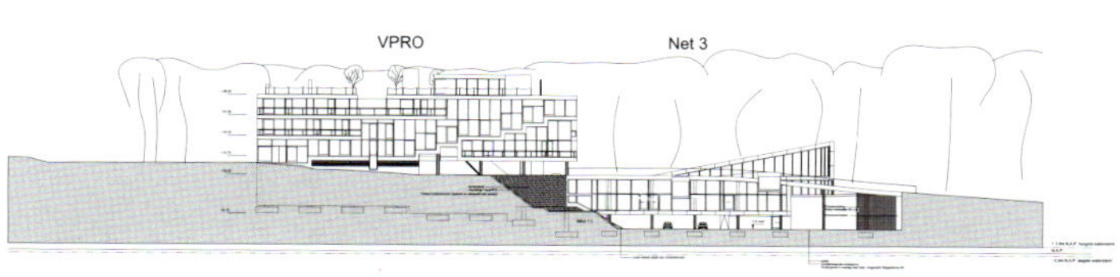

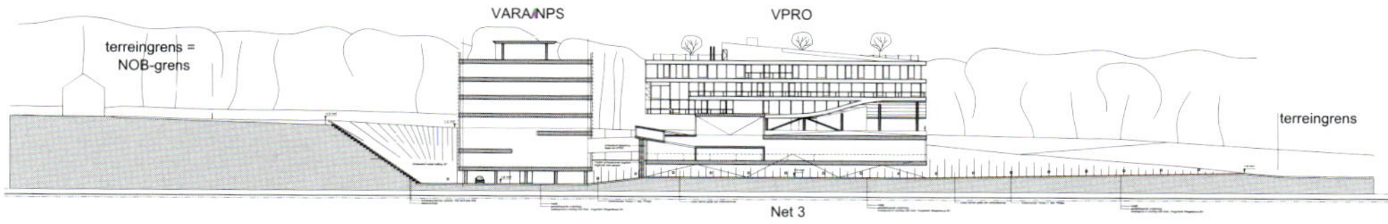

↑← **Sección transversal general** / Overall cross section
← **Sección longitudinal general** / Overall longitudinal section

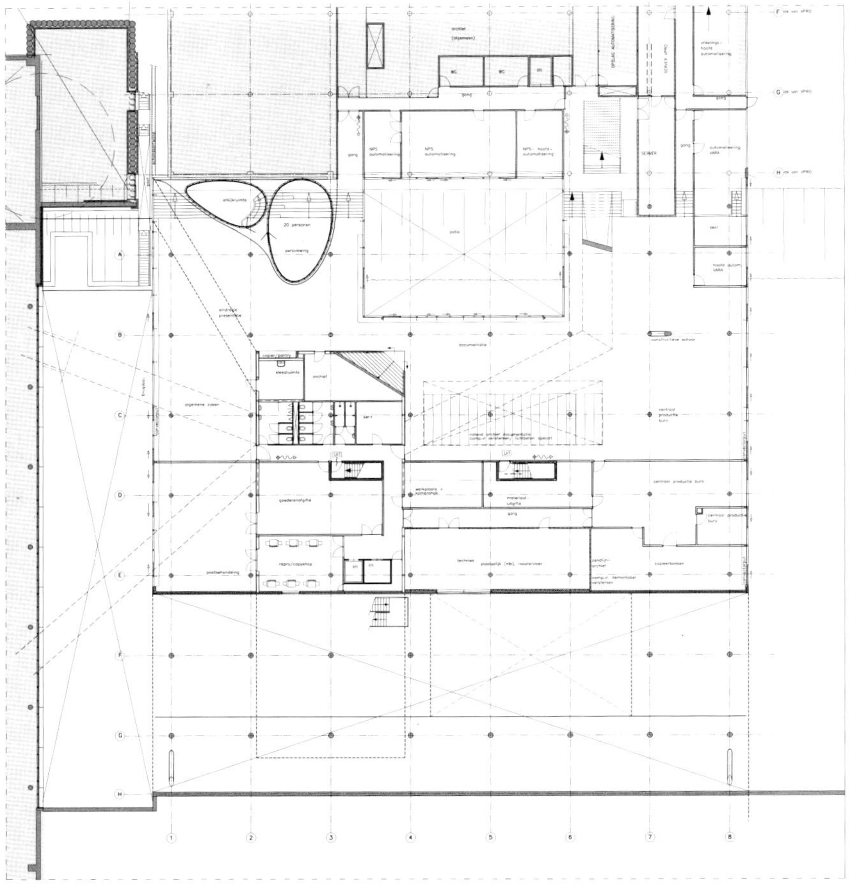

Planta primera / First floor plan

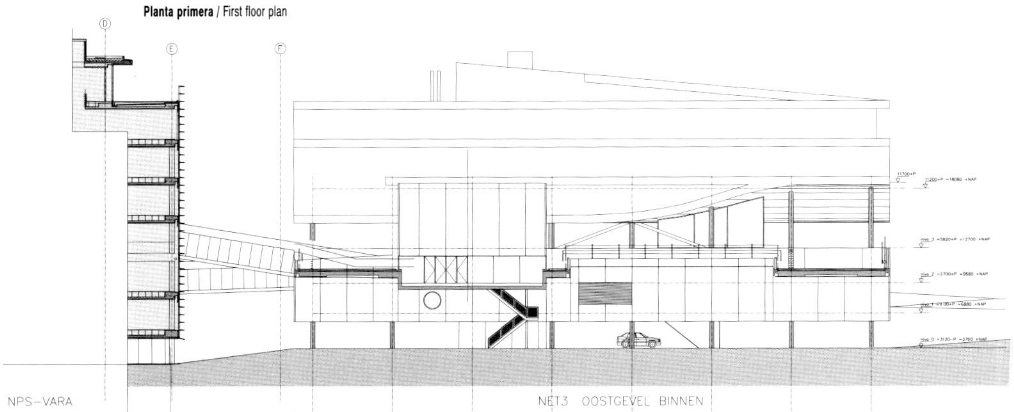

Alzado-sección Oeste / West elevation-section

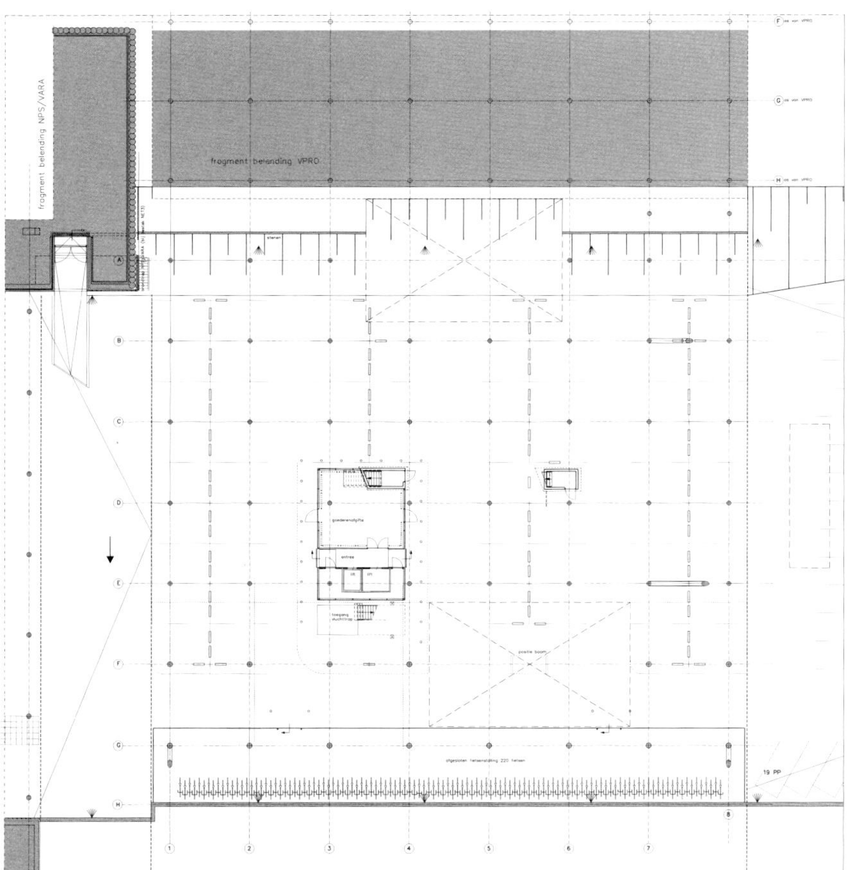

Planta baja. Aparcamiento / Ground floor plan. Car park

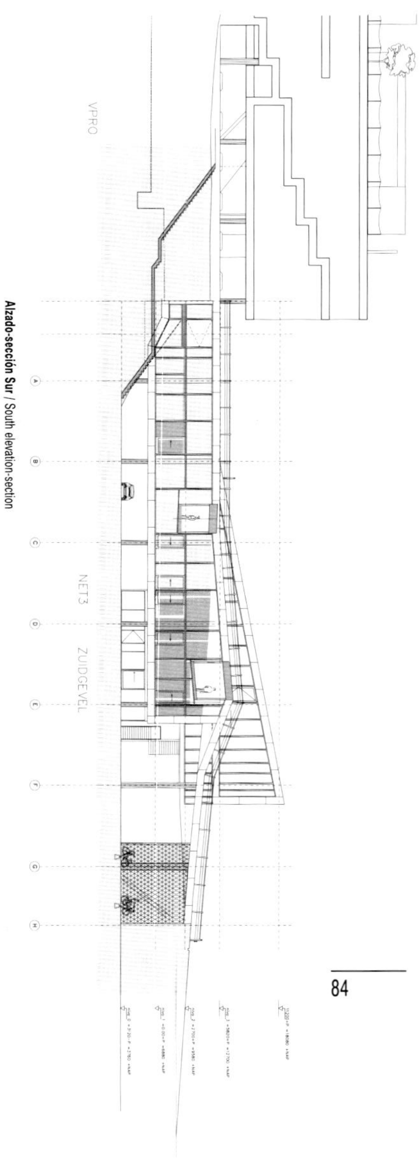

Alzado-sección Sur / South elevation-section

KUPERUS
autoverhuur
IVECO

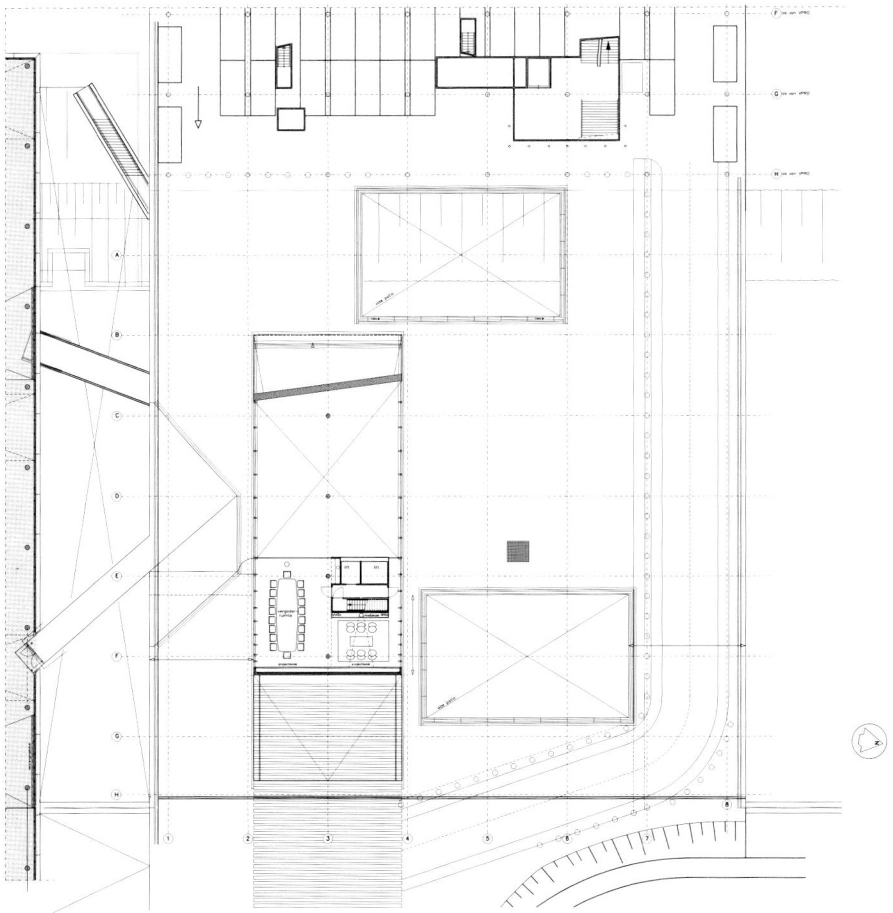

Planta tercera / Third floor plan

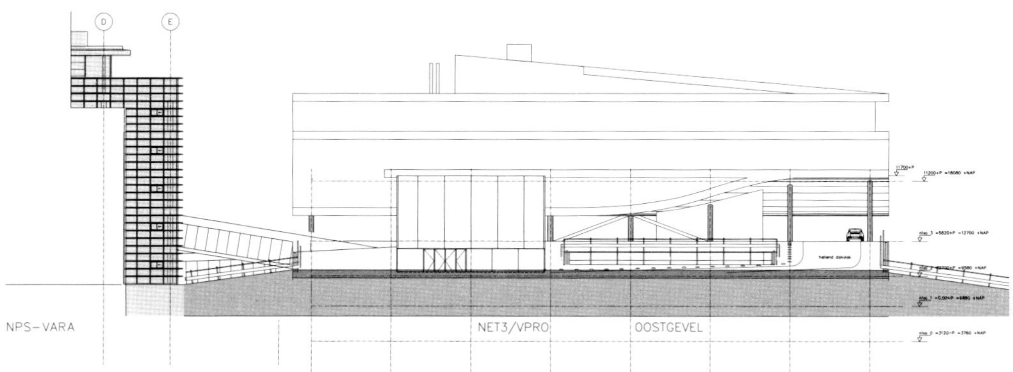

Alzado-sección Oeste / West elevation-section

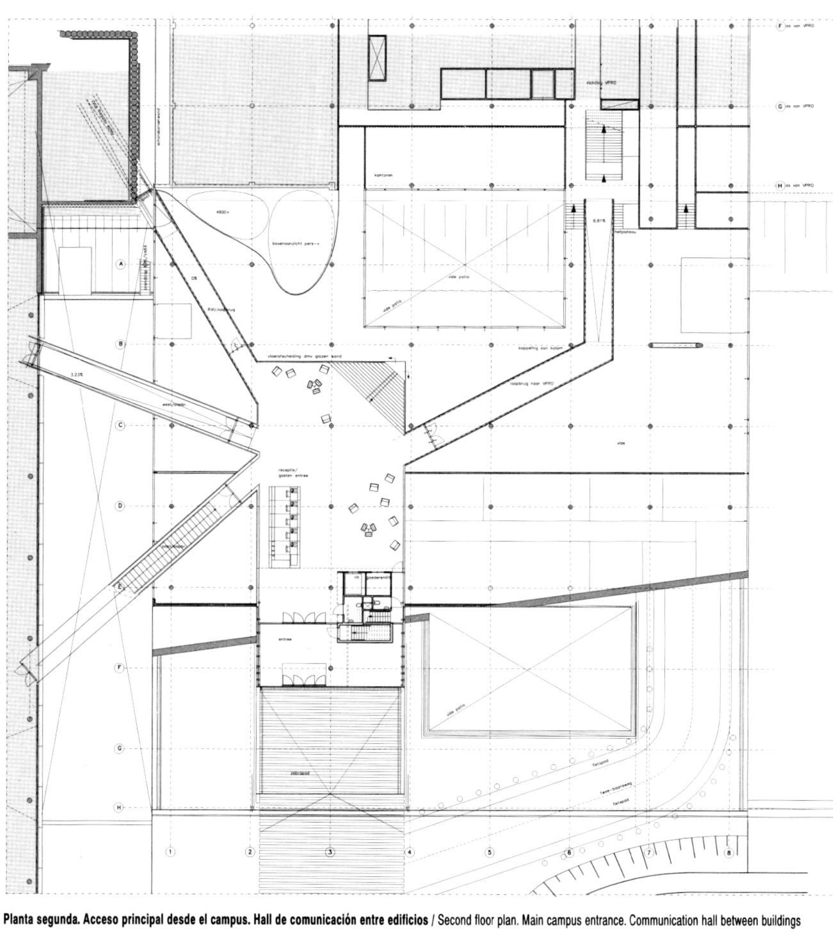

Planta segunda. Acceso principal desde el campus. Hall de comunicación entre edificios / Second floor plan. Main campus entrance. Communication hall between buildings

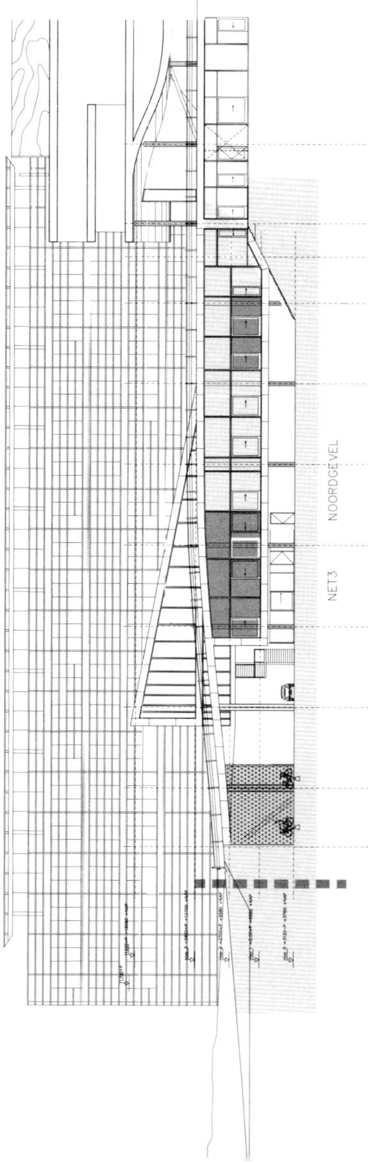

Alzado-sección Norte / North elevation-section

Hilversum, Holanda / The Netherlands

VILLA VPRO

1993/1997 VILLA VPRO

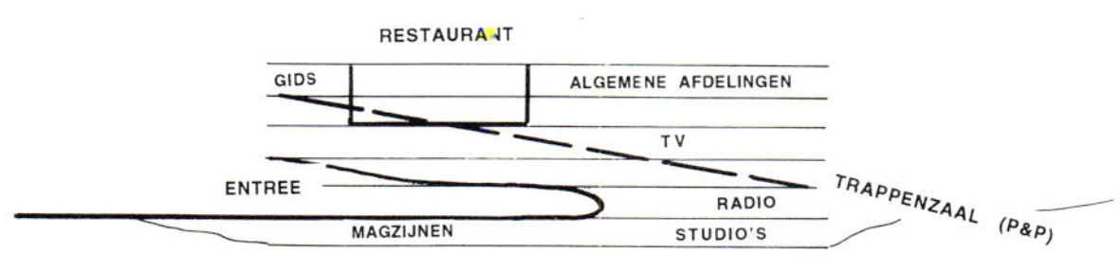

La compañía audiovisual VPRO decidió trasladar su antigua sede, un grupo de 13 villas, al edificio actual. Durante años las viejas villas desempeñaron un papel vital en el establecimiento de la identidad de VPRO. Al diseñar la nueva sede se suscitó la cuestión de si el modo informal en que las viejas villas eran utilizadas —algo que de alguna manera influía en los propios programas que se desarrollaban en ellas— sería susceptible de adaptarse a la oficina moderna, pensada ahora para obtener la máxima eficiencia. En otras palabras, si la 'informalidad' sería capaz de sobrevivir al aumento de escala, o si tenía algún sentido conservar la idea misma de villa como metáfora. La Villa VPRO puede describirse en términos de compactibilidad (ausencia de largos pasillos), de diferenciación espacial (muchas salas diferentes), y en función de su relación con el paisaje.

La compactibilidad, dadas las actuales restricciones urbanísticas del solar —zonificación y alturas máximas— nos llevó a la construcción del 'edificio de oficinas más profundo de Holanda'. Un 'bombardeo de precisión' produjo en el edificio una serpenteante serie de patios que permiten que la entrada de luz natural se combine con las vistas de los alrededores. El resultado es una oficina de planta diáfana y con una sutil diferencia entre interior y exterior. La vegetación es sustituida por una cubierta elevada de césped, bajo la cual una 'formación geológica' define los diferentes niveles. Estos niveles se conectan entre sí mediante una diversidad de mecanismos espaciales —rampas, suelos escalonados, escaleras desmesuradas y pequeñas elevaciones— que van señalando el camino hacia la cubierta. Las diferencias de altura en este interior continuo, junto con los vacíos y alas creados por los patios, hacen posible una gama de contextos de trabajo en diferentes tipologías de oficina para satisfacer las demandas impuestas por la actividad empresarial de VPRO. Todas las tipologías —sala, ático, hall, patio y terraza— evocan la antigua sede. Las diferentes plantas se sustentan en una retícula de columnas y tirantes estabilizadores lo que, sumado a la total apertura de las fachadas, hace que las estancias tengan la máxima transparencia posible.

Las instalaciones se ocultan en el forjado, de influencia romana y cuyo carácter espartano sirve de comentario a los aspectos adictivos de las instalaciones actuales de aire acondicionado. La manera en que el edificio ha sido materializado no deja de ser una evocación de las viejas villas; en lugar de sistemas de falsos suelos, suelos de 'piedra'; en lugar de muros prefabricados, de piedra, acero, madera o plástico; en lugar de suelos que suenan a hueco para la sala de ordenadores, un suelo extendido sobre una base de cemento; nada de moquetas, sino alfombras persas y de sisal; nada de ventanas pequeñas, huecos deslizantes de una planta de altura que permiten a casi todas las salas un acceso, bien a un jardín, a un balcón, a una terraza o a un patio.

The VPRO has recently moved from its old premises, a group of 13 villas, to the new 'Villa'. Over the years the old villas played a vital role in establishing the VPRO's identity. The question that came up in connection with the design of a new head office was whether the informal way the old villas were used, which regularly influenced the programmes that were made in them, would still be able to find a place in a modern office designed for maximum efficiency. In other words, would 'informality' be able to survive the increase in scale, would there be any point in retaining the villa as a metaphor? The Villa can be described using terms such as compactness (the absence of long corridors) and spatial differentiation (a large number of different rooms) and in terms of its relationship to the landscape around it.

Compactness, given the present town-planning restrictions on the site —zoning plan boundaries and maximum building heights— led to 'the deepest office building in the Netherlands'. 'Precision bombing' produced serpentine-like patios in the building which allow the access of natural light to be combined with views over the surroundings. The result is an open-plan office where the difference between inside and outside is vague. The greenery that stood where the building now stands is replaced by a raised grass covered roof under which lies a 'geological formation' made up of the different floors. These floors are connected to one another by a variety of spatial devices such as ramps, stepped floors, monumental steps and small rises, so providing a route to the roof. The differences in height in the resulting continuous interior, combined with the wings created by the gaps, make possible a wide range of work contexts in different office typologies to meet the ever-changing demands imposed by VPRO's business. Lounge, attic, hall, patio and terrace types all serve to echo the old premises. The floors are supported by a grid of columns and stabilising props which in combination with the completely open elevation ensure the rooms retain the greatest possible transparency.

The technical facilities are hidden in the hollow Roman-looking floor, whose Spartan character serves as a commentary on the addictive aspects of present-day air-conditioning installations. Even the way the building has been materialized suggests the old villas; no false flooring systems but 'stone' floors, no prefabricated walls but stone, steel, wood and plastic, no hollow-sounding floor for the computer room but a floor laid on a cement base, no project carpet but Persian and sisal rugs, no small windows but elevations containing storey-high sliding elements giving practically every office access to a garden, balcony, terrace or patio.

La fachadas son el resultado de un 'paisaje informativo'. Se utilizan 35 tipos diferentes de cristal, cuyo color, reflectividad y grado de transparencia evidencian las diferentes formas en que son situados en relación con las salas que hay tras ellos, la altura de la correspondiente fachada y su orientación. De esta manera, el carácter del interior se refleja en un 'rosetón' de diferentes tipos de cristal.

The frontage is the outcome of a 'datascape' of requirements. We used 35 different sorts of glass, whose colour, reflectivity, and degree of transparency reflect the different ways they are positioned relative to the rooms lying behind them, the height of the facade and their orientation towards a particular point of the compass. In this way the spacious quality of the interior is reflected in a 'rose window' of different types of glass.

Malla constructiva; vacíos; fachada; malla servicios; electricidad-datos-televisión- teléfono; sistema de lluvia artificial; rutas de escape; alfombras; superposición; construcción; espacios exteriores; zonas oscuras; climatización; transporte vertical; oficinas cerradas; mobiliario

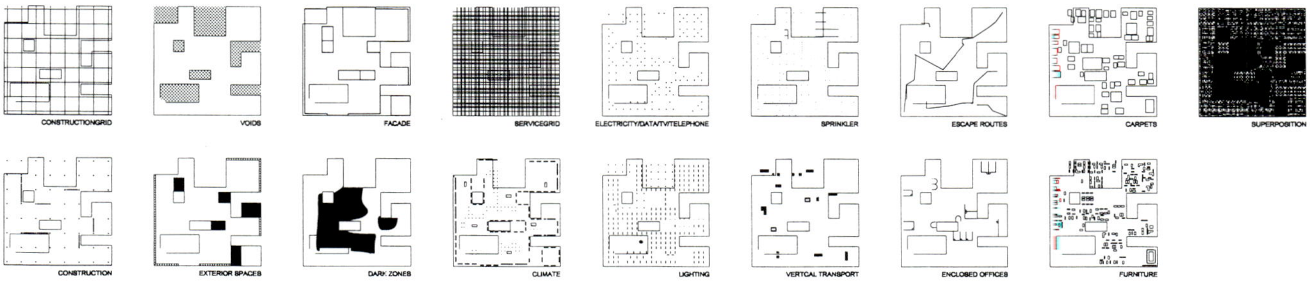

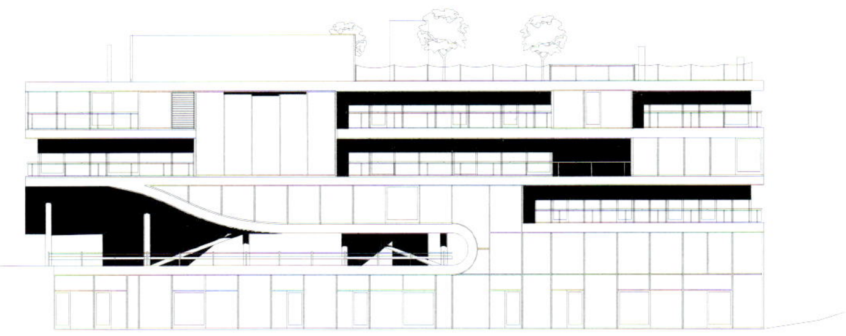

Alzado Norte / North elevation

Sección Este/Oeste, hacia el Sur / East/West section, looking South

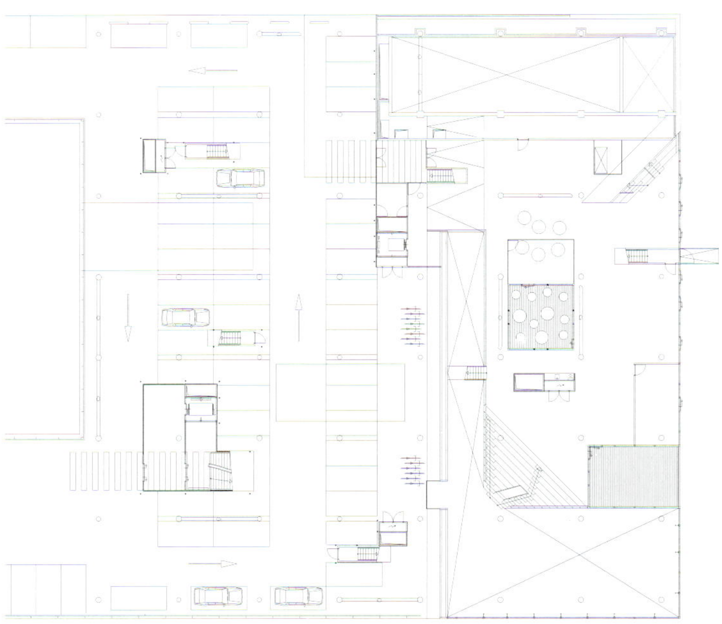

Planta nivel 1 / Level 1 floor plan

Planta nivel 2 / Level 2 floor plan

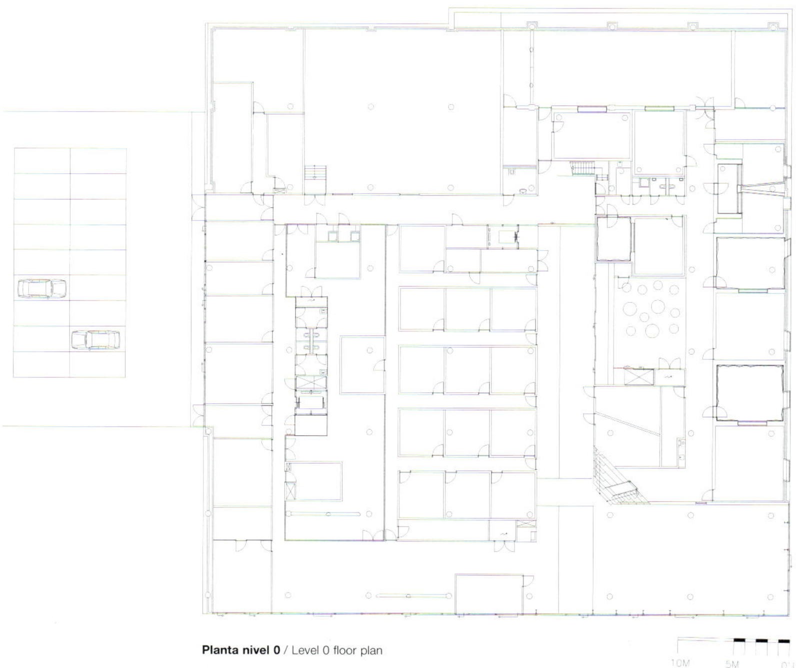

Planta nivel 0 / Level 0 floor plan

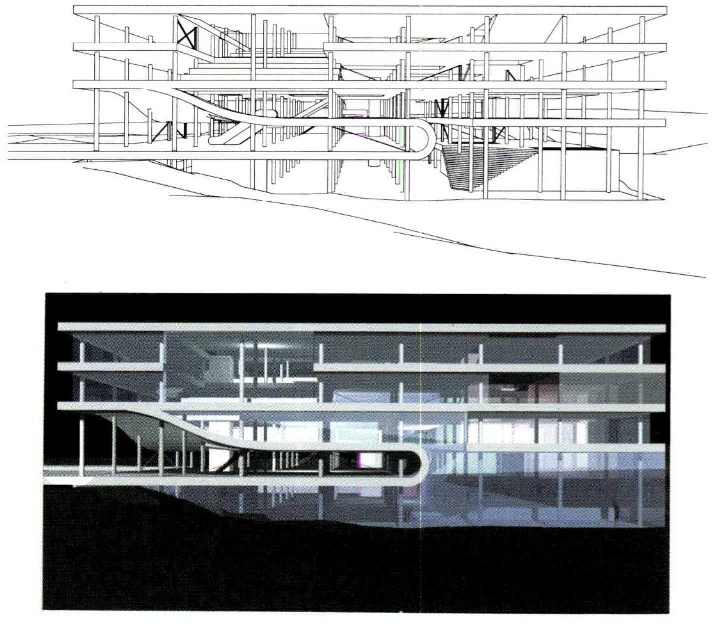

Perspectivas desde el Norte / North views. Computer rendering

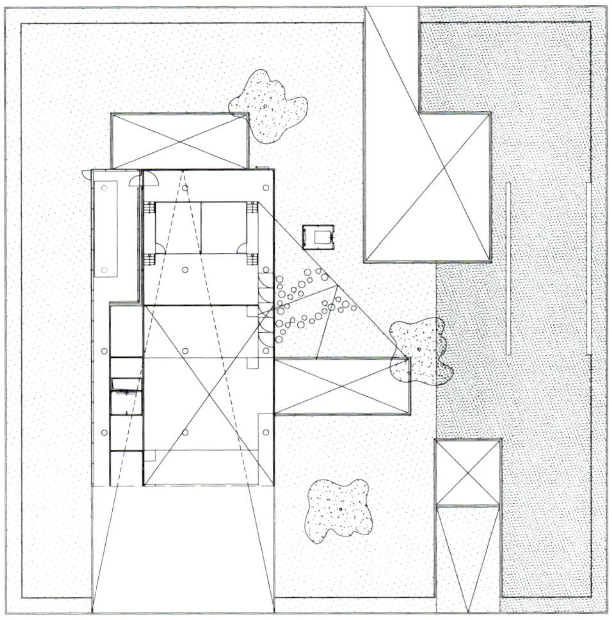

Planta nivel 5 / Level 5 floor plan

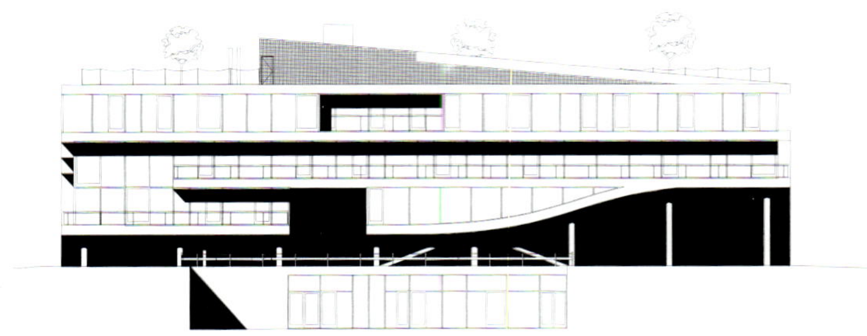

Alzado Este / East elevation

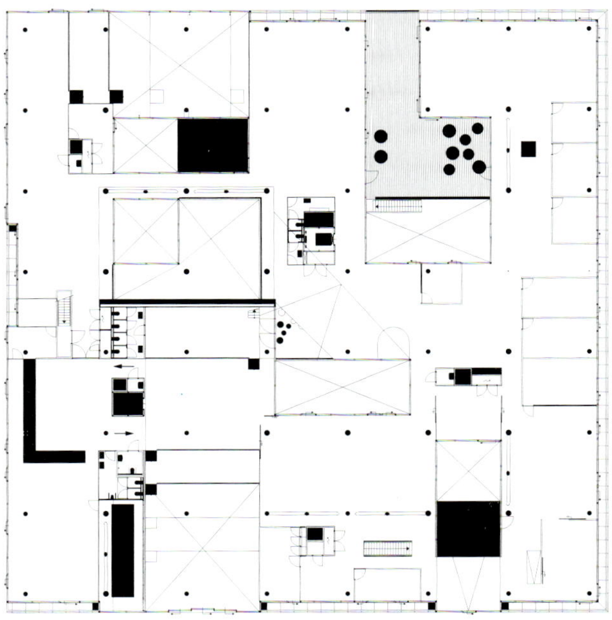

Planta nivel 4 / Level 4 floor plan

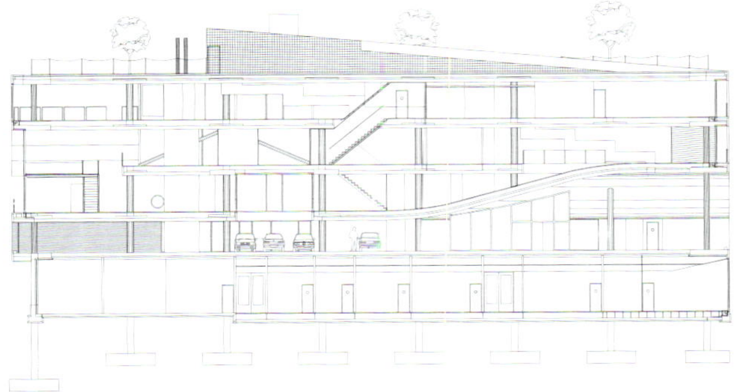

Sección Norte-Sur / North-South section

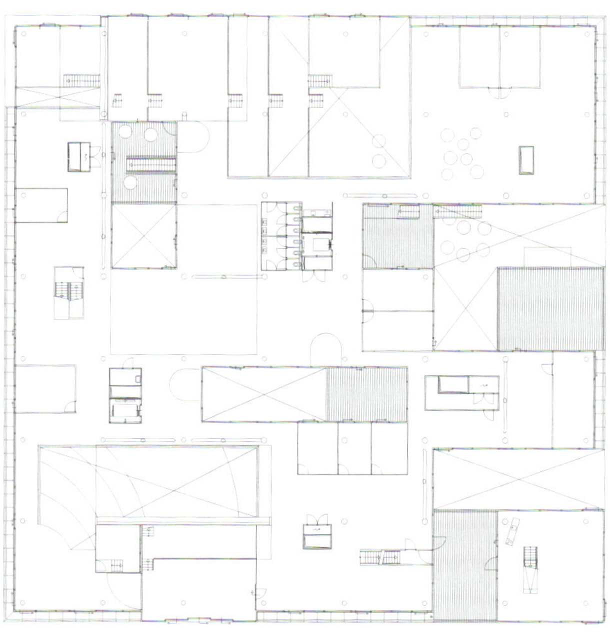

Planta nivel 3 / Level 3 floor plan

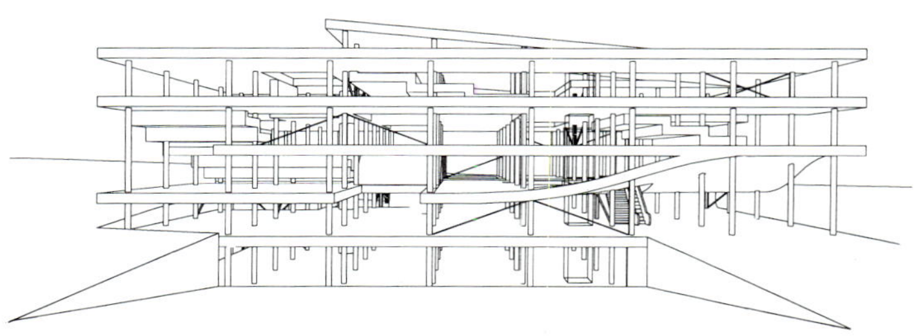

Perspectivas desde el Este / East views. Computer rendering

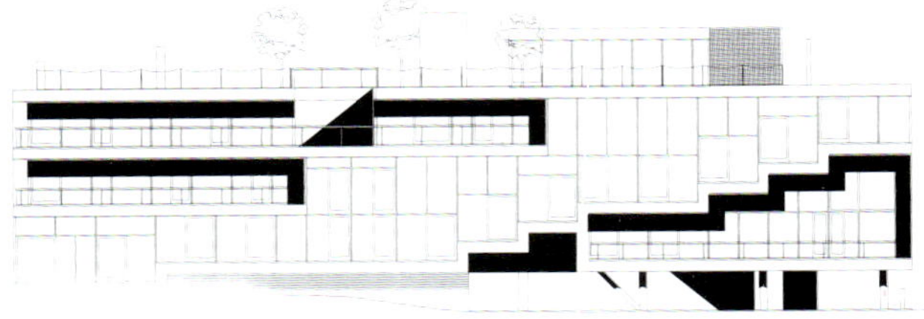

Alzado Sur / South elevation

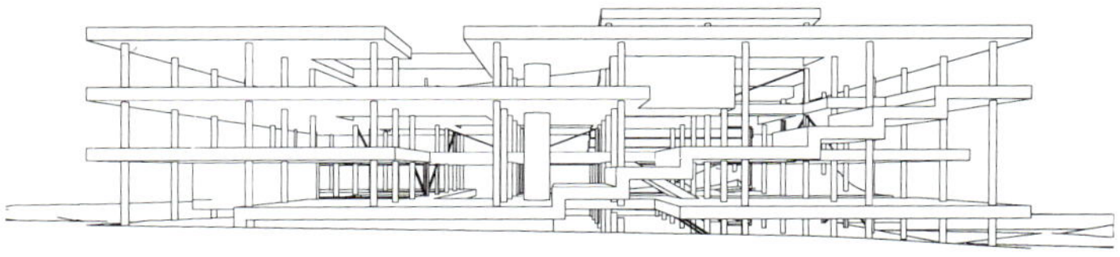

Vistas desde el Sur / Southern views. Computer rendering

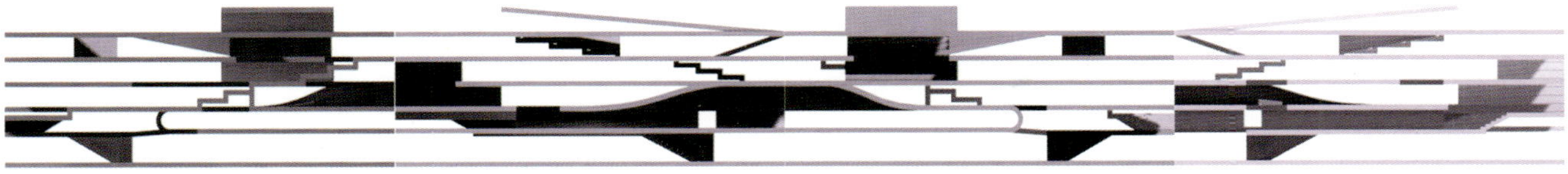

Montaje de secciones sucesivas / Sections montage

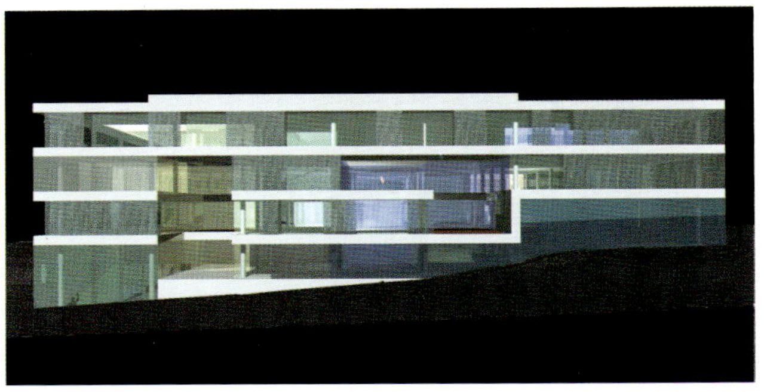

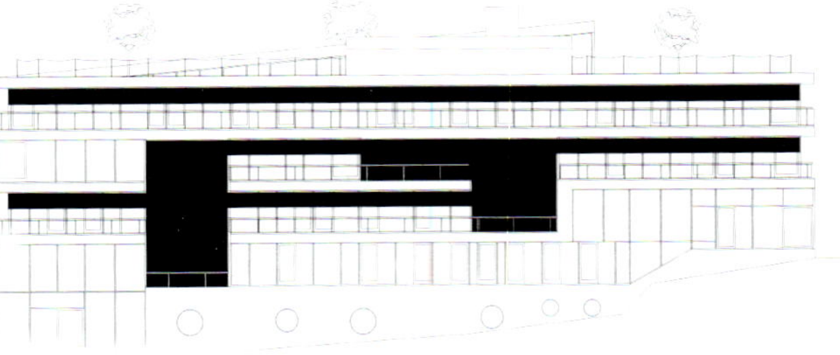

Alzado Oeste / West elevation

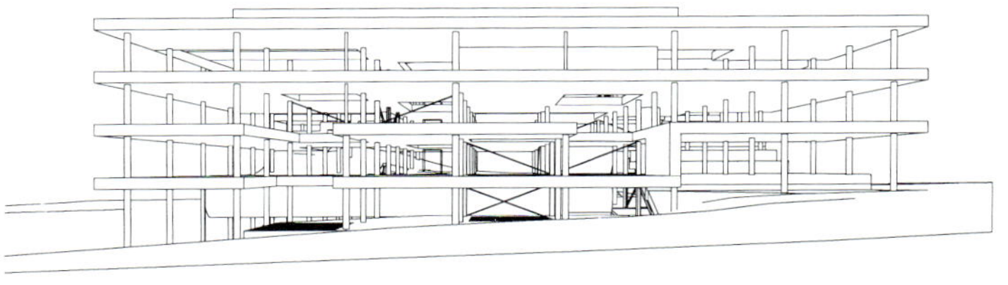

Vistas desde el Oeste / Western views. Computer rendering

Sección vertical
Detalles de fachada Oeste
Vertical section
Details of West facade

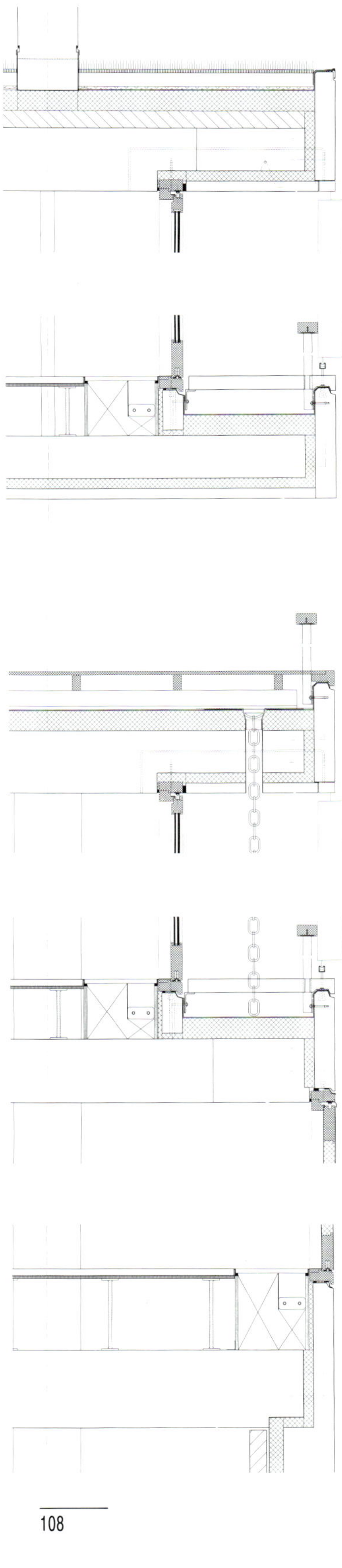

Hilversum, Holanda / The Netherlands

EDIFICIO RVU

1994/1997 RVU BUILDING

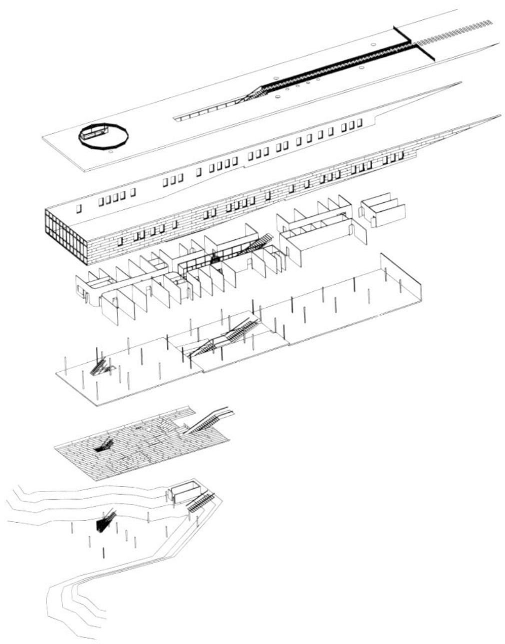

El RVU es uno de los edificios que conforman el 'campus' de colaboración de las cadenas de televisión VPRO, VARA, NPS y RVU. La primera idea fue procurar que el solar permaneciera como no construido, para asegurar un vínculo ecológico continuo con el Media Park. Es precisamente la construcción lo que neutraliza la amenaza de que los futuros edificios pudieran perturbar esta zona ecológica.

The RVU is one of the buildings which together make up the 'campus' of cooperating television companies VPRO, VARA, NPS and RVU. In the first instance the location was intended to remain unbuilt, to ensure a continuing ecological link with the Media Park. The threat that future building might disturb this ecological zone is neutralised precisely by building.

El edificio se excava como un túnel en lo alto de la ladera más pronunciada de Hilversum Hill. El paisaje continúa sobre la cubierta, mirador público con vistas sobre el campus y el Media Park. Tanto las fachadas como el techo de la parte que queda elevada se recubren de acero cortén. El volumen del RVU queda seccionado longitudinalmente en dos mitades por la escalera que define la ruta urbana que, partiendo de la calle, recorre la cubierta y termina en las cotas más bajas del campus.

The office is dug like a shaft into the top of the steepest flank of Hilversum Hill. The landscape carries on over the roof. The roof also functions as a public balcony with a view over the campus and the Media Park. The elevations and the external ceiling of the projecting portion are clad in Corten steel. The volume is bisected by a wide staircase providing a route for the public to walk from the adjoining street over the roof to the lower lying parts of the campus.

El acceso al edificio se halla en el corazón del edificio, en un descansillo de la escalera. El interior consiste en un área de oficinas divididas en tres zonas, cada una con su propia tipología administrativa, para mejor acomodar los diferentes departamentos de que consta la compañía: una zona con oficinas situadas de forma aleatoria, una zona de doble pasillo flanqueada por despachos individuales, y otra con pasarela central. La cafetería se sitúa en la parte suspendida; allí el volumen se recorta con una mampara de cristal que permite una vista panorámica sobre el paisaje y el campus. Bajo este punto, donde el edificio sobresale por encima de la pendiente, surge un porche, un punto de desembarco para visitantes, que incluye las unidades de aire acondicionado y el aparcamiento de bicicletas. Su suelo se cubre de trozos de lava, entre los que se saltean, reluciendo como ascuas, los focos que iluminan el techo.

The entrance to the office building is situated in the heart of the building, half-way up the staircase. The interior consists of a continuous work area divided into three zones, each with its own office typology to suit the different departments within the company; one zone with randomly placed office units, a double corridor zone flanked by individual offices and another type with a central gangway. The canteen is located on the projecting top; here the volume is cut off and the glass wall provides a panoramic view over the countryside and the campus. The way the building overhangs the slope at ground level forms a porch which includes a drop-off point for visitors, the air conditioning units and a bicycle shed. The ground level is strewn with pieces of lava between which spotlights aimed at the ceiling light up like glowing embers.

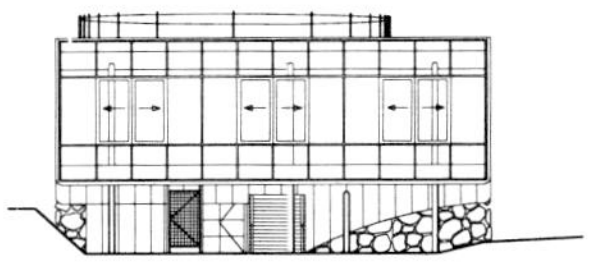

Alzado Nordeste / Northeast elevation

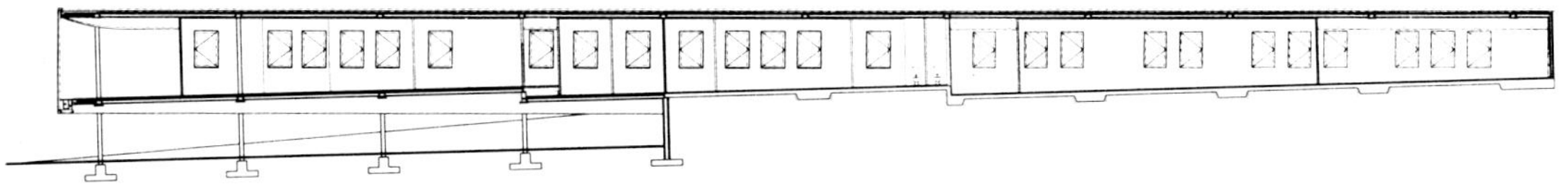

Sección longitudinal por pasillo Sudeste / Longitudinal section through Southeast corridor

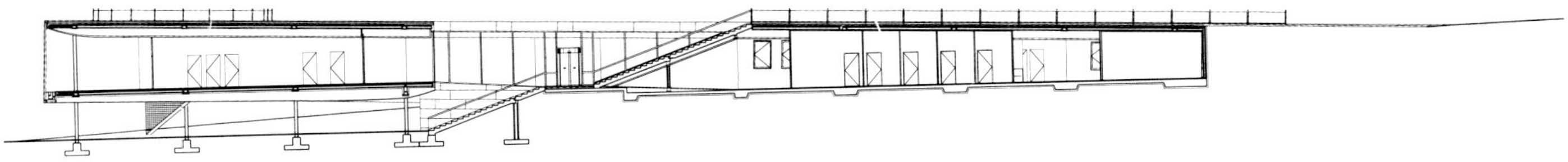

Sección longitudinal por escalera, mirando al Sudeste / Longitudinal section through staircase, looking Southeast

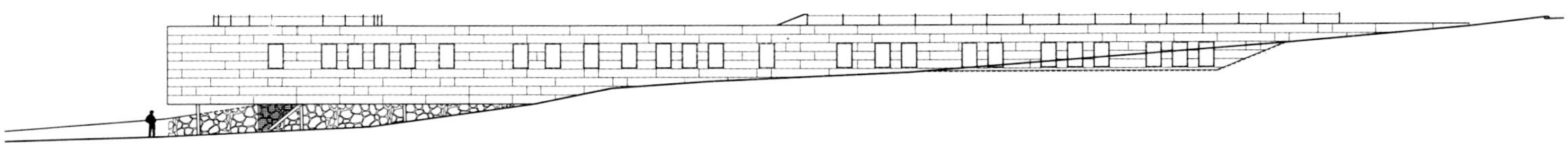

Alzado Noroeste / Northwest elevation

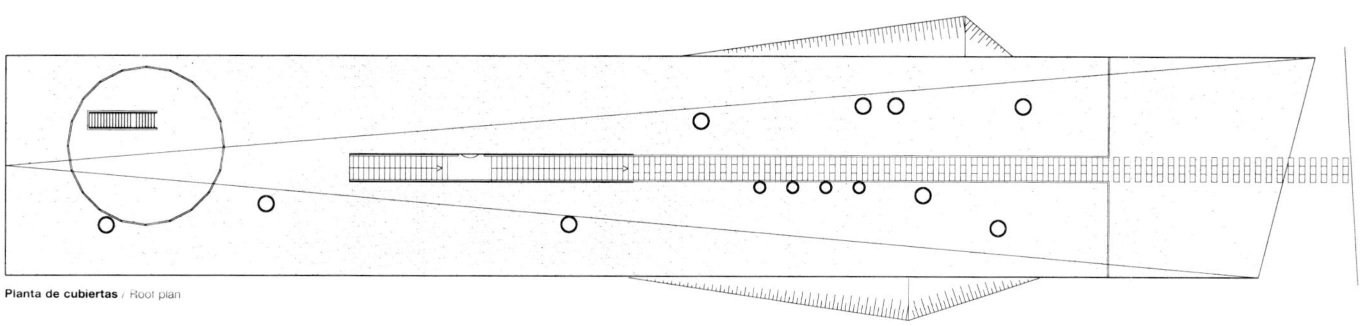

Planta de cubiertas / Roof plan

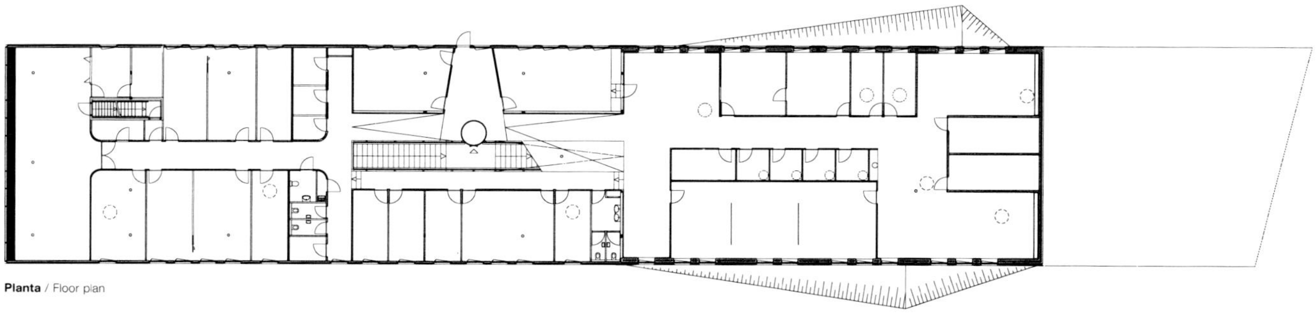

Planta / Floor plan

Planta bajo voladizo / Floor plan under projecting portion

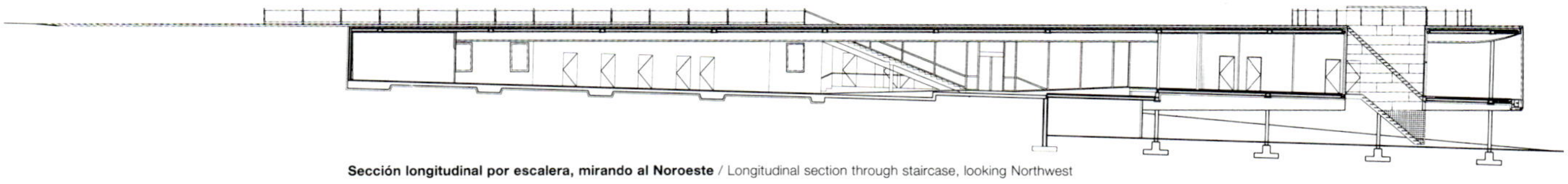

Sección longitudinal por escalera, mirando al Noroeste / Longitudinal section through staircase, looking Northwest

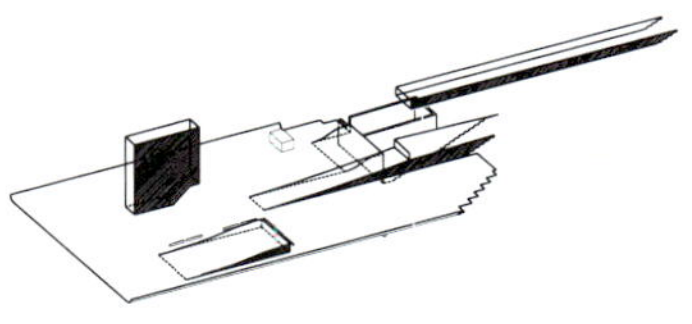

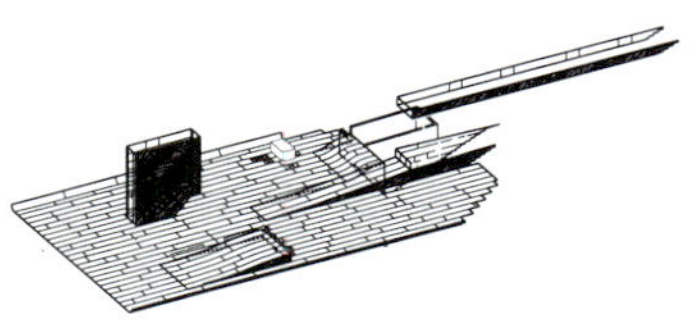

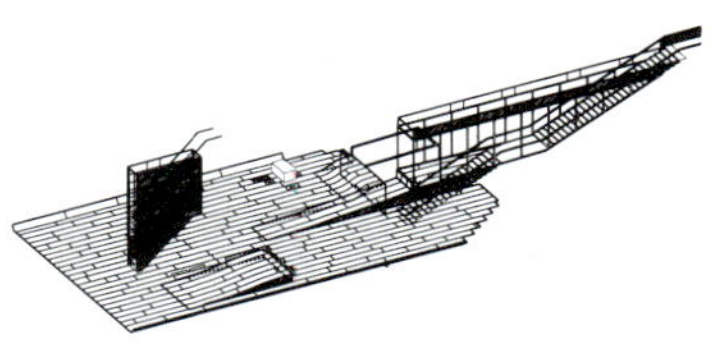

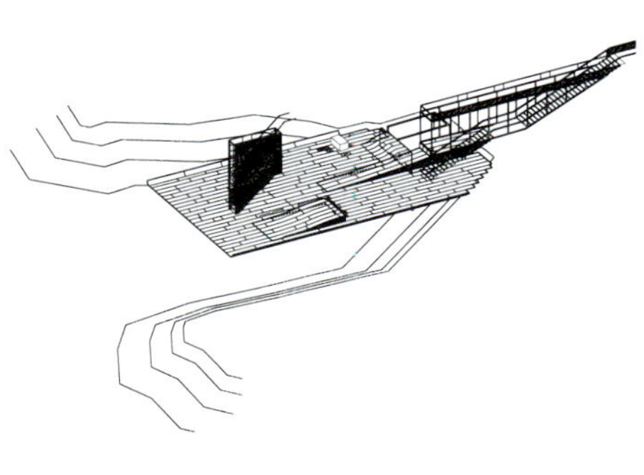

Amsterdam-Osdorp, Holanda / The Netherlands

APARTAMENTOS WOZOCO'S

1994/1997 **WOZOCO'S APARTMENTS FOR ELDERLY PEOPLE**

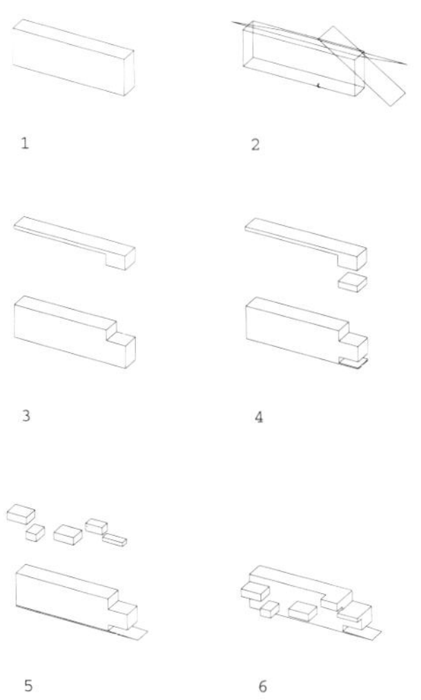

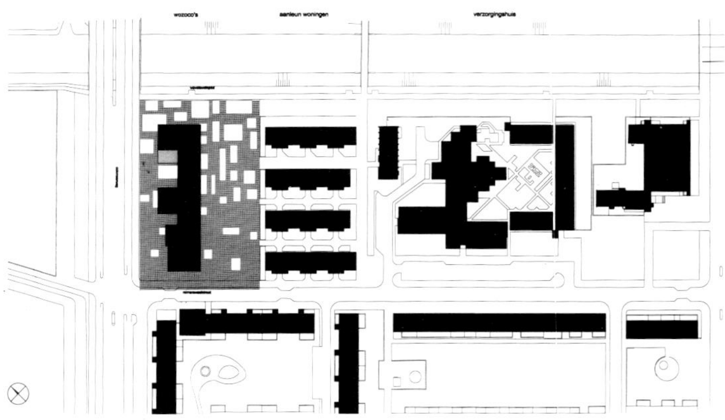

Las Ciudades Jardín de Amsterdam-Oeste, construidas en los años cincuenta y sesenta, se enfrentan ahora con incrementos masivos de densidad de población que ame-
The Western Garden Cities of Amsterdam, built in the 1950s and 1960s, are confronted with massive increases in density that continue to threaten their open
nazan sus espacios verdes, la cualidad más importante de esta parte de la ciudad. En línea con esta operación, se nos propuso la construcción de un bloque de cien apar-
green spaces, the most important quality of this part of the city. As part of this operation, a block of 100 apartments for 55+ers was proposed to mark the end
tamentos para personas mayores de 55 años —límite este de una cierta franja de equipamientos—. Se podría considerar este encargo algo así como un suplemento a las
of a facility strip for the elderly. This could be seen as a supplement to the existing typologies of housing for the elderly. In the context of old age homes an
tipologías de viviendas existentes para la tercera edad. En el contexto de este tipo de residencias, parece que un apartamento puede ofrecer a sus habitantes un mayor
apartment could be realised which would offer its inhabitants a higher degree of independence. After the 'grey wave' these dwellings would accommodate
grado de independencia. Tras una 'oleada gris', estas viviendas podrían también en su día acomodar a residentes más jóvenes.
younger residents as well.

Según la normativa AUP de Van Eesteren, para permitir que una adecuada luz natural alcanzara los edificios vecinos sólo se podrían hacer en un bloque 87 de las 100 uni-
To still allow adequate sunlight into the surrounding buildings, in accordance with Van Eesteren's AUP regulations, only 87 of the 100 units could be realised
dades. ¿Dónde poner entonces las restantes 13 viviendas? Si se colocaran en algún otro lugar del solar el espacio común quedaría reducido aún más. Y un bloque más
within the block. Where could the remaining 13 dwellings be put? If they were put elsewhere on the site, the open space would be further reduced. And a deeper
profundo, con unidades más estrechas, no parecía posible —la orientación Norte-Sur del bloque determinaba que el generador debía ser un módulo de 7,20 metros—. De
block with narrower units did not seem possible. The North-South orientation of the block meant that the generator had to be a 7.20m module. By 'cantilevering'
modo que las 13 unidades restantes se dejaron en voladizo sobre la fachada norte, quedando literalmente suspendidas en el aire —las viviendas con orientación Norte-Sur
the remaining 13 units on to the north façade they are literally left suspended in the air. The North-South dwellings in the block are completed by the hanging
quedan complementadas así con las tipologías suspendidas de orientación Este-Oeste y con vistas al pólder—.
East-West orientated types with a view over the polder.

Para compensar el 50% de coste adicional de las 'unidades colgantes', se propuso un presupuesto económico en el bloque principal que conllevó un ahorro del 7% al 8%
An economic layout for the main block could lead to savings of 7 to 8% of the cost, enough to compensate for the 50% more expensive 'hanging units'. The Spartan
de su coste. La austera tipología adoptada es la del apartamento-galería, pero dotando a cada uno de ellos de una perspectiva diferente: con variaciones en la posición de
gallery flat becomes acceptable. Each gallery is given a different perspective. By changing window positions, balcony sizes and varying balcony materials, the
las ventanas, en los tamaños de los balcones y en los materiales de éstos, cada apartamento adquiere un carácter propio.
different flats acquire their own character.

Las paredes medianeras se construyeron ocho centímetros más gruesas de lo necesario desde el punto de vista estructural para mejorar el aislamiento acústico, lo que
Because the party walls were constructed 8 cm thicker than structurally necessary (for sound insulation), it became possible to use this extra thickness for the con-
permitió utilizar este grosor extra para anclar las vigas voladas sin necesidad de aumentar el peso de los muros de carga. Las regulaciones acústicas y contra incendios
nection of the cantilever trusses without having to increase the weight of the load-bearing walls. Sound and fire regulations made it necessary to clad these trusses.
hicieron necesario el revestimiento de estas cerchas.

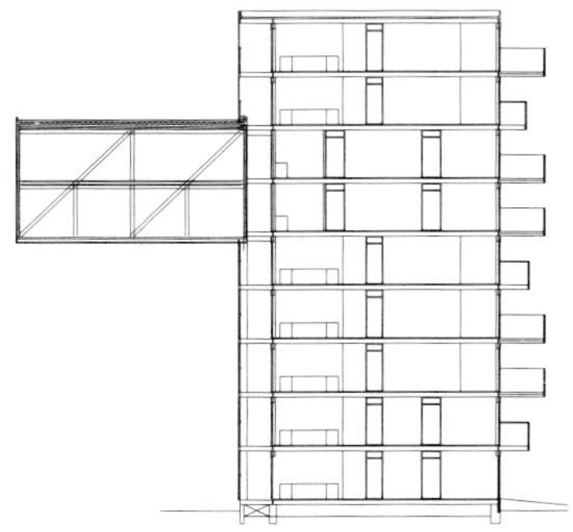

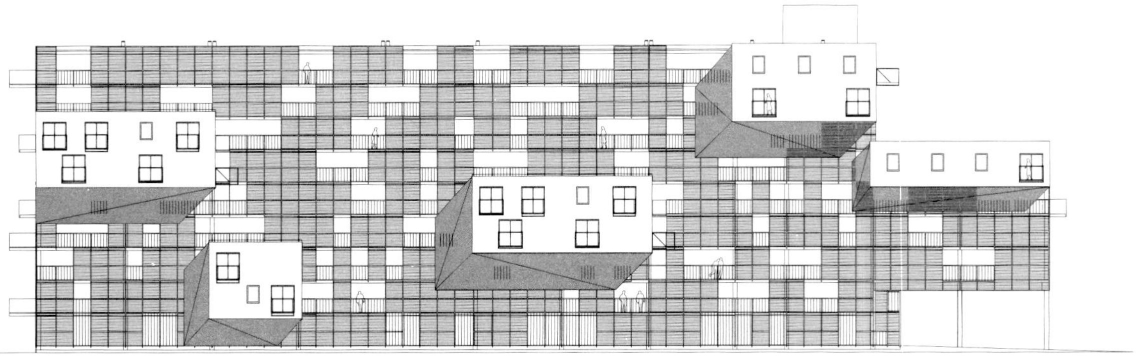

Fachada principal / Main elevation

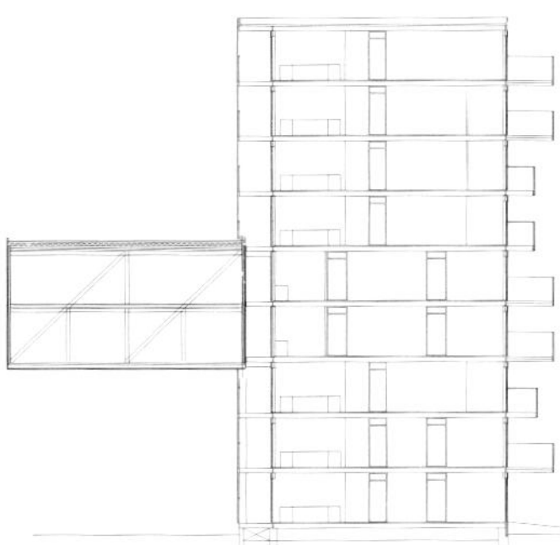

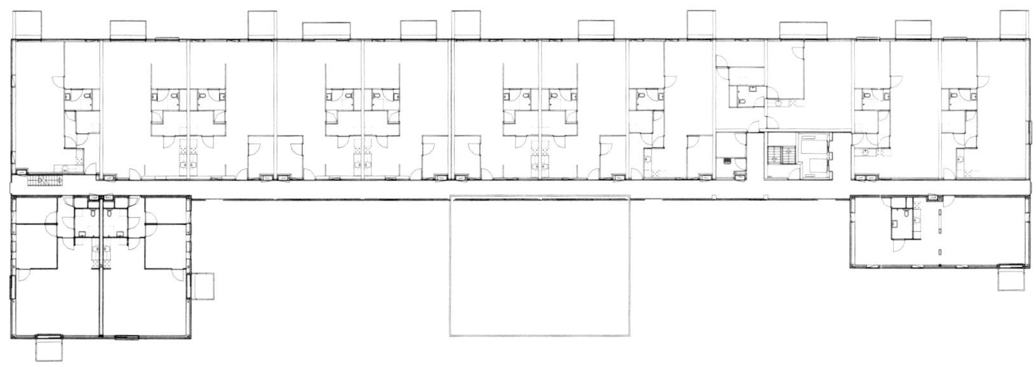

Planta quinta / Fifth floor plan

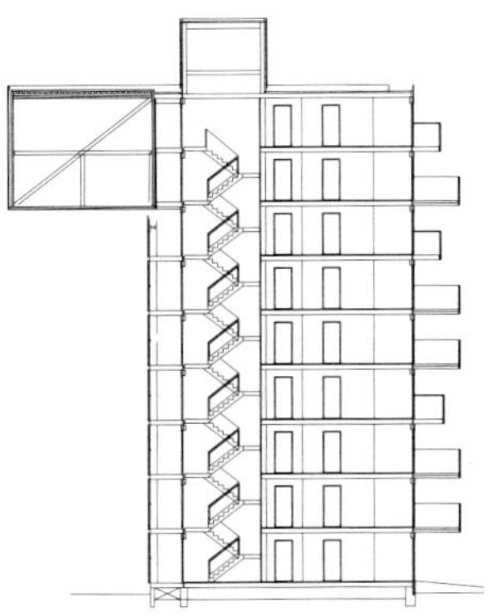

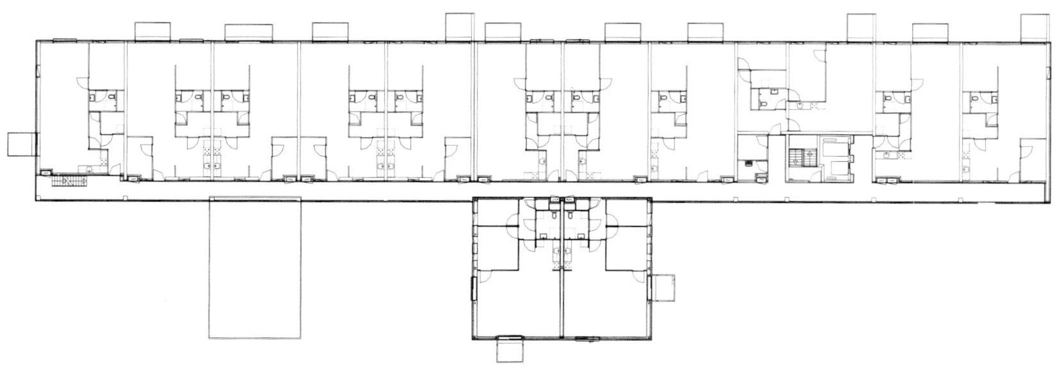

Planta tercera / Third floor plan

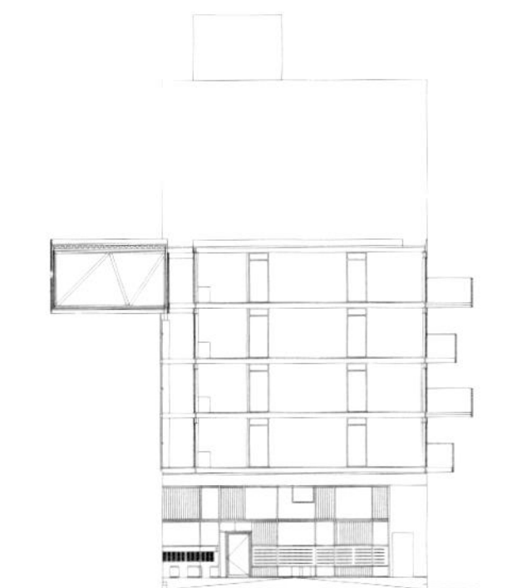

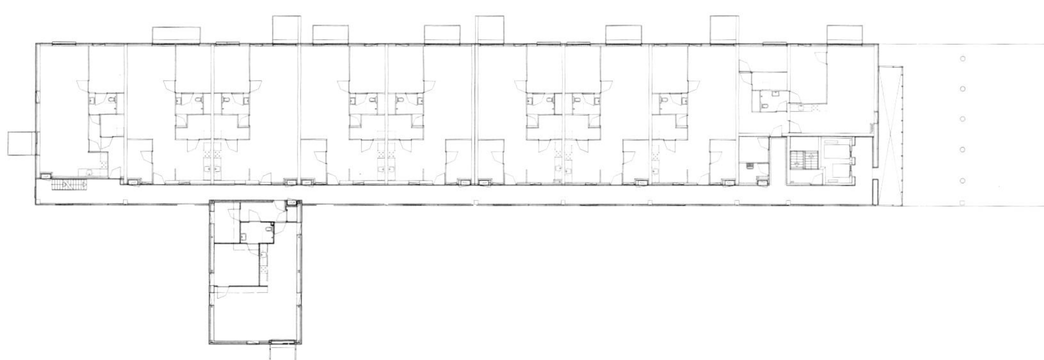

Secciones transversales / Cross sections

Planta primera / First floor plan

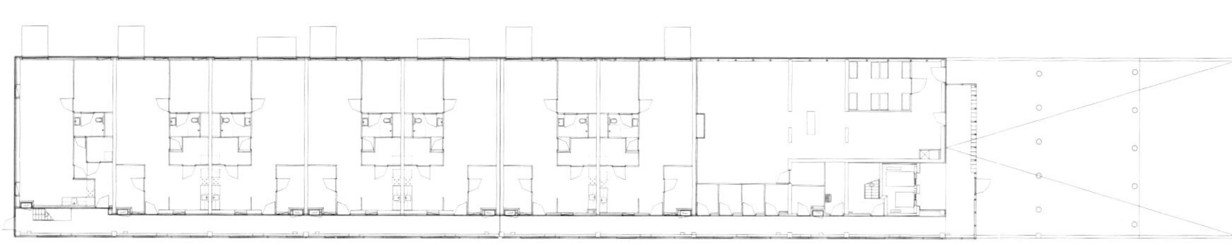

Planta baja
Ground floor plan

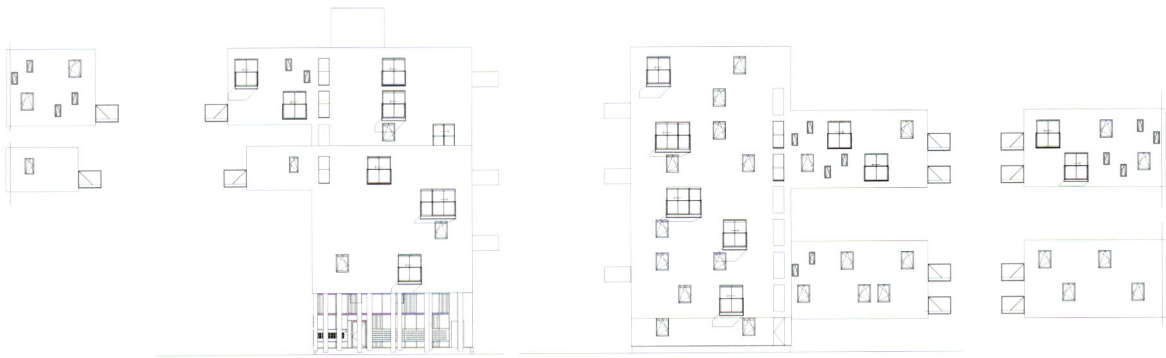

Alzados laterales / Side elevations

Alzado lateral Suroeste / Southwest side elevation

En la página de la derecha / On the right page:
Alzado lateral Nordeste / Northeast side elevation

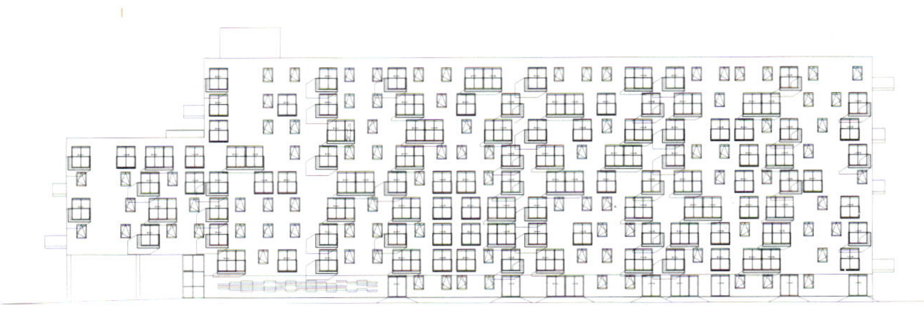

Alzado posterior / Rear elevation

Detalles de cuerpo volado
Details of cantilevered unit

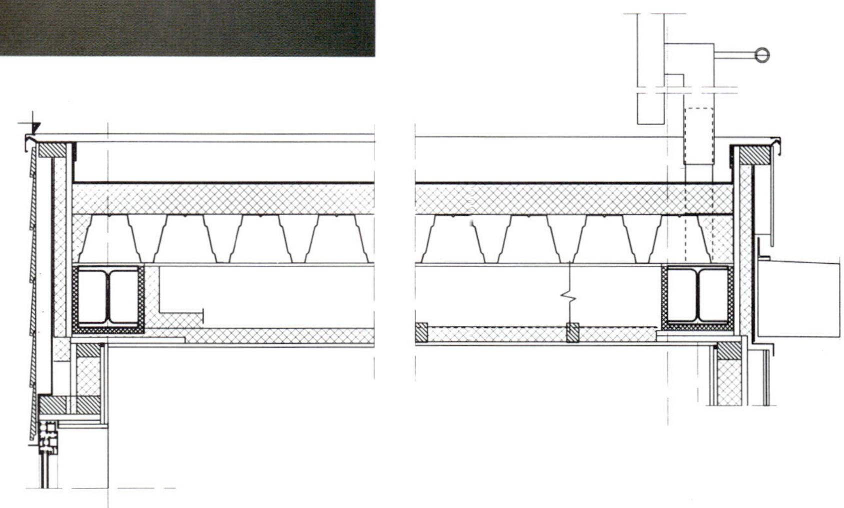

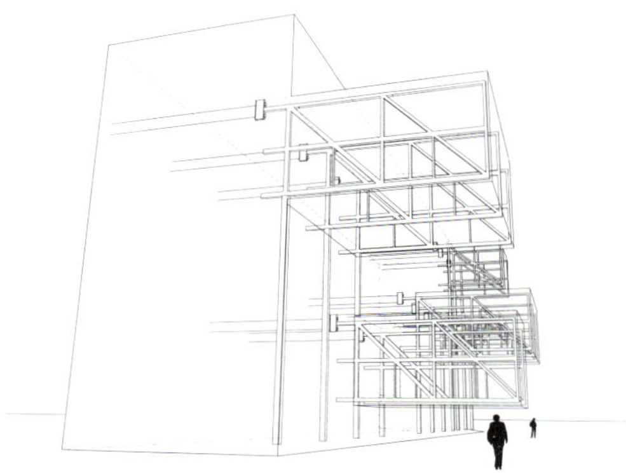

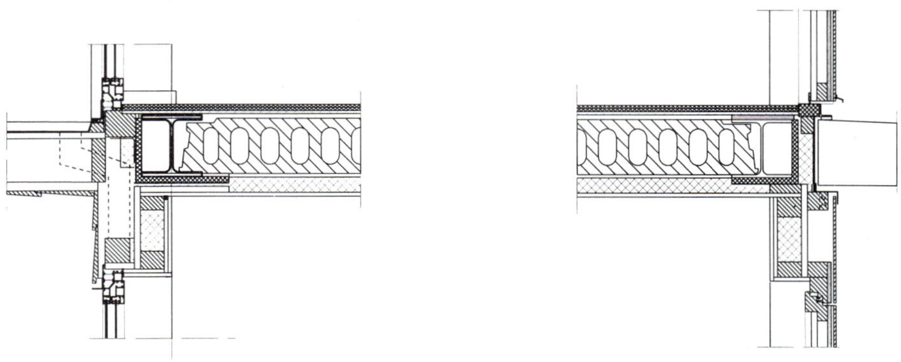

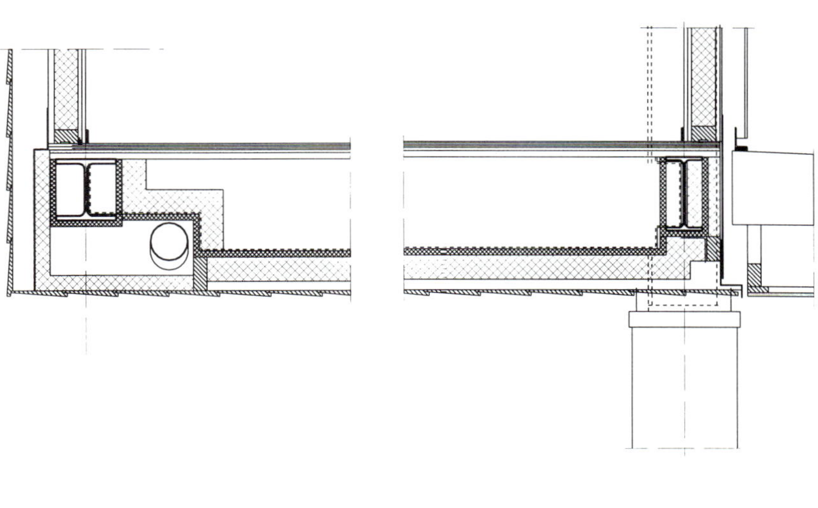

Bélgica / Belgium

VILLA EN HASSELT

1995/1996 VILLA IN HASSELT

En un país en donde cada casa unifamiliar desea llamar la atención, este proyecto centra su atención en intentar resolver una serie de elementos paisajísticos sugeridos
In a country where every individual house wants to attract attention, this house concentrates on a series of landscape-like elements, inspired by the interests
por los clientes. Toda la superficie del terreno se recubre con un bosque de acacias, excepto en una zona, un 'valle' de 1,2 metros de profundidad, en donde se construye,
of the occupiers. The whole plot is planted with an acacia wood. In this wood a 1.2 metre deep 'valley' is left empty in which stands a stone 'shell', a basement.
como un 'caparazón' de piedra, el sótano. Este sótano es como un mini-motel, con dormitorios y un estudio, con puertas correderas que se abren a un jardín umbrío, sumer-
This basement looks rather like a mini-motel, with bedrooms and a studio and sliding doors opening on to a sunken mossy garden. The basement is accessible
gido. El sótano es accesible desde la calle, a través de la zona de juegos, que contiene franjas de piedra, asfalto y hormigón rastrillado.
from the street via a play area containing banks of stone, asphalt and raked concrete.

La cubierta del sótano actúa como terraza; bordeada con una valla de postes de madera. En el interior de esta valla elevada se disponen la sala de estar y la cocina, que
The roof of this basement acts as a terrace. It is surrounded by a wooden stockade fence. Inside this raised fencing is the living room and the kitchen, both
se abren a la terraza. La sala de estar se extiende como un puente sobre el jardín umbrío hacia el jardín de acacias. La rampa resultante conecta la sala con un claro en el
opening on to the terrace. The living room extends like a bridge over the moss garden to the garden store. The resulting slope connects the living room to an
bosque. Un 'sendero de montaña', que serpentea entre las acacias, conduce desde la calle a la entrada principal de la casa.
open spot in the wood. A 'mountain track' winding through the acacias connects the street with the visitors' entrance to the house.

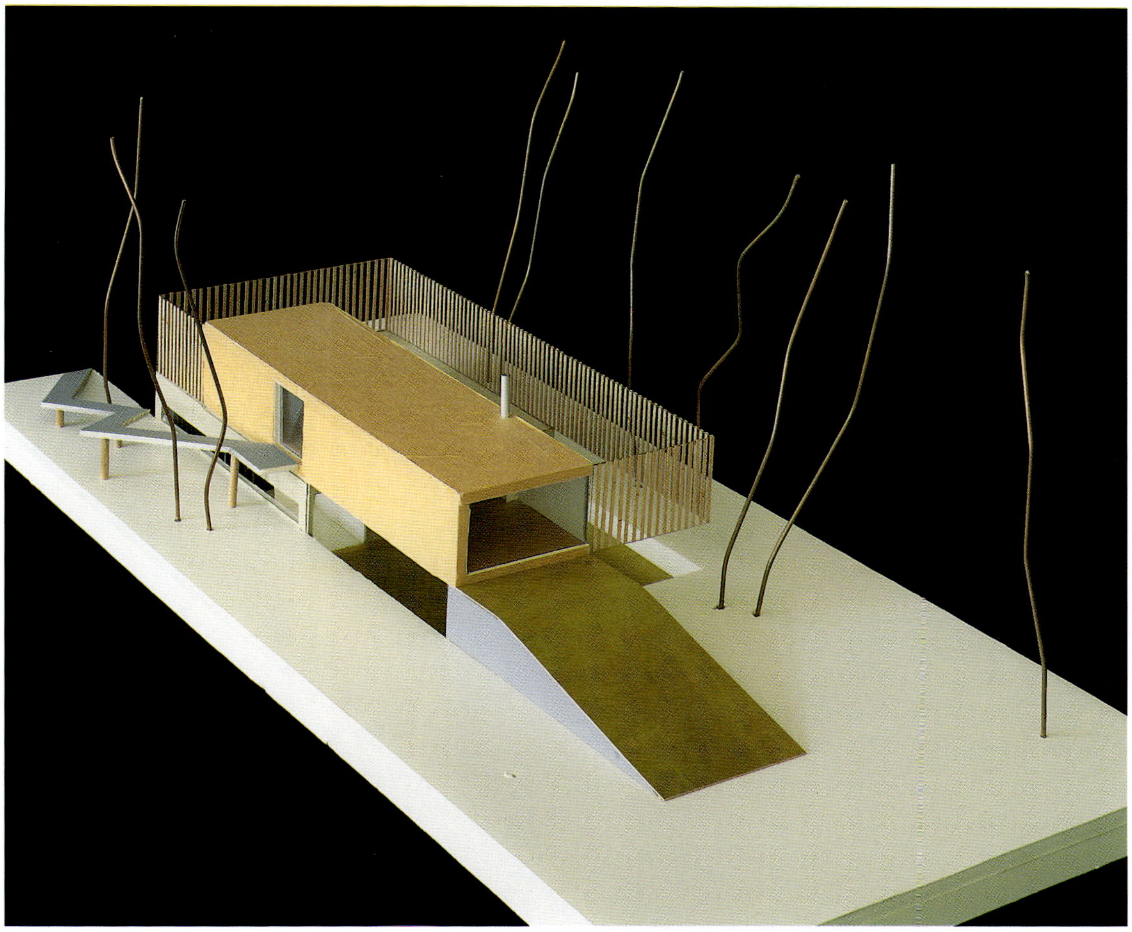

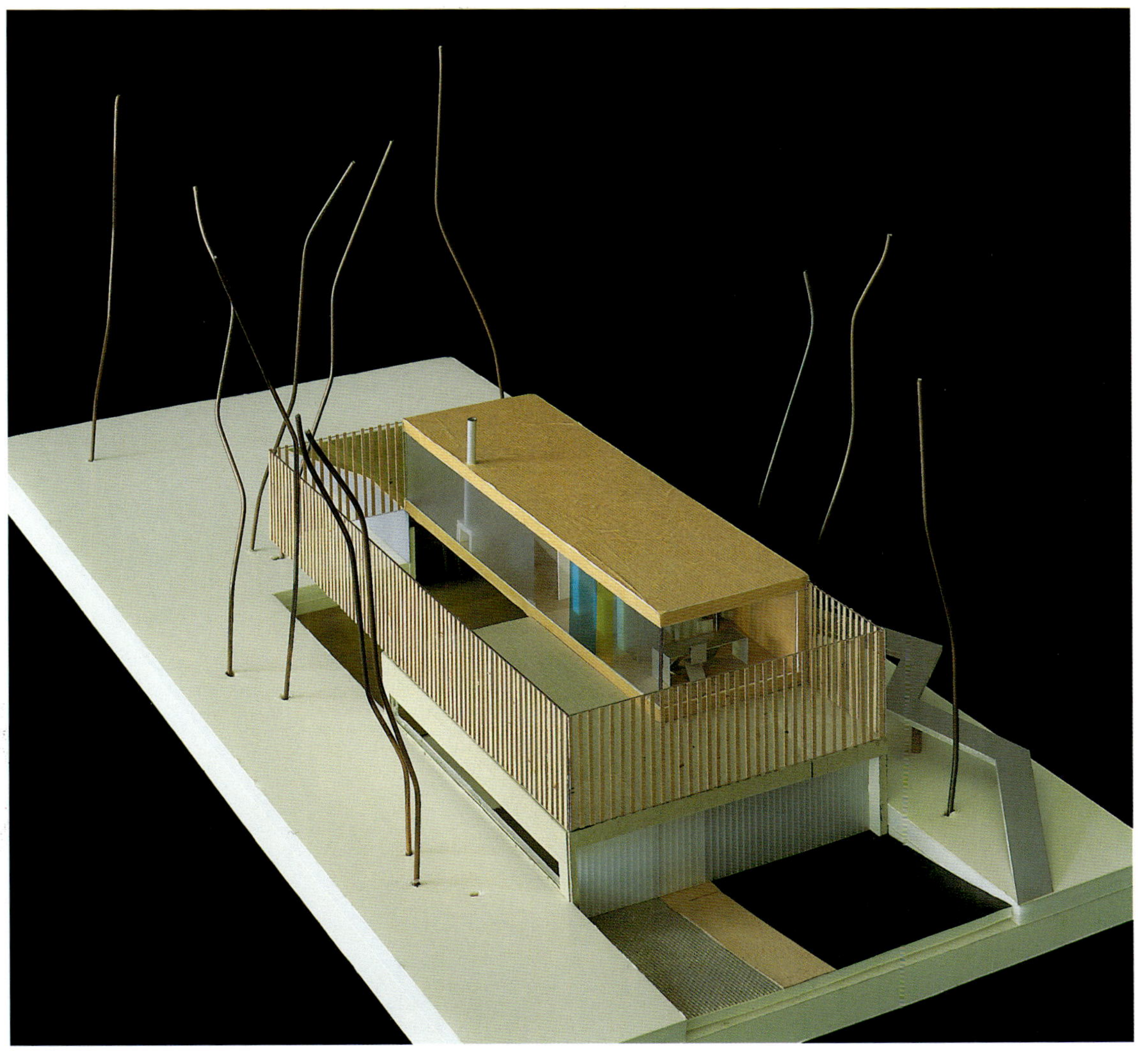

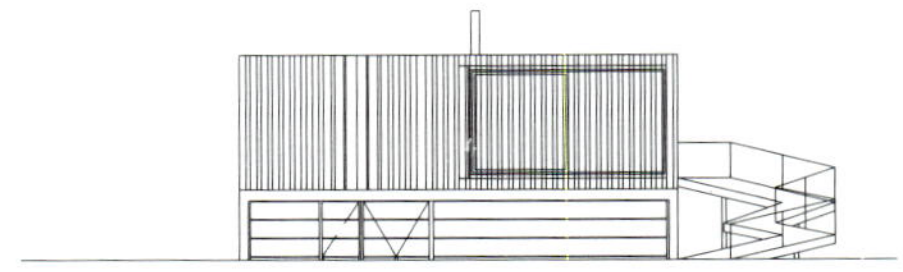

Alzado Sur / South elevation

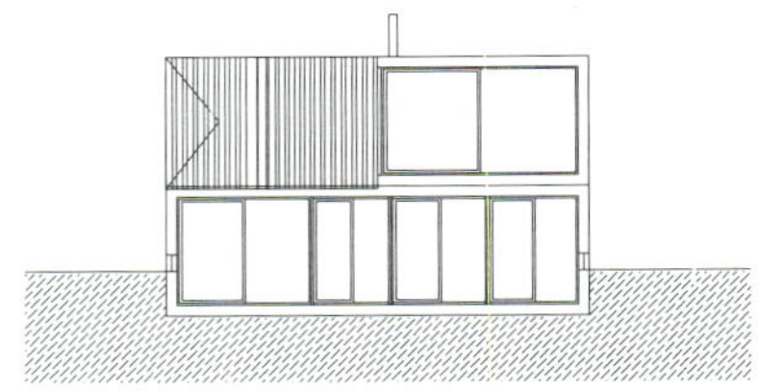

Sección transversal / Cross section

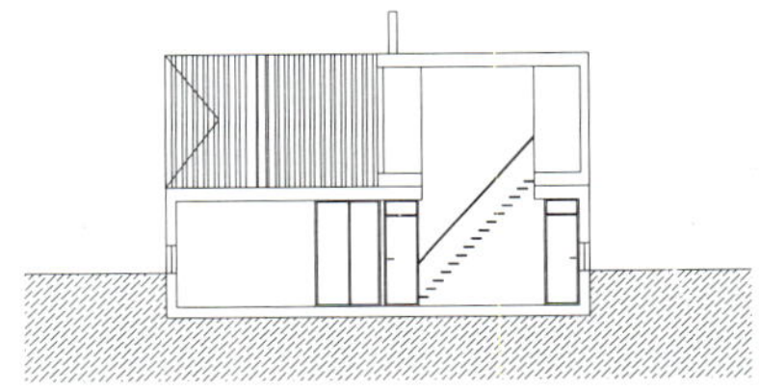

Sección transversal por escalera
Cross section through staircase

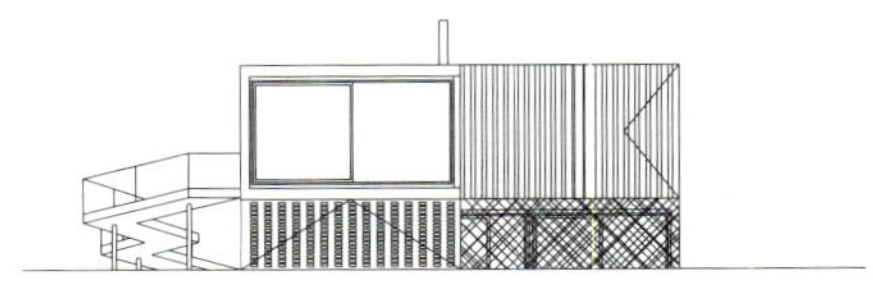

Alzado Norte / North elevation

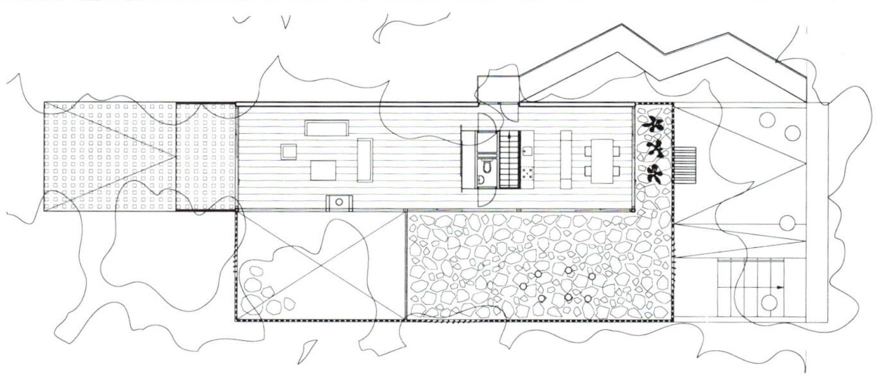

Planta superior / Upper floor plan

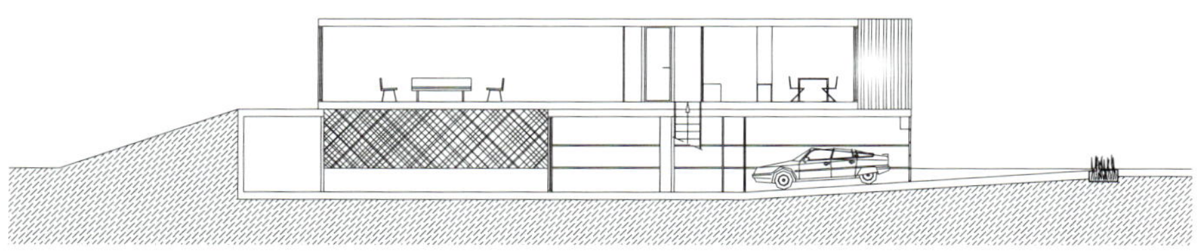

Sección longitudinal / Longitudinal section

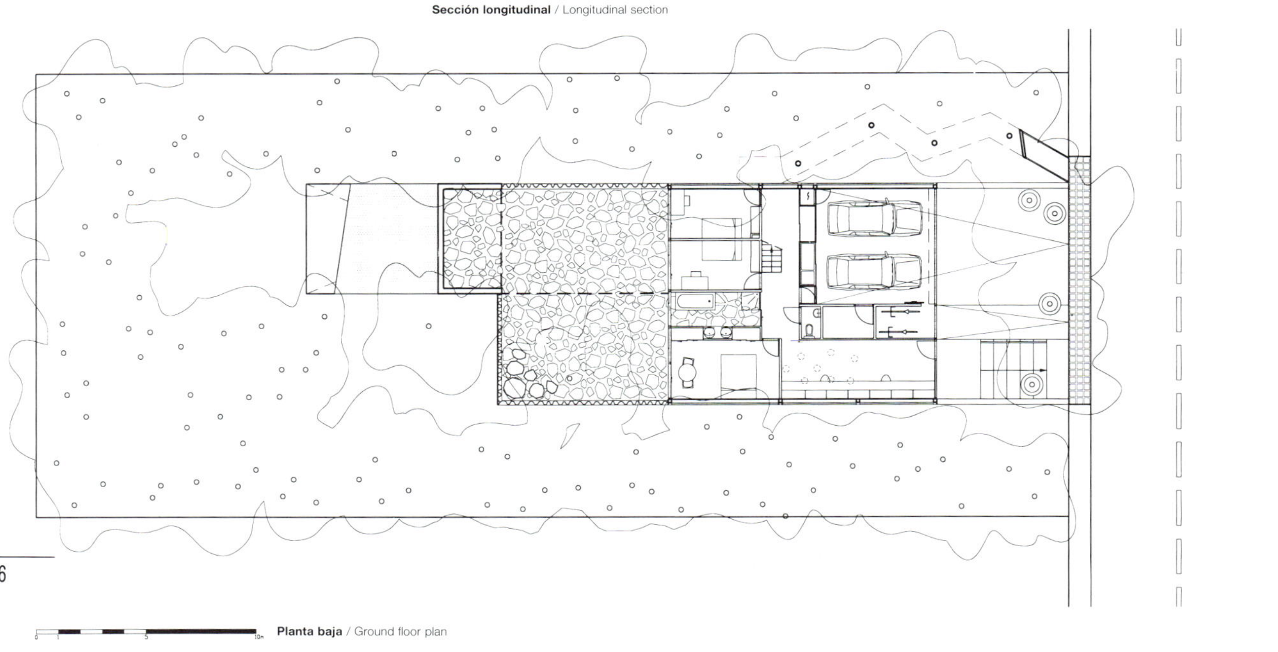

Planta baja / Ground floor plan

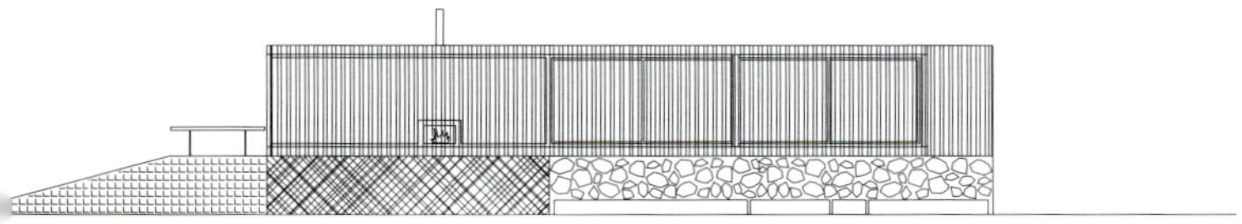

Alzado Oeste / West elevation

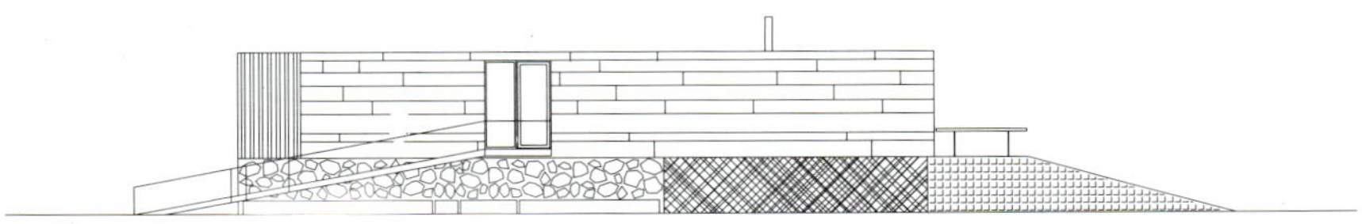

Alzado Este / East elevation

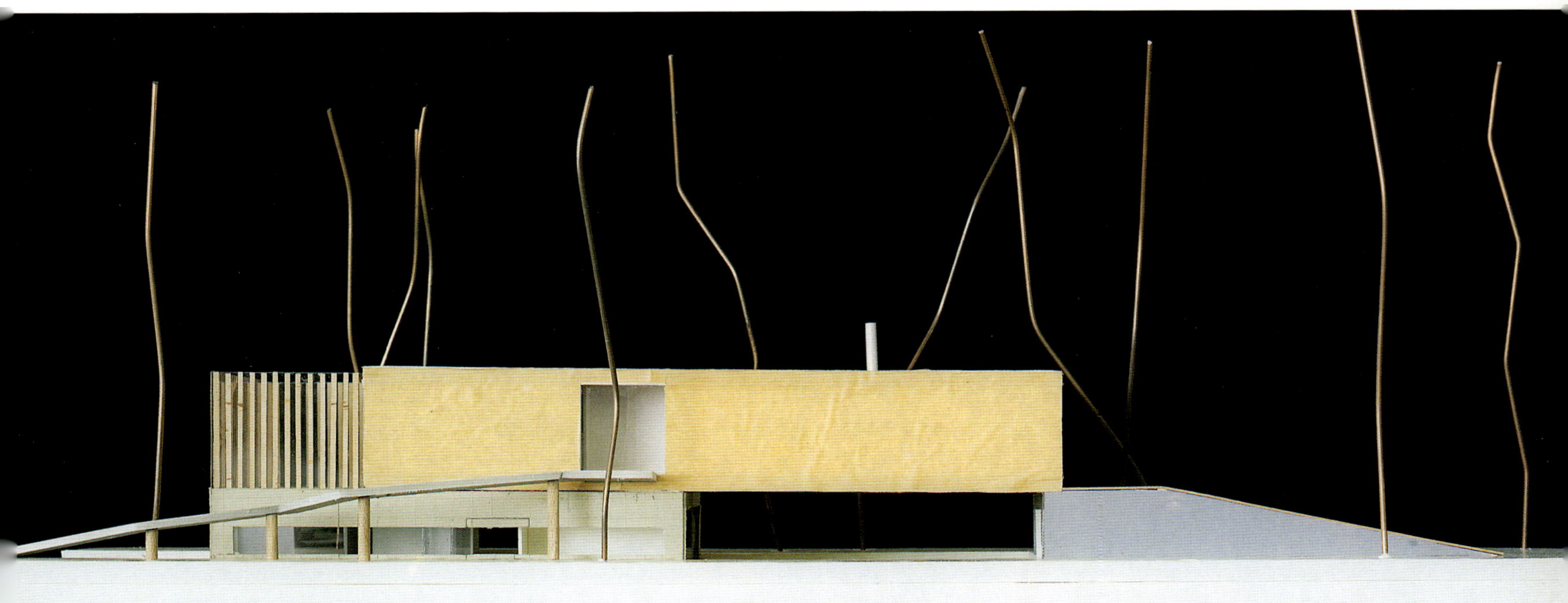

Holanda / The Netherlands

CASA DOBLE EN UTRECHT

1995/1997 DOUBLE HOUSE UTRECHT

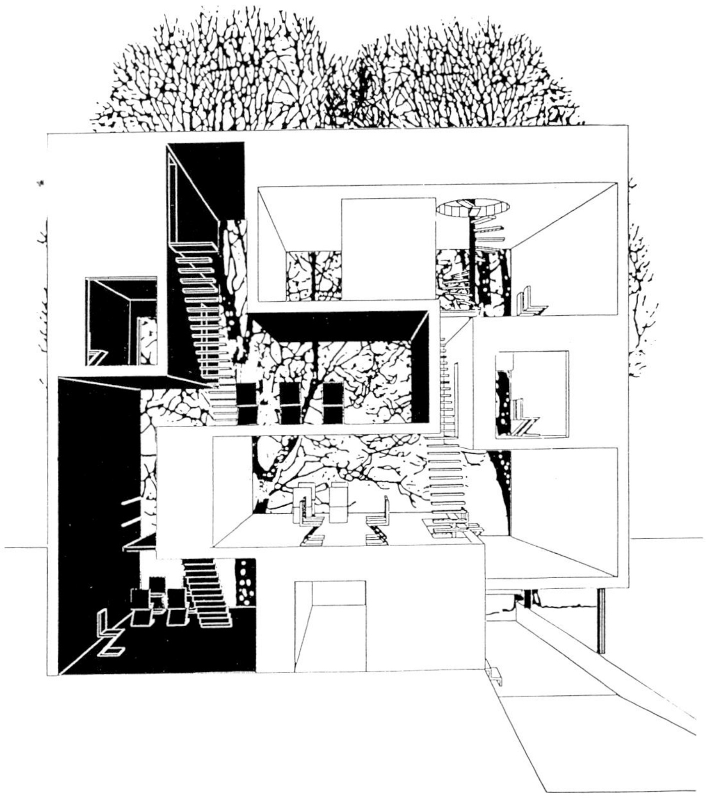

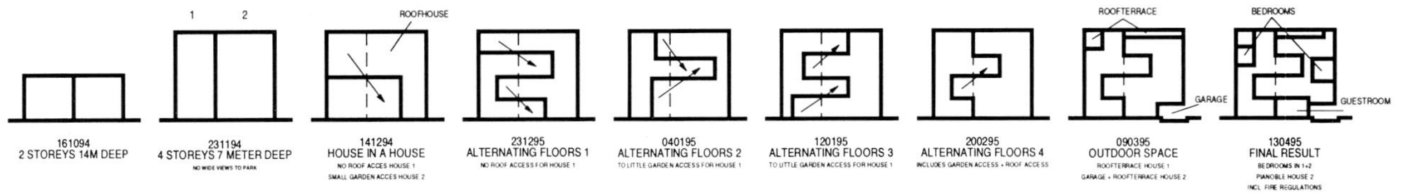

En una plaza de las afueras de Utrecht, cerca de un espléndido parque del siglo diecinueve, dos familias, ajenas entre sí, comparten la propiedad de un único solar. Los dos clientes deseaban combinar las mejores vistas del parque con un acceso fácil a la calle, al jardín y a la cubierta. Al proponer una casa con la menor profundidad imaginable, se conseguía 'estirar' el programa hasta alcanzar cuatro o cinco plantas, y a la vez conceder al jardín el mayor espacio posible. Interpretar el muro medianero como el 'primer movimiento terapéutico' en las negociaciones entre los vecinos y sus deseos, a veces conflictivos, dio paso a dos volúmenes residenciales engarzados; cada uno de ellos más rico que la premisa subyacente a ambos.

In a suburban street by a splendid nineteenth-century park in Utrecht, two independent families share a single site. Both wish to combine the finest view of the park with easy access to the street, the garden and the roof. By proposing the house with the least imaginable depth, the program can be 'stretched' up to four or five stories while keeping the garden as big as possible. Interpreting the partition wall as a 'therapeutic first move' towards negotiations between the neighbours and their sometimes conflicting wishes, has given birth to two interlocking dwelling volumes, each richer than the premise underlying them both.

Los dormitorios se incorporan a los serpenteantes áticos como casas dentro de una casa. Ambas salas de estar se desarrollan a lo largo de la fachada, disfrutando de las vistas sobre el parque. También las diferencias extremas pueden coexistir: mientras un cliente desea estar arropado por el jardín, el otro prefiere retirarse al *piano nobile*. Mientras uno opta por un salón justo al lado de las salas de juego de los niños, el otro prefiere un dormitorio/taller en la zona superior, y así sucesivamente. Al principio, su mutuo sometimiento amenazó con paralizarlos. Pero como en la parábola del ciego y el tullido, juntos demostraron ser más de lo que podrían haber imaginado ser de forma individual.

The bedrooms are incorporated in the meandering tops as houses-in-a-house. Both living spaces extend along the facade and provide views of the park. Here extreme differences can coexist: where one occupant wants to be surrounded by the garden, the other can withdraw to the *piano nobile*. Where the one chooses a salon just past the children's playrooms, the other opts for a work-cum-bedroom upstairs, and so on. Their mutual dependence at first threatened to paralyse them. But as in the parable of the lame and the blind, together they proved to be more than they could have possibly imagined themselves to be as individuals.

Alzado posterior (Sureste) / Rear elevation (Southeast)

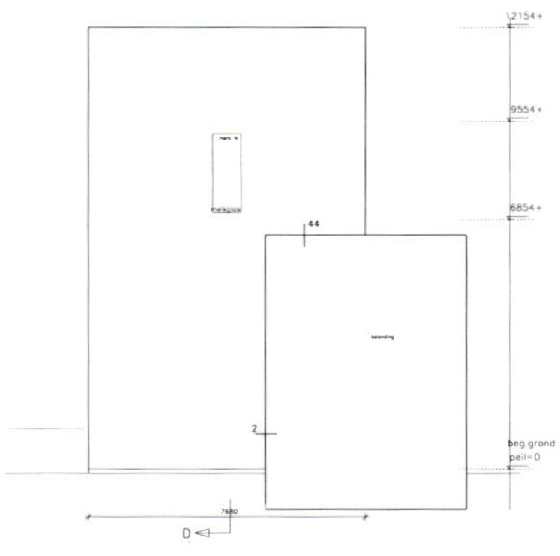

Alzado lateral (Nordeste) / Side elevation (Northeast)

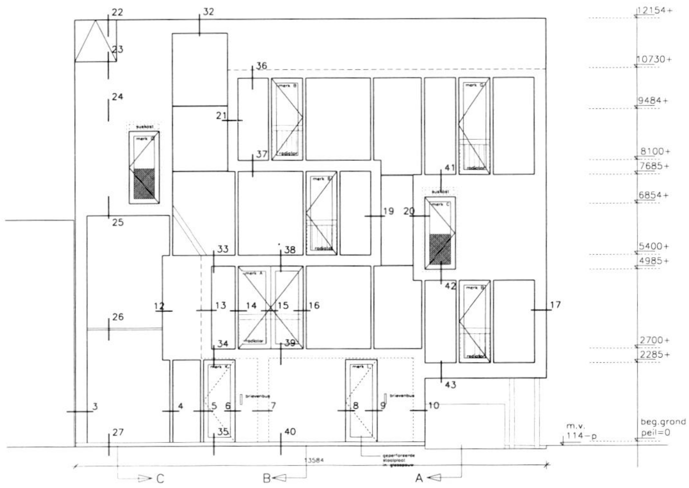

Fachada principal (Noroeste) / Main elevation (Northwest)

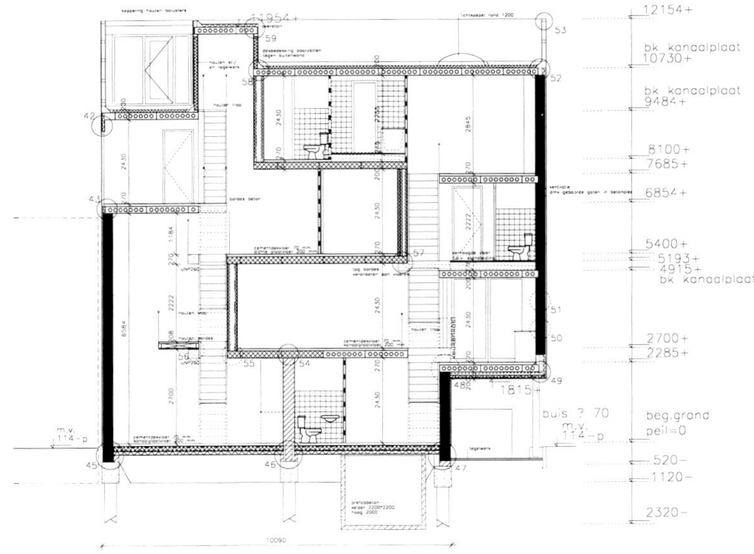

Sección longitudinal DD / Longitudinal section DD

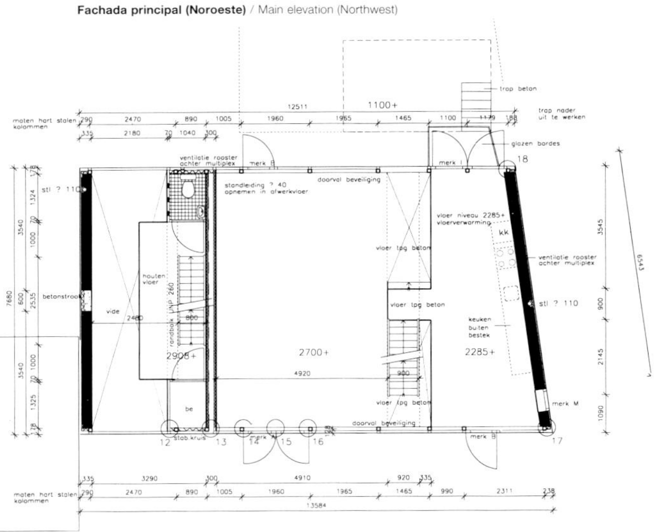

Planta primera / First floor plan

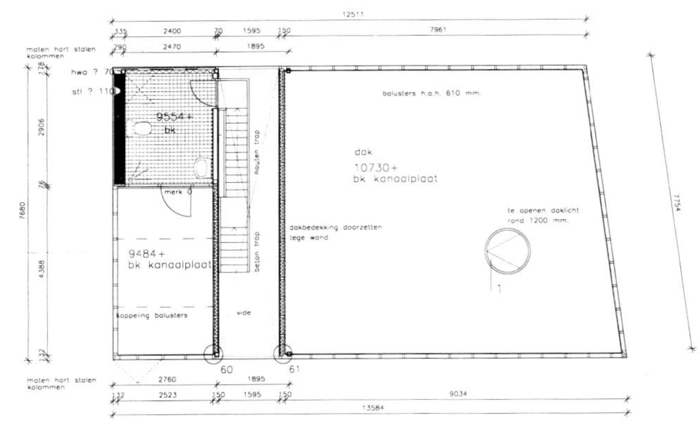

Planta cuarta / Fourth floor plan

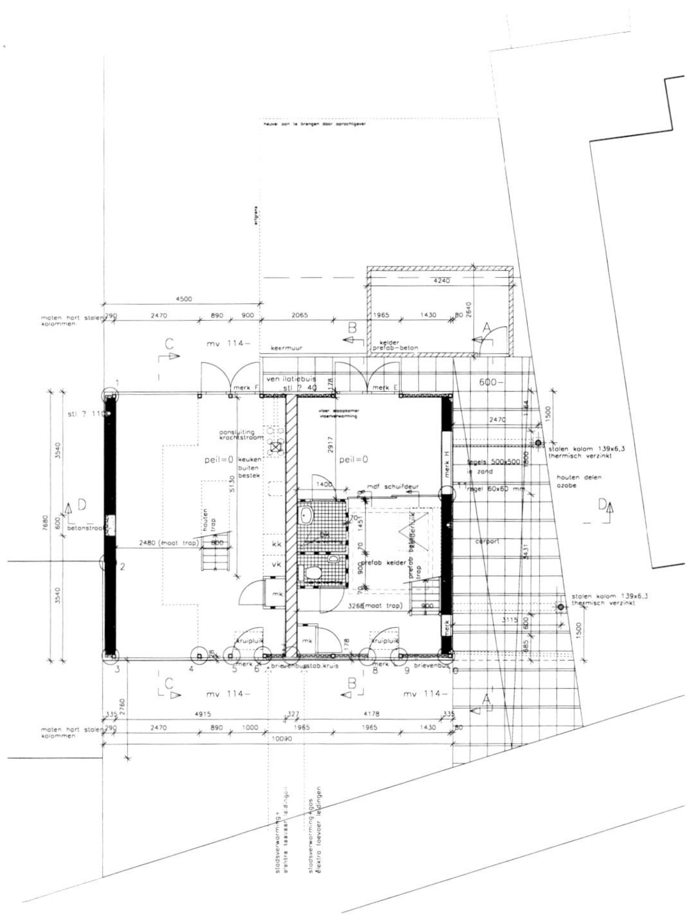

Planta baja / Ground floor plan

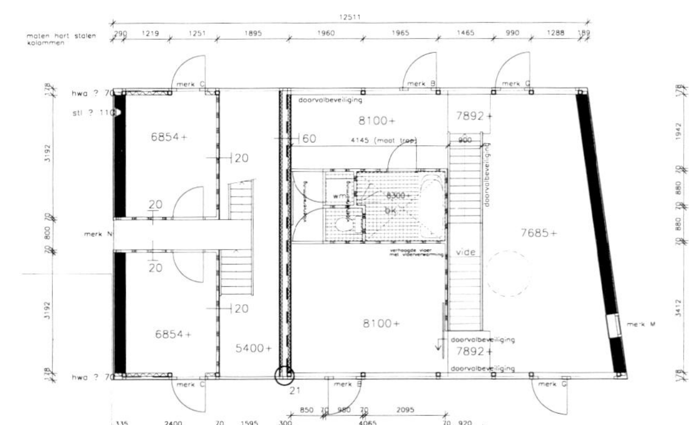

Planta tercera / Third floor plan

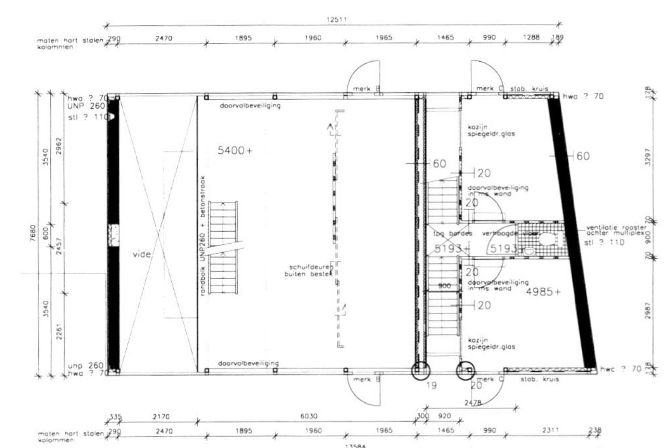

Planta segunda / Second floor plan

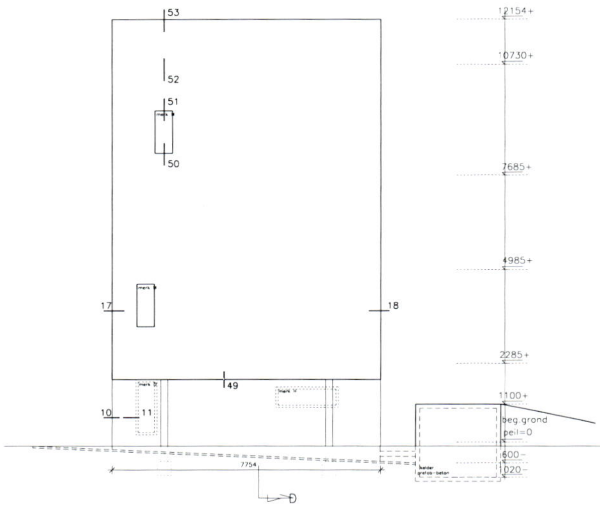

Alzado lateral Suroeste / Southwest side elevation

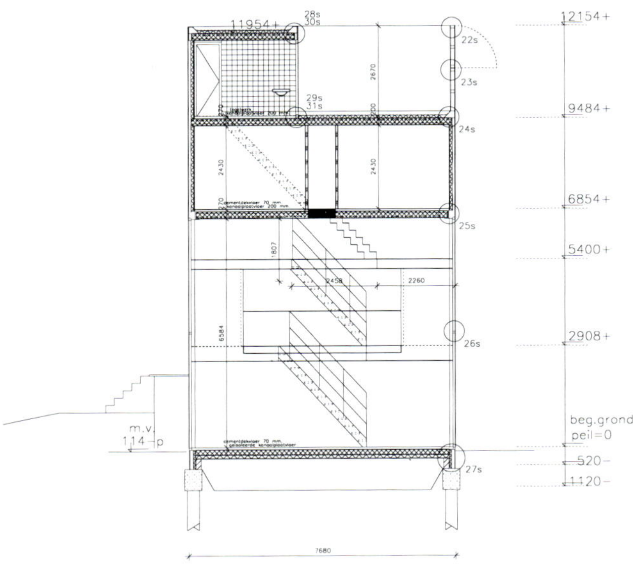

Sección transversal CC / Cross section CC

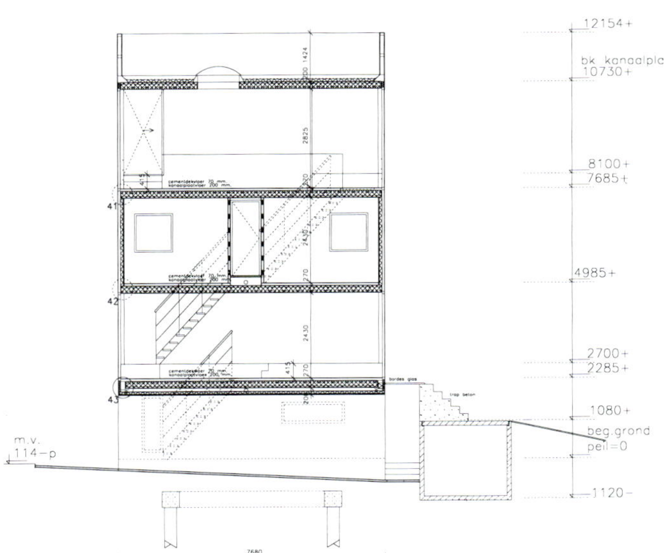

Sección transversal AA / Cross section AA

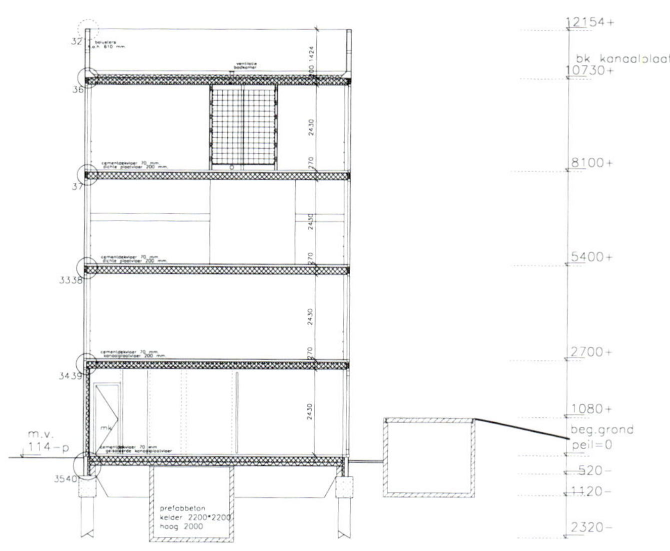

Sección transversal BB / Cross section BB

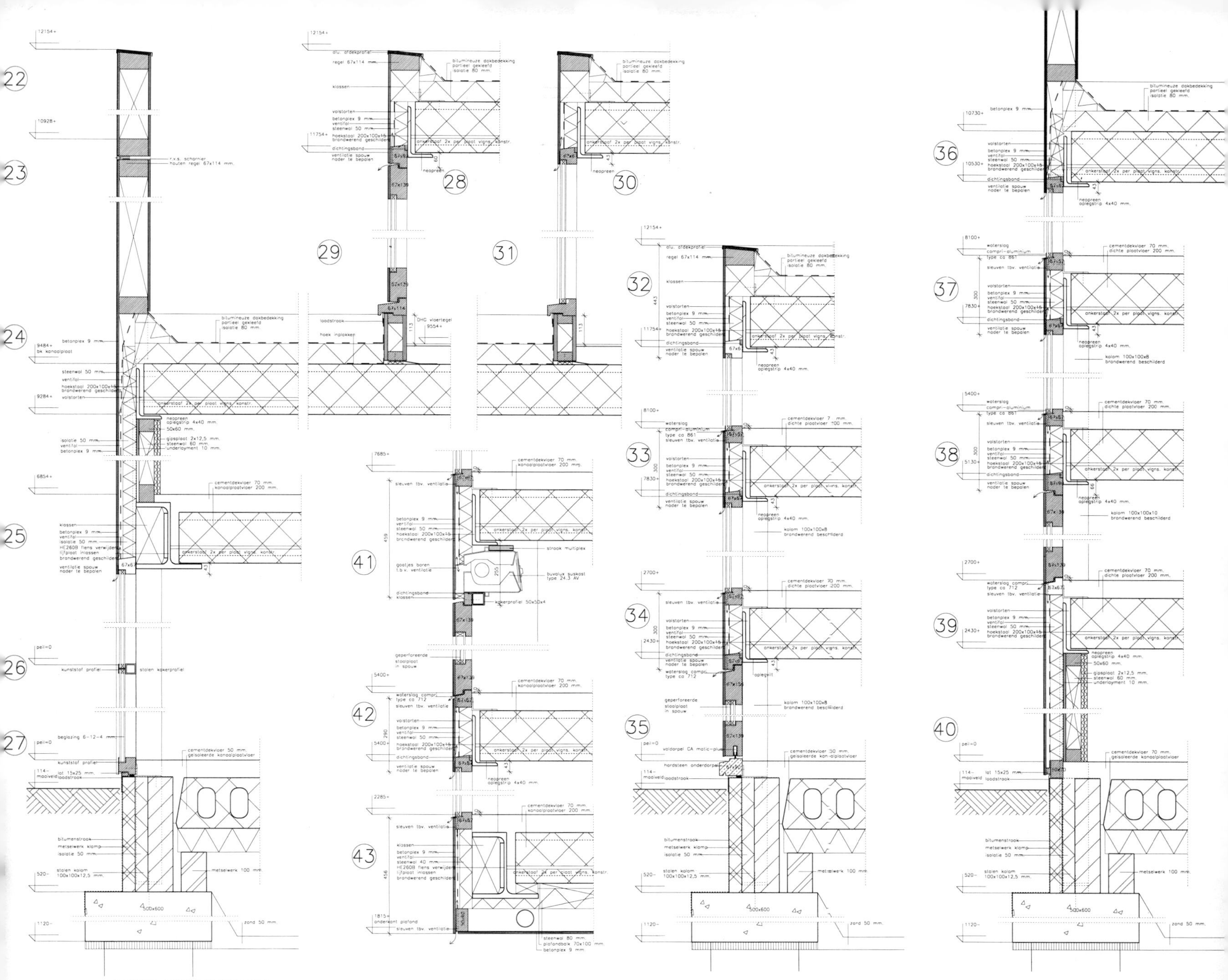

Secciones verticales / Vertical sections
Detalles de fachada principal (ver secciones transversales AA, BB y CC) / Details of main facade (see cross sections AA, BB and CC)

Secciones horizontales
Detalles de fachadas laterales y fachada principal (ver plantas)
Horizontal sections
Details of side elevations and main facade (see floor plans)

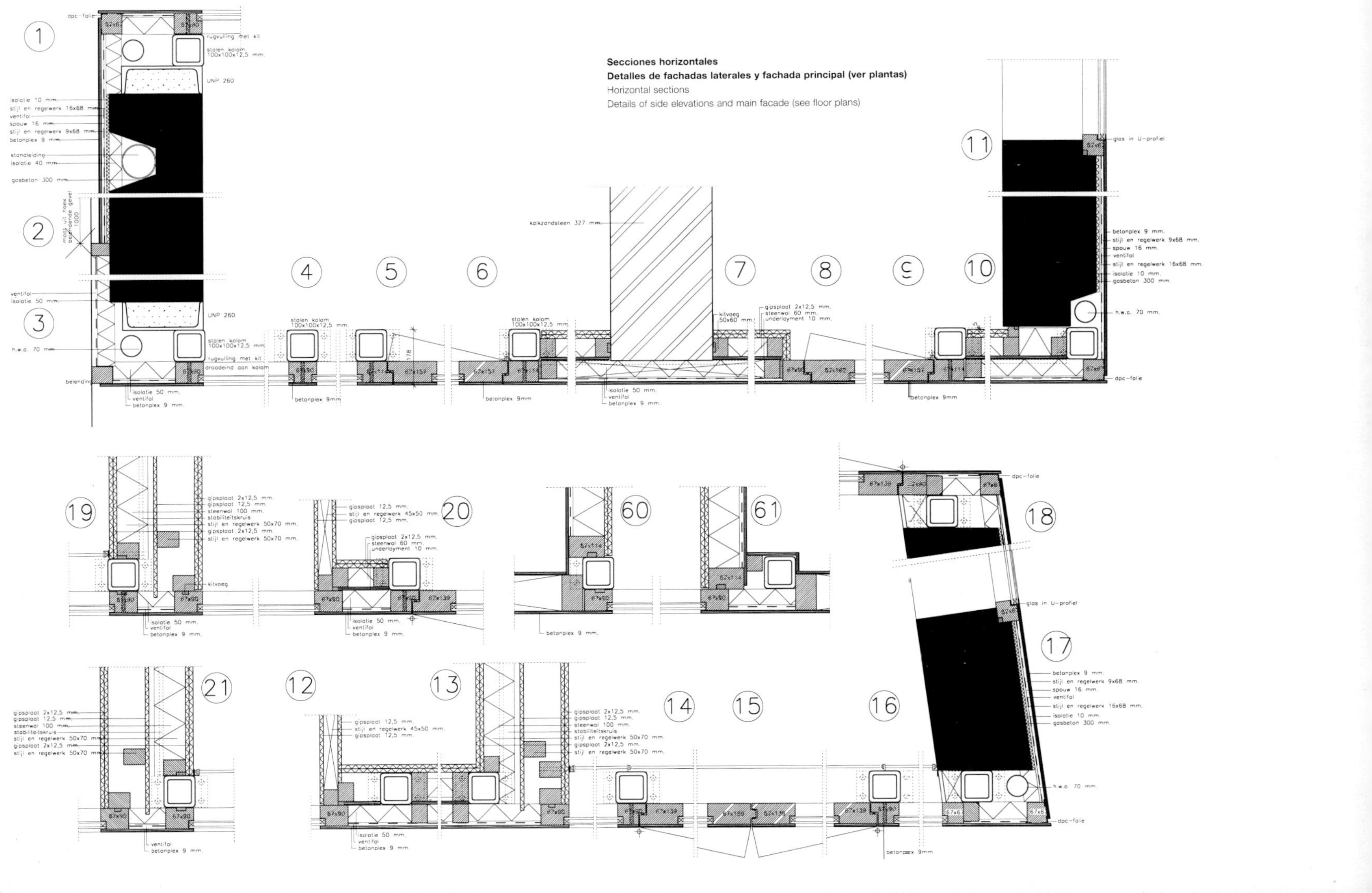

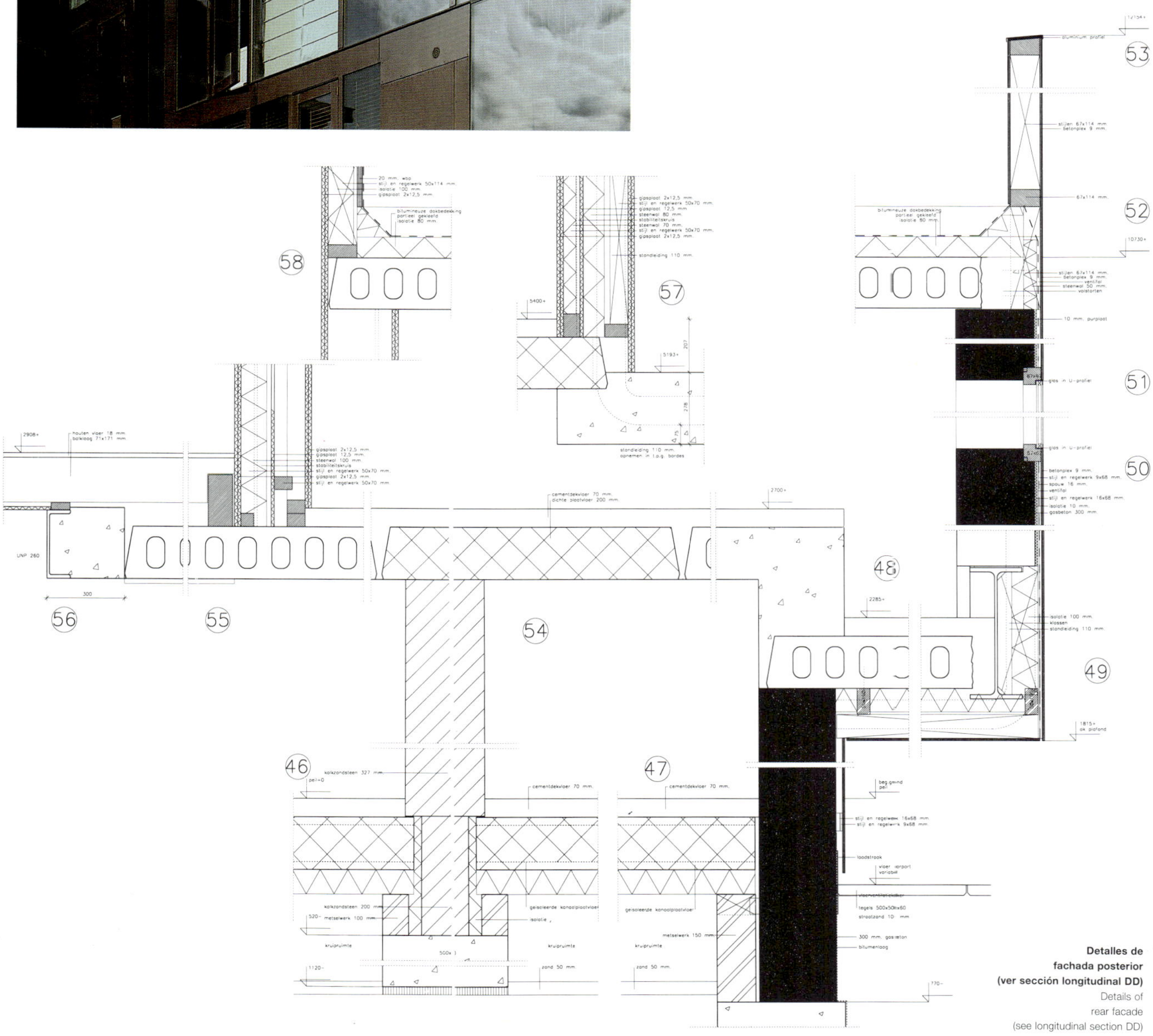

Detalles de fachada posterior (ver sección longitudinal DD)

Details of rear facade (see longitudinal section DD)

Amsterdam, Holanda / The Netherlands

DOS CASAS EN BORNEO-SPORENBURG

1996-1999/2000 **TWO HOUSES IN BORNEO-SPORENBURG**

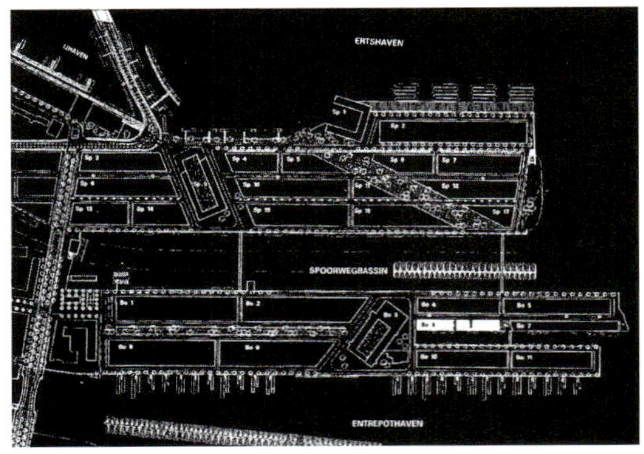

Plano de situación / Site plan

Casa en la Parcela 12 / House on Plot 12

Casa en la Parcela 18 / House on Plot 18

En este nuevo barrio residencial de Amsterdam —el más compacto de Holanda— estas dos viviendas pretenden conseguir dentro de un perímetro limitado el mayor grado posible de amplitud y versatilidad.

En la parcela 12 se pone en práctica el experimento de adaptarse a una anchura de cinco metros y a una profundidad de dieciséis. A causa de la estrechez del solar, y al hecho de que sólo se va a utilizar la mitad del ancho, el resultado es un pasadizo privado y la casa más estrecha que podría imaginarse— con un ancho de sólo 2,5 metros. El método de división del suelo en franjas —diseñado en el plan original de West 8— se lleva a cabo aquí en su mínima expresión. La longitud y la altura total de la parte que mira al pasadizo se recubre de una fachada de cristal, mientras que los laterales se dejan totalmente cerrados. Esta fachada abierta dirige la mirada de la casa hacia el callejón. Esta franja es una composición de espacios variados. El espacio interior y el exterior se convierten en uno solo; una casa extremadamente estrecha pasa a ser una casa extremadamente ancha.

La parcela 18, en el proyecto urbano de West 8 —de 4,2 metros de anchura y la misma profundidad que la otra, 16 metros— es clasificada como parcela-jardín, ya que posee un jardín sobre el agua de cuatro metros de profundidad. En un principio sólo eran posibles tres niveles dentro del envoltorio previsto de 9,5 metros de altura: una planta baja al nivel de calle y dos plantas superiores. Pero el proyecto consigue cuatro plantas, al mismo tiempo que la altura de techos en la mayor parte del edificio es superior a la normal.

In Borneo-Sporenburg —the most compact new housing district in the Netherlands— two dwellings have been designed which strive for the greatest possible spaciousness and versatility within their limited envelope.

On plot 12 a private experiment has been designed to fit the allocated width of 5 metres and depth of 16 metres. Because of the narrowness of the plot and the fact that only half of the width is being used, the outcome was a private alleyway and the narrowest house imaginable, only 2.5 metres wide. The method of dividing land into strips used in West 8's original plan is realised here at its thinnest. The full length and height of the half that has been built on along the 'alley' has a glass facade, while the tops have been left entirely closed. This open facade turns the house to face the alley. The strip consists of a composition of extremely varied spaces. Interior and exterior space are all one; an extremely narrow house becomes an extremely wide house.

In the urban scheme of West 8, plot 18 is called a garden plot, 4.2 metres wide and the same sixteen metres deep, with a 4 metre deep garden on the water. In principle only three floors are possible within the 9.5 metre high envelope allocated, one high floor at street level and two lower floors above it. Despite this, this plan achieves four floors while at the same time the ceiling height over much of the building is higher than normal.

PARCELA 12 / PLOT 12

PARCELA 18 / PLOT 18

En la parcela 12, en el callejón se disponen tres elementos: un cuarto trastero —cuya cubierta en pendiente parte desde la calle, lo que facilita un lugar de aparcamiento— y dos volúmenes cerrados, uno para dormitorio y baño de invitados, y otro que proporciona anchura adicional a los dos estudios situados en las plantas primera y segunda. Estos dos volúmenes cuelgan de la fachada de cristal, definiendo los límites del espacio exterior y dando vida al callejón. En éste se utiliza iluminación para exteriores, lo que proporciona al interior el nivel deseado de iluminación según la necesidad. Se evita el uso de luz eléctrica en el interior.

The alley accommodates three elements: a block for storage whose roof slopes up from the street and so provides a place to park, and two closed volumes, one block for a guest room and bathroom and one block that provides extra width locally to the two studios on the first and second floor. The last two volumes are hung on the glass facade so shutting in the exterior space and livening up the alleyway. The alleyway is lit by outdoor lighting which also allows the interior to be provided with any desired level of illumination. The use of electric lights inside is avoided.

En la parcela 18, deslizando uno de los cuatro niveles hacia la parte trasera, mirando al agua, se crea una sección transversal muy particular, larga y espaciosa, con dos elementos 'cerrados', una zona de garaje-trastero a nivel de calle y una pieza protuberante —que contiene un baño y un dormitorio— en la segunda planta. El espacio irregular restante se deja para la cocina-comedor, la sala de estar y el estudio, todos ellos espacialmente conectados entre sí. Aparecen entonces una serie de espacios a diferente altura y con distinto grado de privacidad, cada uno de los cuales se relaciona con el exterior de forma singular, bien mediante una galería a dos niveles que mira al agua, bien mediante un balcón con puertas de cristal —en la sala de estar—, un mirador —en el dormitorio— o una terraza-jardín —en el estudio del ático—.

By 'sliding out' one of the four floors at the rear, facing the water, a special spacious long cross-section is created with two 'closed' elements, a garage-cum-storage space on the street and a protruding bathroom and bedroom block on the second floor. The irregular space remaining houses the kitchen-diner, sitting room and study, all spatially connected with one another. A series of rooms have been created differing in height and degree of privacy, each connected with the exterior in its own individual way, ranging from a two-storey veranda facing the water, to a balcony with French window to the living room, a glass bay window to the bedroom and a roof garden to the studio in the 'attic'.

PARCELA 18 / PLOT 18

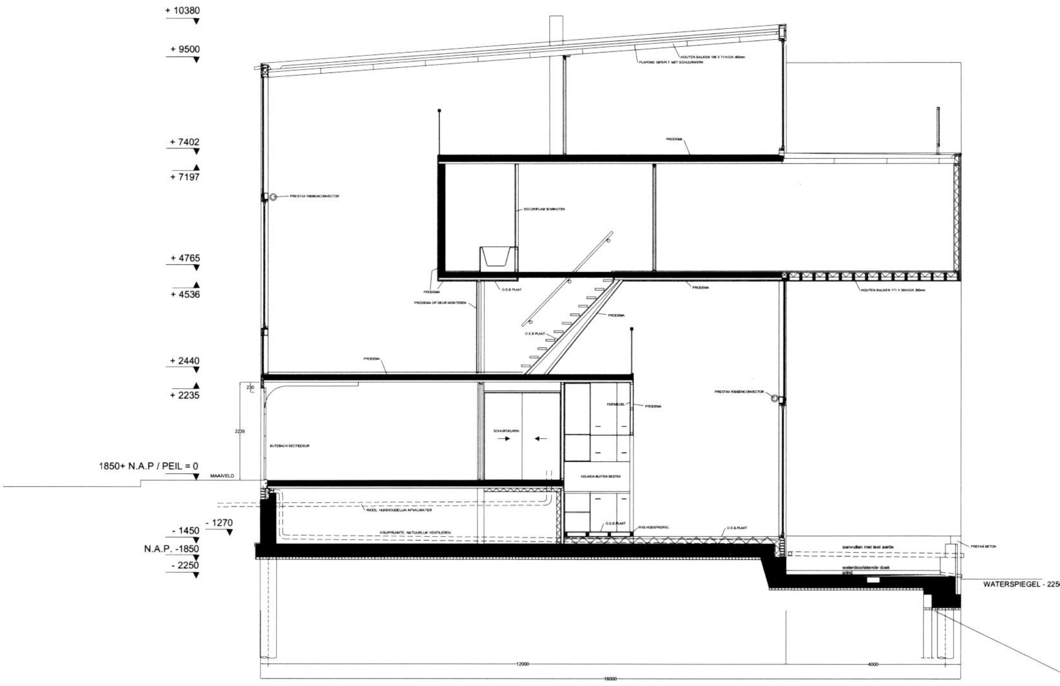

Sección longitudinal CC / Longitudinal section CC

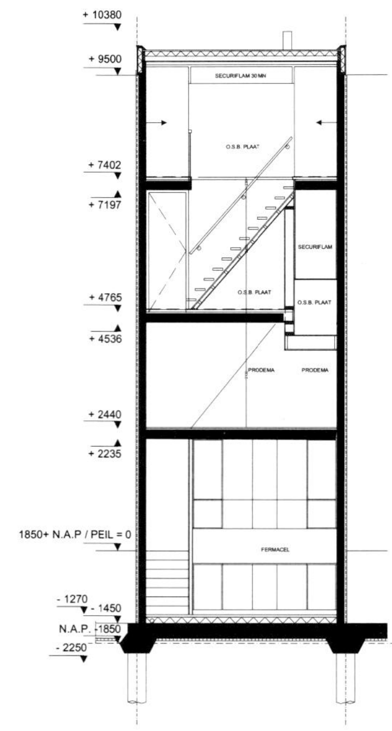

Sección transversal FF / Cross section FF

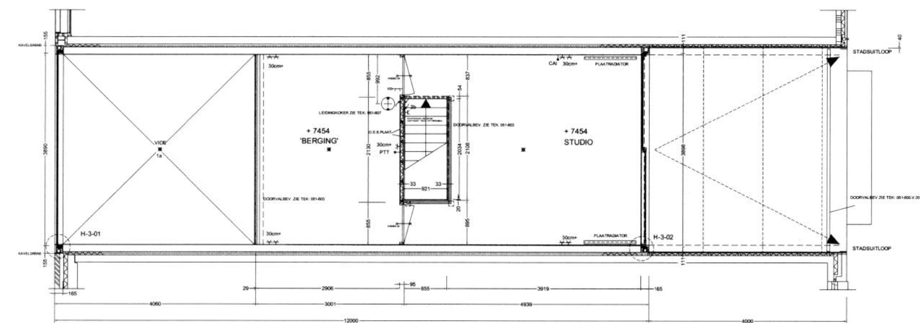

Planta tercera / Third floor plan

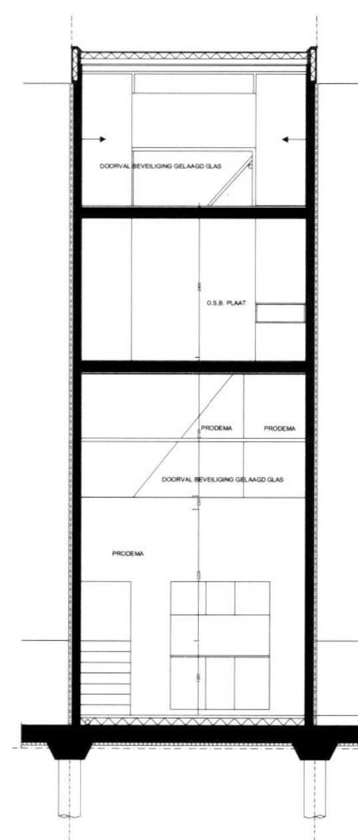

Sección transversal GG / Cross section GG

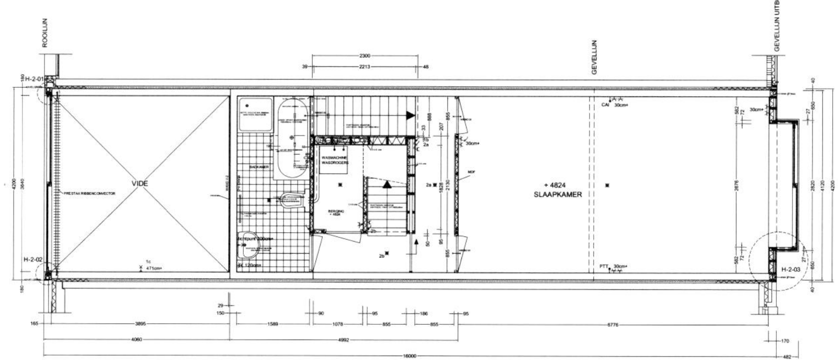

Planta segunda / Second floor plan

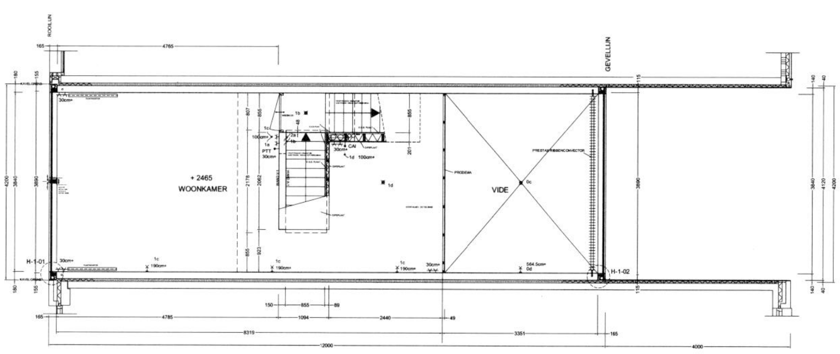

Planta primera / First floor plan

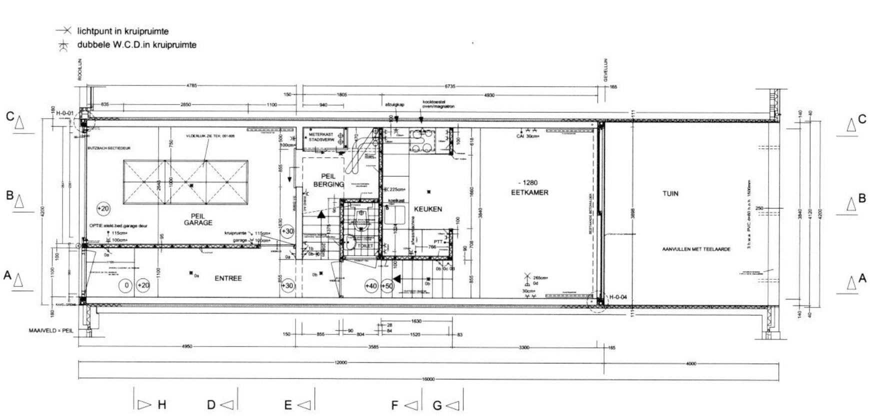

Planta baja / Ground floor plan

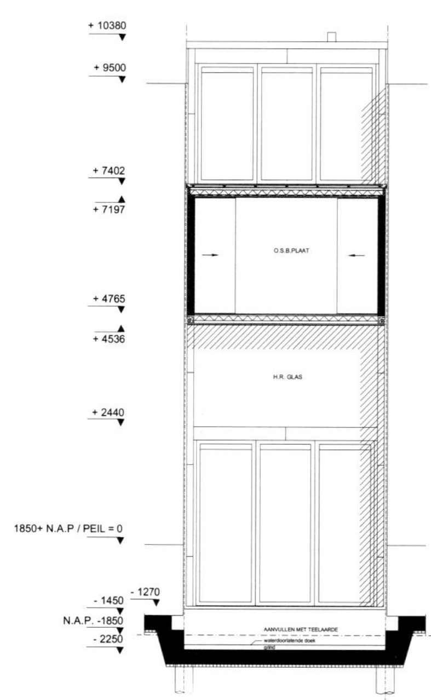

PARCELA 18 / PLOT 18

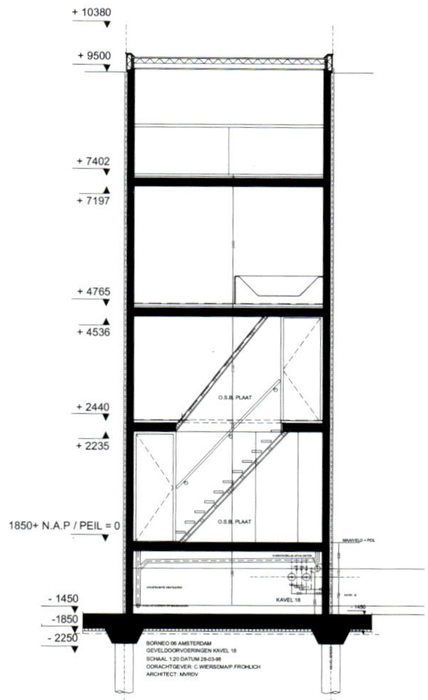

Sección transversal EE / Cross section EE

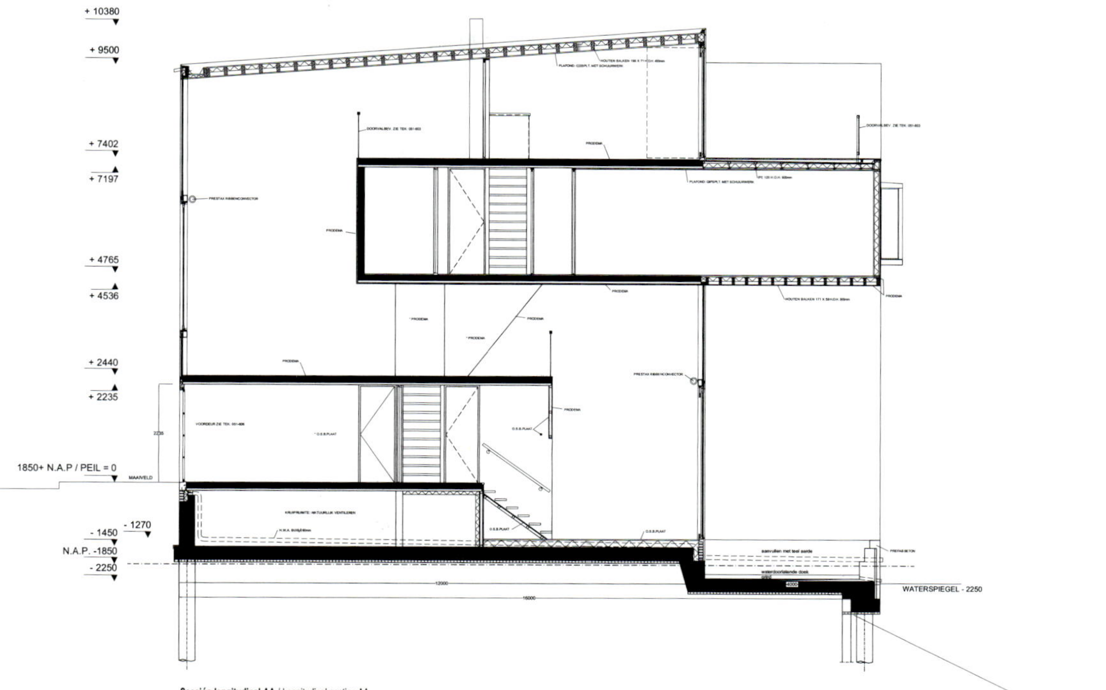

Sección longitudinal AA / Longitudinal section AA

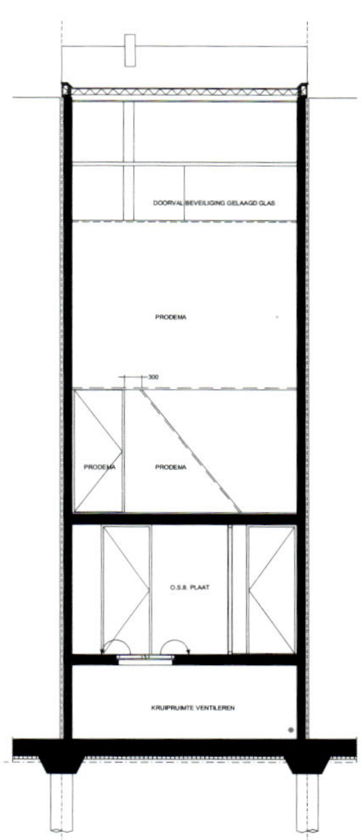

Sección transversal HH / Cross section HH

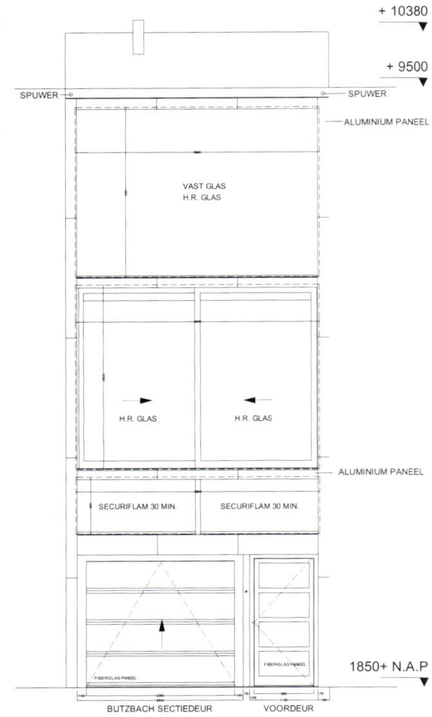

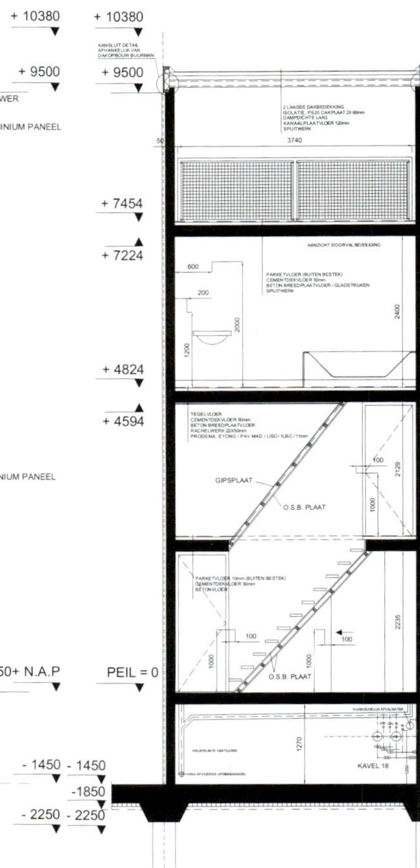

Sección transversal EE / Cross section EE

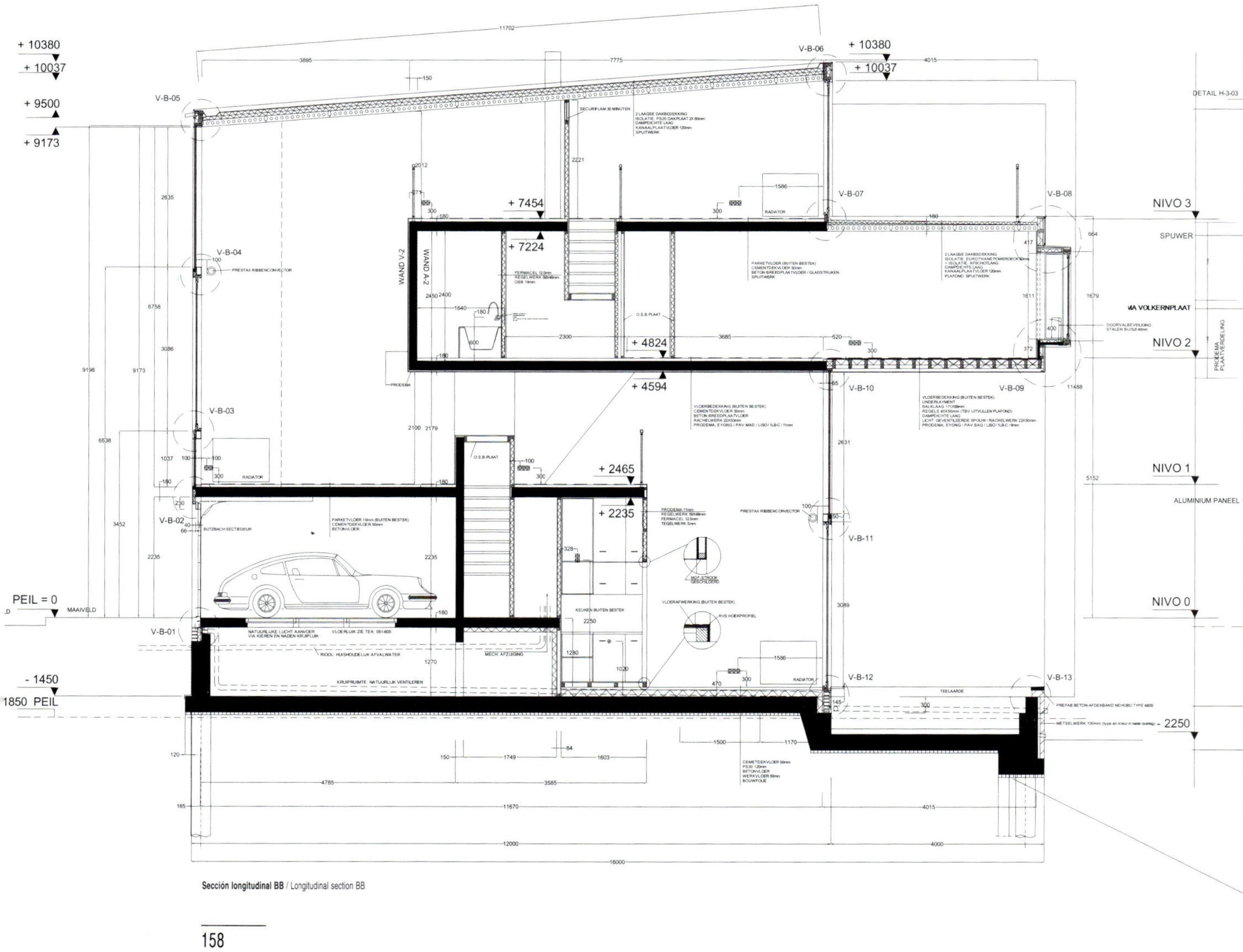

Sección longitudinal BB / Longitudinal section BB

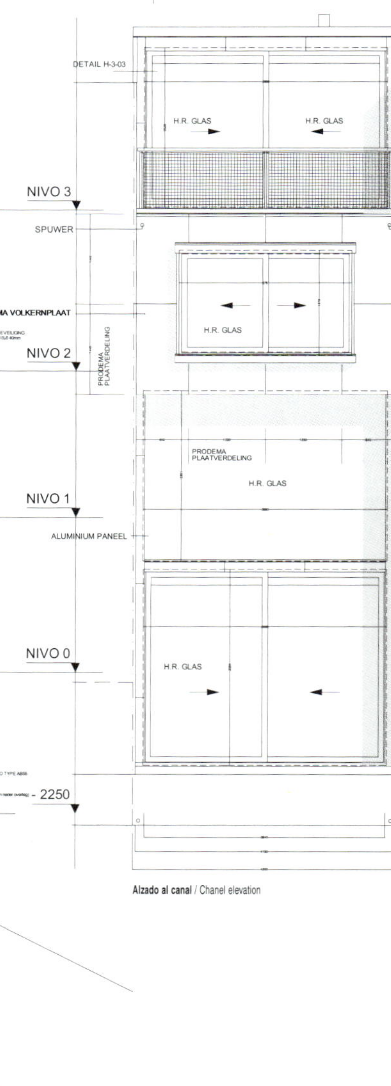

Alzado al canal / Chanel elevation

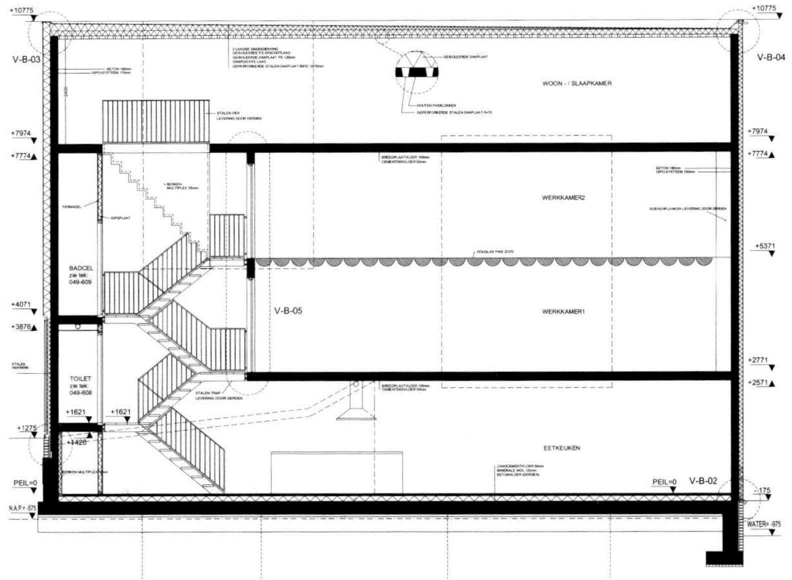

Sección longitudinal BB / Longitudinal section BB

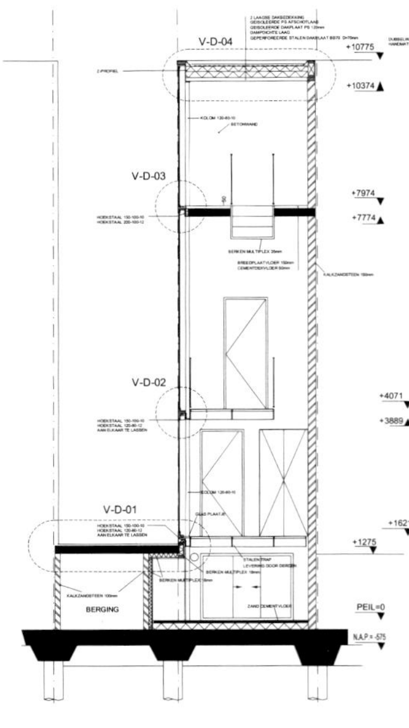

Sección transversal DD / Cross section DD

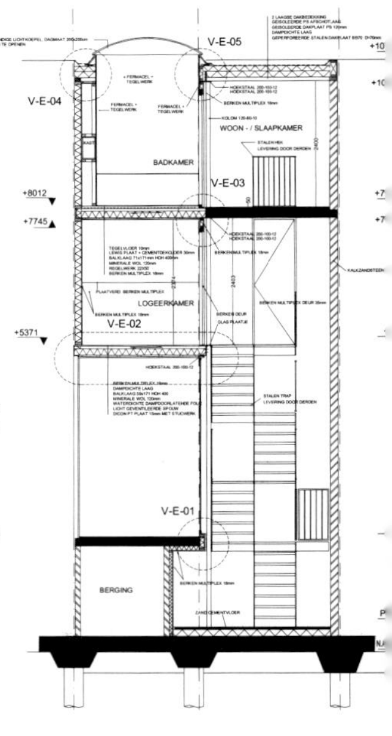

Sección transversal EE / Cross section EE

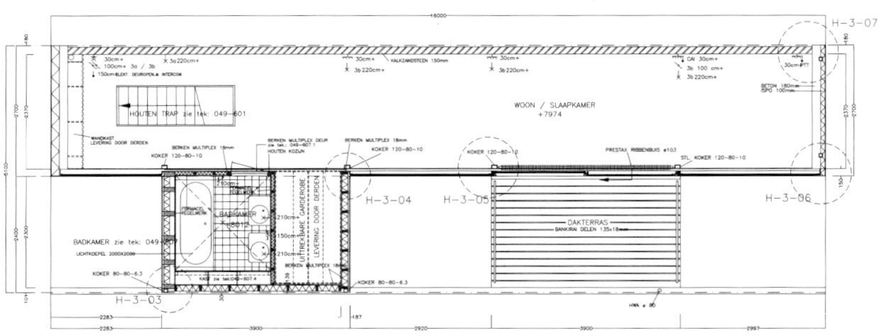

Planta tercera / Third floor plan

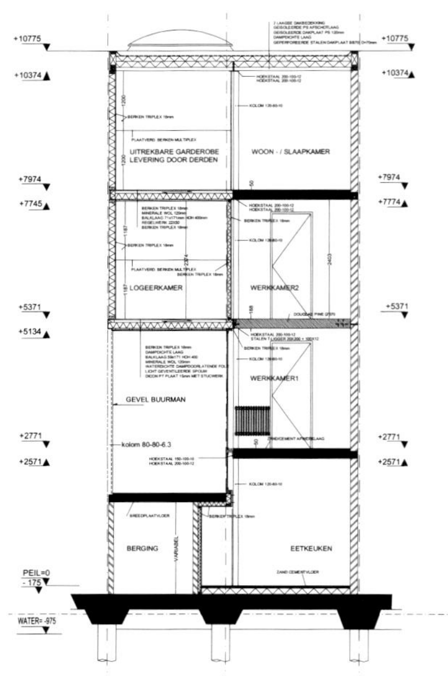

Sección transversal FF / Cross section FF

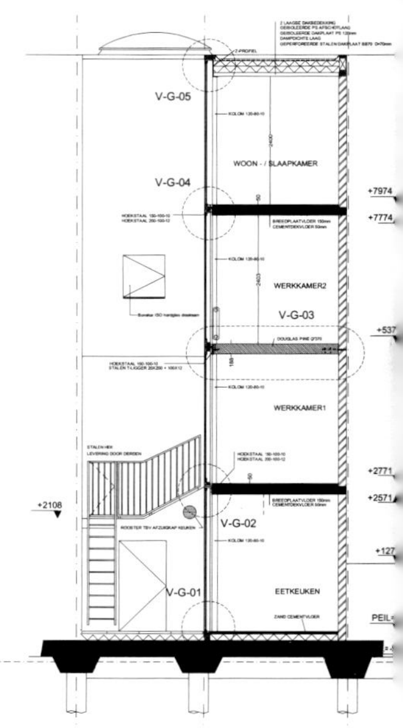

Sección transversal GG / Cross section GG

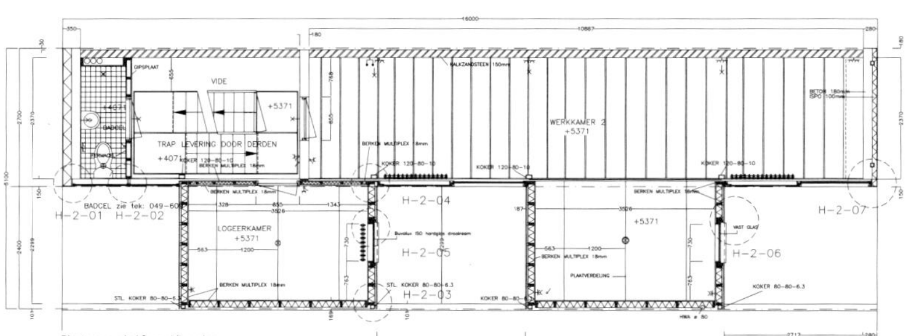

Planta segunda / Second floor plan

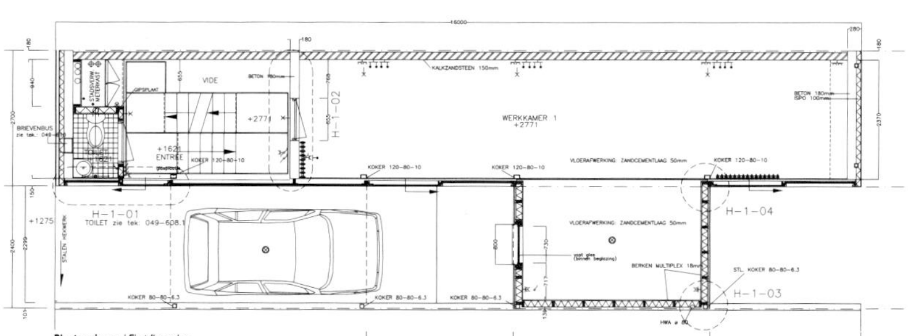

Planta primera / First floor plan

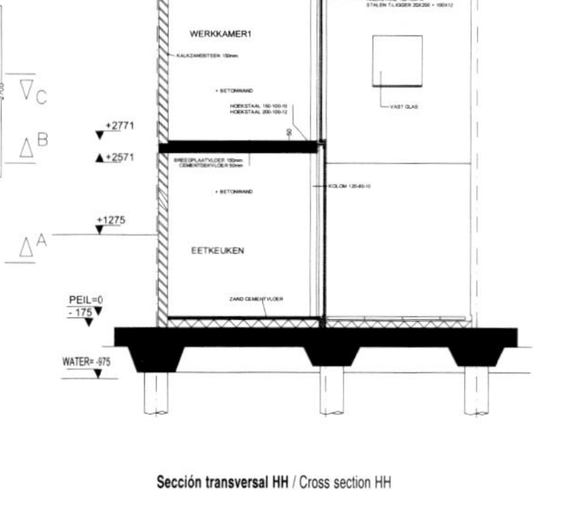

Sección transversal HH / Cross section HH

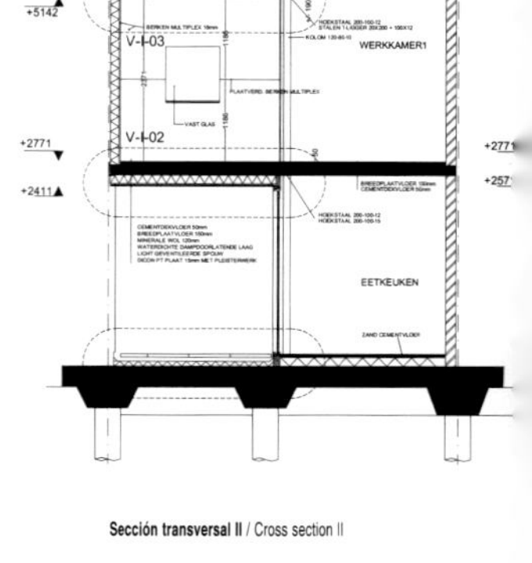

Sección transversal II / Cross section II

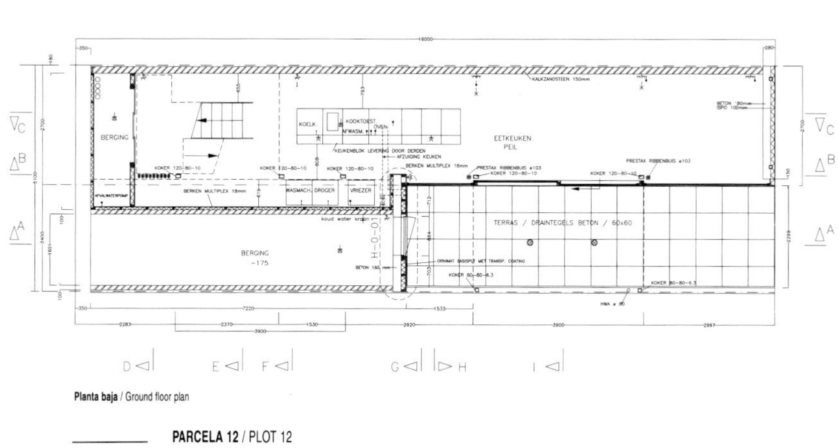

Planta baja / Ground floor plan

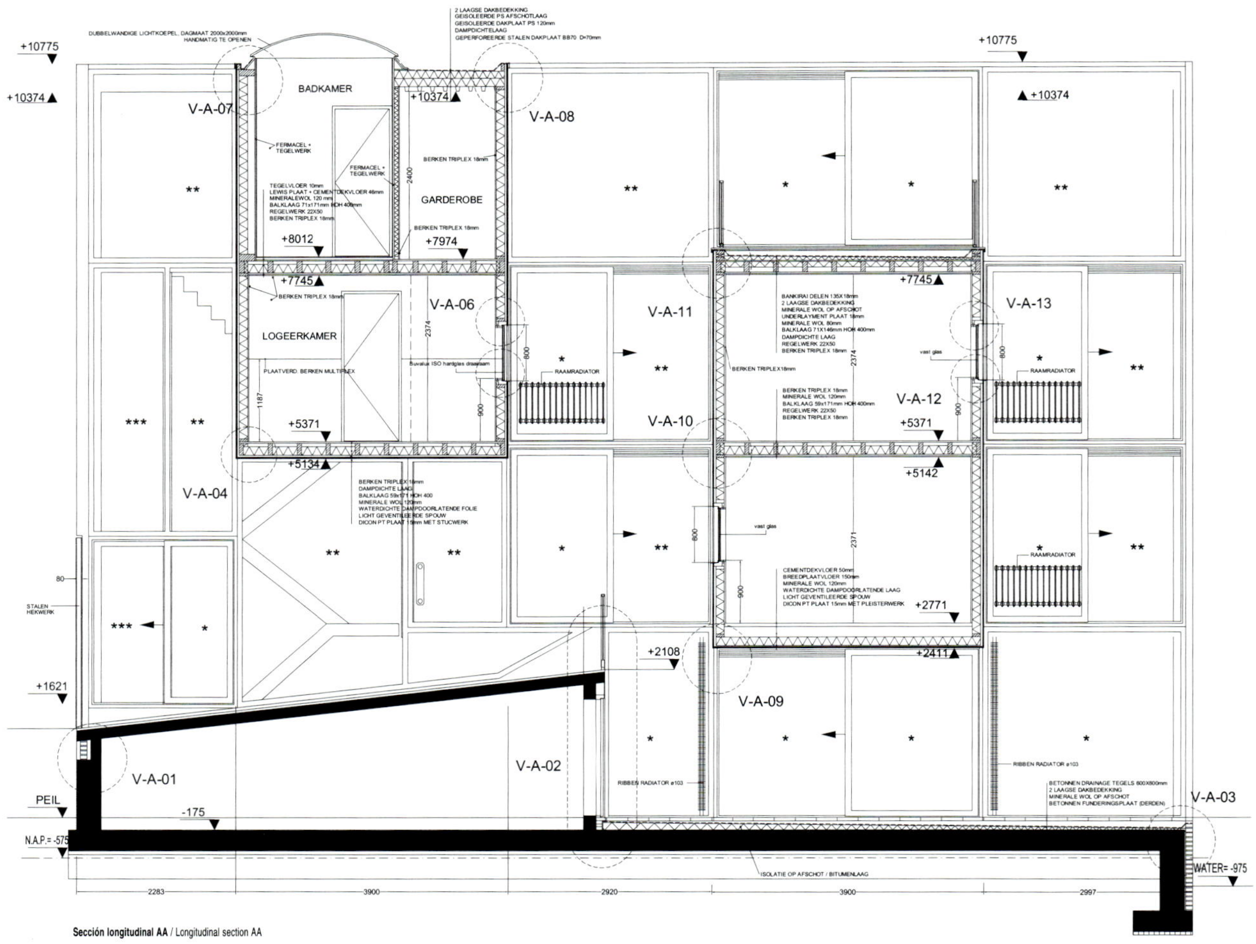

Sección longitudinal AA / Longitudinal section AA

Holanda / The Netherlands

SILO RESIDENCIAL EN AMSTERDAM [SILODAM]

1995/2002 HOUSING SILO IN AMSTERDAM [SILODAM]

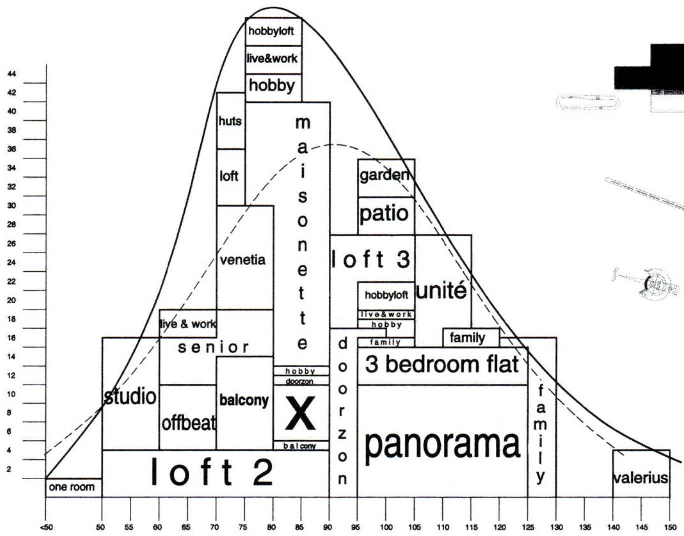

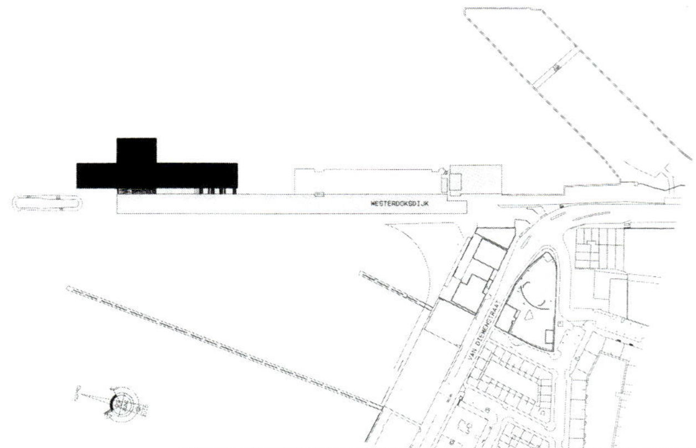

ANTEPROYECTO / PRELIMINARY PROJECT:
Diagrama de número de alojamientos-superficie / Diagram of optimum division of dwelling sizes

M²

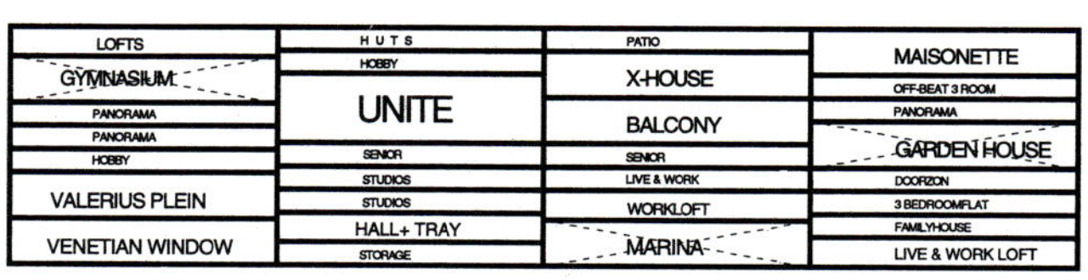

ANTEPROYECTO / PRELIMINARY PROJECT:
Tipología respecto a la sección del bloque / Positioning dwelling types in the block

Un programa misceláneo de 157 casas —para vender o alquilar—, oficinas, áreas de trabajo, locales comerciales y espacios públicos, ha sido comprimido en un apretado envoltorio urbano de veinte metros de anchura y diez pisos de altura, situado en Amsterdam, a orillas del IJ. El edificio pretende responder a los históricos silos de grano ubicados en el dique Strekdam —que se han rehabilitado, para viviendas—, y de los contenedores apilados que se extienden por la zona.

A mixed program of 157 houses (to buy or for rent), offices, work spaces, commercial spaces and public spaces are arranged in a 20 m deep and 10 stores high urban plan located at the IJ in Amsterdam. The building refers to the historical grain silos at the Strekdam, which have also been rebuilt as houses, and to the stacked containers nearby.

La exigencia de una amplia variedad de espacios habitables ha llevado, por una parte, a la creación de tipos residenciales distintos, pero por otra —y como reacción ante la creciente individualización—, los diferentes tipos de espacios habitables se han agrupado a la manera de 'pequeños vecindarios'. Los grupos de 4-8 casas del mismo tipo pueden reconocerse gracias al uso del mismo material en los frentes de fachada, y también por el color específico de los vestíbulos y las galerías.

The demand for a big variety of living spaces has on the one hand led to different types but on the other hand, as a counterbalance to the increasing individuality, the different types of living spaces have been put together in 'little neighbourhoods'. Groups of 4-8 of the same house type can be recognised by the same use of material in their fronts and also by the specific colour of the hallways and galleries.

Además de la diversidad de las superficies y la posición, que hacen a cada casa diferente, existen variaciones en la orientación y en la proporción: de anchura —de 5 a 15 metros—; de profundidad —medio bloque, un bloque entero, diagonal sobre dos pisos—; de construcción —muros y columnas a modo de discos—; de espacios externos —invernaderos, balcones, patios—; de altura de piso —2,80 y 3,60 metros de suelo a techo—; de estratos —1 y 2—; de accesos —corredor, galería, pasarela, escalera—; de número de habitaciones —entre 1 y 5—; así como de la relación entre las plantas, mediante vacíos, y de diferentes clases de ventanas.

In addition to the diversity of surface and position that makes each house different, there are variations in orientation and proportion. These variations include width (5-15m), depth (half a block, whole block, diagonal over two floors), construction (walls and disc-like columns), outer spaces (serres, balconies, patio's), floor heights (2,8m and 3.6m gross), layers (1 and 2), accessibility (corridor, gallery, bridge, stairs) rooms (1-5), the relation between floors by videos and different sorts of windows.

En el lado oeste hay un gran balcón colectivo para los residentes. El dique se ha dejado pasar a través del edificio, y acaba como una gran terraza con vistas al IJ. Bajo este balcón se ha construido una oficina que goza casi de las mismas espléndidas vistas. Los residentes pueden darse un paseo por el conjunto, pasar por las distintas fachadas y azoteas, atravesar el corazón del edificio, o recorrer el puerto deportivo —donde están los muelles— y el vestíbulo.

On the western side is a big collective balcony for the residents. The dam has been 'pulled' through the building and ends as a big deck with a view onto the IJ. Below the balcony there is an office with almost the same magnificent view. Residents can take a walk through the building and pass different fronts and roof tops, go through the heart of the building, or walk along the marina (where the docks are) and the hall.

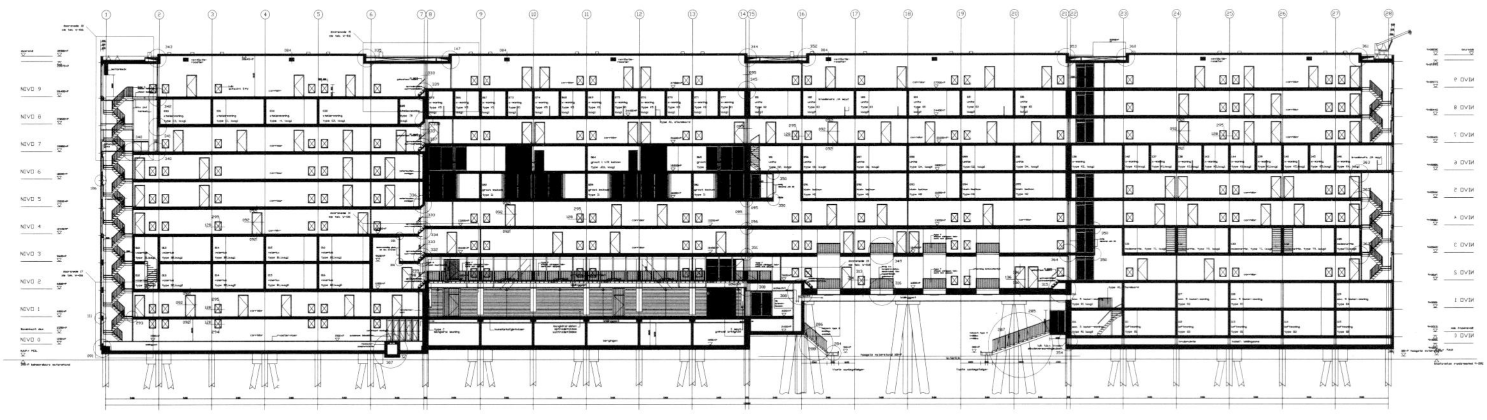

Sección longitudinal / Longitudinal section

Planta segunda / Second floor plan

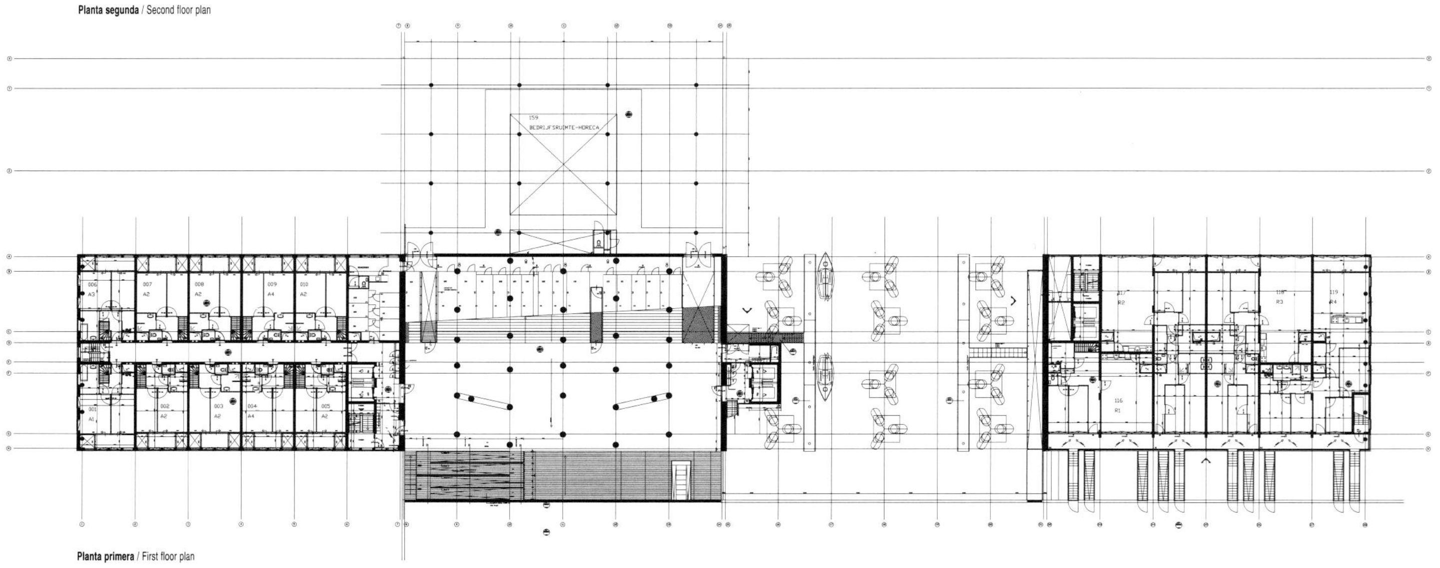

Planta primera / First floor plan

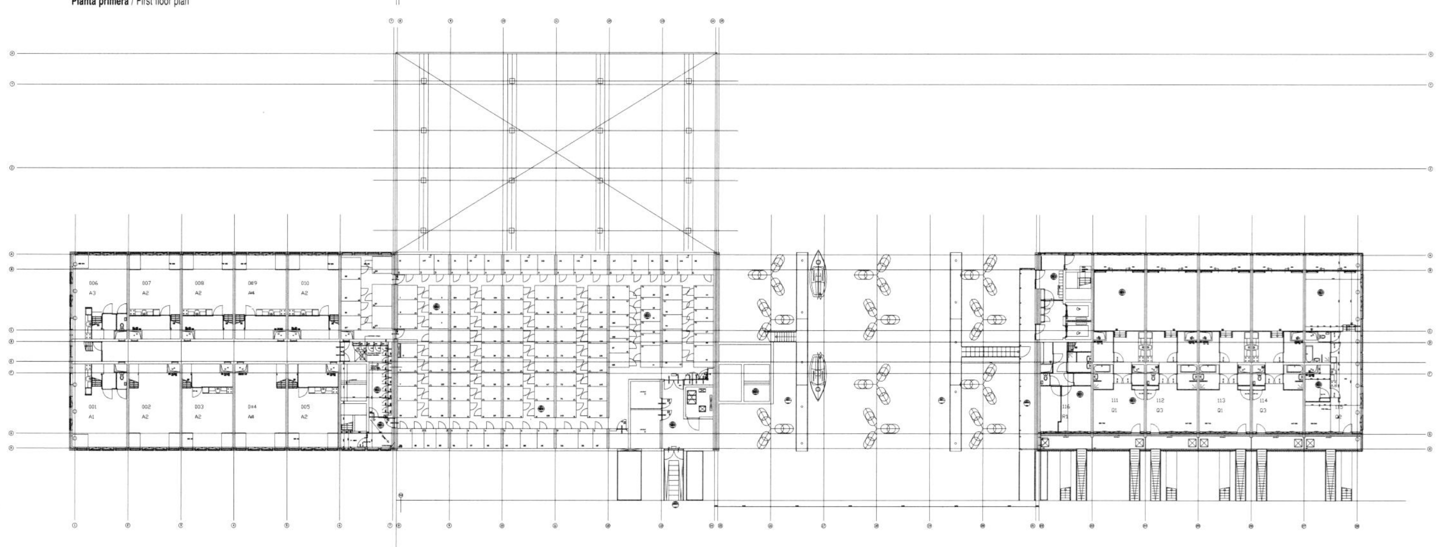

Planta baja / Ground floor plan

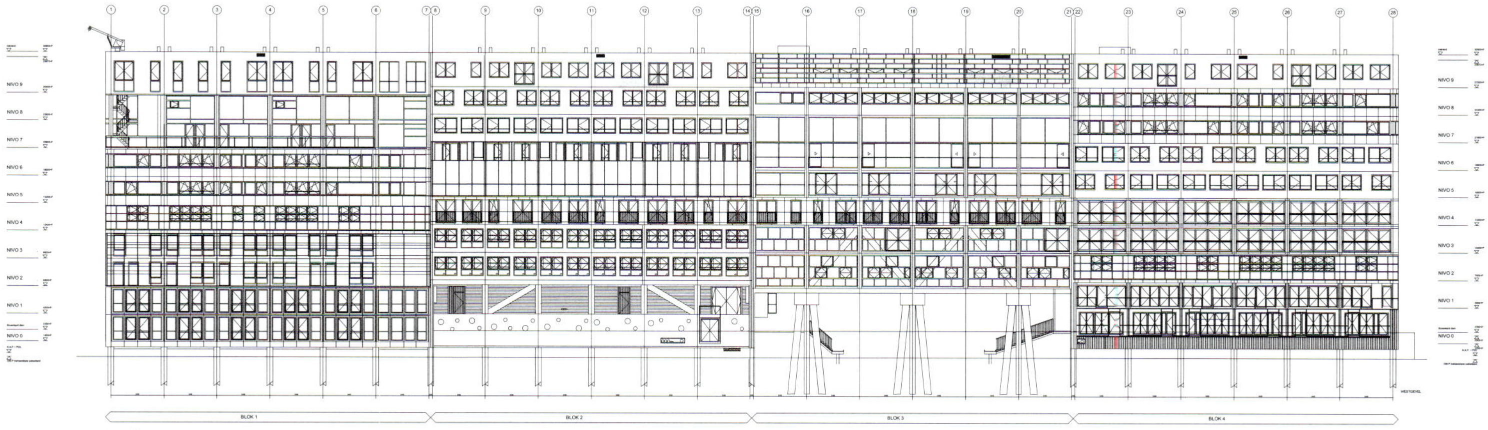

Alzado Oeste / West elevation

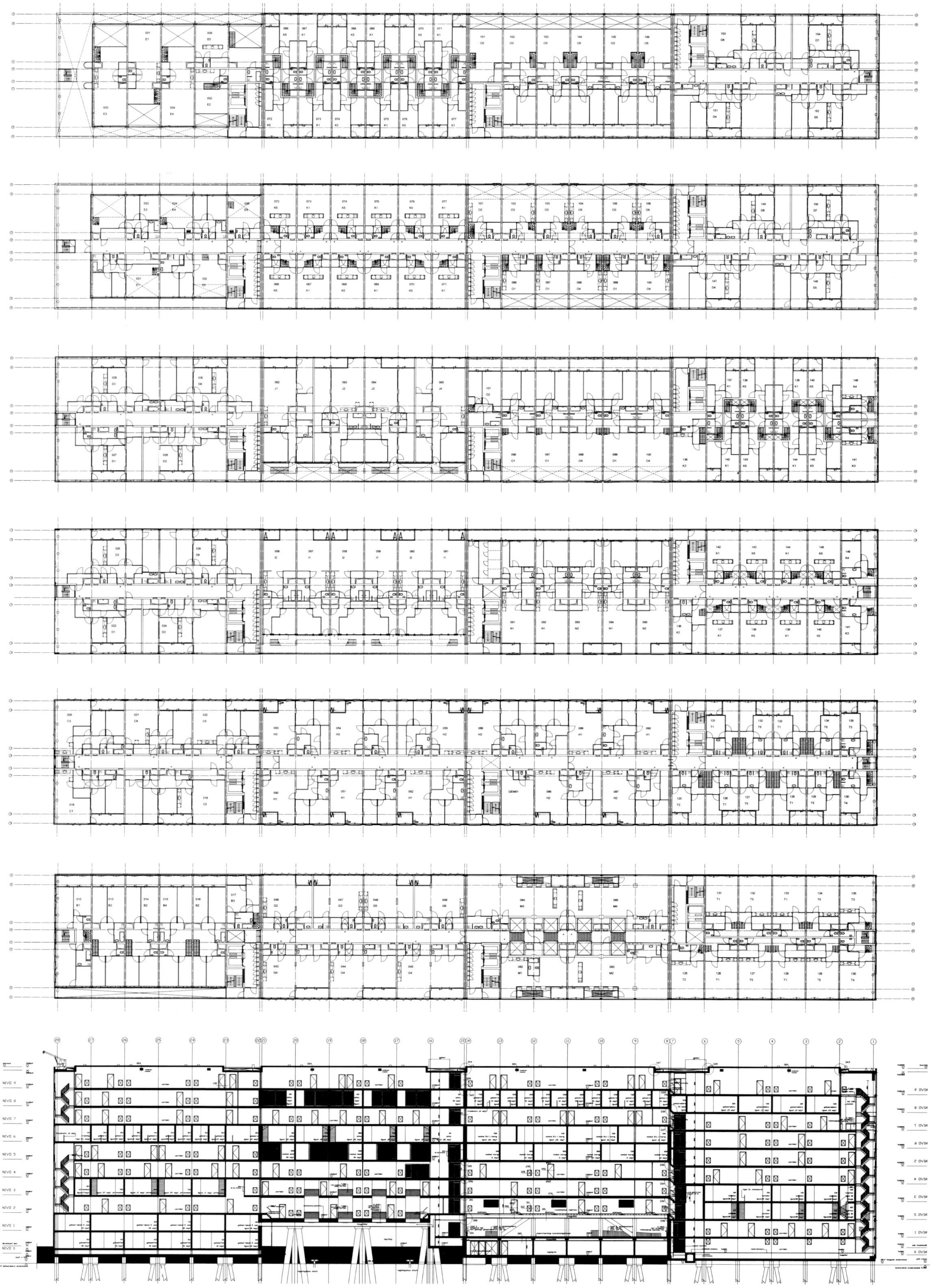

Sección longitudinal y plantas tercera a octava / Longitudinal section and third to eighth floor plans; → **Alzado Este** / East elevation

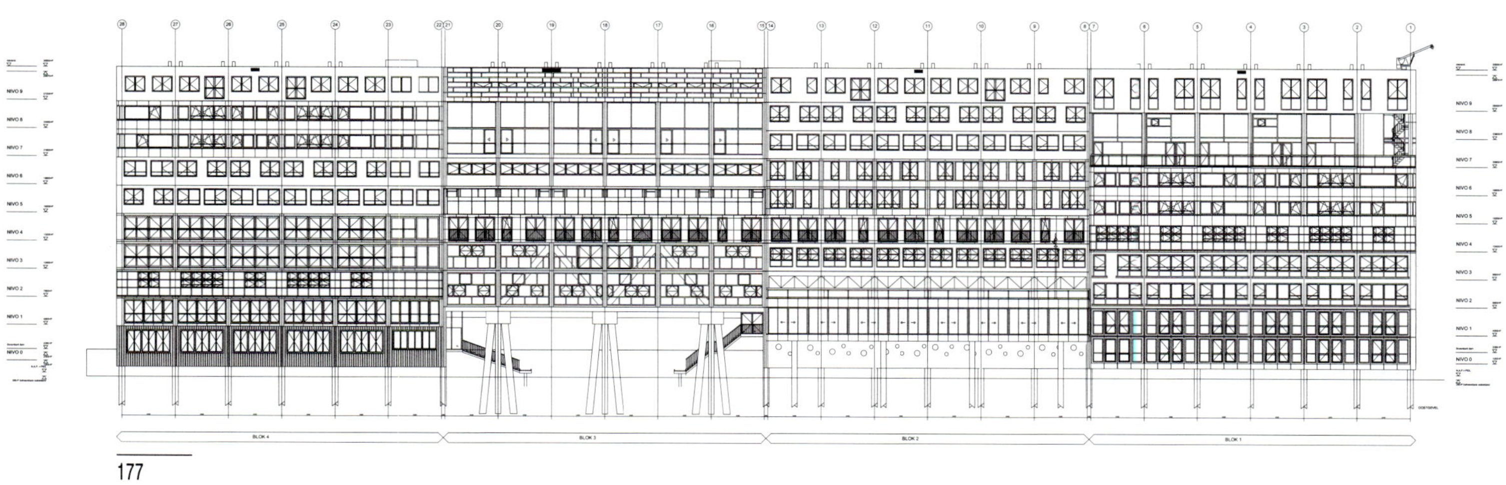

Alzadc Sur / South elevation

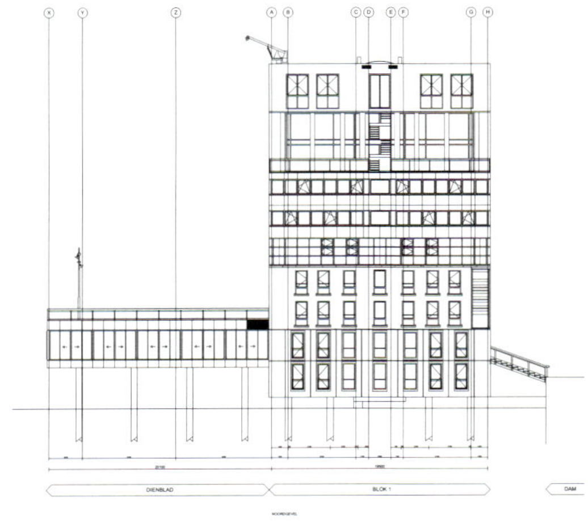

Alzado Norte / North elevation

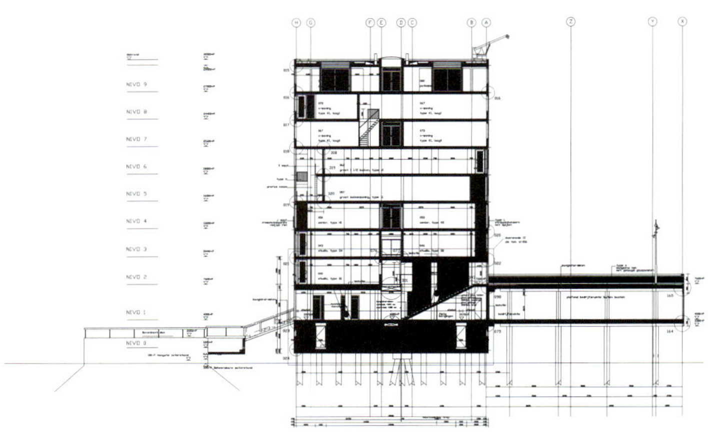

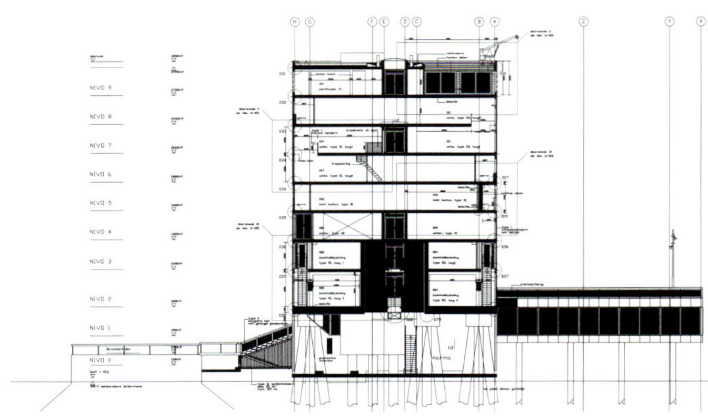

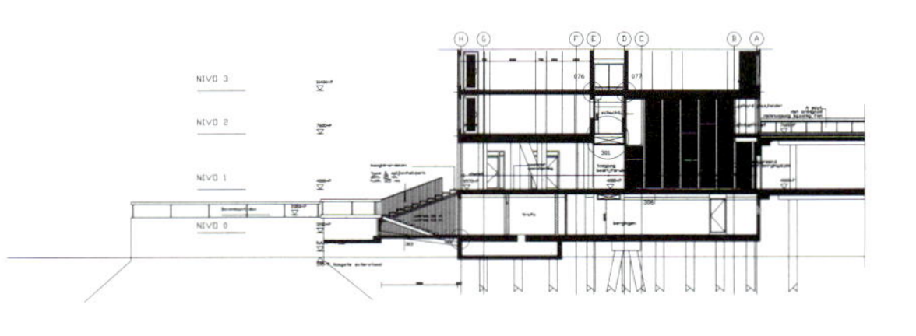

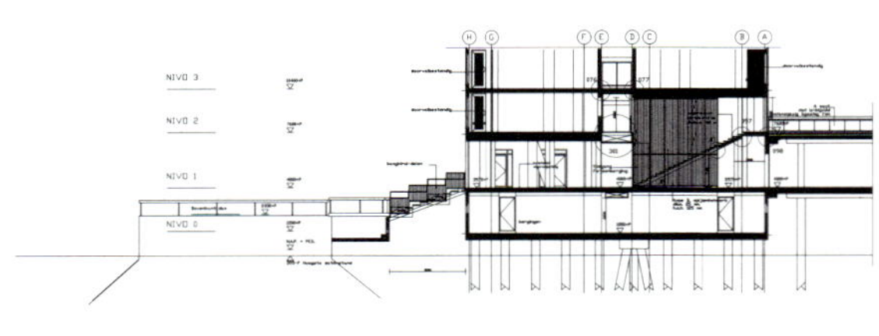

Secciones transversales / Cross sections

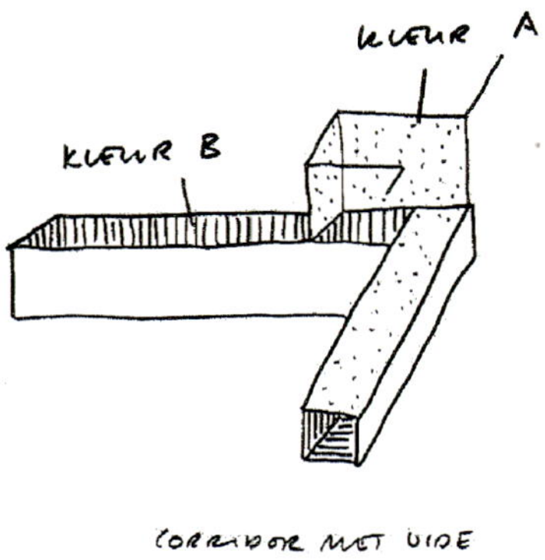

Gamas de color de los corredores de acceso a las viviendas

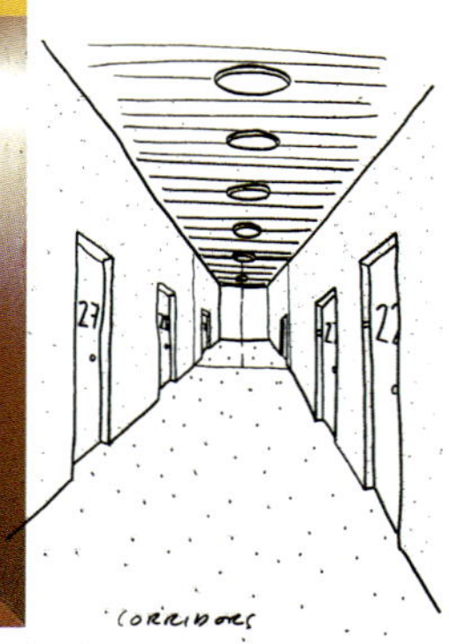

DISTRIBUCIÓN DE APARTAMENTOS
APARTMENTS SUBDIVISION

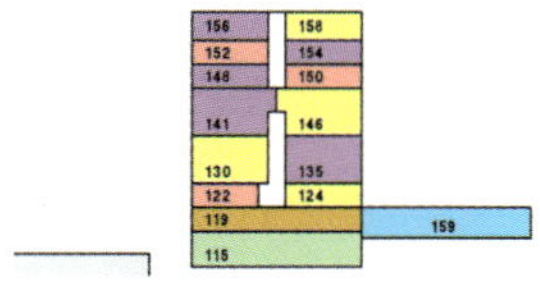

Alzado Sur / South elevation

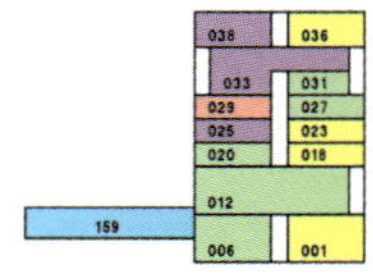

Alzado Norte / North elevation

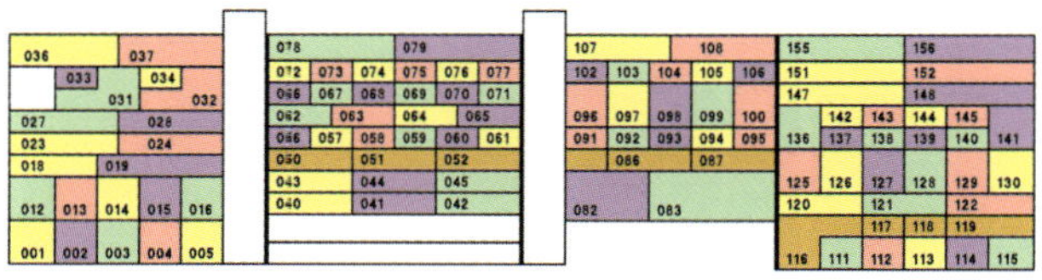

Alzado Oeste / West elevation

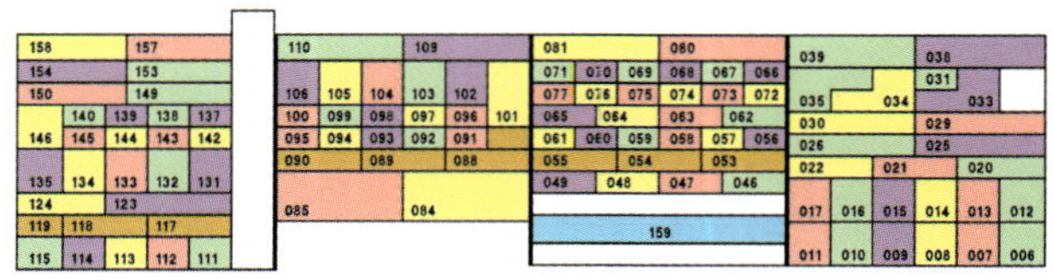

Alzado Este / East elevation

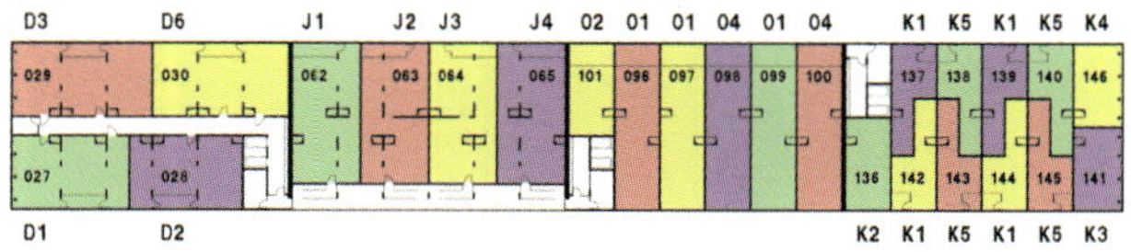

Nivel 6 / Level 6

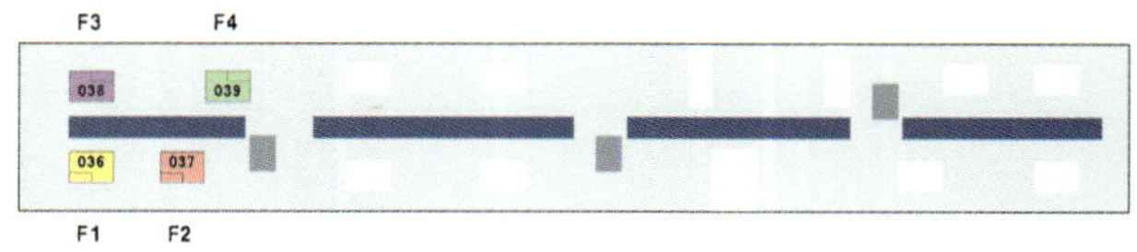

Nivel 10 / Level 10

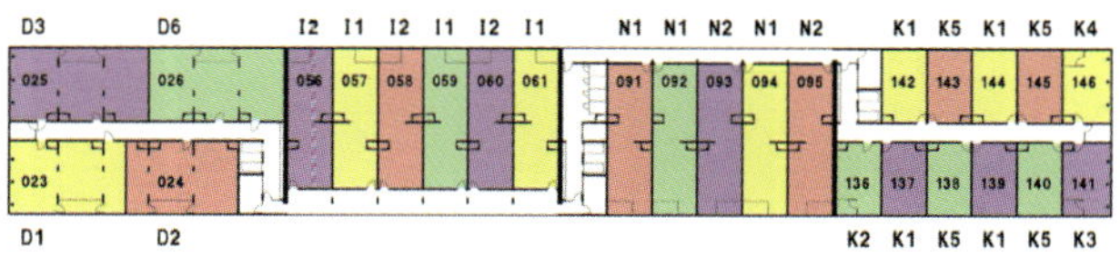

Nivel 5 / Level 5

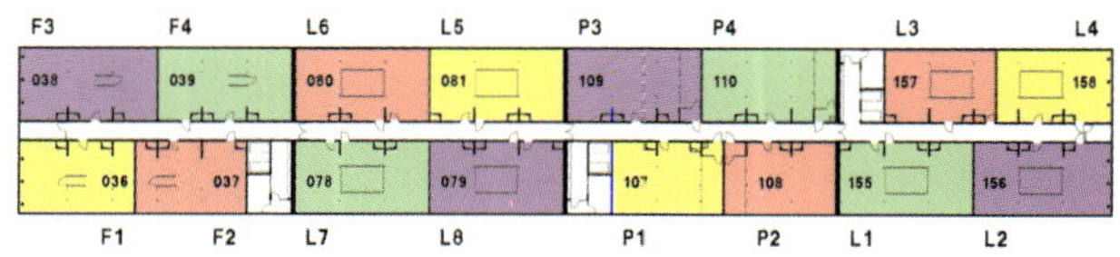

Nivel 9 / Level 9

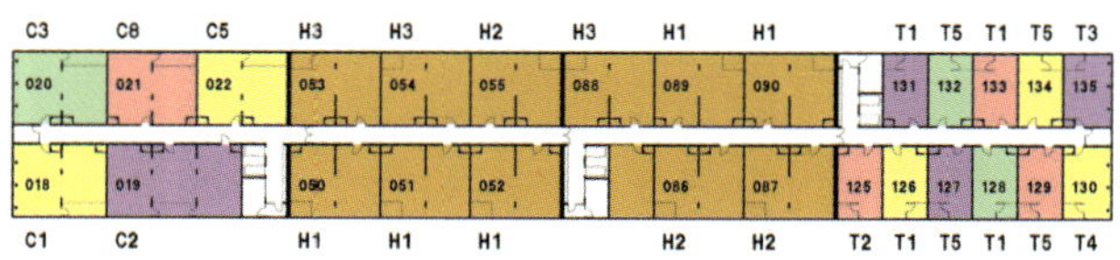

Nivel 4 / Level 4

Nivel 8 / Level 8

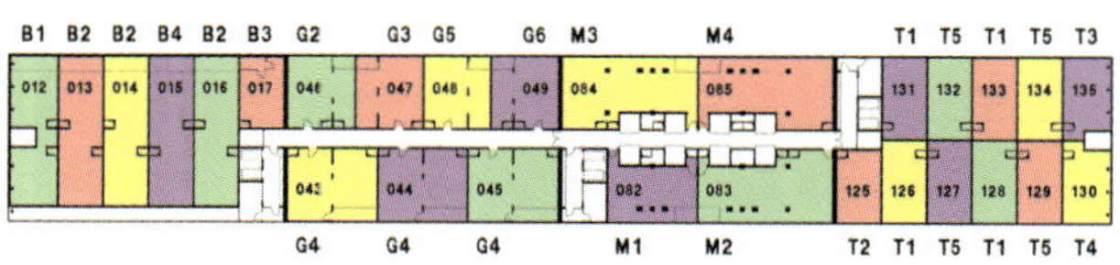

Nivel 3 / Level 3

Nivel 7 / Level 7

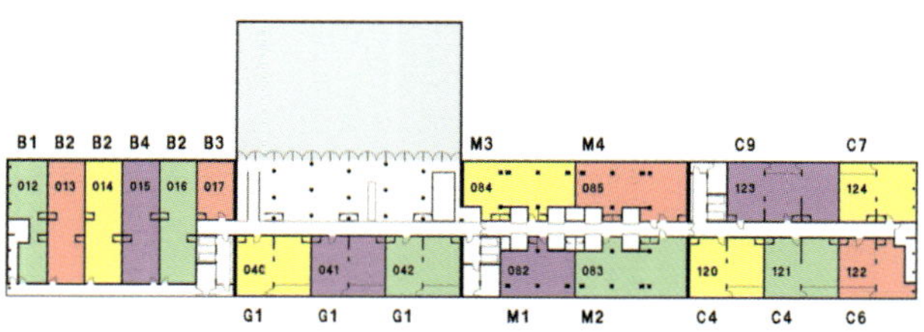

Nivel 2 / Level 2

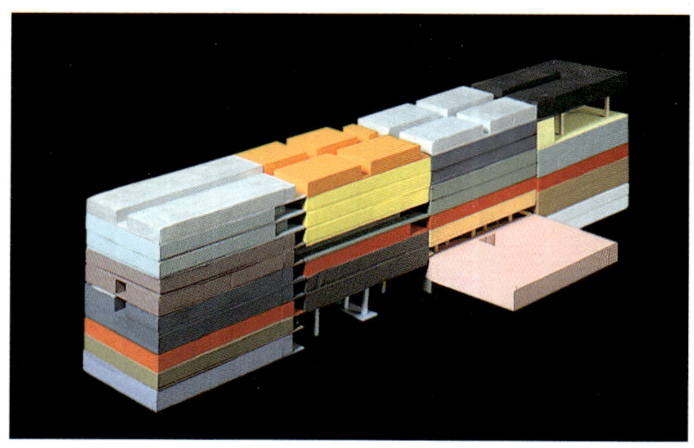

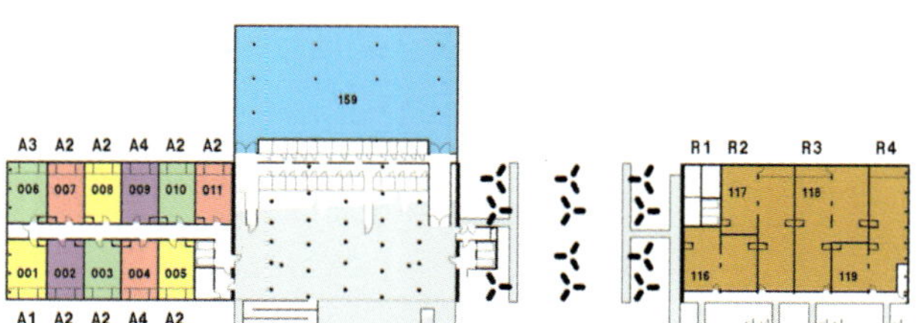

Nivel 1 / Level 1

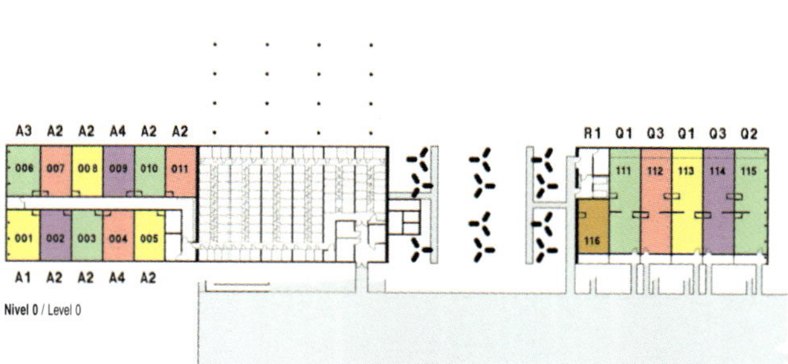

Nivel 0 / Level 0

TIPOLOGIAS

tipo / type **A2**
posición / position **I-01**

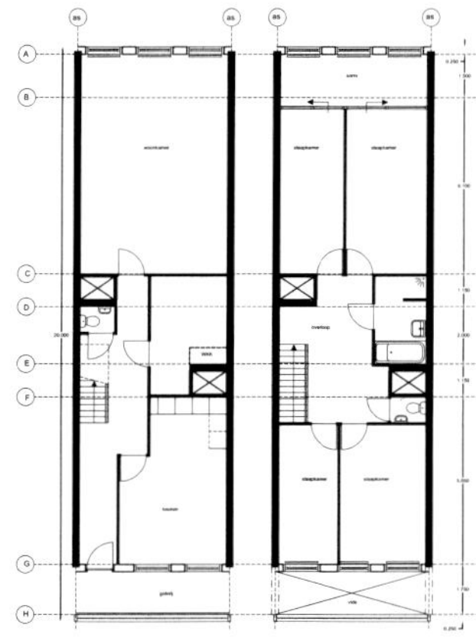

tipo / type **B2**
posición / position **I-23**

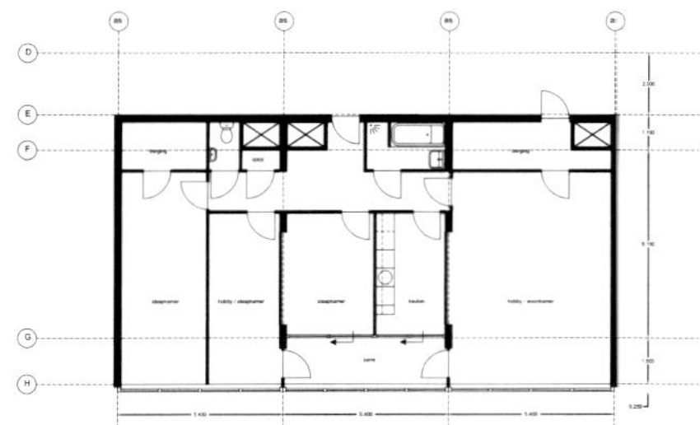

tipo / type **C2**
posición / position **I-4/IV-2**

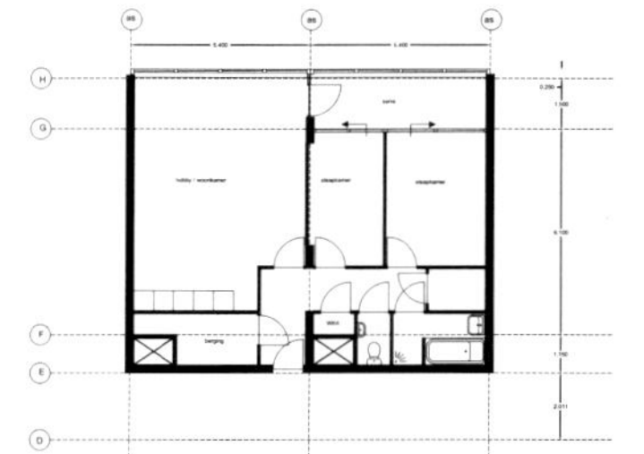

tipo / type **C5**
posición / position **I-**

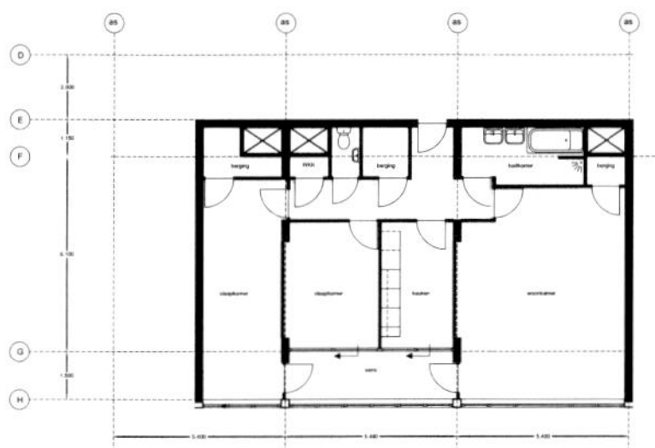

tipo / type **D2**
posición / position **I-56**

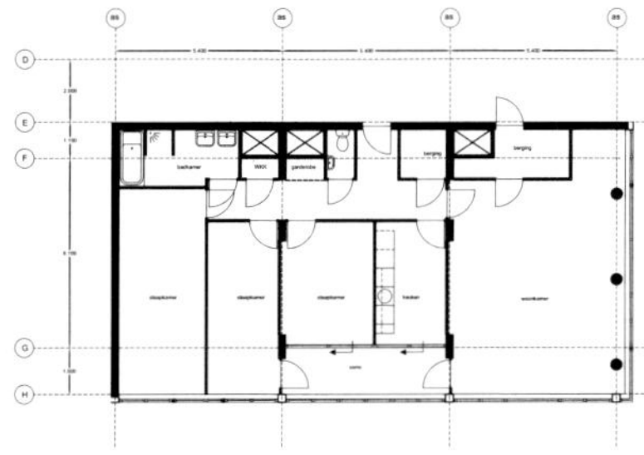

tipo / type **D5**
posición / position **IV-78**

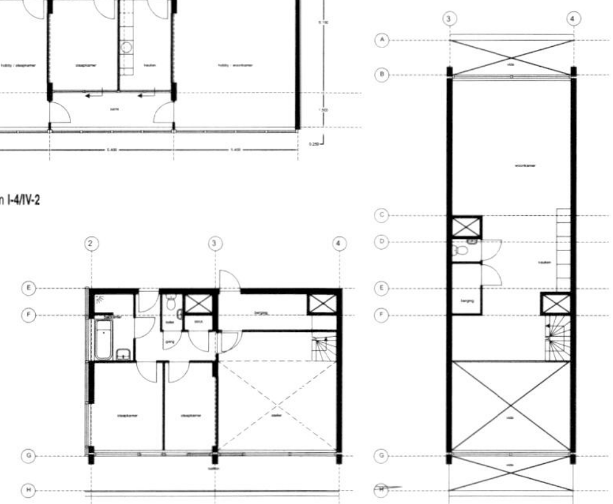

tipo / type **E1**
posición / position **I-78**

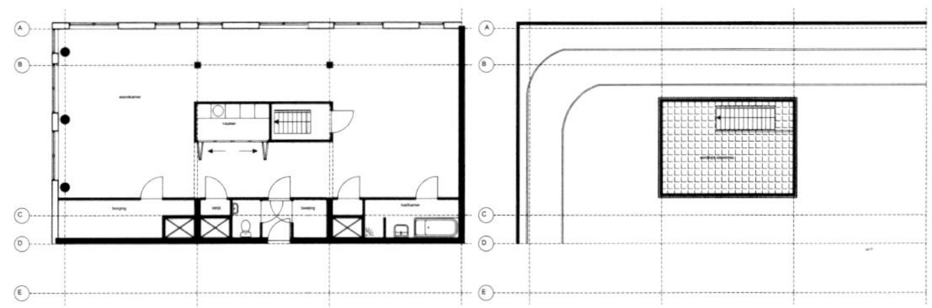

tipo / type **F3**
posición / position **I-9**

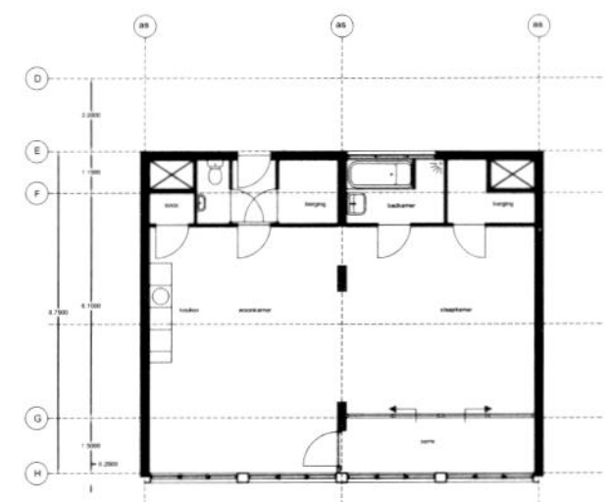

tipo / type **G1**
posición / position **II-2/3**

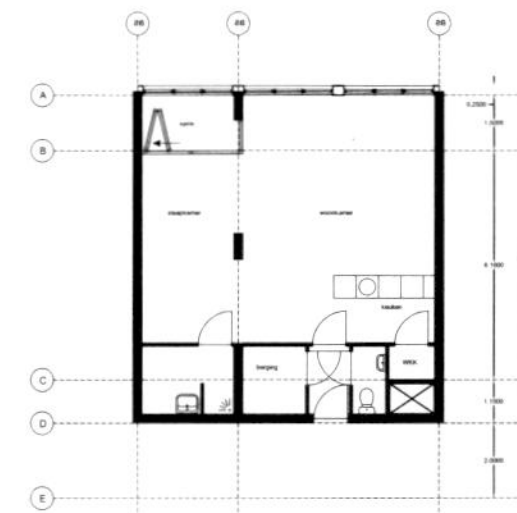

tipo / type **G3**
posición / position **II-3**

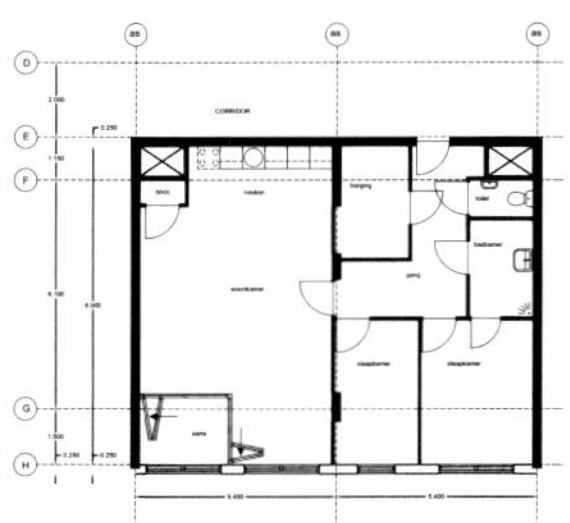

tipo / type **H1**
posición / position **II-4 / III-4**

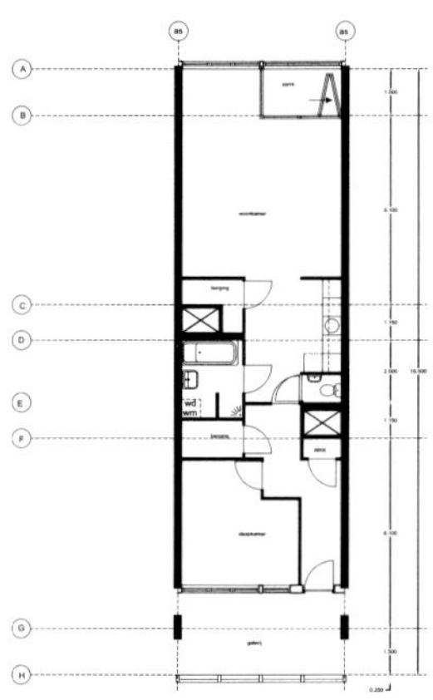

tipo / type **I1s**
posición / position **II-5**

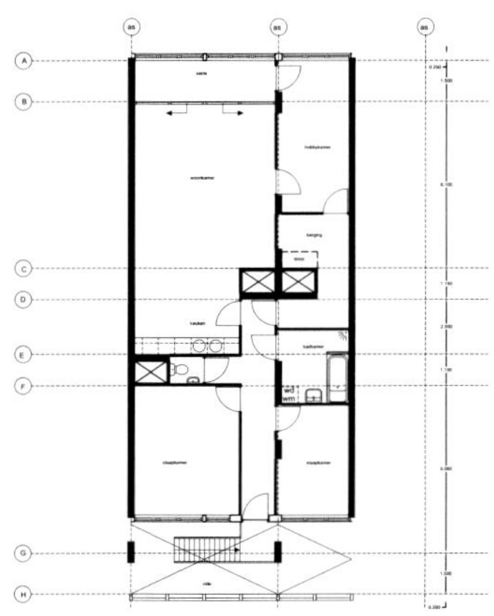

tipo / type **J1**
posición / position **II-6**

tipo / type **K1**
posición / position **II-78**

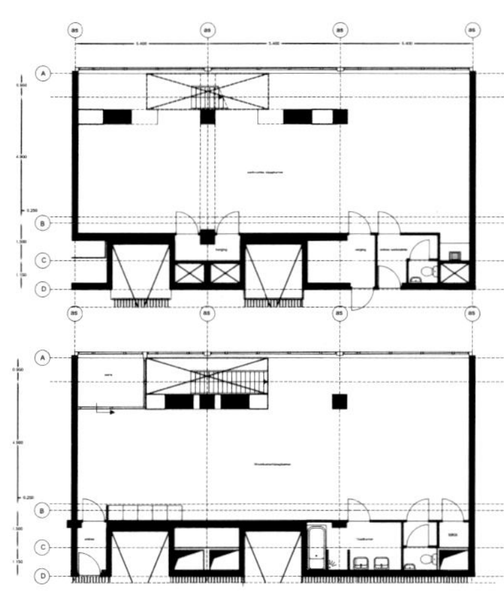

tipo / type **M4**
posición / position **III-23**

tipo / type **L2**
posición / position **IV-9**

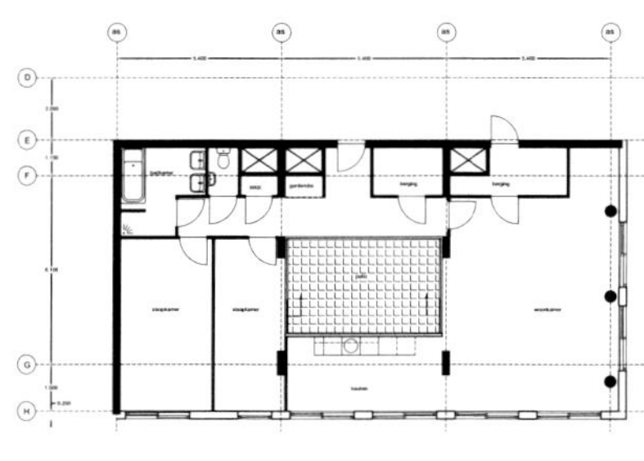

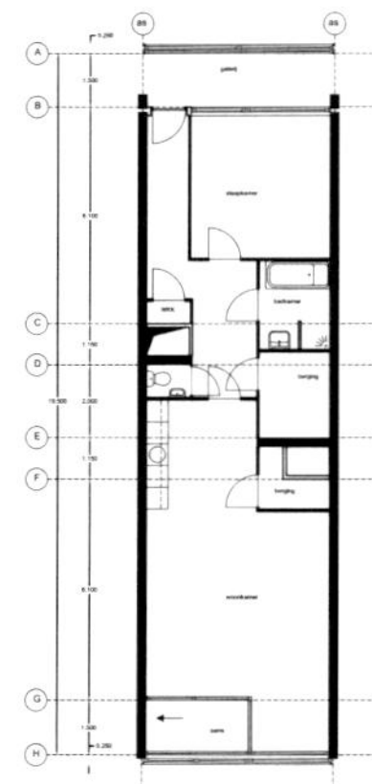

tipo / type **N1**
posición / position **III-5**

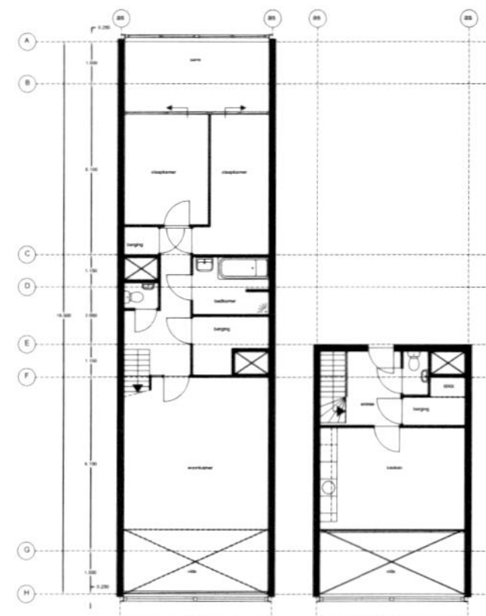

tipo / type **O1**
posición / position **III-678**

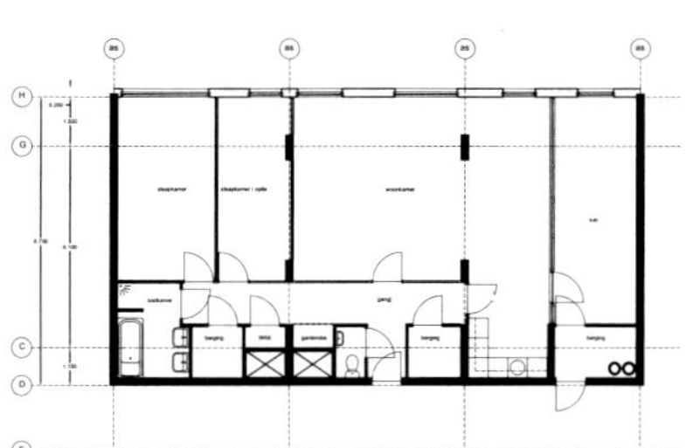

tipo / type **P4**
posición / position **III-9**

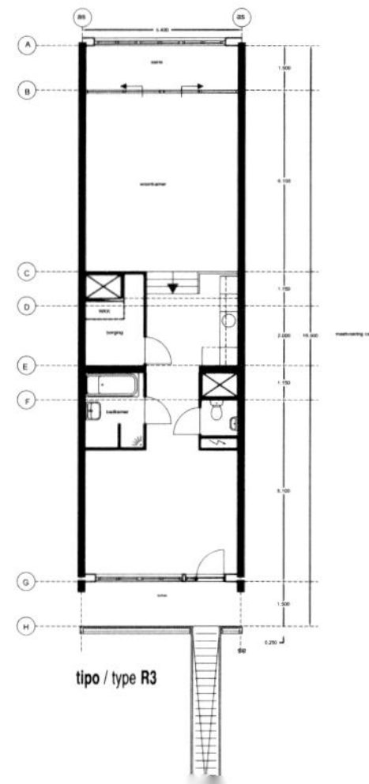

tipo / type **R3**

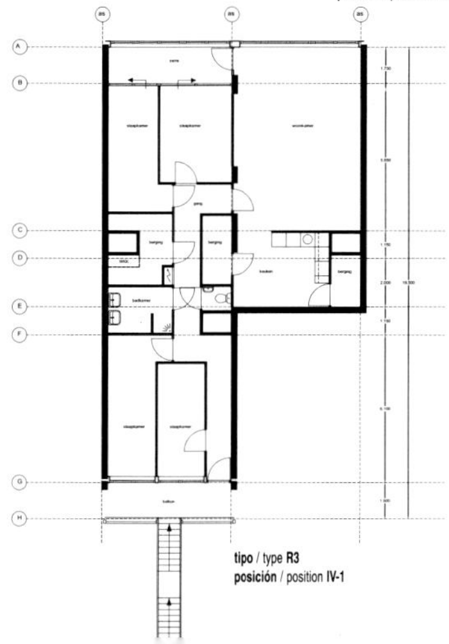

tipo / type **R3**
posición / position **IV-1**

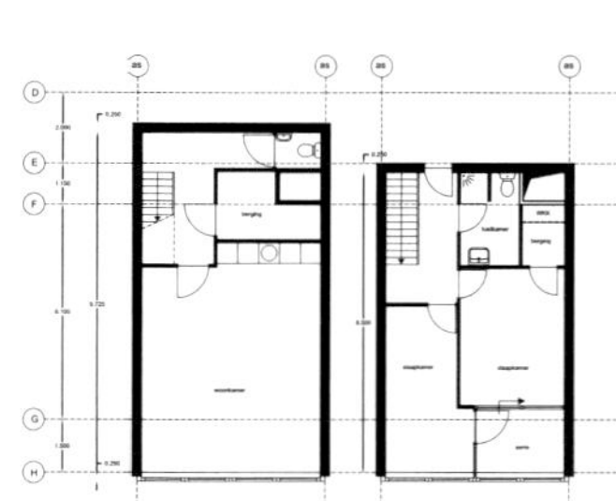

tipo / type **T2**
posición / position **IV-34**

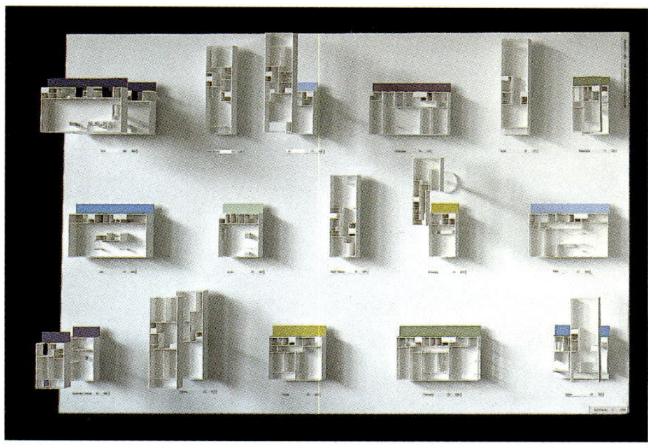

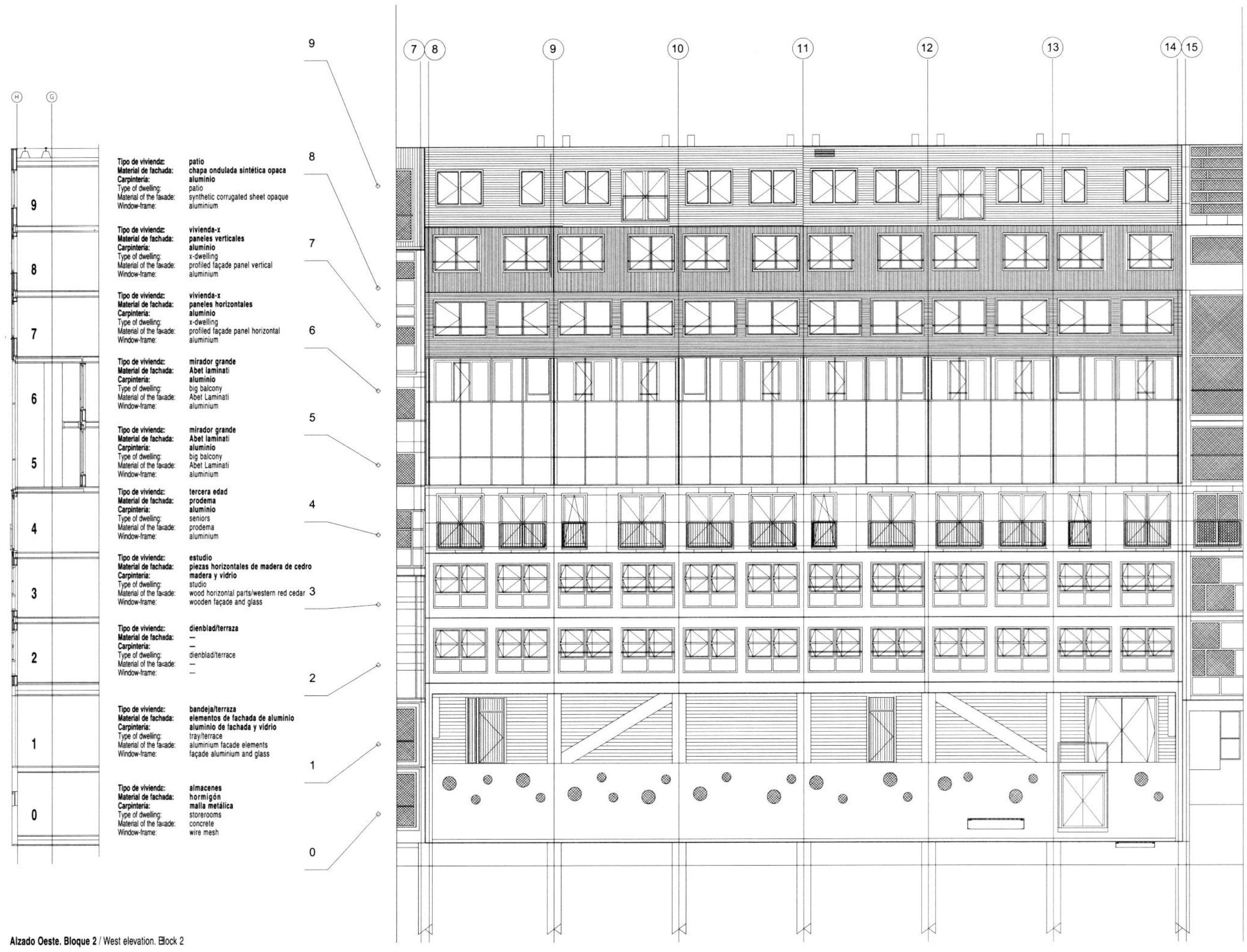

Alzado Oeste. Bloque 2 / West elevation. Block 2

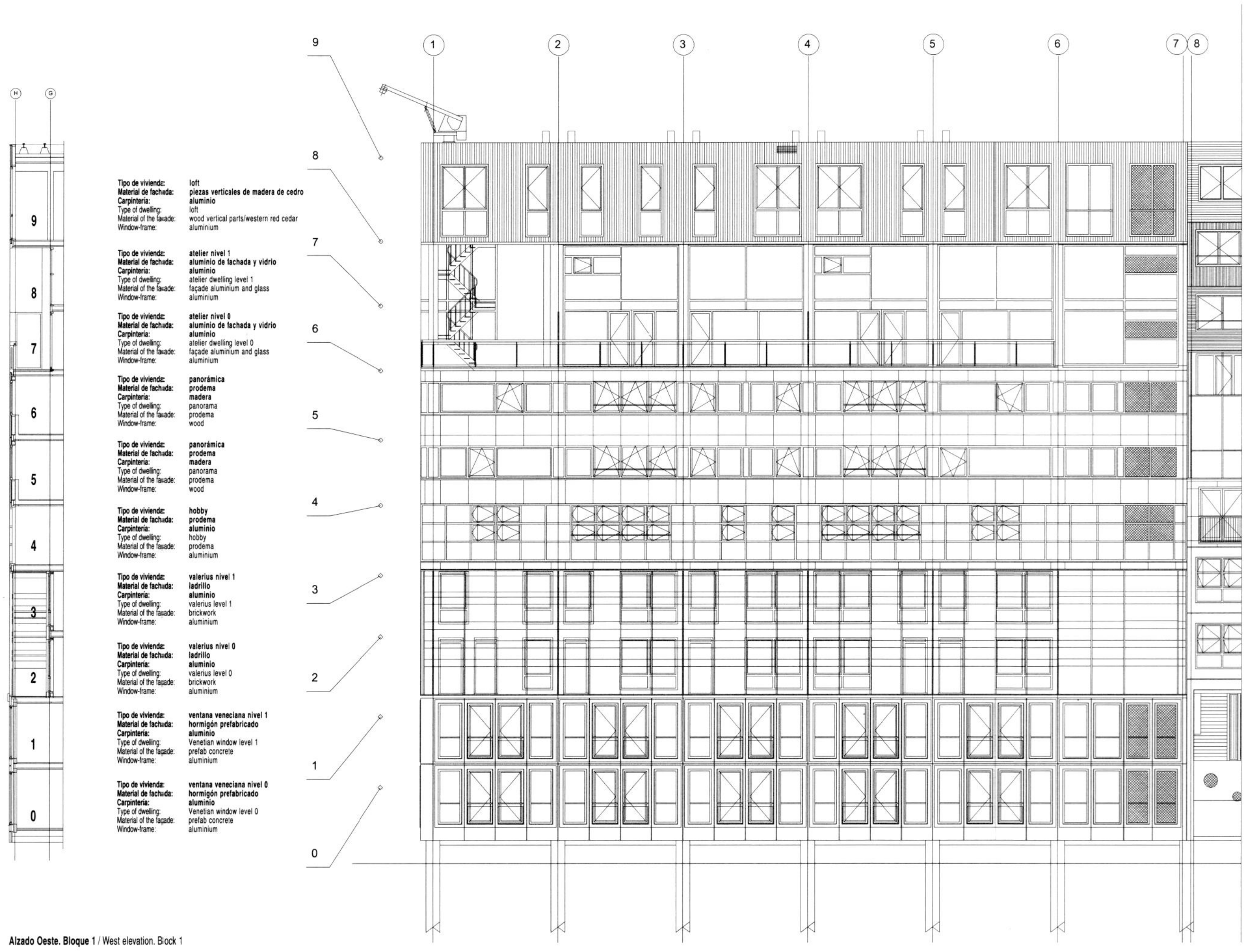

Alzado Oeste. Bloque 1 / West elevation. Block 1

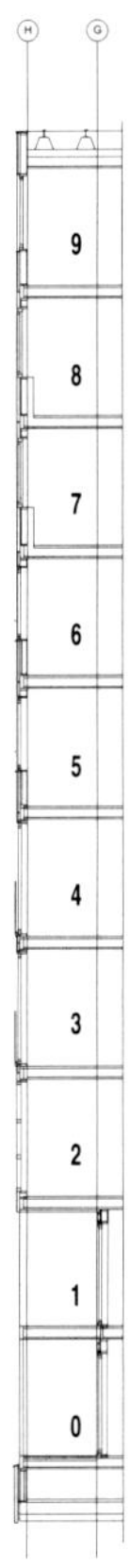

Tipo de vivienda: **patio**
Material de fachada: **chapa ondulada sintética opaca**
Carpintería: **aluminio**
Type of dwelling: patio
Material of the façade: synthetic corrugated sheet opaque
Window-frame: aluminium

Tipo de vivienda: **panorámica**
Material de fachada: **prodema**
Carpintería: **madera**
Type of dwelling: panorama
Material of the façade: prodema
Window-frame: wood

Tipo de vivienda: **panorámica**
Material de fachada: **prodema**
Carpintería: **madera**
Type of dwelling: panorama
Material of the façade: prodema
Window-frame: wood

Tipo de vivienda: **vivienda-x nivel 1**
Material de fachada: **paneles horizontales de aluminio**
Carpintería: **aluminio**
Type of dwelling: x-dwellin level 1
Material of the façade: profiled aluminium façade panel horizontal
Window-frame: aluminium

Tipo de vivienda: **vivienda-x nivel 0**
Material de fachada: **paneles verticales de aluminio**
Carpintería: **aluminio**
Type of dwelling: x-dwellin level 0
Material of the façade: profiled aluminium façade panel vertical
Window-frame: aluminium

Tipo de vivienda: **dúplex nivel 1**
Material de fachada: **paneles de aluminio**
Carpintería: **aluminio**
Type of dwelling: maisonnette nivel 1
Material of the façade: aluminium façade panel
Window-frame: aluminium

Tipo de vivienda: **dúplex nivel 0**
Material de fachada: **paneles de aluminio**
Carpintería: **aluminio**
Type of dwelling: maisonnette nivel 0
Material of the façade: aluminium façade panel
Window-frame: aluminium

Tipo de vivienda: **hobby**
Material de fachada: **prodema**
Carpintería: **aluminio**
Type of dwelling: hobby
Material of the façade: prodema
Window-frame: aluminium

Tipo de vivienda: **vivienda de 5 habitaciones**
Material de fachada: **paneles de aluminio**
Carpintería: **aluminio**
Type of dwelling: 5-rooms dwelling
Material of the façade: aluminium facade panel
Window-frame: aluminium

Tipo de vivienda: **loft**
Material de fachada: **perfiles de acero**
Carpintería: **aluminio**
Type of dwelling: loft
Material of the façade: profiled steel
Window-frame: aluminium

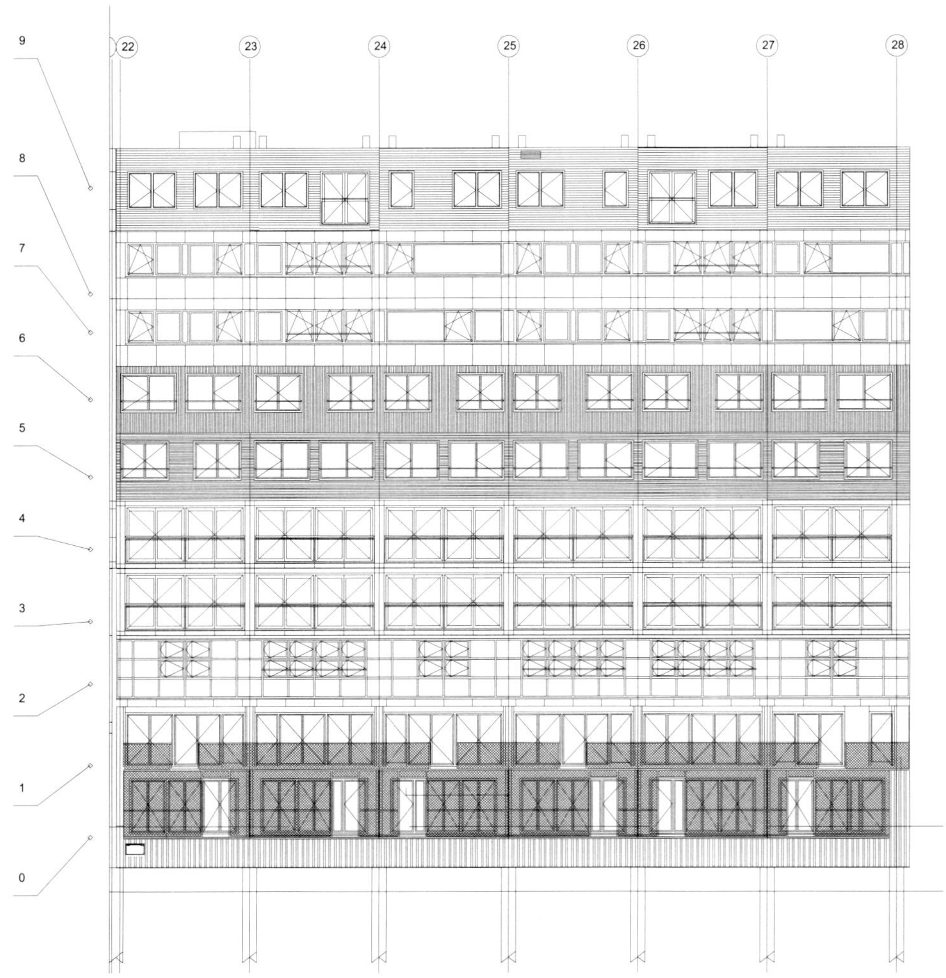

Alzado Oeste. Bloque 4 / West elevation. Block 4

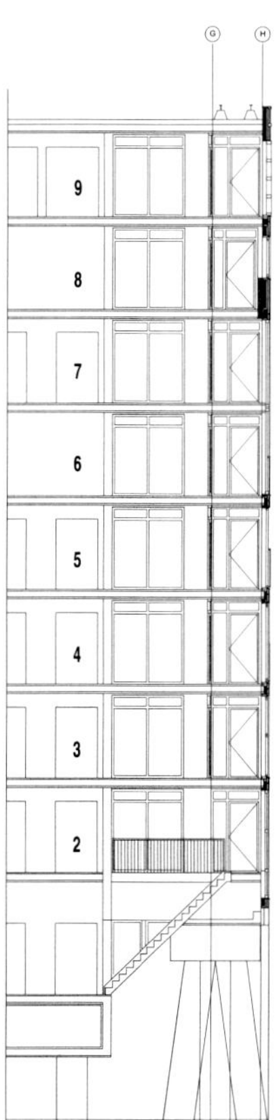

Tipo de vivienda: **ático**
Material de fachada: **madera**
Carpintería: **madera**
Type of dwelling: penthouse
Material of the façade: wood
Window-frame: wood

Tipo de vivienda: **unité nivel 1**
Material de fachada: **paneles de aluminio**
Carpintería: **aluminio**
Type of dwelling: unité level 1
Material of the façade: aluminium façade panel
Window-frame: aluminium

Tipo de vivienda: **unité nivel 0**
Material de fachada: **paneles de aluminio**
Carpintería: **aluminio**
Type of dwelling: unité level 0
Material of the façade: aluminium façade panel
Window-frame: aluminium

Tipo de vivienda: **unité**
Material de fachada: **paneles de aluminio**
Carpintería: **aluminio**
Type of dwelling: unité
Material of the façade: aluminium façade panel
Window-frame: aluminium

Tipo de vivienda: **mirador pequeño**
Material de fachada: **aluminio de fachada y vidrio**
Carpintería: **aluminio**
Type of dwelling: small balcony
Material of the façade: façade aluminium and glass
Window-frame: aluminium

Tipo de vivienda: **tercera edad**
Material de fachada: **prodema**
Carpintería: **aluminio**
Type of dwelling: seniors
Material of the façade: prodema
Window-frame: aluminium

Tipo de vivienda: **vivienda taller nivel 1**
Material de fachada: **paneles de aluminio**
Carpintería: **aluminio**
Type of dwelling: workdwelling dwelling level 1
Material of the façade: aluminium façade panel
Window-frame: aluminium

Tipo de vivienda: **vivienda taller nivel 0**
Material de fachada: **paneles de aluminio**
Carpintería: **aluminio**
Type of dwelling: workdwelling dwelling level 0
Material of the façade: aluminium façade panel
Window-frame: aluminium

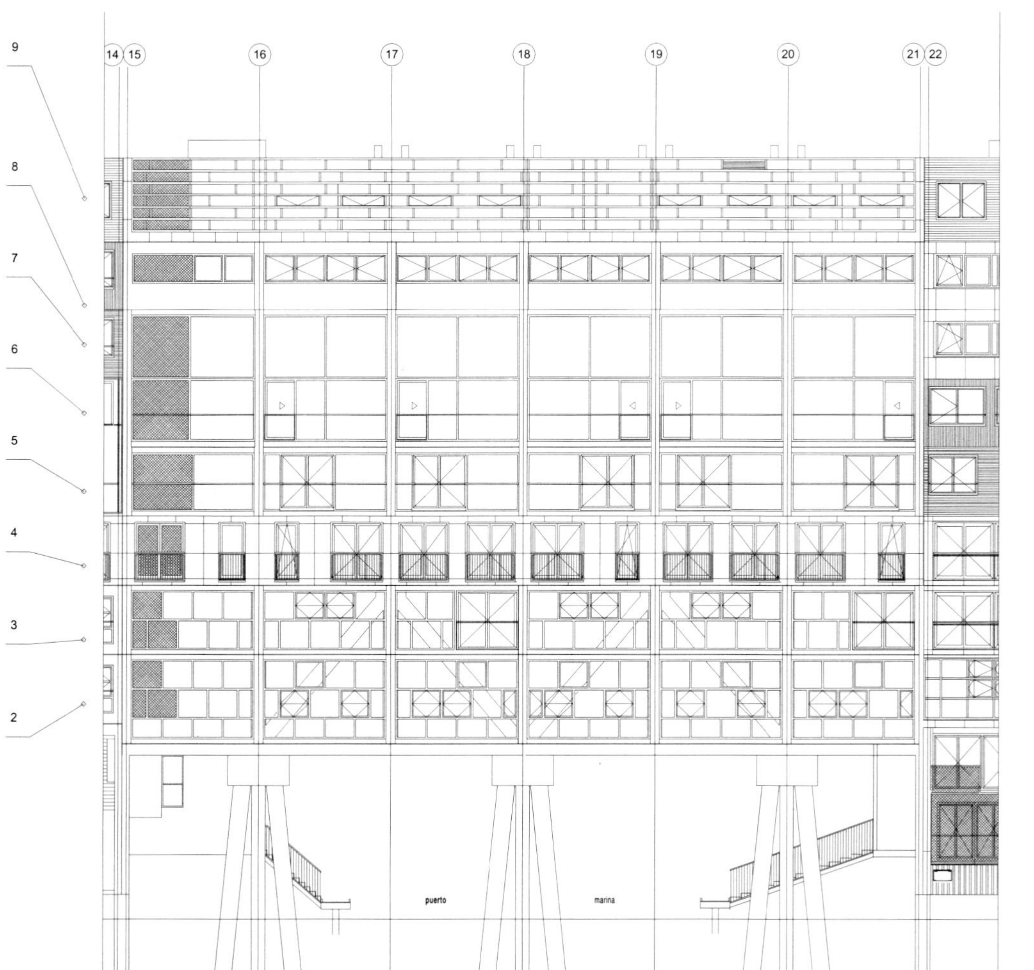

Alzado Oeste. Bloque 3 / West elevation. Block 3

TE KOOP

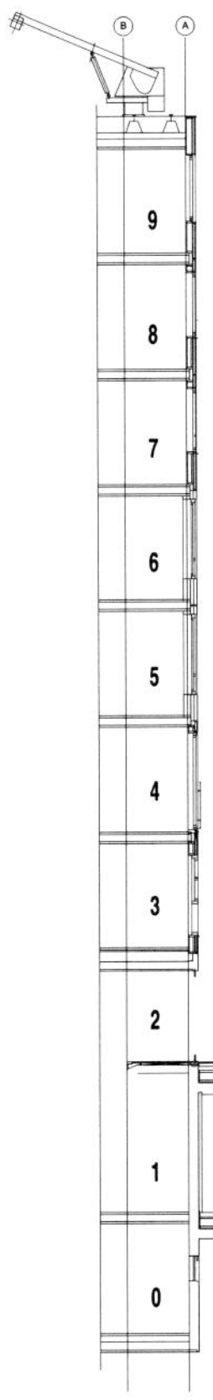

Tipo de vivienda: patio
Material de fachada: chapa ondulada sintética opaca
Carpintería: aluminio
Type of dwelling: patio
Material of the façade: synthetic corrugated sheet opaque
Window-frame: aluminium

Tipo de vivienda: vivienda-x
Material de fachada: paneles verticales
Carpintería: aluminio
Type of dwelling: x-dwelling
Material of the façade: profiled façade panel vertical
Window-frame: aluminium

Tipo de vivienda: vivienda-x
Material de fachada: paneles horizontales
Carpintería: aluminio
Type of dwelling: x-dwelling
Material of the façade: profiled façade panel horizontal
Window-frame: aluminium

Tipo de vivienda: mirador grande
Material de fachada: Abet laminati
Carpintería: aluminio
Type of dwelling: big balcony
Material of the façade: Abet Laminati
Window-frame: aluminium

Tipo de vivienda: mirador grande
Material de fachada: Abet laminati
Carpintería: aluminio
Type of dwelling: big balcony
Material of the façade: Abet Laminati
Window-frame: aluminium

Tipo de vivienda: tercera edad
Material de fachada: prodema
Carpintería: aluminio
Type of dwelling: seniors
Material of the façade: prodema
Window-frame: aluminium

Tipo de vivienda: estudio
Material de fachada: piezas horizontales de madera de cedro
Carpintería: madera y vidrio
Type of dwelling: studio
Material of the façade: wood horizontal parts/western red cedar
Window-frame: wooden façade and glass

Tipo de vivienda: dienblad/terraza
Material de fachada: —
Carpintería: —
Type of dwelling: dienblad/terrace
Material of the façade: —
Window-frame: —

Tipo de vivienda: bandeja/terraza
Material de fachada: elementos de fachada de aluminio
Carpintería: aluminio de fachada y vidrio
Type of dwelling: tray/terrace
Material of the façade: aluminium facade elements
Window-frame: façade aluminium and glass

almacenes
Material de fachada: hormigón
Carpintería: malla metálica
Type of dwelling: storerooms
Material of the façade: concrete
Window-frame: wire mesh

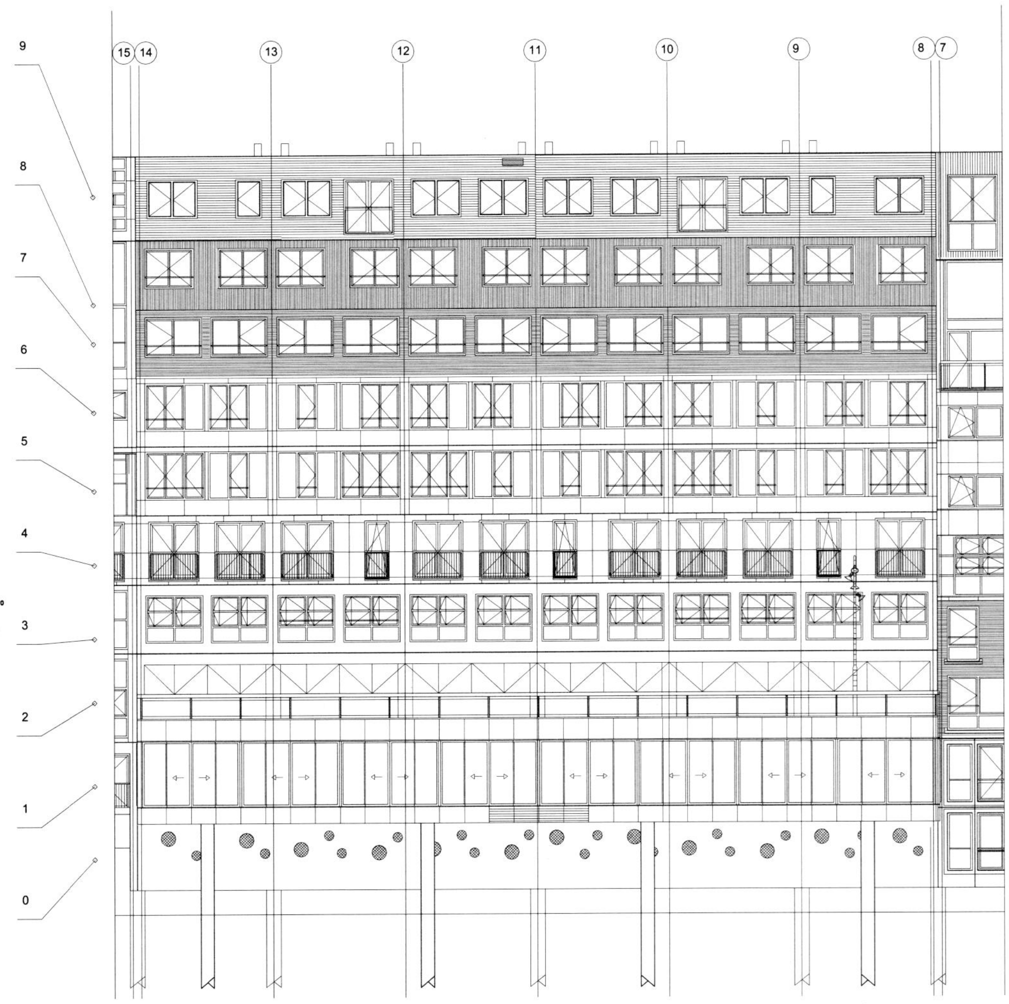

Alzado Este. Bloque 2 / East elevation. Block 2

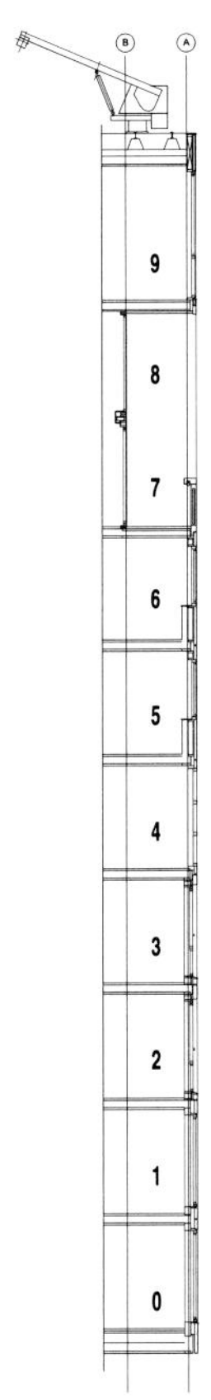

Tipo de vivienda: loft
Material de fachada: piezas verticales de madera de cedro
Carpintería: aluminio
Type of dwelling: loft
Material of the façade: wood vertical parts/western red cedar
Window-frame: aluminium

Tipo de vivienda: atelier nivel 1
Material de fachada: aluminio de fachada y vidrio
Carpintería: aluminio
Type of dwelling: atelier dwelling level 1
Material of the façade: façade aluminium and glass
Window-frame: aluminium

Tipo de vivienda: atelier nivel 0
Material de fachada: aluminio de fachada y vidrio
Carpintería: aluminio
Type of dwelling: atelier dwelling level 0
Material of the façade: façade aluminium and glass
Window-frame: aluminium

Tipo de vivienda: panorámica
Material de fachada: prodema
Carpintería: madera
Type of dwelling: panorama
Material of the façade prodema
Window-frame: wood

Tipo de vivienda: panorámica
Material de fachada: prodema
Carpintería: madera
Type of dwelling: panorama
Material of the façade prodema
Window-frame: wood

Tipo de vivienda: hobby
Material de fachada: prodema
Carpintería: aluminio
Type of dwelling: hobby
Material of the façade prodema
Window-frame: aluminium

Tipo de vivienda: valerius nivel 1
Material de fachada: ladrillo
Carpintería: aluminio
Type of dwelling: valerius level 1
Material of the façade brickwork
Window-frame: aluminium

Tipo de vivienda: valerius nivel 0
Material de fachada: ladrillo
Carpintería: aluminio
Type of dwelling: valerius level 0
Material of the façade brickwork
Window-frame: aluminium

Tipo de vivienda: ventana veneciana nivel 1
Material de fachada: hormigón prefabricado
Carpintería: aluminio
Type of dwelling: Venetian window level 1
Material of the façade prefab concrete
Window-frame: aluminium

Tipo de vivienda: ventana veneciana nivel 0
Material de fachada: hormigón prefabricado
Carpintería: aluminio
Type of dwelling: Venetian window level 0
Material of the façade prefab concrete
Window-frame: aluminium

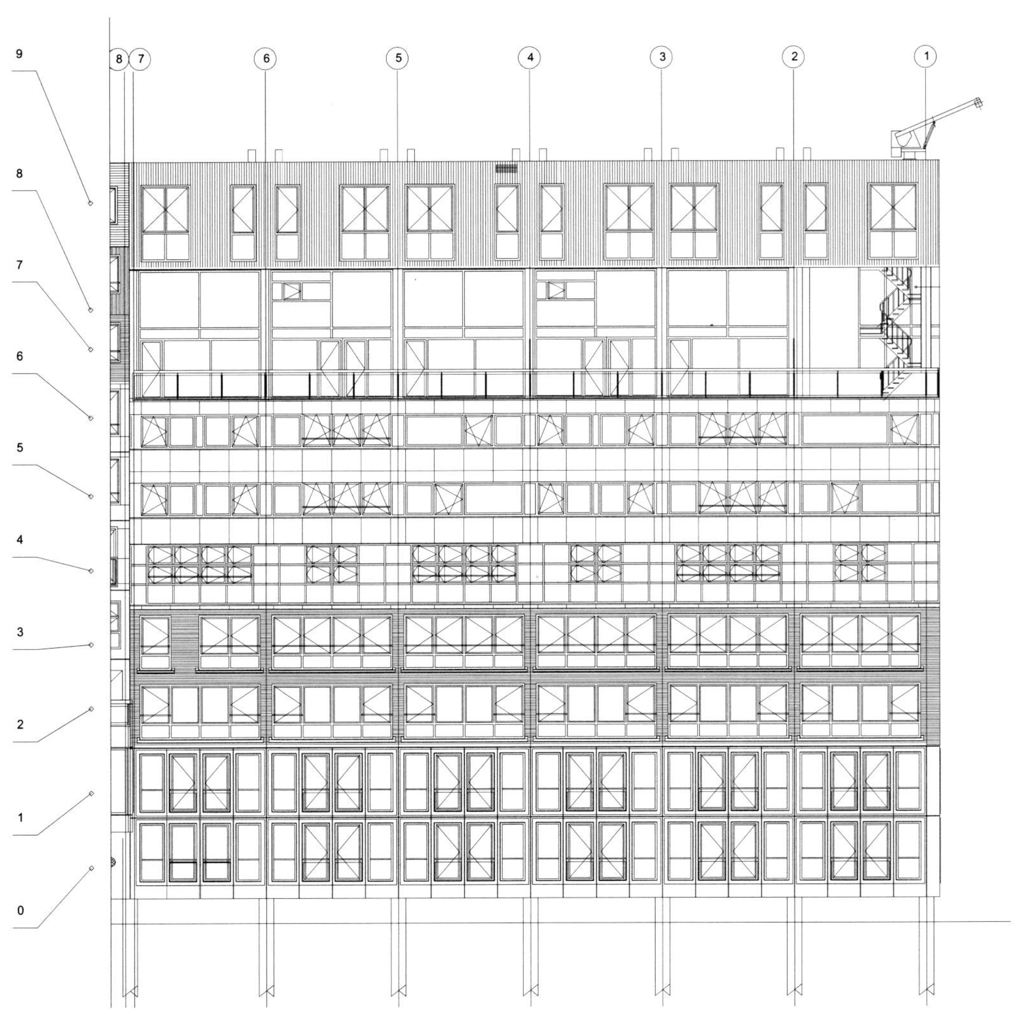

Alzado Este. Bloque 1 / East elevation. Block 1

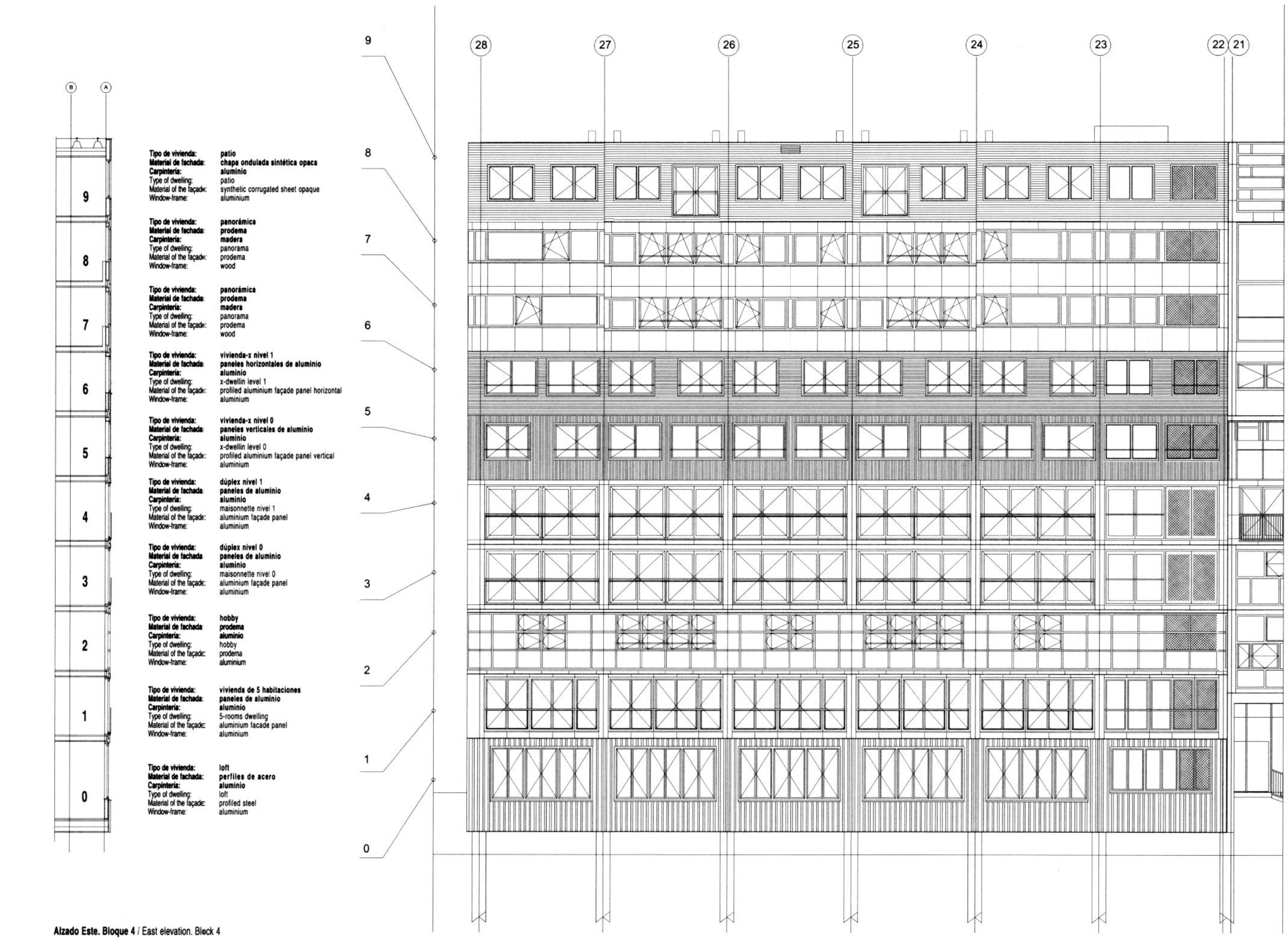

Alzado Este. Bloque 4 / East elevation. Block 4

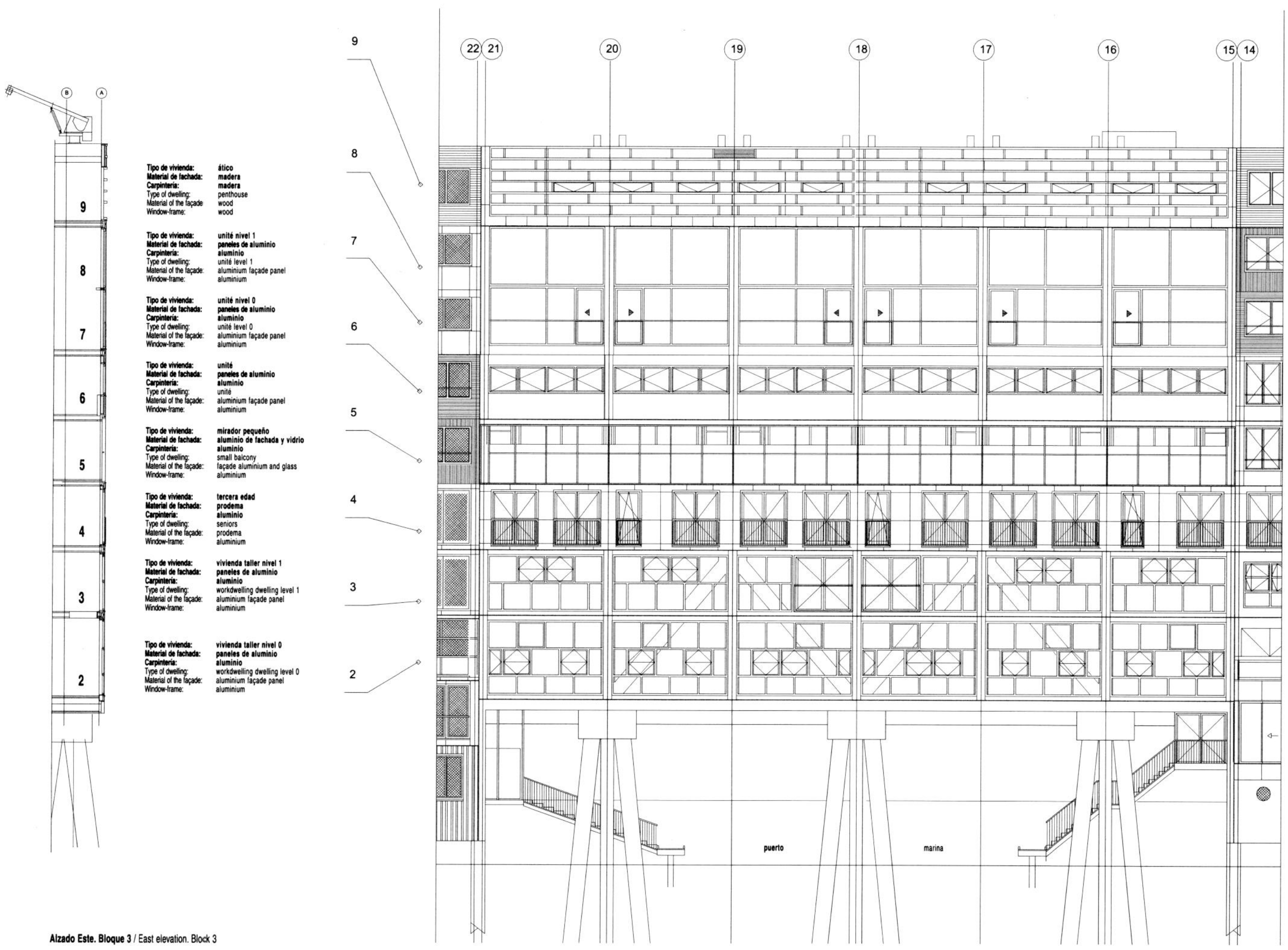

Alzado Este. Bloque 3 / East elevation. Block 3

La Haya, Holanda / The Hague, The Netherlands

VIVIENDAS HAGENEILAND EN YPENBURG

1997/2001 HAGENEILAND HOUSING, YPENBURG

El conjunto de la isla de Hagen está compuesta de cuatro filas de parcelas con casas que se sitúan desplazadas unas respecto a otras. Las casas se abren hacia la calle que las rodea y hacia los parcialmente endurecidos recintos del jardín. Variando la colocación de las casas se producen diferencias de carácter en ellas y en los jardines: casas con grandes jardines delante, casas tan sólo con jardín detrás, o casas con jardines iguales delante y detrás. Unos setos definen los límites entre jardines.

The Hagen Island is built up from four rows of plots with houses that are shuffled alongside each other. The houses are opened up by the surrounding street and partly hardened garden paths. By differing the placement of the houses, differences in character of the houses and the gardens arise: there are houses with big gardens in front, houses with only a garden in the back or houses with equal gardens in front and back. Hedges form the borders between the gardens.

Con la alternancia de las casas aisladas, pareadas y en hileras más largas se consigue una imagen variada con multitud de vistas cruzadas. En los edificios se han empleado diferentes materiales, con los que se han forrado las casas 'clásicas'. Un grupo se hace todo de madera; y otro, todo de piedra.

By the alternate placement of single houses —two in a row houses and longer rows of houses— a varied image arises with many 'see-through-sights'. For the buildings, several materials are used to 'wrap up' the 'classic' houses. One block will be entirely made of wood; another blcck entirely made of stone.

Los locales de almacenaje, totalmente transparentes, se ubican en los jardines, de modo que se puedan usar también como invernaderos.

Storerooms entirely made of glass will be placed in the gardens so they can also be used as greenhouses.

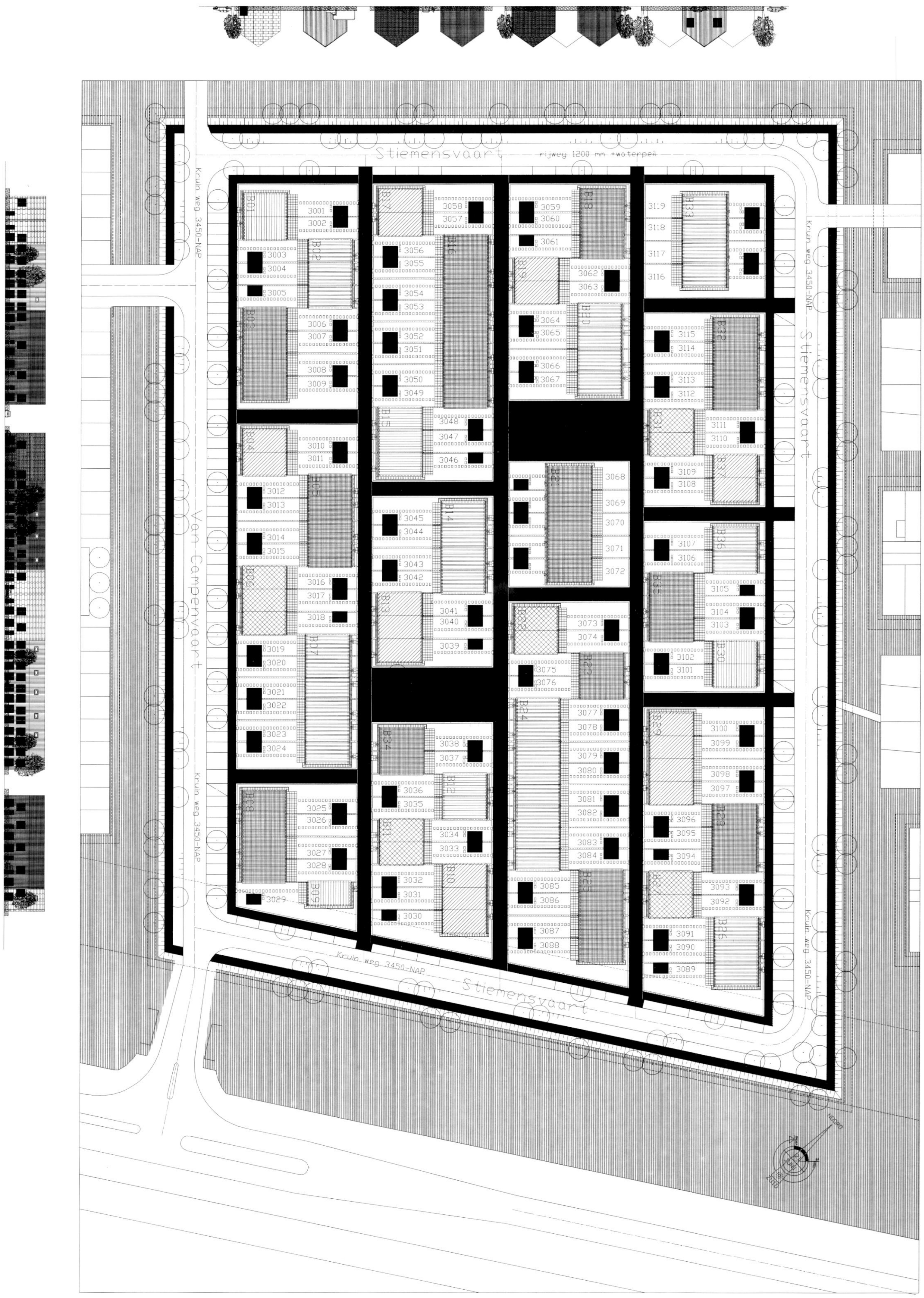

Planta general y alzados Noroeste y Suroeste / Overall plan and elevations Northwest and Southwest

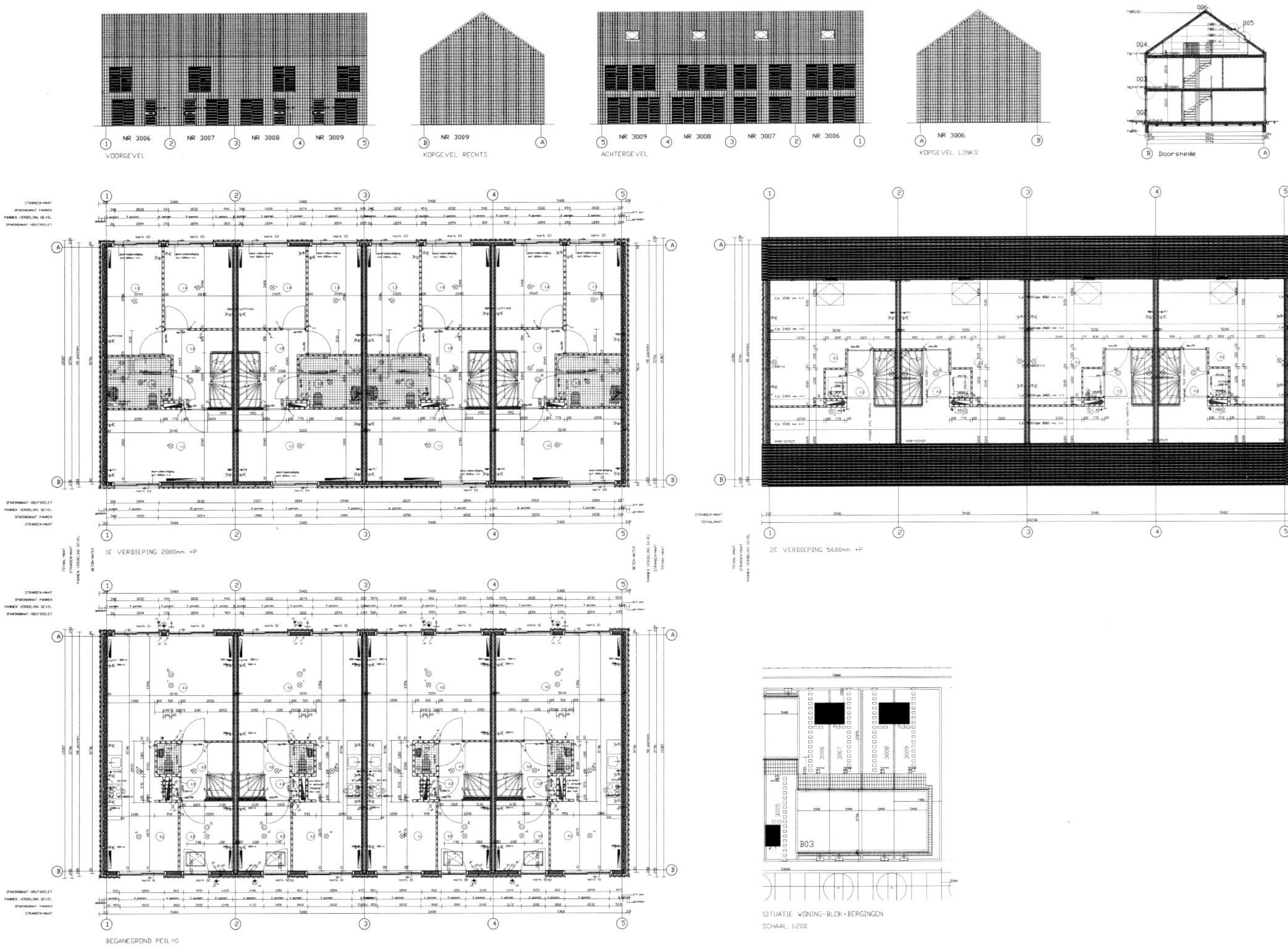

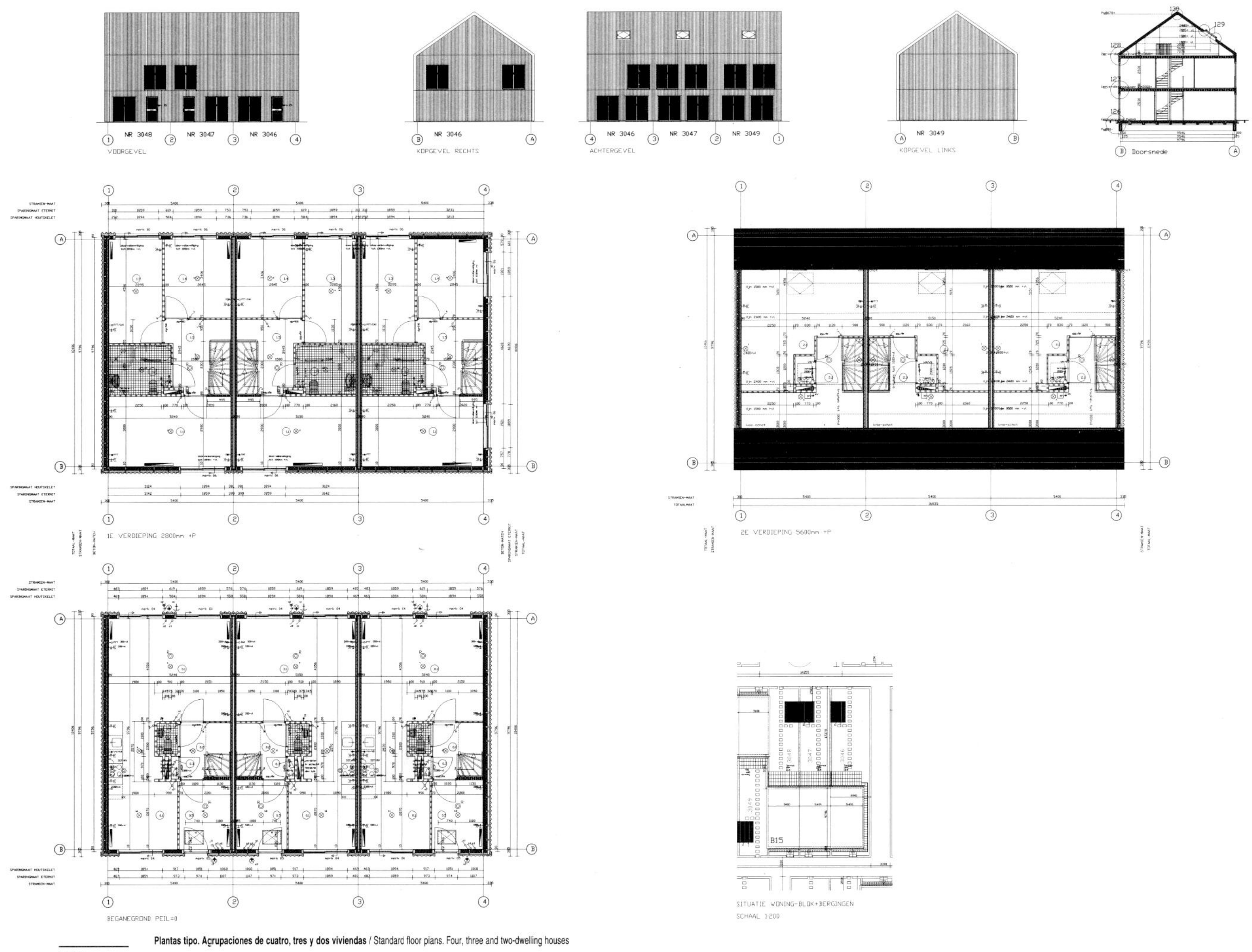

Plantas tipo. Agrupaciones de cuatro, tres y dos viviendas / Standard floor plans. Four, three and two-dwelling houses

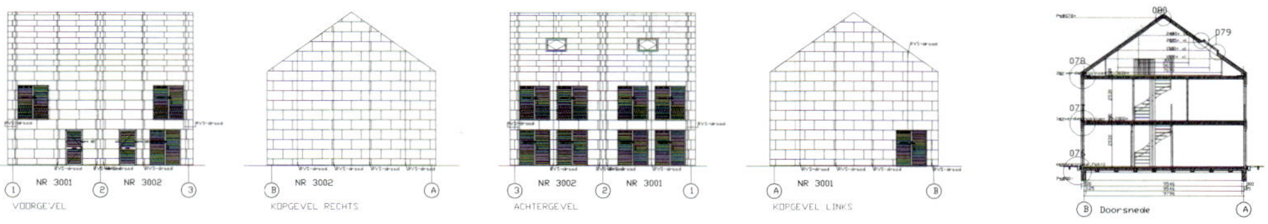

VOORGEVEL KOPGEVEL RECHTS ACHTERGEVEL KOPGEVEL LINKS

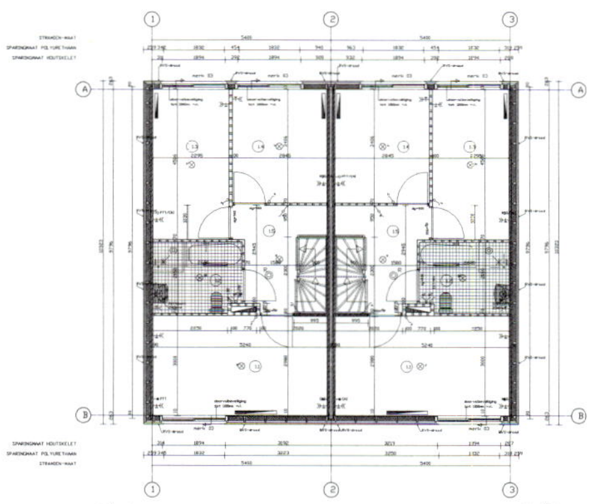

1E VERDIEPING 2800mm +P

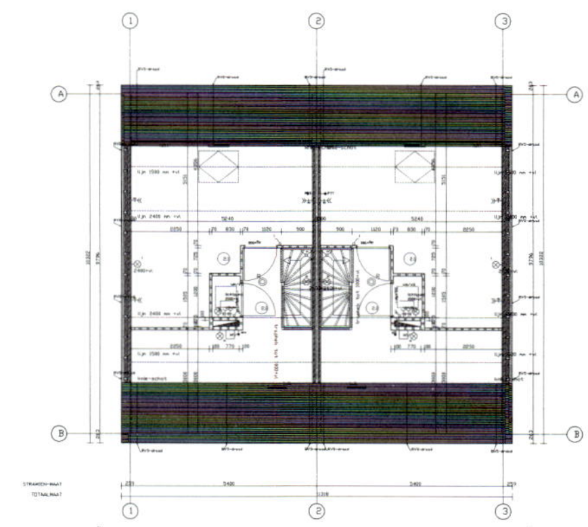

2E VERDIEPING 5600mm +P

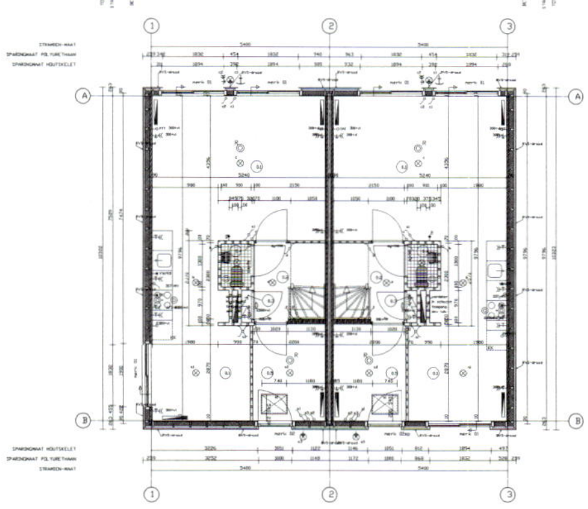

BEGANEGROND PEIL=0

SITUATIE WONING-BLOK+BERGINGEN
SCHAAL 1:200

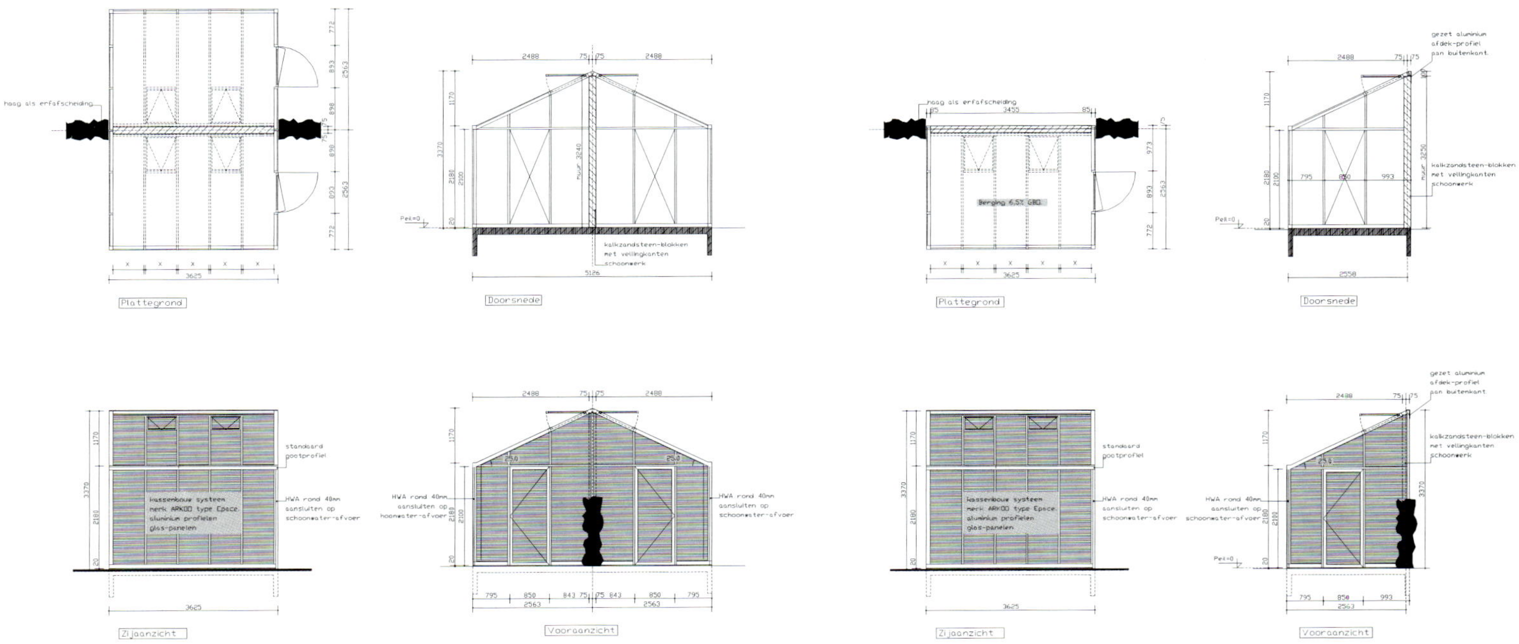

Detalles de invernaderos / Glasshouse details

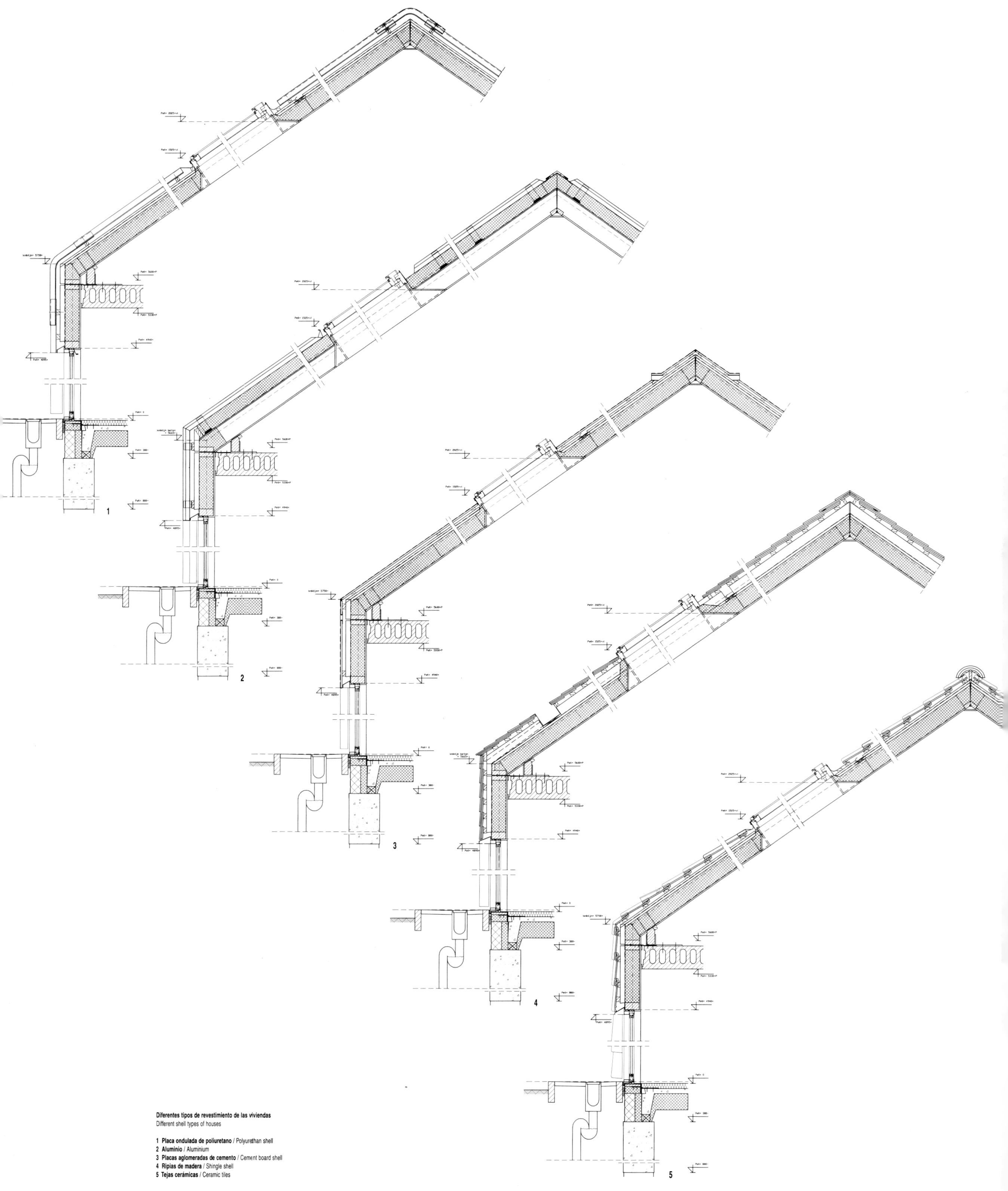

Diferentes tipos de revestimiento de las viviendas
Different shell types of houses

1 **Placa ondulada de poliuretano** / Polyurethan shell
2 **Aluminio** / Aluminium
3 **Placas aglomeradas de cemento** / Cement board shell
4 **Ripias de madera** / Shingle shell
5 **Tejas cerámicas** / Ceramic tiles

Holanda / The Netherlands

CASAS BALCÓN EN ZOETERMEER

1997- BALCONY DWELLINGS IN ZOETERMEER

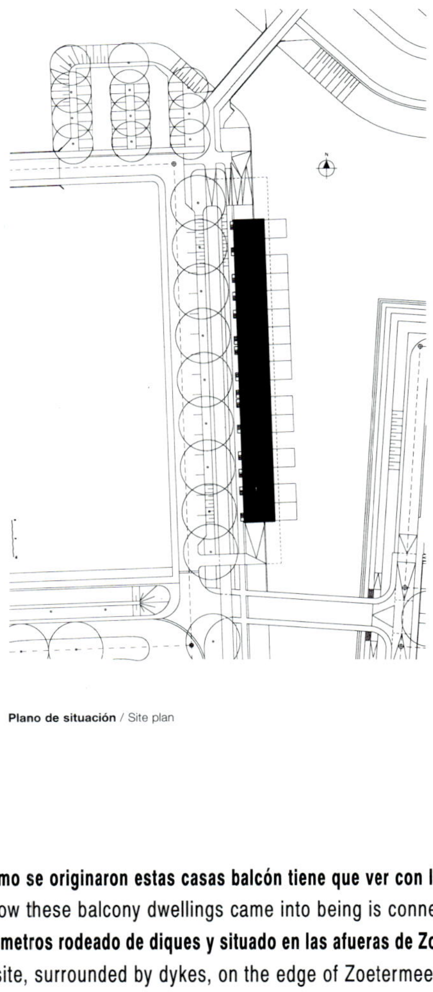

Plano de situación / Site plan

Distribución de tipos por planta y en sección (abajo) / Dwelling types arrangement: floor plans and section (bottom)

La historia de cómo se originaron estas casas balcón tiene que ver con la planificación del proyecto de la manzana de enfrente, *Tussen de dijken* (Entre los diques), un solar de 200x200 metros rodeado de diques y situado en las afueras de Zoetermeer, encajado entre dos nuevas zonas ganadas al mar. La Tabula Rasa y la atractiva ubicación en el corazón verde del Randstad propiciaron una parcelación del terreno fuera de lo común, con una densidad mayor que la de los barrios vecinos. La propuesta final suponía las viviendas pero, por razones de mercado, este número no pareció aconsejable. Para llegar al número necesario de viviendas, las unidades sobrantes se desplazaron fuera del dique, a un trozo singular de terreno donde con los métodos habituales la construcción no hubiera sido posible.

The history of how these balcony dwellings came into being is connected with the planning of the opposite quadrant *Tussen de dijken* (Between the dykes), a 200m by 200m site, surrounded by dykes, on the edge of Zoetermeer, stuck between two new stretches of water. The Tabula Rasa and the attractive situation in the green heart of the Randstad provided opportunities for an out of the ordinary plot division and a higher density than in the surrounding districts. The finished proposal provides room for the required 180 dwellings, but for 'marketing' reasons this number seemed not to be feasible. To achieve the required number despite this, the remainder are placed outside the dyke, on a restricted piece of land on which in the ordinary way no building would have been possible.

El reducido tamaño del solar —sumado a las disposiciones que sobre la cantidad de espacio exterior por vivienda se aplican en esta zona de las afueras de Zoetermeer— dio lugar a un bloque de apartamentos de siete metros de profundidad, con un gran mirador por apartamento proyectado sobre el agua. Las quince viviendas quedan engranadas como piezas de un *jigsaw*, de manera que cada una pueda combinar una amplia sala de estar con un mirador con vistas sobre el lago. Los baños y los dormitorios son 'cajas' cerradas dentro del volumen de cada vivienda, en el lado de la calle. La fachada que da al agua es abierta, evidenciando la forma específica de cada vivienda.

The small piece of land combined with the amount of exterior space per dwelling demanded in suburban Zoetermeer resulted in a 7 metres deep block of flats each provided with a large balcony, projecting out over the water. The fifteen different houses interlock like pieces of a *jigsaw* puzzle, so that each dwelling can combine a wide living room and balcony with a panoramic view over the lake. The bathrooms and bedrooms are placed in closed 'boxes' within the volume of each dwelling, on the street side. The water side remains open, showing the unique shape of each dwelling.

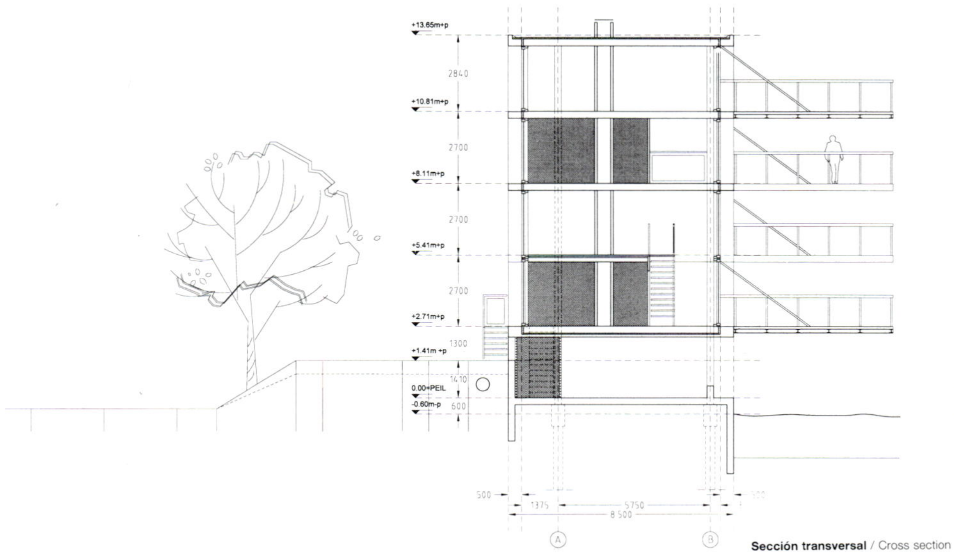

Sección transversal / Cross section

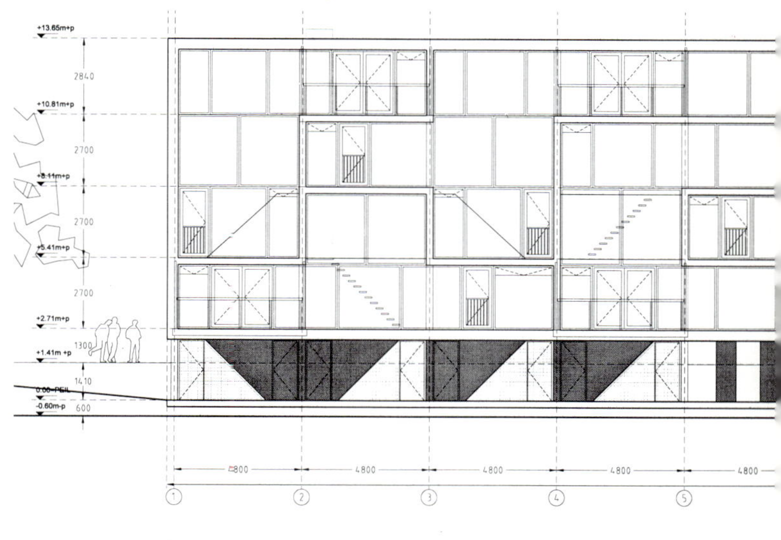

Fragmento de alzado Este / East facade fragment

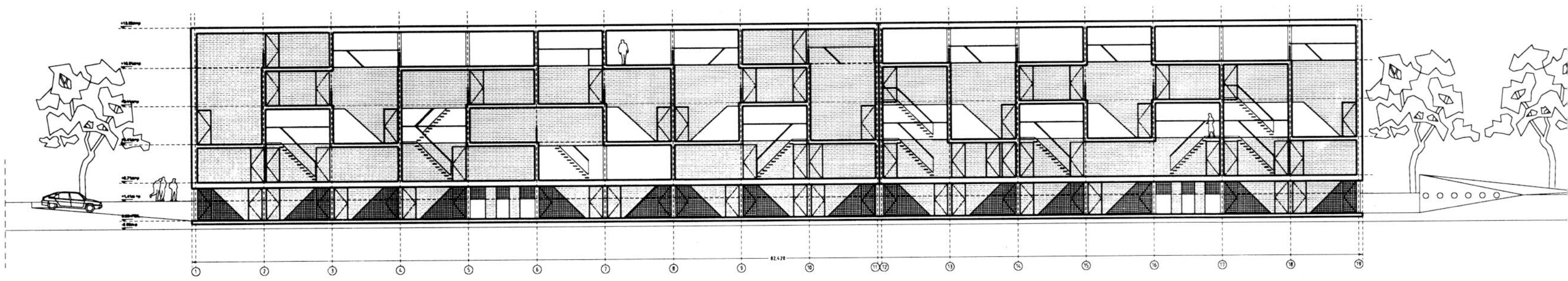

Sección longitudinal / Longitudinal section

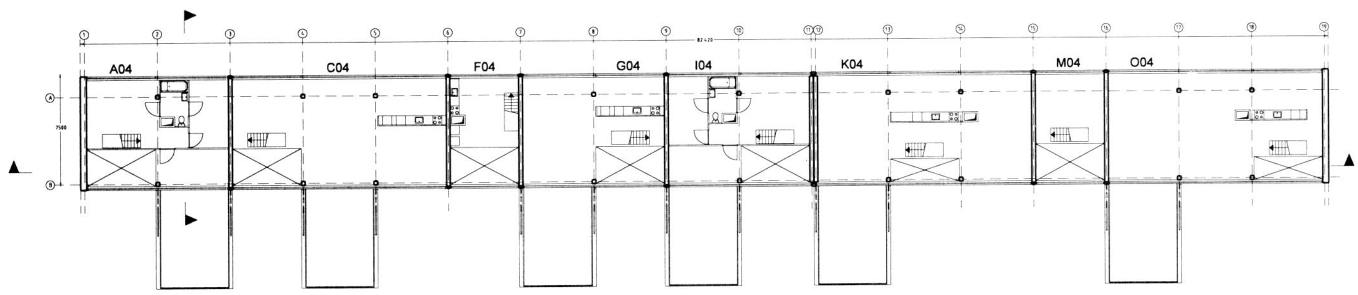

Planta cuarta / Fourth floor plan

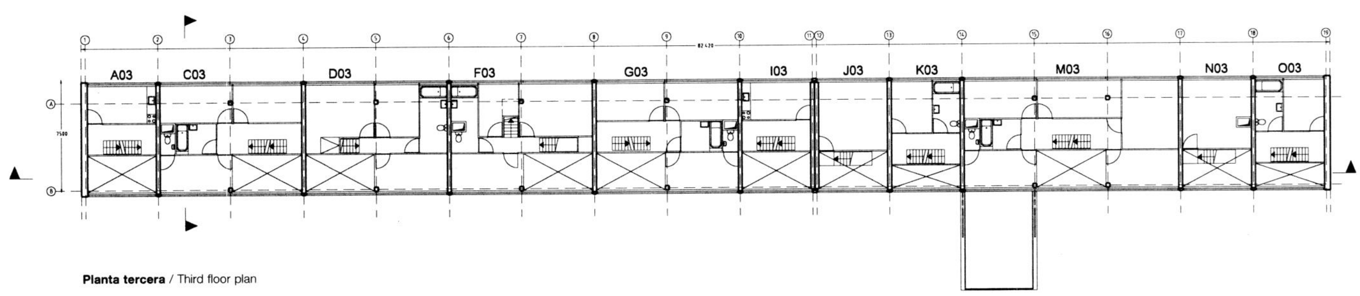

Planta tercera / Third floor plan

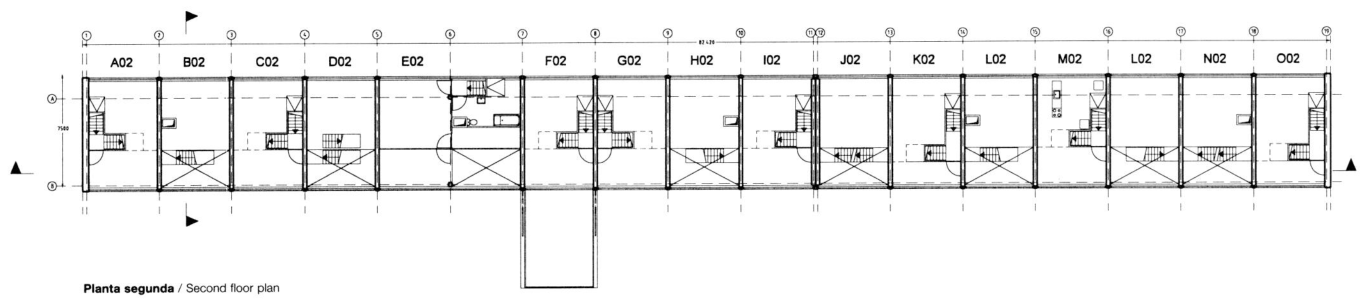

Planta segunda / Second floor plan

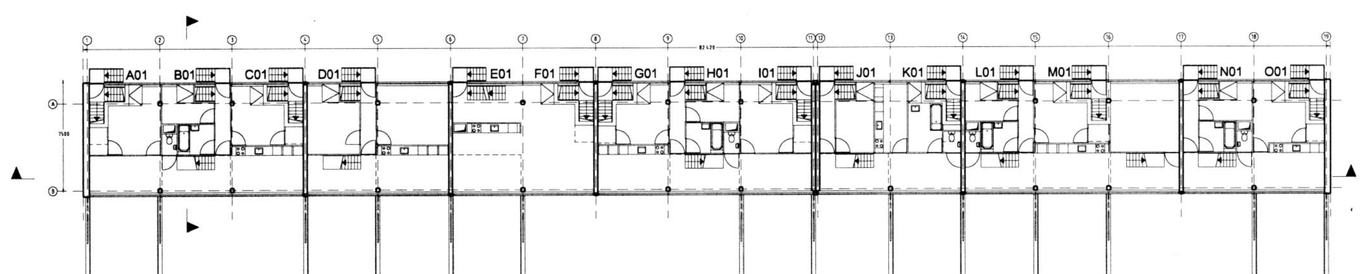

Planta primera / First floor plan

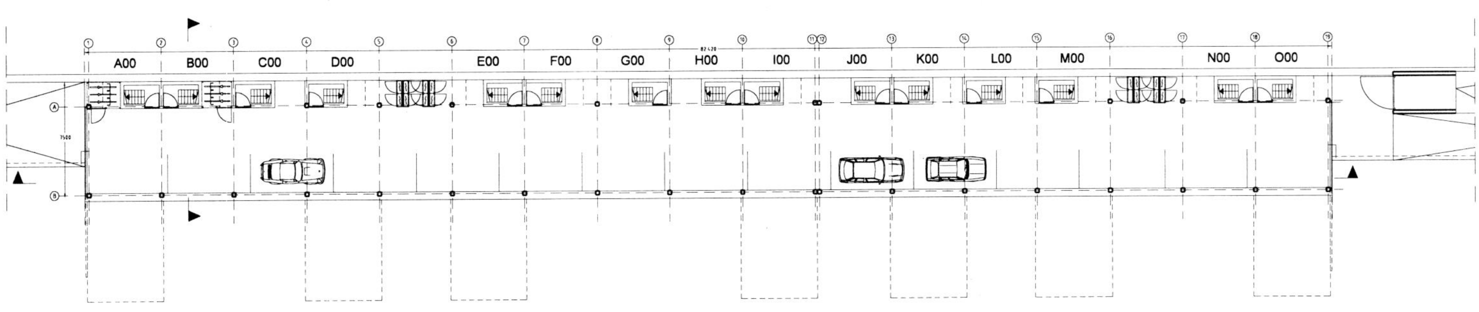

Planta baja / Ground floor plan

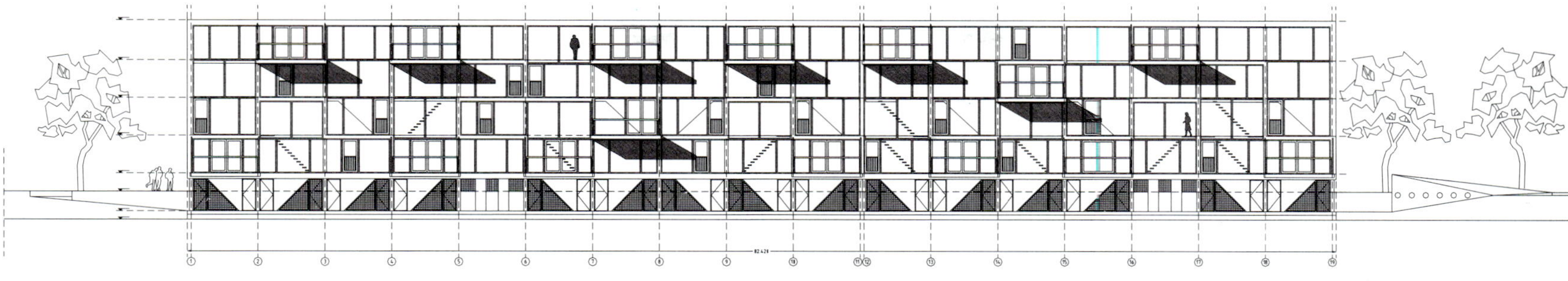

Alzado Este / East elevation

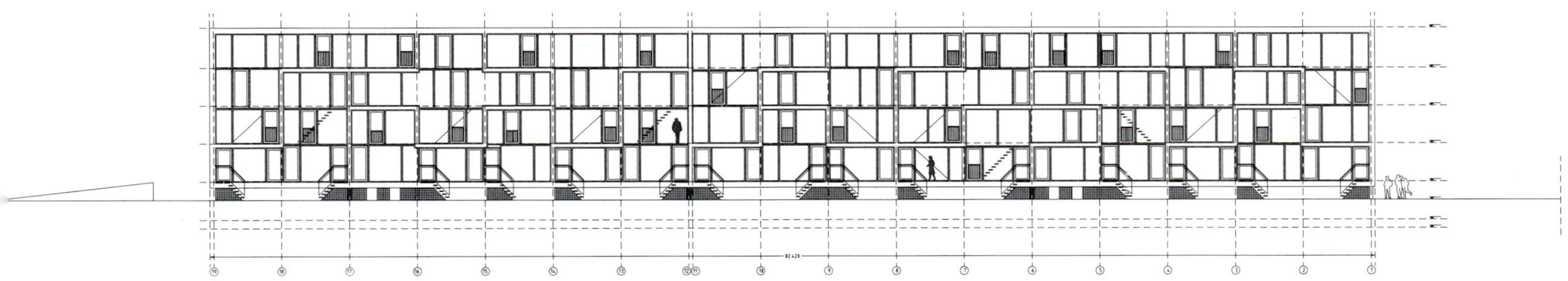

Alzado Oeste / West elevation

VIVIENDAS TIPO E / TYPE E DWELLINGS

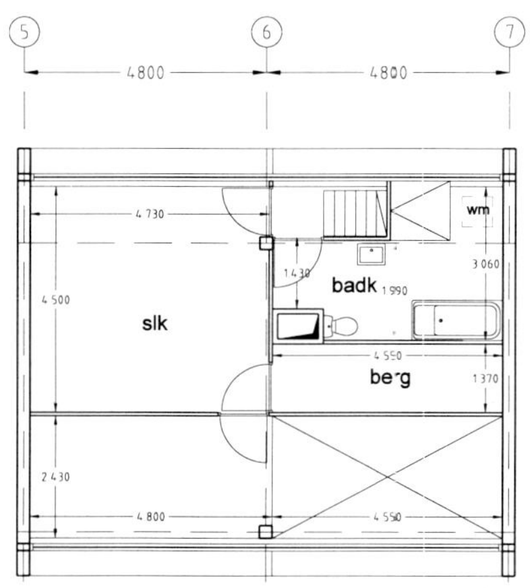

Planta segunda / Second floor plan

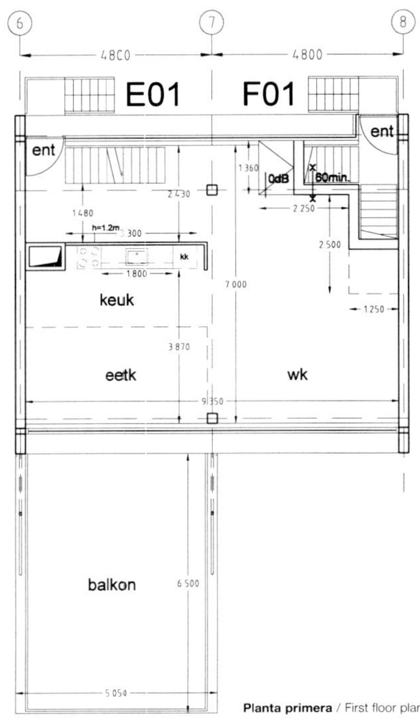

Planta primera / First floor plan

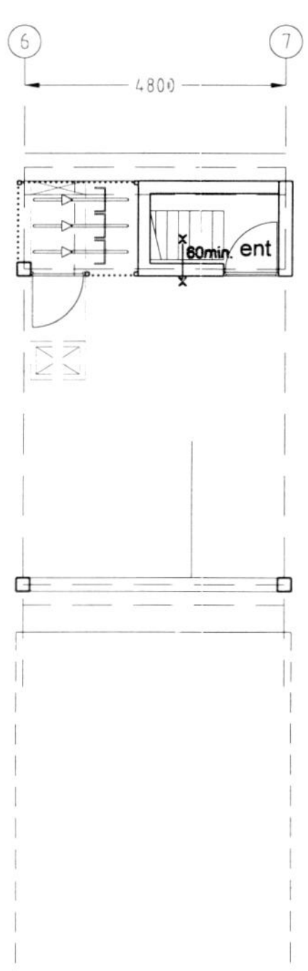

Planta baja / Ground floor plan

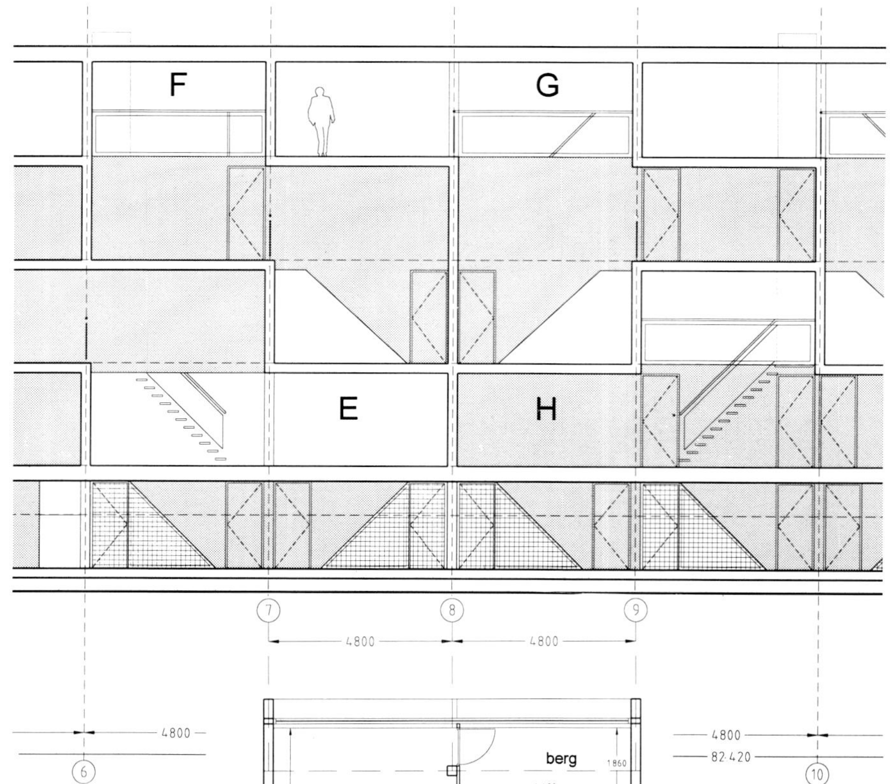

Sección longitudinal
Longitudinal section

VIVIENDA TIPO G
TYPE G DWELLING

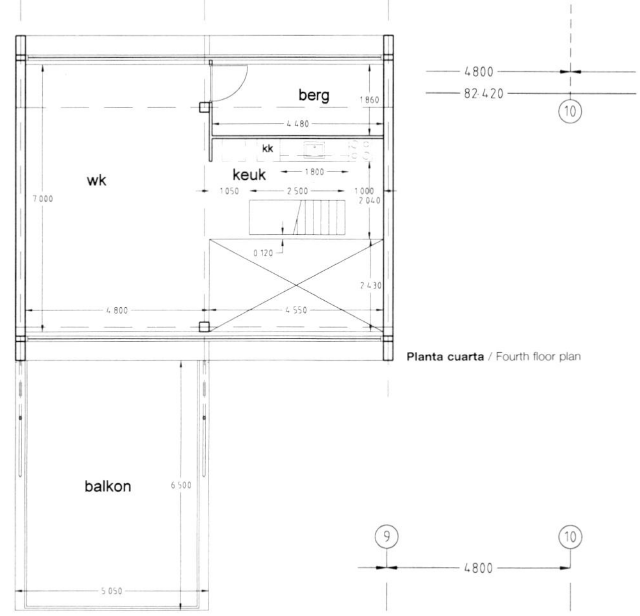

Planta cuarta / Fourth floor plan

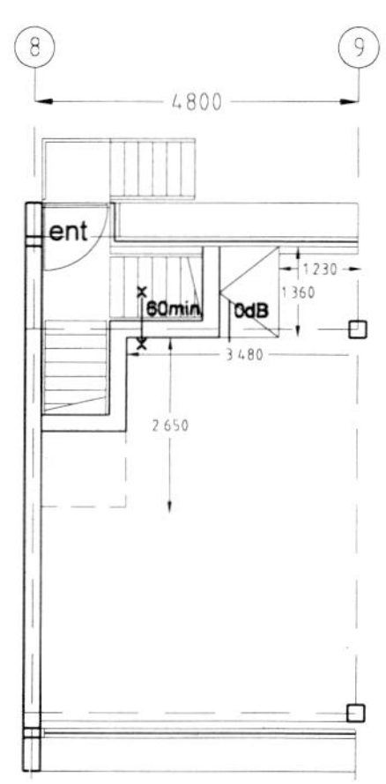

Planta primera / First floor plan

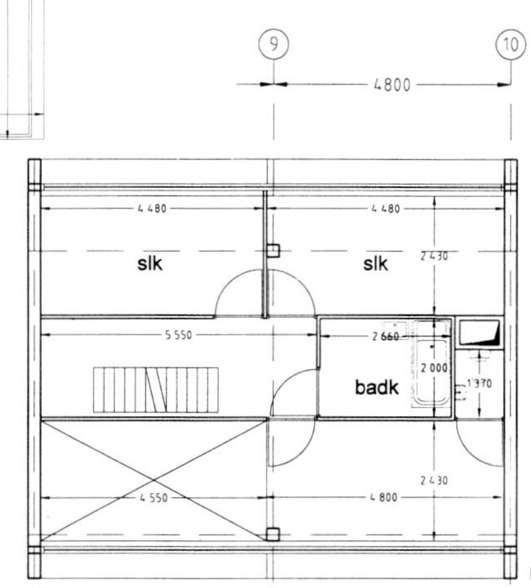

Planta tercera / Third fl

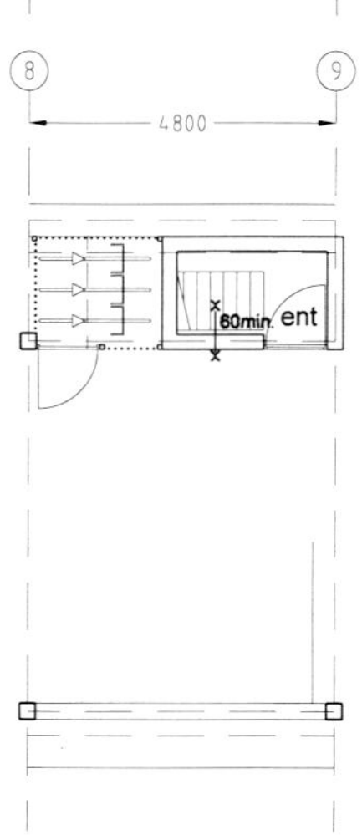

Planta baja / Ground floor plan

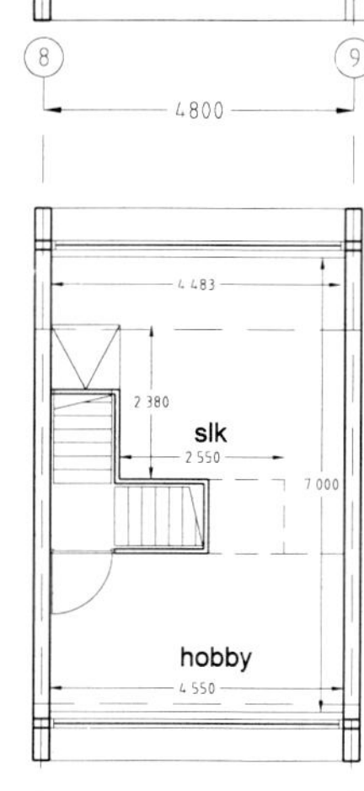

Planta segunda / Second floor plan

Holanda / The Netherlands

FINCAS RÚSTICAS EN WADDINXVEEN

1997- COUNTRY ESTATES IN WADDINXVEEN

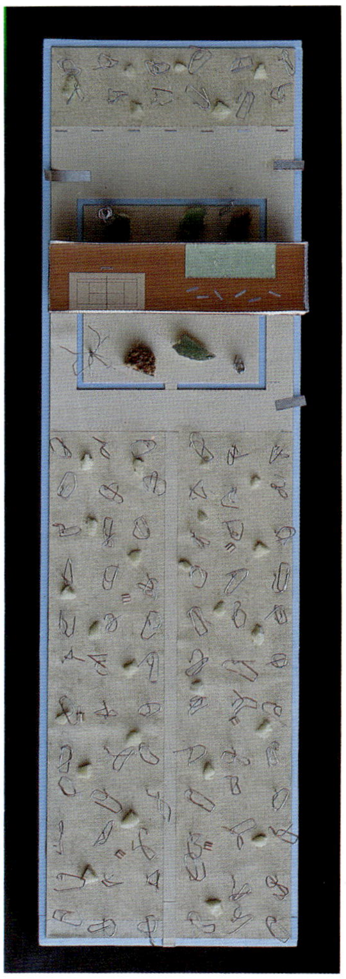

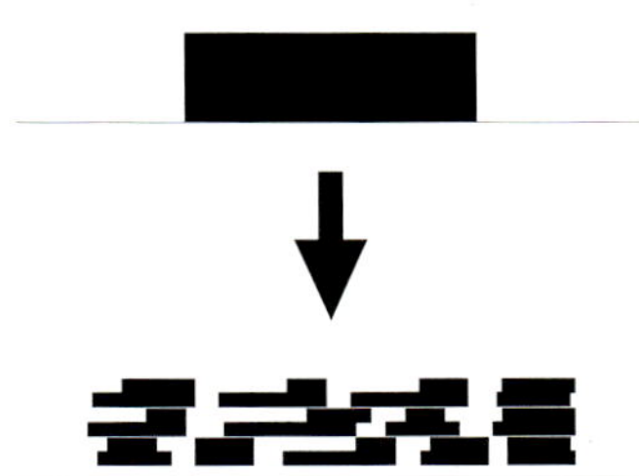

VARIANTE 1 (diagrama en sección)
VARIANT 1 (section diagram)

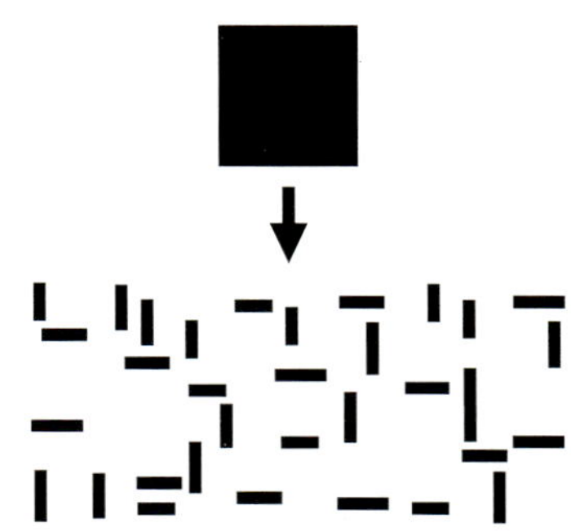

VARIANTE 2 (diagrama en planta) / VARIANT 2 (plan diagram)

La expresión 'finca rústica' evoca de inmediato una imagen de lujo y retiro, objeto no sólo de deseo en el mundo del ocio sino también en el inmobiliario. Ahora que dentro del plan de vivienda Vinex se ha hecho posible desarrollar fincas rústicas —en su mayor parte públicas— se nos ocurre que esto sólo se puede conseguir aunando, en un complejo, un número de viviendas o de oficinas, o ambas cosas. Esto choca con la vieja idea de finca rústica, donde el tema dominante era el de la gran casa unifamiliar. El significado de la expresión 'casa rústica' tendría que abarcar ahora también fórmulas más contemporáneas, como condominios o centros de vacaciones. Es en el marco de este estudio sobre las nuevas fincas rústicas donde se lleva a cabo nuestra investigación —en la que destaca dos variantes— una concentrada y otra más extensiva.

The expression 'country estate' immediately conjures up the picture of luxury and seclusion which has made it not only a desired object in the world of recreation but also in the world of commercial real estate. Now that it has become possible within the Vinex housing programme to develop contemporary country estates which are largely public, it strikes one that this can only be achieved by means of complexes of a number of dwellings or offices or both. This in contrast to the old country estates where the subject was really a rather spacious family house. The original meaning of the expression 'country estate' will therefore need to be enlarged by the addition of more contemporary formulae such as condominiums and resorts. Within the framework of this study of new country estates an investigation will be made into a concentrated and a more extensive variant.

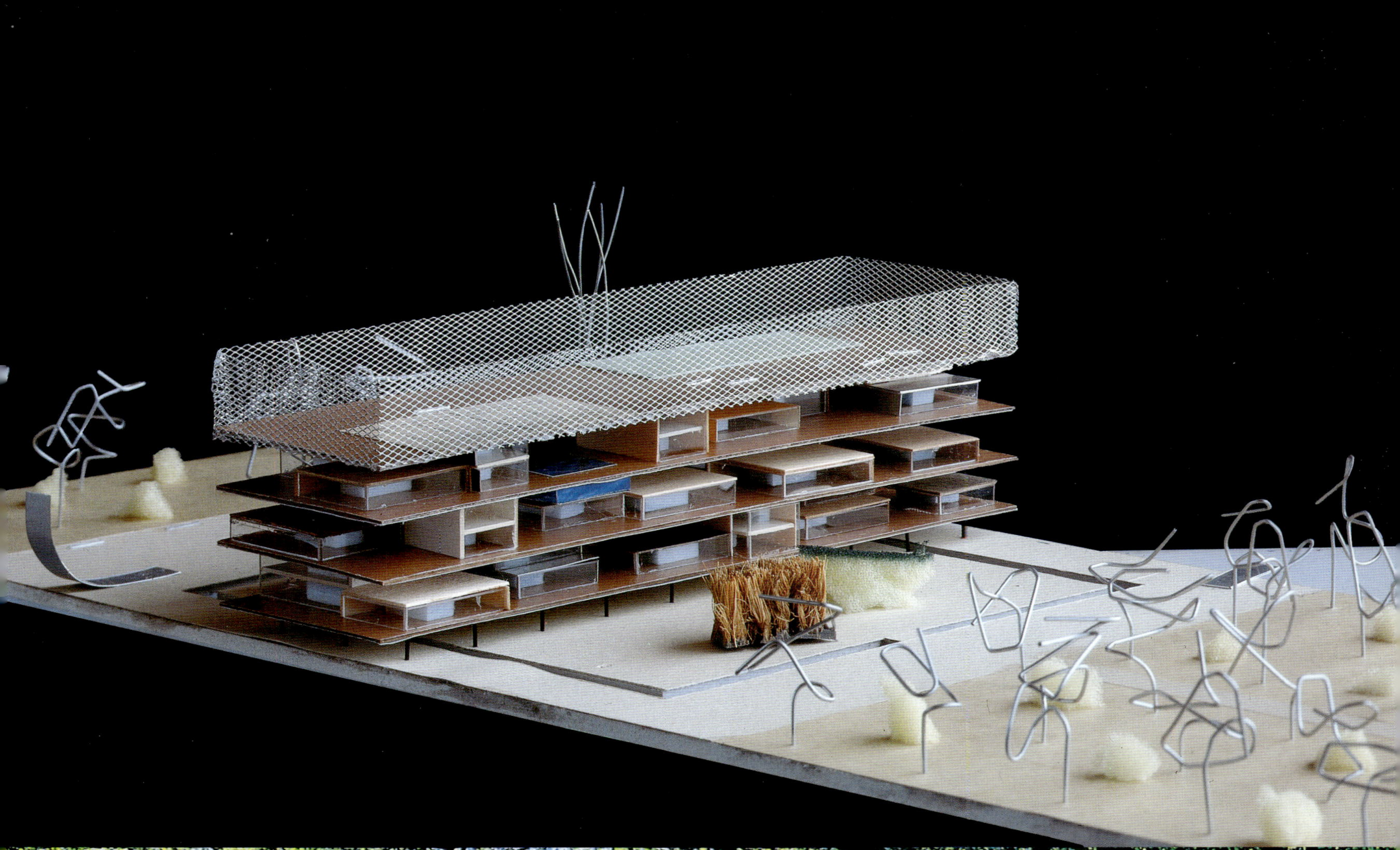

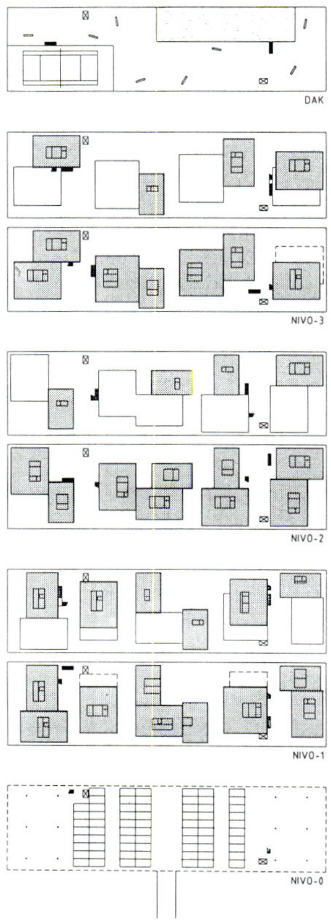

Plantas
Floor plans

VARIANTE 1 ***Southern Comfort***

La casa que se construye en este extenso terreno es accesible a través de un largo camino arbolado, como los que conducían a las mansiones de las plantaciones sureñas de América en el siglo diecinueve. Los racimos de rododendros que se plantan entre los árboles suscitan diversos espacios diferentes en la finca. Los columpios que cuelgan de las ramas, y los pavos reales y ciervos que andan sueltos, refuerzan esta romántica idea. La casa se levanta en una 'isla' en el interior del parque, rodeada por un estanque de nenúfares y queda conformada por cuatro plataformas de madera dispuestas a intervalos de seis metros de altura. Tres tipos diferentes de viviendas se disponen en estas plataformas, cada una de las cuales se construye en un material distinto para facilitar la identificación —piedra, metal y madera—. Dos de las fachadas son totalmente de cristal, para permitir vistas sobre las plataformas, los jardines y el parque. Las casas se sitúan de tal manera que todas disponen de espacio exterior. El hecho de que, de vez en cuando, una casa se sitúa encima de otra, hace posible que también haya terrazas en el entresuelo. Escaleras de madera al aire libre y un par de ascensores de vidrio sirven de acceso a las plataformas. La superior es un solarium —con zona de juegos infantiles y un campo de deportes— que se rodea de una malla metálica; una forma contemporánea de cornisa.

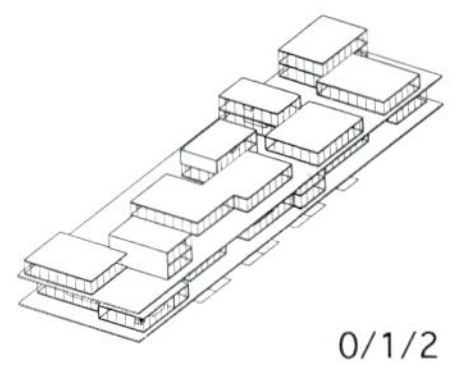
0/1/2

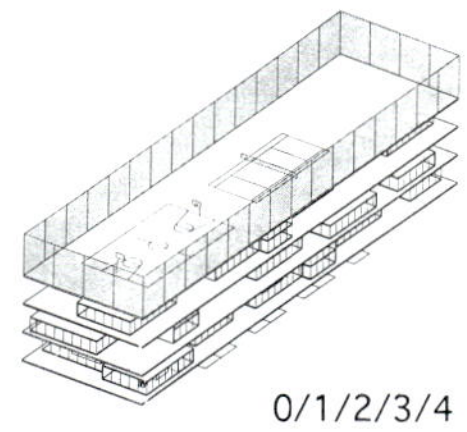
0/1/2/3/4

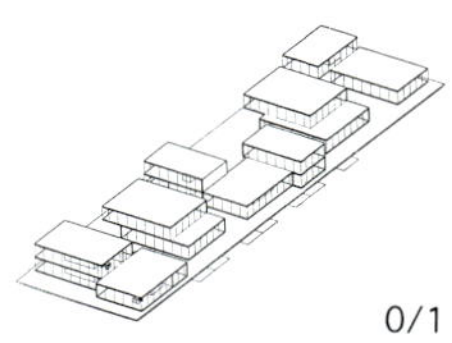
0/1

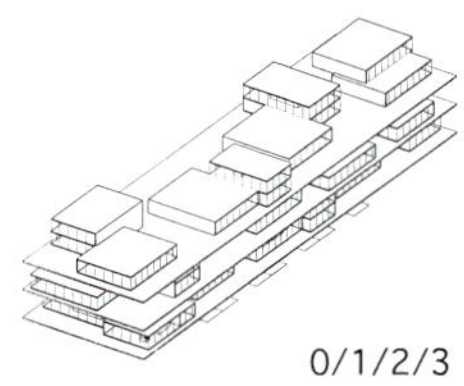
0/1/2/3

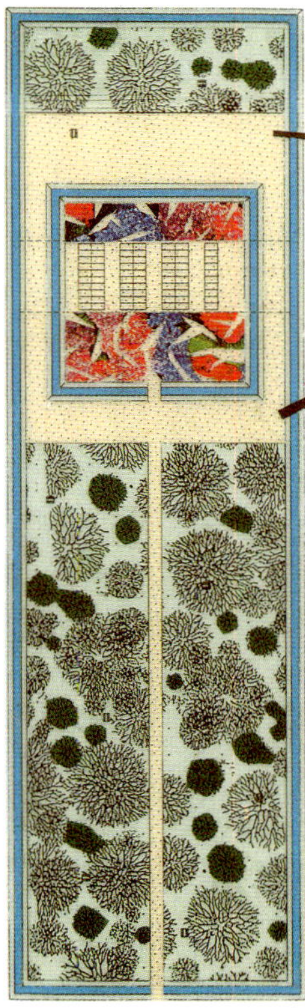

Ground floor plan
Planta baja

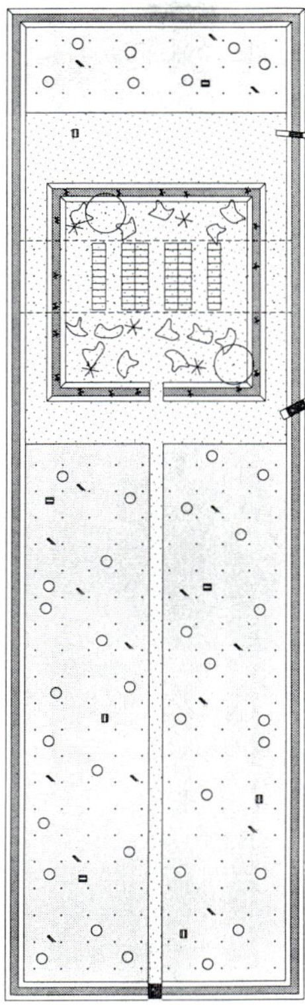

Ajardinamiento
Plantation

- PAULOWNIA TOMENTOSA
- RHODONDENDRON SPECIES
- SALIX ALBA 'TRISTIS'
- POPULUS NIGRA 'ITALICA'
- HORTENSIA SPECIES
- WATERLELIES
- SCHOMMEL
- PICKNICK SET
- DIERENROOSTERS (VOOR PAUWEN)
- GRAVIE D'OR (HALFVERHARDING)
- GRAS

VARIANT 1 *Southern Comfort*

The house standing on this extended plot is accessed by a long leafy drive, like those leading to nineteenth century plantation houses in the southern states of America. By planting clusters of rhododendrons between the trees a variety of different spaces are created on the estate. Swings hanging from the branches and peacocks and deer wandering at will reinforce the feeling of romance. The house stands on an 'island' in the park, surrounded by a ditch full of water lilies, and is built of four wooden decks set at six metre intervals. Three different types of house are located on these decks, each of which can be provided with a different material to promote recognisability - stone, brick metal and wood. By executing two of the elevations entirely in glass, panoramic views are provided over the decks, the gardens and the park. The houses are so placed that each one has an enormous amount of exterior space. The fact that every so often one house is set on top of another, means that there are also terraces on a mezzanine. Open wooden steps and a pair of glass lifts provide access to the decks. The topmost deck provides space for a sun-deck with a children's play area and a sports field. It is surrounded by wire netting: a contemporary form of cornice.

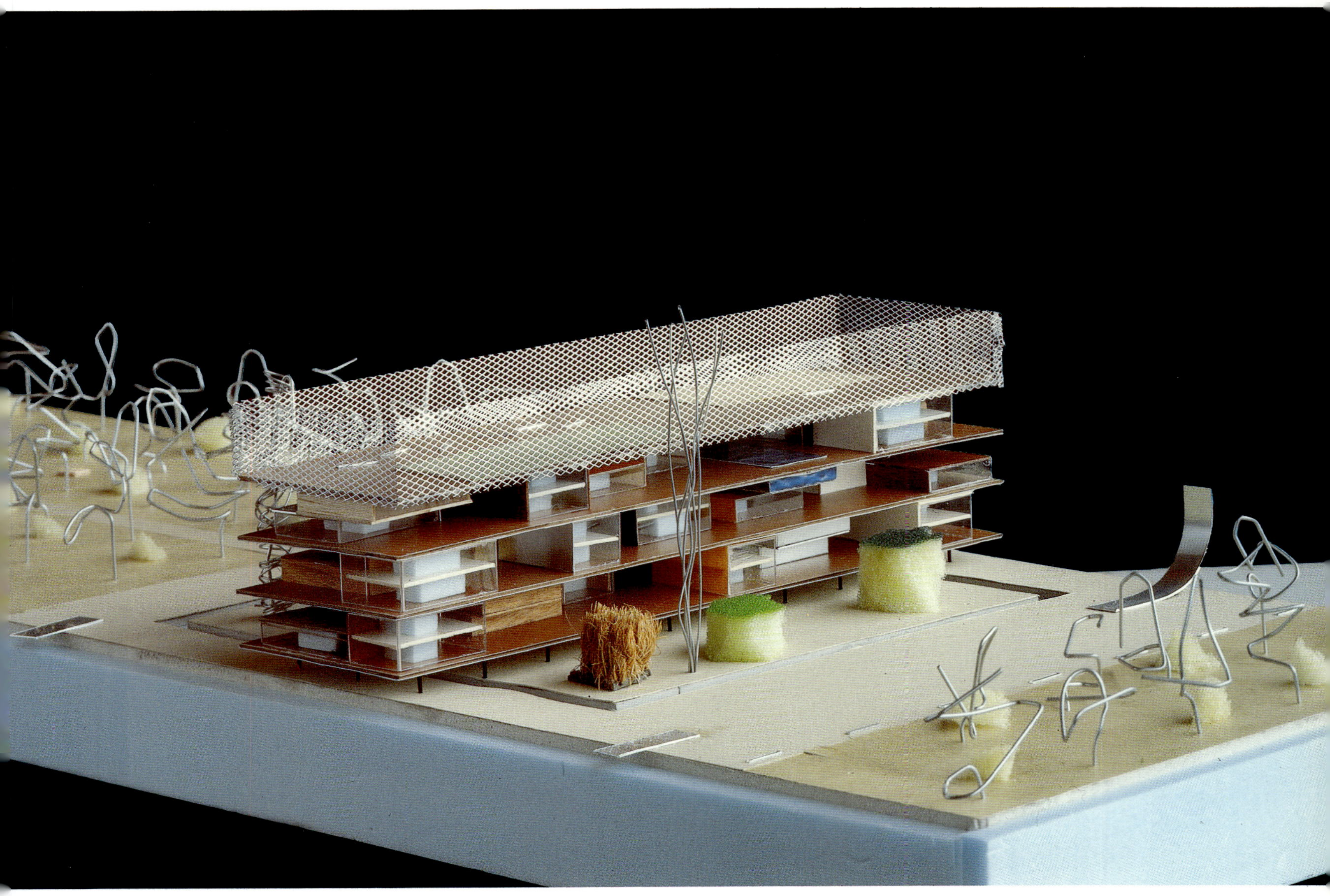

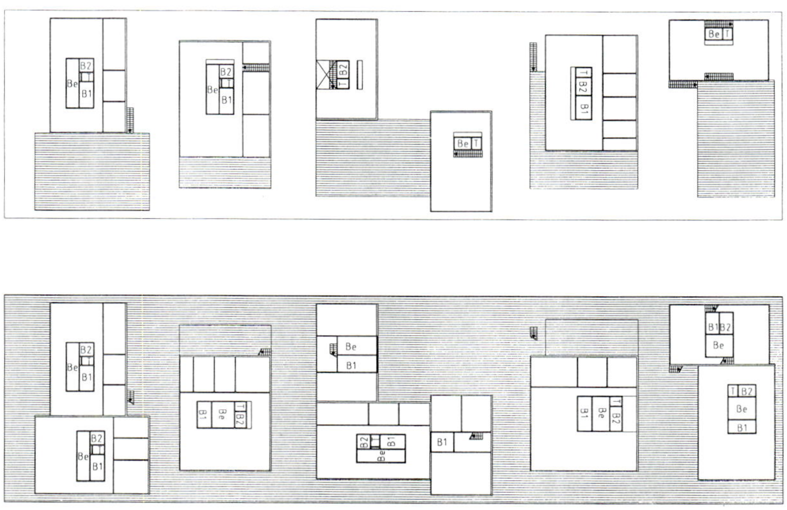

VARIANTE 1 / VARIANT 1
Plantas niveles 1 y 1A / Floor levels 1 and 1A

VARIANTE 2 ***Skywalk***

Este terreno se planta con abundancia de alisos y olmos sobre una base de helechos, creando un bosque misterioso. Al construir dentro de este bosque una plataforma de madera de unos quince metros de altura, la selva de árboles queda ocupada por una selva de columnas —que podrían ser árboles descortezados— quedando intacta su apariencia. Es como si la cubierta de hojas fuera asumida por esta 'plataforma en el cielo', sobre el que se disponen unas casas de madera a modo de cabañas.

VARIANT 2 *Skywalk*

This plot is 'massively' planted with alders and elms with an underlayer of ferns, creating a mysterious wood. By building inside this wood a wooden platform, some fifteen metres high, the forest of trees becomes filled by a forest of columns —they could be debarked trees— apparently leaving it unharmed. It is as if the leaf cover is carried through by this 'skywalk', on which wooden houses find a place as lodges. **El acceso a este pueblo en las copas de los árboles se produce a través de un camino serpenteante semi-sólido, al lado del cual se sitúan las plazas de aparcamiento, encajadas entre los árboles y los helechos. Un par de ascensores y varios tramos de escaleras que rodean algunos grupos de árboles proporcionan acceso a esta plataforma. El emplazamiento individual del edificio hace que esta tipología sea apropiada no sólo para uso residencial, sino también para otras actividades.** This treetop village is accessed by a winding semi-solid path, beside which there are parking places, fitted in between the trees and the ferns. A pair of lifts and a number of flights of stairs winding round groups of trees provide access to this deck. The individual placing of the building makes this type suitable not only for residential use but also for other activities.

CAPAS / LAYERS

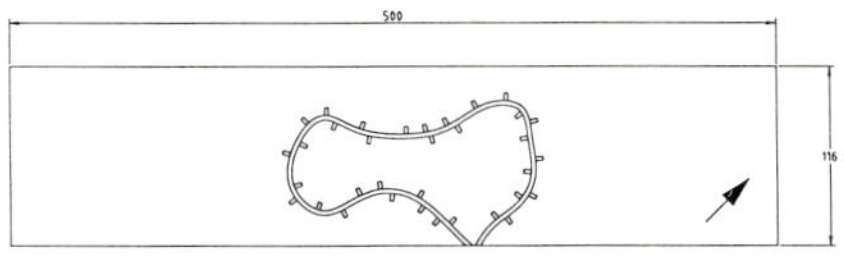

Situación. Aparcamiento / Situation. Parking

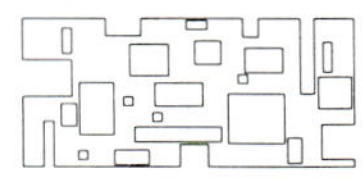

Plataforma / Deck

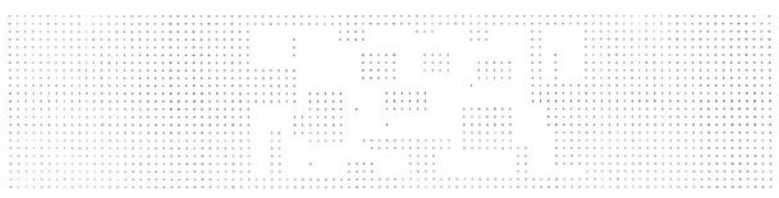

Arboles / Trees

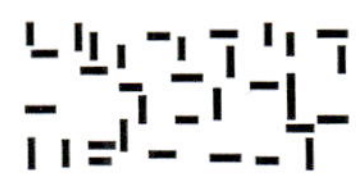

Viviendas. 2 Niveles / Housing. 2 Levels

Columnas / Columns

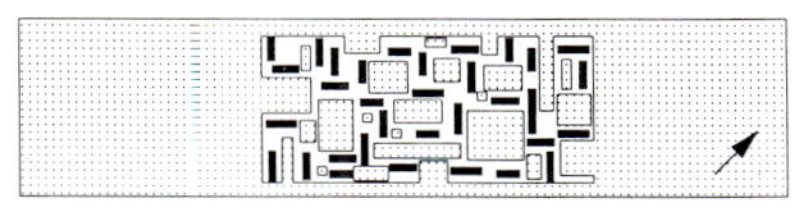

Vista desde arriba / Top view

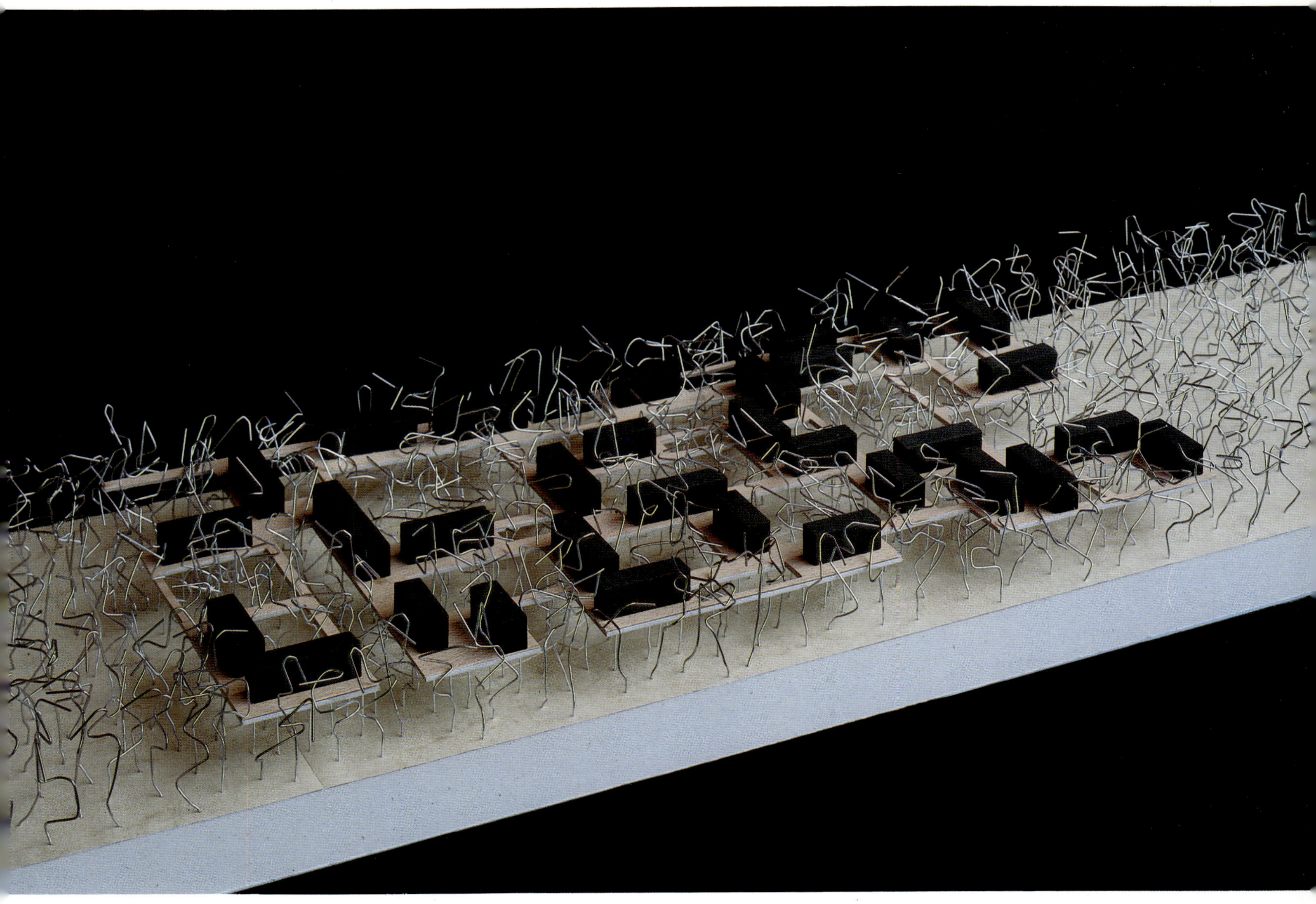

Leidschendam, Holanda / The Netherlands

CENTRO URBANO LEIDSCHENVEEN

1997 LEIDSCHENVEEN TOWN CENTRE

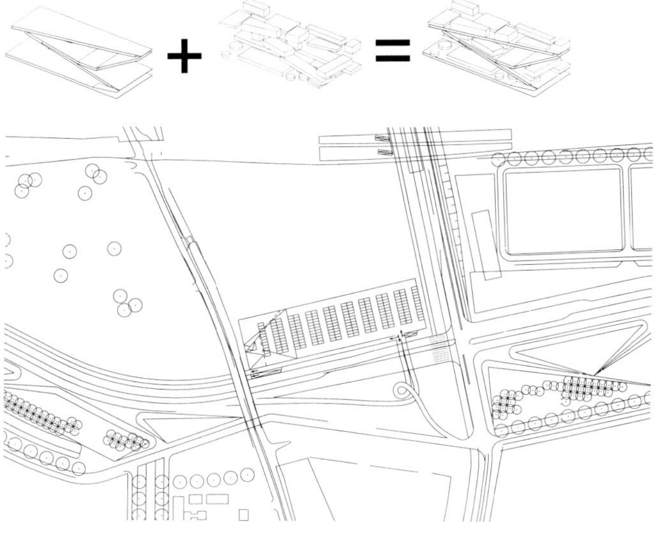

¿Cómo crear un centro urbano en un solar preciso y donde coexistan una total accesibilidad para el tráfico rodado y un paisaje libre de coches? La expansión y la contracción del espacio de *parking* que se necesita permite crear unos enormes 'nichos' entre los niveles de aparcamiento para disponer tiendas, supermercados, servicios médicos, un centro cultural y social, una biblioteca, una iglesia, un centro deportivo y alrededor de ochenta viviendas. La rampa/calle del aparcamiento va elevándose de forma gradual hasta culminar en su parte superior en un nivel urbano continuo.

How can a centre be created on a restricted plot where total accessibility to motor traffic is coupled with a car-free promenade? By cutting into and stretching out the required parking space, enormous 'alcoves' are created between parking levels, where space can be provided for shops, supermarkets, medical facilities, a social cultural centre, a library, a church, a sports hall and 80 or so dwellings. A continuously rising parking street is created with a continuous urban level on top of it.

La diferencia de cotas que van surgiendo favorece una amplia gama de usos diferentes, que oscila entre los paisajes aterrazados para puestos de mercado, las zonas llanas para comestibles, las calles para artículos no alimentarios, las pendientes con galerías, los valles con auditorios y la parte plana para casas-patio.

The range of different gradients encourages a range of different uses: from terrace landscapes with market stalls, through level areas for foodstuffs, streets for non-food articles, slopes with galleries and valleys with auditoria to a flat area containing patio dwellings.

Las variaciones en anchura permiten que la capacidad del nivel urbano responda adecuadamente a la demanda, y que las necesidades de aparcamiento se ajusten a los programas superpuestos. En la parte que da al parque se diseña una fachada de vidrio.

A variation in width allows the capacity of the urban level to satisfy demand, and the parking requirement to be adjusted to the superimposed programmes. In this way a crystalline park-like elevation is created on the park side.

Este proyecto —que se encuentra en fase de anteproyecto—, forma parte del plan general —desarrollado en colaboración con las autoridades locales de Leidschendam— que pretende generar en esta zona, con la creación de una 'Calle Principal', el nuevo corazón del barrio.

This plan, which is to be found in the preliminary phase of the Provisional Design, forms part of a master plan, developed in cooperation with Leidschendam's local authority, for a 'Main Street' to serve as the heart of this new Vinex neighbourhood.

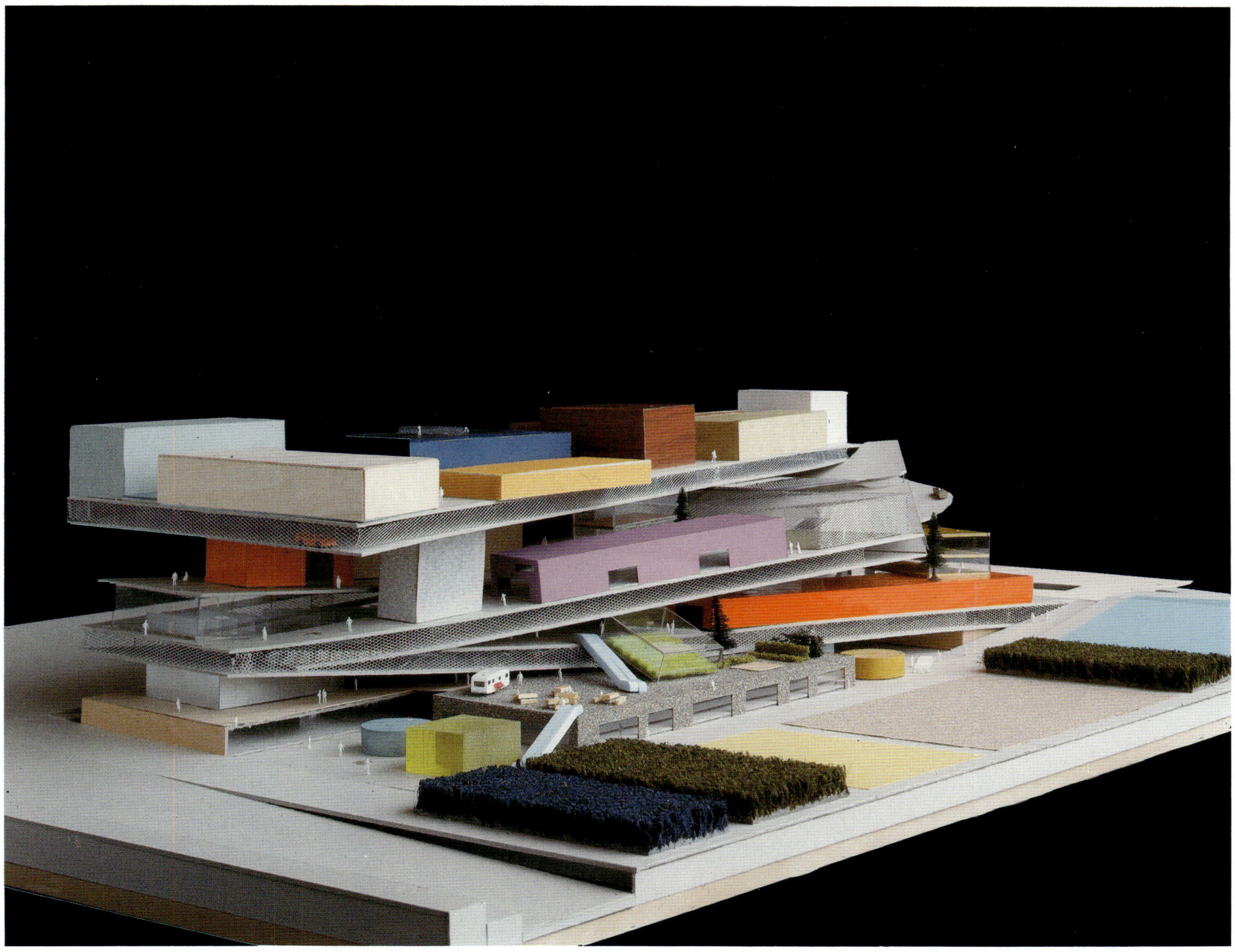

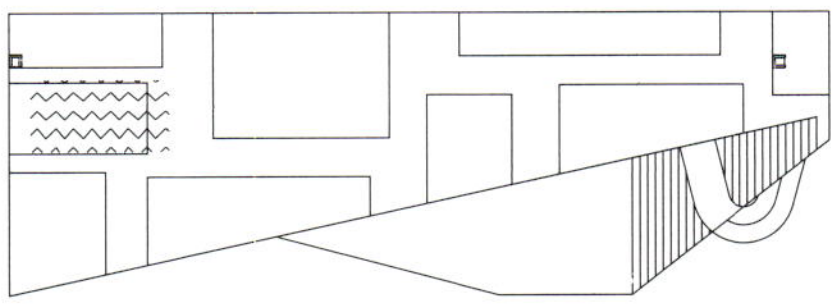

Nivel 7
Viviendas
Level 7
Housing

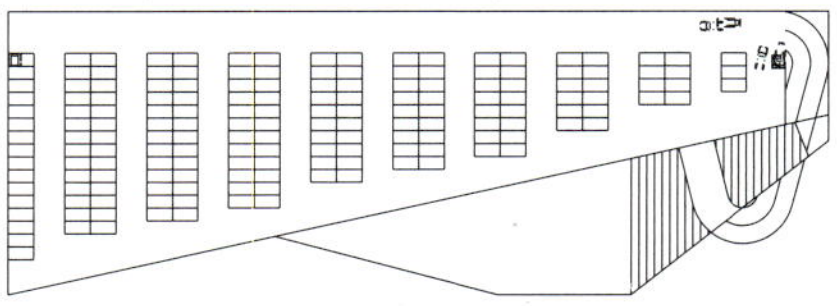

Nivel 6
Aparcamiento
Level 6
Parking

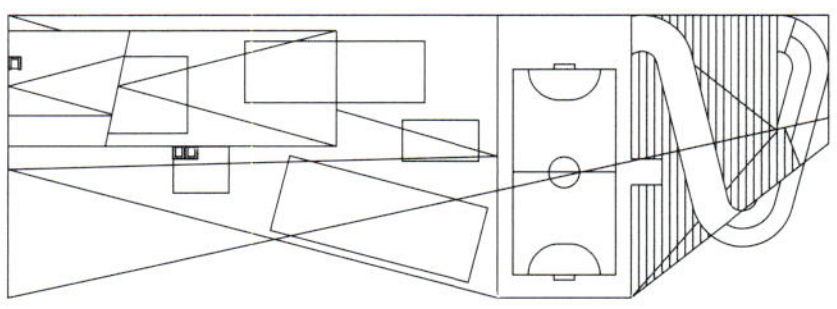

Nivel 5
Deportes, Oficinas, Centro Social/Cultural Centro Médico
Level 5
Sports, Offices, Social/Cultural Centre
Medical Centre

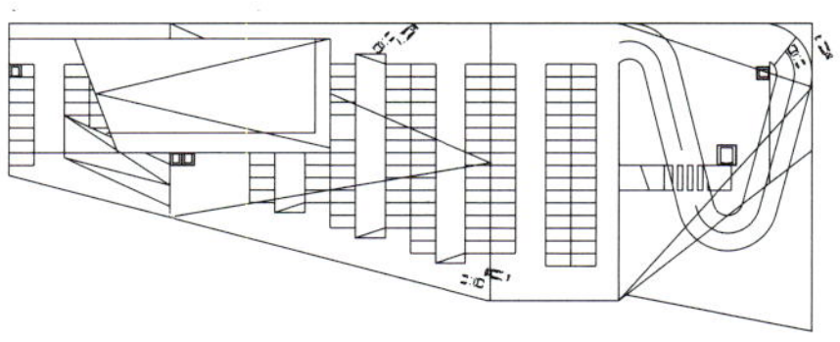

Nivel 4
Aparcamiento
Level 4
Parking

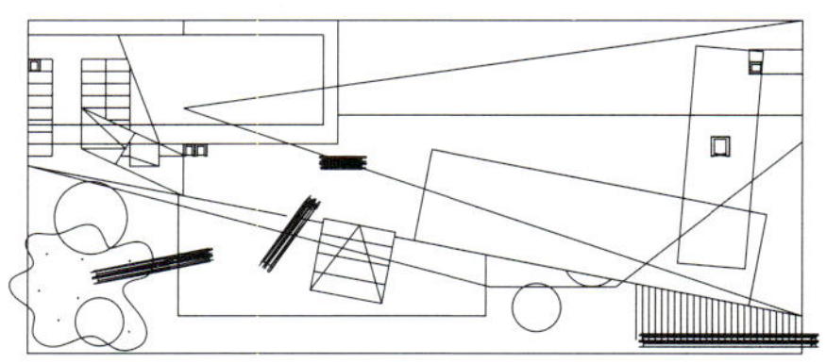

Nivel 3
Tiendas, Biblioteca, Oficinas
Level 3
Shops, Library, Offices

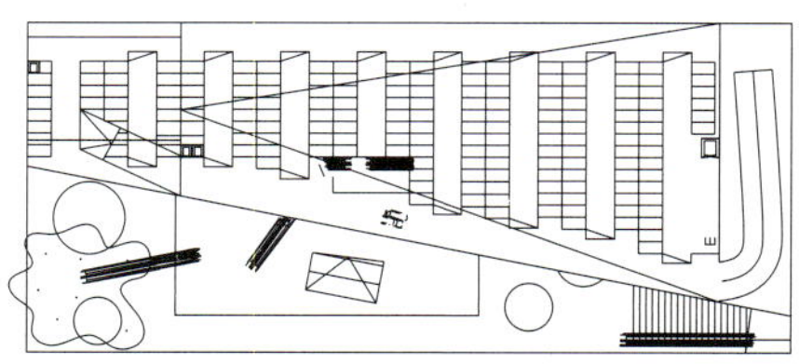

Nivel 2
Aparcamiento
Level 2
Parking

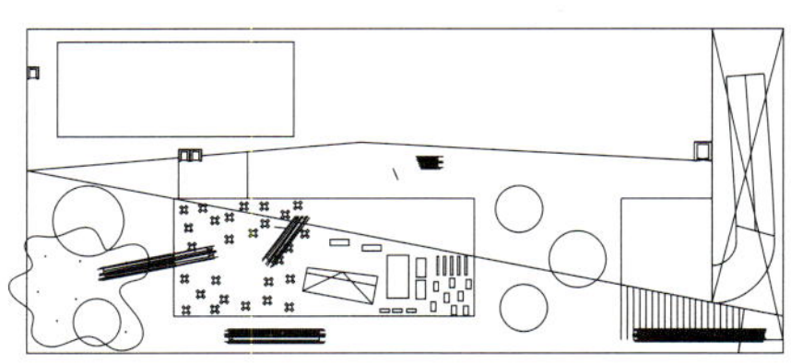

Nivel 1A
Terraza, Jardín
Level 1A
Terrace, Garden Centre

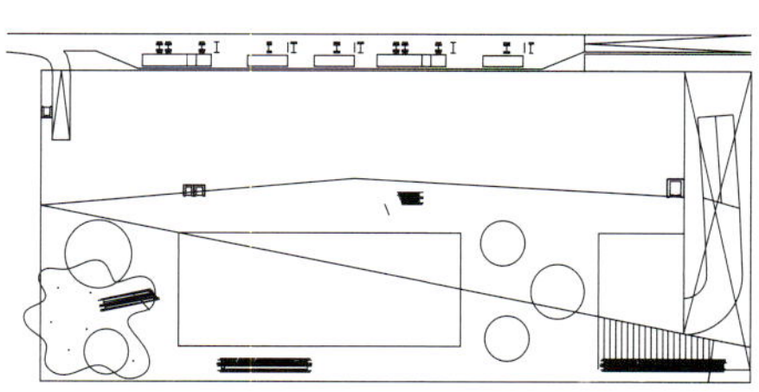

Nivel 1
Tiendas
Level 1
Shops

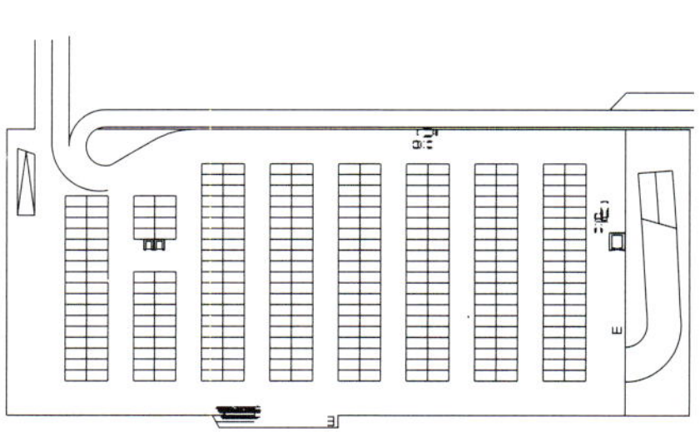

Nivel 0
Aparcamiento
Level 0
Parking

Tira plegada y desplegada
Folded and unfolded strip

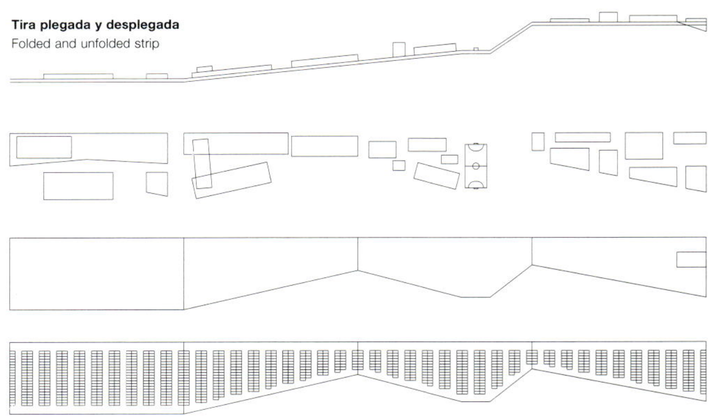

Vista desde el Sur / South view

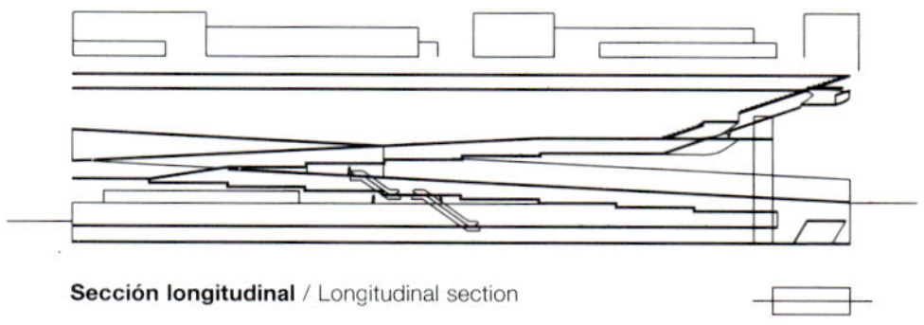

Sección longitudinal / Longitudinal section

Vista lateral Oeste
Western side view

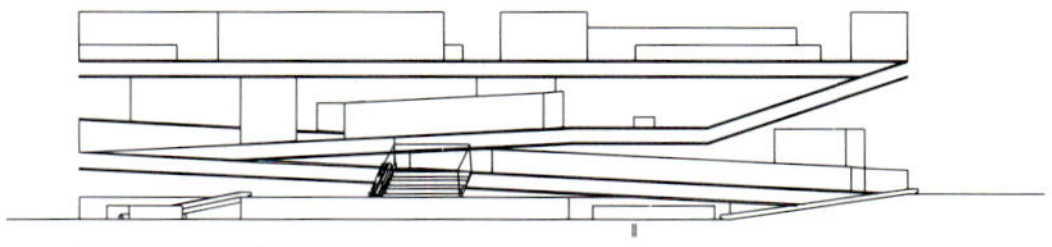

Alzado Sur / South elevation

Vista lateral Este
Eastern side view

Postdam, Berlín, Alemania [Concurso] / Germany [Competition]

PROYECTO BUGA 2001+PLANT CITY

1997 BUGA 2001+PLANT CITY

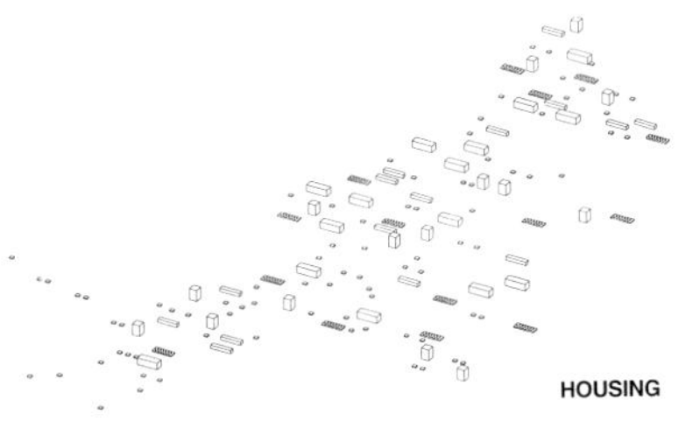

HOUSING

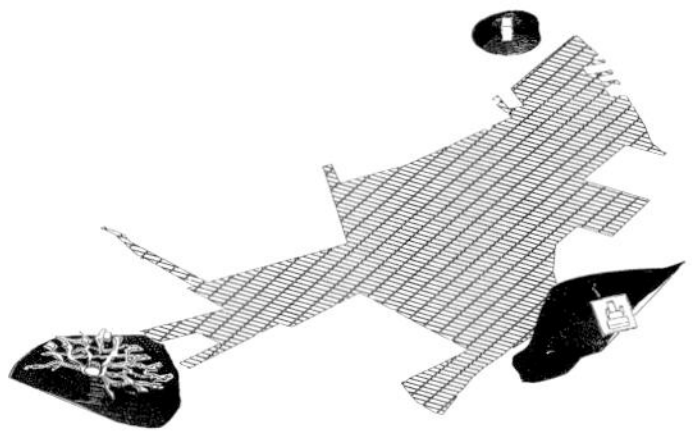

BUGA 2001

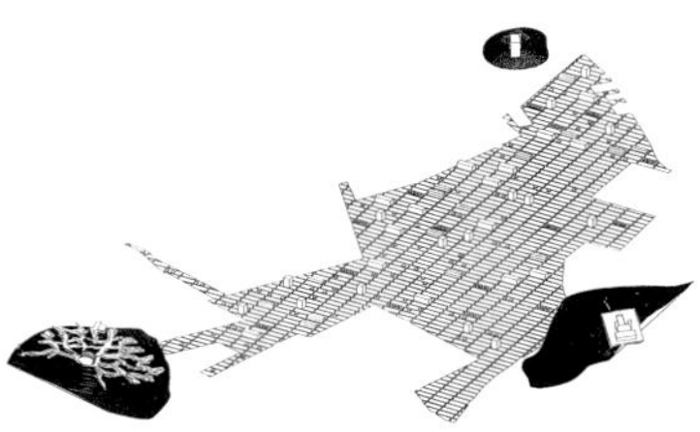

PARK & QUARTIER 2010

¿Es concebible construir un parque, sin estilo propio, donde todos los elementos del jardín, todas las plantas, incluso todos los estilos, estén someramente conectados? Y donde los elementos estén dispuestos alfabéticamente, todo fácil de encontrar y de inventariar, como una colección inimaginablemente amplia. Algo que, como un Arca de Noé, podría presentar la situación botánica a las generaciones venideras. ¿Es concebible?

Might it be conceivable to construct a park, with no style of its own, where all the elements of a garden, all the plants, even all the styles, are loosely linked together? Where the elements are arranged alphabetically, everything easy to find and to refer to, like one unimaginably large collection? Something which like a Noah's ark could present the botanical situation to subsequent generations?

Cuando la exposición botánica alemana termine, los terrenos del BUGA con mayores necesidades de mantenimiento serán convertidos, tal y como se ha especificado, en aproximadamente dos mil villas, viviendas adosadas, bloques de pisos y bungalows con patio. Se puede concebir una planta flexible en la que la composición exacta pueda seguir postponiéndose hasta que se conozcan los requerimientos definitivos. Esto permitiría a las casas adaptarse a cualquier elemento con el que se encuentren procedente del BUGA: viviendas en torno a un jardín japonés, o en un bosque, o junto a lechos de rosas, y así sucesivamente. Las viviendas siempre estarían rodeadas de zonas ajardinadas, por lo que el resultado sería el de un auténtico barrio jardín, y no el de un mero grupo de casas situado junto a una franja de zonas verdes.

When the German garden exhibition is over, the fields of the BUGA needing the most maintenance will be converted into the specified 2,000 or so villas, terrace houses, blocks of flats and patio bungalows. A flexible plan is conceivable in which the exact composition can go on being delayed until the definitive requirements are known. This will enable the houses to fit in with whatever BUGA elements they come across: dwellings round a Japanese garden, in a wood, beside beds of roses and so on. Since the dwellings will always be surrounded by planted areas, the result will be a true garden neighbourhood, not just a number of homes beside a strip of parkland.

El BUGA constituirá la base del barrio, dotará a éste de un carácter específico y atractivo, proporcionándole —por así decir— rocas y ruinas antiguas que permanecerán como un rasgo permanente de la historia de la localidad.

Thus BUGA will form the basis of the neighbourhood, give it its specific, attractive character, provide it as it were with ancient rocks and ruins and so remain a permanent feature of the history of the locality.

Al disponer tanto elementos propios de un parque, como edificios y elementos deportivos y recreativos, de forma inesperada y flexible, la variedad se convierte en un objeto por derecho propio: una 'ciudad-pixel' donde los límites entre parque y edificio se desdibujan y donde el edificio se disuelve en un paisaje de diferencias. ¿No será éste, en todos los sentidos, un loable sucesor contemporáneo del jardín público clásico? Una forma de extensión de las actuales zonas verdes de Postdam y Berlín.

By positioning park-like elements, sport and recreational elements and buildings in a way that is unexpected and flexible, variety becomes an object in its own right: a 'pixel town' where the boundaries between park and building become indistinct and where the building dissolves into a landscape of differences. Will this not be in all respects a worthy contemporary successor to the classic public garden? It forms an addition to Potsdam and Berlin's existing acreage of parkland.

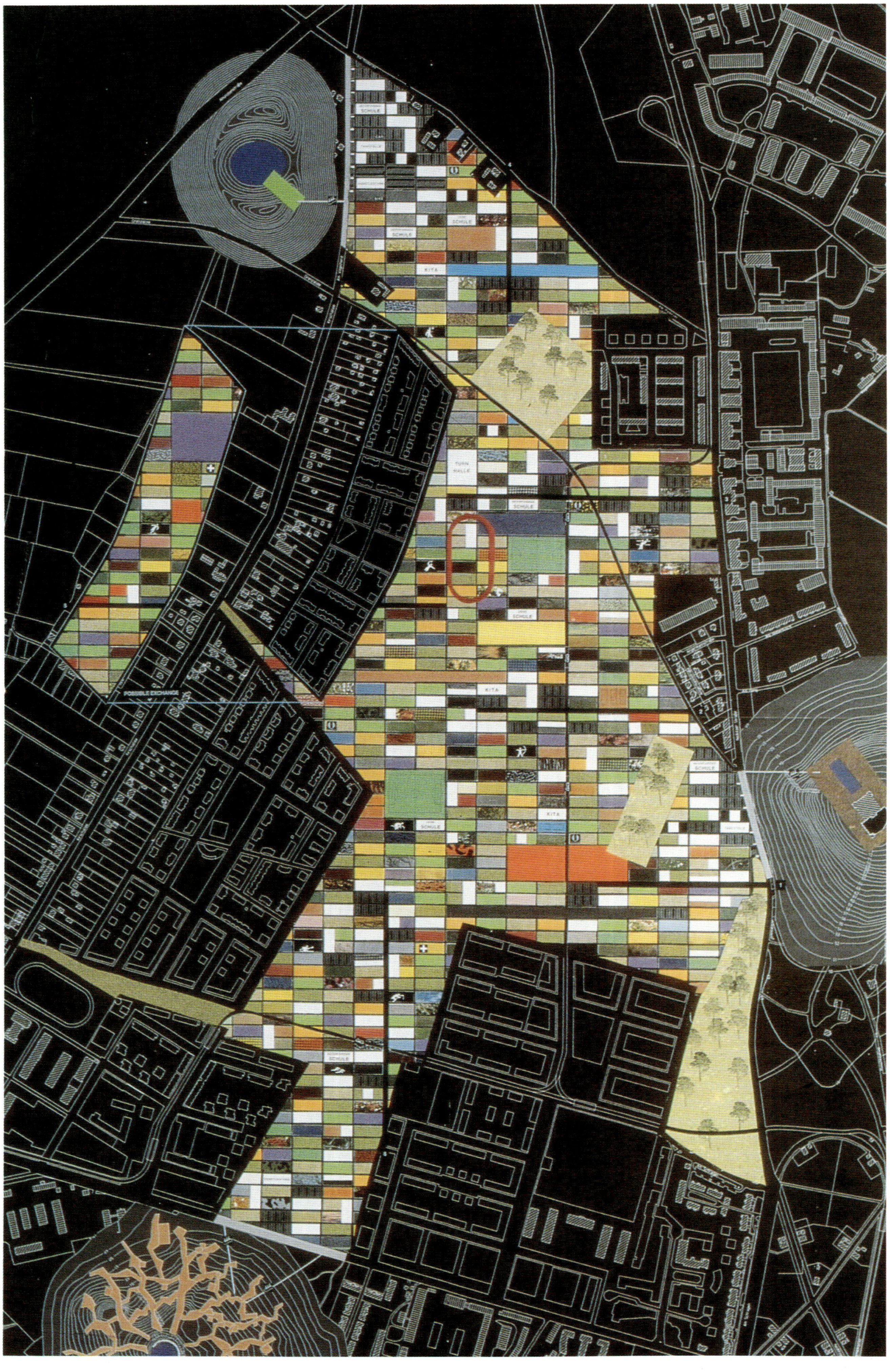

Planta general del proyecto para la Exposición de Jardinería del año 2001 (BUGA 2001)
Overall plan of the design for the Gardening Exhibition in the year 2001 (BUGA 2001)

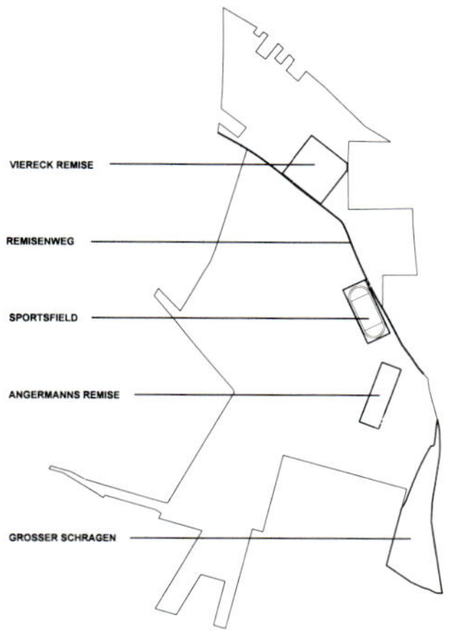

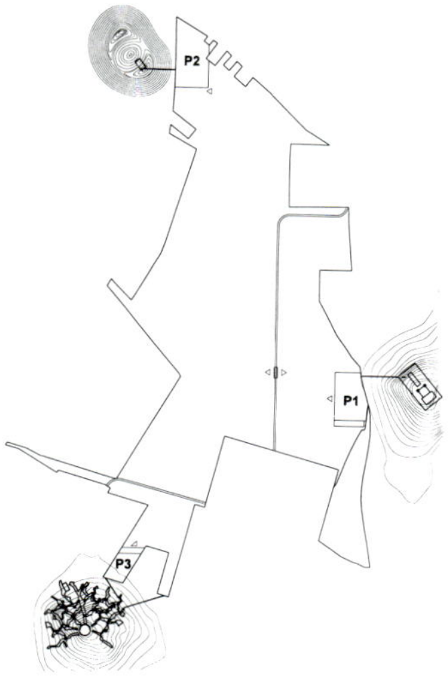

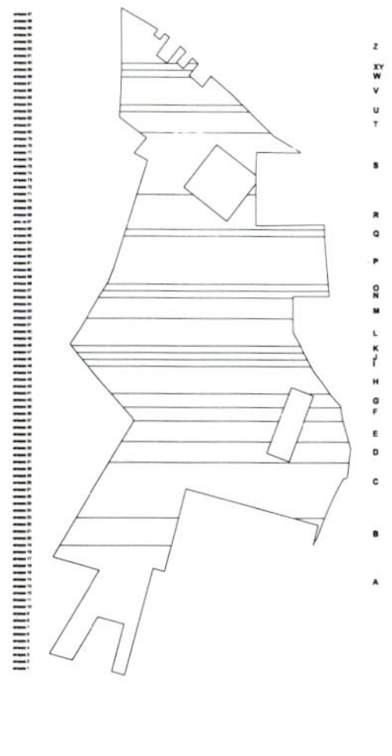

De arriba abajo:
Elementos que se conservan
Colinas y accesos
97 calles, 920 campos, 17 avenidas
Zonificación alfabética
From top to bottom:
Saved elements
Hills + accesses
97 streets, 920 fields, 17 avenues
Alphabetical zones

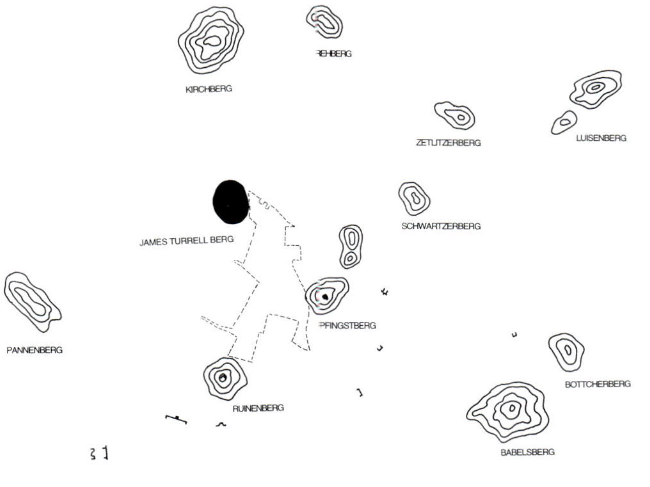

La nueva colina como centro de las colinas de los alrededores
New hill as centre of surrounding hills

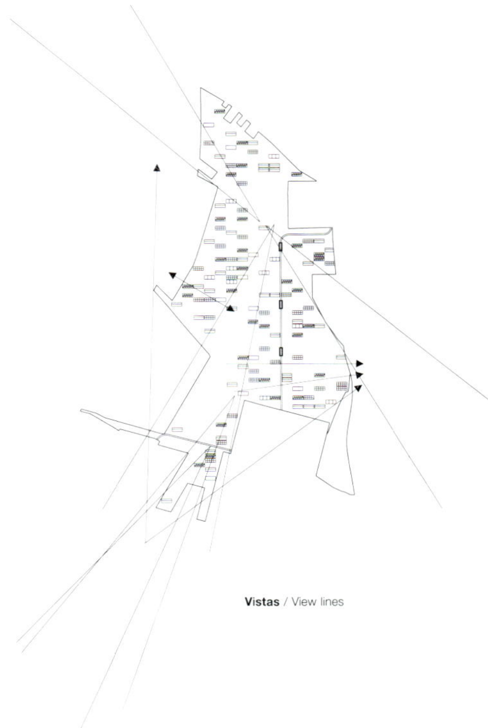

Vistas / View lines

100% apartamentos / 100% appartments

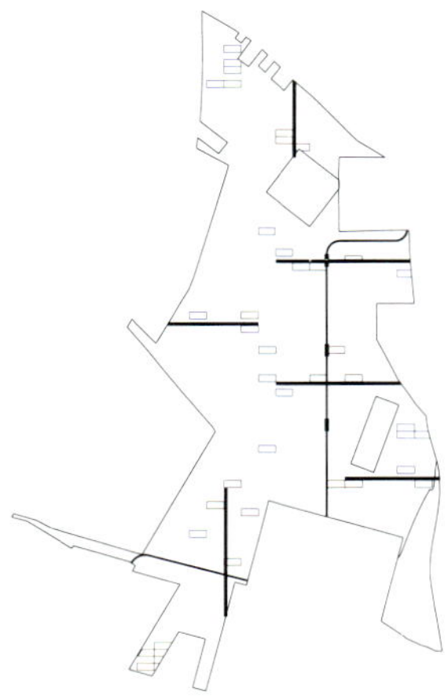

Areas de aparcamiento / Parking places

100% casas en hilera / 100% row housing

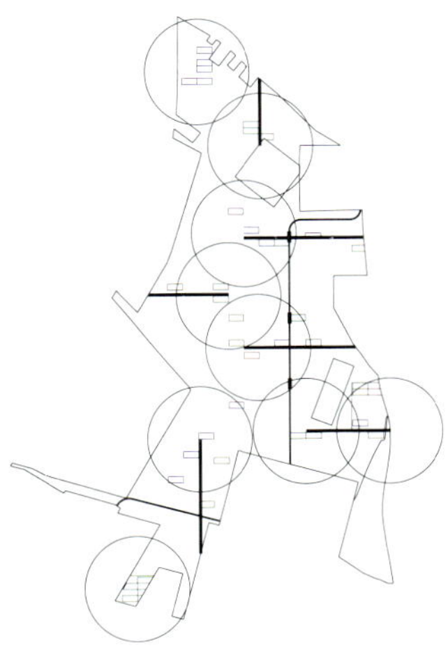

Centros urbanos / Downtowns

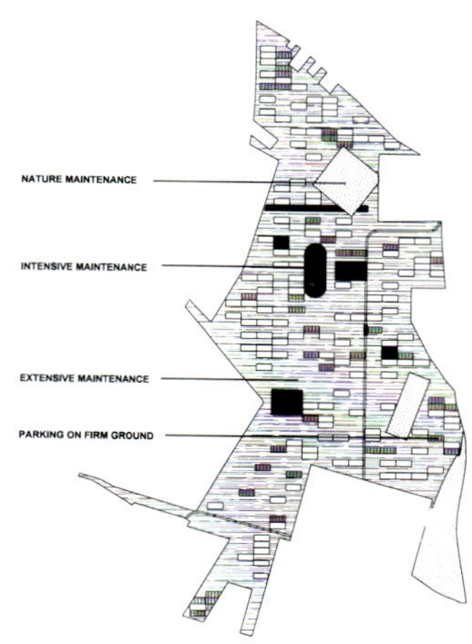

Espacio público en el 2001 / 2001 public space

Mezcla de viviendas / Housing mix

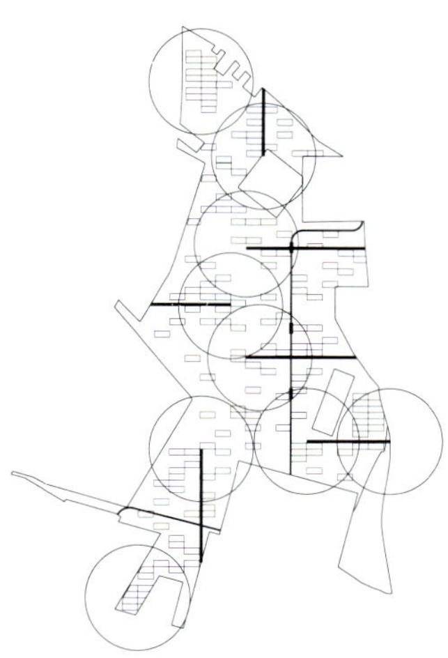

90% de viviendas con 'centros' / 90% of housing with 'downtowns'

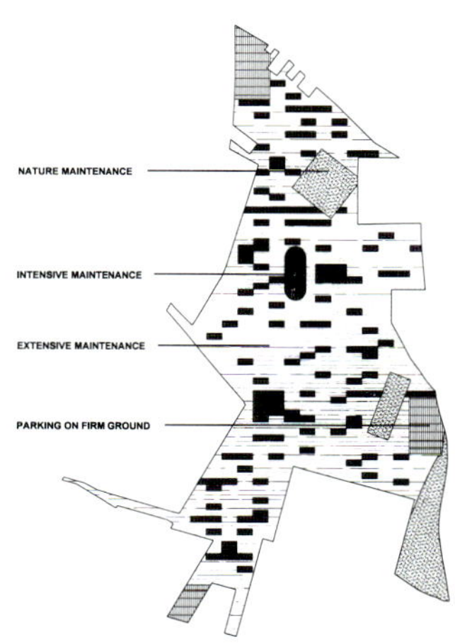

Espacio público en el 2010 / 2010 public space

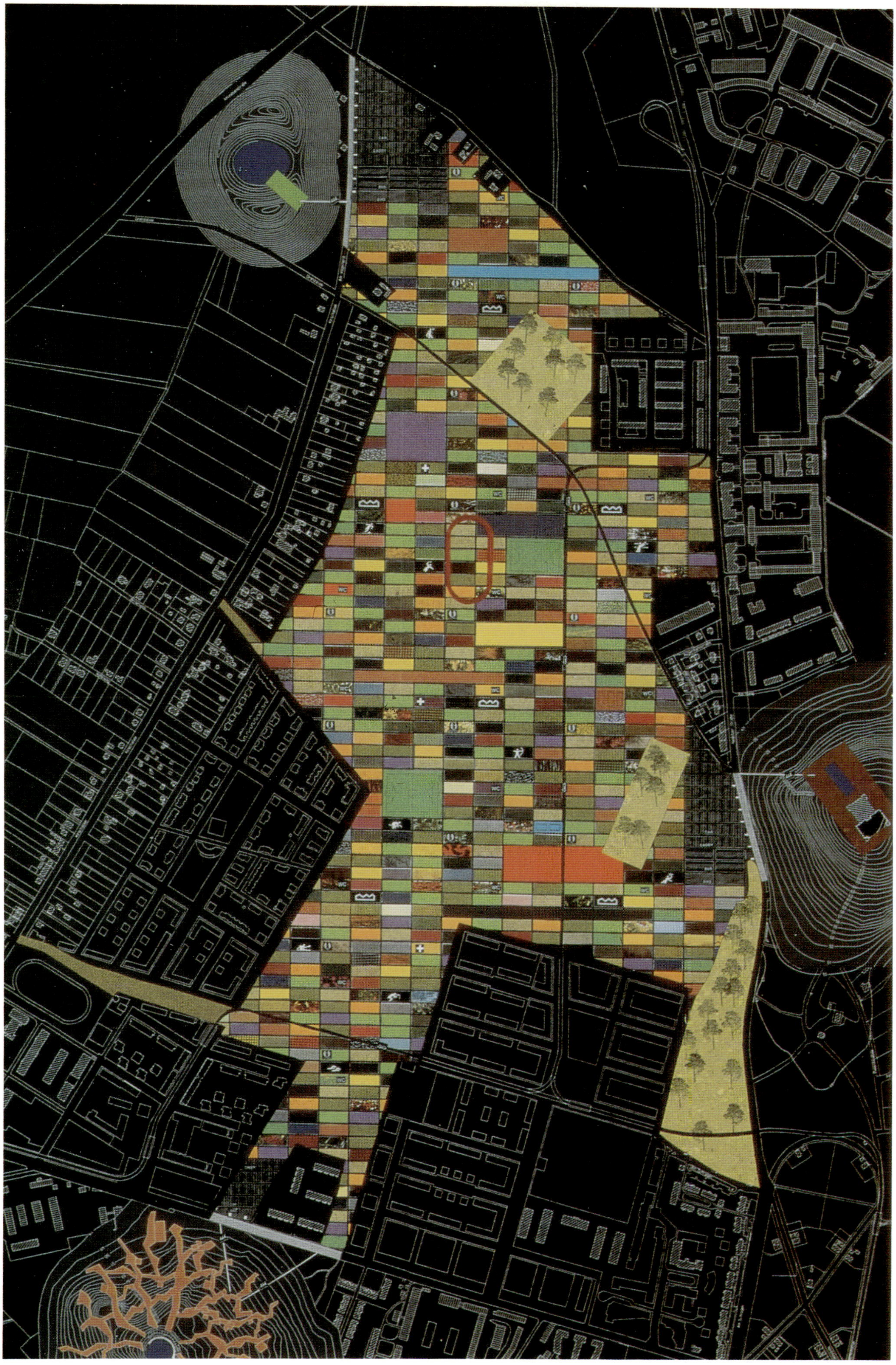

Planta general del proyecto para uso futuro del parque como desarrollo residencial en el año 2010 (Plant City)
Overall plan of the design for the further use of the park for housing development in the year 2010 (Plant City)

Plant City. Detalle / Detail

Hannover, **Alemania** / Germany

PABELLÓN DE HOLANDA PARA LA EXPO 2000

1997/2000 DUTCH PAVILION FOR THE EXPO 2000

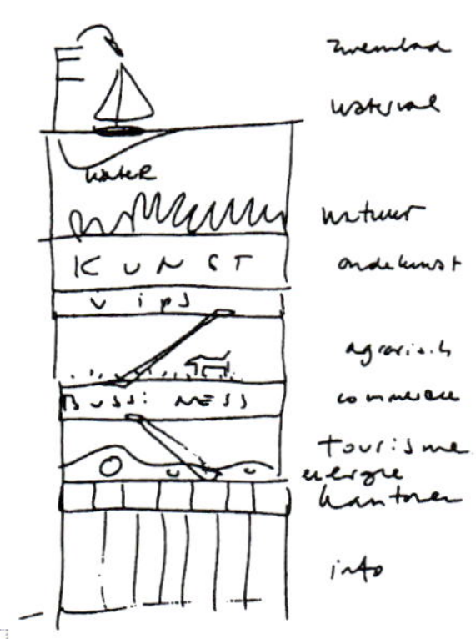

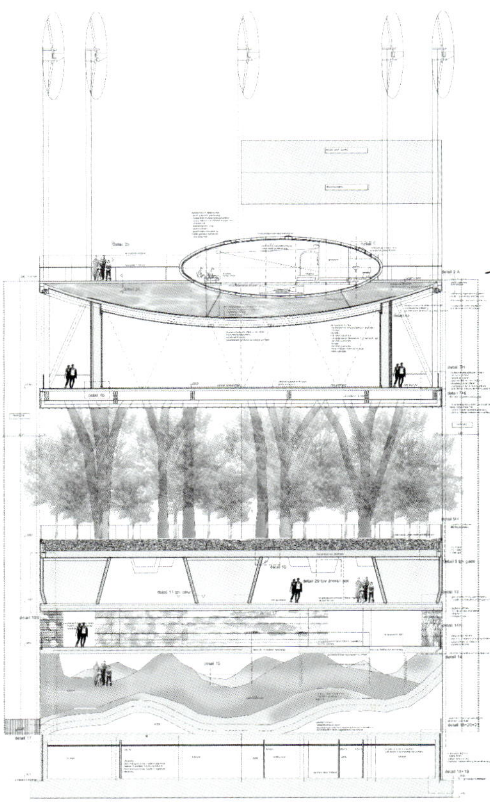

Holanda es un país con una gran densidad de población que combina calidad de vida con tradición democrática. Podría muy bien tratarse del mejor ejemplo de cómo un país ha de moldear su entorno —y saber cómo hacerlo— para ajustarlo a sus necesidades. Un país que una y otra vez ha tenido que ganarle terreno al mar. Quizás en un futuro próximo sea posible encontrar más espacio, no sólo aumentando el país a lo ancho, sino expandiéndolo verticalmente. Esta clase de operación podría aplicarse a muchos más países, ya que plantea cuestiones de índole global. ¿Es compatible una mayor densidad de población coexista con un incremento en la calidad de vida?¿Qué condiciones han de quedar satisfechas antes siquiera de contemplar un aumento en la densidad de población? ¿Qué papel jugará la naturaleza, en su sentido más amplio, en ese aumento de densidad? ¿Acaso no estamos hablando de una 'nueva naturaleza', tanto metafórica como literalmente?

The Netherlands is a densely populated country combining a high standard of welfare with a great democratic tradition. It could well be the prime example of a country that has always had to (and know how to) mould the environment to suit its will. A country that time and again won more land from the sea. Perhaps in the near future extra space will be found not just by increasing the country's width but by expanding vertically. This kind of operation would seem to be applicable to many more countries. It raises questions with global significance. Can increasing population density coexist with an increase in the quality of life? What conditions should be satisfied before such increases in density take place? What role will nature, in the widest sense, play in such an increase in density? Isn't the issue here 'new nature', literally and metaphorically?

Este tipo de esfuerzo puede ser la contribución específica de Holanda al espectro ecológico de la feria mundial, la cual parece estar especialmente destinada a ofrecer una visión nostálgica de la ecología: una simple crítica de la tecnología y la sociedad de consumo, del asfalto y las máquinas. Lo que muestra este Pabellón es precisamente una mezcla de tecnología y naturaleza que subraya el aspecto artificial y elaborado de esta última: la tecnología y la naturaleza no tienen por qué excluirse mutuamente, pueden reforzarse la una a la otra.

This kind of effort can be the Netherlands's specific contribution to the ecological spectrum of the world fair, which seems to be devoted particularly to a nostalgic glimpse of ecology: a simple critique of technology and the consumer society, of asphalt and machinery. What the Dutch entry shows is precisely a mix of technology and nature, emphasising nature's makability and artificiality: technology and nature need not be mutually exclusive, they can perfectly well reinforce each other.

Heineken
15

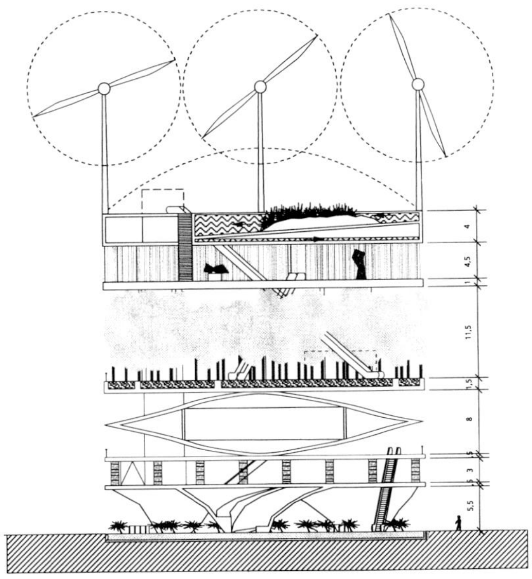

Sección tipo / Typical section

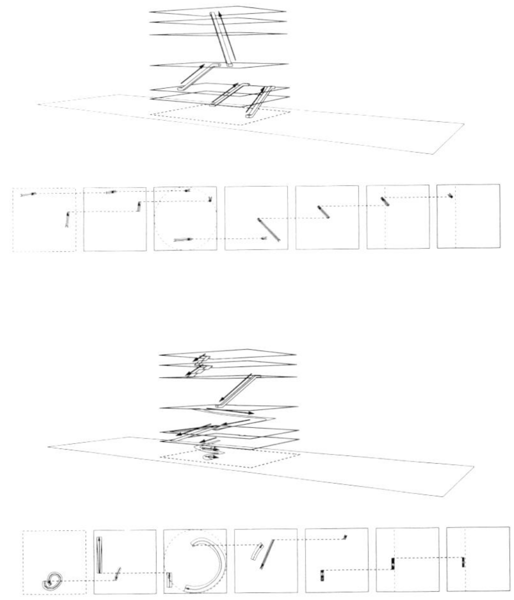

Diagrama de circulaciones / Circulation diagram

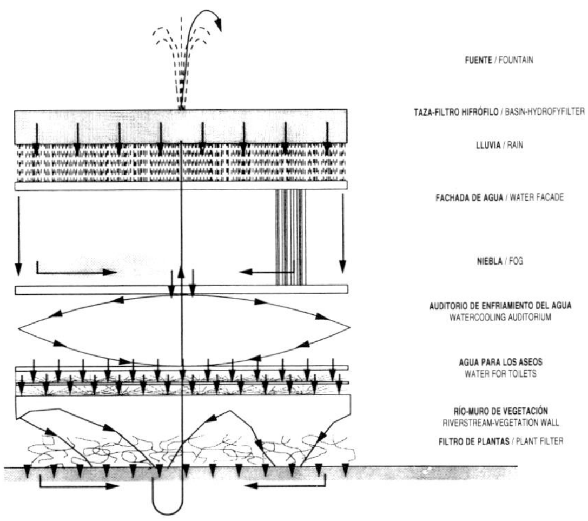

Diagrama de agua / Water diagram

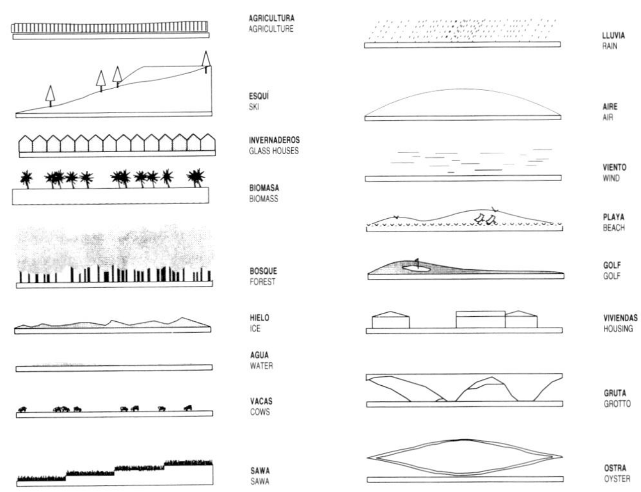

Catálogo de posibles niveles / Catalogue of possible floors

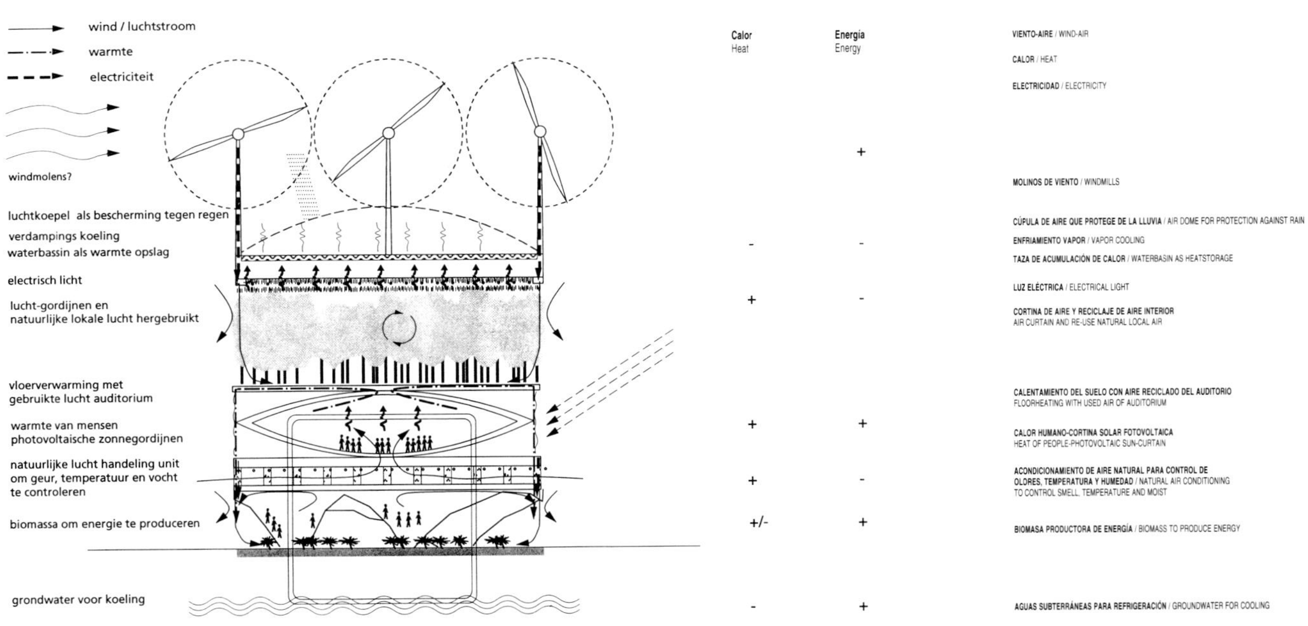

Diagrama de calor y energía / Heat and energie diagram

La naturaleza dispuesta en múltiples niveles constituye, al mismo tiempo, una extensión de sí misma y un símbolo relevante de su artificialidad. Proporciona un espacio público en varios niveles como ampliación de los espacios públicos existentes. Y además, al disponer los programas existentes en distintos niveles proporciona un espacio adicional en planta baja para la visibilidad y la accesibilidad, para lo inesperado, para la 'naturaleza'. La división del espacio y su disposición en múltiples niveles envuelve al edificio en eventos espaciales y otras manifestaciones culturales. El edificio se convierte en un parque monumentalizado con múltiples niveles, adoptando carácter de acontecimiento.

Nature arranged on many levels provides both an extension to existing nature and an outstanding symbol of its artificiality. It provides multi-level public space as an extension to existing public spaces. And even by arranging existing programmes on many levels it provides yet more extra space, at ground level, for visibility and accessibility, for the unexpected, for 'nature'. Dividing up the space in the Dutch entry and arranging it on multiple levels surrounds the building with spatial events and other cultural manifestations. The building becomes a monumentalised multi-level park. It takes on the character of a happening.

El hecho de que la planta baja se funda con el entorno hace que los límites de la entrada se vuelvan invisibles. Aún hoy no existe un edificio como éste, lo que significa que también servirá de laboratorio. No sólo ahorrará espacio, literalmente, sino también energía, tiempo, agua e infraestructura. Se creará un mini-ecosistema. Un kit de supervivencia. También analiza las cualidades existentes: intenta encontrar soluciones a una posible falta de luz y de terreno. La densidad y la diversidad de funciones construyen nuevas conexiones, nuevas relaciones. Puede servir como símbolo de la multifacética naturaleza de la sociedad: presenta la idea paradójica de que, a medida que aumenta la diversidad, también, aparentemente, crece la cohesión.

The fact that this kind of building does not yet exist means that it also gets to function as a laboratory. It not only saves space, literally, it also saves energy, time, water and infrastructure. A mini-ecosystem is created. A survival kit. Of course it also tests existing qualities: it attempts to find a solution to a possible lack of light and land. At the same time the density and the diversity of functions build new connections, new relationships. It can therefore serve as a symbol for the multi-faceted nature of society: it presents the paradoxical notion that as diversity increases so too, seemingly, does cohesion.

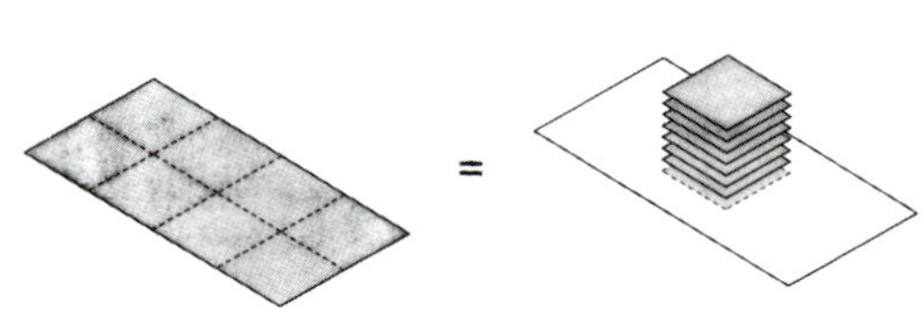

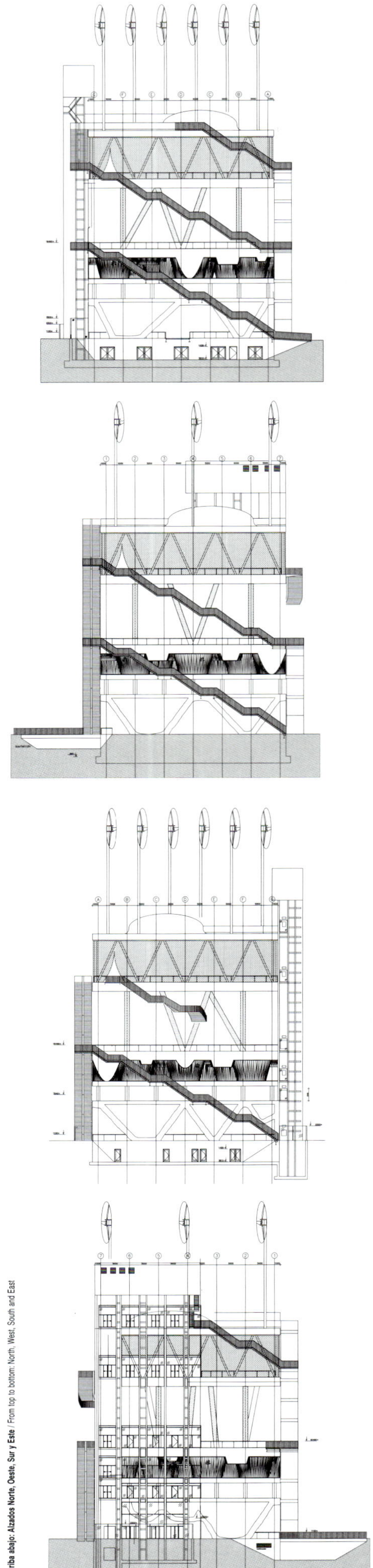

De arriba abajo: Alzados Norte, Oeste, Sur y Este / From top to bottom: North, West, South and East

Heineken

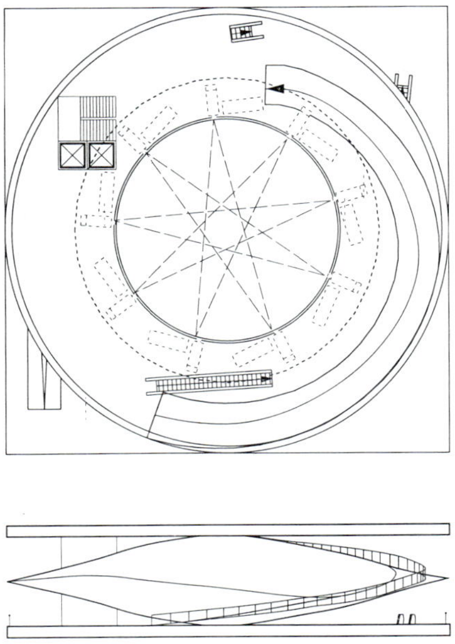

OSTRA. Planta y sección tercer nivel
OYSTER. Third level plan and section

CINE/AUDITORIO
FOTOVOLTAICA
ENFRIAMIENTO DEL AGUA
FILMPROJECTION/AUDITORIUM
PHOTOVOLTAIC
WATERCOOLING

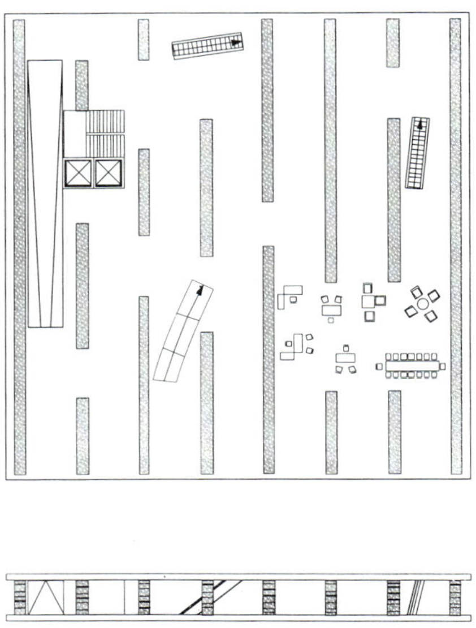

AGRICULTURA. Planta y sección segundo nivel
AGRICULTURE. Second level plan and section

AGRICULTURA
EXPOSICIÓN
SALA VIP O DE CONFERENCIAS
AIRE ACONDICIONADO NATURAL
AGRICULTURE
EXHIBITION
CONFERENCE OR VIP ROOM

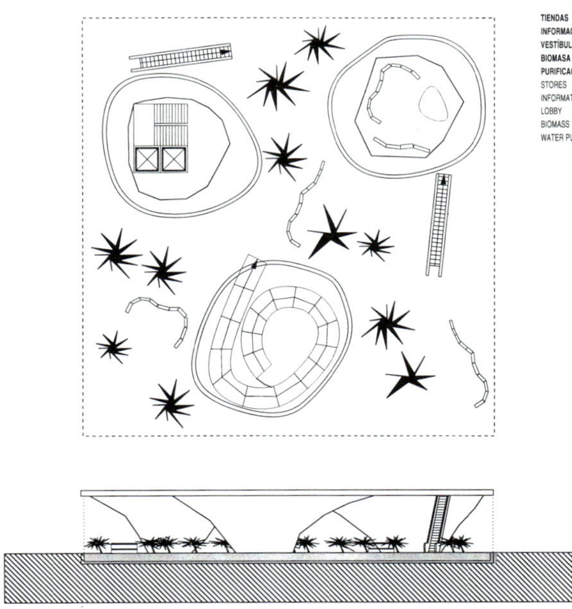

GRUTA. Planta y sección primer nivel / GROTTO. First level plan and section

TIENDAS
INFORMACIÓN
VESTÍBULO
BIOMASA
PURIFICACIÓN DEL AGUA
STORES
INFORMATION
LOBBY
BIOMASS
WATER PURIFICATION

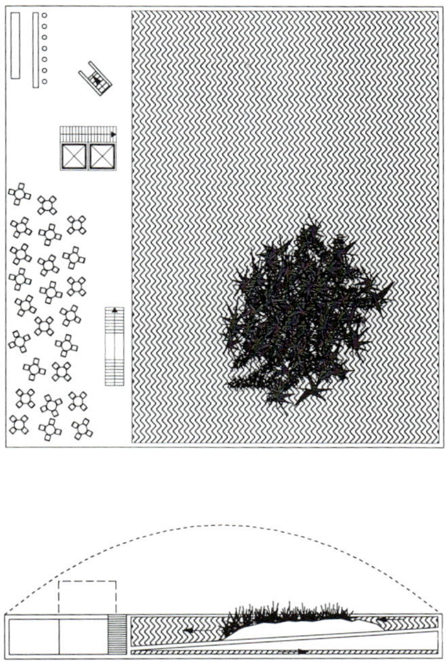

AGUA. Planta y sección sexto nivel / WATER. Sixth level plan and section

RESTAURANTE
TERRAS
ASEOS
EXPOSICIÓN
ENFRIAMIENTO VAPOR
MOLINOS DE VIENTO
PURIFICACIÓN DE AGUA
RESTAURANT
TERRAS
TOILETS
EXHIBITION
VAPOUR COOLING
WINDMILLS
WATERPURIFICATION

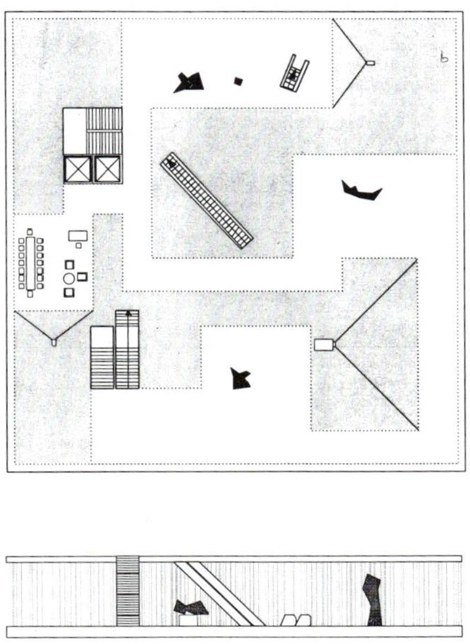

LLUVIA. Planta y sección quinto nivel / RAIN. Fifth level plan and section

EXPOSICIÓN
CINE
SALA VIP O DE CONFERENCIAS
EXHIBITION
FILMPROJECTION
CONFERENCE OR VIP ROOM

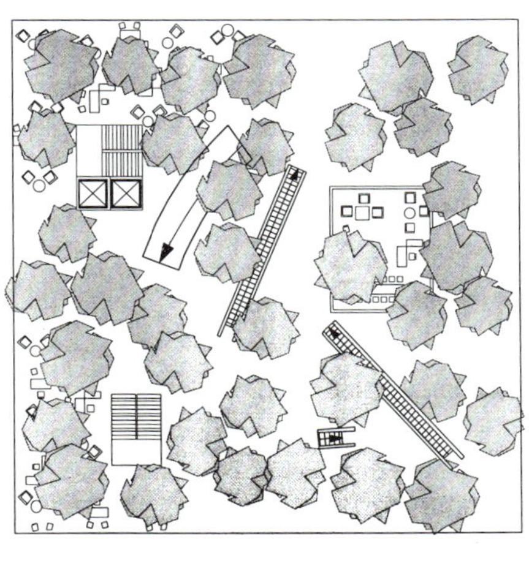

BOSQUE. Planta y sección cuarto nivel / FOREST. Fourth level plan and section

EXPOSICIÓN
OFICINAS
SALA DE CONFERENCIAS
ASEOS
RECICLAJE AIRE
NIEBLA
FACHADA DE AGUA
EXHIBITION
OFFICES
CONFERENCE ROOM
TOILETS
RE-USE AIR
MIST
WATERFACADE

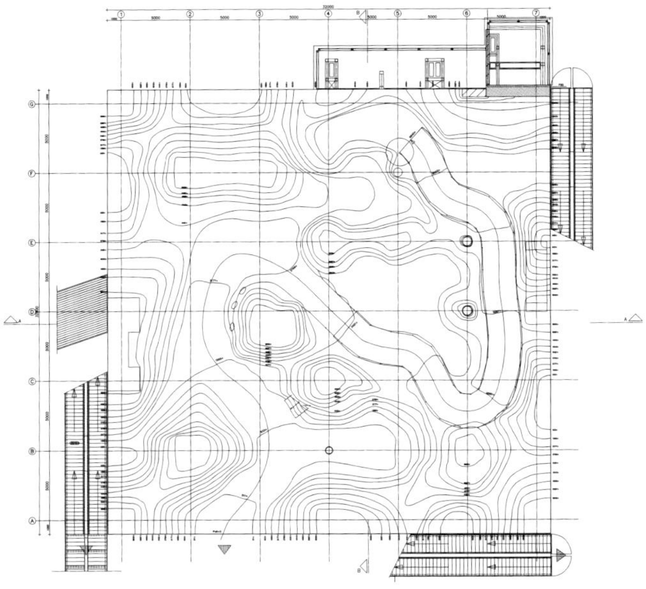

Entreplanta / Mezzanine

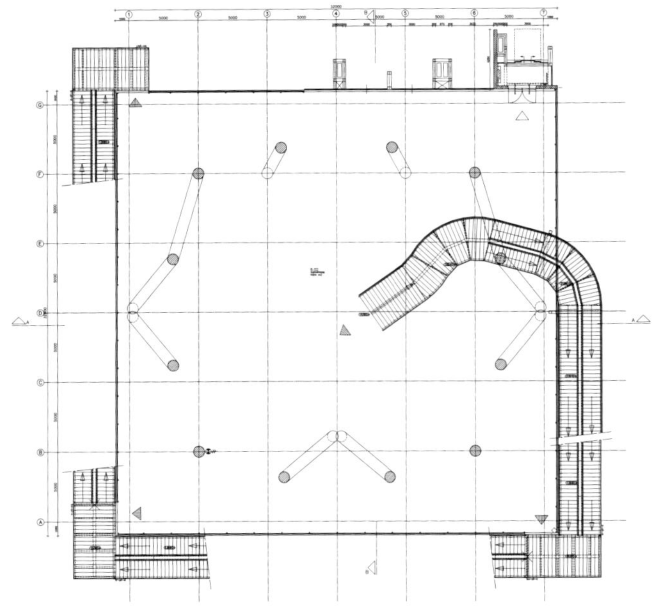

Planta tercera / Third floor plan

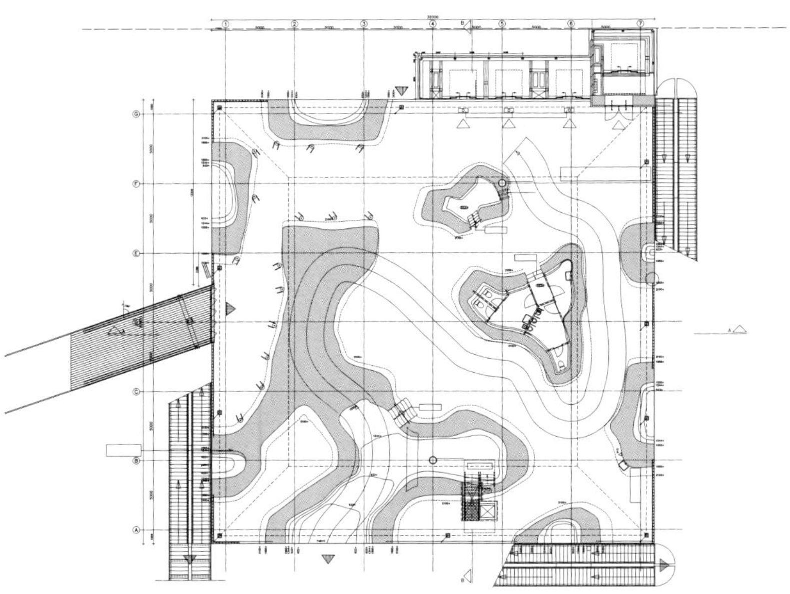

Planta baja / Ground floor plan

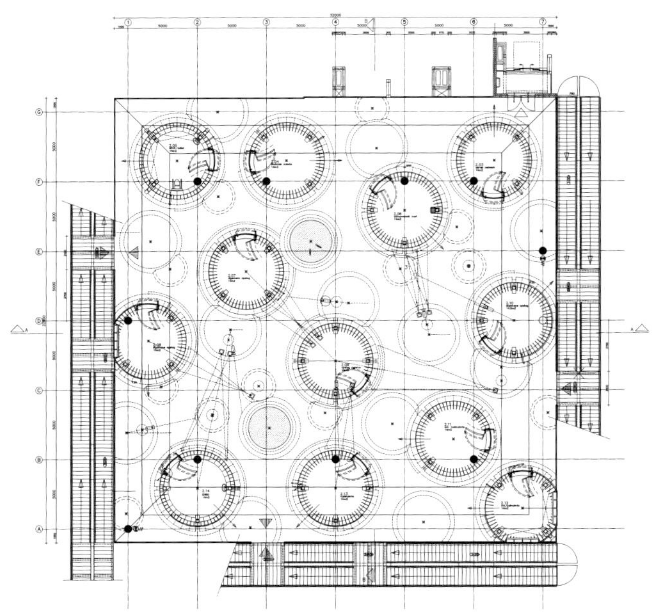

Planta segunda / Second floor plan

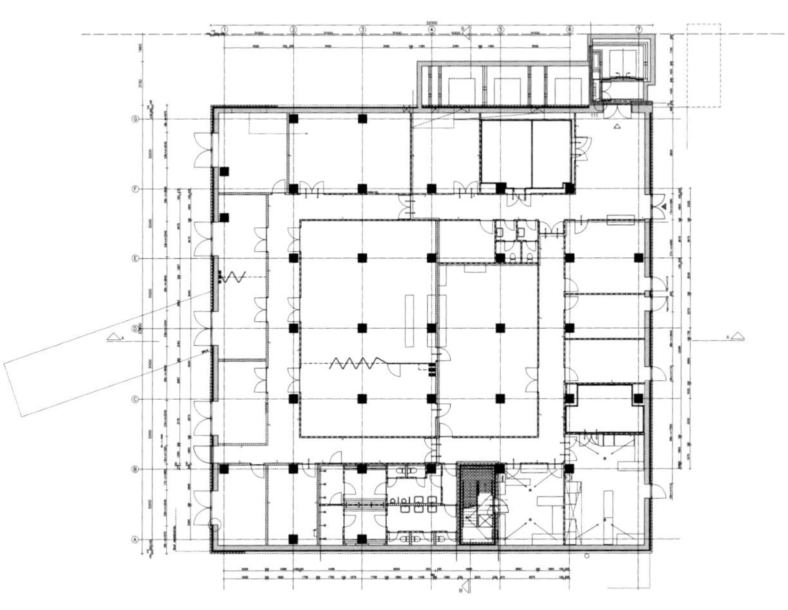

Planta bajo rasante. Oficinas / Level below grade. Offices

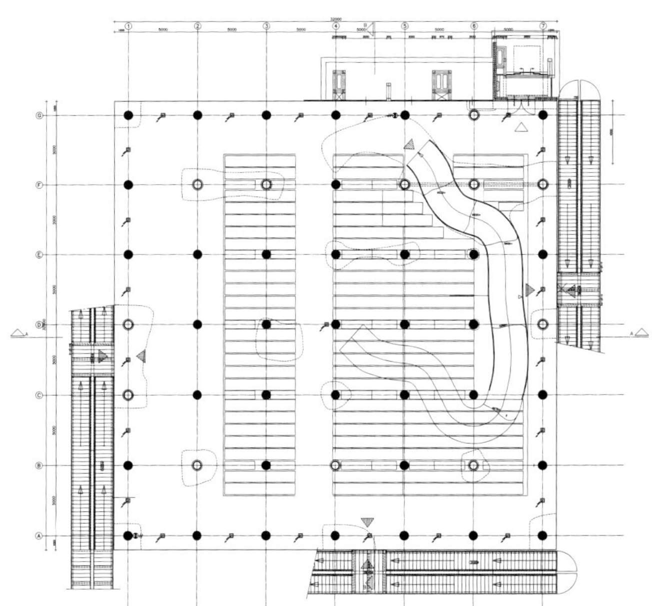

Planta primera / First floor plan

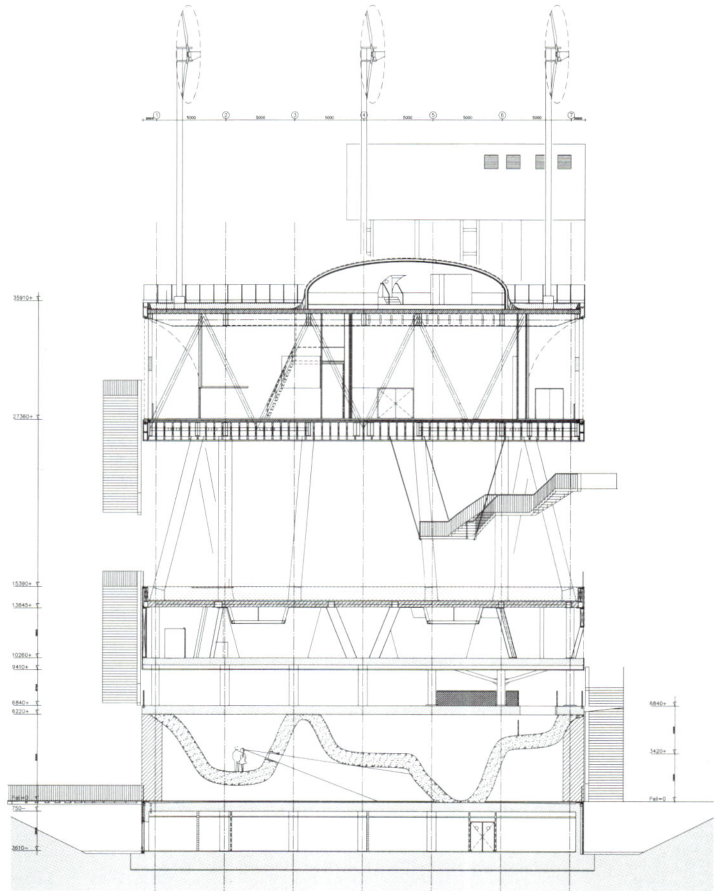

Sección transversal AA / Cross section AA

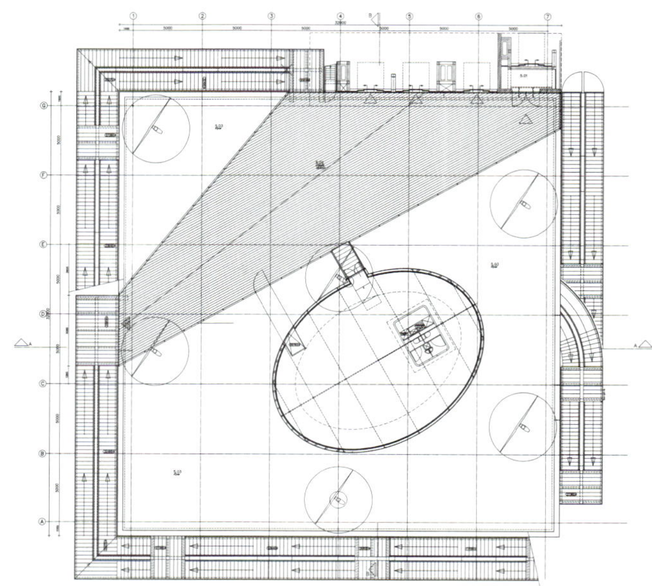

Planta quinta / Fifth floor plan

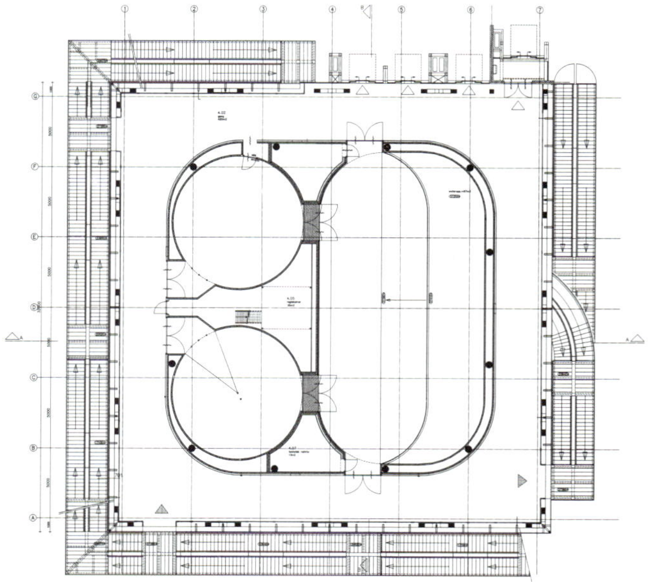

Planta cuarta / Fourth floor plan

BELOW
ABOVE
WASSER
LAND
HOLLAND
MAKES
SPACE
BEN

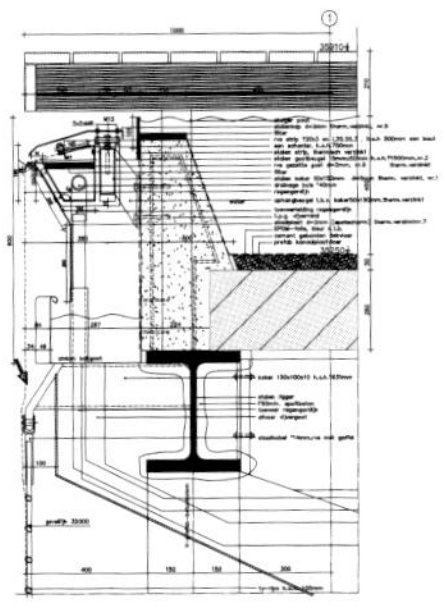

1
Molinos de viento
Windmills

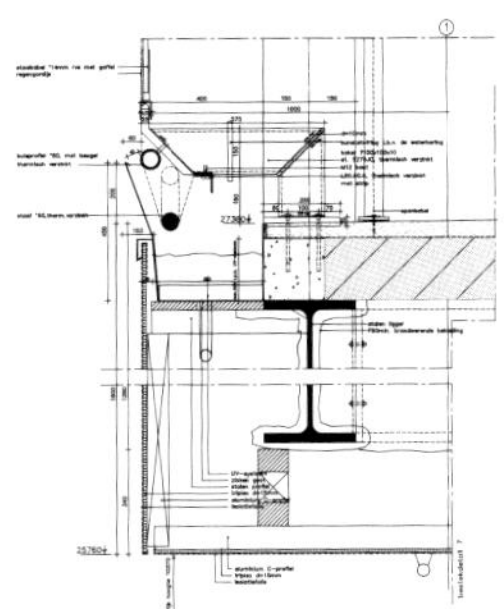

2
Lluvia
Rain floor

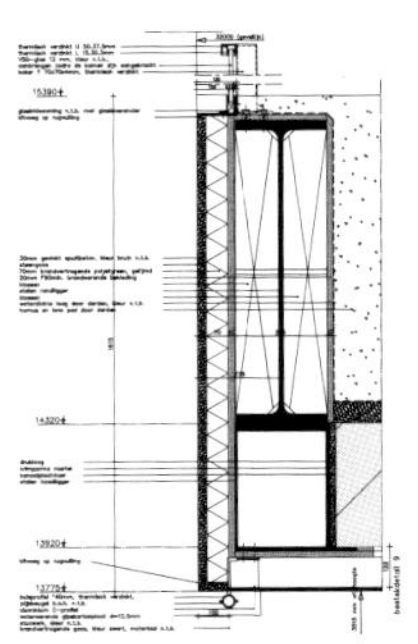

3
Bosque
Forest

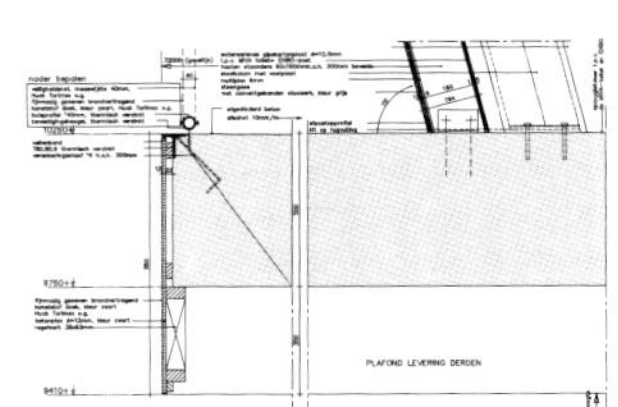

4
Jardineras
Pots

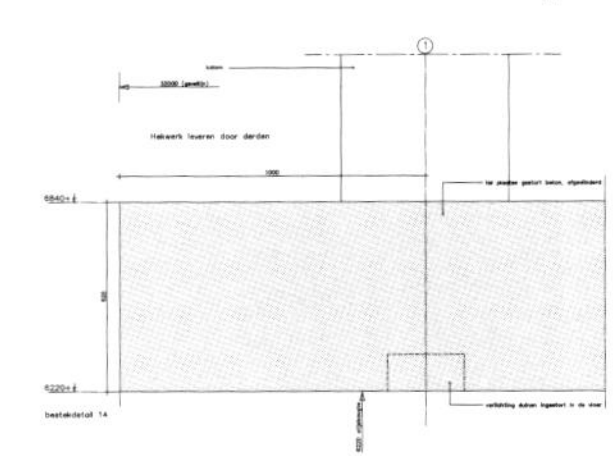

5
Invernadero
Glass house

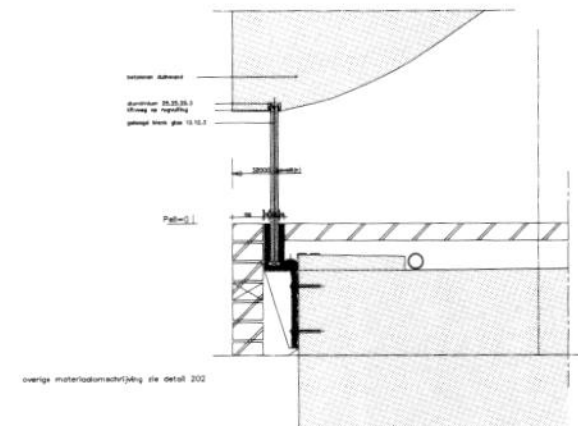

6
Dunas
Dunes

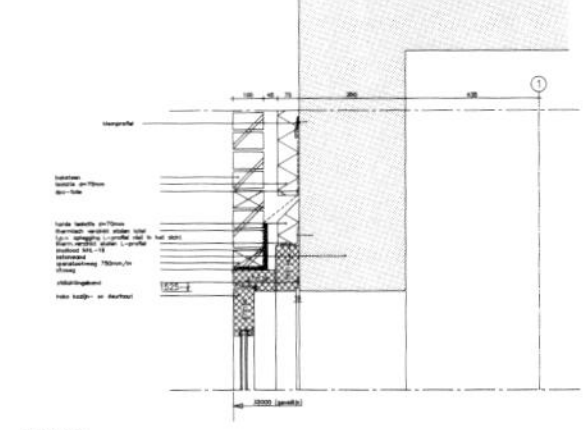

7
Oficina
Office

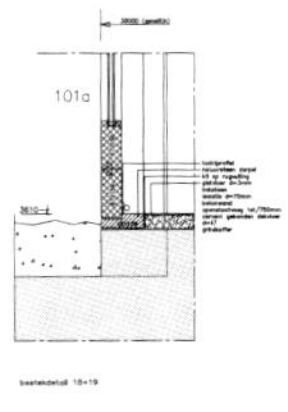

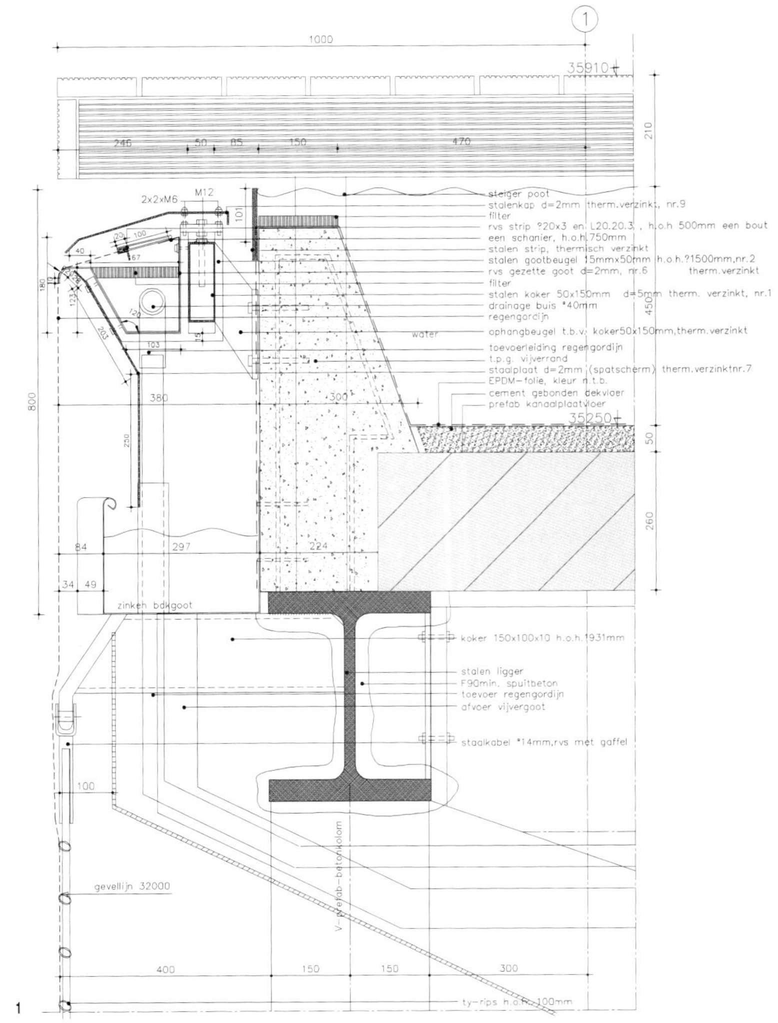

1

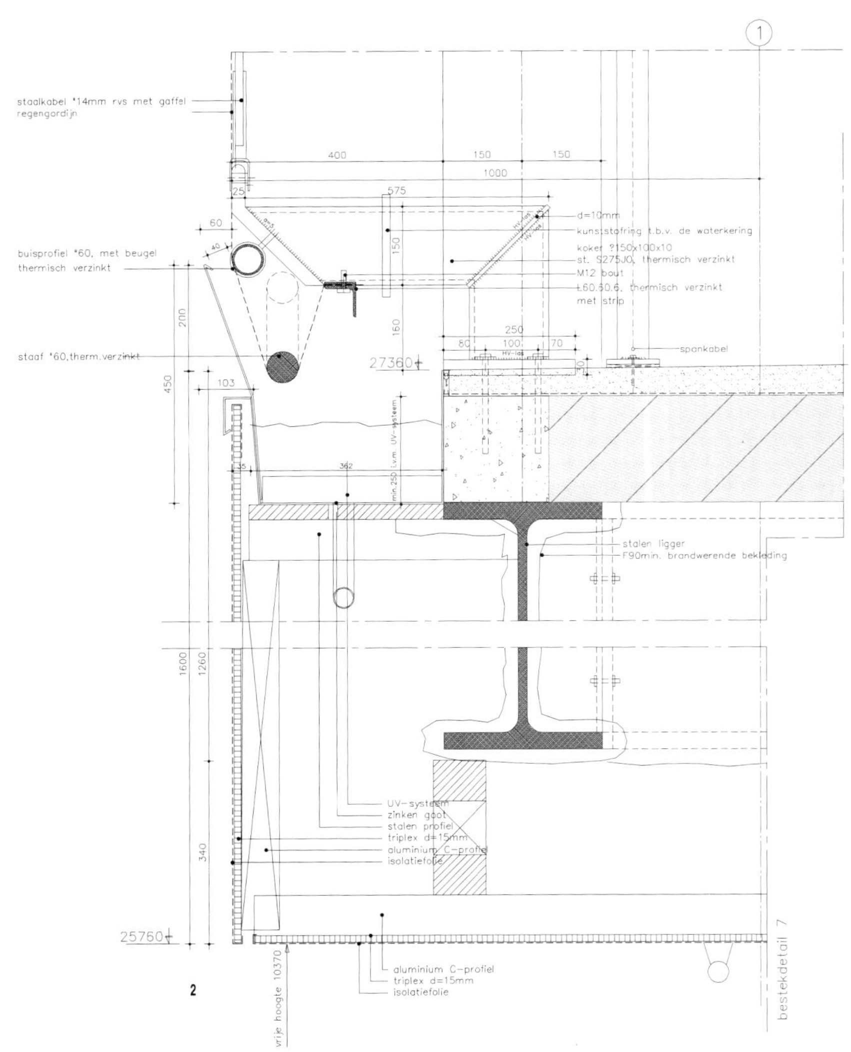

2

HEATER
ÄUME
URZELN
LUMEN
ÜNEN

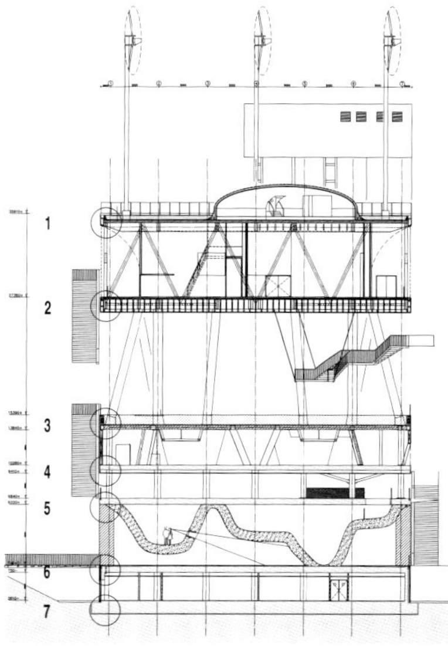

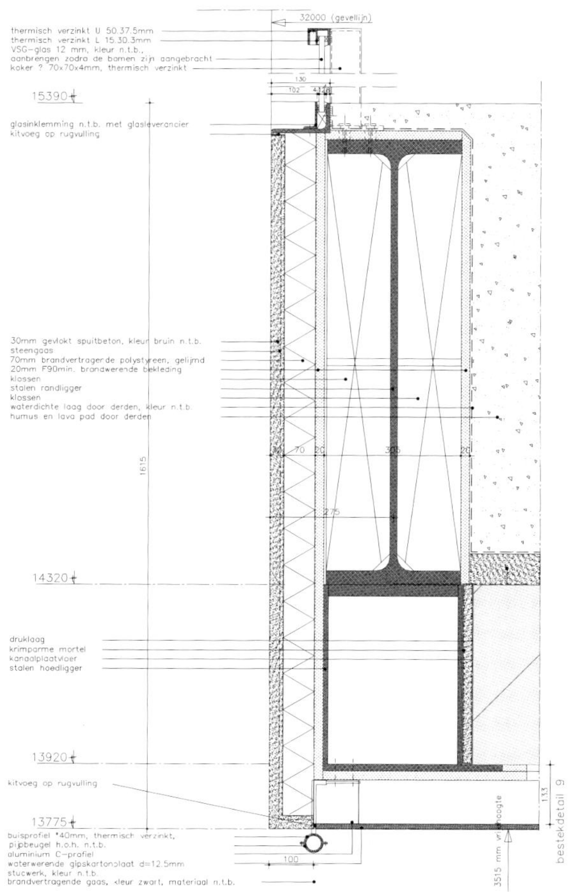
32000 (gevellijn)
thermisch verzinkt U 50.37.5mm
thermisch verzinkt L 15.30.3mm
VSG-glas 12 mm, kleur n.t.b.,
aanbrengen zodra de bomen zijn aangebracht
koker ? 70x70x4mm, thermisch verzinkt
15390
glasinklemming n.t.b. met glasleverancier
kitvoeg op rugvulling
30mm gevlokt spuitbeton, kleur bruin n.t.b.
steengaas
70mm brandvertragerde polystyreen, gelijmd
20mm F90min. brandwerende bekleding
klossen
stalen randligger
klossen
waterdichte laag door derden, kleur n.t.b.
humus en lava pad door derden
1615
14320
druklaag
krimparme mortel
kanaalplaatvloer
stalen hoedligger
13920
kitvoeg op rugvulling
13775
buisprofiel *40mm, thermisch verzinkt,
pijpbeugel h.o.h. n.t.b.
aluminium C-profiel
waterwerende gipskartonplaat d=12.5mm
stucwerk, kleur n.t.b.
brandvertragende gaas, kleur zwart, materiaal n.t.b.
3515 mm vrije hoogte
bestekdetail 9

3

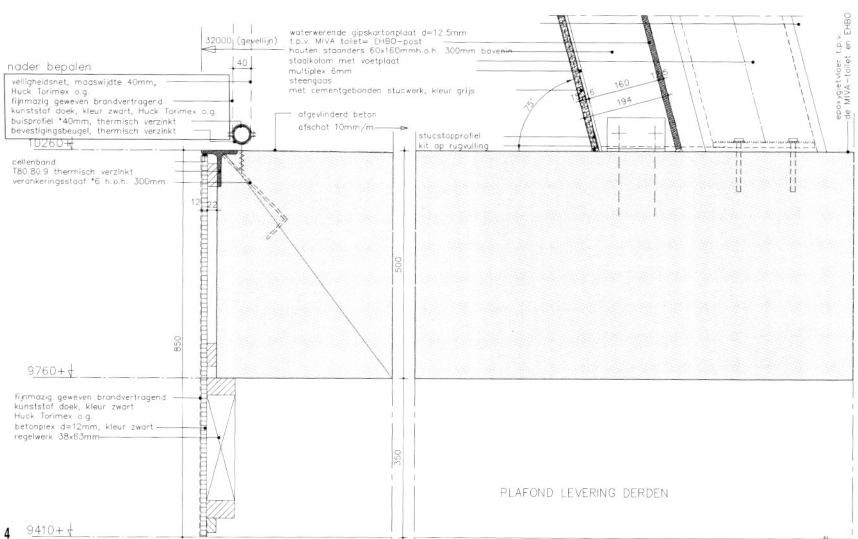
32000 (gevellijn)
nader bepalen
veiligheidsnet, maaswijdte 40mm,
Huck Torimex o.g.
fijnmazig geweven brandvertragerd
kunststof doek, kleur zwart, Huck Torimex o.g.
buisprofiel *40mm, thermisch verzinkt
bevestigingsbeugel, thermisch verzinkt
10260
cellenband
T80.80.9 thermisch verzinkt
verankeringsstaaf *6 h.o.h. 300mm
waterwerende gipskartonplaat d=12.5mm
t.p.v. MIVA toilet= EHBO-post
houten staanders 60x160mmh.o.h. 300mm bovenin
staalkolom met voetplaat
multiplex 6mm
steengaas
met cementgebonden stucwerk, kleur grijs
afgevlinderd beton
afschot 10mm/m
stucstopprofiel
kit op rugvulling
9760
fijnmazig geweven brandvertragend
kunststof doek, kleur zwart
Huck Torimex o.g.
betonplex d=12mm, kleur zwart
regelwerk 38x63mm
PLAFOND LEVERING DERDEN
9410
2570mm vrije hoogte

4

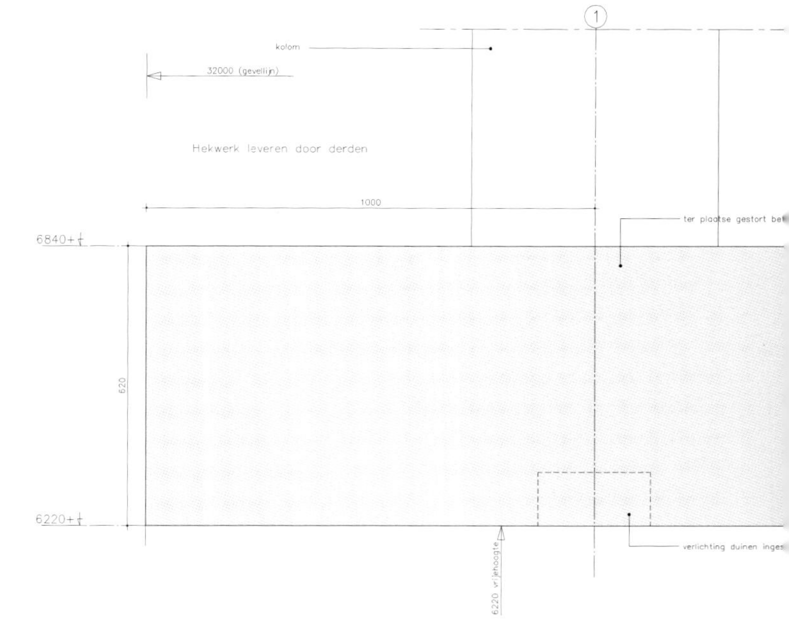
kolom
32000 (gevellijn)
Hekwerk leveren door derden
1000
6840
ter plaatse gestort be
620
6220
verlichting duinen inges
6220 vrije hoogte

5

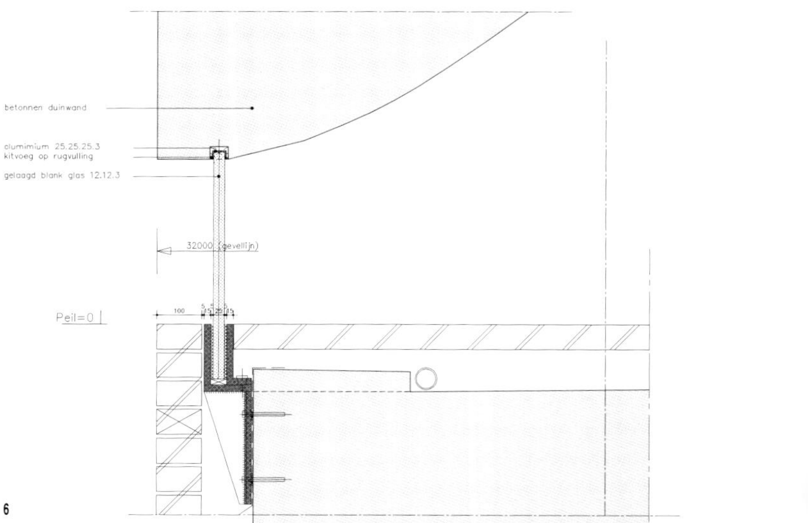
betonnen duinwand
aluminium 25.25.25.3
kitvoeg op rugvulling
gelaagd blank glas 12.12.3
32000 (gevellijn)
Peil=0

6

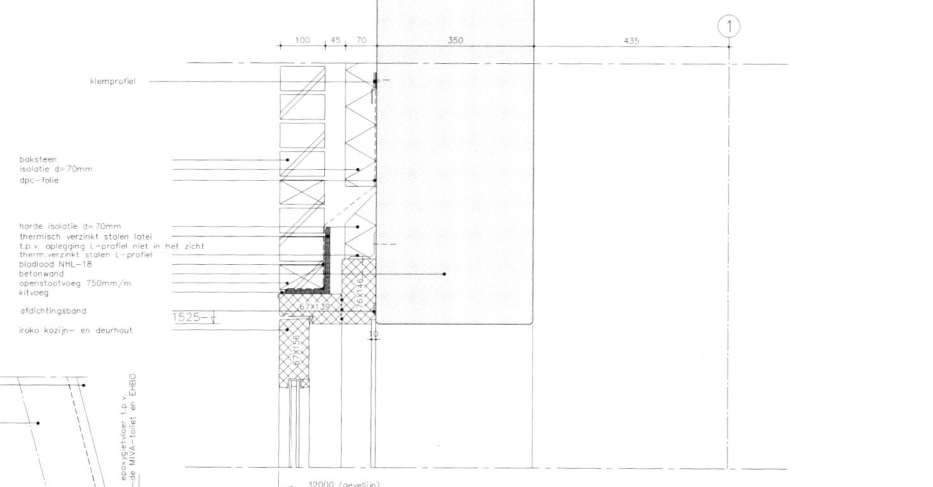
100 45 70 350 435
klemprofiel
baksteen
isolatie d=70mm
dpc-folie
harde isolatie d=70mm
thermisch verzinkt stalen latei
t.p.v. oplegging L-profiel niet in het zicht
therm.verzinkt stalen L-profiel
bladlood NHL-18
betonwand
openstootvoeg 750mm/m
kitvoeg
afdichtingsband
1525
iroko kozijn- en deurhout
epoxygietvloer t.p.v. de MIVA-toilet en EHBO
32000 (gevellijn)

7

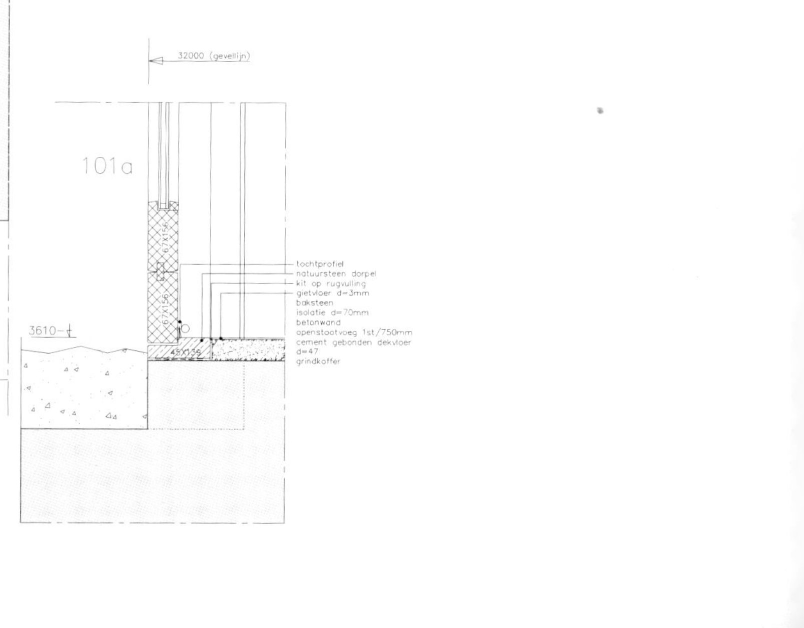
32000 (gevellijn)
101a
tochtprofiel
natuursteen dorpel
kit op rugvulling
gietvloer d=3mm
baksteen
isolatie d=70mm
betonwand
openstootvoeg 1st/750mm
cement gebonden dekvloer
d=47
grindkoffer
3610

Amersfoort, Holanda / The Netherlands

EDIFICIO DE OFICINAS EN CALVEEN

1997/2000 OFFICE BUILDING IN CALVEEN

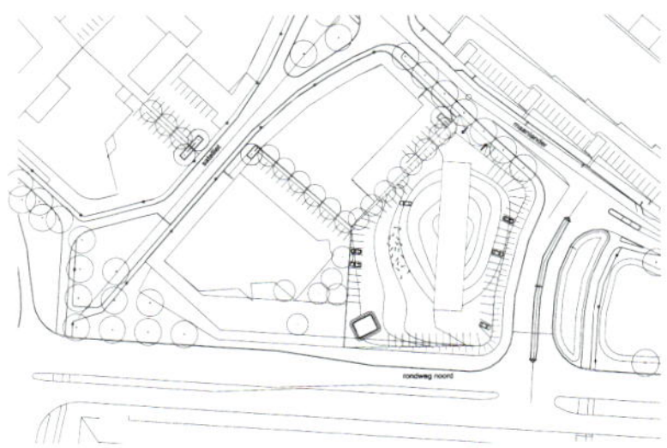

Situación / Site

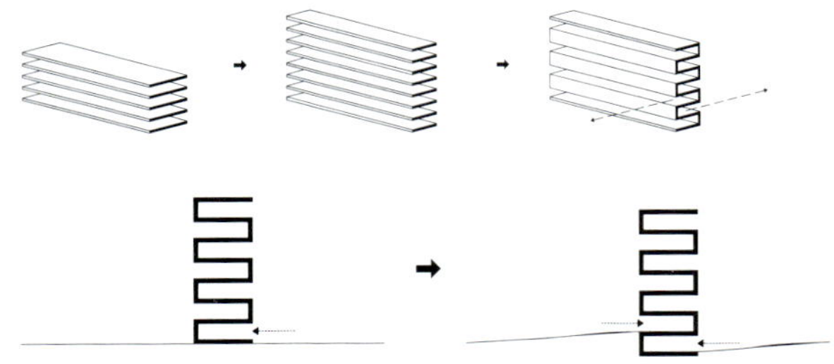

Concepto / Concept

Vista Noroeste / Northwestern view
→ → **Vista Sureste** / Southwestern view

El edificio está situado junto a una vía de circunvalación de la ciudad de Amersfoort, en la nueva zona industrial de Calveen. El área está, en gran medida, ocupada por una serie de naves de bajo coste y mala calidad, a menudo rematadas por marquesinas recargadas que pretenden llamar la atención de los conductores. En un solar tan prominentemente visible, y en un contexto tan caótico, ¿no sería mucho más efectivo hacer algo más significativo, más duradero y que pudiera satisfacer las necesidades de diferentes usuarios con el paso del tiempo? El encargo —4.000 m² de oficinas apiladas— exigía una 'planta tipo' que permitiese la máxima capacidad de subdivisión a los futuros ocupantes. La solución elegida es un esbelto edificio de siete plantas —la altura máxima permitida— de 10,5 metros de anchura y 54,7 metros de longitud. La 'planta tipo' se compone de un núcleo central, con un pasillo de metro y medio, situado junto a una fachada ciega, y la franja de oficinas ocupando el resto de la planta, con una fachada de vidrio 'de suelo a techo', y con una única orientación. Invirtiendo este esquema de una planta a otra en dirección este-oeste se genera una sección en zigzag que es el rasgo distintivo del edificio. La alternancia de fachadas ciegas puede utilizarse para mostrar los logotipos y los nombres de las empresas ocupantes. Estos logotipos se montan a una cierta distancia de la fachada y se iluminan por detrás durante la noche.

The building is situated on an outer ring-way in the new industrial area Calveen, Amersfoort. These zones are generic, mostly filled up with cheap, low quality boxes often headed with over designed canopies that fight for attention of passers by. Would it not be much more effective on such a prominently visible plot and in such a messy context like this, to make something more substantial, something more durable and suitable for different users during the course of time? The commission for 4000 m² of stacked office space required a 'typical plan', allowing for maximum sub-divisional variation for future occupants. The chosen solution is a slender building of seven levels (the maximum height possible), with a depth of 10.5 meters and a length of 54.7 meters. The 'typical plan' consists of a central core with a 1.5 meter wide passage along a closed facade and an office zone along the 'floor to ceiling' glass facade. Within the limited office depth, one-sided orientation is sufficient and by mirroring the plan per level in the east/west orientation, a zigzag section is created, becoming the most important trademark of the building. The alternating closed facades can be used for adding logos and names of the occupants. The logos are mounted at a distance from the facade, and are backlit at night.

Un requisito esencial del encargo era el acceso independiente a las dos plantas inferiores, para permitir que la más baja de todas pudiera alquilarse por separado. Haciendo descender el pavimento asfaltado del aparcamiento en la fachada este, y elevándolo en la oeste, se crean dos accesos diferentes. Por tanto, se accede a las seis plantas superiores a través de la ladera; y al nivel inferior, por la zona más baja del terreno. Durante los fines de semana, la desierta pendiente del aparcamiento se convierte en un popular punto de encuentro para los *skateboarders* locales.

A pre-requisite for the design was the independent access of the lowest two levels, allowing for the lowest floor to be rented as an entity. By dropping the asphalt parking terrain on the east facade and raising it on the west, two separate entrances from ground level are created. The upper six levels are accessible via the hillside, the lowest one via the valleyside. In the weekends the empty and sloping parking lot forms a popular hangout for local skateboarders.

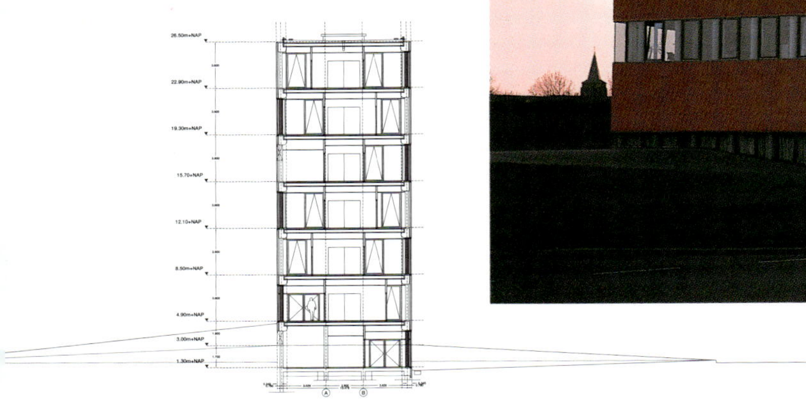

Sección transversal / Cross section

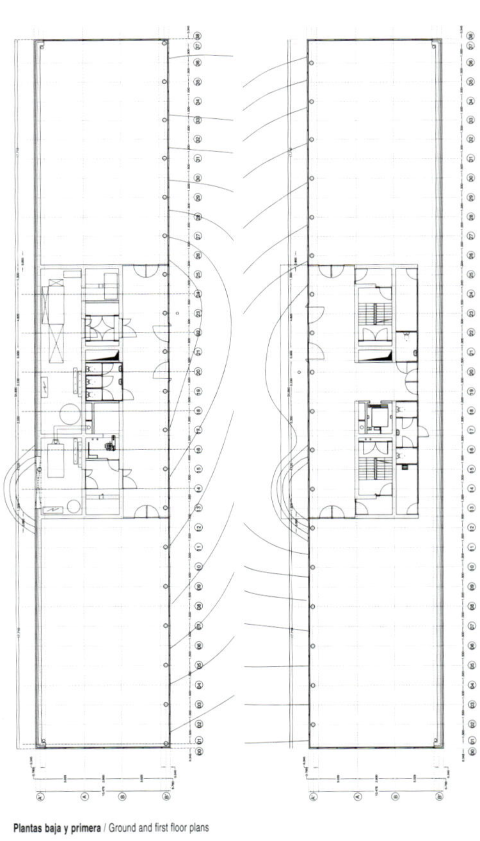

Plantas baja y primera / Ground and first floor plans

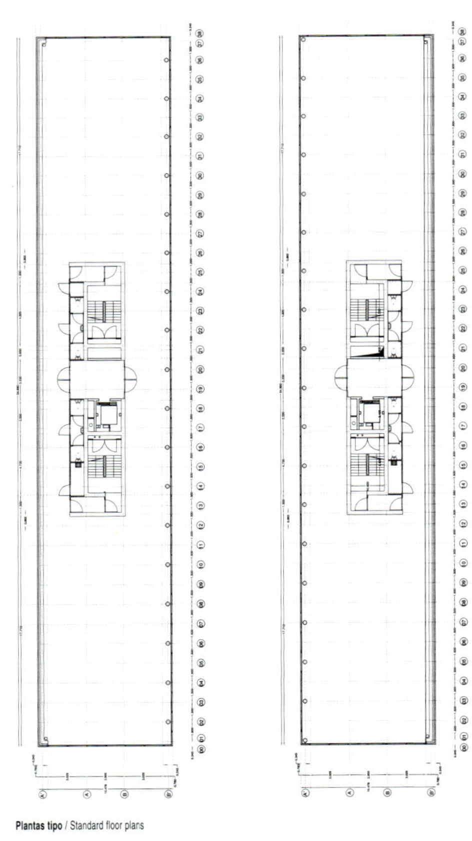

Plantas tipo / Standard floor plans

Las fachadas 'cerradas' se construyen en ladrillo púrpura azul. Las fachadas 'abiertas', con vidrios 'de suelo a techo', incluyen carpinterías de pino de Oregón, y una modulación de 1,5 x 2,72 metros. Se ha escogido un vidrio lo más transparente posible, al que se incorpora una cortina interior como filtro solar. La alternancia de las columnas por detrás del vidrio constituye una importante contribución a la imagen del edificio.

The 'closed' facades are realised in purple/red brick. The 'open' facades consist of 'floor to ceiling' glass in Oregon pine wood frames, with a module of 1.5 x 2.72 meter. The most transparent glass on the market is chosen with a sun-screening curtain behind it. Alternating columns behind the glass form a subtle contribution to the image of the building.

Schipper Bosch

Múnich, Alemania [Plan Urbano y Proyecto de 19 Edificios de Oficinas] / Germany [Master Plan and Design of 19 Office Buildings]

PARQUE DE OFICINAS UNTERFÖHRING

1999- UNTERFÖRING PARK VILLAGE

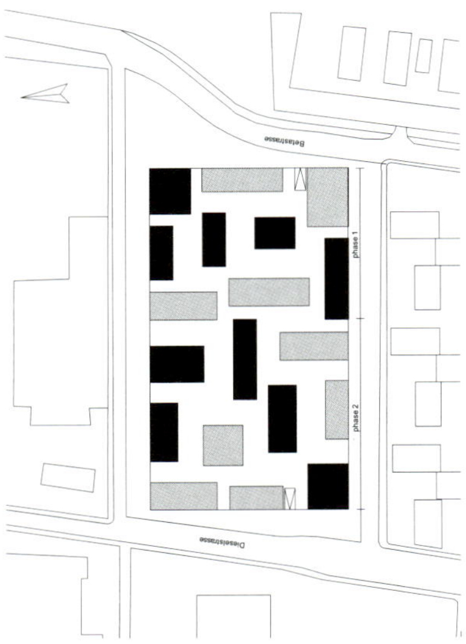

Situación / Site

Haus P

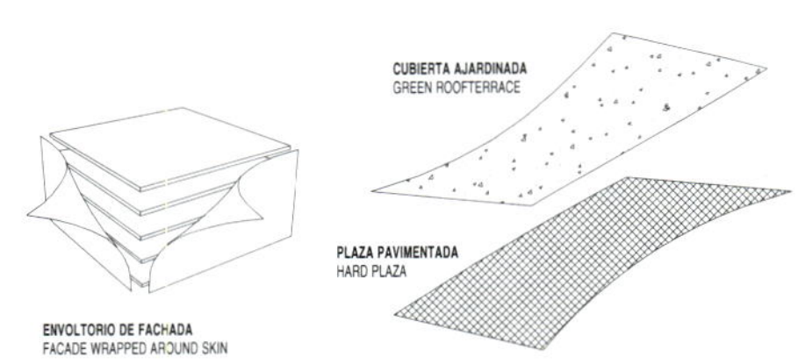

Tras ganar el concurso en 1999, nuestro estudio recibió el encargo de redactar un plan urbanístico para un parque de oficinas en una zona comercial situada al noreste de Múnich. Diecinueve edificios distintos se disponen en una plaza común con el fin de crear la mayor densidad posible con una atmósfera urbana. Una planta de aparcamiento subterráneo ocupa todo el solar y proporciona el espacio necesario para los coches, con una salida central al nivel de la plaza. La plaza sin coches funciona como un punto de encuentro abierto al público. El acceso rodado sólo está permitido a los vehículos de suministro y de los bomberos. El pavimento es de piedra natural.

After winning the competition in 1999, the office was commissioned to develop a masterplan for an officepark in a comercial area north-east of Munich. Nineteen different buildings are arranged on a shared plaza in order to create highest possible density with an urban atmosphere. A parking level under the entire site provides for the necessary parking space with one central exit to the plaza level. The carfree plaza functions as a meeting point, open to public. Car access is only permitted for services and fire-brigade. It is covered with natural stone.

Los jardines, el césped y las terrazas de carácter privado, situados en las cubiertas, forman otro paisaje, visible sólo desde el interior de las oficinas. Rodeado de árboles y setos, el conjunto dispone de un cinturón verde que limita con sus vecinos.

Private gardens, lawns and terrasses on the roofs form another landscape, visible only from inside the offices. Surrounded by trees and hedges, the ensemble receives a green belt, bordering on the neigbourhood.

El parque de oficinas llena un vacío central en la zona comercial de Unterföhring Park, por lo que se convierte en un nuevo centro.

The 'Village' fills a central void in the comercial area Unterföhring Park and thus becomes the new centre.

El plan urbano del Parque de Oficinas de Unterföhring se realizará en dos fases. Cuatro de los nueve edificios de la primera fase serán diseñados por Lauber Architekten (Múnich); y los otros cinco, por MVRDV. Los inmuebles varían en cuanto a volumen y a materiales de fachada, tal como determina el plan. Esto da como resultado un conjunto heterogéneo, en contraste con los proyectos a gran escala de los alrededores.

The masterplan of Unterföhring Park Village will be realized in two phases. Four of the nine buildings in the first phase are planned by Lauber Architekten (Munich) and five by MVRDV. The houses vary in volume and facadematerial as determined in the masterplan. This results in a heterogeneous ensemble, contrasting the large-scale projects in the neighbourhood.

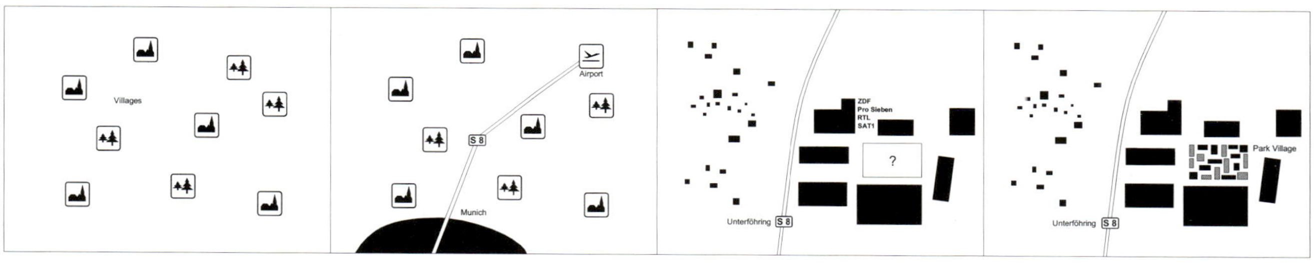

Esquema urbano / Urban scheme

↑↑ **Maqueta de concurso** / Competition model; ↑ **Versión previa** / Preliminary version

↑↑ **Maqueta de concurso** / Competition model; ↑ **Versión definitiva** / Final version

Planta de aparcamiento (-2) / Parking level (-2)

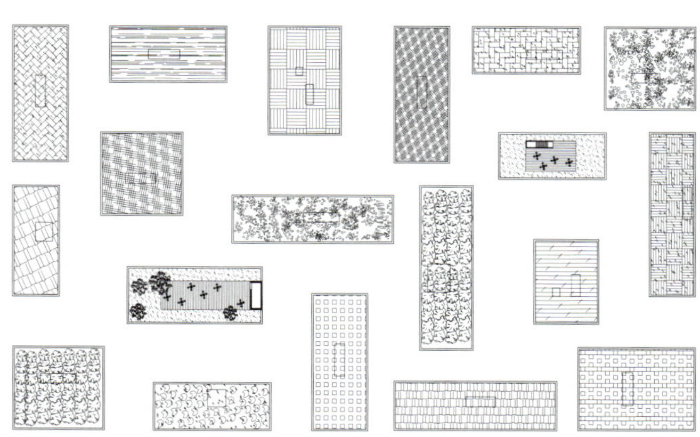

Planta de cubiertas / Roof level

Alzado general Oeste / Overall West elevation

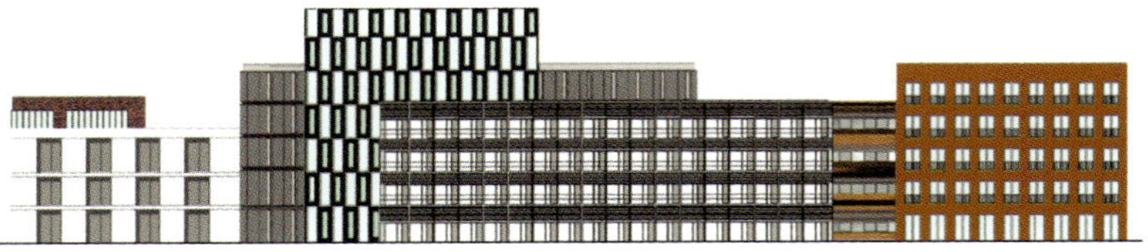

Alzado general Este / Overall East elevation

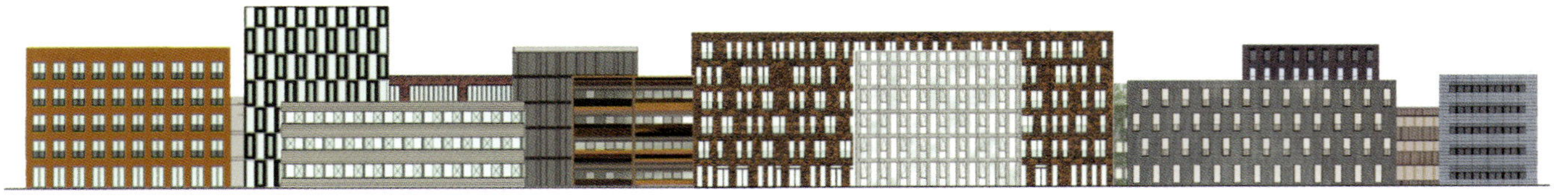

Alzado general Norte / Overall North elevation

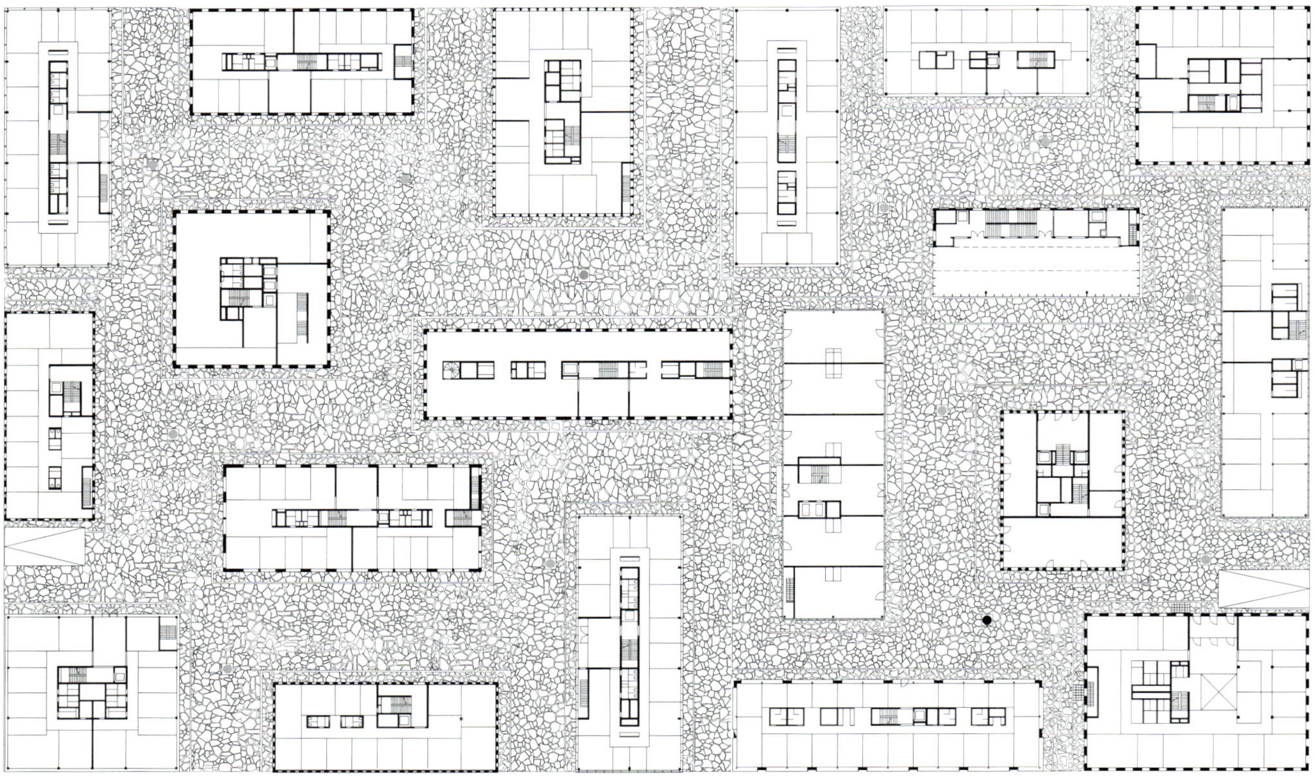

Planta general / Overall plan

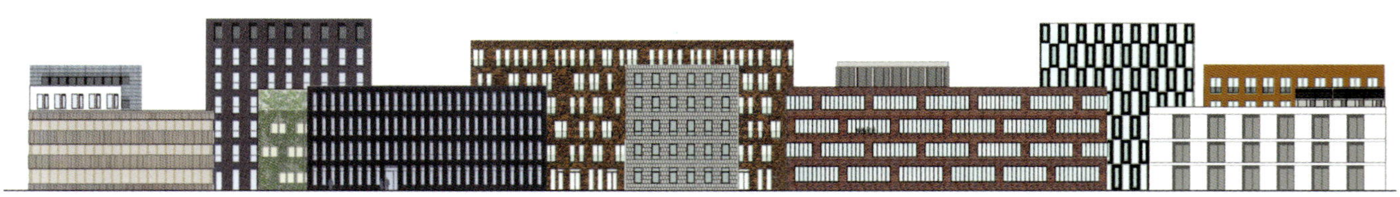

Alzado general Sur / Overall South elevation

Se está creando una nueva comunidad formada por firmas y propietarios diversos. El proyecto busca una mezcla de funciones públicas y privadas como oficinas, tiendas y gastronomía. Cada inmueble tiene su dirección y su identidad propias. En conjunto, forman un catálogo de materiales —como 'la casa de vidrio', 'la casa de piedra', 'la casa de madera', etcétera—. Las cuatro fachada son iguales, de modo que no hay parte delantera y trasera. Las oficinas flexibles se están equipando con las últimas innovaciones de la tecnología de la información; son adaptables y ampliables dentro de una malla de 1,35 metros, lo que permite usarlas como despachos cerrados, oficinas abiertas u oficinas mixtas. Cada planta puede dividirse en dos unidades de alquiler independiente. Los edificios también pueden comunicarse por debajo o por encima del nivel del terreno, en el caso de que se necesiten locales más grandes. El espacio de circulación e instalaciones se ha reducido al mínimo en un único núcleo interior.

A new comunity is growing out of a mix of various tenants and firms. The project aims at a mix of public and private functions such as offices, shops and gastronomy. Every house has its own adress and identity. Together they form a catalogous of materials, like the 'glashouse', 'stonehouse', 'wooden house', etc. All four facades are the same, so there is no front/backside. The flexible office units are being equipped with the latest standard in information technology. They are adaptable and extendable within an 1.35m grid, allowing the use as cell office, open office or mixed office. Each floor can be divided into two separate renting units. Individual buildings can also be linked under— or above ground in case larger units are needed. Circulation and service space is minimised to a singular inner core.

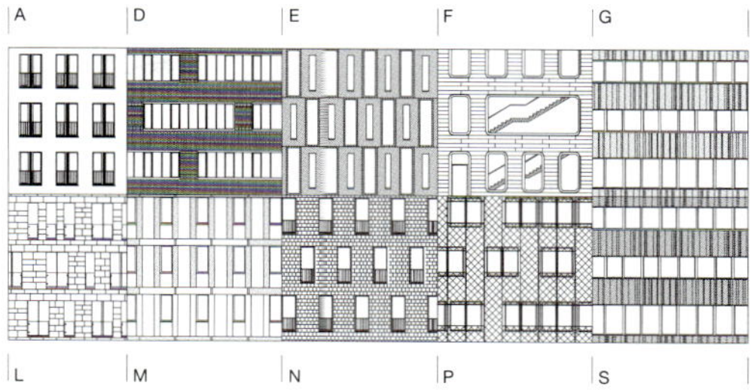

Tipología de fachadas / Facade types

A D E F G: primera fase / first phase
L M N P S: segunda fase / second phase

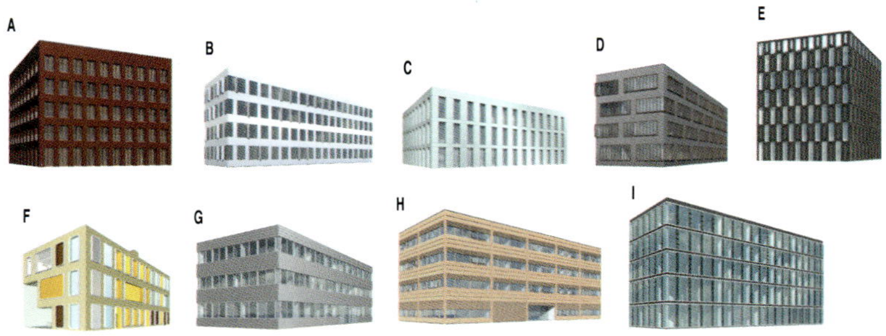

Edificios / Buildings A, D, E, F, G: MVRDV
Edificios / Buildings B, C, H, I: LAUBER architekten

Planta y sección tipo de fachada de los nueve edificios de oficina de la primera fase de actuación / Floor plan and typical facade section of the nine office buildings. First phase

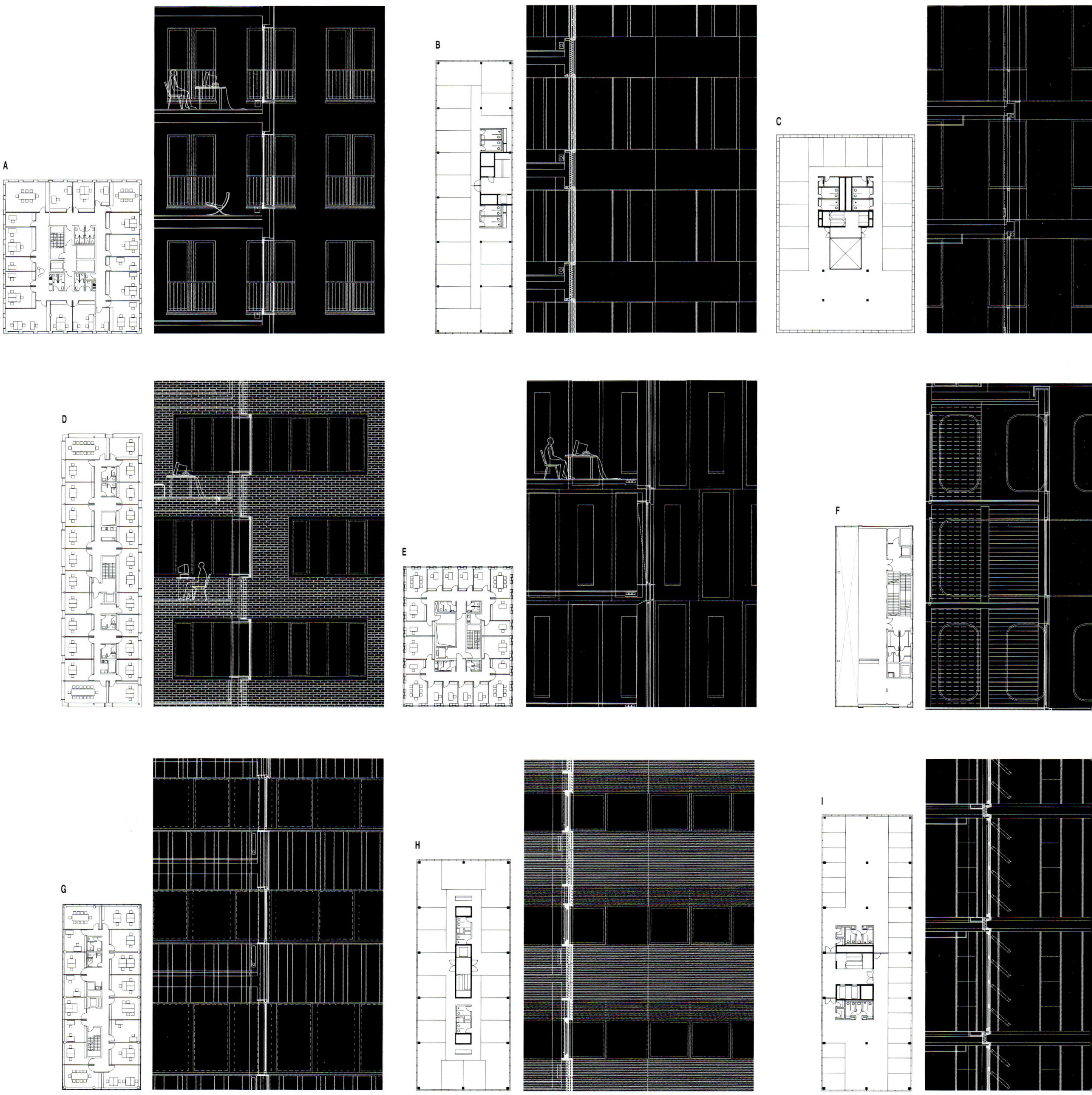

Holanda [Planeamiento urbano de un Centro de Negocios cerca del Aeropuerto de Eindhoven] / The Netherlands [Master plan for a business area near Eindhoven Airport]

FORO DE LA AVIACIÓN

1998/1999- FLIGHT FORUM

Situación / Site

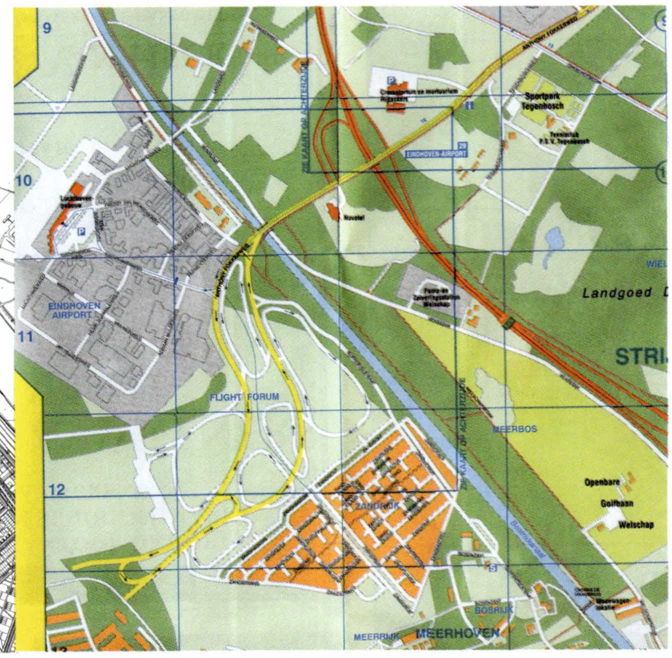

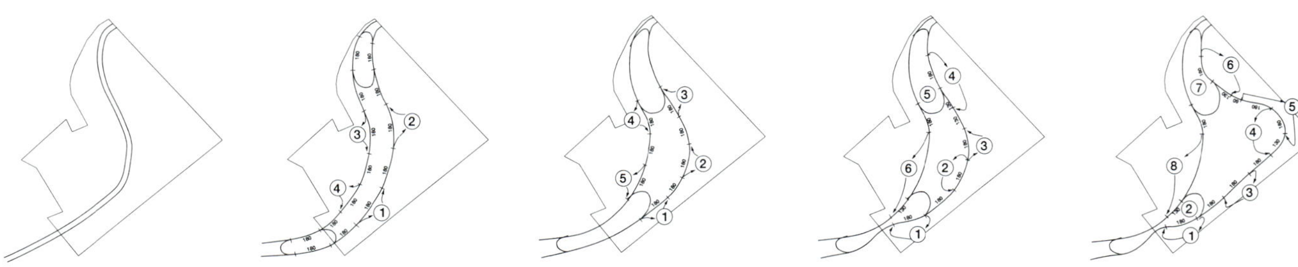

↓ Elasticidad / Elasticity

↑ Concepto / Concept

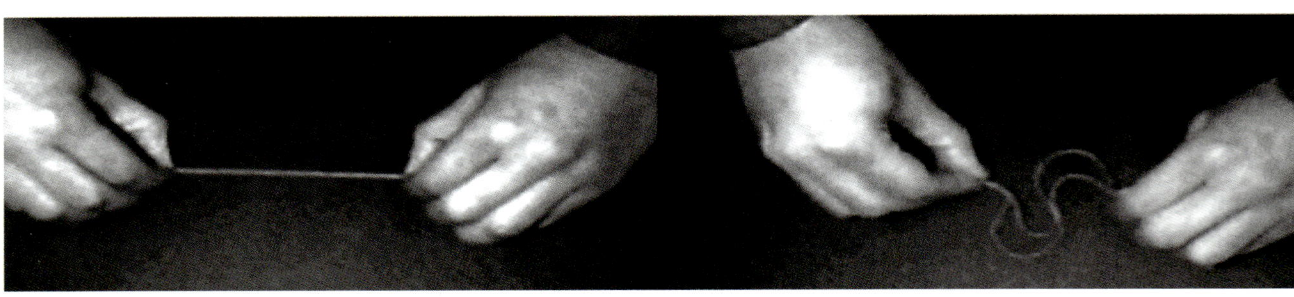

El Foro de la Aviación está situado junto al aeropuerto de Eindhoven y ocupa las partes abandonadas de la base aérea militar. Son 60 hectáreas que se destinarán a promociones de negocios y oficinas. Los parques industriales de Holanda se caracterizan por ser terrenos cercados. Los edificios ocupan una cantidad de suelo relativamente escasa. Estas superficies están rodeadas por zonas de reserva con almacenes provisionales y un ajardinamiento sencillo y con frecuencia casual, a base de césped. El aspecto de estas zonas no parece estar en consonancia con su importancia económica. Sin embargo, ningún concejal está dispuesto a mejorar el desarrollo de estas zonas de manera significativa, y tampoco a obstaculizar el crecimiento del empleo local. Mientras tanto, vastas superficies de suelo están esperando una ocupación definitiva, sacrificando con ello los niveles de calidad urbana. ¿Cuánto tiempo podemos seguir derrochando terrenos en este tipo de promociones? ¿Resultan aún viables estas zonas en estos tiempos de insuficiencia de suelo? ¿No es posible densificar los conjuntos industriales construyendo sedes que sean contiguas, o simplemente apilándolas en vertical? Esto dejaría sitio para unos alrededores a modo de parques que a su vez serían susceptibles de una densificación posterior.

Flight Forum is situated next to Eindhoven airport, occupying abandoned parts of the air force base. 60 hectares are destined to house business and office developments. Industrial parks in Holland are characterized by fenced off plots. A relatively low amount of land is actually occupied by buildings. These areas are surrounded by waiting /retaining zones with temporary storage and simple and often haphazard landscaping/green. The appearance of these areas does not seem to be in balance with their economical importance. Not a single alderman is however willing to improve the development of these areas fundamentally, not to impede the growth of local employment. In the meantime vast terrain are awaiting definitive occupation, sacrificing urban quality standards. How much longer can we continue wasting land for this kind of development? Are these areas still viable in times of insufficient surface area? Is it not possible to intensify industrial development, by building companies in direct adjacency, or by simply stacking them vertically? This would create room for park-like surroundings which in turn would be eligible for a future intensification!

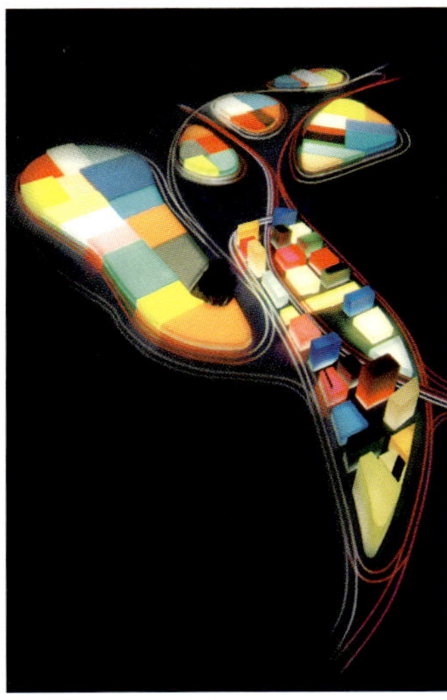

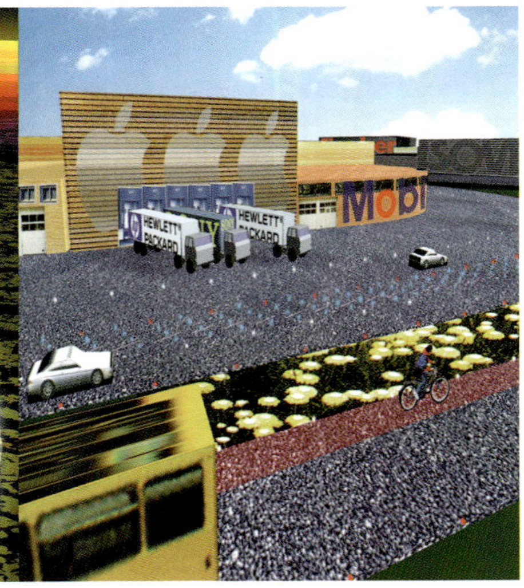

Aproximadamente el setenta por ciento de los centros de negocios se divide en parcelas y se vende. La creciente privatización de esta parcelación genera una expansión indefinida y poco atractiva. Tan sólo el cuarenta y cinco por ciento de la superficie de la parcela queda ocupada realmente por la edificación. La descomposición del Foro de la Aviación queda definido por esa misma proporción del cuarenta y cinco por ciento de superficie construida y el cincuenta y cinco por ciento de terreno libre. Levantando edificios pared con pared y eliminando tres de cada cuatro fachadas, surgen conjuntos rodeados por parcelas continuas que se usan como aparcamiento y para carga y descarga. La agrupación de los edificios permite una mayor continuidad del paisaje.

About 70 percent of business areas are divided into plots and sold. The increasing privatization of this division generates an undefined and unattractive sprawl. Only 45 percent of plot areas are actually occupied by buildings. The same division of 45% built area and 55% void of plot area defines the breakdown of Flight Forum. By erecting buildings wall to wall, eliminating 3 out of 4 façades, conglomerates emerge surrounded by continuous lots used for both loading and parking. The image generally associated with front yard parking guarantees a high quality lay-out. Clustering of buildings allows for greater continuity of landscape.

La principal carretera de acceso —que forma parte de un sistema viario anular de nivel superior— se divide en dos sentidos que se separan para permitir mayor comodidad y seguridad. Además, esto da ocasión de ofrecer más direcciones en la carretera principal, lo que tiene mucho sentido desde un punto de vista empresarial. Todas las parcelas tienen un valor inmobiliario de primer orden. Ampliando y curvando aún más ambos carriles de circulación, la cantidad de direcciones se incrementa. Los lazos y las curvas pueden modelarse y moldearse para albergar toda la superficie de uso. A todas las parcelas se llega a través de este sistema de acceso único. Diseñando las curvas para cincuenta kilómetros por hora, se sigue un recorrido suave y veloz, se eliminan los semáforos y con ello se aumenta la accesibilidad del lugar. Este principio de elasticidad puede considerarse un instrumento del urbanismo flexible. Los espagueti de asfalto, y las formas cristalinas de las agrupaciones empresariales, dejan libres una serie de 'islas'. Ajardinando cada una de estas islas de modo distinto se crea un mosaico. El mosaico paisajista hace posible las conexiones ecológicas en este entorno sensible. Este caleidoscopio de diferencias queda unido gracias a la continuidad y la uniformidad del asfalto. Por la noche, las agrupaciones están iluminadas con luz blanca, lo que hace atractiva la zona durante las veinticuatro horas del día.

The main access road that is part of a greater ring road system is split up in two directions and stretched allowing for greater comfort and safety. Moreover this generates the opportunity of offering more addresses on the main road which makes perfect sense from a business point of view. All plots have prime real estate values. By further stretching and curving both driving lanes the amount of addresses is increased. Loops and curves can be modelled and moulded to house the entire programmatic surface. All plots are accessed from this single access system. Through designing curves at 50 km/h a supple and swift route is created, eliminating all traffic lights, thus increasing the accessibility of the site. This elasticity principle can be regarded as an instrument of flexible planning.The asphalt spaghetti and the bedrock shapes of business clusters leave open a series of 'islands'. By landscaping each island in a distinctive manner a mosaic is created. The landscape mosaic allows for ecological connections in this sensitive environment. The continuity and uniformity of the asphalt tie the kaleidoscope of differences together. At night the clusters are lit by daylight illumination, giving the area a 24-hour appeal.

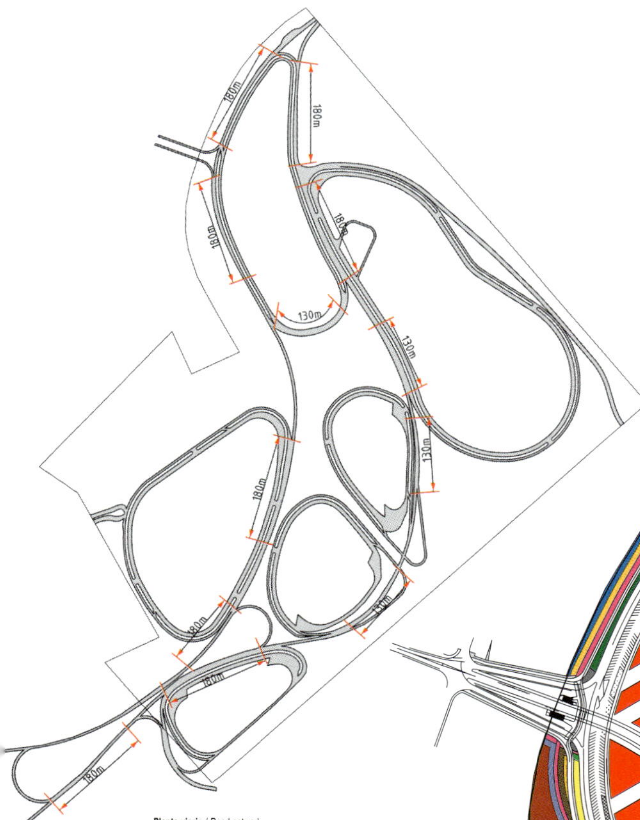

Planta viario / Road network

Vista aérea. Julio 2002 / Aerial view. July 2002

0 10 20 50 100 200

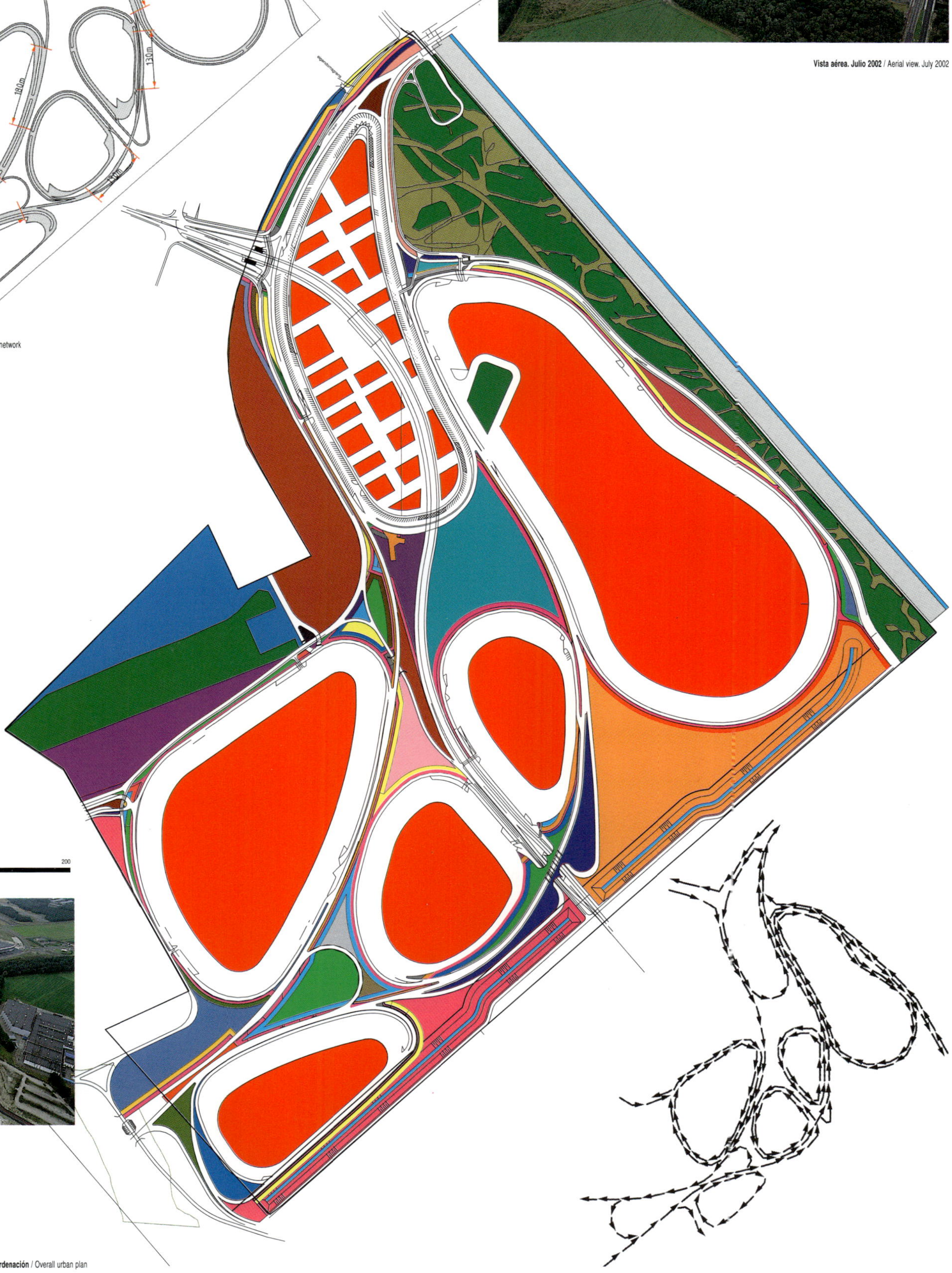

Planta general de ordenación / Overall urban plan

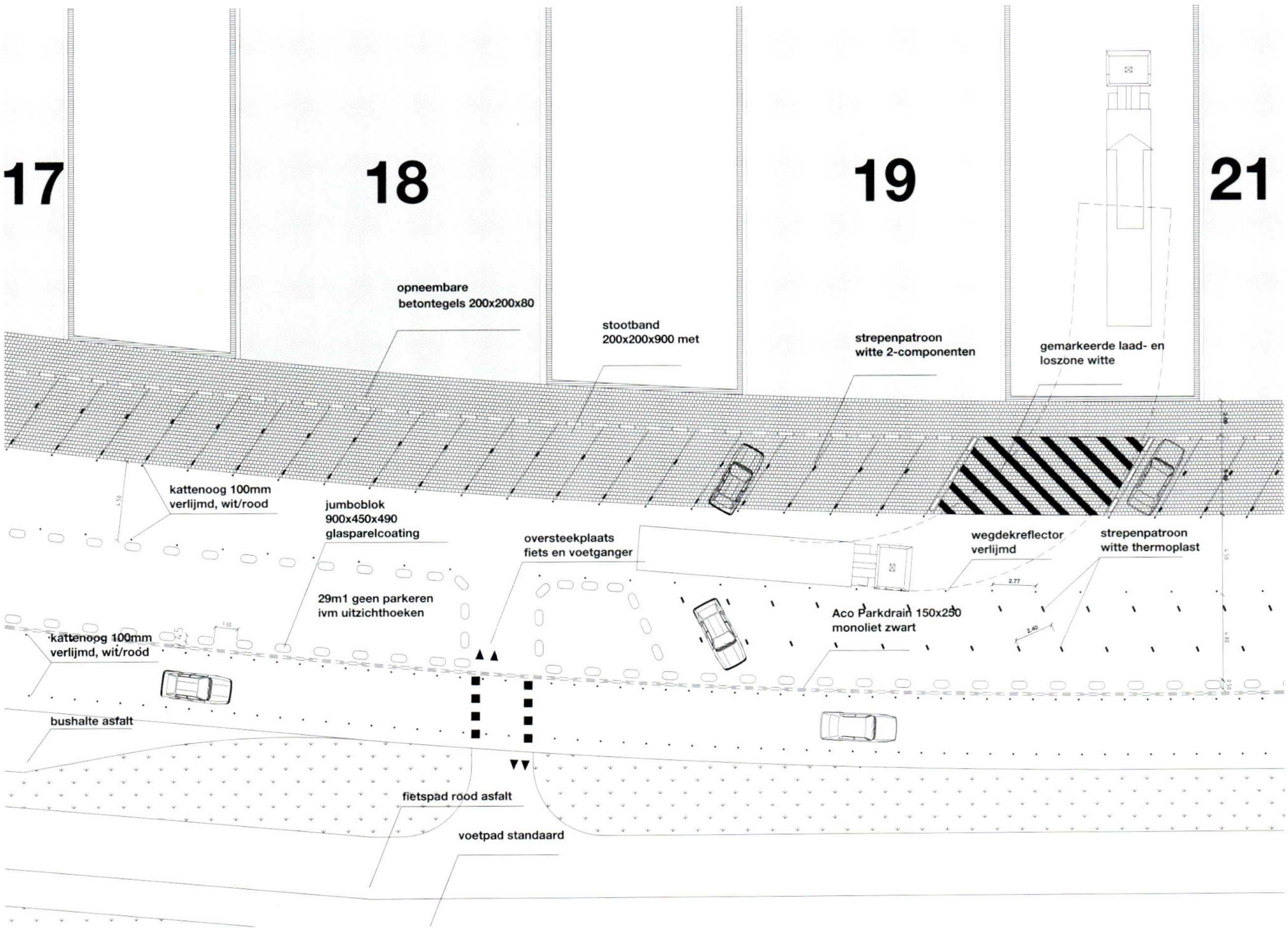

↑ **Detalle de la red viaria de una de las agrupaciones** / Road network detail of one of the clusters

París, Francia [Concurso] / France [Competition]

MUSEO DE LAS ARTES PRIMITIVAS EN EL QUAI BRANLY

1999 MUSEUM OF PRIMITIVE ARTS QUAI BRANLY

MVRDV + PÉRIPHÉRIQUES

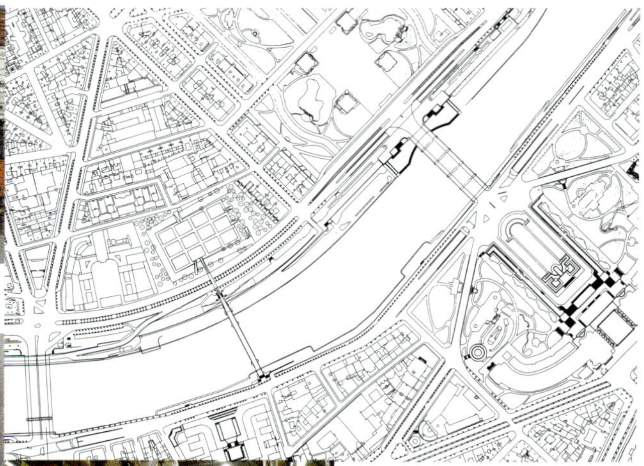

↑ **Vista aérea de la propuesta** / Aerial view

↑ **Plano de situación** / Site plan ↑ **Fachada principal** / Main facade

¿Cómo se relaciona un museo de arte no occidental con los tiempos actuales en los que las sociedades occidentales se hacen cada vez más multiculturales, y en los que la oposición entre occidental y no occidental está dejando de existir? ¿Cómo representar lo auténtico, lo exótico, en semejante contexto? ¿Puede ser, pues, este museo el intento definitivo de crear el Museo Universal? ¿Podríamos fomentar esta concepción ampliando el número de contextos? Creando un interminable, casi reemplazable, número de contextos, todo se vuelve relativamente exótico de nuevo.

How does a museum of non-western art relate to the current times in which western societies become more and more multi-cultural and in which the opposition between western and non-western is ceasing to exist? How should the authentic and the exotic be represented in such a context? Can the museum be the ultimate attempt to create the Universal Museum? Could we provoke this notion by enlarging the number of contexts? By creating an endless almost replaceable number of contexts, everything becomes relatively exotic again.

Los montajes de las colecciones y exposiciones actuales se componen de una cambiante mezcla de elementos educativos, históricos y artísticos. La diversidad de la colección y sus enfoques merecen unos entornos diferenciados, en lugar de neutros. Esto puede conseguirse haciendo salas con distintos ambientes logrados mediante distintos materiales, tamaños, formas e iluminaciones, y que abarquen tanto las presentaciones clásicas como las presentaciones virtuales contemporáneas, que exigen un entorno más oscuro y fluctuante. Apilando literalmente los espacios unos encima y al lado de otros, el museo se convierte en una compacta muestra de la 'diferencia', en la que estas 'miles de salas' se funden en un 'gel' coherente. Y con ello se contempla esa idea última y paradójica de que un aumento de la diferencia conduce a una mayor coherencia, de que la especialización lleva a la dependencia. ¿No es esta 'interdependencia' el instrumento para la cohesión futura?

The presentations of the current collections and exhibitions are composed of a changing mix of educational, historical and artistic elements. The diversity of the collection and its approaches deserve differentiating environments more then neutral ones. This can be realised by rooms with different conditions, caused by different materials, sizes, shapes and lighting, covering both classical presentations and contemporary virtual presentations that demand a darker flickering environment. By literary stacking the spaces on top of and next to each other, it turns the museum into a solid piece of 'difference', melting 'thousands of rooms' into one coherent 'gel'. It covers the ultimate paradoxical suggestion that an increase of difference leads to more coherence and that specialisation leads to dependency. Is not this 'interdependency' the tool for future cohesion?

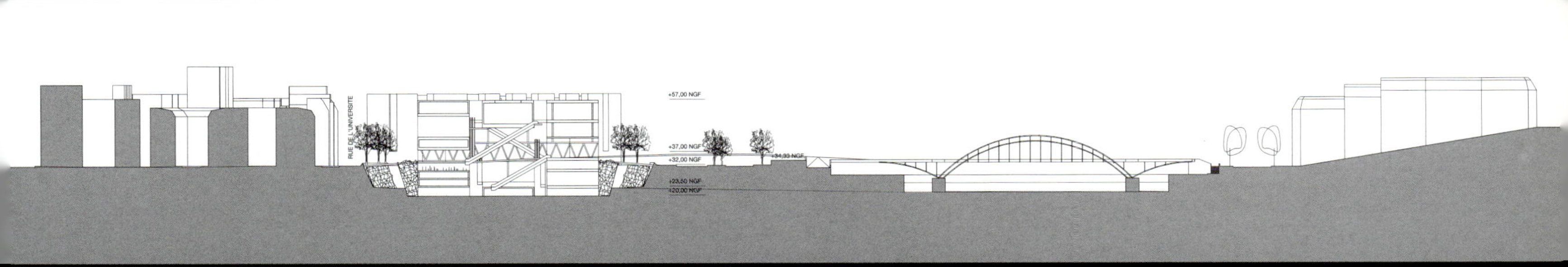

EN RAPPROCHANT DES

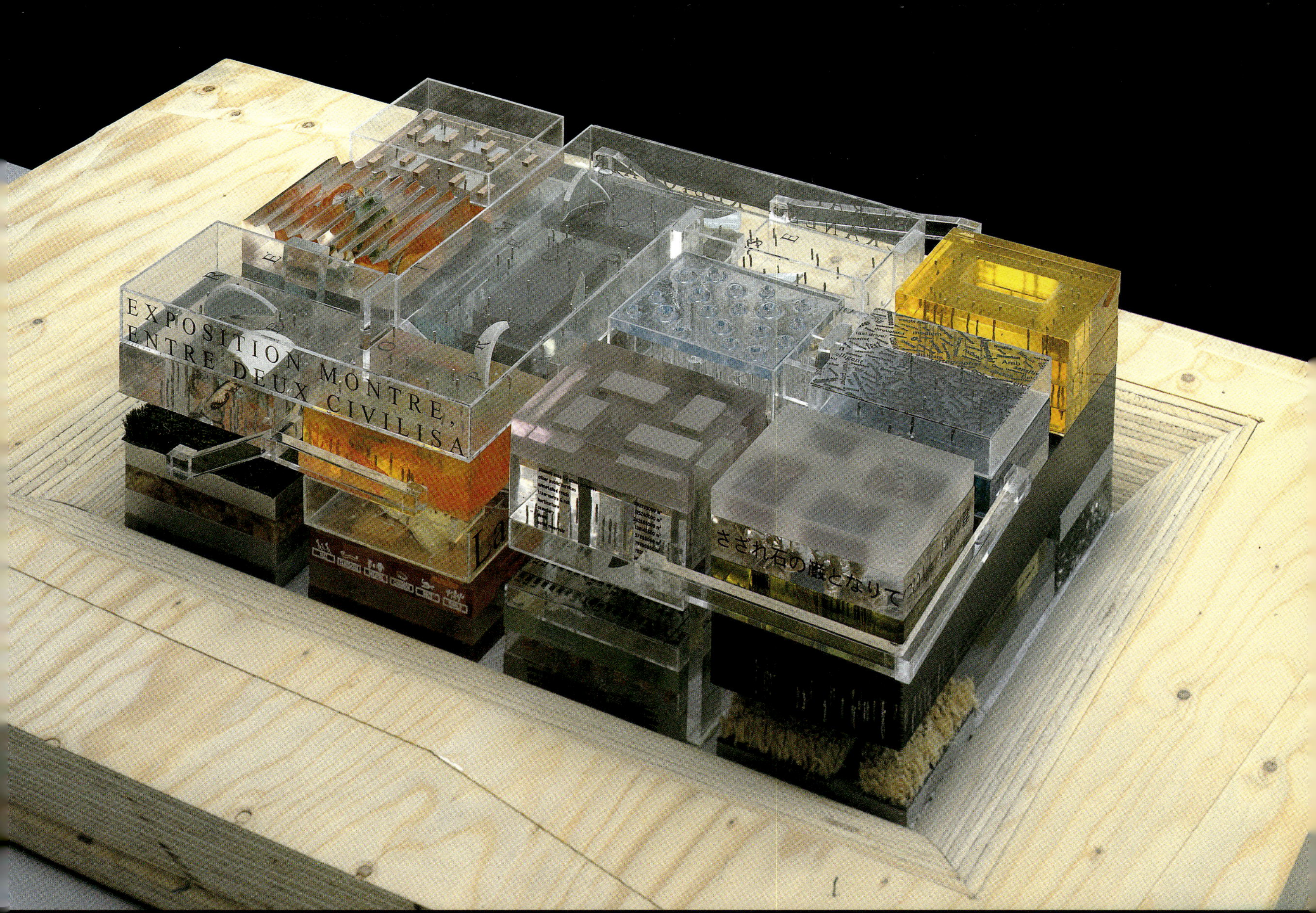
EXPOSITION MONTRE,
ENTRE DEUX CIVILISA
さざれ石の巌となりて

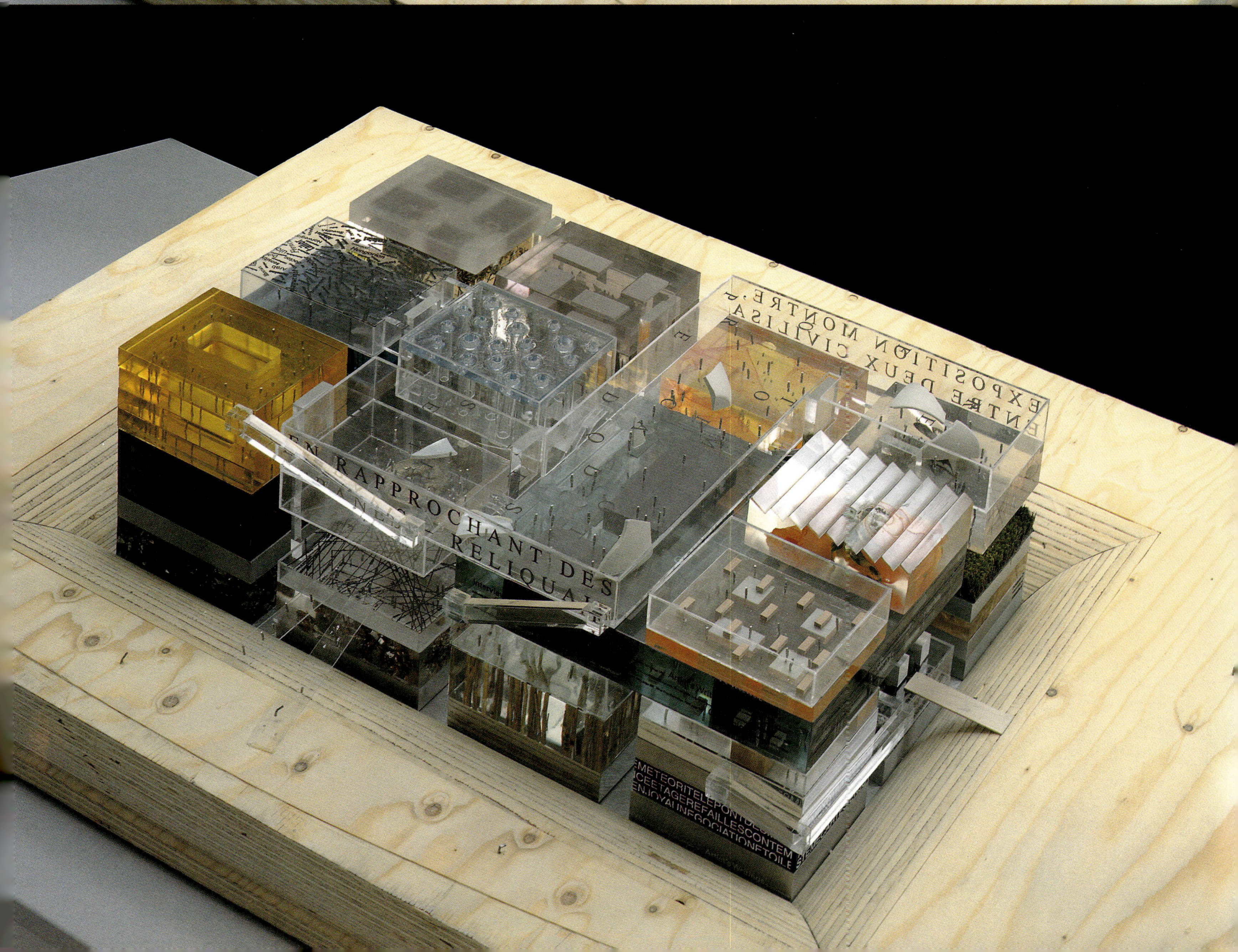
EXPOSITION MONTRE,
ENTRE DEUX CIVILISA
EN RAPPROCHANT DES
RELIQUA

Alzado lateral / Side elevation

Alzado al Sena / Seine elevation

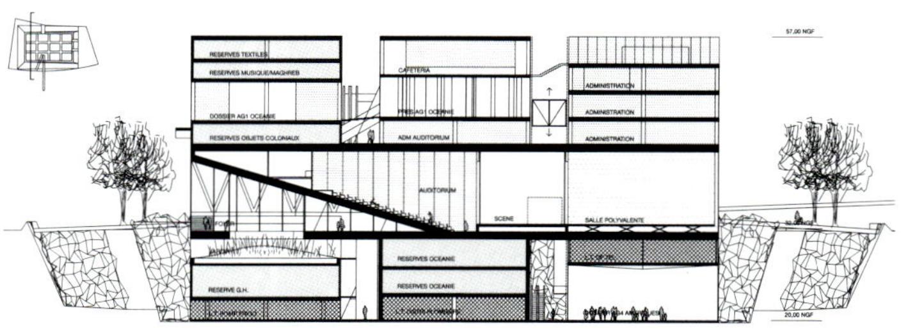

Sección transversal por el Auditorio / Cross section through Auditorium

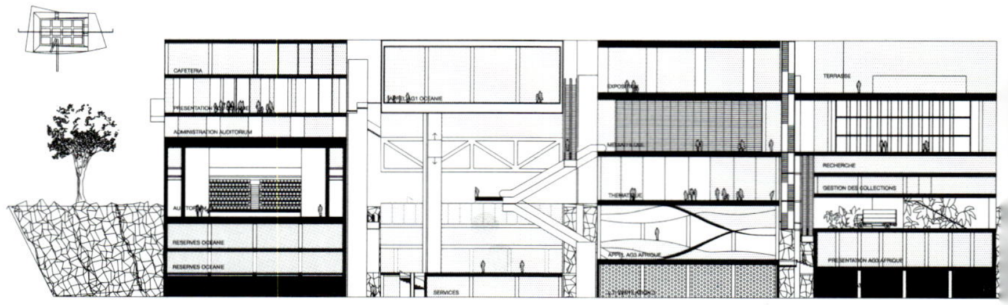

Sección longitudinal por *accueil* / Longitudinal section through *accueil*

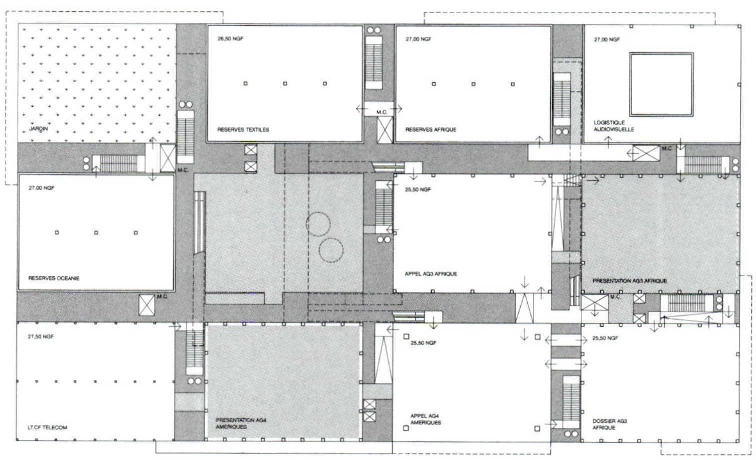

-4.50

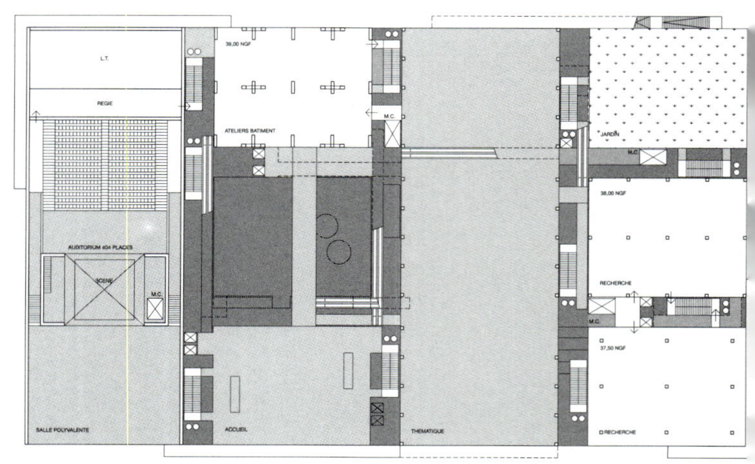

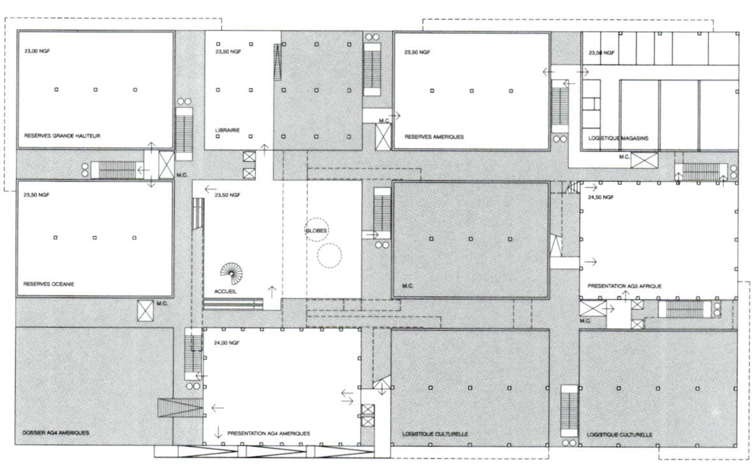

-7.50

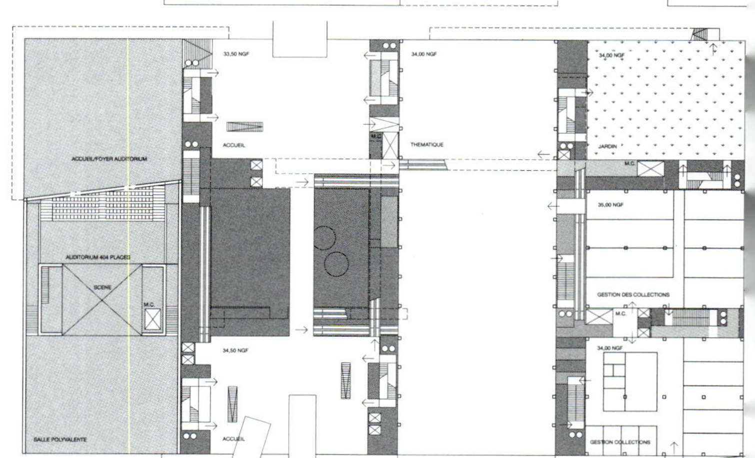

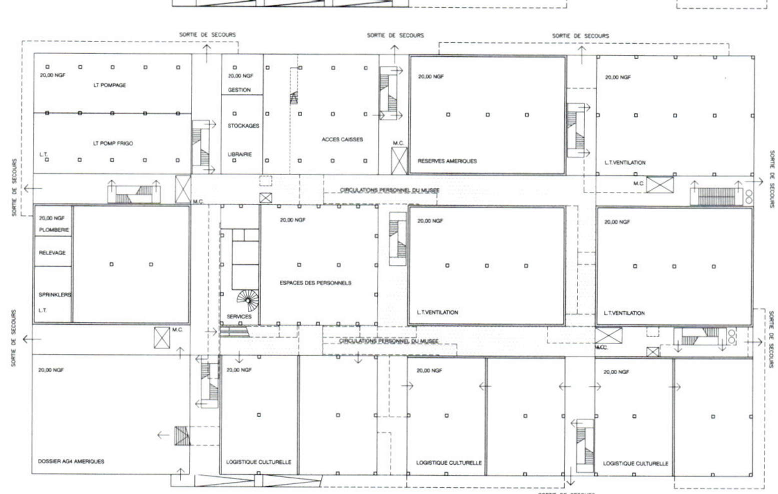

-12.00

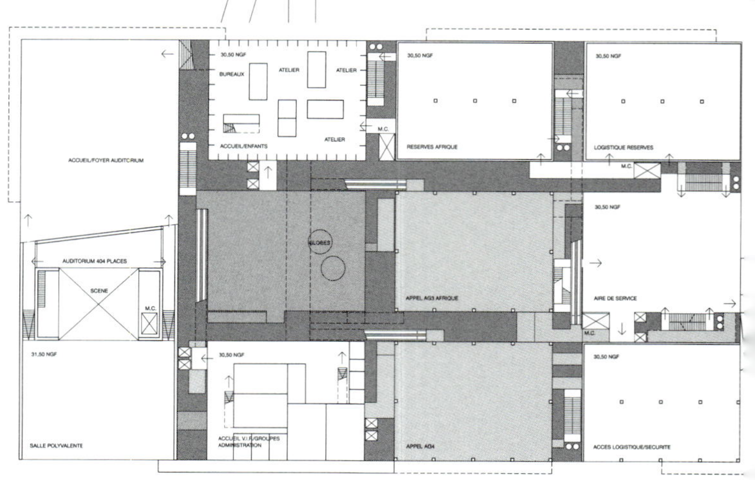

Fachadas laterales / Side facades; ↓ **Sección transversal por *accueil*** / Cross section through *accueil*

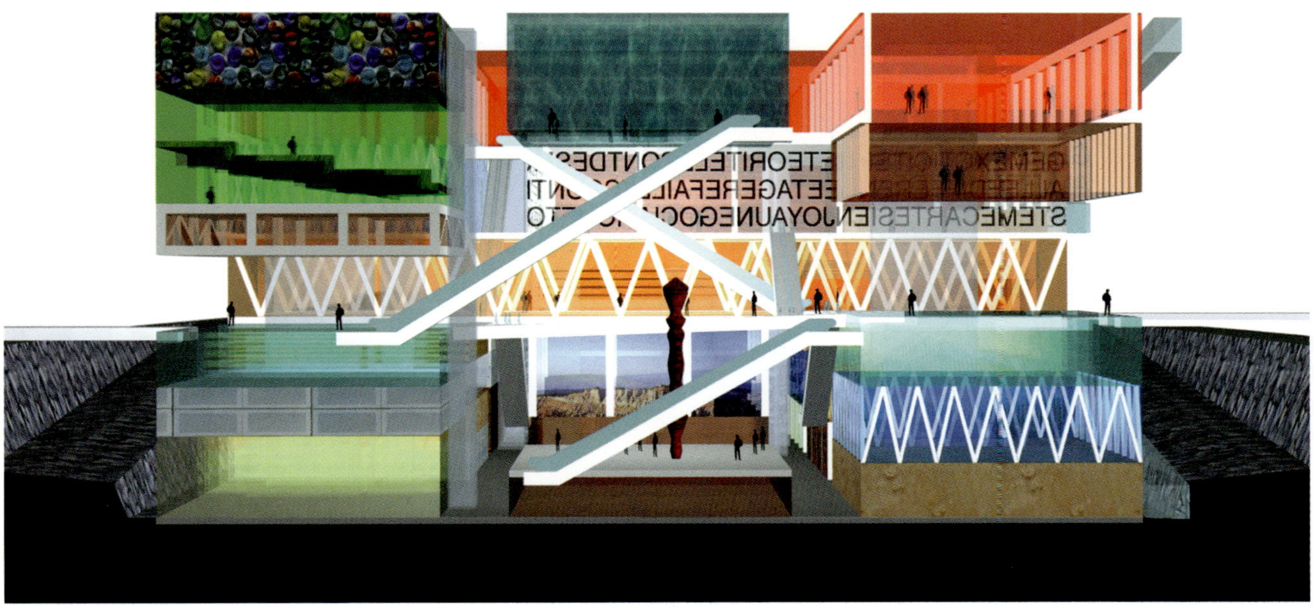

EXPOSTTION MONT
ENTRE DEUX CIVILI

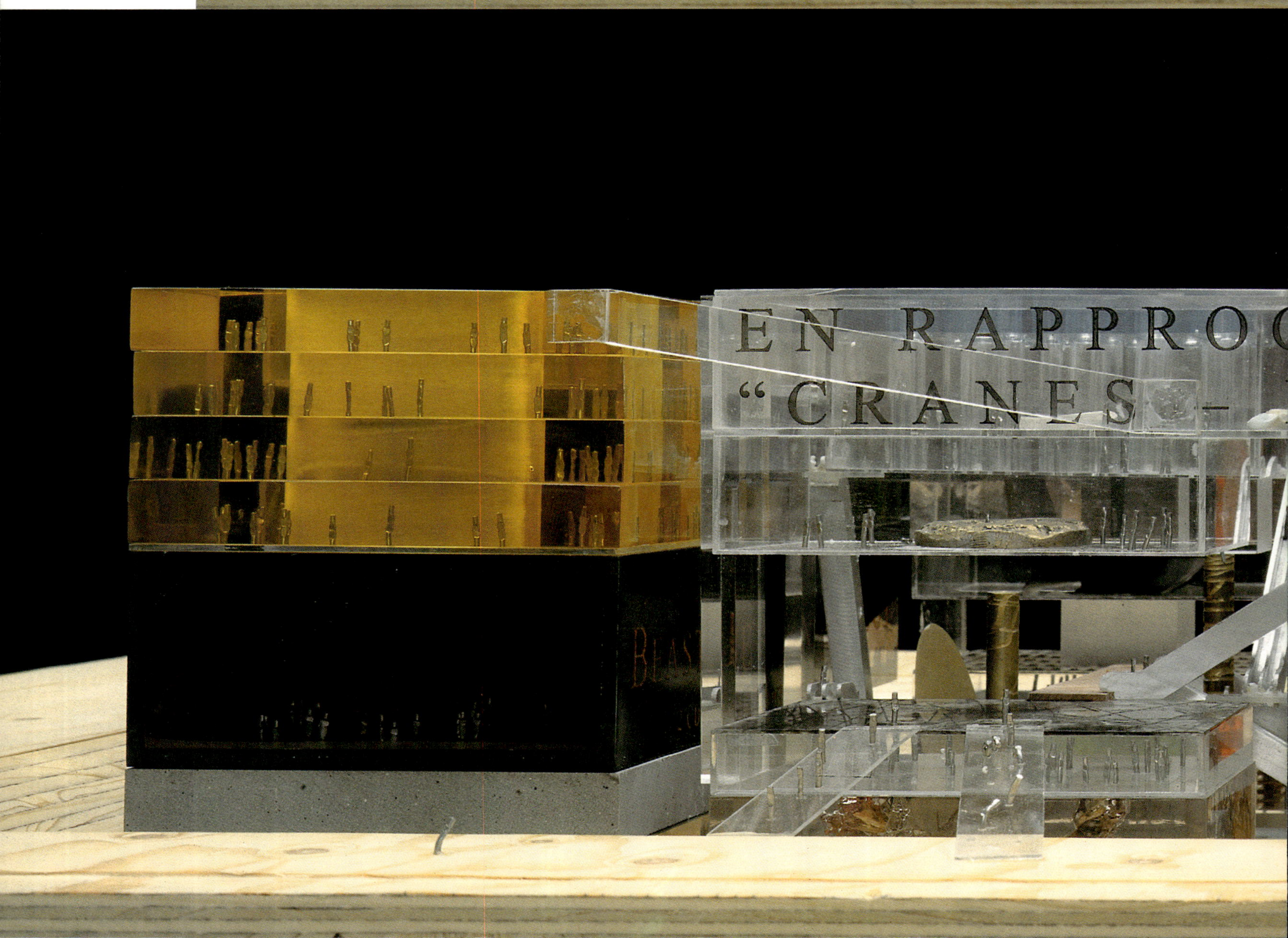
EN RAPPRO
“CRANES–

さざれ石の巌となりて
planned area for other purposes
other public services 315240000 m³
unmetalled roads 242685000 m³
tram-metro & rail
horticulture
cemetery
dump

Survey
Artist's Writings
Focus
Artist's Choice
EMETEORITELEPONTDESMUS

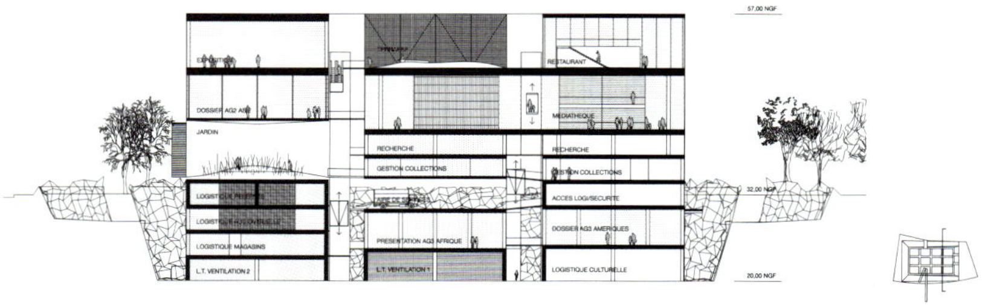

Sección transversal / Cross section

Alzado lateral / Side elevation

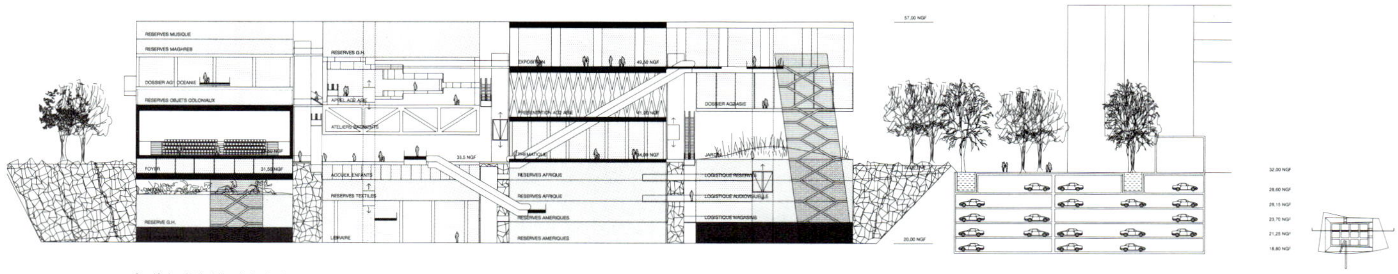

Sección longitudinal / Longitudinal section

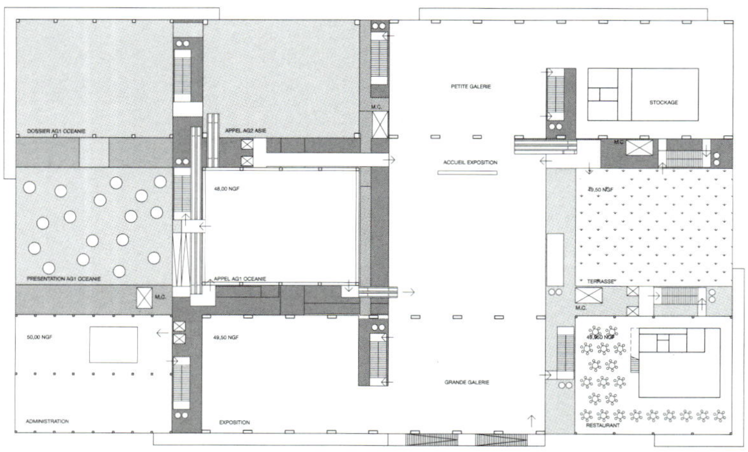

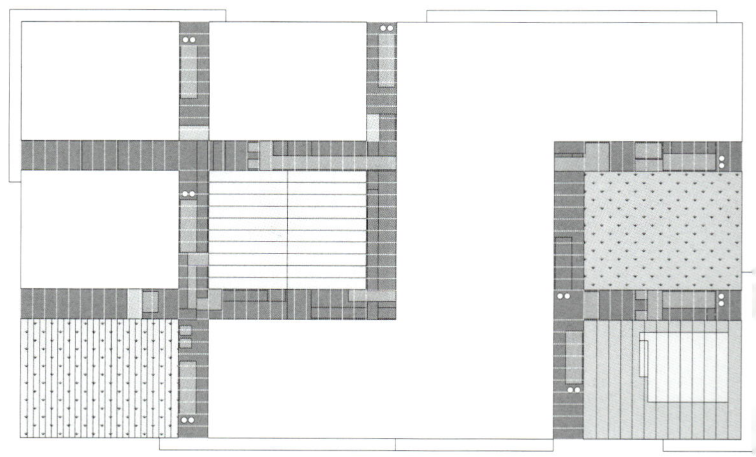

+18.50

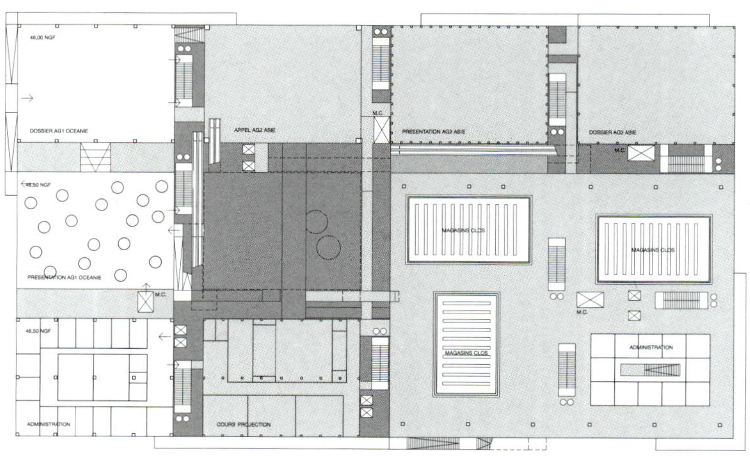

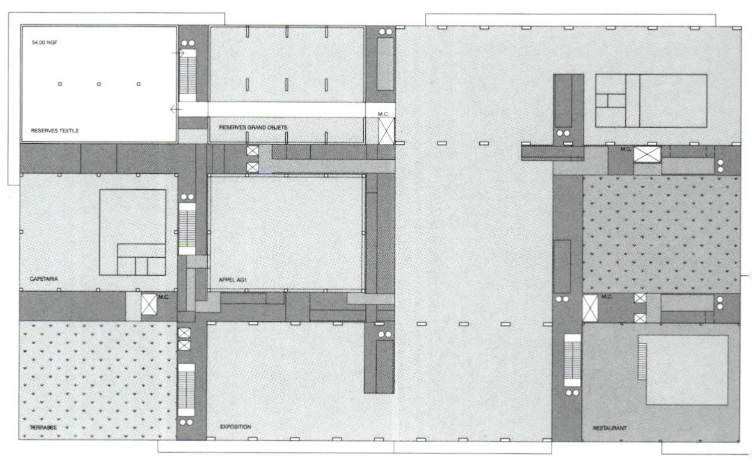

+15.00

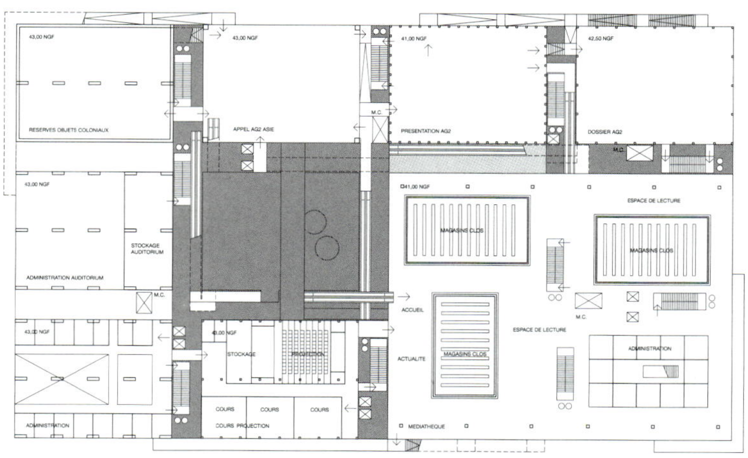

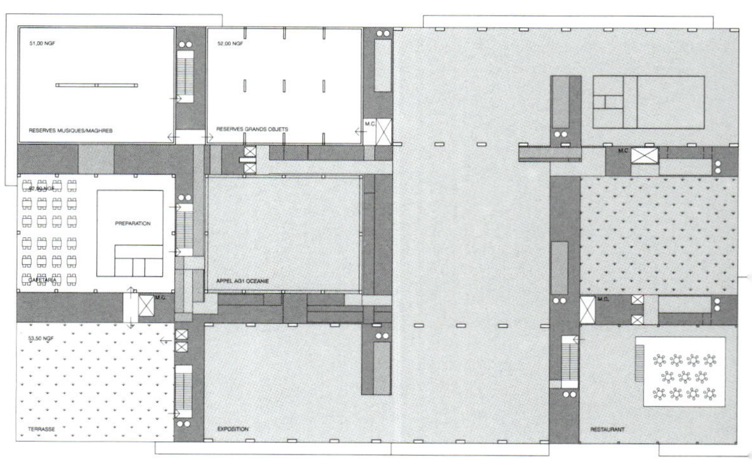

+11.50

Alzado a la rue de l'Université / Rue de l'Université elevation

Esta colección de espacios puede colocarse según diferentes planteamientos y, por tanto, puede considerarse un instrumento para encontrar la mejor (com)posición, que será negociada con los usuarios. Este proceso simboliza una posible manera de tratar lo multicultural.

This collection of spaces can be arranged according to different strategies and can thus be regarded as a tool to find the best (com)position, to be negotiated with the users. The process emblematises a possible dealing with the multi-cultural.

Las salas funcionan simplemente como contenedores. De este modo, el museo puede entenderse literalmente como una ciudad-contenedor o una feria mundial tridimensional. Esto tiene algo de liberador: no nos enfrenta al estilo, el gusto o la composición, sino que nos ofrece un sutil modo de contemplación, con objeto de fomentar al máximo los posibles 'encuentros de la diferencia'.

The rooms simply act as a container. The museum can thus literally be seen as a container-city or a three-dimensional world fair. That has something liberating. One is not confronted with style, taste or composition. It leads to a subtle way of contemplation, in order to maximise the possible 'meetings of difference'.

En este mundo, las 'hendiduras' organizan la materia, y a partir de ellas se pueden apreciar las diferencias. En estas hendiduras, de cinco metros de anchura cada una, los ascensores trepan a lo alto de los muros: escaleras, puentes, escaleras mecánicas y rampas reemplazables comunican los distintos espacios, que quedan unidos con sus propios itinerarios, los visitantes y el personal en un único espacio.

In this world 'slits' organize the substance, from which the differences can be overviewed. In these slits, each 5 meters wide, elevators are creeping on top of the walls: stairs, bridges, escalators and replaceable ramps connect the different spaces gathering with their own circuits, visitors and personnel in one space.

Las secuencias tridimensionales, tanto visuales como espaciales, provocan una profundidad literal: esto permite disfrutar de vistas cruzadas de la colección, lo que ofrece relaciones imprevistas. Gracias a las escaleras y rampas reemplazables, los itinerarios pueden alterarse de tanto en tanto, provocando así un nuevo debate sobre la colección. El catálogo de espacios está rodeado por un catálogo de fachadas distintas. El exterior de la institución manifiesta directamente la composición petrificada del interior. Las diferencias de materiales y colores convierten el museo en una gema; la transparencia lo transforma en un rosetón tridimensional contemporáneo: un 'gran escaparate' que muestra su riqueza interior a la ciudad; un moderno Gran Almacén de las Artes.

The three-dimensional sequences, both visual and spatial, cause literal depth: they allow for cross viewing through the collection, giving unexpected relationships. Due to the replaceable stairs and ramps, the routing can alter from time to time, thus re-discussing the collection. A catalogue of different facades surrounds the catalogue of spaces. The exterior of the institute shows directly the petrified composition of the interior. The differences in materials and colours turn the museum into a gem. The transparency turns it into a contemporary three-dimensional rose window: a 'grande vitrine' that shows its interior richness to the city. It becomes a modern Grand Magasin des Arts.

La Haya, Holanda [Estudio] / The Hague, The Netherlands, [Study]

LNV. NUEVA SEDE DEL MINISTERIO DE AGRICULTURA

2000 LNV. NEW OFFICE OF THE MINISTRY OF AGRICULTURE

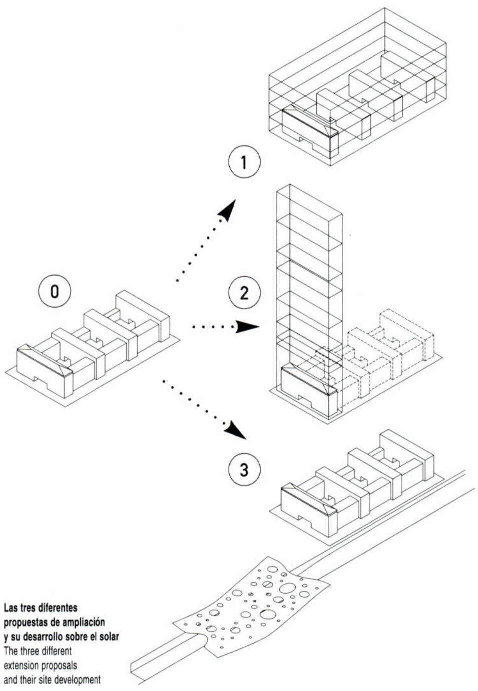

Las tres diferentes propuestas de ampliación y su desarrollo sobre el solar
The three different extension proposals and their site development

En los últimos cuarenta años, el Ministerio neerlandés de Agricultura ha ocupado un edificio clásico, casi kafkiano, situado en el corazón de La Haya. Debido a su edad, este edificio presenta fallos de carácter técnico; y tampoco satisface las exigencias funcionales de los usuarios: los recorridos son largos y aburridos, y los lugares de trabajo están ubicados en despachos como celdas que permiten una escasa comunicación entre los distintos grupos de empleados. El edificio actual no evidencia nada del ímpetu contemporáneo de ese ministerio.

The Ministry of Agriculture has resided in a classic almost Kafka-like building in the heart of The Hague for the last forty years. Due to its age the building has technical faults. The building does not stand up to the functional demands of its users: the routing is long and boring and work spaces are placed in office cells allowing little communication between different groups of employees. The current building does not show any of the contemporary elan of the Ministry.

El proyecto de un nuevo edificio para el ministerio permite plantear unas cuantas cuestiones fundamentales: ¿cuál debería ser el papel de un edificio público en una época en la que predominan los mecanismos del mercado?; ¿podría la ideología tener nuevamente su sitio en estos tiempos fugaces?; ¿podría el edificio enfatizar esos elementos básicos invisibles, pero muy necesarios, como la alimentación y los recursos naturales?

Designing a new building for the Ministry raises fundamental questions: What should the role of a public building be in times where market mechanisms dominate? Could 'ideology' again have a place in these fleeting times? Could the building emphasise the invisible but very necessary basics, like food and natural resources?

Lo que proponemos (solución 1) es colocar una piel de cristal alrededor del edificio, en vez de reemplazar las ventanas actuales por otras con doble vidrio. Así el edificio existente no se toca y puede conservar en el futuro su categoría de monumento. La piel de cristal se levanta como un impermeable, dentro del cual se puede controlar el clima gracias a la vegetación. Las plantas proporcionan los niveles adecuados de humedad. Surge así una 'fortaleza' verde: un edificio bosque rodeado por un mundo petrificado. Un enorme invernadero de cuatro plantas confiere 'presencia' y contenido a este bosque.

We propose (solution 1) to put a skin of glass around the building instead of replacing existing windows by double glass. The existing building will not be touched and can maintain its coming status as a monument. The skin of glass arises like a raincoat in which the climate can be controlled by means of plants. The plants provide the right levels of humidity. A green 'fortress' arises: a forest building surrounded by a petrified world. A huge greenhouse made up of four floors gives this forest 'presence' and content.

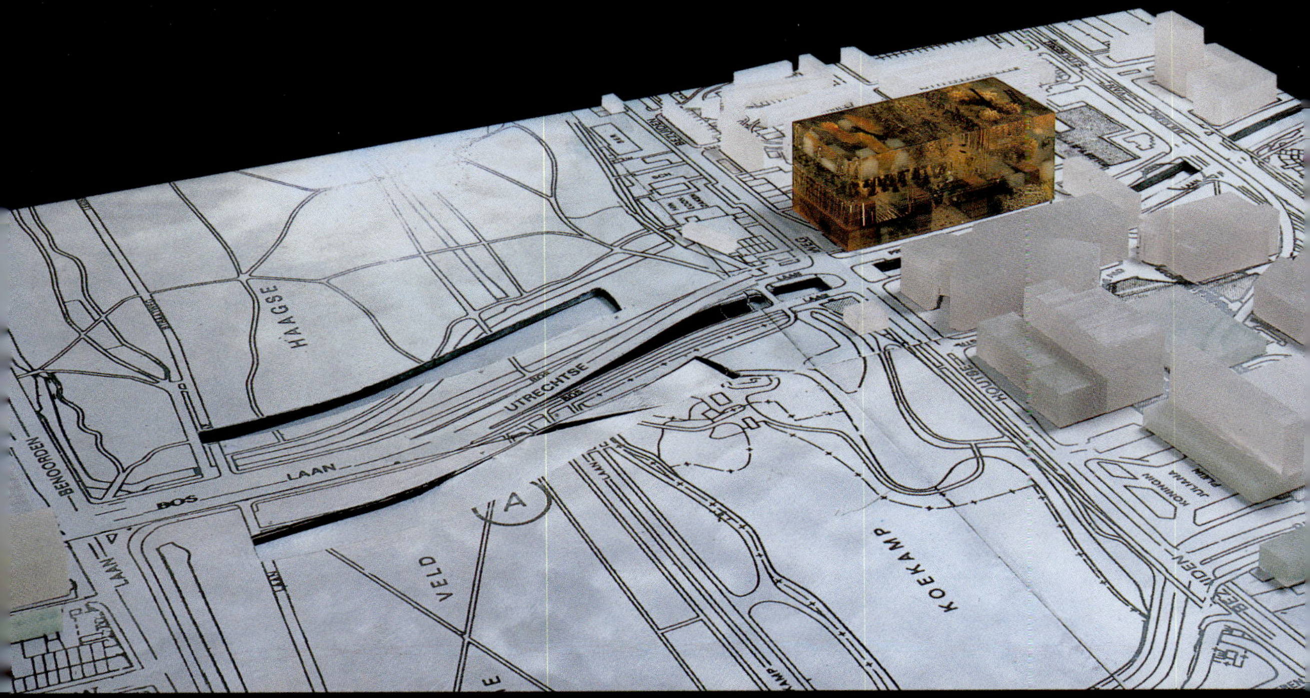
HAAGSE
UTRECHTSE
LAAN
BOS
BENOORDEN
VELD
KOEKAMP

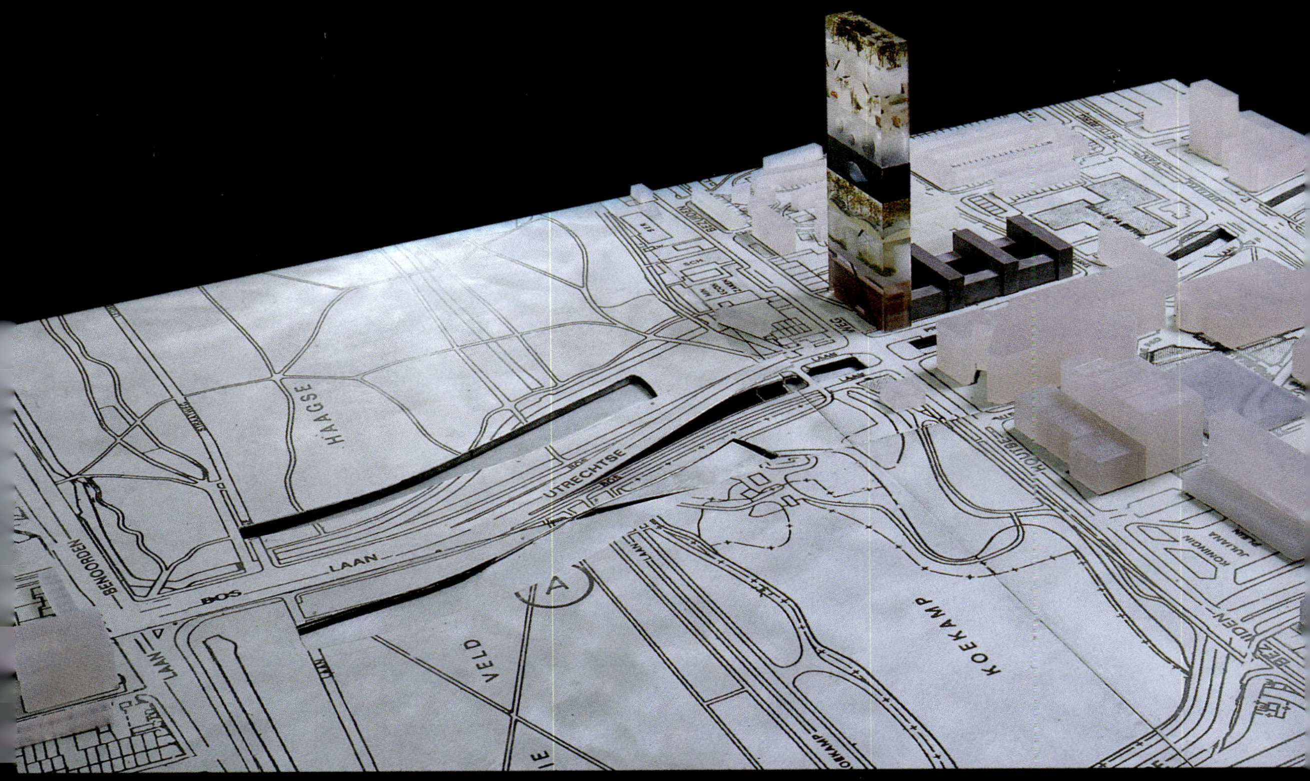
HAAGSE
UTRECHTSE
LAAN
BOS
BENOORDEN
VELD
KOEKAMP

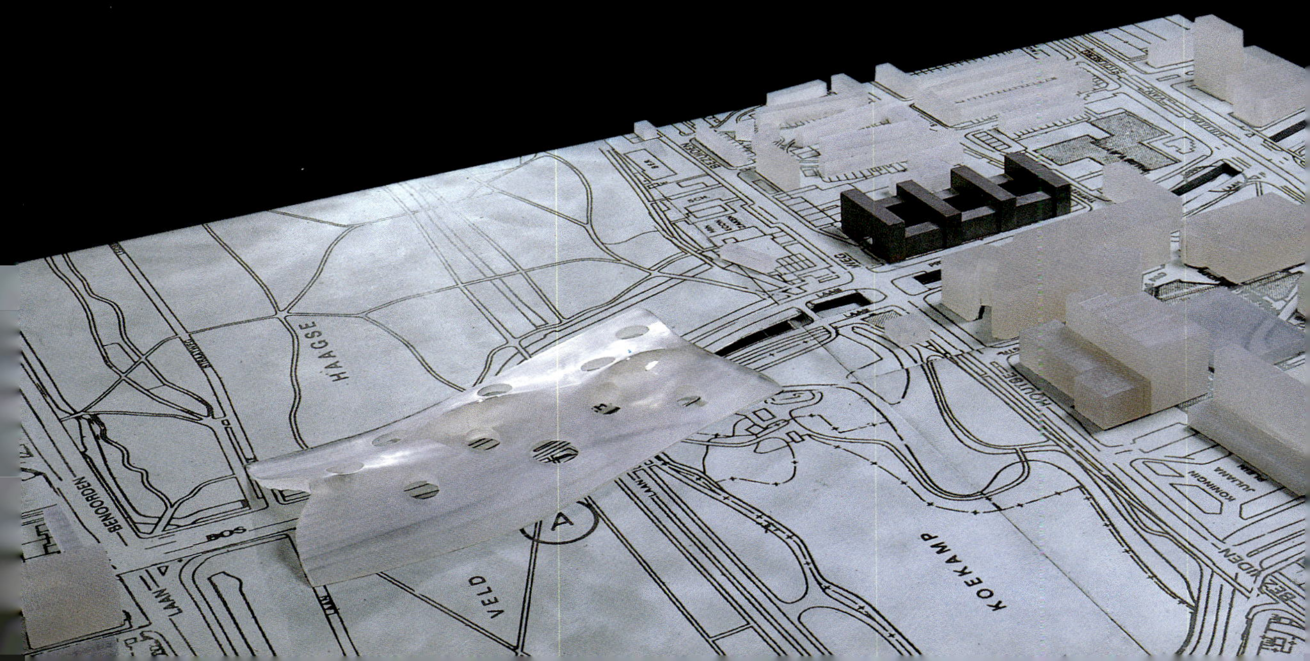
HAAGSE
BOS
BENOORDEN
VELD
KOEKAMP

SOLUCIÓN 1
SOLUTION 1

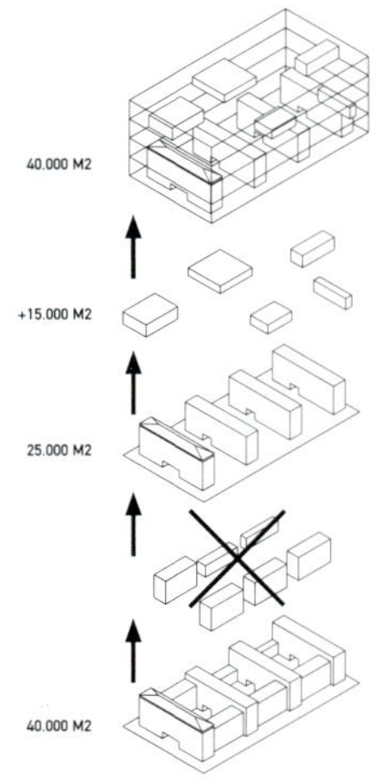

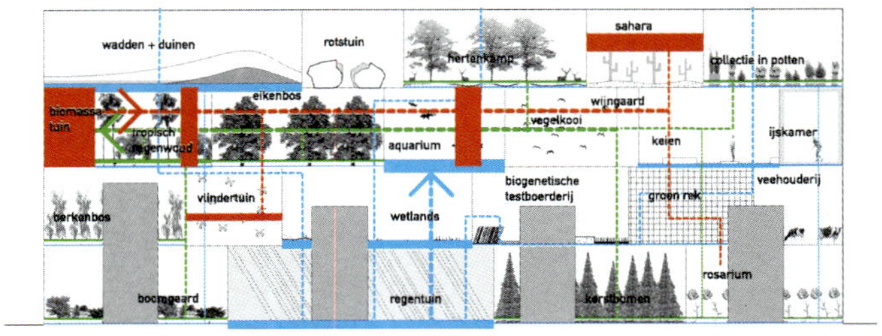

Sección longitudinal. Energía / Longitudinal section. Energy

Planta cota +60.00 / Floor level +60.00

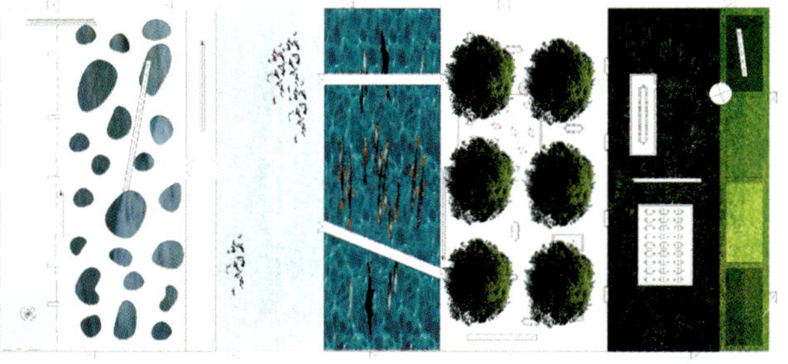

Planta cota +40.00 / Floor level +40.00

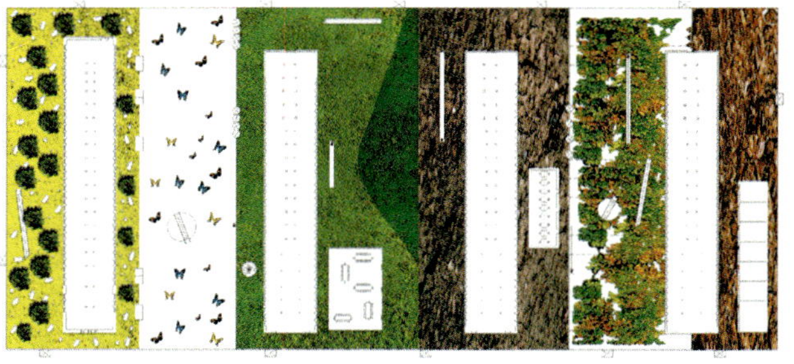

Planta cota +20.00 / Floor level +20.00

Planta baja. Cota +0.00 / Ground floor. Level +0.00

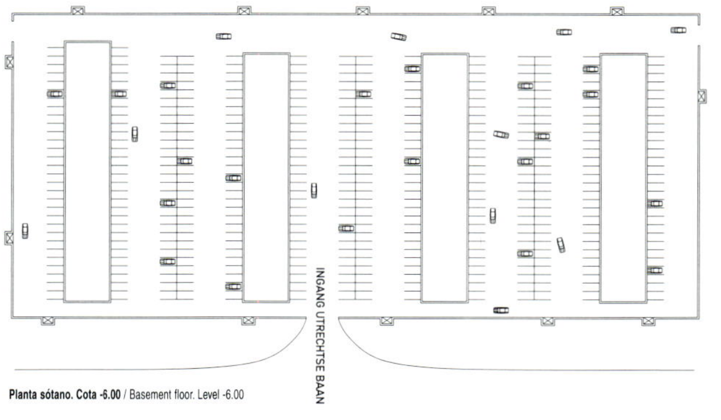

Planta sótano. Cota -6.00 / Basement floor. Level -6.00

SOLUCIÓN 2
SOLUTION 2

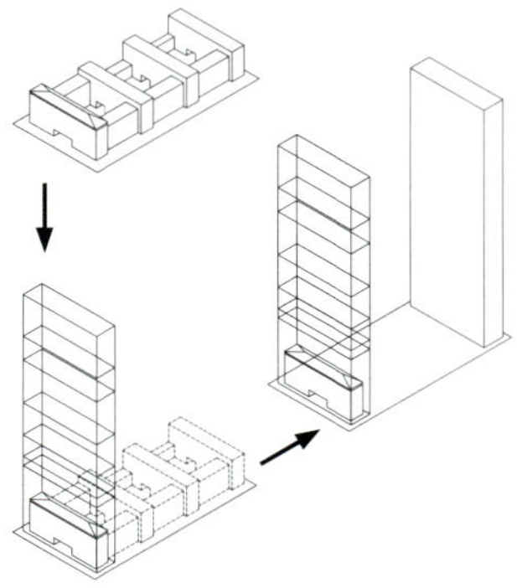

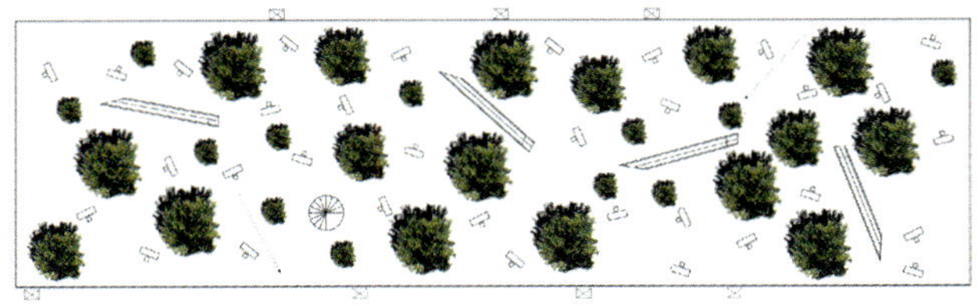

Planta cota +200.00 / Floor level +200.00

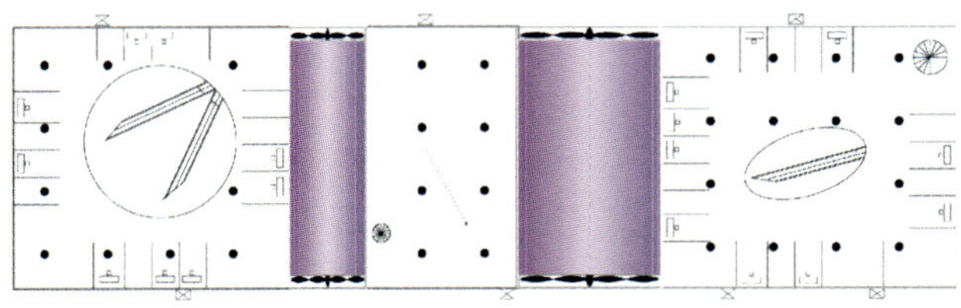

Planta cota +180.00 / Floor level +180.00

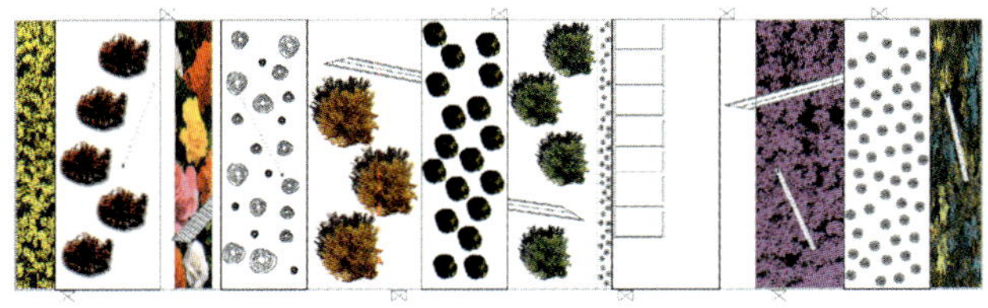

Planta cota +145.00 / Floor level +145.00

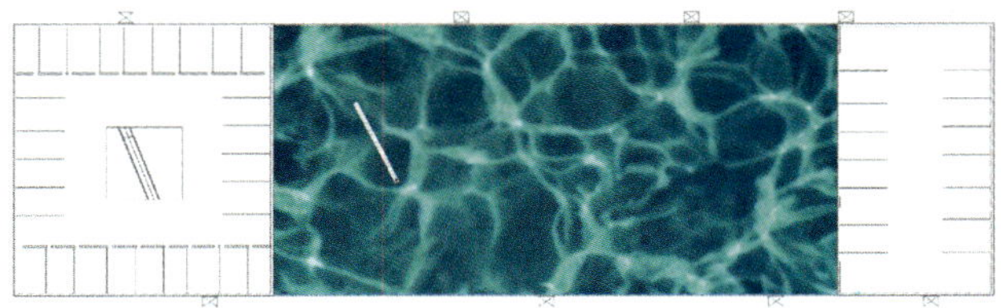

Planta cota +110.00 / Floor level +110.00

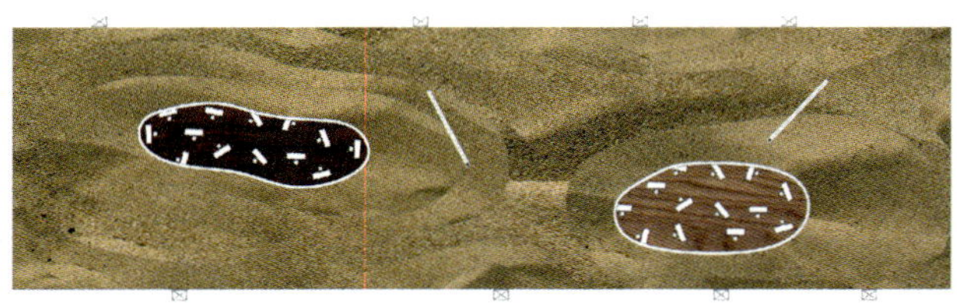

Planta cota +80.00 / Floor level +80.00

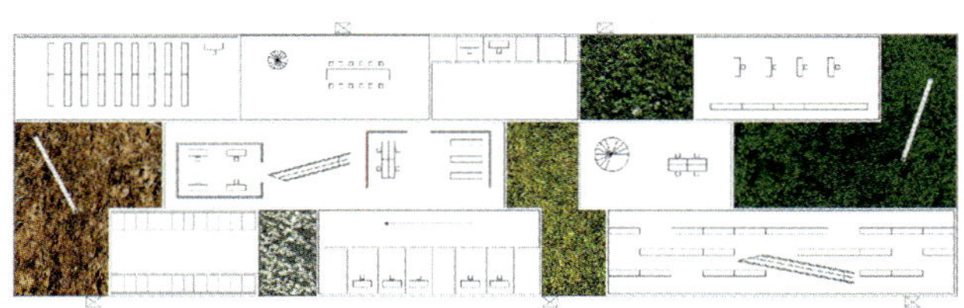

Planta cota +45.00 / Floor level +45.00

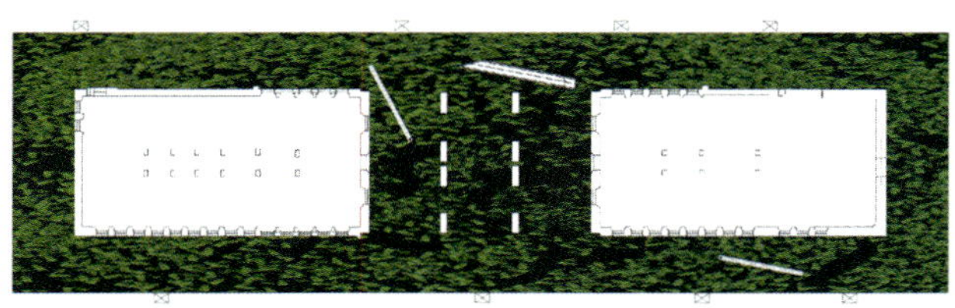

Planta baja. Cota +0.00 / Ground floor. Level +0.00

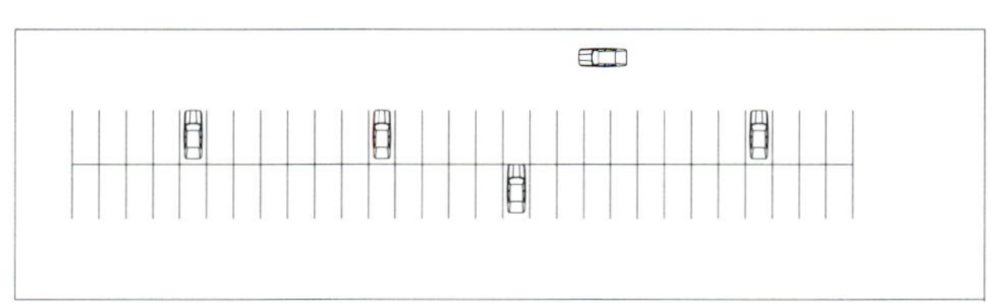

Planta sótano. Cota -6.00 / Basement floor. Level -6.00

SOLUCIÓN 3
SOLUTION 3

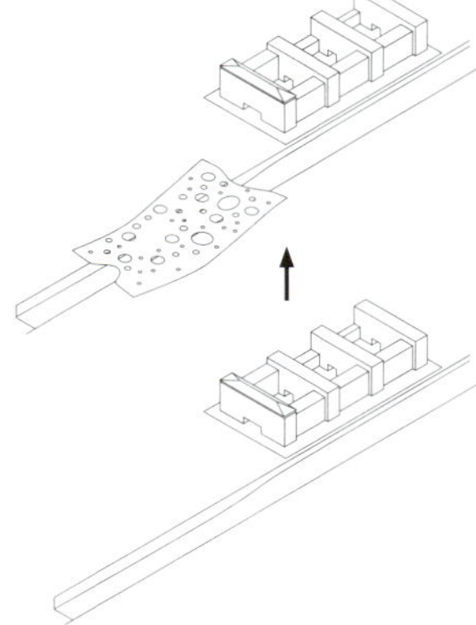

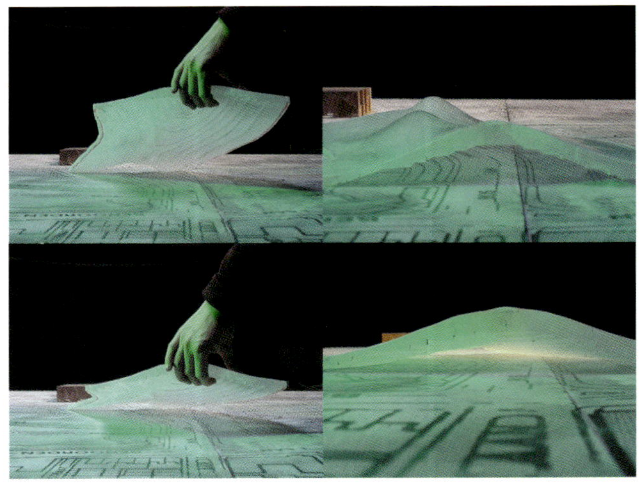

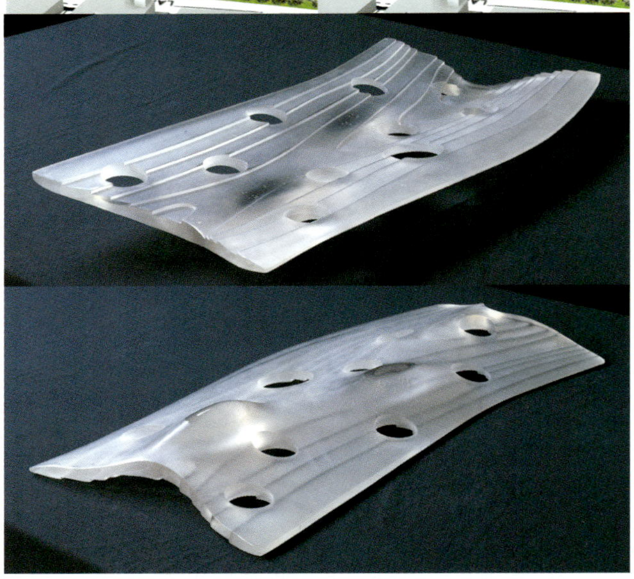

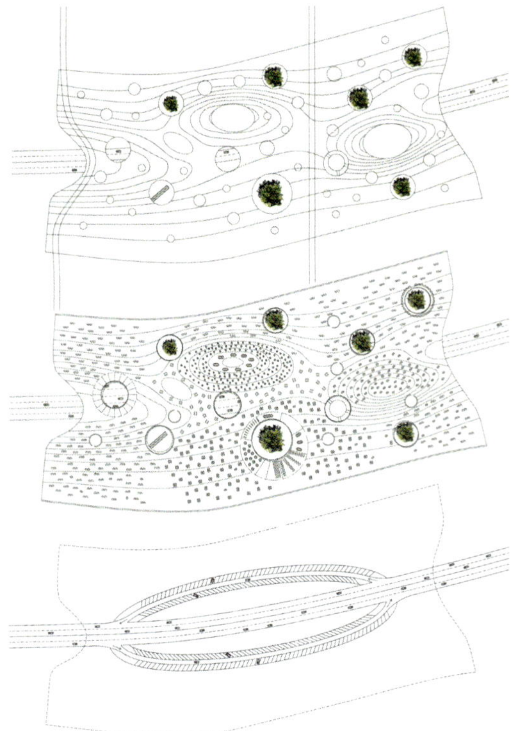

Plantas / Floor plans

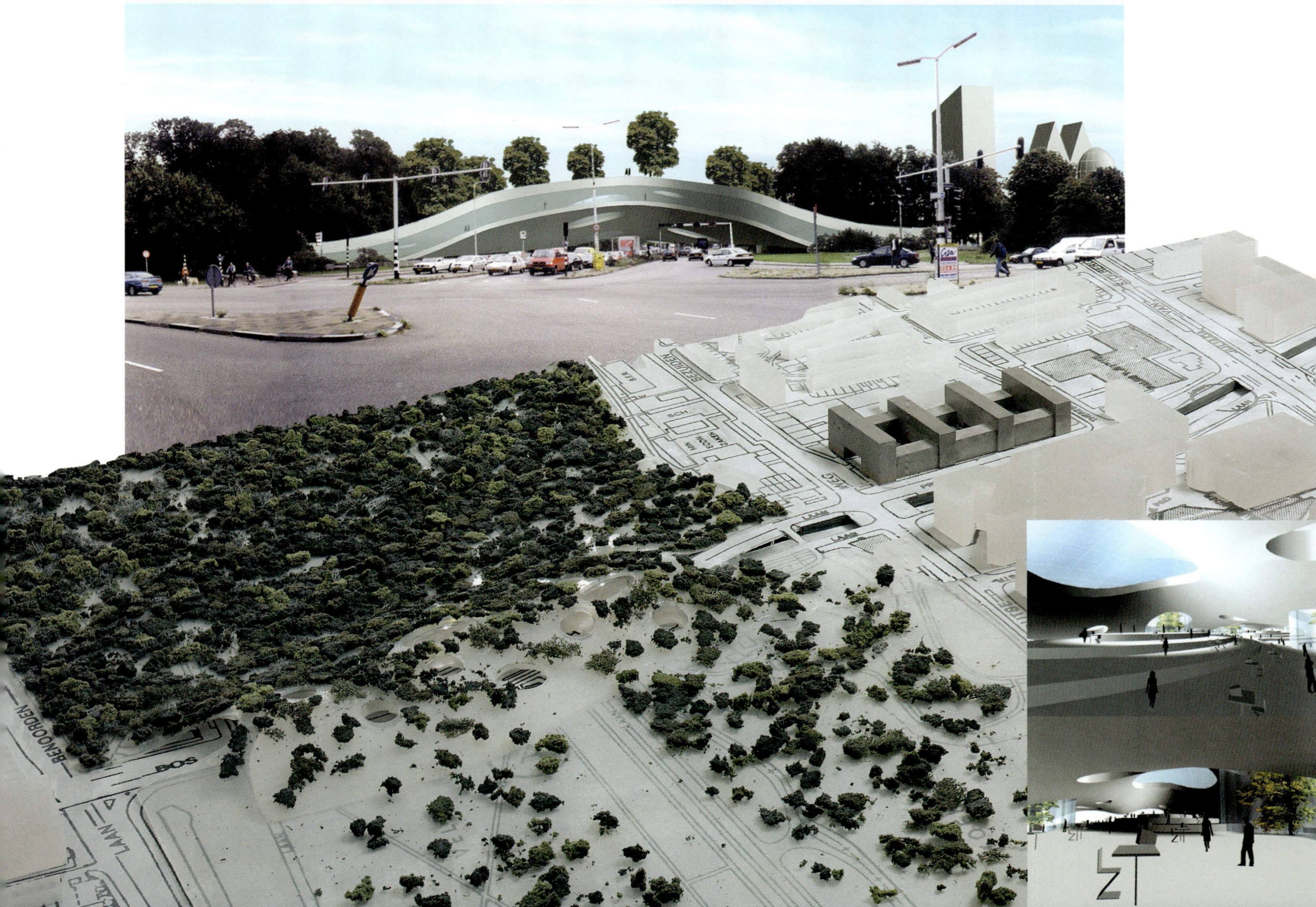

Eindhoven, Holanda / The Netherlands

CENTRO CULTURAL EFFENAAR

2000- CULTURAL CENTRE EFFENAAR

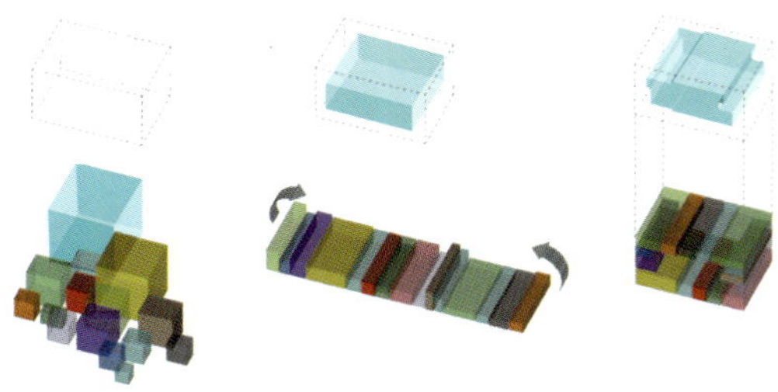

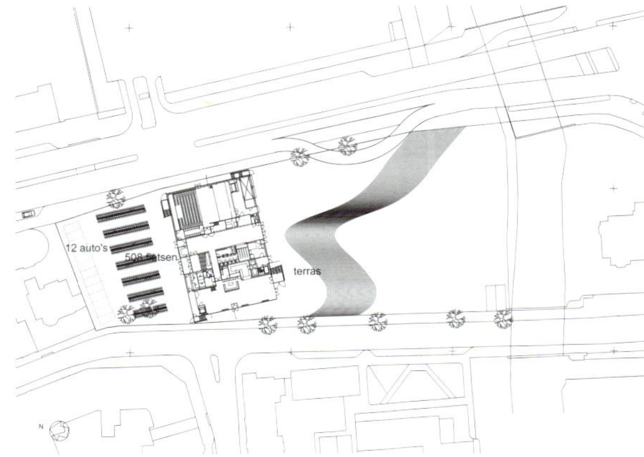

Plano de situación / Site plan

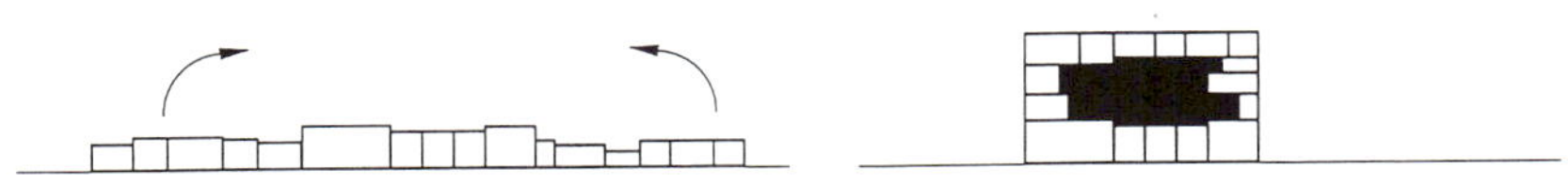

Concepto / Concept

Con la institucionalización del rock y la música pop —actualmente hay catedráticos de este tipo de música—, hacen falta nuevos edificios específicos. Las bandas que tocan ahora ya no llegan en furgonetas Volkswagen; lo habitual son varios camiones de 18 metros de largo. Los nuevos edificios deberían ser sólidos y resistir los actos vandálicos; deberían proporcionar fácil acceso a grandes multitudes y albergar cada noche su propia subcultura. La mayoría de estos lugares de actuación se hallan actualmente en edificios antiguos, ahora reformados, que antes tenían distintas funciones. Iglesias, fábricas o cines han estado albergando durante años los conciertos y las noches de baile; todos ellos ofrecían una alternativa a los cafés o las discotecas. El club local de rock de Eindhoven, conocido en Holanda por su *acid-house*, su *stoner-rock* y sus noches populares de *hiphop*, se llama De Effenaar, y está instalado en una vieja fábrica textil de finales del siglo XIX.

With the institutionalisation of rock and popmusic —there are professors of pop music nowadays— new specific buildings are required. The bands that are performing are not arriving in VW-vans anymore; several 18m long trucks are usual. The new buildings should be sound and vandalism proof, provide easy access for large crowds and every evening host its own subculture. Most of these venues are now situated in old transformed buildings with prior different functions. Churches, factories or cinemas were for years hosting the concerts and dance nights. They offered an alternative for the café or the discotheque. The local rock-club in Eindhoven, notorious in Holland for its acid-house, stoner-rock, and popular hiphop-nights is named the Effenaar. It is housed in an old textile factory from the late nineteenth century.

Actualmente, De Effenaar tiene todas las características de un centro juvenil: es introvertido e informal. Es tosco y huele a cerveza y a humo de tabaco. Junto con el hall 2b y el jardín situado junto al río Dommel, esta comunidad recuerda a la Urania de Berlin: un enclave dentro de la ciudad. ¿De qué modo podrían combinarse estos encantos con más profesionalidad?

Presently De Effenaar has all the characteristics of a youth centre: it is introverted and informal. It is rough and smells like beer and cigarette smoke. Together with hall 2b and the garden along the river Dommel, this community echoes the Urania of Berlin: an enclave in the city. In what way could these charms be combined with the request and desire for more professionalism?

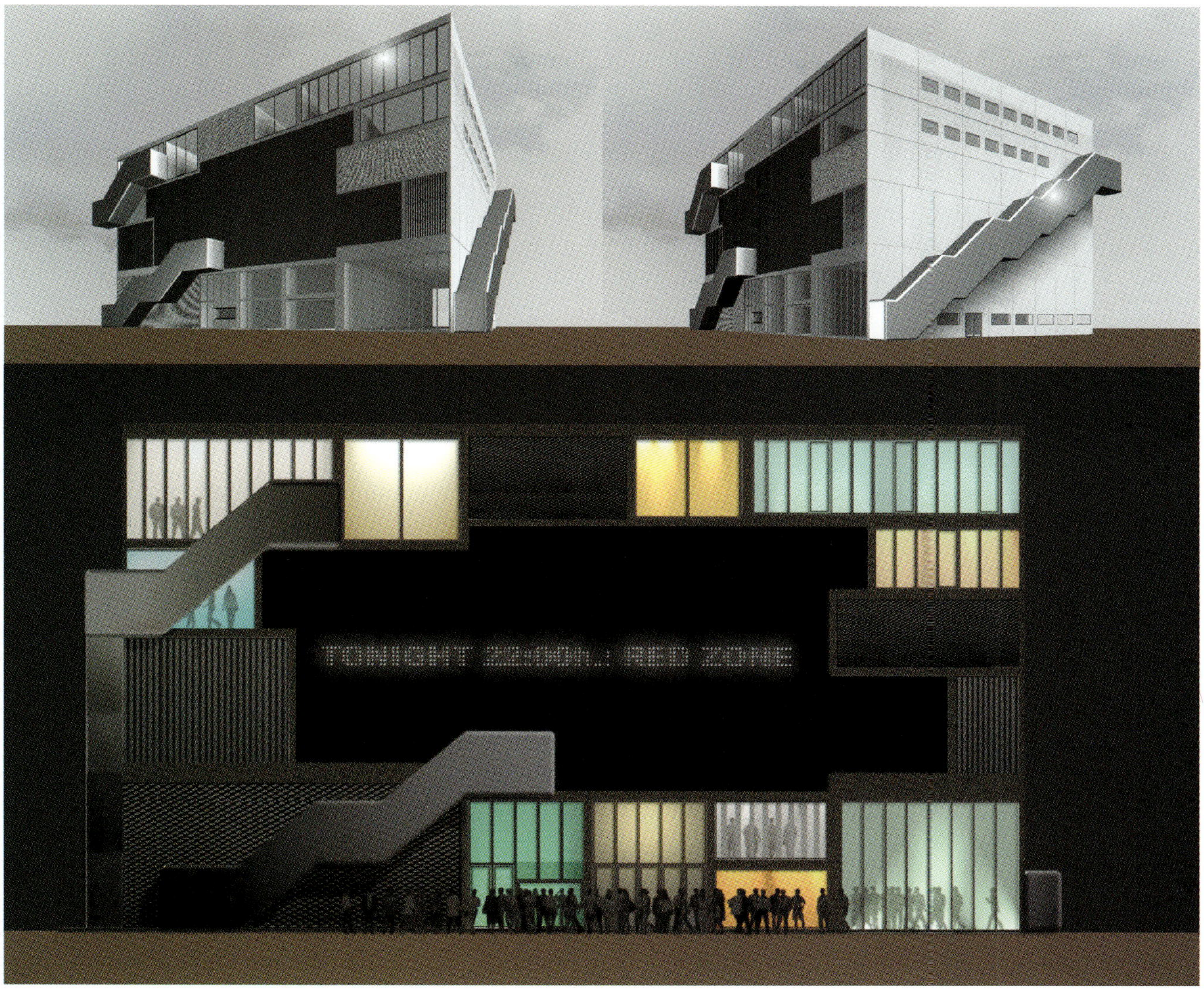

Fachada Oeste. Vista nocturna / West facade. Night view

Con el fin de lograr un jardín lo más grande posible y un inmejorable acceso para los camiones, el edificio se sitúa lo más lejos posible del río Dommel. Esto lleva a dejar el máximo de suelo libre y a apilar el programa. Todas las partes del programa del nuevo Effenaar adoptan su propio tamaño específico, y luego se colocan en un orden lógico. Doblando esta gama de pequeños reinos, una sala principal 'surge' como un espacio de ensayos. Ahí es donde tiene lugar la actividad central del Effenaar. La forma de la sala de conciertos es fruto de las exigencias espaciales de otros locales, como la sala pequeña y el café restaurante de la planta inferior. De este modo se configura un volumen compacto en el que cada zona funcional se sitúa cerca de la sala de conciertos y se vincula a la ciudad que está delante y al parque que está detrás.

In order to achieve a maximal garden and optimal truck-access, the building is situated as far away from the river Dommel as possible. This results in a compact footprint and leads to a stacking of the program. All the different parts of the program get their own specific sizes and are then put in a logical order. By bending a range of little kingdoms, a main hall 'arises' like a test room. This is where the core business of the Effenaar takes place. The shape of the concert hall is a resultant of the space-requirements of the other spaces, like the smaller hall and the café/restaurant downstairs. In this way, a compact volume is made where every programmatic zone is positioned next to the concert hall and is linked to the city in front and the park behind.

Vista diurna. Versión previa / Day view. Preliminary version

Vista nocturna. Versión previa / Night view. Preliminary version

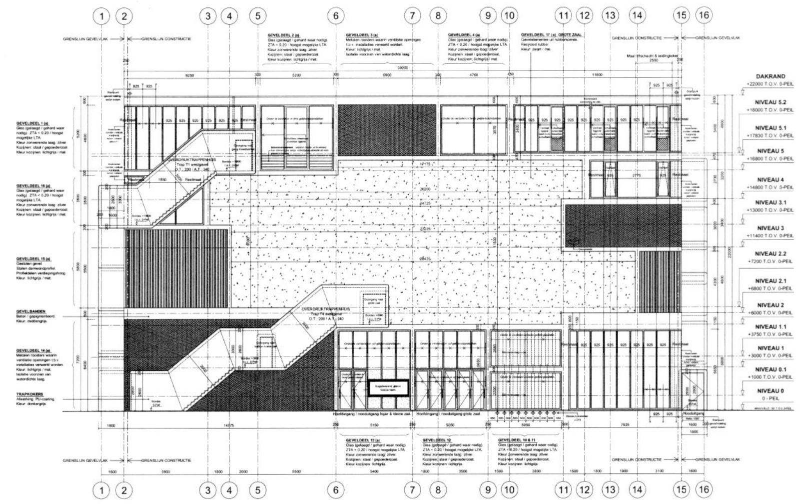

Alzado Oeste / West elevation

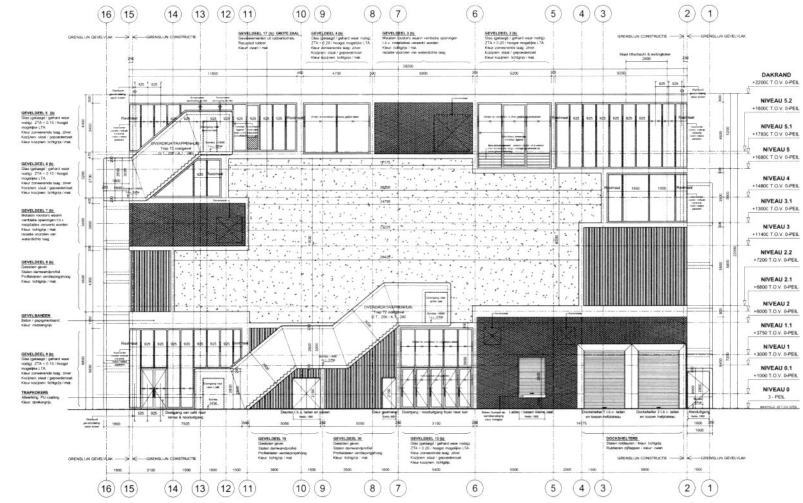

Alzado Este / East elevation

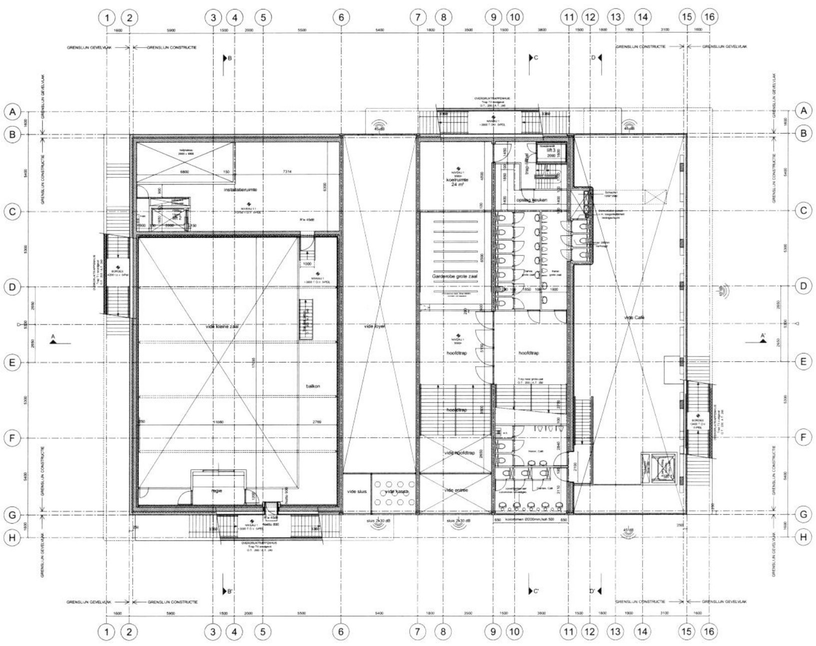

Planta primera / First floor plan

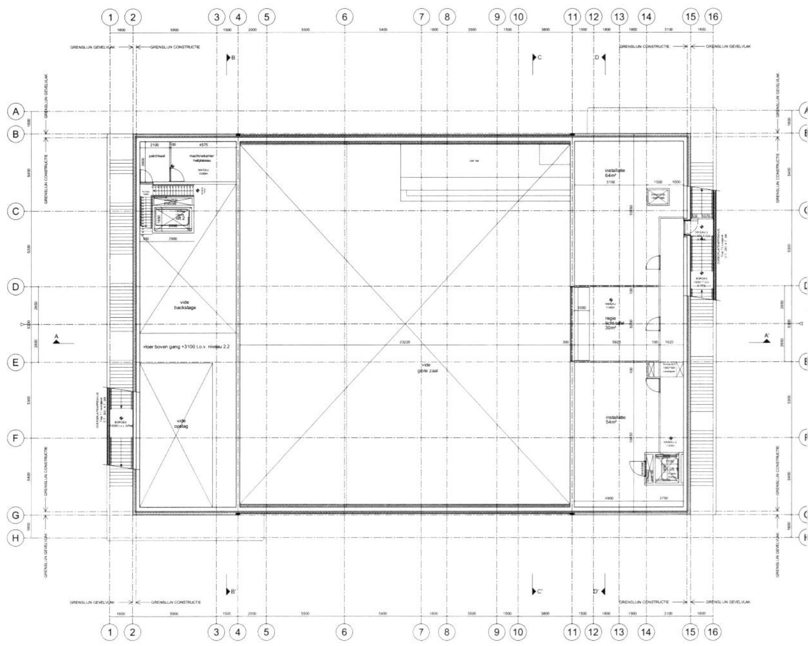

Planta tercera / Third floor plan

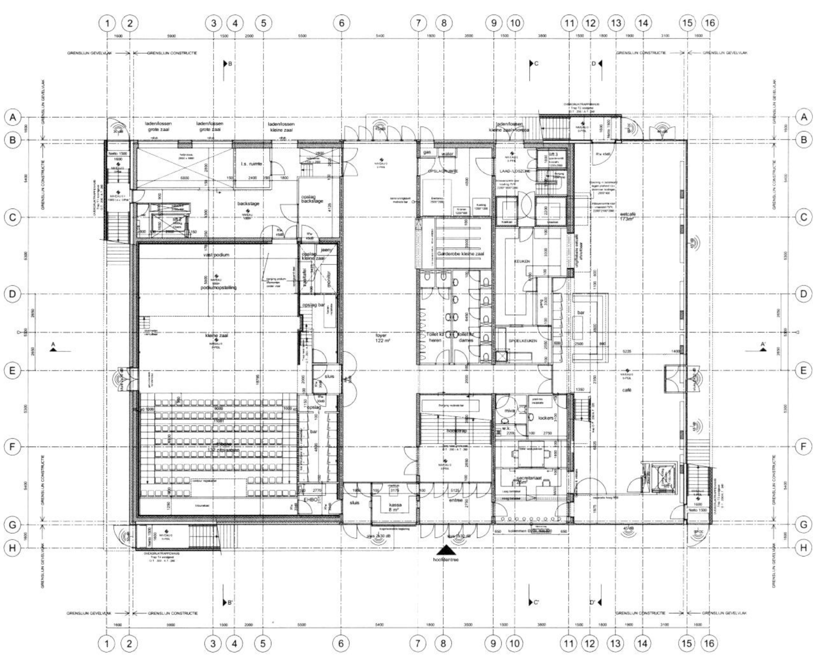

Planta baja / Ground floor plan

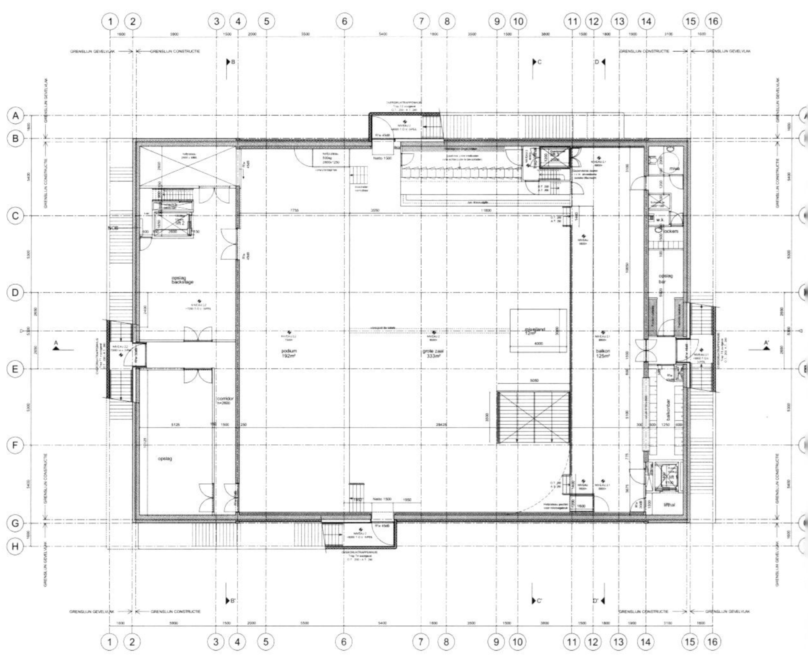

Planta segunda / Second floor plan

Vista Oeste seccionada. Versión previa / Western view section. Preliminary version

Vista Oeste. Versión previa / Western view. Preliminary section

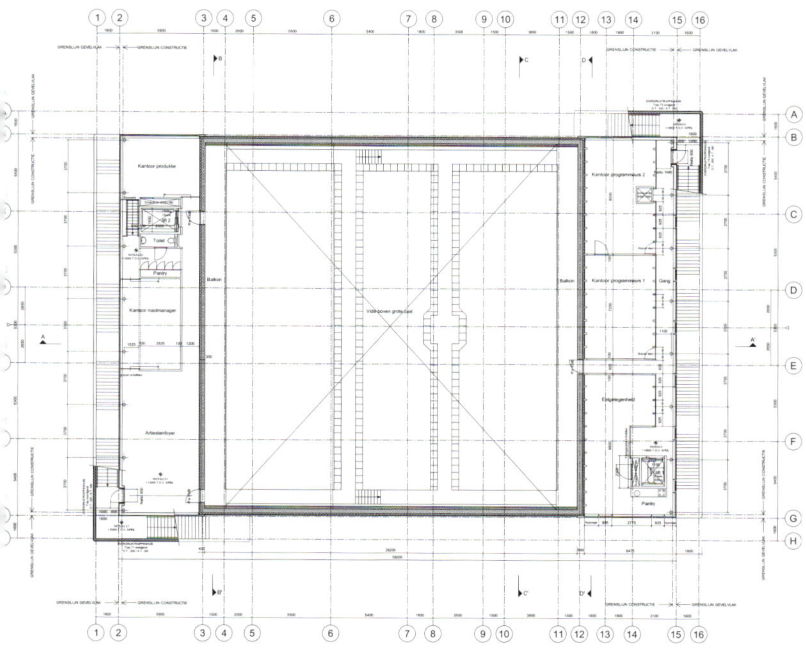

Planta cuarta / Fourth floor plan

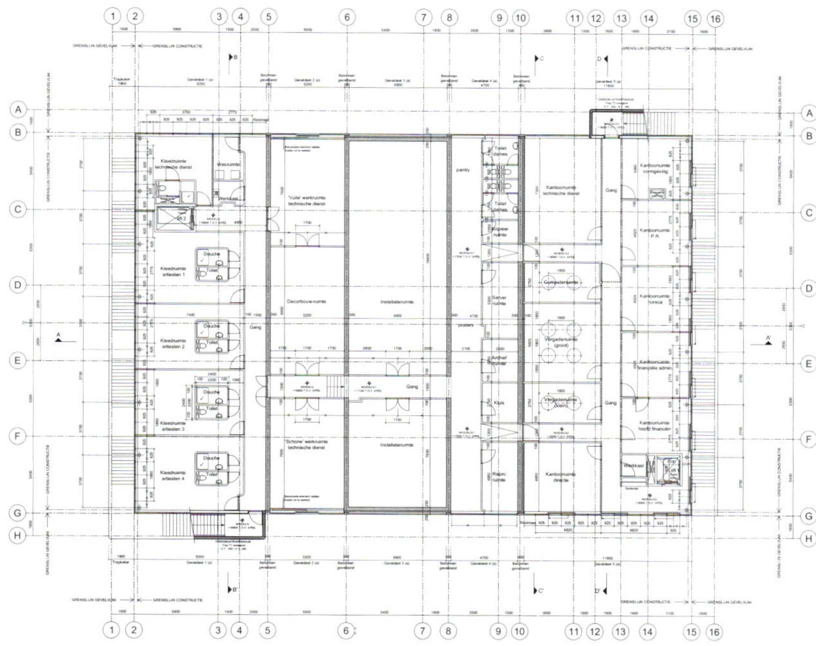

Planta quinta / Fifth floor plan

Vista Este seccionada. Versión previa / Eastern view section. Preliminary version

Vista Este seccionada. Versión previa / Eastern view section. Preliminary version

Oostvaardersplassen, Holanda / The Netherlands

CENTRO DE ACTIVIDADES NATURALES [NAC]

2000- NATURE ACTIVITY CENTRE [NAC]

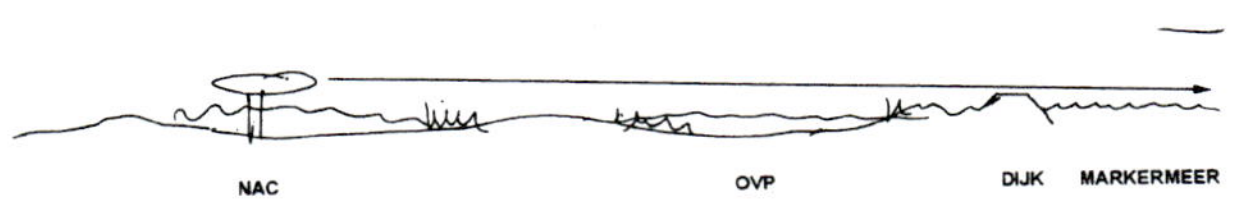

Alzado Norte / North elevation

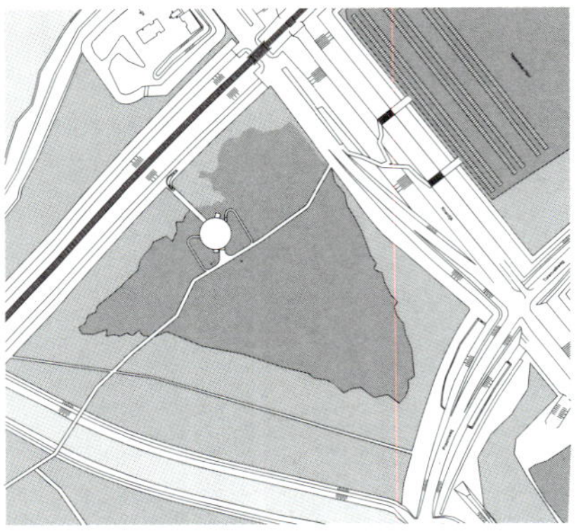

Plano de situación / Site plan

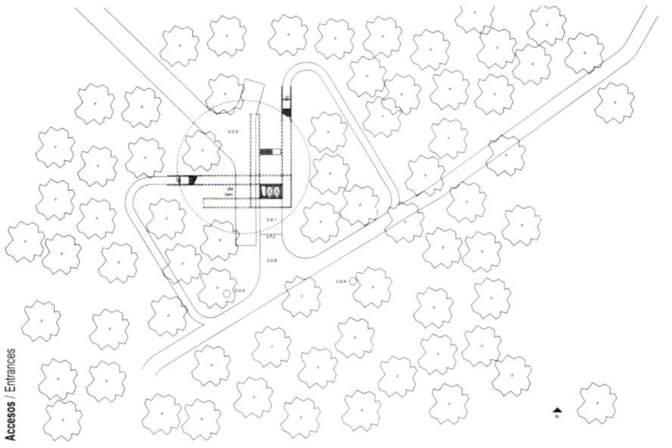

Accesos / Entrances

El Oostvaardersplassen es un área pantanosa de protección ecológica que se extiende entre Almere y Lelystad, próxima al Markermeer. Tras la construcción de los pólders a finales de los años sesenta, una superficie considerable fue dejada en barbecho. Poco después, esta zona se transformó accidentalmente en una valiosa reserva natural. Miles de aves empezaron a emigrar todos los años, y el paraje se llenó con la algarabía de todo tipo de especies en tránsito desde Africa hasta las regiones septentrionales. En veinte años, este baldío pólder se convirtió en un parque nacional y en el área natural más grande de Holanda. Los observadores de aves y los visitantes de esta zona de marisma tienen el acceso limitado: una medida comprensible que tiene como objetivo proteger y conservar la naturaleza. El departamento forestal holandés se enfrenta, pues, ante una paradoja: ¿cómo construir un centro de visitantes que haga accesible lo inaccesible?

The Oostvaardersplassen is a protected ecological wetland-area that lies between Almere and Lelystad next to the Markermeer. After the Flevopolders were made at the end of the 1960's, a considerable area was left unused, waiting for further cultivation. Shortly afterwards, this area accidentally transformed into a valuable natural reserve. Thousands of birds started migrating each year and the area became a bird-hub for all types of species on passage between Africa and the northern regions. Within 20 years the unused half-dry polder became a national park, the biggest wilderness in the Netherlands. Bird watchers and visitors to the wetlands have limited access, an understandable attempt to conserve and protect the nature. The forestry department of the Netherlands is faced with a paradox: how to make a visitor centre that makes the inaccessible accessible?

Elevando el programa por encima de los árboles, los visitantes disfrutan de una vista panorámica de esta zona de protección ecológica, del cercano Markermeer y del lago situado tras el dique. El edificio funciona como un hito visible desde lejos. Al llegar, el centro desaparece tras una masa de vegetación. Deambulando entre los árboles por un sendero entarimado, los visitantes lo 'descubren'. Tres frágiles apoyos, dos escaleras y un ascensor, constituyen el acceso. A la torre de observación se sube directamente por un ascensor panorámico de vidrio. Al llegar arriba, el recorrido continúa por una galería exterior de vidrio de 4 metros de altura, que se va ensanchando hasta llegar al lado norte del edificio, desde donde se disfruta de una vista sobre los árboles que abarca hasta el Markermeer. En un día despejado, es posible ver la ciudad de Amsterdam desde aquí. En este punto se encuentra el restaurante, cuyas mesas salen al paso del visitante, como si se tratara de una terraza callejera situada a 40 metros sobre las copas de los árboles.

By lifting the program above the level of the trees the visitor is offered a panorama over the protected ecological area, the neighbouring Markermeer and the lake behind the dyke. The building functions as a landmark, visible from afar. On arrival, the NAC disappears behind a mass of green. Wandering between the trees on a boardwalk, the visitor 'discovers' the centre. Three fragile supports, 2 stairs and 1 lift, form the access to the building. The observation tower is directly accessed by a glass lift. Visitors are offered a fantastic view on the way up. On exiting the lift, one enters a 4-meter high outer passage with a glass panorama window. The visitor is invited by the widening passage to the north side of the building and a view over the trees to the Markermeer. On a clear day one will be able to see Amsterdam from here. The restaurant is situated at this point, with tables that flow out into the walkway, a street cafe at 40 meters above the trees.

Alzado Sur / South elevation

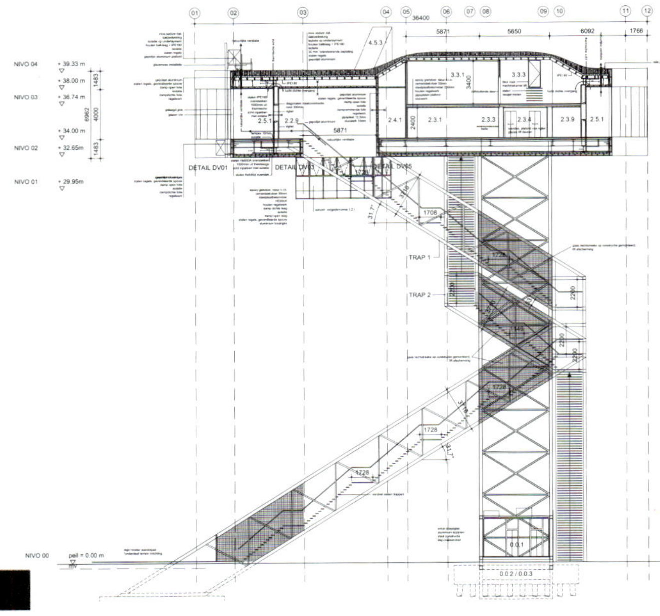

Sección 01 / Section 01

0.0.1 Vestíbulo de acceso
0.0.2 Instalaciones
0.0.3 Hueco del ascensor
0.0.4 Aseo
0.0.5 Carretera pavimentada
0.0.6 Camino pavimentado

1.2.1 Sala de juntas
1.2.2 Escalera

2.1.1 Auditorio
2.1.2 Exposición
2.1.3 Instalaciones auditorio/Exposición
2.1.4 Escaleras de salida

2.2.1 Restaurante
2.2.2 Almacén
2.2.3 Cocina
2.2.4 Lavado de menaje
2.2.5 Vestuario
2.2.6 Oficina de administración
2.2.7 Exposición
2.2.8 Exposición
2.2.9 Escaleras de salida

2.3.1 Tienda
2.3.2 Almacén tienda
2.3.3 Mostrador
2.3.4 Vestíbulo ascensor
2.3.5 Aseo mujeres
2.3.6 Aseo hombres
2.3.7 Vestíbulo aseos
2.3.8 Almacén limpieza
2.3.9 Aseo discapacitados

2.4.1 Exposición (OVP)

2.5.1 Galería (OVP)

3.3.1 Oficina
3.3.2 Escaleras
3.3.3 Instalaciones
3.3.4 Cuarto de ascensor

4.5.1 Cubierta
4.5.2 Terraza
4.5.3 Escaleras terraza

Alzado Este / East elevation

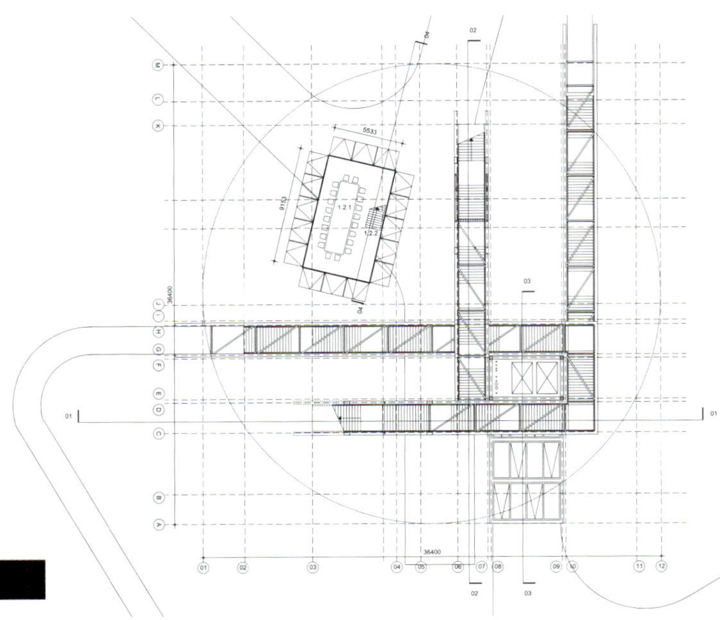

Planta nivel +1 / Floor level +1

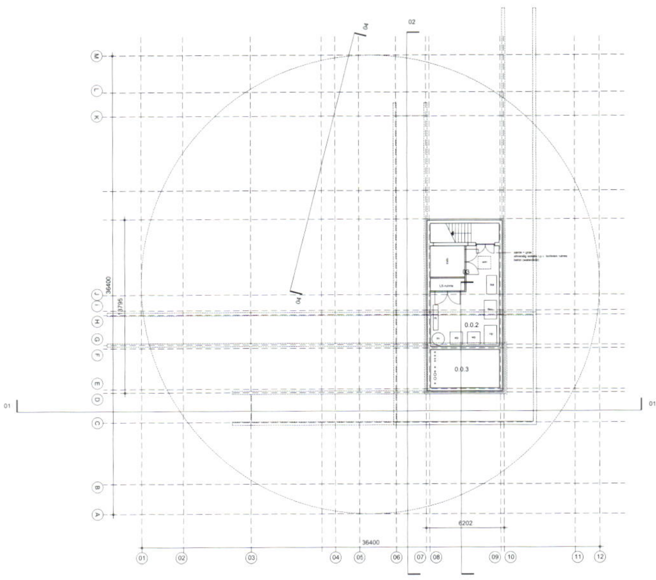

Planta sótano (nivel -1) / Basement floor (level -1)

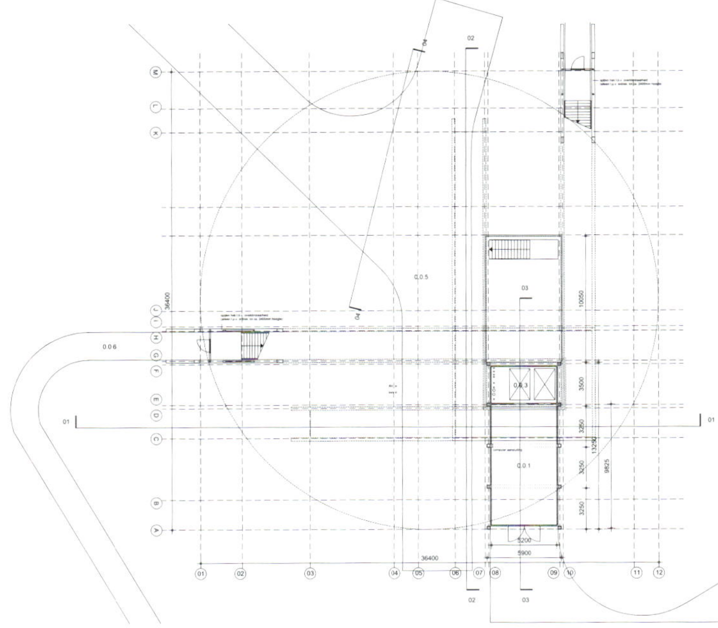

Planta baja (nivel 0) / Ground floor plan (level 0)

0.0.1 Entrance Hall
0.0.2 Installation space
0.0.3 elevator shaft
0.0.4 compost toilet
0.0.5 paved road
0.0.6 paved walkingroute

1.2.1 meetingroom
1.2.2 stairs meetingroom

2.1.1 auditorium
2.1.2 exposition
2.1.3 technical auditorium / expo
2.1.4 exit stairs

2.2.1 restaurant
2.2.2 warehouse
2.2.3 kitchen
2.2.4 dishwashing
2.2.5 dressingroom
2.2.6 administration office
2.2.7 exposition
2.2.8 exposition
2.2.9 exit stairs

2.3.1 shop
2.3.2 shop storage
2.3.3 counter
2.3.4 elevatorhall
2.3.5 ladies room
2.3.6 gentsroom
2.3.7 toilet hall
2.3.8 workcloset
2.3.9 handicapped toilet

2.4.1 exhibition (OVP)
2.5.1 gallery (OVP experience)

3.3.1 office
3.3.2 stairs office
3.3.3 technical room
3.3.4 elevator machine room

4.5.1 roof
4.5.2 roofterrace
4.5.3 stairs roof terrace

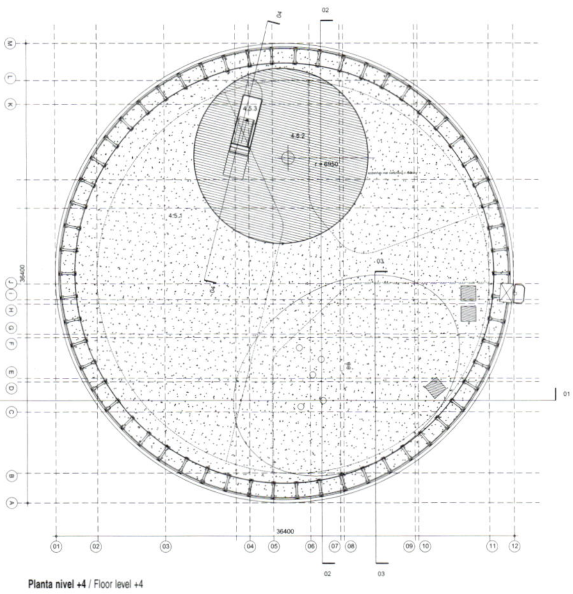

Planta nivel +4 / Floor level +4

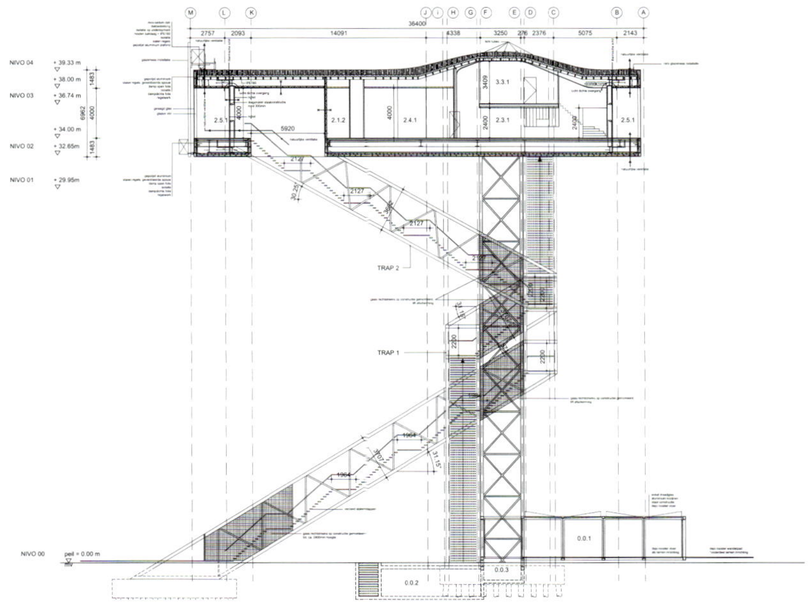

Sección 02 / Section 02

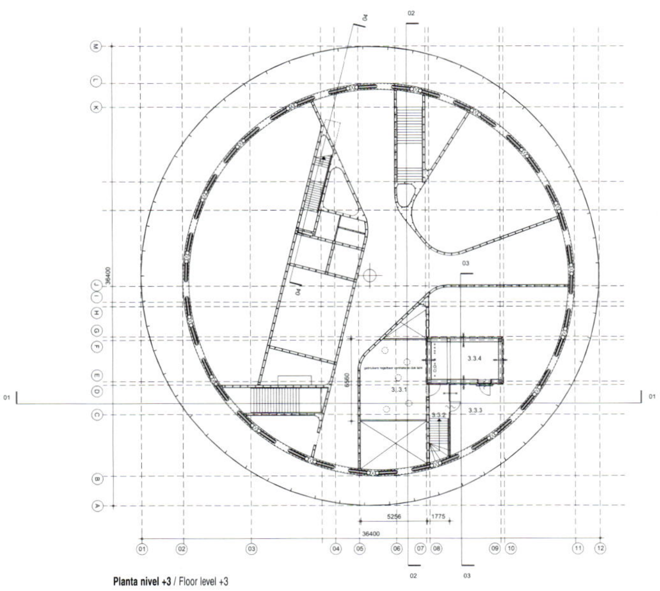

Planta nivel +3 / Floor level +3

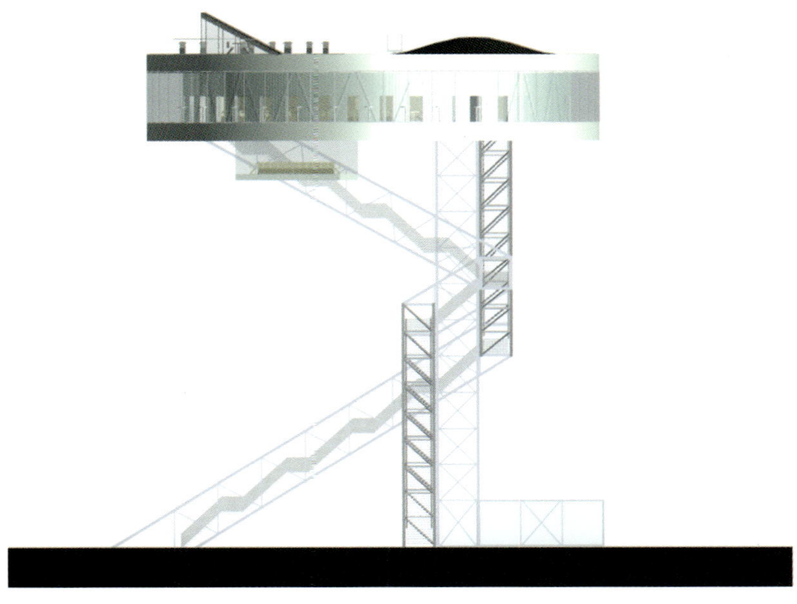

Alzado Oeste 7 West elevation

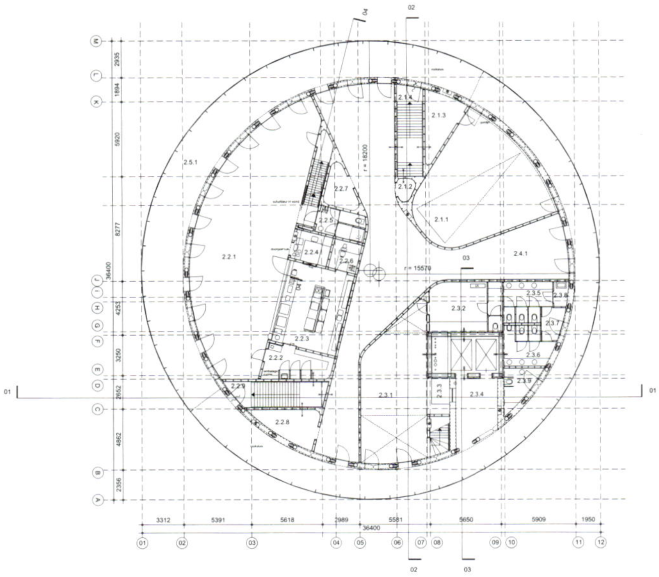

Planta nivel +2 / Floor level +2

Vista de la maqueta seccionada por planta +3 / Model view. Section through floor level +3

Aparte de ofrecer una espléndida vista, este pasaje exterior sirve para comunicar con la tienda, el restaurante, la exposición y el auditorio. El centro será un punto de encuentro no sólo para los amantes de la naturaleza, sino también para las empresas, que podrán alquilarlo para celebrar convenciones.

Apart from the fantastic view, this outer passage connects the nature shop, restaurant, exposition area and auditorium. The centre will become a venue for not only nature lovers, but for businesses that rent it for day conferences.

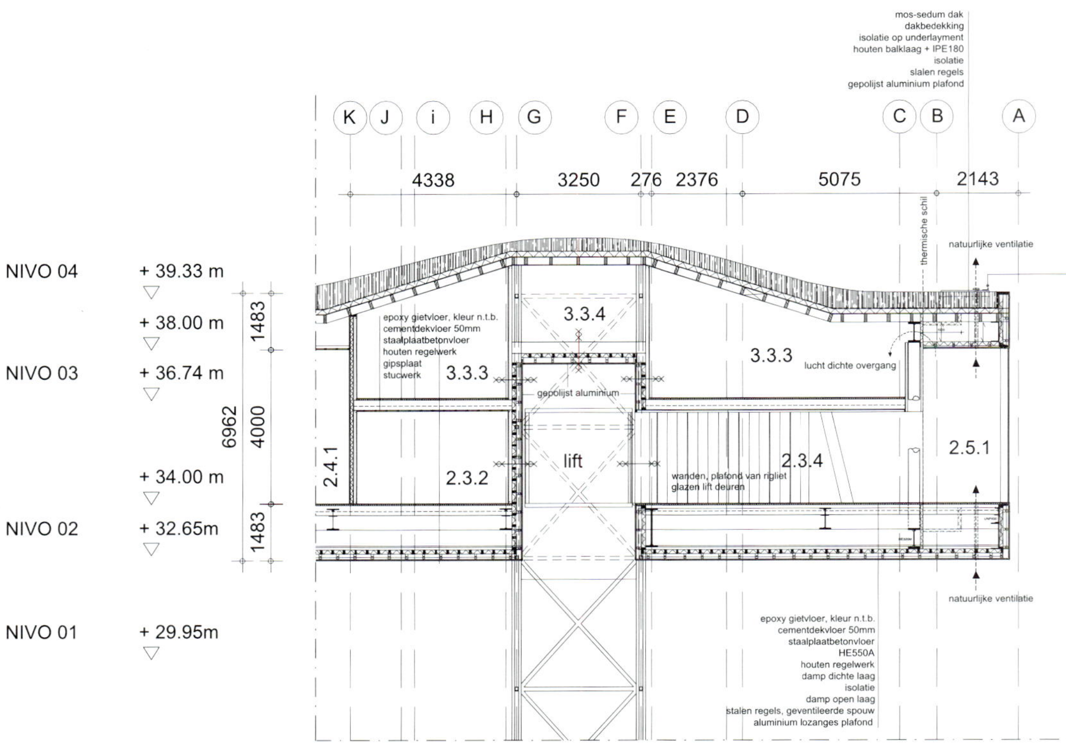

La reluciente apariencia metálica del edificio pretende hacer referencia a la artificialidad del pólder, un extenso terreno llano en el que el horizonte sólo se ve interrumpido por los molinos de viento y las líneas de alto voltaje. Se trata de un monumento a la nueva naturaleza de Oostvaardersplassen.

The building's shiny metal appearance is referring to the artificiality of the polder, a broad open flat where the horizon is only punctuated by windmills and high-voltage powerlines. It monumentalises the new nature of the Oostvaardersplassen.

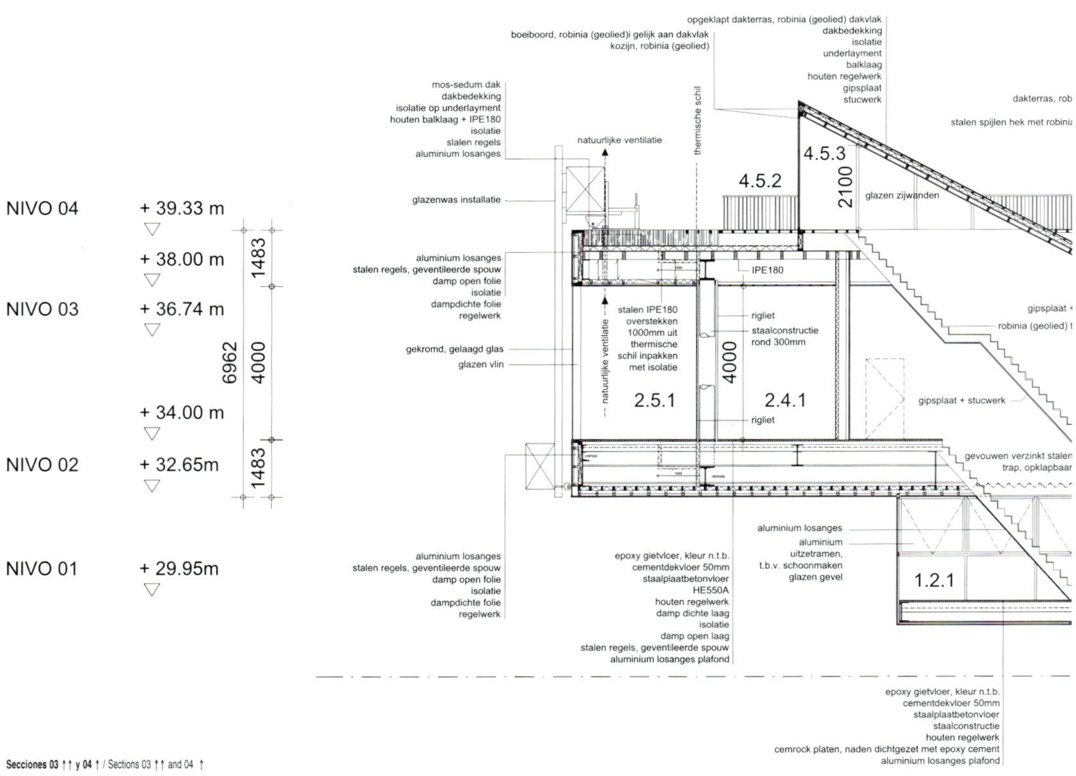

Secciones 03 ↑↑ y 04 ↑ / Sections 03 ↑↑ and 04 ↑

Holanda [Concurso] / The Netherlands [Competition]

BIBLIOTECA CENTRAL DE BRABANTE

2000 CENTRAL LIBRARY BRABANT

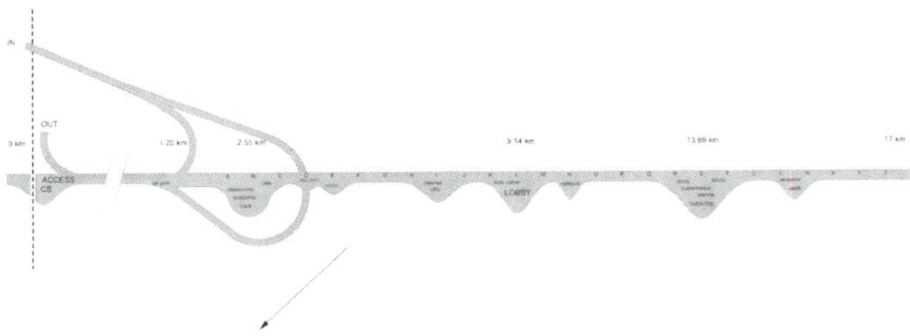

Todas las poblaciones de la provincia de Brabante (Países Bajos) tienen una biblioteca pública. Se trata de un legado de los años sesenta. Los presupuestos relativamente limitados y la densa distribución han llevado a una situación en la que hay una serie de bibliotecas con colecciones modestas, unilaterales, locales, casi iguales, y mediocres. Esta situación no refleja la enorme producción de libros. Debido a la urbanización y densificación en marcha, surge una demanda de libros más amplia y diferenciada.

Each village in the province of Brabant (the Netherlands) has a public library. This is the legacy of the sixties. The relatively limited budget and dense distribution has led to a series of libraries with modest, unilateral, local, sort of the same, average collections. This concept does not hold up to the enormous production of books. Because of the ongoing urbanisation and densification, a larger and more differentiated demand for books arises.

Los avances de los nuevos medios de comunicación están llamando nuestra atención. El enorme crecimiento potencial de los nuevos soportes de información, como los CDs y los ordenadores, permite tener información de cualquier cosa en cualquier sitio. La posibilidad de descargar e imprimir libros parece poner fin a la existencia de las bibliotecas. ¿Resulta útil, a la vista de estas innovaciones y de la situación existente, mantener la concepción actual?

The new developments of new media ask for attention. The enormous growth and potential of information carriers like CDs and computers make it possible to have information everything and anywhere. The possibility to download and print books looks like the end of libraries. Is it useful, given these new developments and the given situation, to maintain the existing concept?

¿O podría ser que éste fuese el momento propicio para reordenar la Biblioteca Central de Brabante, para darle una nueva orientación?

Or could it be that this is the right moment to rearrange the Central Library of Brabant? To give it new direction?

Los avances exigen una reconsideración del planteamiento actual. Un enfoque más central parece necesario para oponer resistencia a los desarrollos virtuales y al empo-
The developments ask for a reconsideration of the existing strategy. A more central approach seems necessary to offer resistance to the virtual developments
brecimiento cualitativo de la oferta debido a la descentralización. Aunque aumentan las posibilidades de una era sin papel, pueden alegarse varias razones para tener una
and the qualitative impoverishment of the offer by decentralisation. Even though the possibilities of a paperless era increase, we can think of several reasons
colección físicamente presente: primero, porque fomenta la experiencia física de leer; segundo, porque da cabida a libros ya existentes y a ejemplares antiguos; y tercero,
for a physically present collection. First of all it stimulates the physical experience of reading. Secondly it gives space to already existing and old books. Thirdly
porque una colección físicamente presente permite que las personas se encuentren, asegurando con ello la transferencia fortuita de información.
a physically present collection makes it possible for people to meet and therefore activate a coincidental transfer of information.

Vrijkhovensche
11.5
Akker
9.8
9.4
Hollandsch Diep

Dommel
2.6
4.0

BUSSTATION
VEST
EMMASINGEL
KEIZERSGRACHT

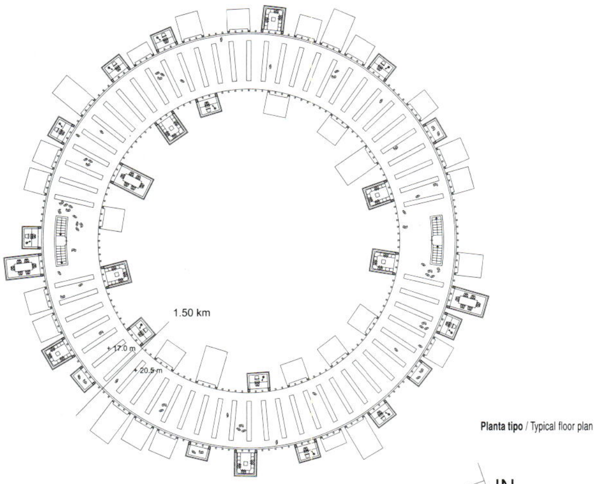

Planta tipo / Typical floor plan

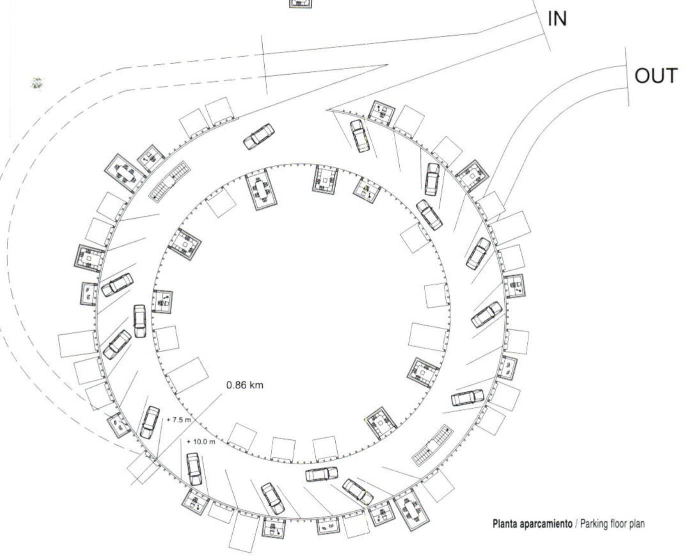

Planta aparcamiento / Parking floor plan

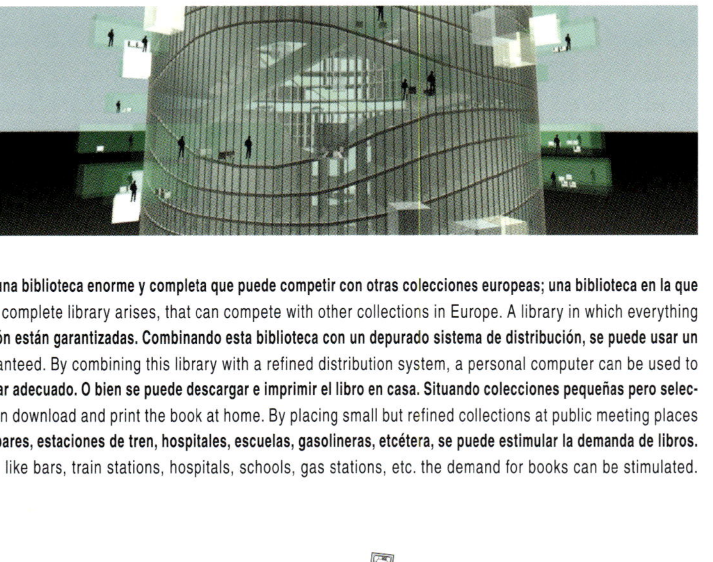

Reuniendo todas las colecciones de las pequeñas bibliotecas públicas en un único lugar surge una biblioteca enorme y completa que puede competir con otras colecciones europeas; una biblioteca en la que todo es accesible de modo inmediato; una biblioteca en la que la integridad y/o la especialización están garantizadas. Combinando esta biblioteca con un depurado sistema de distribución, se puede usar un ordenador personal para localizar un libro. Un sistema de transporte entregaría el libro en el lugar adecuado. O bien se puede descargar e imprimir el libro en casa. Situando colecciones pequeñas pero seleccionadas en lugares públicos de reunión como bares, estaciones de tren, hospitales, escuelas, gasolineras, etcétera, se puede estimular la demanda de libros.

By bringing together all collections of the small public libraries into one place, a huge and complete library arises, that can compete with other collections in Europe. A library in which everything is immediately accessible. A library in which completeness and/or specialisation are guaranteed. By combining this library with a refined distribution system, a personal computer can be used to get a book. A transport system delivers the book to the place where it should be. Or one can download and print the book at home. By placing small but refined collections at public meeting places like bars, train stations, hospitals, schools, gas stations, etc. the demand for books can be stimulated.

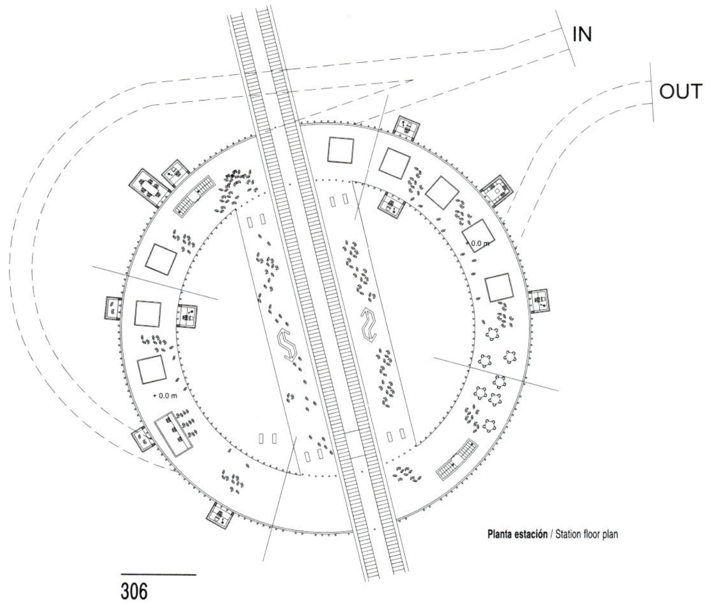

Planta estación / Station floor plan

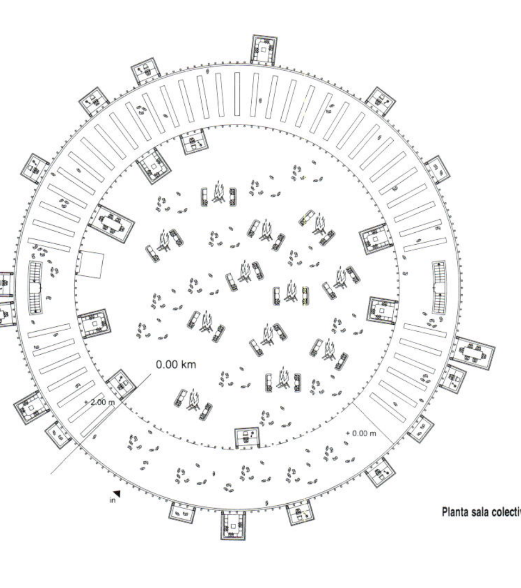

Planta sala colectiva / Lounge floor plan

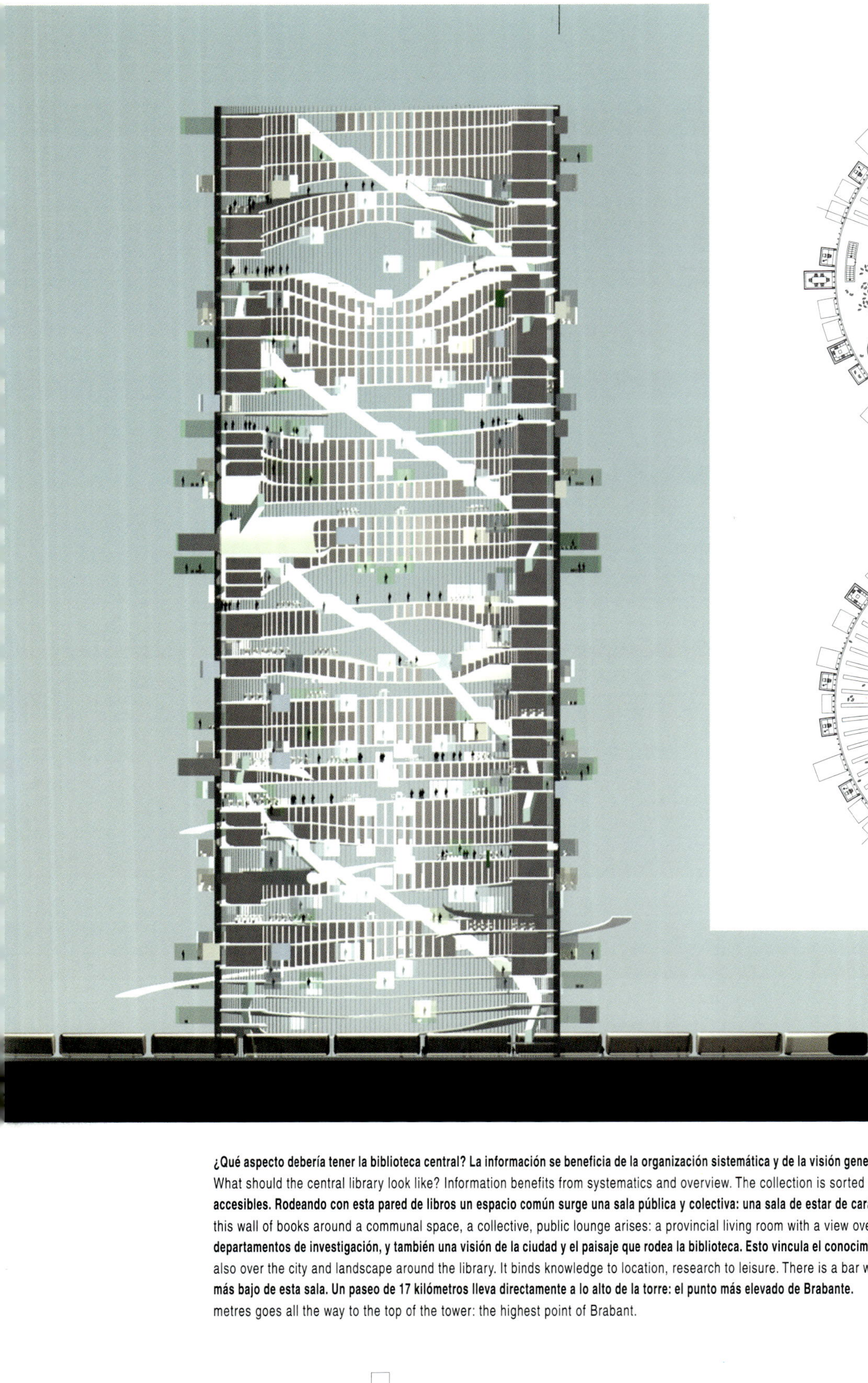

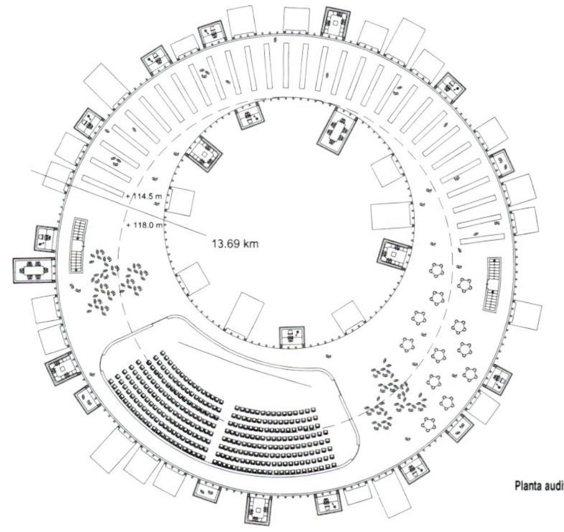

Planta auditorio / Theatre floor plan

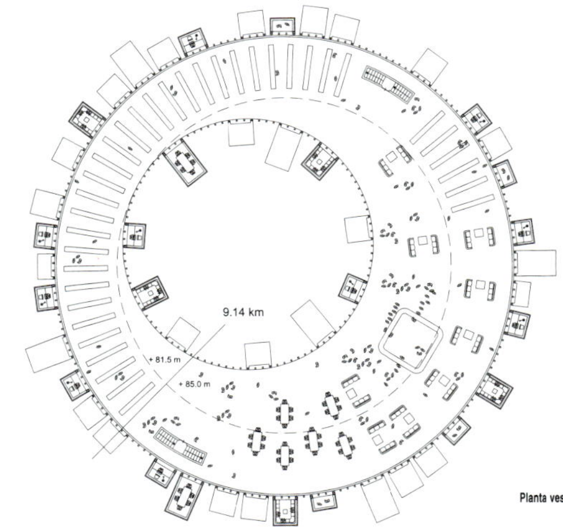

Planta vestíbulo / Lobby floor plan

¿Qué aspecto debería tener la biblioteca central? La información se beneficia de la organización sistemática y de la visión general. La colección está ordenada de la A a la Z en estanterías, directa y fácilmente accesibles. Rodeando con esta pared de libros un espacio común surge una sala pública y colectiva: una sala de estar de carácter parcial con una visión de la colección completa, la entrega de libros y los departamentos de investigación, y también una visión de la ciudad y el paisaje que rodea la biblioteca. Esto vincula el conocimiento al lugar, la investigación al ocio. Hay un bar con una chimenea en el punto más bajo de esta sala. Un paseo de 17 kilómetros lleva directamente a lo alto de la torre: el punto más elevado de Brabante.

What should the central library look like? Information benefits from systematics and overview. The collection is sorted out from A to Z in bookcases, directly and easily accessible. By circulating this wall of books around a communal space, a collective, public lounge arises: a provincial living room with a view over the total collection, the delivery of books, the research departments and also over the city and landscape around the library. It binds knowledge to location, research to leisure. There is a bar with a fireplace at the lowest point of this lounge. A strolling path of 17 kilometres goes all the way to the top of the tower: the highest point of Brabant.

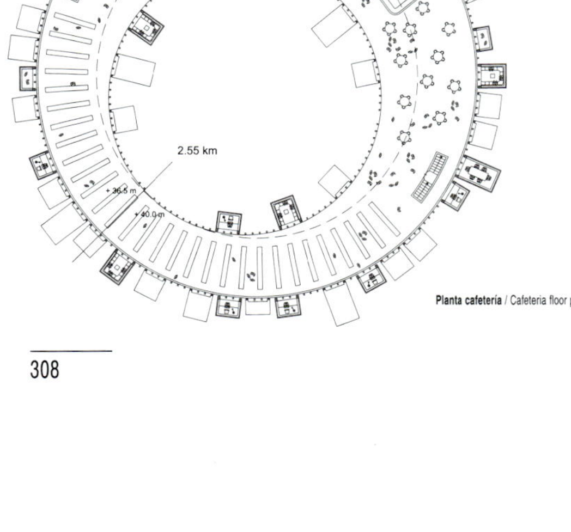

Planta cafetería / Cafeteria floor plan

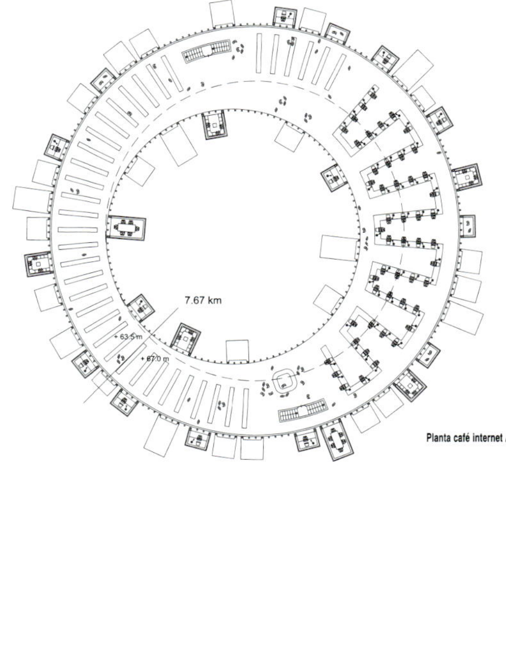

Planta café internet / Internet cafe floor plan

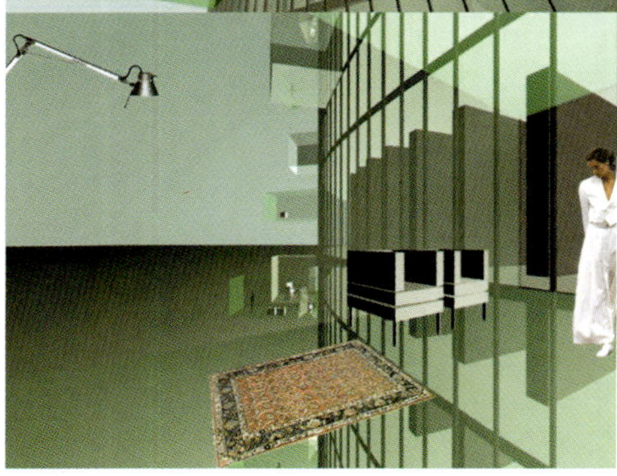

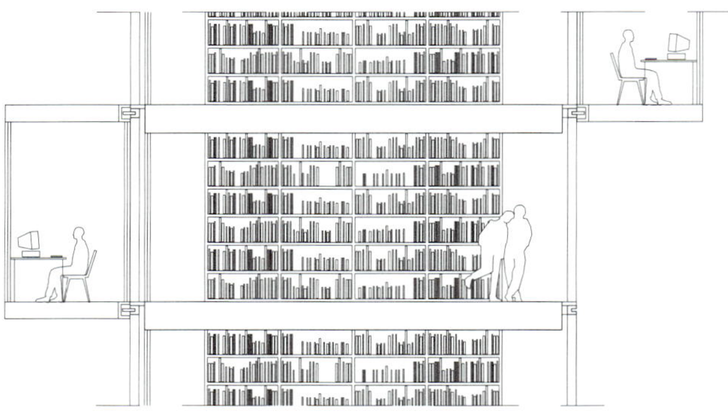

Sección tipo / Typical section

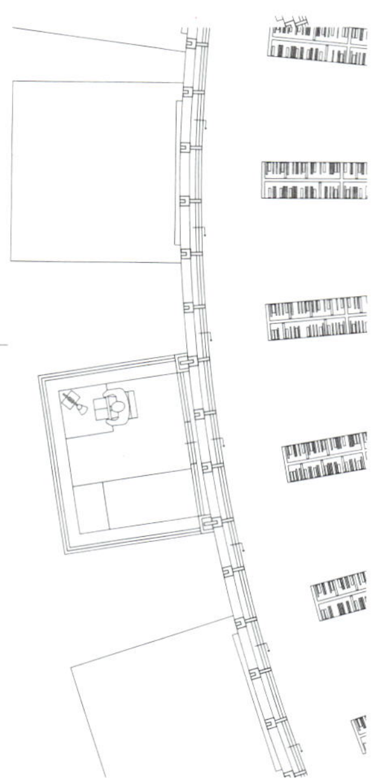

Celda / Cloister

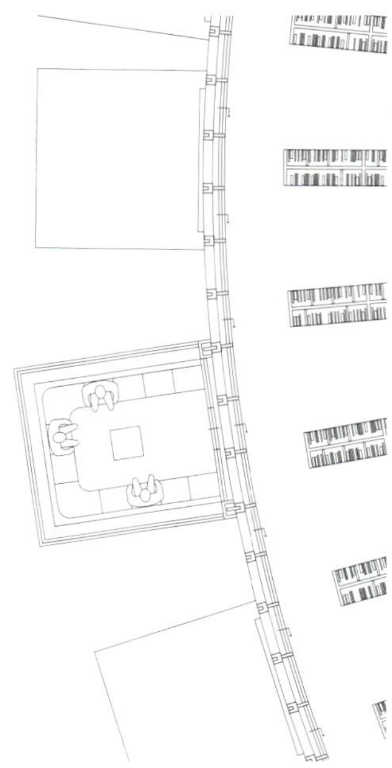

Sala de estar / Lounge

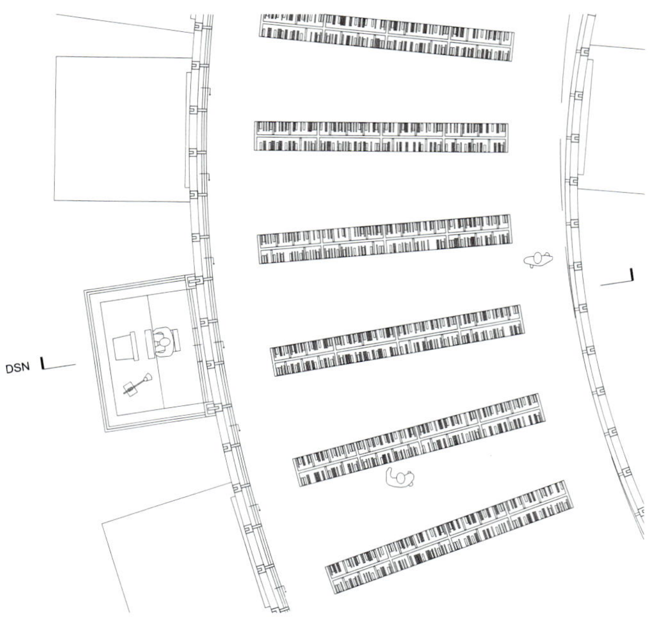

Sala de estudio / Study cell

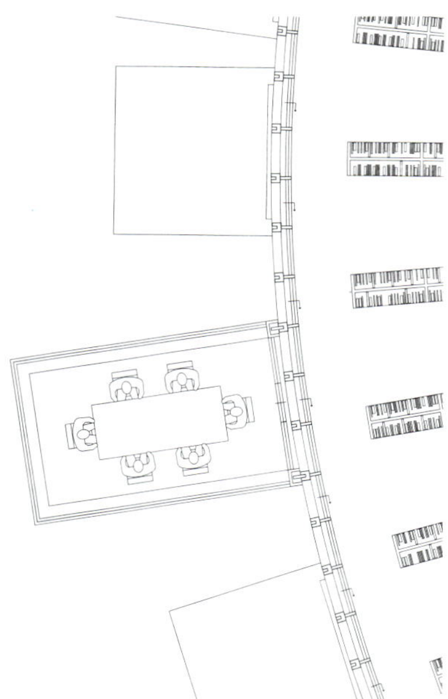

Sala de reuniones / Meeting room

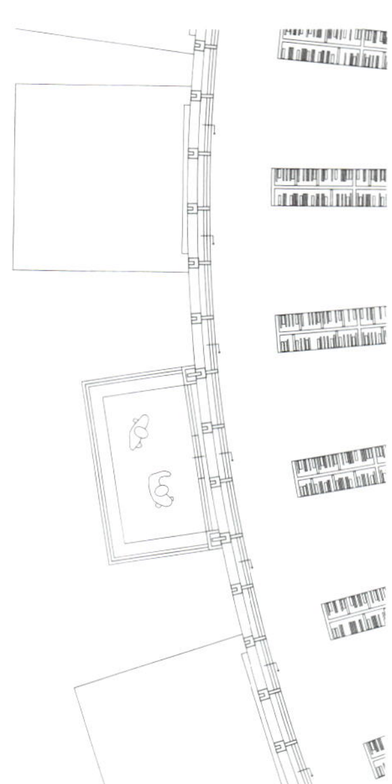

Ascensor / Lift

París, Francia [Concurso para la Fundación Francois Pinault en la Ile Seguin] / France [Competition for the Fondation François Pinault, Ile Seguin]

LA NUBE DEL ARTE [DOCE TIERRAS]

2001 NUAGE D'ART [DOUZE TERRES]

Las aspiraciones de una institución de acogida como la Fundación Pinault parecen resultar paradójicas teniendo en cuenta su situación en la Île Seguin: en una isla, oculta entre edificios históricos, en la periferia y más allá del distrito 20. ¿Cómo puede el museo cambiar esa situación y transformarse en un entorno más público, que aspire a recibir muchos visitantes y que busque el éxito no sólo para sí mismo, sino también para el arte y el medio ambiente? ¿Podemos hacer un edificio que salve esta situación? ¿Podemos lograr que la isla se convierta en un posible 'foco' de la ciudad, que compita en importancia y densidad con La Défense, Les Halles o Eurodisney, pero, en este caso, especializado en arte?

The aspiration for a welcoming institution as the Foundation Pinault seems to be paradoxical with its situation on the Île Seguin: on an island, hidden in historic buildings, in the Periphery, behind the 20th *arrondissement*. How can the museum change that situation and turn it into a more public environment that aspires for the masses and aims for not only a success for itself as for the art and the environment as well? Can we make a building that opens up the situation? Can we enable the island then to become a possible 'pole' in the city, competing in importance and density with la Defense, les Halles, Eurodisney, but specializing itself on art?

←↑ *Le lieu du travail devient le lieu du loisir*

↑ ↑ Taddeo di Bartolo (1363-1422): SKY CITY

↑ Yona Friedman: Paris Spatial (1972)

Ceci n'est pas un île

Pese a la grandiosa historia urbanística de París, las actuaciones más recientes no muestran más que edificios de oficinas anodinos forrados de vidrio, situados alrededor de un pequeño espacio público. La Île Seguin —un emplazamiento fantástico rodeado por el Sena, (casi) conectado con la autopista y el metro, repleto de espectaculares edificios históricos, y equipado con una iniciativa importante como es esta Fundación— se merece algo más singular. Al parecer, el debate sobre las construcciones existentes entorpece la elaboración de un nuevo programa, pues bloquea la investigación sobre las ambiciones de la isla, su diseño y su conectividad. Ese mismo debate impidió que la isla fuese urbanizada a la manera francesa. ¿Deberíamos acaso eludir el debate haciendo un proyecto que pueda funcionar con las construcciones existentes y sin ellas? ¿Una especie de mancha blanca en el mapa? Eso supone un método de diseño menos emotivo, más neutro y, por tanto, más constructivo.

Despite Paris' *grand histoire* in urbanism recent developments do not show more than anodyne glass covered office buildings around a small public space. The Île Seguin, a fantastic site surrounded by the Seine, (almost) connected to the highway and to the metro, inserted with historical dramatic buildings, combined with a major initiative as the Foundation simply deserves more than this. It seems that the discussion about the existing structures troubles the making of a new program. It blocks the research to the ambition of the island, its design, its connectivity. On the other hand it protected the island from being urbanized in a French way, the recent 'disease' to implement ZAC'S. Should we maybe avoid the discussion by simply making a design that can deal with and without the existing structures? A sort of white spot on the map? This realizes a less emotional, more neutral and therefore more constructive design method.

En el paisaje urbano parisiense, este emplazamiento, con todas sus cualidades, puede llevar a una concentración de actividades que permita una mayor densidad y, por tanto, unas posibilidades de beneficio e inversión mayores de las que se consideran actualmente. La Fundación puede 'dar color' a este foco, orientándolo hacia el tema del arte y del ocio relacionado con él; y así puede convertirse en uno de los focos artísticos de la ciudad, que se diferenciaría de los de los distritos 1 y 2 por su relativa libertad, y del futuro foco del distrito 19 por su formalidad. *Un pole des arts* o 'foco de las artes' exige más que un simple museo; aspira a una concentración de actividades relacionadas tanto con el arte —escuelas, residencias de artistas, galerías rivales, lugares de trabajo, estudios, oficinas para grupos, etcétera— como con programas 'normales' adyacentes —viviendas, oficinas, tiendas, pequeñas industrias productivas, etcétera—.

In the Parisian urban landscape this site with all its qualities can lead to a concentration of activities that allow for an larger density and therefore larger possible revenues and investment as now is considered. The Foundation can 'colour' this pole, thematizing it into the direction of art and art-related leisure. It can then become one of the artistic poles of the city, that differentiates with the ones in the 1st and 2nd *arrondissement* because of its relative freedom, it differentiates with the upcoming pole in the 19th *arrondissement* because of its formality. A pole *des arts* asks more then a museum only. It aspires for a concentration of activities both on art (schools, artist-residences, competing galleries, workplaces, studios, group offices) as on adjacent 'normal' program (houses, offices, shops, small production industries).

RENAULT

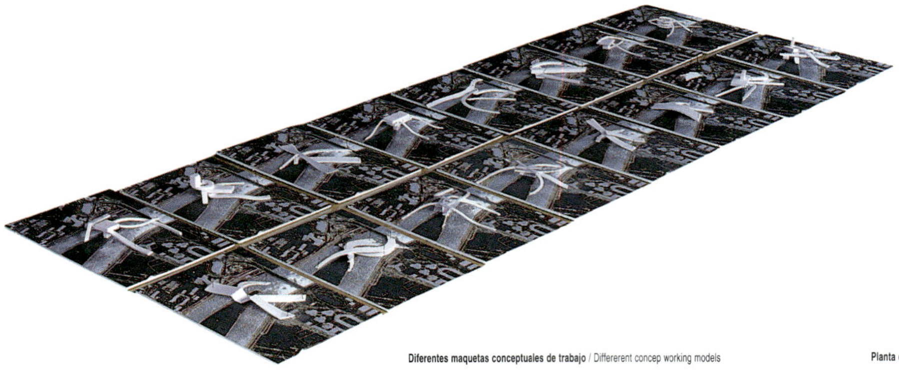

Diferentes maquetas conceptuales de trabajo / Differerent concep working models

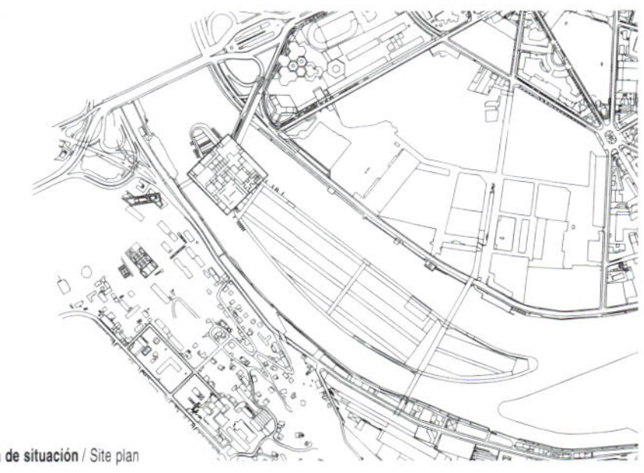

Planta de situación / Site plan

Para activar estos programas se han de ofrecer unos accesos suficientes. El actual planteamiento del proyecto —aparcar en los terrenos circundantes, y entrar a la isla por pequeños puentes— puede llevar fácilmente a una situación como la de Alcatraz, que aislaría la isla y la Fundación y, por tanto, reduciría sus aspiraciones y posibilidades en una época en la que el arte no significa castigo, sino liberación. Se puede imaginar una nueva densidad en la que las infraestructuras se mejorarían drásticamente. La línea del metro podría ampliarse con una o dos estaciones situadas en la isla; la relación con la autopista, y los dos brazos del Sena, podría mejorarse; la relación con el tranvía podría desarrollarse modificando el recorrido por la isla o recolocando las paradas y conectándolas con ella. Para mantener la isla libre de coches, los aparcamientos necesarios pueden implantarse en los terrenos circundantes, o situarse en los puentes con una plaza encima. Así se combinaría el acceso con la idea de peatonalización.

In order to activate this program sufficient access has to be provided. The current design strategy (parking on the mainland, small bridges to the island) can easily lead to an Alcatraz-like situation, that isolates the island and the Foundation and therefore its aspirations and possibilities in days where art is not about punishment but about liberation. A new density can be imagined when the infrastructure will be improved drastically. The metroline could be extended with one or two stops on the island, the relation with the highway and the two Seine drives could be improved, the relation with the tram could be developed by repositioning the trajectory over the island or by repositioning the stations and connecting them to the island. In order to keep the island car-free, the needed parking garages can be planned on the main land or can be positioned in the bridges with a piazza on top. It then combines access with the pedestrionized concept.

Si han de conservarse los edificios existentes, pueden usarse como un 'supersalón' urbano para el programa en marcha. El conjunto puede entenderse como un parque con vestíbulos de entrada para los programas situados encima. Este zócalo puede desarrollarse como el cuerpo (eco)técnico del conjunto, con todos los abastecimientos de agua y energía, y sus posibilidades de almacenamiento.

When the existing buildings remain to exist, they can be used as an urban 'superlounge' for the emerging program. It can be seen as a park with entrance lobbies for the programs on top. The socle can be developed as the (eco) technical body of the pole, with all its water and energy supplies and its archiving potential.

↓ Pôle des Arts

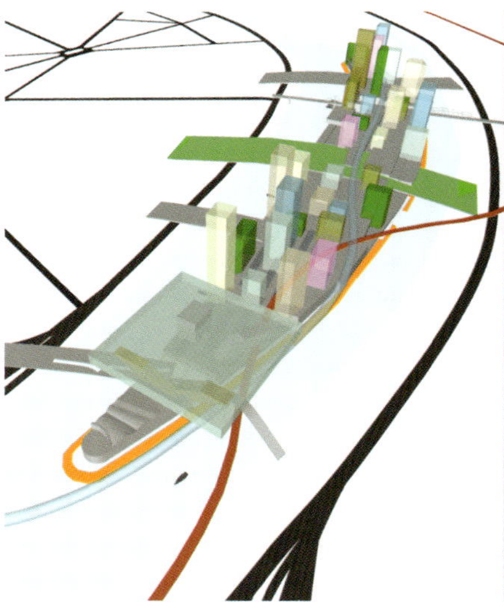

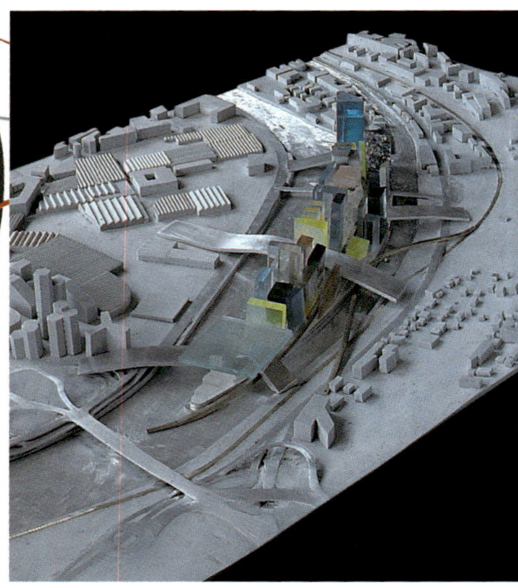

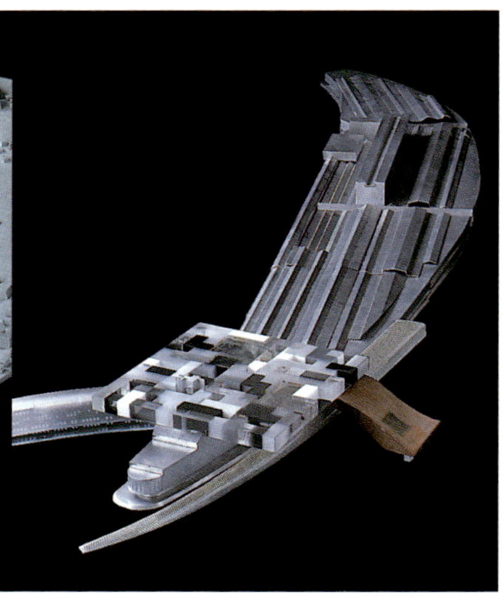

Ceci n'est pas un musée

Esta sugerencia de hacer un foco artístico pone en duda la posición y el diseño de la Fundación. ¿Qué influencia puede tener la institución? El solar propuesto, situado en la cabecera de la isla, puede marcar la pauta para el resto del conjunto; puede ser *pars pro toto* (la parte por el todo). ¿Qué concepto debería aplicarse que ampliase las posibilidades de crear un *pole des arts*? La apertura parece un camino mejor que el puro aislamiento. Elevando la Fundación, se procurará espacio para las relaciones públicas; esto permite que las salas existentes se conviertan en un 'salón urbano' de conexión.

This suggestion of a pole questions the position and the design of the Foundation. What influence can this institution have? The given site on the head of the island can set the tone for the further development. It can be a *pars pro toto*. What concept should be followed that enlarge the possibilities to create a Pole *des arts*? Opening up seems a better trajectory than pure isolation. By lifting the Foundation it will give space for public relationships. It enables the existing halls to become a connective 'urban lounge'.

'Atomizando' y extendiendo el programa museístico el máximo posible, la institución se abre y permite hacer la mayor cantidad posible de conexiones entre el arte y el resto de las funciones, impulsando así el aspecto de foco de las artes. Usando las partes programáticas de la Fundación para establecer conexiones, se puede crear una posible 'red' en la isla, enlazada también con los alrededores.

By 'atomizing' and spreading the museum program as maximum as possible, the institute opens itself and allows for the maximum amount of possible connections of art with other programs thus pushing the appearance of the pole *des arts*. By 'using' programmatic parts of the Foundation to create connections, a possible 'network' on the island and with the surroundings can be created.

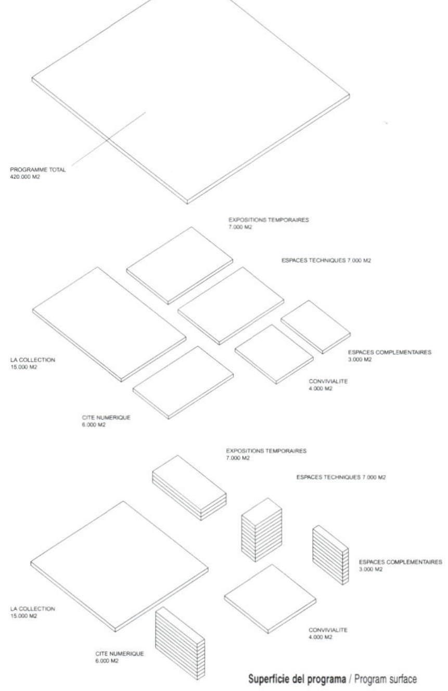

Superficie del programa / Program surface

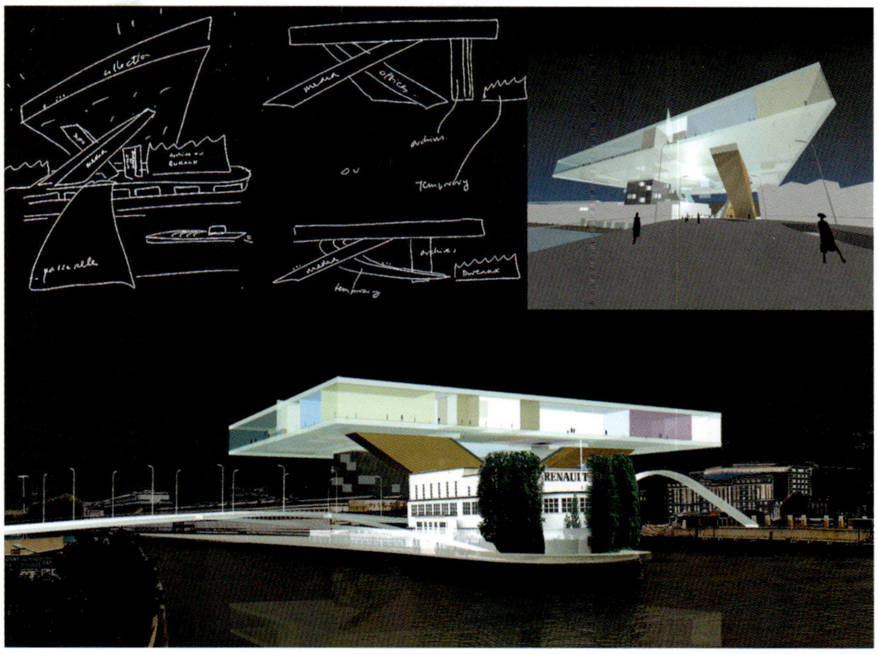

La realización de la nueva Fundación coincide con un momento en el que se está poniendo en duda el papel del estado dentro de la cultura francesa. Instituciones privadas como el Guggenheim o Saatchi han mostrado el enorme potencial de desarrollo del arte contemporáneo. Puede que su conocimiento de la competencia, en combinación con su posible flexibilidad —debida a la falta de 'responsabilidad pública' y, por tanto, de burocracia— les haga tener tanto éxito en estos tiempos en los que el cambio y la adaptación tienen una presencia tan notable; puede que sean más públicas que algunas instituciones realmente públicas. Si la Fundación adopta este tipo de 'apertura' y experimentación, esta combinación de cambio y flexibilidad, esta búsqueda y esta utilización de la hiperdiversidad y la imprevisib lidad, puede convertirse y se convertirá en la parte que falta en el rompecabezas artístico francés.

The realization of the new Foundation coincides with the moment that the role of the state within French culture is questioned. Private institutions like the Guggenheim and Saatchi have shown there enormous potential for the development of contemporary art. Maybe their awareness of concurrence in combination with their possible flexibility due to the lack of 'public responsibility' and therefore bureau-cracy makes them highly successful in these times where change and adaptation are so strongly present. They became maybe more public then some of the public institutions... If the Foundation adopts this type of 'openness' and experimentation, this combination of change and flexibility, this aim for and usage of hyperdiversity and unexpectancy, the Foundation can and will become the missing part of the French Art puzzle.

En el siglo XXI, el 'significado' será un proceso dinámico. El arte estará en el núcleo de ese proceso y será un instrumento de investigación para muchas formas individuales de expresión, es decir, un ingrediente básico de la identidad. El arte estará más extendido y será menos elitista que nunca; ya es definitivamente parte de la sociedad de las redes. Esta intención exige una inteligente combinación de situaciones, tanto introvertidas como extrovertidas, tanto protegidas como expuestas, y tanto clásicas como experimentales; exige una institución que pueda ofrecer 'infraestructura' para producir arte y para almacenarlo.

In the 21 st century, 'meaning' will be a dynamic process. Art will be in the core of that process, being a research tool for many individual forms of expression, a basic ingredient for identity. Art will be more wide-spread and less elitist than ever before. It is definitely part of the network society. This intention demands for an intelligent combination of situations, both introvert as extravert, both protected as naked, both classical as experimental. It demands for an institute that can offer 'infrastructure' to produce art as well as to store it.

Esta idea replantea la relación del museo con la ciudad, combinando lo extrovertido con lo introvertido. Esta aspiración puede ampliarse abriendo la institución y el conjunto de los edificios. Así pues, el programa de la Fundación se 'atomiza' en elementos que maximizan las posibles relaciones con otras funciones situadas en la isla y en los aledaños. Esta serie de 'elementos urbanos' conectan la isla con los alrededores algo más alejados.

This notion requestions the relation of the museum with the city, combining extravert with introvert. This aspiration can be enlarged by opening up the institution and the building complex. The program of the Foundation is therefore 'atomized' in elements that maximize the possible relationship with other functions on the island and in the surrounding. These series of 'Urban elements' connect the island with the further surrounding.

Circuito de distribución / Distribution circuit

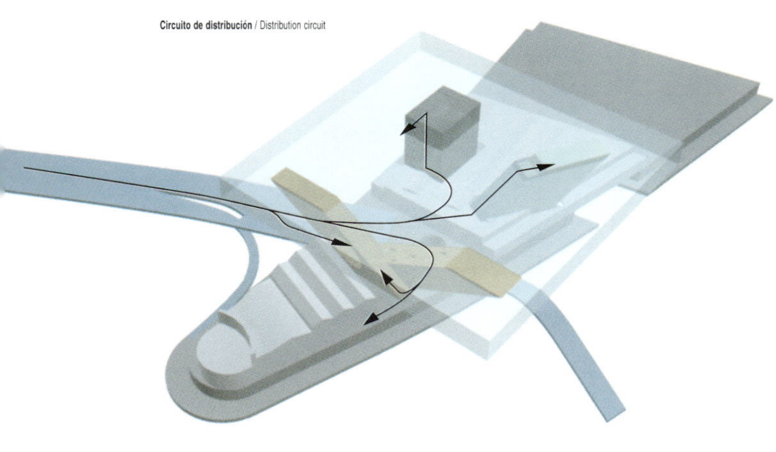

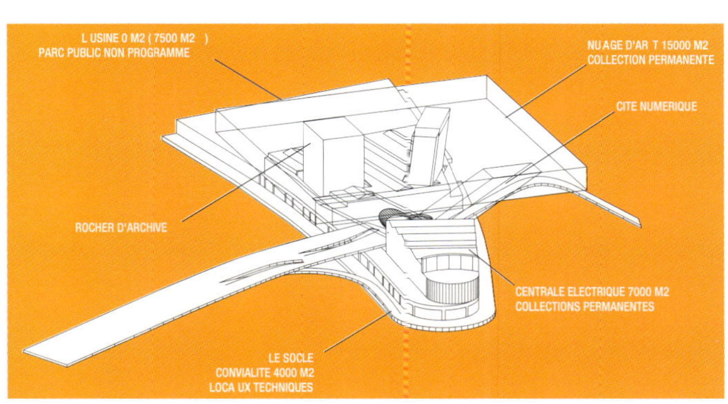

Distribución del programa / Program distribution

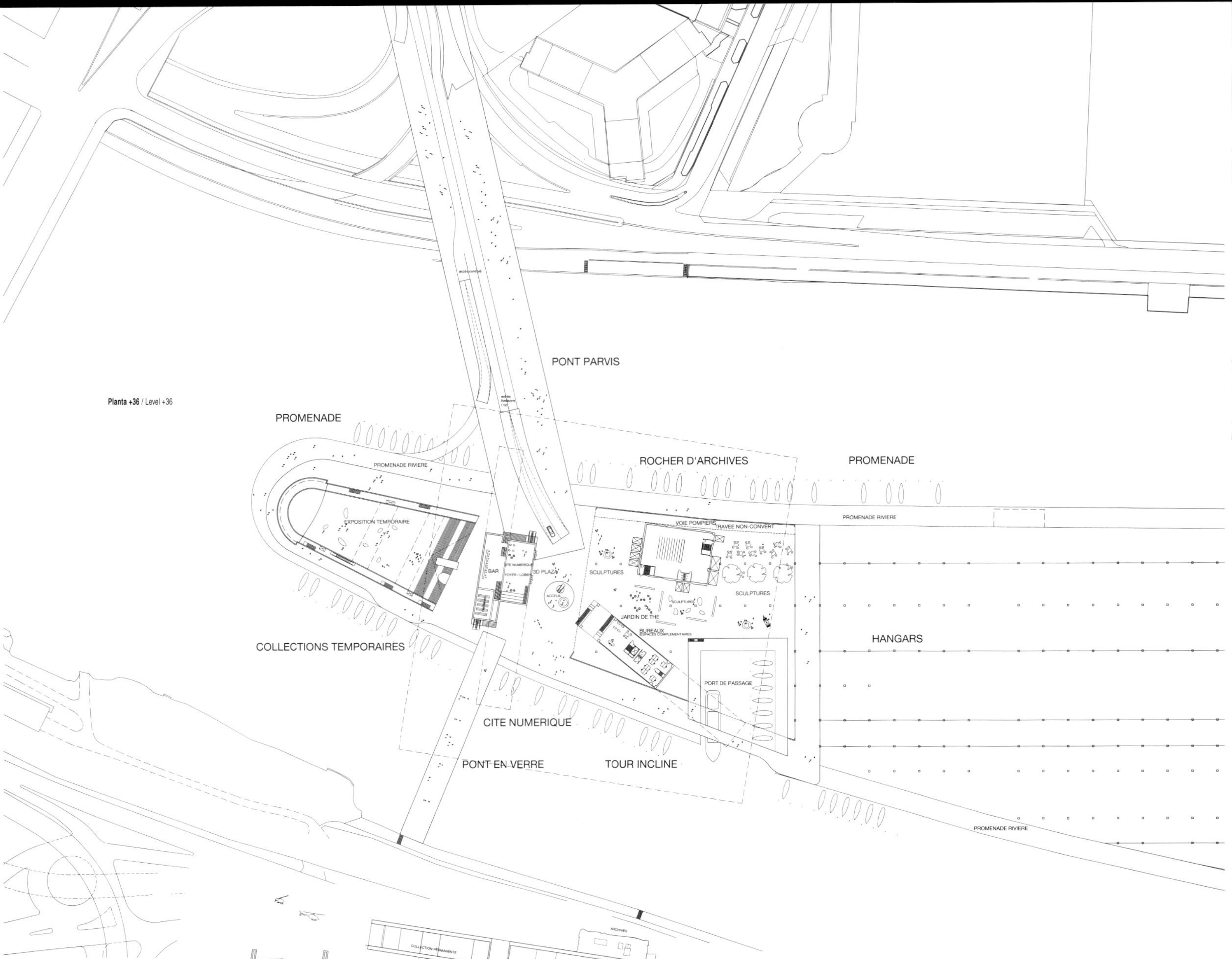

Planta +36 / Level +36

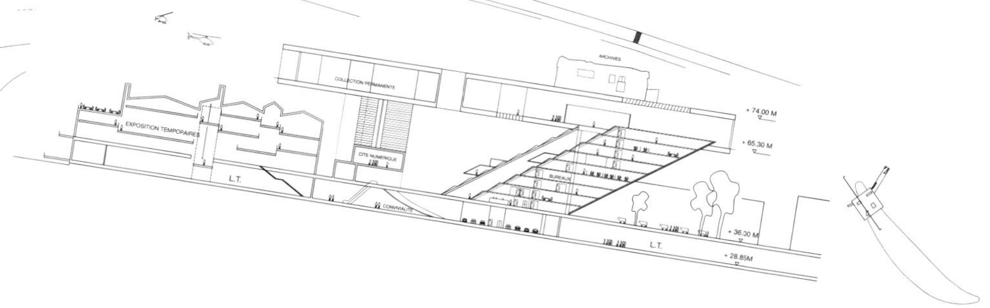

Sección longitudinal / Longitudinal section

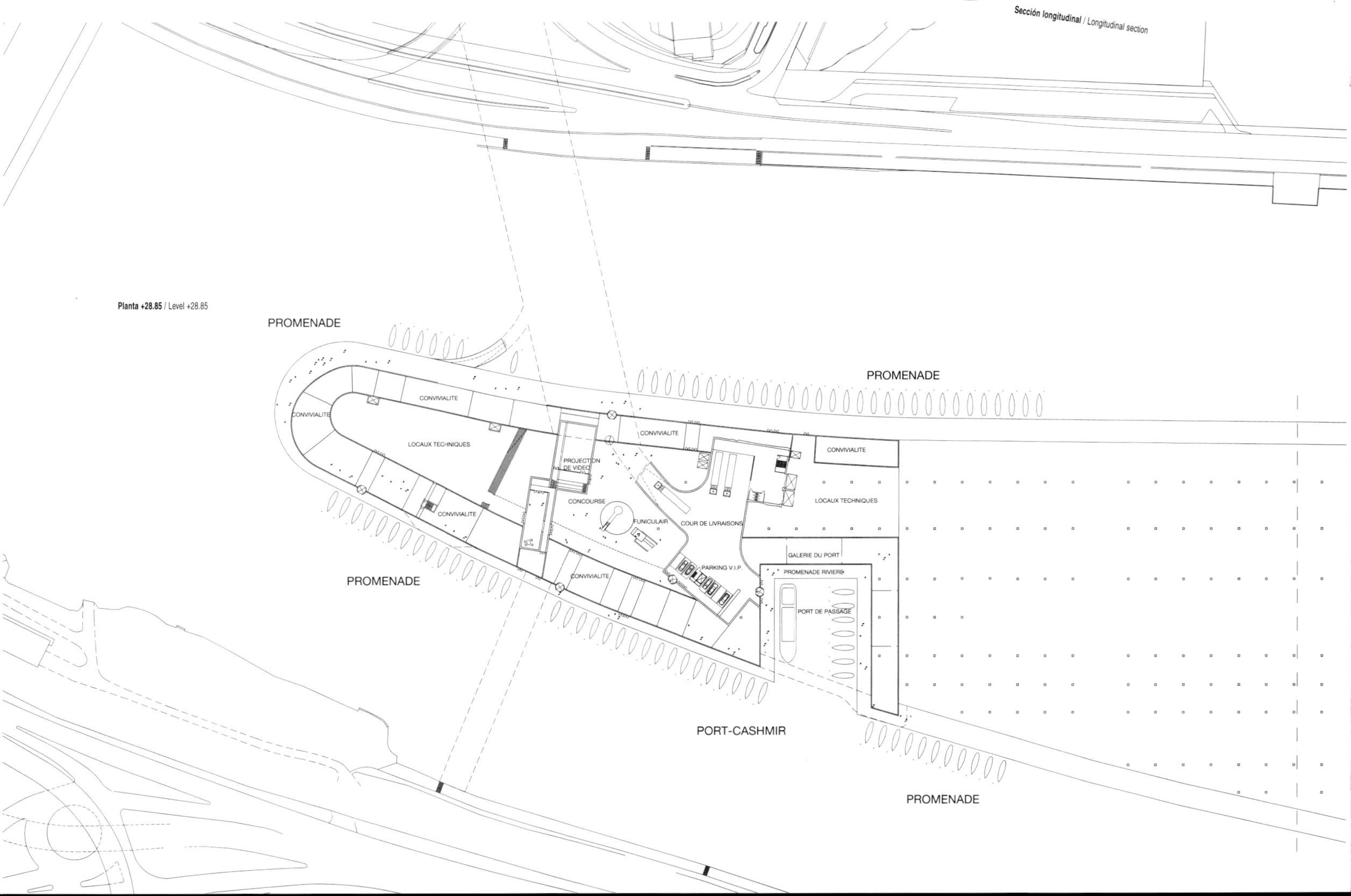

Planta +28.85 / Level +28.85

Alzado Este / East elevation

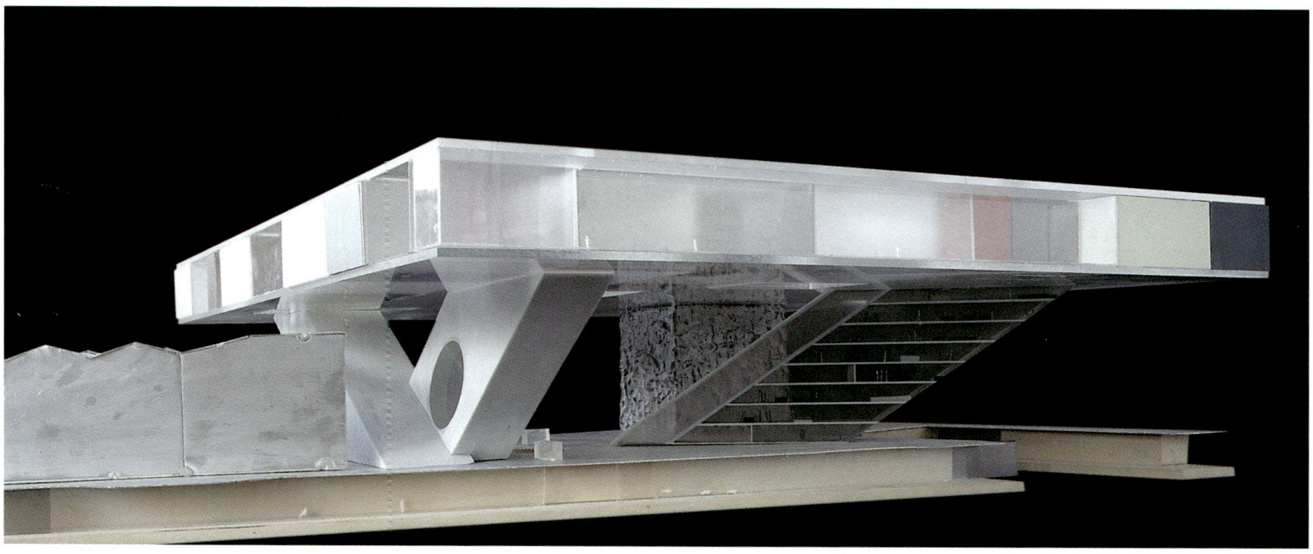

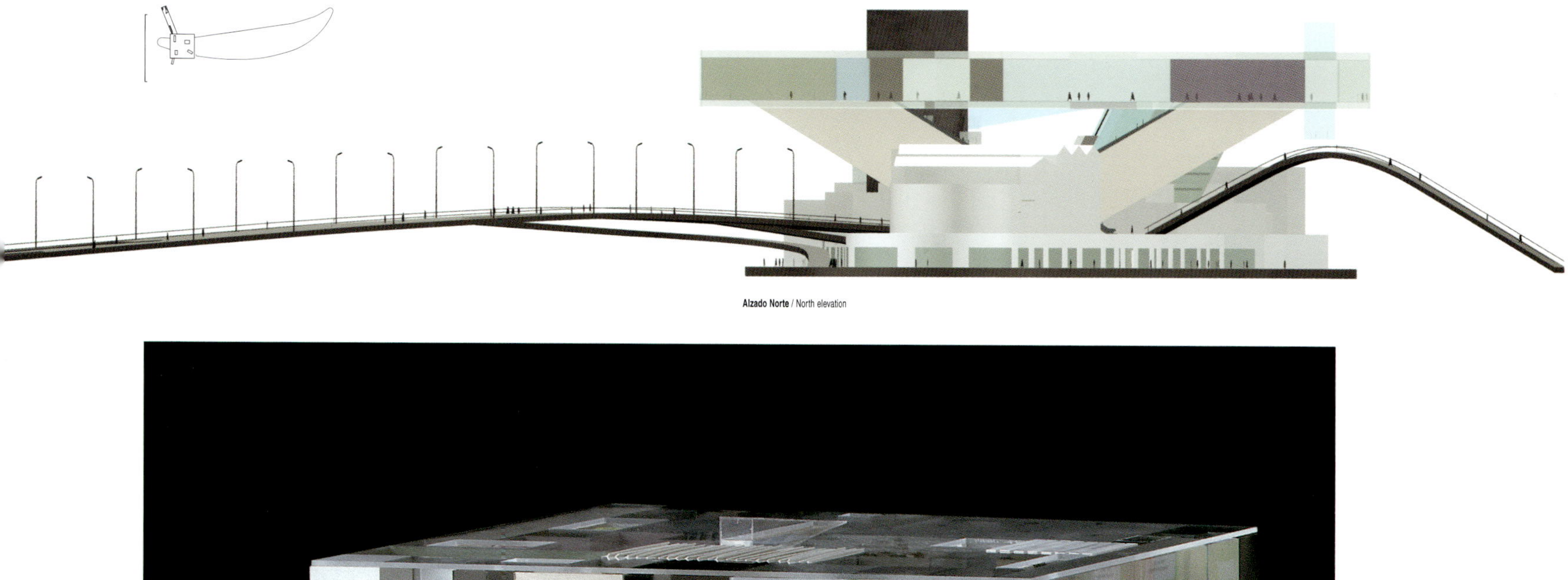

Alzado Norte / North elevation

Les Douze Terres

El conjunto museístico se concibe como una composición de distintos elementos programáticos en
The museum complex is conceived as a composition of programmatic elements that surround
torno a la plaza pública, verdadero corazón del museo. Esta plaza hace realidad el espacio público del
the public plaza. It realises the uttermost public museum space: a space in which one is sur-
museo en toda su extensión: un espacio en el que se está rodeado por todas las funciones del museo.
rounded by all the museum functions.
El conjunto museístico se compone de los siguientes elementos:
The museum complex consists of the following elements:

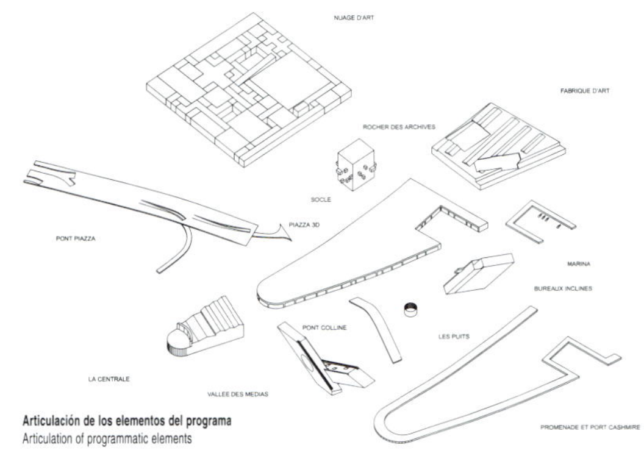

Articulación de los elementos del programa
Articulation of programmatic elements

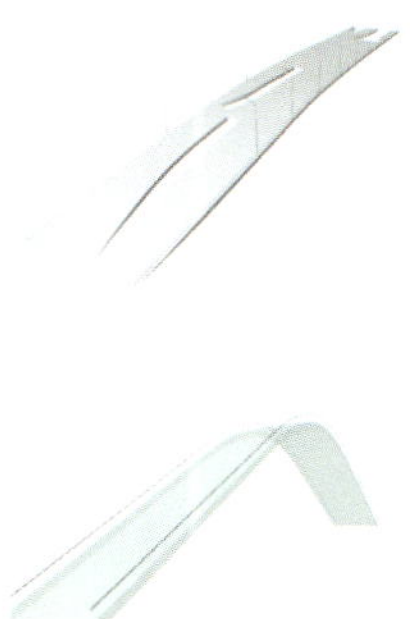

PUENTE DE LA PLAZA Y PUENTE DE LA COLINA: el puente que enlaza el conjunto con la estación de metro se ha diseñado como una 'plaza' de madera de 30 metros de anchura que contiene el principal
PLAZA BRIDGE & HILL BRIDGE: the bridge between the complex and the metro station is designed as a 30 meter wide wooden 'plaza that contains the main access route for the public as well as
camino de acceso público, así como las entradas de suministros y acceso de personalidades. El puente entre Sèvres y la Île Seguin se ha diseñado como un elegante elemento de 15 metros de anchura que
delivery and VIP lanes. The bridge between Sevres and the Ile Seguin is designed as an elegant 15 meter wide element, almost touching the skycity before entering it.
casi 'toca' la ciudad del cielo antes de entrar en ella.

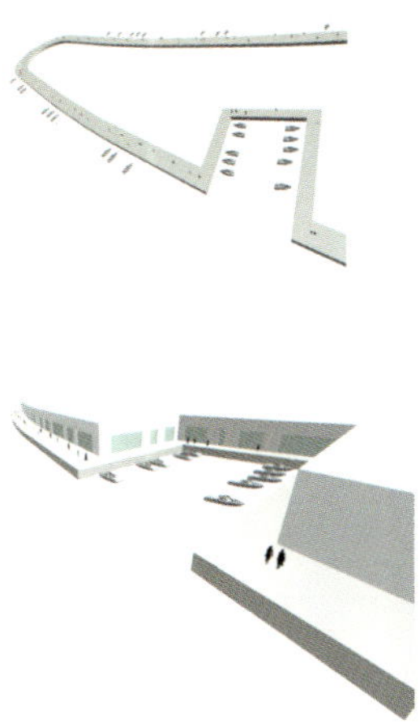

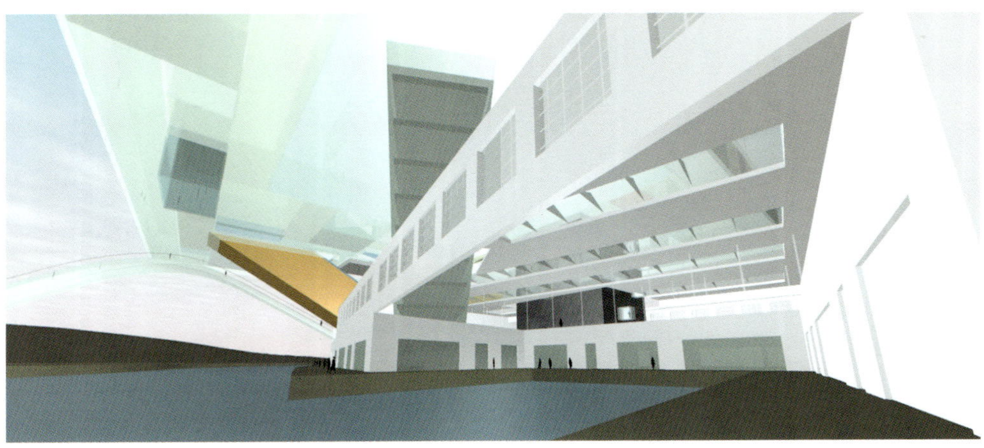

EL PUERTO DEPORTIVO, EL PASEO Y EL PROGRAMA DE AMENIDADES: excavando un puerto en el zócalo, el plinto ofrece un 'destino' para las embarcaciones grandes, que pueden visitar el museo. Los res-
THE MARINA, PROMENADE & CONVIVIALITY PROGRAM: by excavating a harbour out of the socle, the plinth has an 'address' for the bigger boats that can visit the museum. The restaurants, shops
taurantes, las tiendas y otras amenidades se localizan en el zócalo, comunicadas directamente con el paseo entarimado.
and other conviviality program are located in the socle, directly connected with the boardwalk.

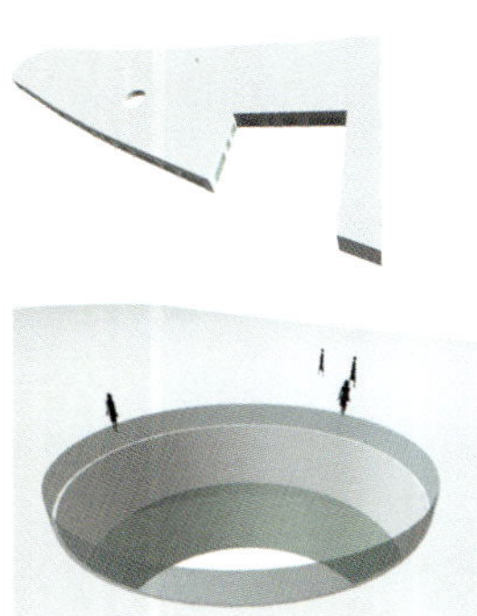

EL ZÓCALO Y EL POZO: el zócalo contiene la 'explanada', la parte cerrada de la 'recepción', que conecta los distintos programas. A ella se puede acceder desde la plaza mediante un vacío, el pozo, desde
THE SOCLE & THE WELL: the socle contains the 'concourse, the enclosed part of the 'accueil', that connects the different programs. It can be directly accessed from the plaza by a void, where
donde se puede 'ver' el Sena.
the Seine can be 'seen'.

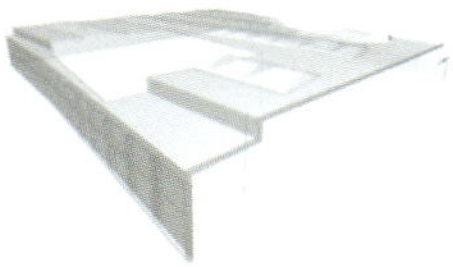

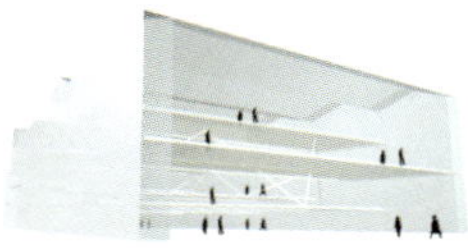

LA FÁBRICA DE ARTE: **Las naves industriales existentes apenas se tocan. El conjunto puede funcionar con ellas o sin ellas. Si se conservan, pueden convertirse en el 'vestíbulo urbano' abierto del conjunto, en conexión con el vestíbulo del resto de la isla. Se trata de un enorme espacio público 'vacío', en parte cubierto y en parte al aire libre, de modo que puede entenderse como un 'parque' para esculturas, festejos, lugar temporal de artistas, grandes piezas, etcétera. Este espacio conecta públicamente la plaza con el resto de la isla. Los muros de la plaza se abren con el fin de ofrecer acceso y visibilidad.**

THE ART-FACTORY: The existing industry halls are hardly touched. The complex can do with and without them. If kept they can be turned into the open 'urban lobby' of the complex, in connection with the lobby on the rest of the island. It is a huge 'empty' public space, partly covered, partly open, so that it can be seen as a 'park' for sculptures, festivities, temporary housing for artists, big art, etcetera. It connects publicly the piazza with the rest of the island. The walls to the piazza are opened in order to give access and visibility.

LA CENTRAL ELÉCTRICA: **la central eléctrica existente se utiliza para acoger las colecciones temporales en un ambiente fabril. Los forjados se cuelgan de la estructura actual. La fachada que da a la plaza se ha reemplazado por otra de vidrio, completamente practicable, que funciona como un escaparate orientado a la plaza.**

THE POWERSTATION: the existing powerstation is used for the temporary collections in a factory-like environment. Floors are hung in the existing structure. The façade towards the plaza has been replaced by a fully openable glass façade that acts as a shopping window towards the plaza.

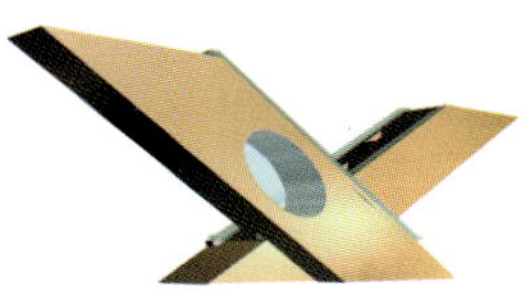

LA OFICINA INCLINADA: **ladeando esta torre se tienen desde las oficinas vistas directas del Sena y del puerto deportivo. De este modo, las oficinas están 'iluminadas' por la luz que se refleja en el agua. Se hace realidad una 'gran escalera' hacia el 'cielo', tanto dentro como fuera. Una escalera da acceso a las oficinas, una galería inclinada que conecta la colección permanente con la plaza y el zócalo. En la parte superior hay gigantescas escaleras exteriores que pueden funcionar como tribunas públicas, convirtiendo así la plaza en un teatro al aire libre.**

THE INCLINED OFFICE: by tilting this tower direct views from the offices to the Seine and the Marina are created. Thus the offices are 'lit' by the light that is reflected in the water. It realises a 'grand escalier' to 'heaven, both inside as outside. One stair offers access to the offices, an inclined gallery space connecting the permanent collection and the plaza and socle. On top are giant outside stairs that can perform as public tribunes, turning the plaza into an open-air theatre.

EL VALLE DE LOS MEDIOS: **la 'ciudad numérica' se ha diseñado como un doble conjunto de volúmenes inclinados. Uno de ellos alberga los teatros, que pueden separarse mediante enormes tabiques deslizantes. Otro contiene la mediateca, en la que un vacío central da cabida al café-internet, rodeado por todos los medios de comunicación. En conjunto, todo ello funciona como un 'valle' bajo la 'ciudad del cielo'.**

THE MEDIAVALLEY: the 'cité numérique' is designed as a double set of inclined volumes. One of them houses the theatres that can be separated through huge sliding walls. The other houses the mediatheque, in which a central void positions the internet-cafe, surrounded by all media. Together they act as a 'valley' underneath the 'sky-city'.

LA ROCA DE LOS ARCHIVOS: **la torre de los archivos, con su apariencia pétrea, puede entenderse como la 'Roca' de la memoria, silenciosa y petrificada, del museo. Está rodeada por los ascensores. Las personas que van en estos ascensores pueden vislumbrar la colección de los archivos a través de pequeñas 'grietas' que también permiten el acceso a algunas partes de la colección y a los talleres de restauración. Este edificio se convierte, literalmente, en el pilar de la Fundación.**

THE ARCHIVES ROCK: the archives tower with its stone like appearance can be seen as the petrified silent memory 'Rock' of the museum. Elevators surround it. Glimpses of the archive-collection can be given to the travelling people in the elevators through small 'cracks', that allow as well for access to parts of the collection and the restoration workshops. This building literally becomes the pillar of the Foundation.

LA PLAZA 3D: **la recepción y su mostrador están situados en medio de la plaza. Este 'barrio artístico' tridimensional amplía los encuentros fortuitos entre el arte y los visitantes; y convierte la Fundación en una acogedora 'maquinaria urbana'.**

THE 3D PLAZA: the accueil with the reception desk is situated on the middle of the plaza. The three dimensional 'art-district' enlarges the coincidental meetings between art and visitors. It turns the Foundation into a welcoming 'urban machinery.

Planta +63.5 / Level +63.5

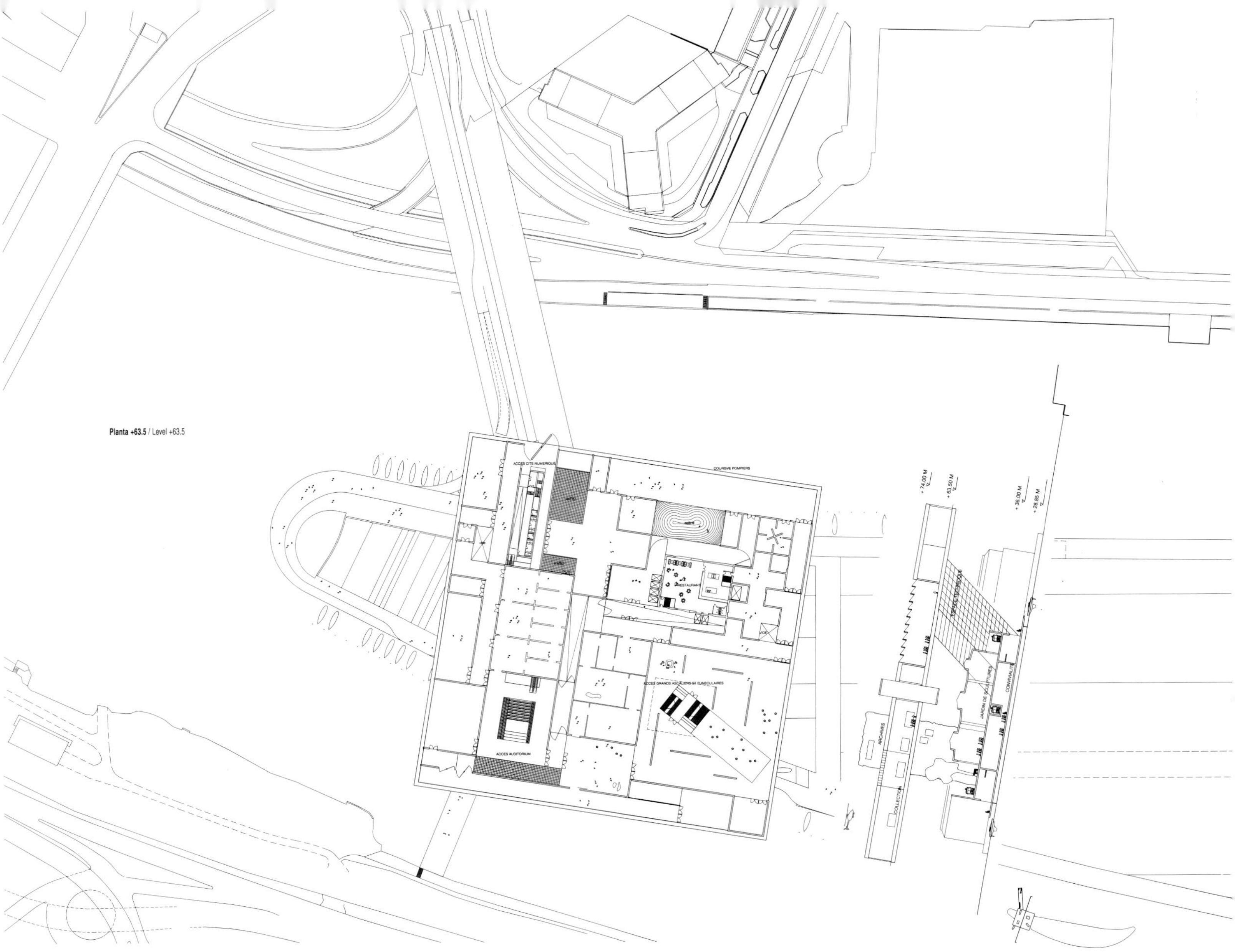

Sección transversal / Cross section

Planta +50 / Level +50

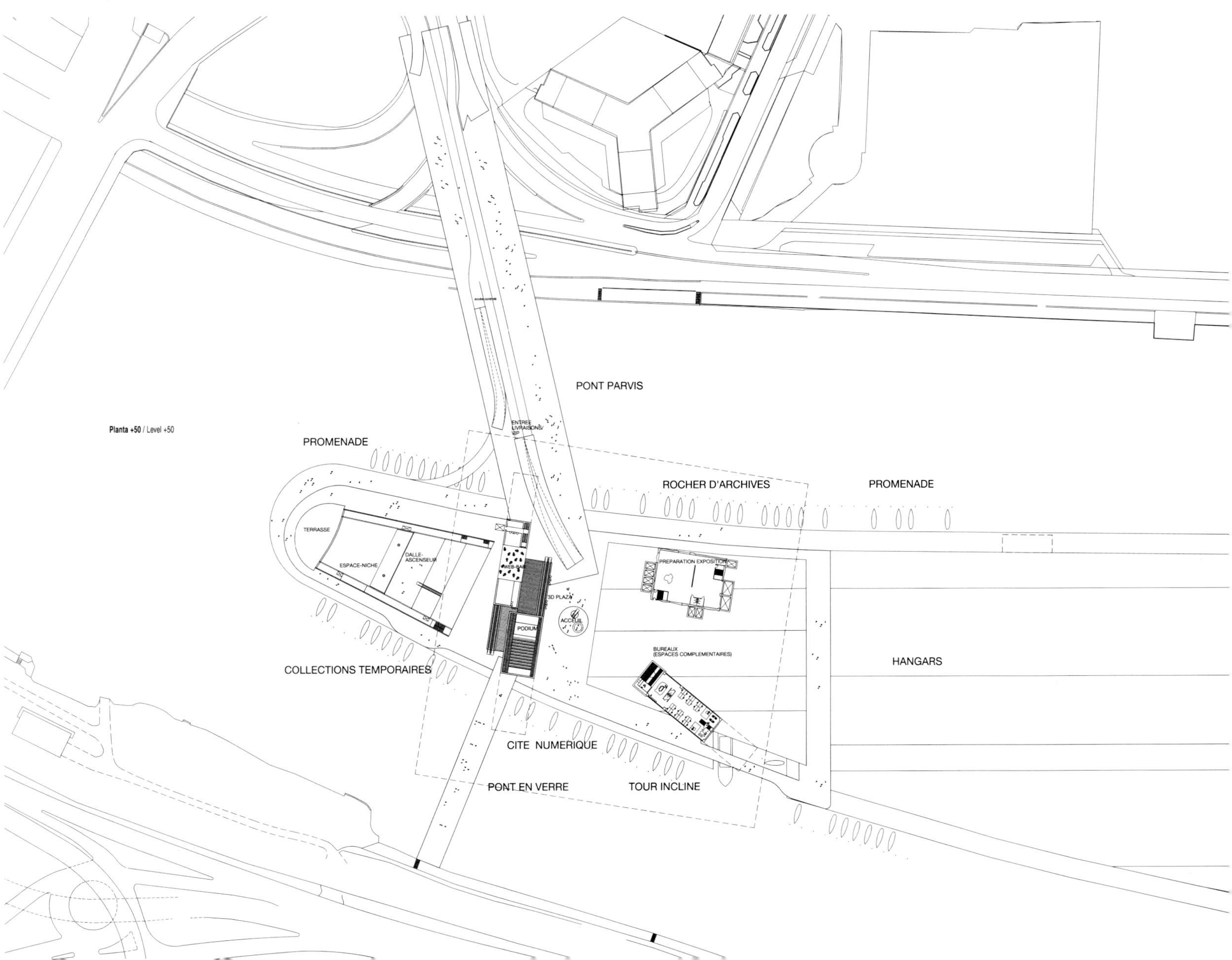

Alzado Oeste / West elevation

Alzado Sur / South elevation

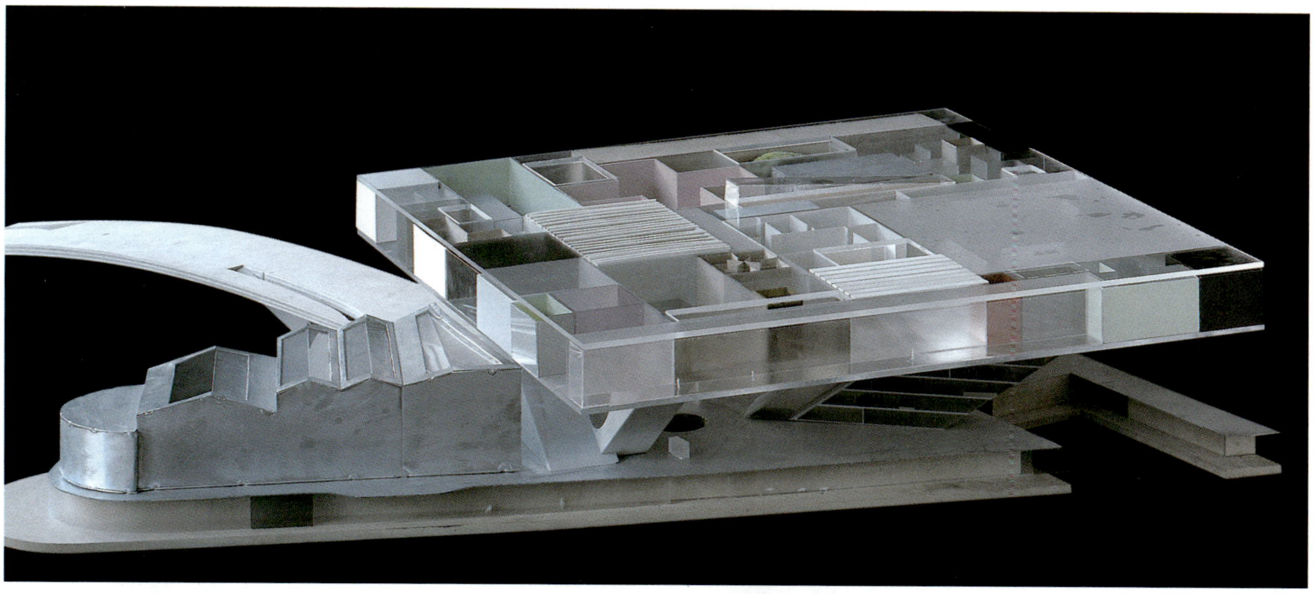

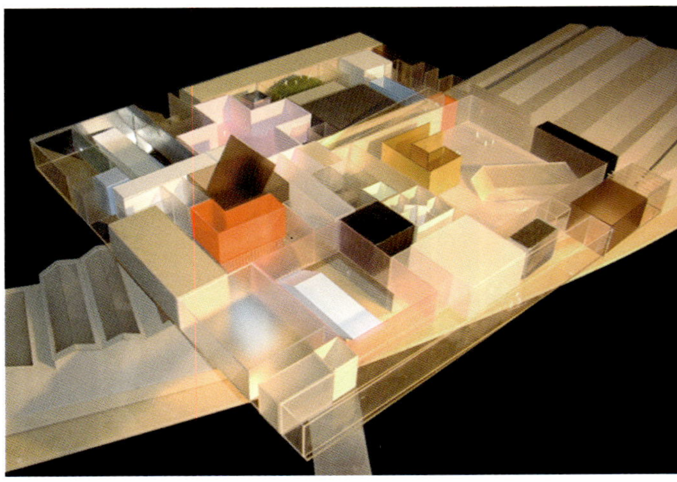

LA CIUDAD DEL CIELO / THE SKY CITY
↓ **Posibilidades infinitas** / Infinite possibilities
→ **Doce museos** / Twelve museums
→ → **Colección de espacios** / Collection of spaces

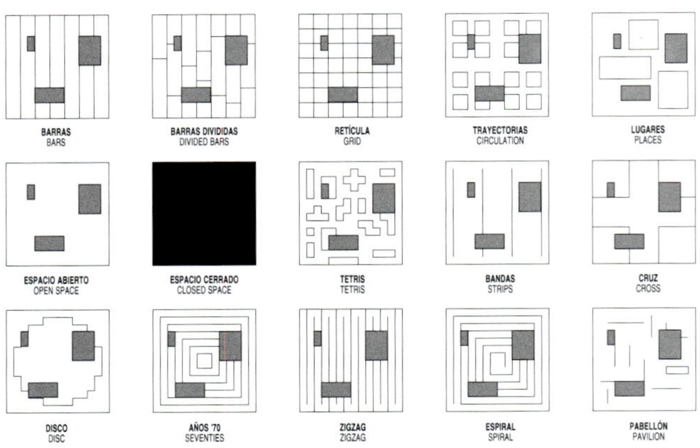

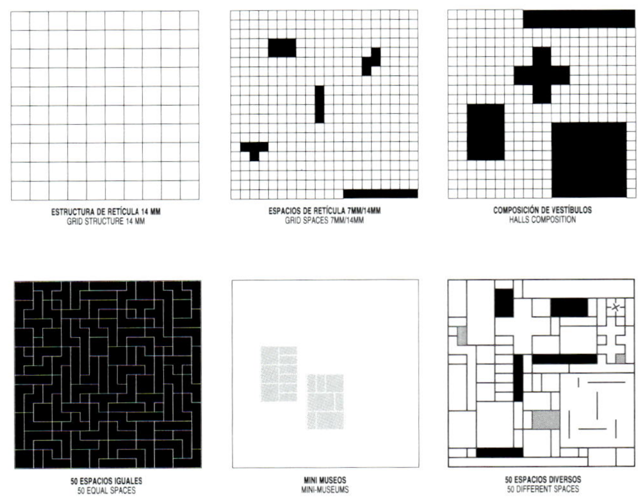

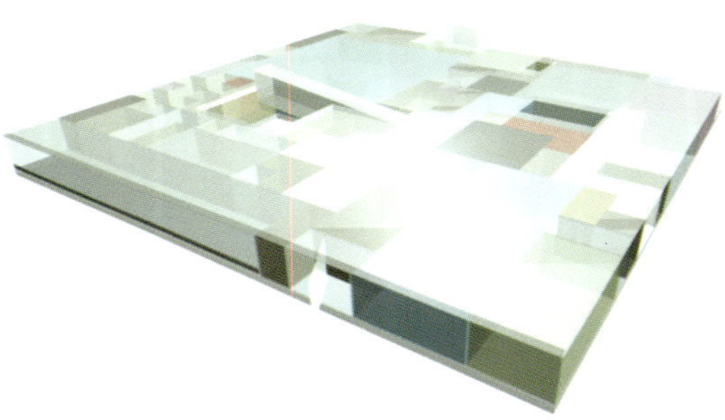

LA CIUDAD DEL CIELO: el principal objeto del museo es esta plataforma 'flotante', que alberga la colección permanente; está concebida como un espacio sin conexiones urbanas directas, entre el cielo y la tierra, entre la plaza y el firmamento. Una composición de 50 salas diferentes se apoya en una retícula, lo que permite múltiples variaciones. Las paredes, los techos y los suelos están compuestos de láminas variables estratificadas (vidrio, parasol, etcétera). Puede imaginarse cualquier posible composición.

THE SKY CITY: the main object is the 'floating' platform, which houses the permanent collection. It is conceived as a space without direct urban liaisons, in between heaven and earth, plaza and sky. A composition of 50 different rooms is based on a grid, allowing for multiple variations. Walls, ceilings and floors are composed out of layered variable sheets (glass, sunshade). Any composition can be imagined.

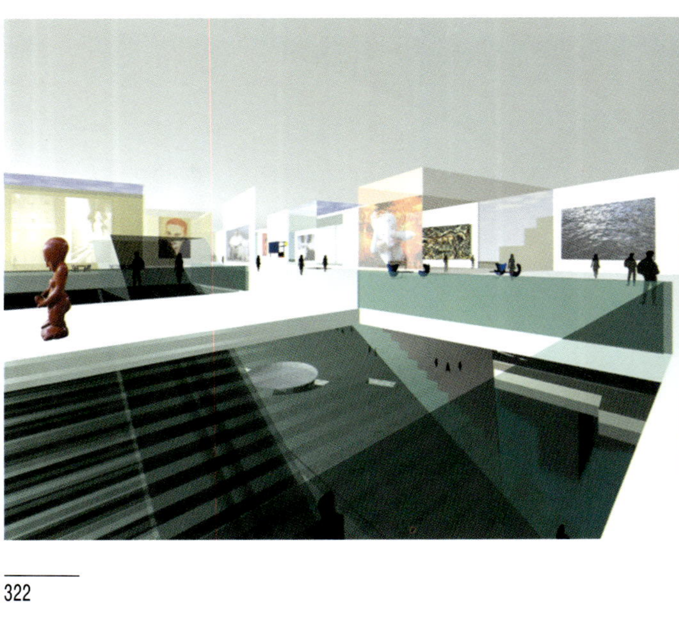

MINI MUSEOS ATOMIZADOS
MINI-MUSEUMS ATOMIZED

BARRAS
BARS

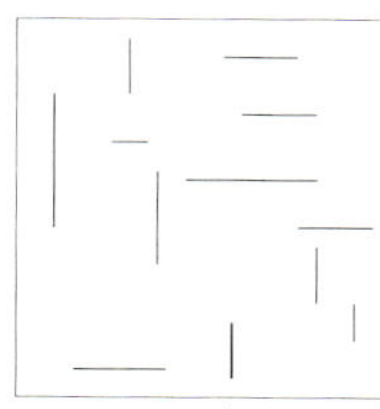

PABELLÓN
PAVILION

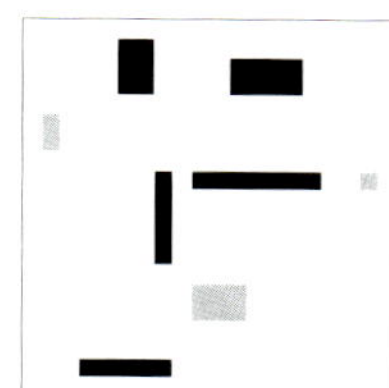

VACÍOS, PATIOS, CALLES
VOIDS, PATIOS, STREETS

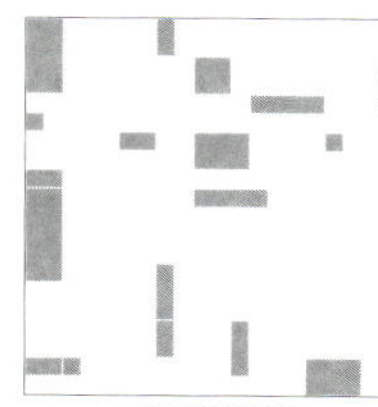

ESPACIOS DE SERENIDAD
SERENITY SPACES

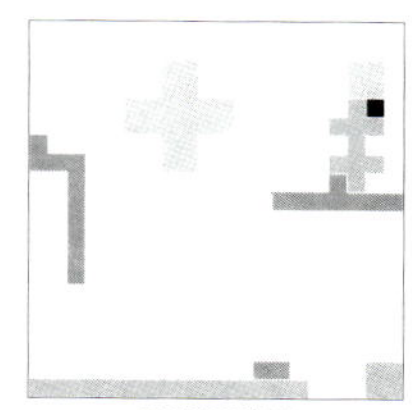

ESPACIOS ESPECÍFICOS
SPECIFIC SPACES

281

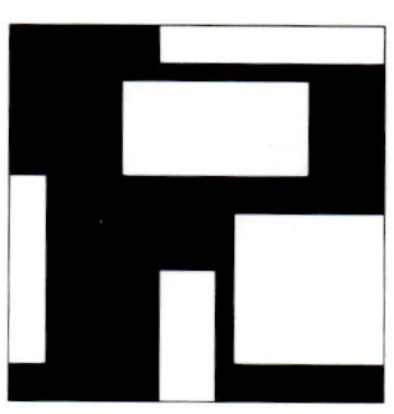

LUGARES
PLACES

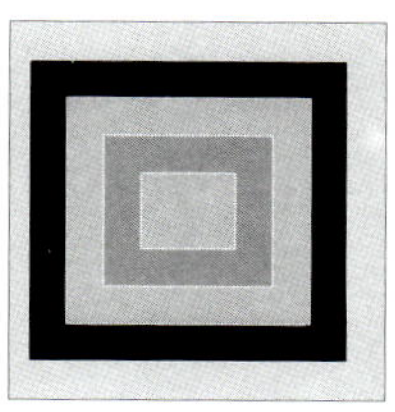

AÑOS '70
SEVENTIES

BANDAS
STRIPS

MINI MUSEOS
MINI-MUSEUMS

ASCENSOS, DESCENSOS
ASCENTS, DESCENTS

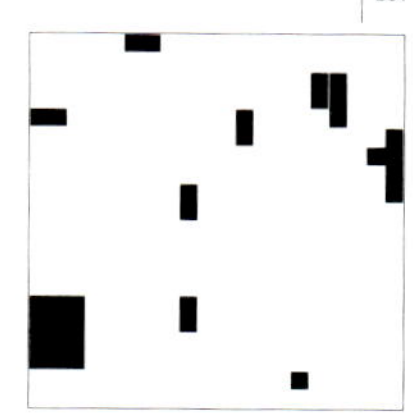

ESPACIOS OSCUROS
DARK SPACES

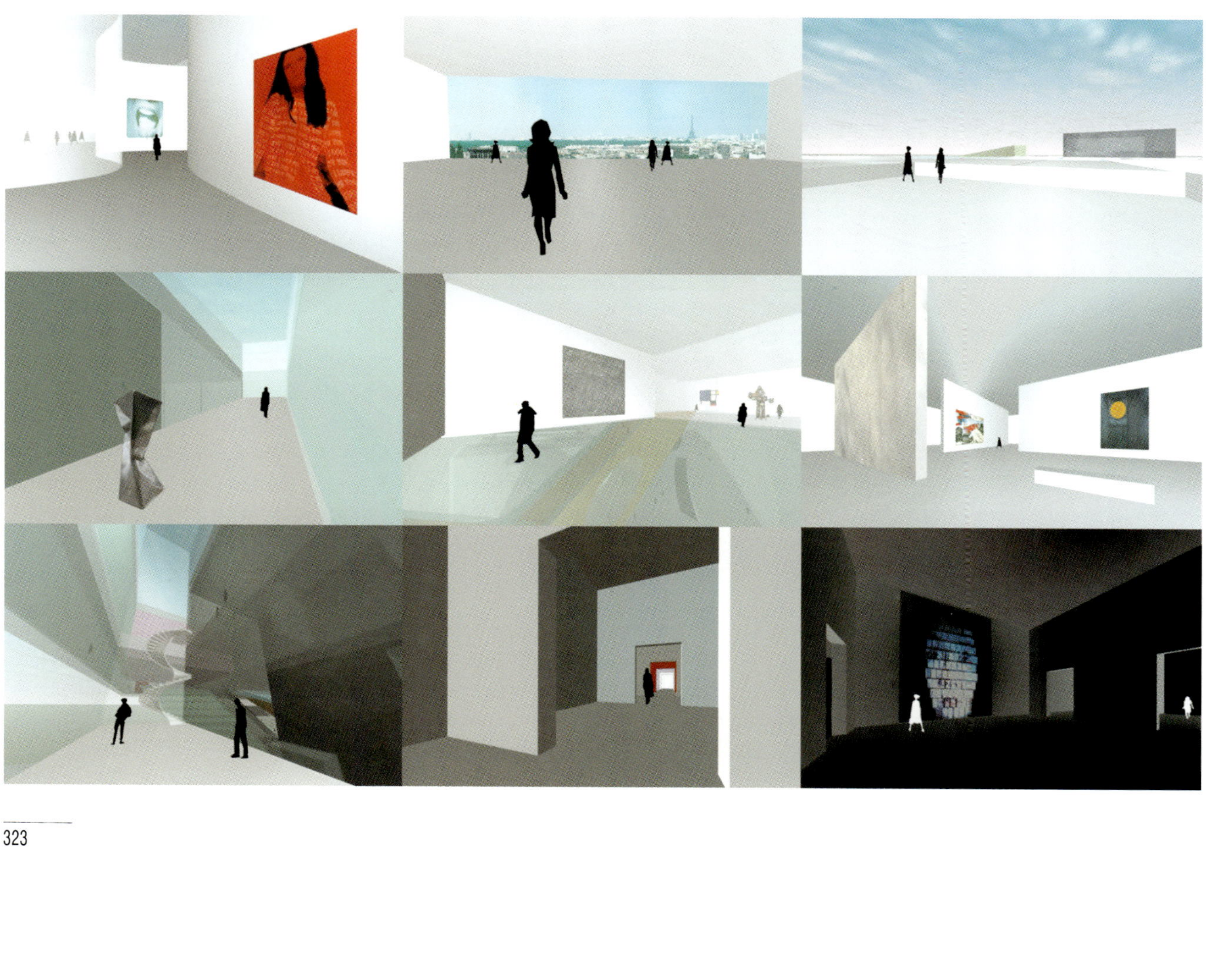

Estocolmo, Suecia [Concurso para la Nueva Sede de Correos de Suecia/ Stockholm, Sweden [Competition for the Sweden Post Headquarters]

LA COLINA DE LA SILICONA

2000 SILICONE HILL

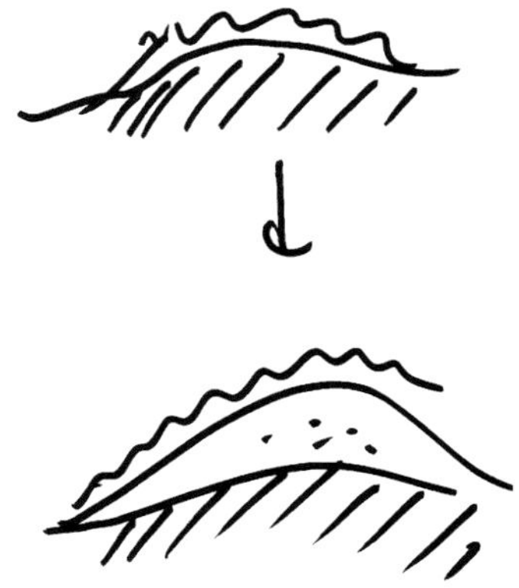

Concepto
Concept

Situación actual / Existing situation

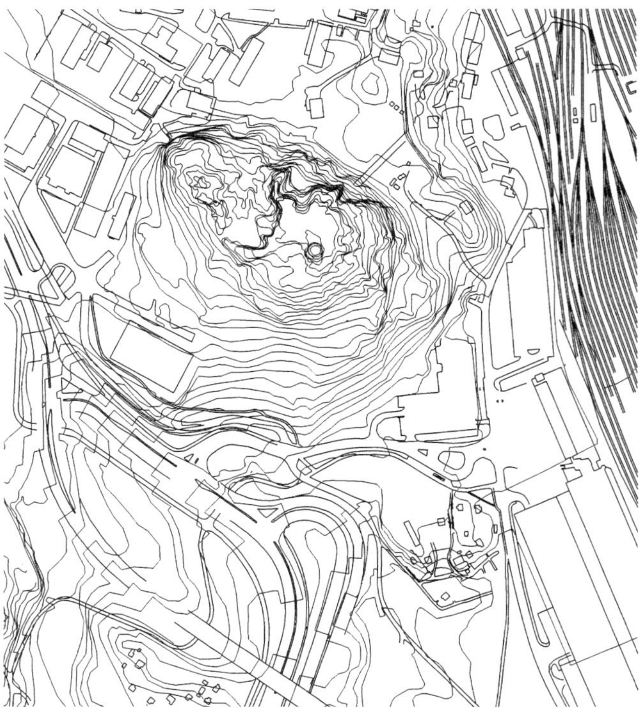

Propuesta / Proposed situation

El antiguo servicio estatal sueco de Correos se ha transformado en una firma con una orientación más comercial, que se concentrará en la distribución internacional y en la logística del correo y la paquetería dentro de un mercado global. Todo ello confiere un nuevo valor a su funcionamiento y apariencia incipientes. Puede que la exigencia de mayor papel simbólico internacional para la nueva sede radique en la situación urbana específica de Estocolmo y Suecia. Su singular riqueza natural, su interminable topografía de colinas arboladas y lagos puede sugerir un posible 'Parque norte' en una Europa urbanizada. ¿No debería este edificio, en consideración a su significado simbólico, contribuir a ampliar o culturizar esa sugerencia? ¿Puede entonces simbolizar la exaltación de la naturaleza, la soledad, el vacío y el espacio público, y contrastar todo esto con su interior? Aunque haya un relativo 'excedente' de naturaleza en Estocolmo, ¿puede simbolizar un modo de enfatizar este excedente no sólo consumiéndolo, sino tal vez ampliándolo y justificando su posición en una hermosa colina arbolada?

The transformation of a formerly state-owned company as Sweden Post into a more commercially oriented firm that will be concentrating itself on the regional distribution and logistics of post and parcels within a global market reevaluates its emerging functioning and appearance. Maybe the demand for a wider regional iconic role for the headquarters can be found in the specific urban situation of Stockholm and Sweden. Its unique natural richness, its endless topography with forested hills and lakes can lead to a possible 'North Park' in an urbanizing Europe. Should this building in regard of its iconic meaning, not help to enlarge or culturalize that suggestion? Can it then symbolize the celebration of nature, wilderness, emptiness and public space and confront this with its interior? Can it, although there is a relative 'surplus' of nature in Stockholm, symbolize a way to emphasize this surplus, not only by consuming it but maybe enlarging it justifying its position on a beautiful forested hill?

Levantando literalmente el territorio dado, la naturaleza existente puede combinarse con el programa. 'Fileteando' la naturaleza existente y levantándola a nuevas alturas, se puede crear un espacio 'intermedio': entre el granito raspado y la naturaleza levantada. Esto ofrece un entorno de trabajo en el que estamos literalmente rodeados por la naturaleza: al lado, alrededor, en el medio, debajo y encima de los lugares de trabajo. Así se aproxima al entorno de trabajo con el máximo carácter 'natural'.

By literally lifting the given territory the existing nature can be combined with program. By 'filleting' existing nature and lifting it to new heights an 'in between' space can be created: in-between the scraped granite and the lifted nature. It gives a working environment in which one is literally surrounded by nature: beside, around, in the midst, under and above the working positions. It approaches the utmost 'natural' working environment.

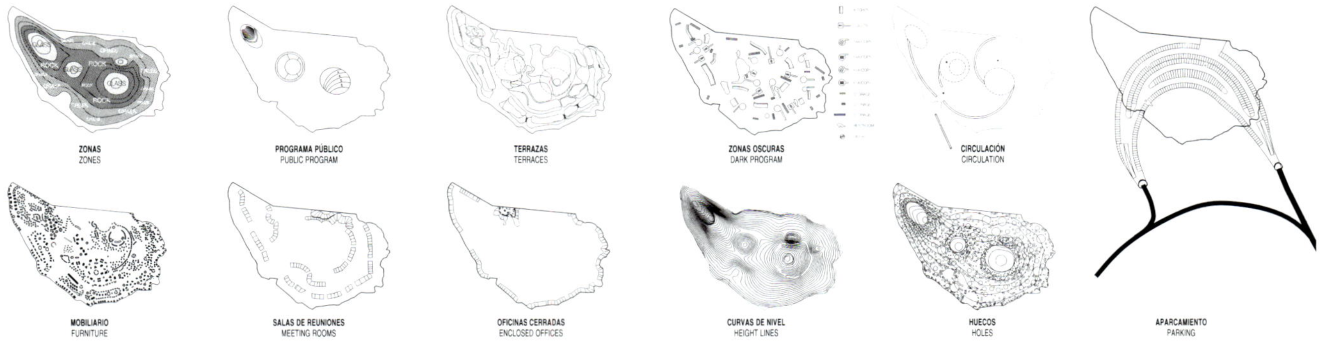

Planta general / Overall plan

La superficie de la colina se modifica lo mínimo, eliminando la capa vegetal existente y nivelando el terreno levemente aterrazado. Esto evita costosas labores de explanación y excavación, y convierte la sala en una oficina paisaje a modo de sawah o campo de arroz. Estas terrazas combinan la intimidad con la visión general, la privacidad con la identidad corporativa. Si en estas terrazas inyectamos datos, electricidad, calor y aire, pueden albergar cualquier sistema de oficinas. La manipulación de la cubierta puede provocar diversificación, separación o unidad, dependiendo de los deseos del cliente. Aparece una colina con dos picos gemelos. Uno de ellos puede ser la posición del restaurante. La cubierta de vidrio (transitable) ofrece una vista panorámica de los alrededores. La poca profundidad de la cubierta permite que el público pueda acceder a ella. El restaurante tiene acceso directo al bosque, que se convierte en zona de comidas al aire libre. El otro pico alberga la sala de conferencias. El pico de vidrio proporciona una magnífica vista de la ciudad. Lo empinado de la cubierta impide a los excursionistas cruzar esta parte de la colina, lo que permite lograr suficiente privacidad para los espacios de conferencias.

The existing surface of the hill is changed minimally by scraping away the existing plant layer and leveling out in a modest terraced way the given terrain. It avoids expensive leveling and digging. It turns the hall into a sawah-like office landscape. These terraces combine intimacy with overview, privacy with corporate identity. By injecting these terraces with data, electricity, heat and air it can accommodate any office layout. The manipulation of the roof can cause diversification, separation or unity, depending on the wishes of the client. A twin peak hill appears. One peak can be the position for the restaurant. The (walkable) glass roof gives a panoramic view over the surrounding. The shallowness of the roof allows for public access on the roof. The restaurant has direct and surrounds access to the forest that turns into a picnic yard. The other peak houses the conference center. The glass peak makes a superb view over the city possible. The steepness of the roof withholds hikers from trespassing this part of the hill thus allowing for sufficient privacy of the conference spaces.

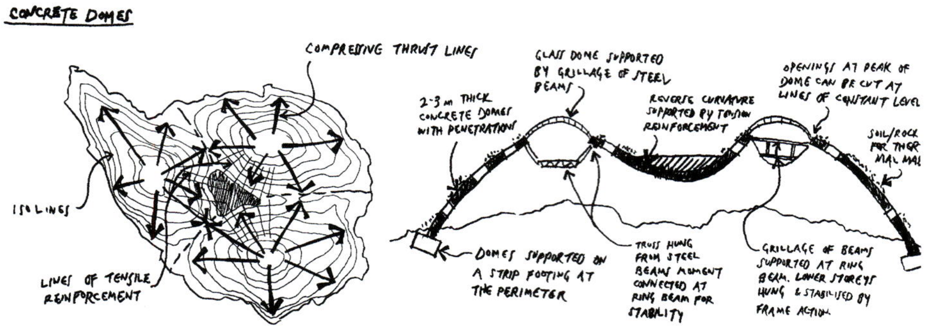

Cúpulas de hormigón. Diagramas estructurales
Concrete domes. Structural diagrams

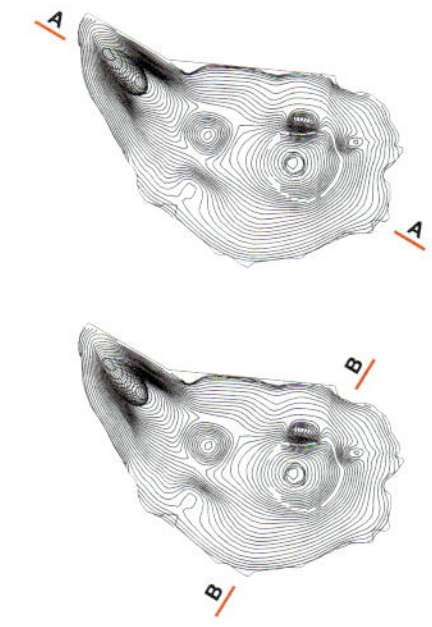

Secciones / Sections

Sección AA / Section AA

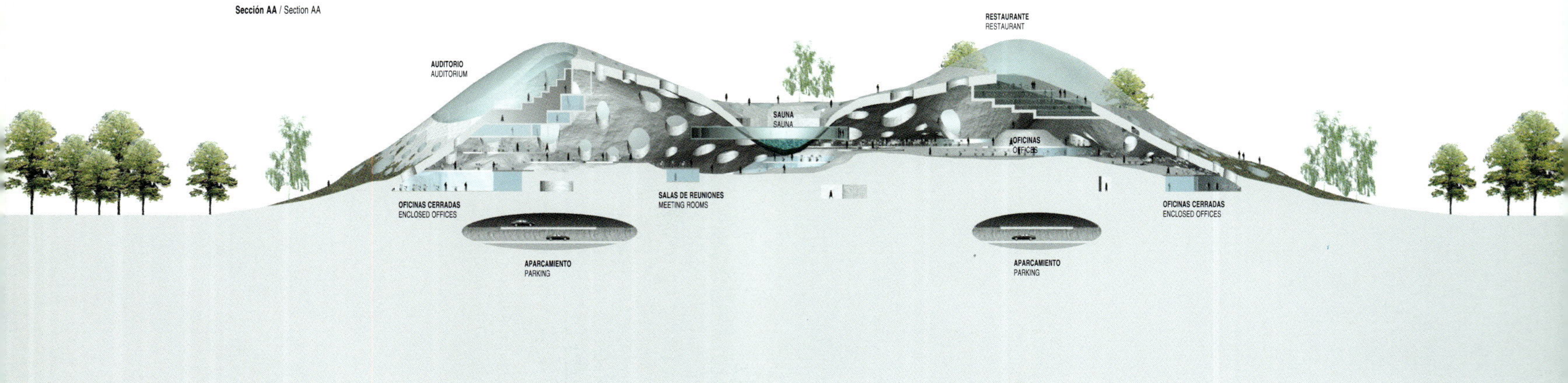

Sección BB / Section BB

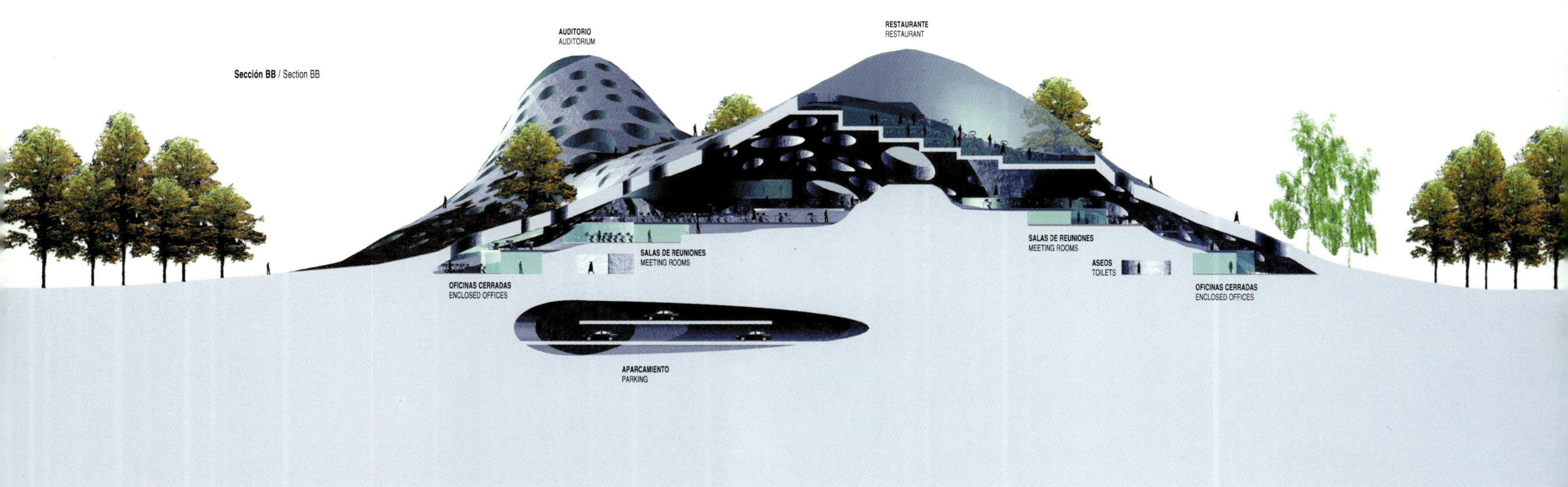

Niigata, Japón / Niigata, Japan

MUSEO CULTURAL MUNICIPAL DE MATSUDAI

2000- MATSUDAI CULTURAL VILLAGE MUSEUM

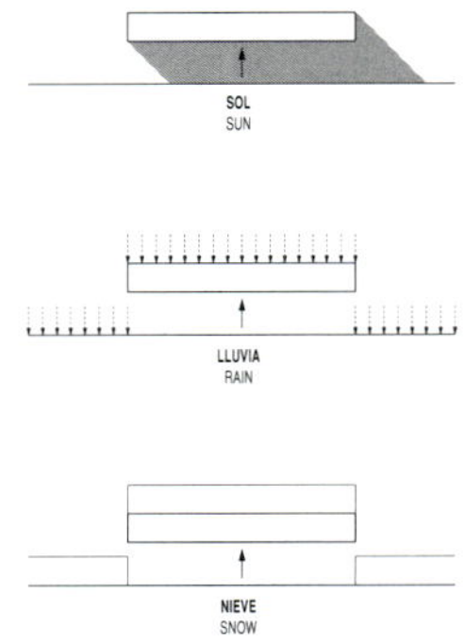

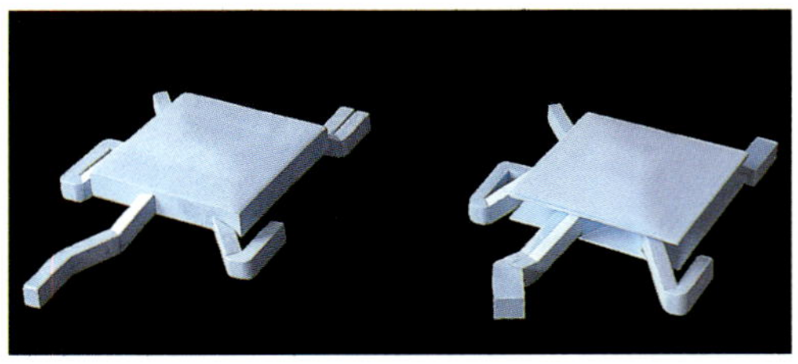

MVRDV + SUPER-OS

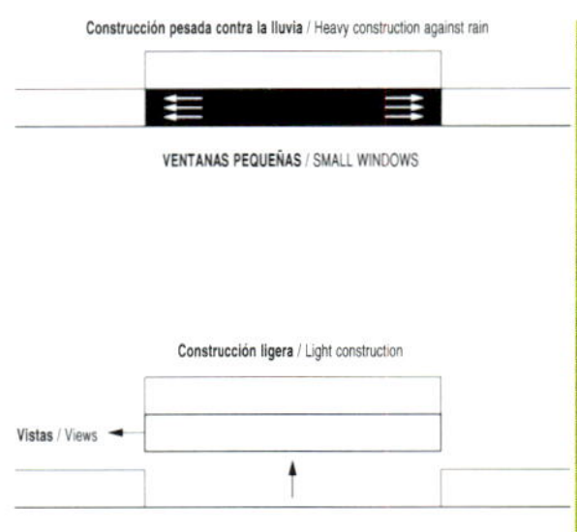

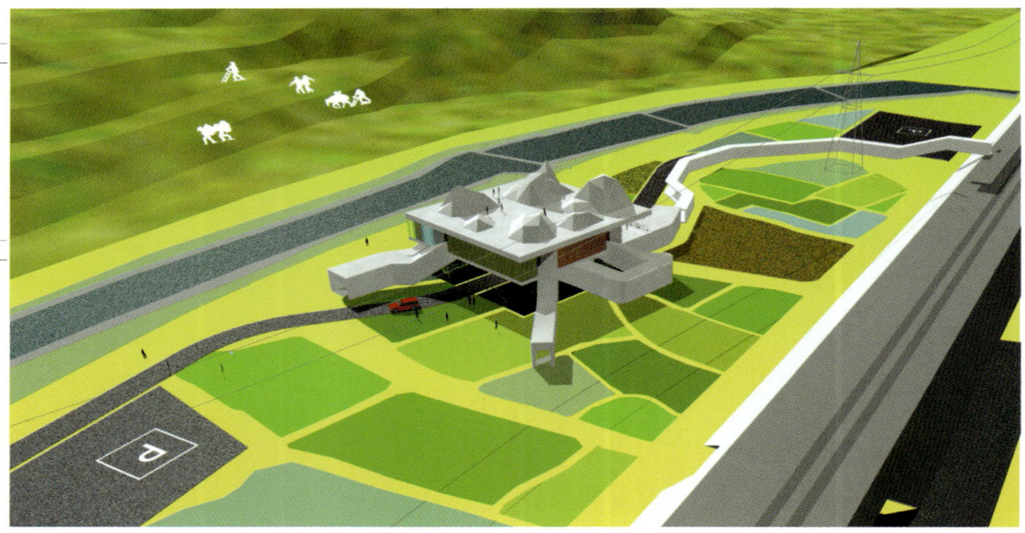

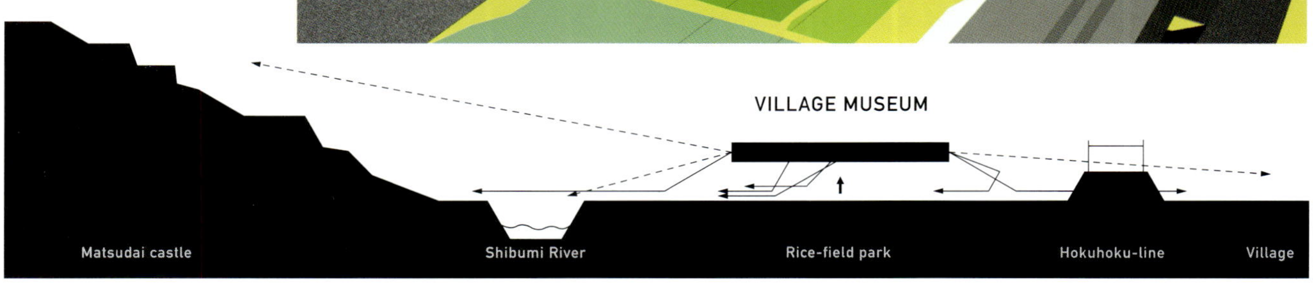

La ciudad de Matsudai se halla en lo más profundo de las montañas de la prefectura de Niigata. Los veranos son calurosos y húmedos, y durante el invierno la región queda cubierta bajo una espesa capa de nieve, que a menudo sobrepasa los tres metros. El centro cultural quedará situado entre el río Shibumi y la línea férrea HokuHoku, no lejos de la estación de Matsudai. Este área —ocupada por pequeños campos de arroz— se irá transformando de manera gradual en un parque. El edificio —que incluye un café, una tienda, una zona de exposición, un teatro exterior y una pequeña aula/sala de conferencias— será utilizado como centro cultural por los habitantes del pueblo. Cada tres años, durante el verano se celebra en la región el 'Niigata Art Triennial'. En el transcurso de este festival de arte, el edificio será el principal escenario de los eventos que aquí tengan lugar. El objetivo del festival es establecer conexiones entre las tradiciones locales, el paisaje y la gente que visita y vive en la región. El edificio exhibirá algunas obras de arte en su interior, pero la mayor parte quedarán expuestas al aire libre, en el pueblo y sus alrededores.

The village of Matsudai is located deep in the mountains of the Niigata-prefecture. The summers are hot and humid and during winters the region is covered under a thick layer of snow, often more than 3m deep. The cultural centre will be situated between the Shibumi-river and the HokuHoku train line, not far from Matsudai-station. This area —filled with small rice fields— will gradually be transformed into a park. The building, containing a café, a shop, exhibition space, an outdoor theatre and a small lecture/class-room, will be used as a cultural community centre for the villagers. Once every three years in summertime, the 'Niigata Art Triennial' (art-festival) is held in the region. During this festival, the building will operate as the main stage of events taking place. The art-festival tries to make connections between local traditions, the scenic landscape and the people living and visiting the region. Some art works will be exhibited in the building itself but most art will be outdoors, spread over the village and its surroundings.

Mediante la estrategia de levantar el edificio, la parte que queda situada debajo se convertirá en invierno en una zona libre de nieve, y en una plaza sombreada en verano. Bajo esta cubierta programática se celebrarán obras de teatro, espectáculos de danza y conciertos. Al mismo tiempo, el centro se convertirá en una presencia destacable desde la parte del pueblo situada al otro lado de las vías del tren.

By lifting the building in the air, the area under the building will be a snow free zone in winter and a dry and shaded plaza during summer. Under this programmatic roof, plays, dance shows and concerts can be held. At the same time the centre will be more present and visible, seen from the village that is located at the other side of the railway line.

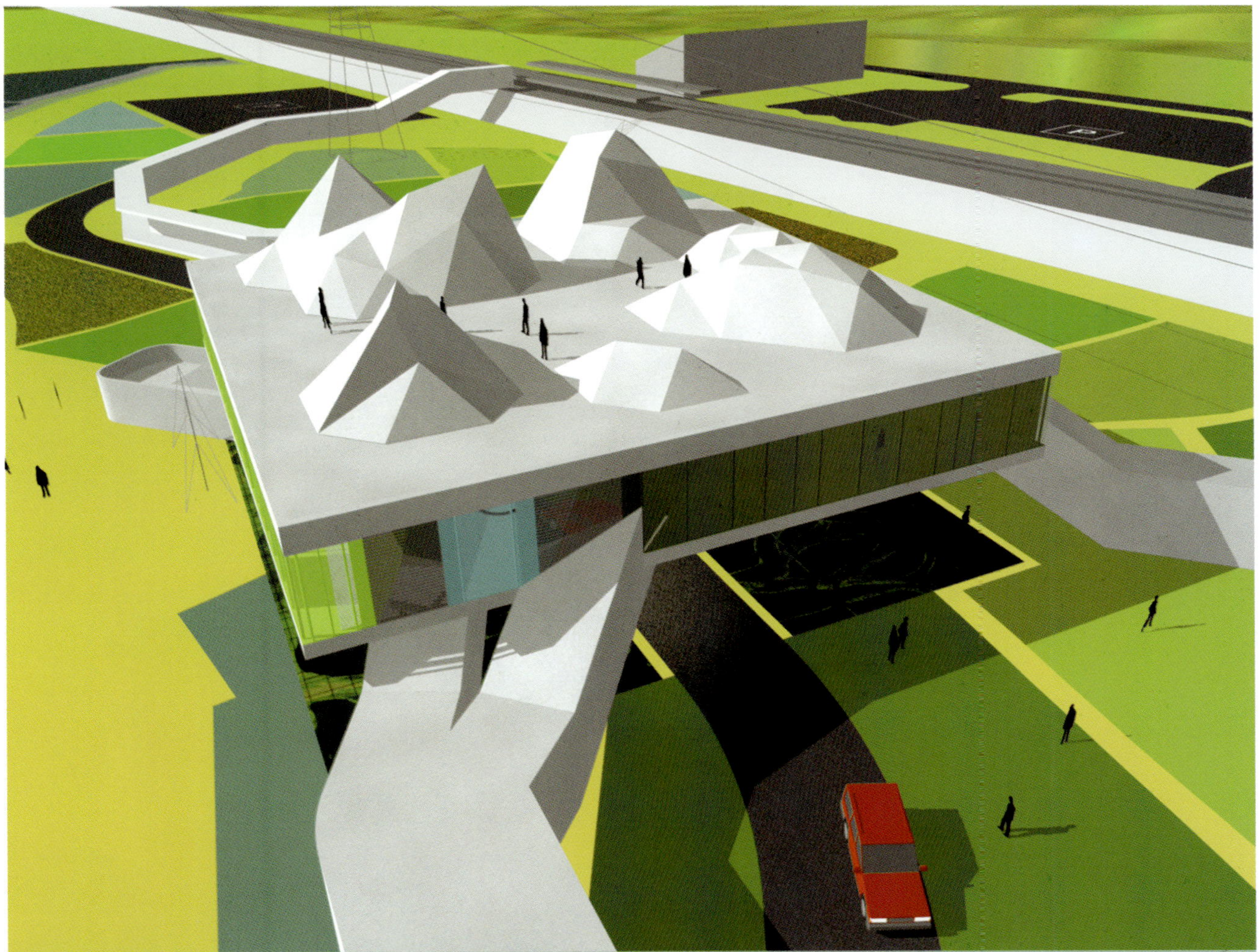

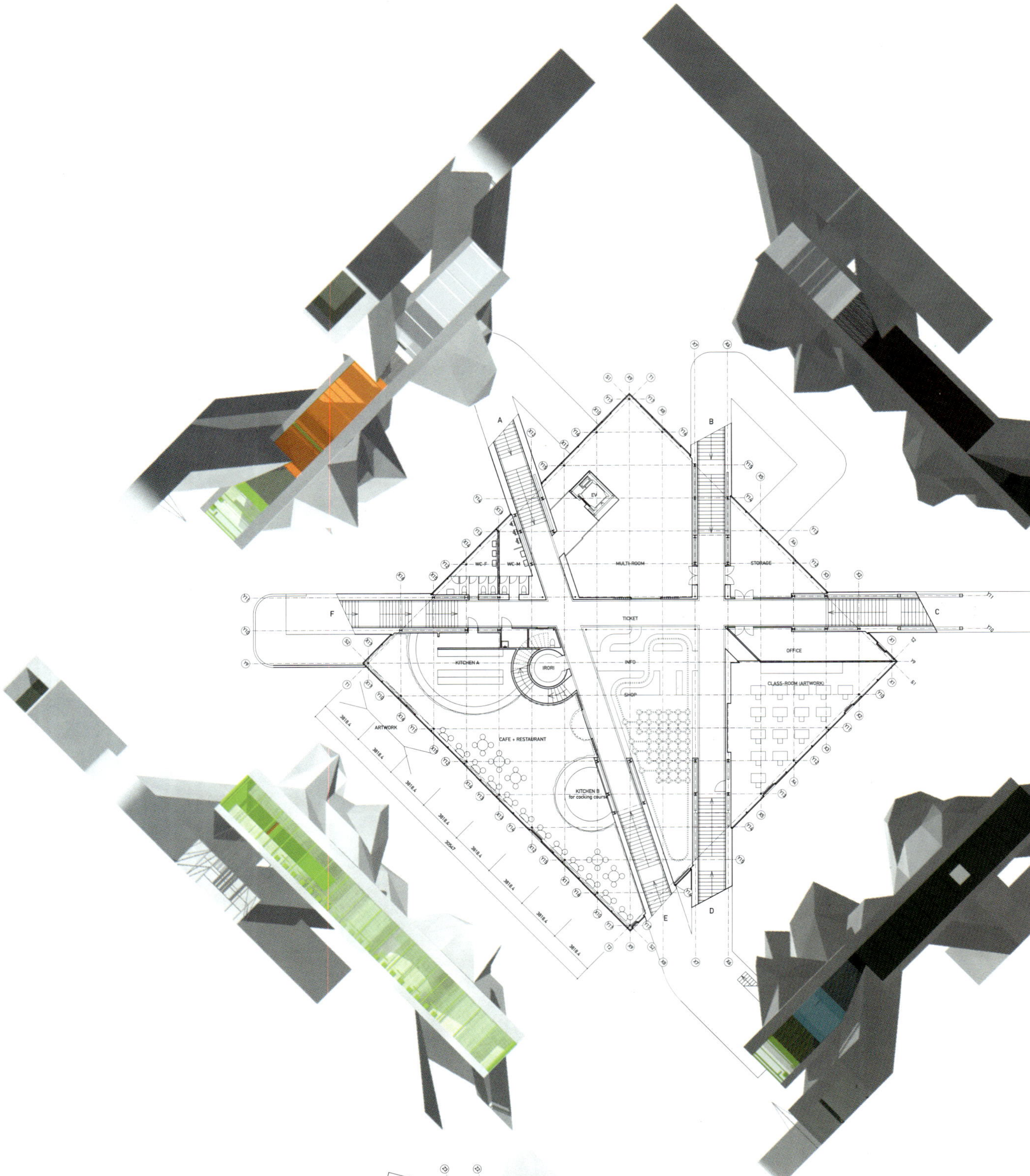

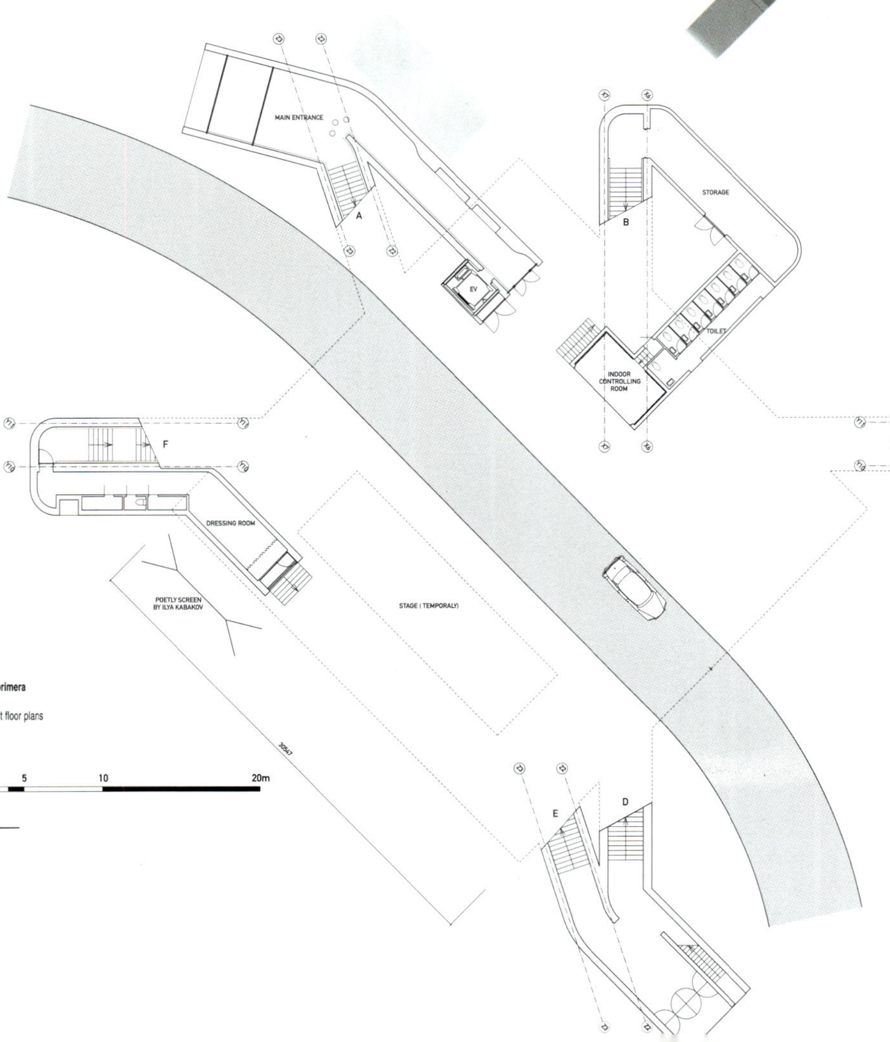

Plantas baja, primera y alzados
Ground and first floor plans and elevations

0 5 10 20m

Secciones estructurales / Structural sections

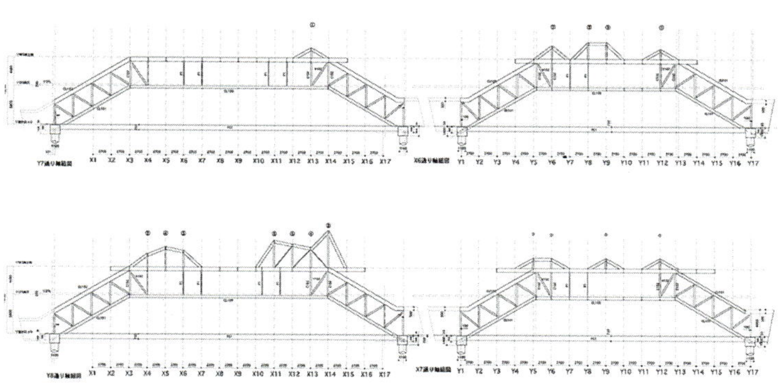

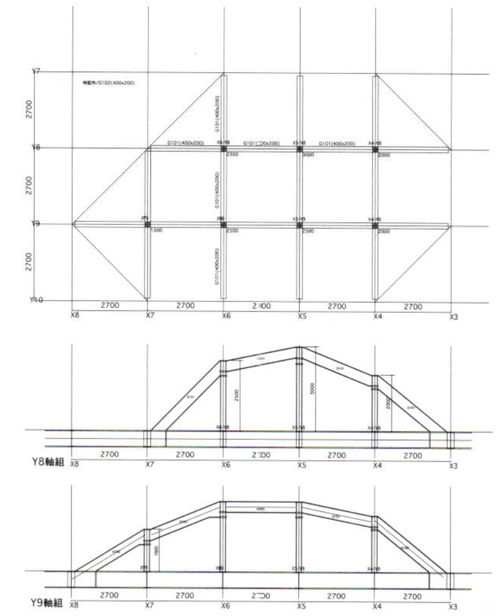

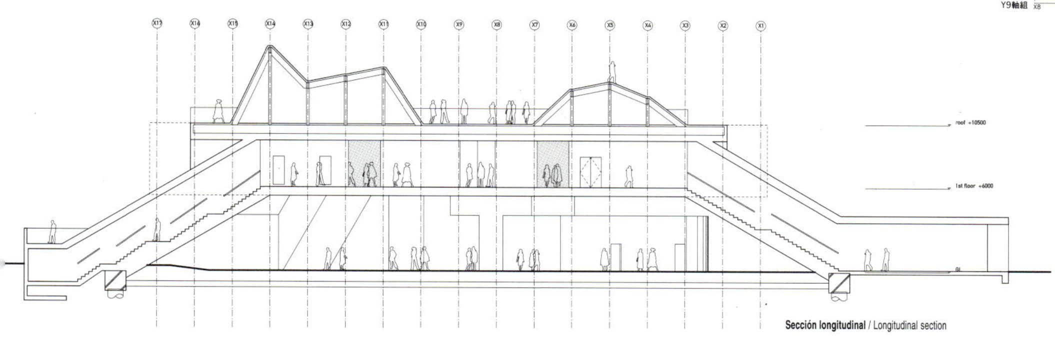

Sección longitudinal / Longitudinal section

El edificio queda soportado por unas 'patas', a modo de puentes, que permiten el acceso de visitantes desde direcciones distintas: la estación, el aparcamiento o el parque situado junto al río. Estas patas forman la estructura física del edificio y generan bajo él un espacio libre de pilares. Quedan a salvo de las inclemencias metereológicas, y atraviesan el edificio dividiendo a su paso los diferentes espacios funcionales. Cada uno de los espacios tiene su propia expresión y orientación. El hecho de levantar el edificio también evita la presión de la nieve procedente del exterior y permite la construcción de grandes ventanales. Sobre la cubierta se crea un paisaje 'rocoso', a modo de 'paisaje de fuerzas', cuya forma queda determinada por los requerimientos dinámicos de los puentes con forma de patas. Este paisaje 'glacial' se convertirá en una atractiva zona de juegos y en una plataforma panorámica con vistas a las montañas y a las obras de arte. También puede servir para recordar a los visitantes estivales la época invernal, en la que el pueblo de Matsudai queda oculto bajo una impresionante capa de nieve.

The building is supported by bridge-like 'legs' that give access to people coming from different directions, such as the station, the car parking or the park near the river. These legs form the physical structure of the building and generate a column free space underneath. The leg-spaces are free from the weather conditions and cut through the building dividing the different functional spaces. Each space has a different expression and orientation. Lifting up the building also avoids the pressure of the snow from aside. In that way large, panoramic windows can be made. On the rooftop, a 'rocky' landscape is formed, as a 'force-scape' shaped by the dynamic demands of the leg-shaped bridges. This artificial 'icy' roof landscape will provide an attractive playground and viewing platform to the mountains and the artworks. It might also remind summer visitors of the wintertime, when Matsudai will be hidden under a massive layer of snow.

Múnich, Alemania [Concurso. Segunda Fase. Finalista] / Germany [Competition. Phase Two. Shortlisted]

CENTRO DE CERTÁMENES Y DISTRIBUCIÓN BMW

2001 BMW EVENT AND DELIVERY CENTER

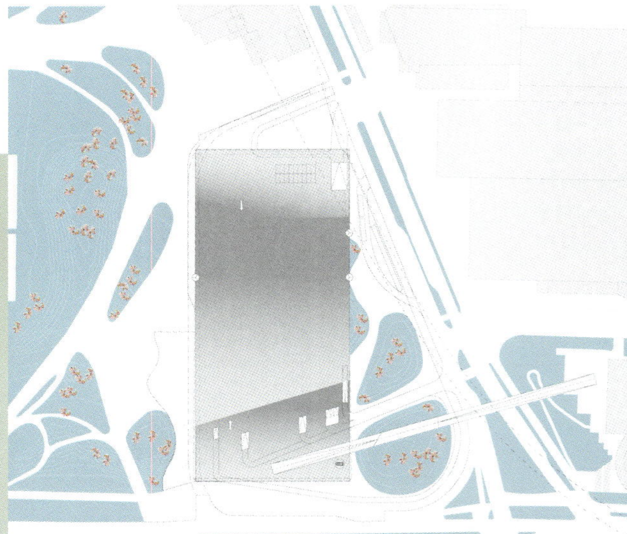

→ Diagramas conceptuales / Concept diagrams

← Plano de situación / Site plan

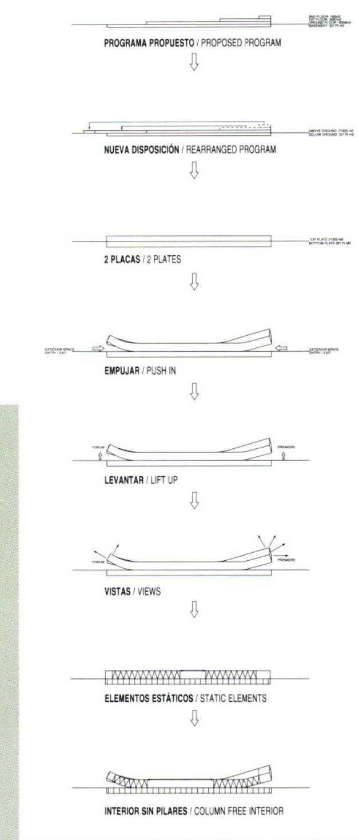

El solar para el Nuevo Centro de Certámenes y Distribución BMW se encuentra situado al borde del Parque Olímpico de Munich, junto a la torre de cuatro cilindros y el museo de la compañía. ¿Qué carácter debería adoptar el nuevo centro? En un entorno ocupado por otros hitos arquitectónicos —el rascacielos de la BMW, la torre de televisión de Munich, el museo BMW y el Estadio Olímpico—, ¿de qué modo podría incorporarse a esta trilogía BMW un tercer objeto simbólico?

Más allá del contexto, la cuestión fundamental parecía ser la de crear una imagen corporativa y ofrecer a los clientes de la compañía una experiencia 'consumista' de alta calidad, dando respuesta, al mismo tiempo, a una compleja serie de relaciones funcionales. Los objetivos no se reducían exclusivamente a la venta de coches, sino que apuntaban también hacia la representación de la historia de la compañía y hacia la recreación de un exclusivo estilo de vida BMW. En este contexto, ¿cuál sería la atmósfera apropiada para realizar la entrega de vehículos a los clientes, y cuál debería ser la intensidad de esta experiencia?

The site for BMW's new Event and Delivery Centre is on the edge of Munich's Olympic park and adjacent to the existing BMW 4-cylinder tower and BMW museum. What iconic status should be given to the new Centre? In the company of other predominant landmarks —the BMW high rise, Munich's television tower, BMW museum and Olympic stadium— what could be a third possible icon in a BMW trilogy of objects?

Beyond context, the central question seemed to be about how to brand an image and provide customers with a high quality consumer experience whilst fulfilling an extremely complex set of functional relationships. The objectives set by the Event and Delivery centre were not limited to car sales alone but constituted a serial extension of an imagined BMW lifestyle, history and exclusivity. Within this frame, what atmosphere should be designed for the car handover and what intensity of experience should be provided?

Maqueta conceptual / Concept model

→ Diagramas de circulación / Flow diagrams

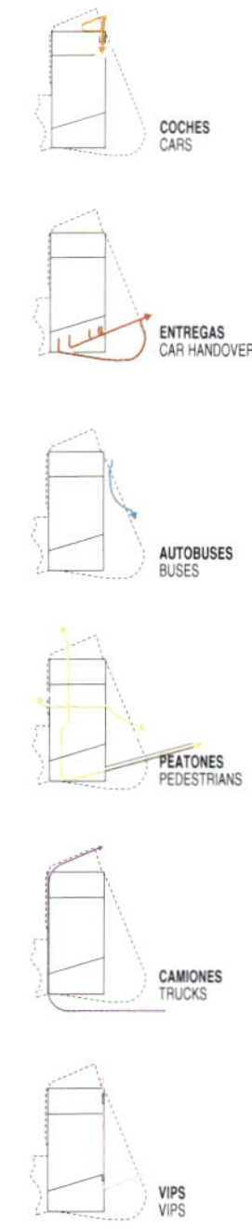

Las demandas del programa se sintetizaron en un diagrama funcional en tres dimensiones que dispone las relaciones de circulación y vistas sobre tres niveles teóricos. El complejo entramado de interconexiones sirve para entretejer cinco elementos diferentes —un Foro (auditorio público), un Salón BMW (mercado de accesorios), un Mundo BMW (una especie de museo) y una *Premiere* BMW (espectáculo de entrega de vehículos)—, junto con un enorme almacén y otras instalaciones de infraestructura y mantenimiento.

The expectations of the brief were epitomised in a functional 3-D diagram that mapped flow and view relationships over three theoretical floors. The complex web of inter-connections knitted five constituent parts: a Forum (public auditorium), a BMW Hall (lifestyle accessories mall), a BMW World (quasi -museum) and a BMW premiere (car hand-over spectacle) along with a massive quantity of car storage, infrastructure and maintenance facilities.

La interpretación diagramática y la redistribución del programa establecido han generado la forma del edificio. Para simplificar la organización, se llevó a cabo una redistribución en sección del diagrama funcional. El programa fue comprimido en dos placas de 180 metros de largo por 85 de ancho. La superior podría acoger los requerimientos de carácter más público, y la inferior podría dedicarse a infraestructuras y a mantenimiento de vehículos. Después, estos dos volúmenes horizontales fueron equilibrados —un 60% del programa sobre el nivel del suelo y un 40% bajo éste—, y el programa fue redistribuido teniendo en cuenta su posición óptima dentro del contexto del Centro.

The diagrammatic interpretation and redistribution of the given program has generated the form of the building. To simplify the organisation, the functional diagram was rearranged in section. The given program was compressed into two plates measuring 180m long by 85m wide. The top plate could accommodate most public requirements and the bottom plate could absorb car maintenance and infrastructure. The two horizontal volumes were then proportioned —60% of the program above ground and 40% below— and program was internally reallocated according to its optimal position within the interior context of the centre.

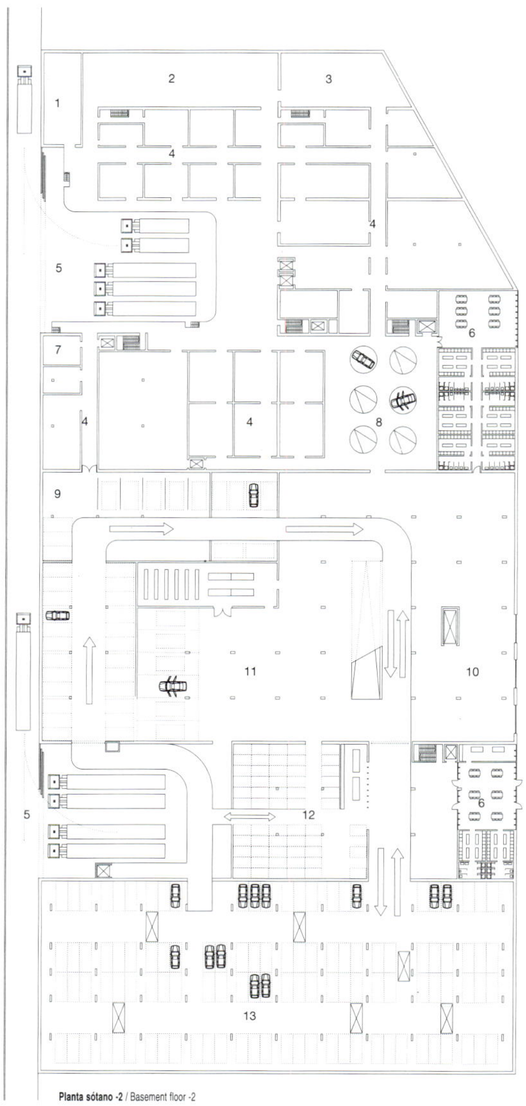

Planta sótano -2 / Basement floor -2

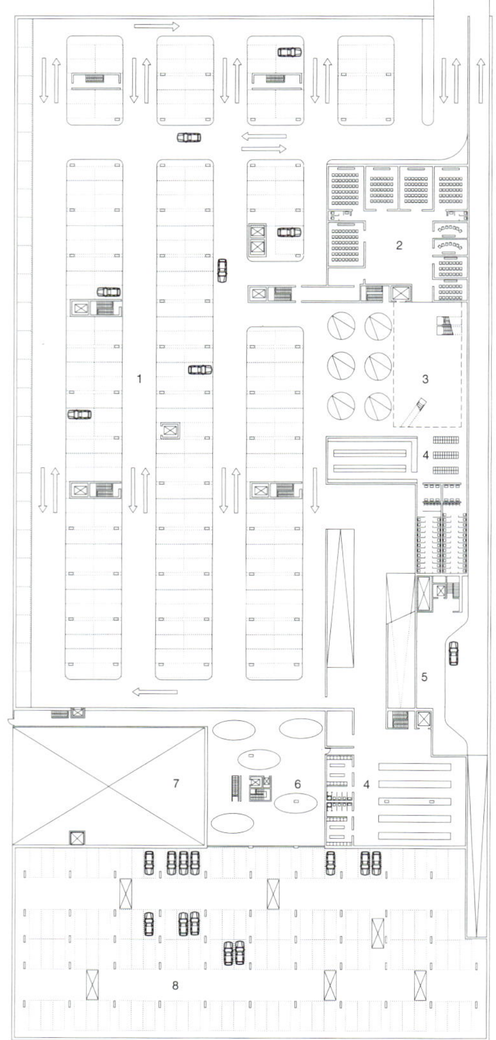

Planta sótano -1 / Basement floor -1

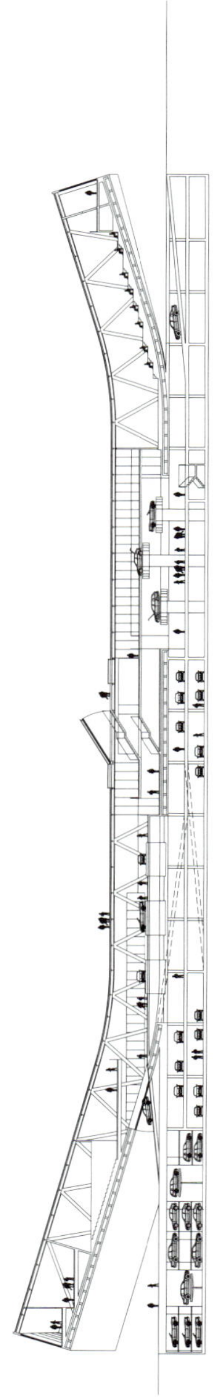

Sección longitudinal / Longitudinal section

La operación de 'pelar' —literalmente— hacia arriba los extremos norte y sur de la placa superior, determinó de manera automática la ubicación de los principales accesos al edificio, y sirvió para optimizar las relaciones entre los programas interiores, permitiendo que los nuevos niveles en pendiente estableciesen relaciones visuales con las zonas centrales de exposición. Una serie de superficies exteriores adicionales —que conectan visualmente las

By literally peeling up the north and south ends of the top plate, the main entrances to the building were created as a matter of course and the relation of the interior programs was further improved: the sloping levels permitting visual relationships within the central exhibition zones. Additional outside surface areas that visually connected the public areas within the building and simultaneously acted as panoramic view-

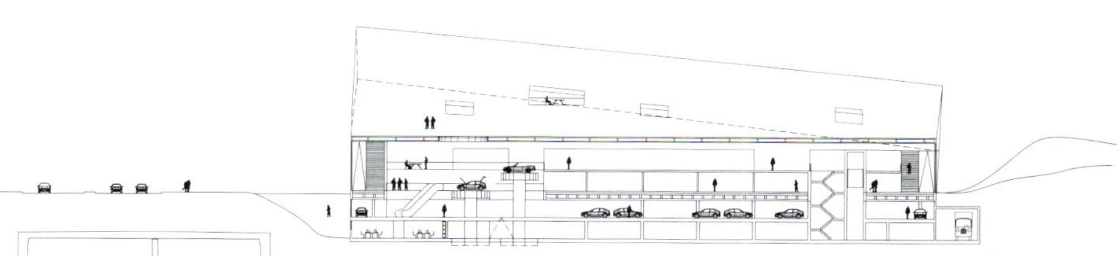

Sección transversal / Cross section

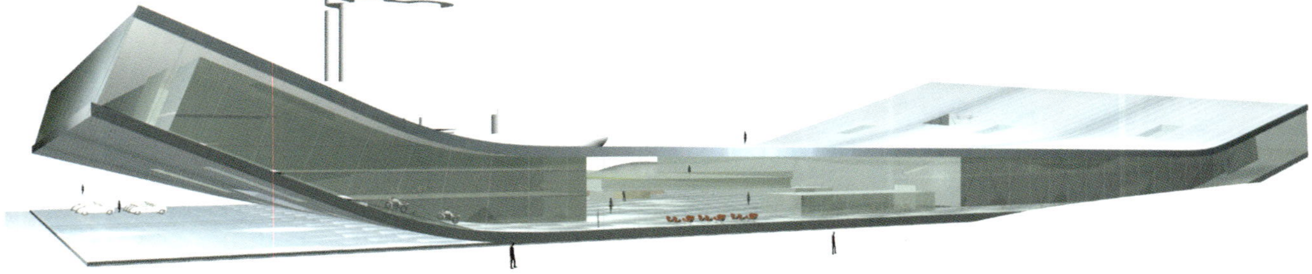

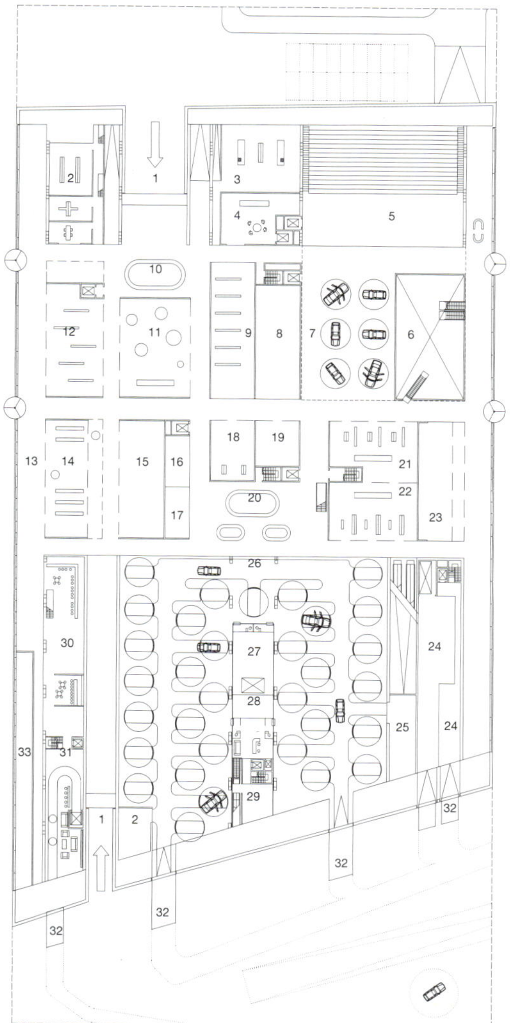

Planta baja / Ground floor plan

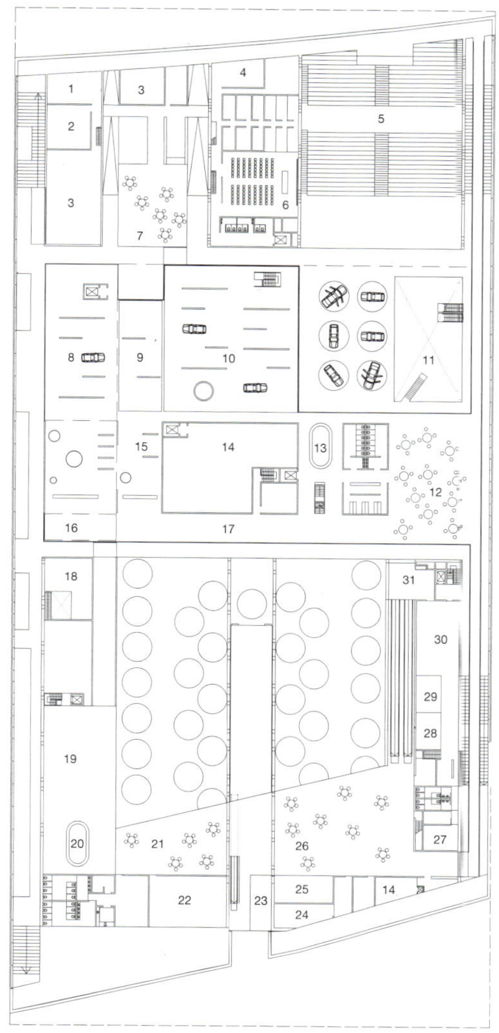

Planta superior / Upper floor plan

PLANTA SUPERIOR
1 Administración
2 Director
3 Aseos
4 Entrevistas
5 Auditorio
6 Sala de juntas
7 Cafetería
8 Mini-mundo
9 Motocicletas
10 Producción de automóviles
11 Vacío
12 Restaurante
13 Centro de consulta
14 Cocina
15 Tienda automovilística
16 Tienda de modas
17 Ofertas
18 Cafetería
19 Facturación
20 Caja
21 Galería
22 Almacén
23 Centro de negocios
24 Almacén
25 Almacén
26 Vestíbulo
27 Guardarropa
28 Biblioteca
29 Estudio
30 Zona de descanso
31 Sala de fumadores

UPPER FLOOR PLAN
1 Administration
2 Director
3 Toilets
4 Interview
5 Auditorium
6 Conference room
7 Sports bar
8 Mini world
9 Motor cycles
10 Automobile production
11 Void
12 Restaurant
13 Advice center
14 Kitchen
15 Motor sport shop
16 Lifestyle shop
17 Presentation on offer
18 Cruiser cafe
19 Check in
20 Cashier
21 Gallery
22 Supply
23 Business centre
24 Supply
25 Product placement
26 Foyer
27 Garderobe
28 Library
29 Study
30 Rest space
31 Smoking room

PLANTA BAJA
1 Acceso
2 Instalaciones
3 Restauración
4 Zona de bastidores
5 Auditorio
6 Vacío
7 Cilindros hidráulicos
8 Trabajo BMW
9 Temas
10 Mostrador
11 Deportes BMW
12 Grupo BMW
13 Deportes BMW
14 Equipamiento de motocicletas
15 Adiestramiento BMW
16 Tecnología
17 Diseño
18 Agencia Bavaria Lloyd
19 Servicios financieros BMW
20 Información
21 Tenis/golf
22 Tienda
23 Cafetería prensa
24 Entregas VIP
25 Equipamiento de clientes
26 Entrega de coches
27 Zona de espera
28 Bar
29 Servicio al cliente
30 Cafetería
31 Entrega de motocicletas
32 Salida de vehículos
33 Tienda de bicicletas

GROUND FLOOR PLAN
1 Entry
2 Tecnical
3 Catering
4 Sidestage
5 Auditorium
6 Void
7 Hydraulic cylinders
8 BMW work
9 Themes
10 Bell desk
11 BMW motorsports
12 BMW group
13 BMW motor sport
14 Motorcycle driver equipment
15 BMW driver training
16 Technology
17 Design
18 Bavaria Lloyd travel
19 BMW finacial services
20 Info counter
21 Tennis/golf
22 Merchandising shop
23 Press cafe
24 VIP handover
25 Customer fitout
26 Car handover
27 Premiere waiting area
28 Bar
29 Customer service
30 Cruiser cafe
31 Motorcycle handover
32 Vehicle exit
33 Bike shop

PLANTA SÓTANO -1
1 Aparcamiento
2 Zona de audiovisuales
3 Vestíbulo de acceso
4 Guardarropa
5 Entrada VIP
6 Sala de sesiones
7 Vacío
8 Almacén

BASEMENT FLOOR -1
1 Parking garage
2 Audio visual tour
3 Entry foyer
4 Garderobe
5 VIP drop off
6 Briefing room
7 Void
8 Daily storage

PLANTA SÓTANO -2
1 Taller de bicicletas
2 Instalaciones
3 Instalaciones
4 Almacén
5 Carga y descarga
6 Zona de personal
7 Caja
8 Cilindros hidráulicos
9 Lavado de coches
10 Preparación y entrega de vehículos
11 Taller de coches
12 Preparación y taller de motocicletas
13 Almacén

BASEMENT FLOOR -2
1 Bike workshop
2 Sprinkler room
3 Technical
4 Storage
5 Loading
6 Staff area
7 Cashier
8 Hydraulic cylinders
9 Carwash
10 Car preparation and delivery
11 Car workshop
12 Motorbike preparation and workshop
13 Daily storage

zonas públicas del edificio y funcionan simultáneamente como terrazas panorámicas— sirven para relacionar el interior del edificio con su singular entorno. En la placa superior se disponen los cuatro elementos públicos del BMW. El programa 'oscuro' —auditorio (Foro)— y el programa exclusivo

points were created to further connect the BMW content to its prominent environment. In the top plate, the four public BMW components were positioned. The dark program —auditorium (Forum)— and the exclusive program —car hand over (Premiere)— were placed into

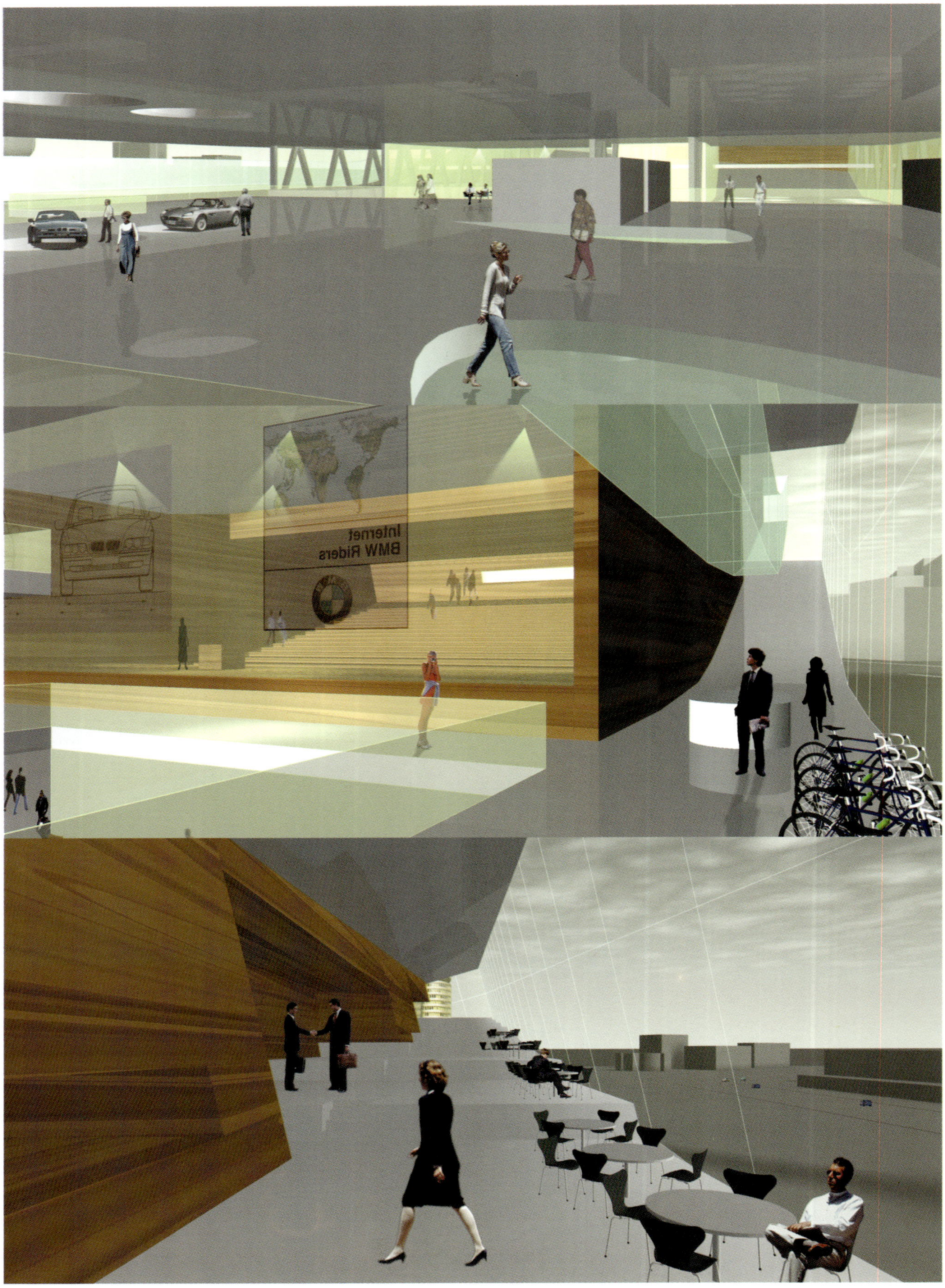

—entrega de vehículos (*Premiere*)— se sitúan en unas cajas apoyadas sobre las pendientes de la placa. Estas mismas cajas generan un refinado concepto estático: dos elementos estructurales auto-portantes (cajas) que flotan en un 50% sobre el nivel del suelo, y que quedan conectadas en el centro de la placa para oponer resistencia ante las fuerzas concurrentes. Las butacas del auditorio siguen la pendiente de la placa, y la *Premiere* saca partido de su ubicación mediante unos graderíos ajardinados que contienen salas VIP o cafeterías. Cada una de las pendientes ofrece vistas panorámicas hacia el interior del edificio y hacia los tejados de la ciudad de Munich.

boxes partly positioned on the sloping parts of the plate. The boxes themselves provide the refined static concept: two self-supporting structural elements (boxes) cantilevering 50% over ground. They are linked throughout the centre of the plate in order to oppose the pulling forces. The seating for the auditorium follows the slopes of the plate and the premiere exploits the terrain with landscaped tiers of VIP lounges and bars. Each slope offers panoramic views toward the interior of the building as well as back toward the Munich skyline.

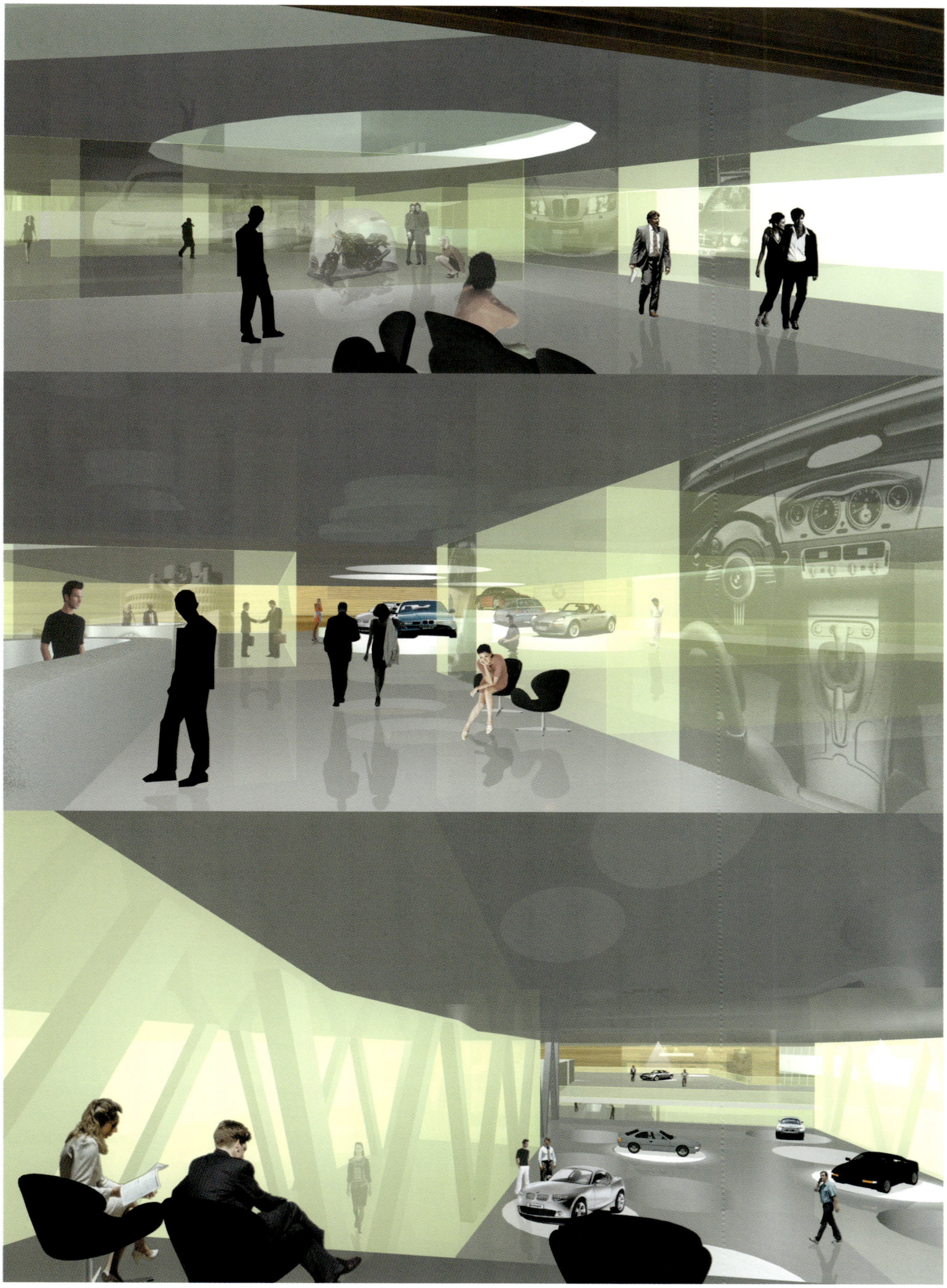

Ambas placas se relacionan espacial y visualmente allí donde el contenido diagramático así lo requiere. Un interior sin pilares y una planta libre determinan la distribución de la planta baja, en la que los visitantes realizan un recorrido progresivo que comienza el Mundo BMW para acabar en el Salón BMW. La disposición es flexible. El proyecto paisajístico se concibe como una continuación del Parque Olímpico: una topografía ondulada con islas de césped, árboles en flor y recorrida por caminos de gravilla. El nuevo edificio pasa a formar parte de este paisaje, añadiendo un elemento horizontal a la composición formada por la torre BMW y el Museo BMW.

The two plates interconnect spatially and visually wherever diagrammatic content requires it. A column-less interior and a free plan mark the arrangement of the ground level with its progression from the BMW World to the BMW Hall. The floor layout is flexible. Landscaping has been conceived as a continuation of the Olympic Park —an undulating topography with grass islands, blossom trees and gravel paths in between. The building becomes part of the landscape and adds a horizontal component to the composition of the BMW 4-cylinder tower and BMW museum.

Nueva York, EEUU [Concurso de ideas para el Nuevo Eyebeam Institute. 2º Premio] / New York, USA [Competition concept por the New Eyebeam Institute. 2nd Prize]

GALAXIA MEDIÁTICA [INSTITUTO EYEBEAM]

2001 MEDIA GALAXY [EYEBEAM INSTITUTE]

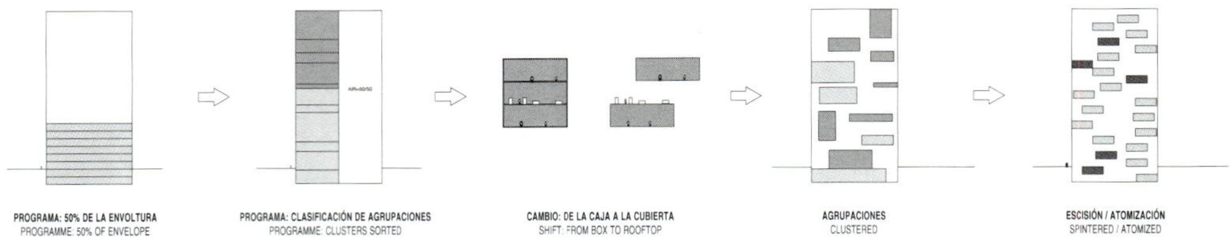

↓ ↑ **Desarrollo conceptual** / Concept development

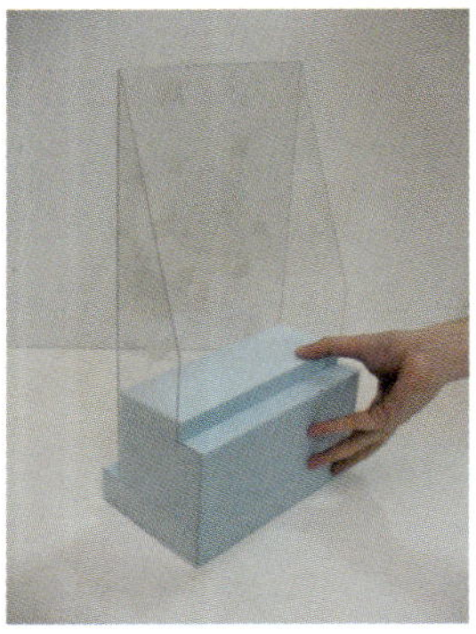
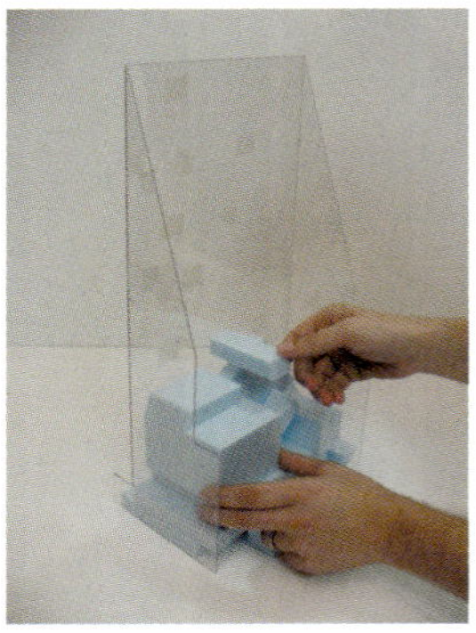
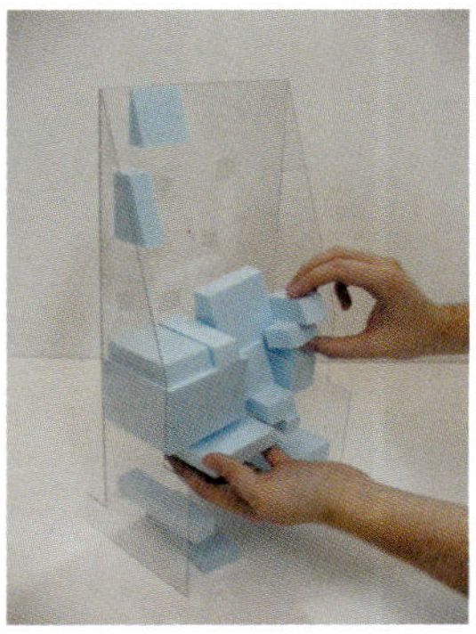

UNA NUEVA INSTITUCIÓN MEDIÁTICA: el mundo efímero y fluido de los nuevos medios de comunicación no parece tener nada en común con las cualidades necesariamente estables e inertes de la arquitectura. De igual modo, las nuevas formas artísticas eluden la idea de museo y su tradicional énfasis en la conservación y la exhibición. El nuevo Eyebeam Institute considera de nuevo la arquitectura del museo como una indagación en marcha sobre la producción y el consumo de arte. En él se combinan la educación, la investigación, el desarrollo, la comunicación y la exposición, y todo ello se hace realidad pensando, haciendo y mostrando al mismo tiempo.

NEW MEDIA INSTITUTE: the ephemeral and fluid world of new media seems to have nothing in common with the stable and inert qualities of architecture. Similarly the new art forms elude towards an idea of a museum and its traditional emphasis on conservation and display. The new Eyebeam Institute re-positions the architecture of the museum as an ongoing investigation into the production and consumption of art. It combines education, research, development, communication, and exhibition, simultaneously thinking, doing, and showing.

LA TORRE HUECA: para aprovechar el lugar de trabajo digital, se invierte la vieja norma de una zona de trabajo periférica rodeando un núcleo de servicios, y se crea así el máximo espacio de trabajo con el mínimo de interrupciones. La doble piel perforada se convierte no sólo en un espacio de circulación, sino también en controlador de los niveles luminosos y acústicos, y en pantalla de proyección colectiva y continua: un tamiz de experiencias.

HOLLOW TOWER: to take advantage of the digital workplace, the old standard of peripheral working zone surrounding a service core is inverted, creating maximum work space with minimum interruptions. The double perforated skin becomes not only space for circulation, but also a control for lighting, acoustic levels and a massive and continuous projection screen— an experiential sieve.

SUPERTAMAÑO: cumpliendo de manera sencilla y estricta la zonificación permitida, la envoltura crea un volumen máximo, configura un vacío cavernoso que puede rellenarse libremente con los elementos del programa y que, a su vez, los encierra, permitiendo así una expansión y una mutación casi ilimitadas.

SUPERSIZE: simply and strictly following the permitted zoning envelope creates a maximum volume, a cavernous void which can be freely filled with program elements and in turn encloses them, allowing for almost limitless expansion and mutation.

ATOMIZAR: la distribución de las superficies de alquiler dentro de la envoltura —como una serie de haces huecos que van de piel a piel— adopta el máximo de intercambios posibles, generando así un sentimiento de pertenencia colectiva.

ATOMIZE: the dispersal of rentable floor space within the larger envelope as a series of hollow beams spanning from skin to skin cultivates a maximum of possible exchange generating a collective belonging.

HACES OCULARES (EYEBEAMS): se propone un catálogo de haces huecos y habitables, identificando para ello los distintos usuarios y programas: estos haces varían en altura y tamaño desde lo estrecho a lo panorámico, y difieren en su orientación; se intersectan y realzan las vistas de la ciudad o descienden y permiten toda una gama de encuentros, al tiempo que refuerzan la integridad estructural de la piel.

EYEBEAMS: a catalogue of hollow, inhabitable beams is suggested identifying the different users and programs— beams vary in height and size from narrow to panoramic; they differ in orientation; intersect; highlight city views or slope down; allow a range of different encounters, while reinforcing the structural integrity of the skin.

LA CATEDRAL: el nuevo Eyebeam Institute proporciona y supone posibilidades y variaciones, ya sean deliberadas o casuales; es un laboratorio que combina el trabajo con la exhibición, la investigación con la retroalimentación, lo íntimo con lo extremadamente grandioso: una nueva catedral mediática, una interminable 'galaxia' para los medios en constante transformación.

CATHEDRAL: the new Eyebeam provides and anticipates possibilities and variations, whether deliberate or by chance. It is a laboratory which combines work with display, research with feedback, intimacy with the impossibly grand. It is a new media cathedral, an endless 'galaxy' for ever changing media.

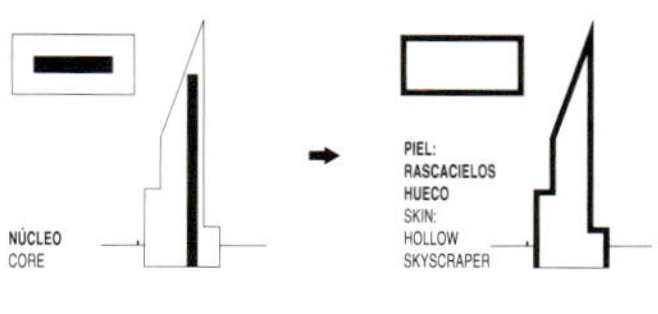

Maquetas de trabajo / Working models

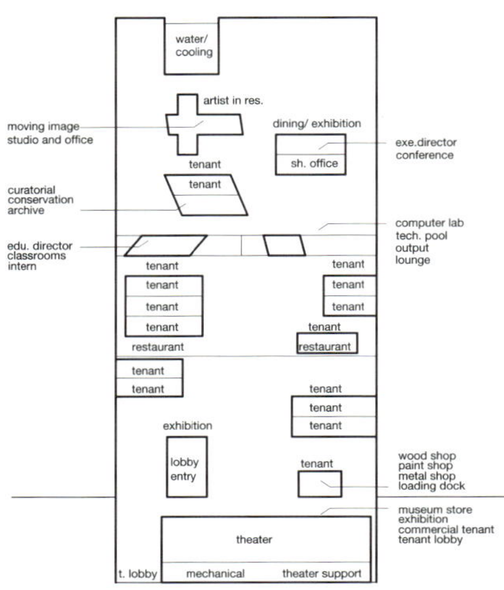

Fase 1 / Stage 1

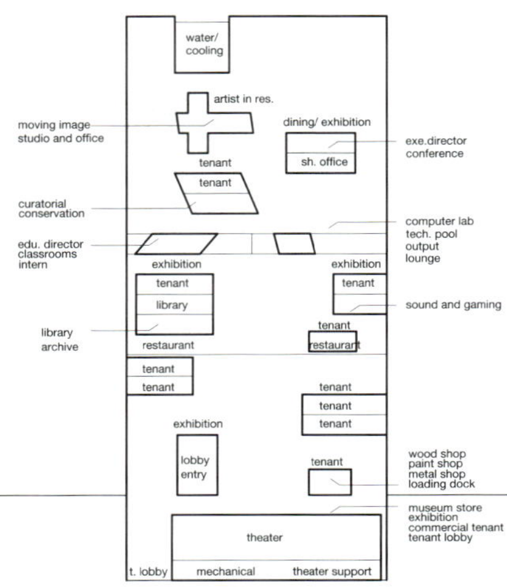

Fase 2 / Stage 2

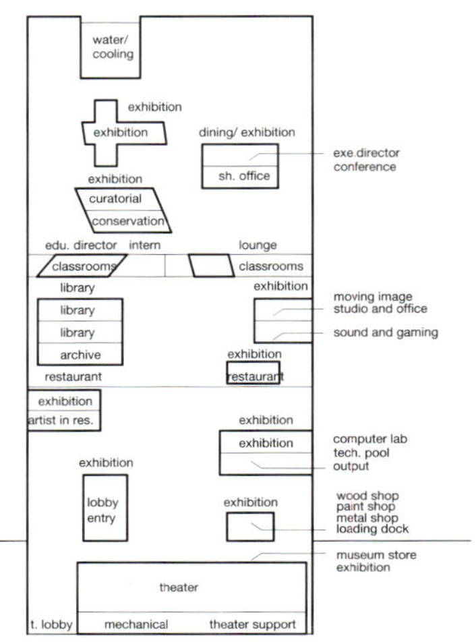

Fase 3 / Stage 3

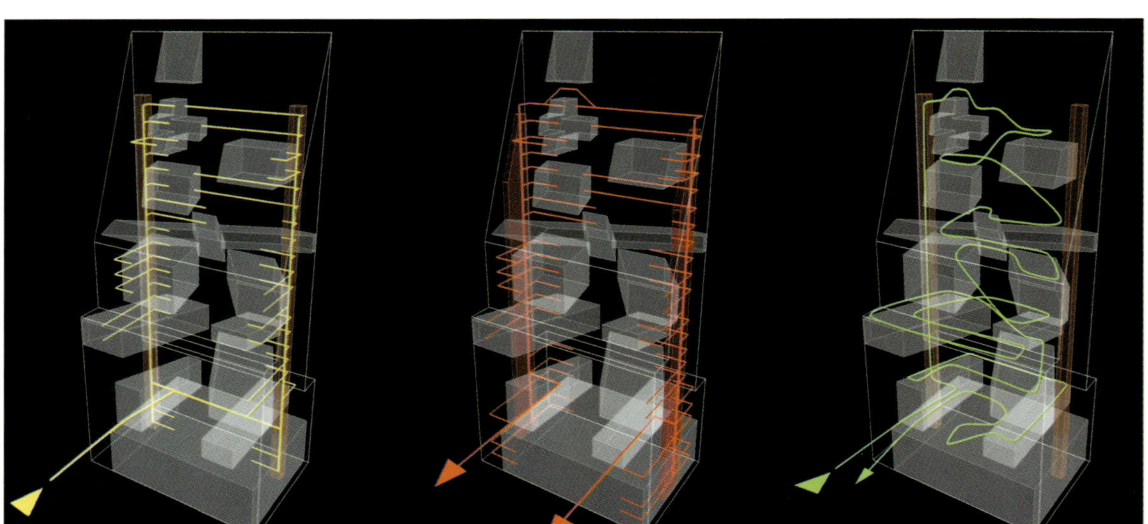

Rutas de acceso / Access routing

Rutas de emergencia / Fire emergency routing

Rutas de visita / Tour routing

STOR
SELF
1-800-

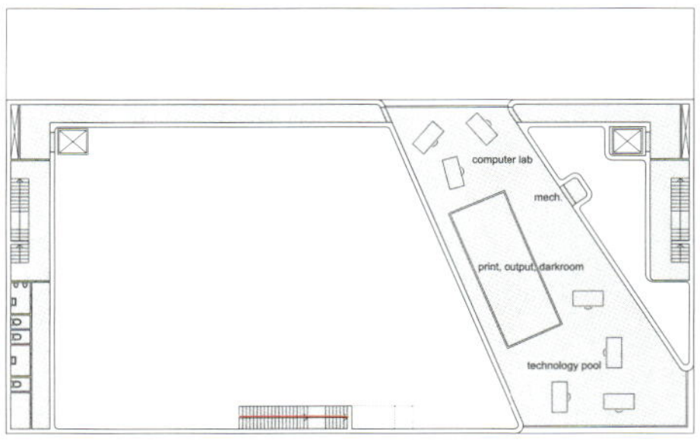

+3

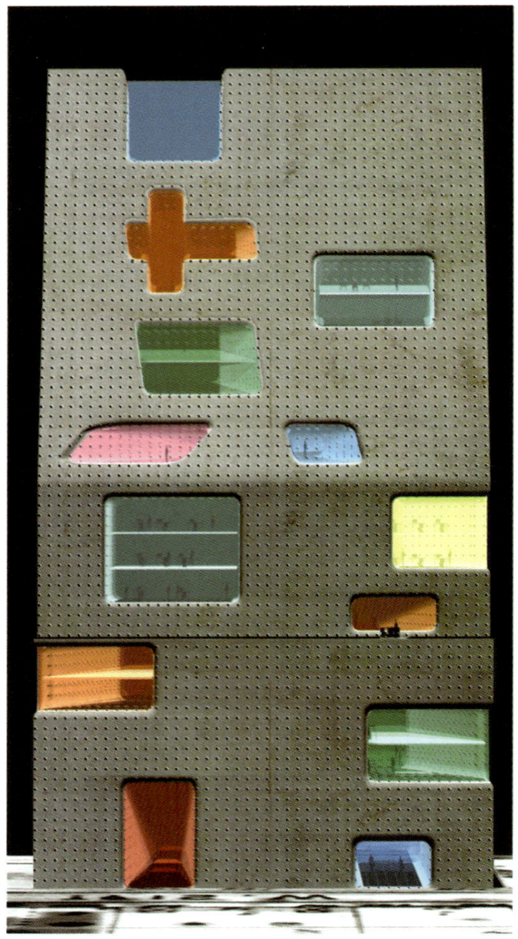

FRONTAL / FRONT

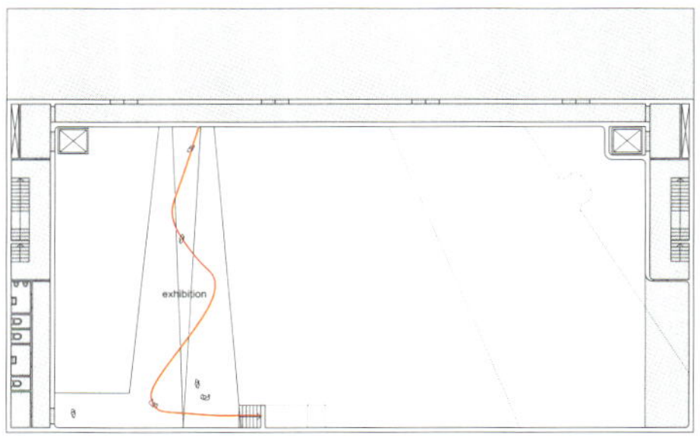

+2

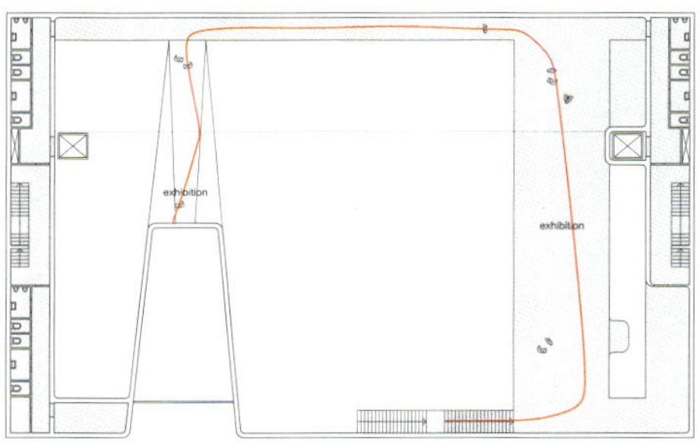

+1

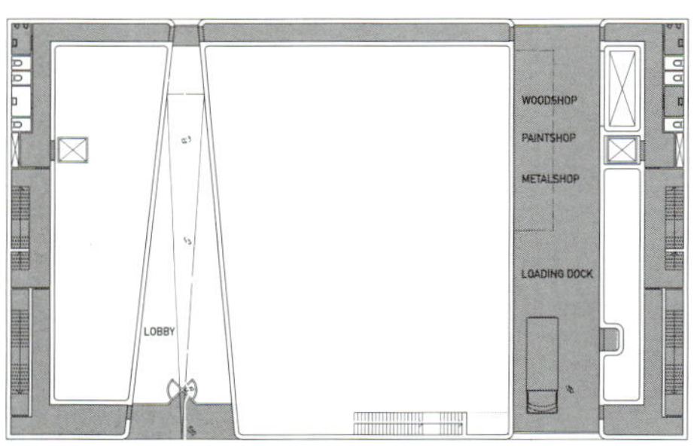

±0

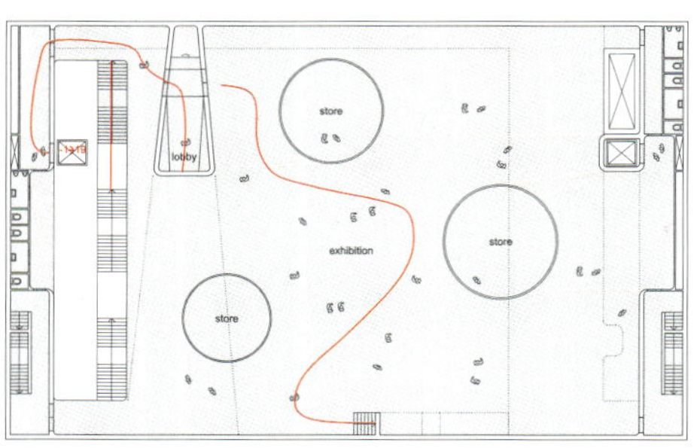

-1

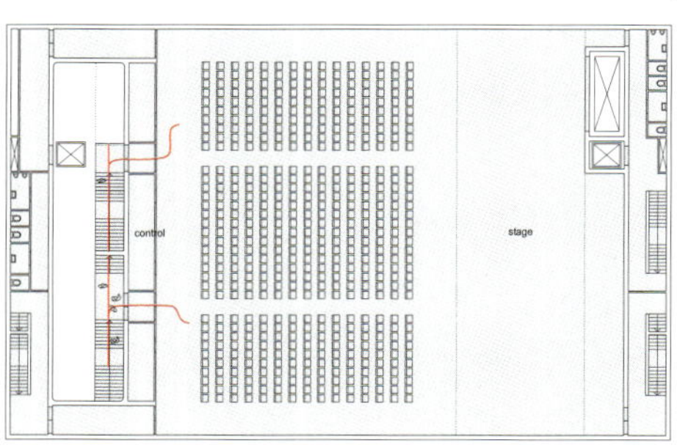

-2

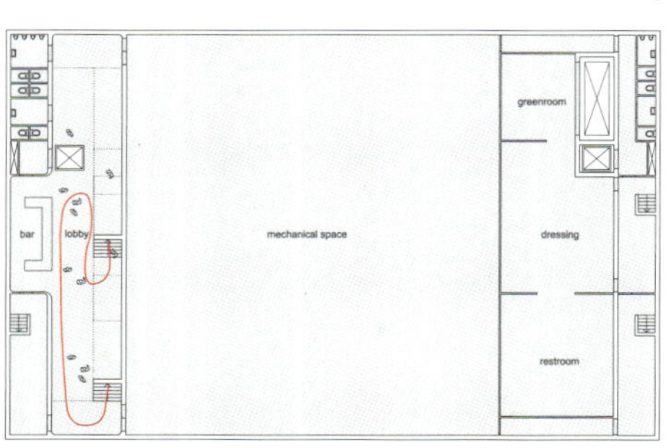

-3

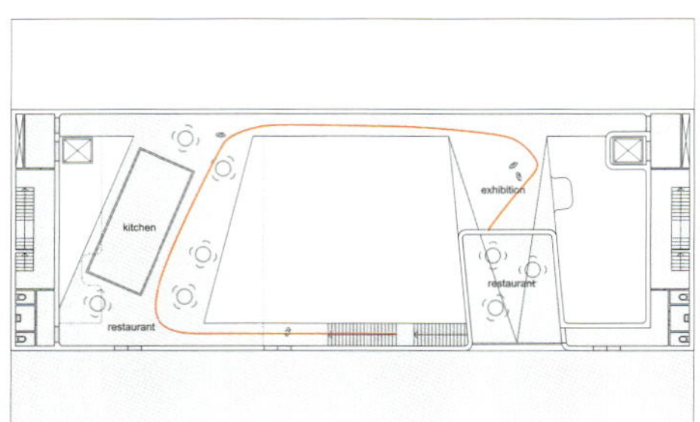

+7

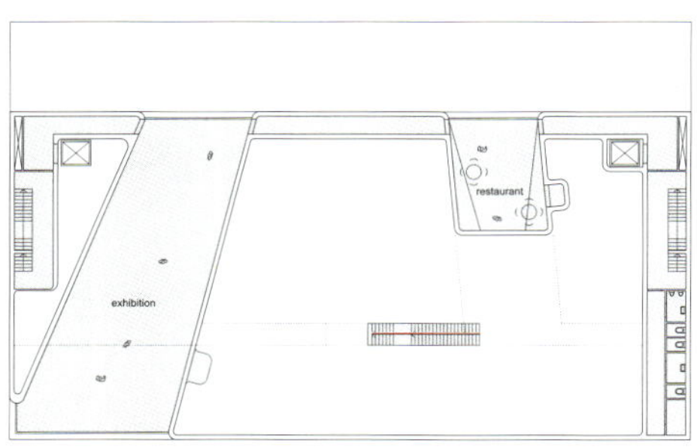

+6

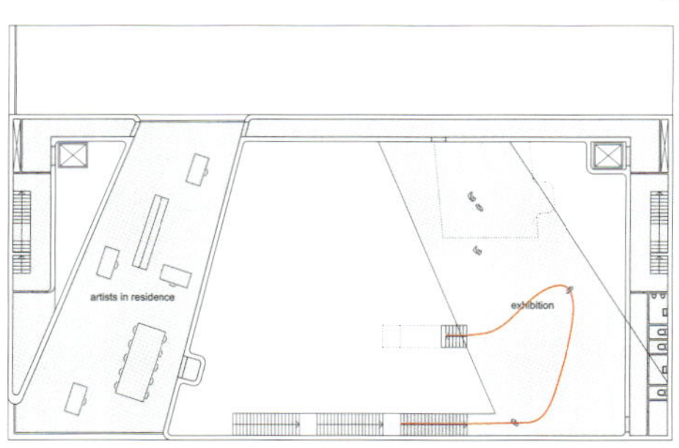

+5

+4

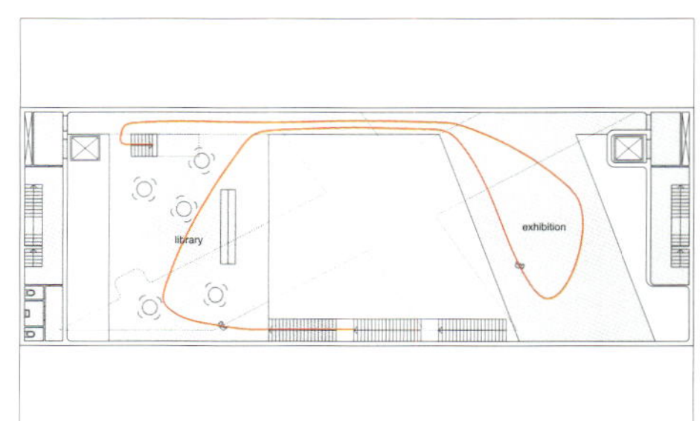

+11

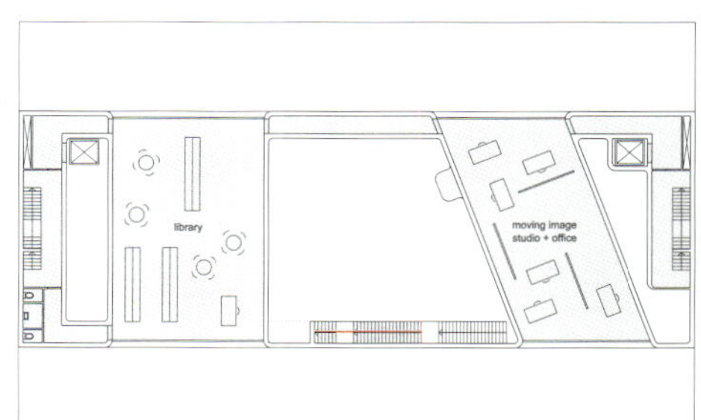

+10

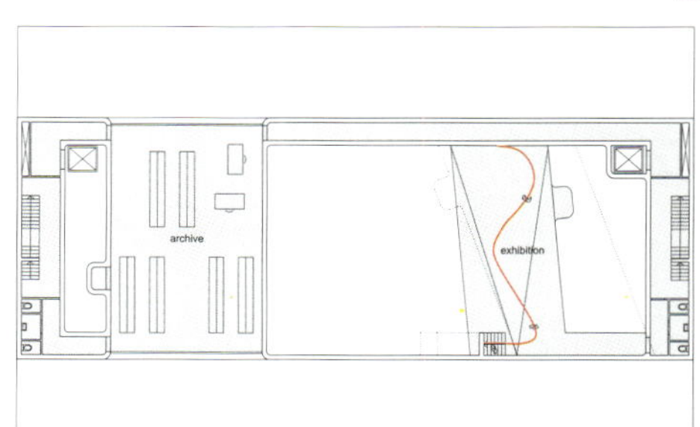

+9

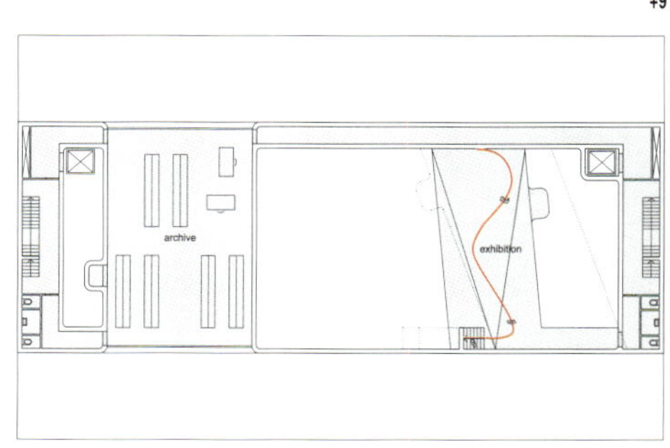

+8

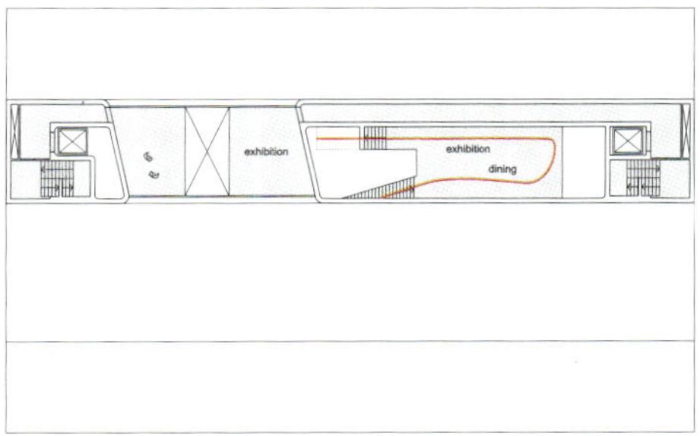

+18

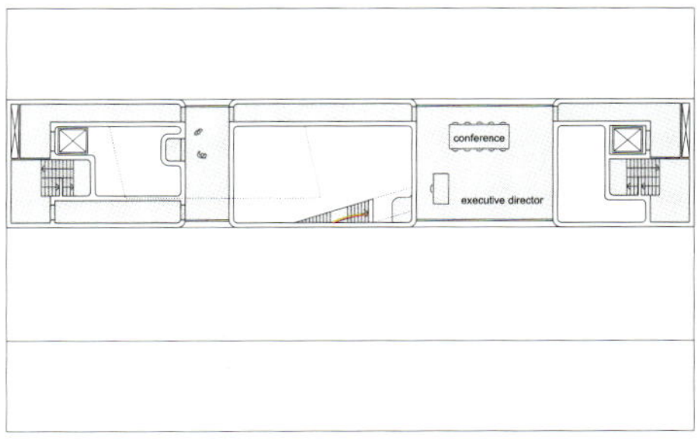

+17

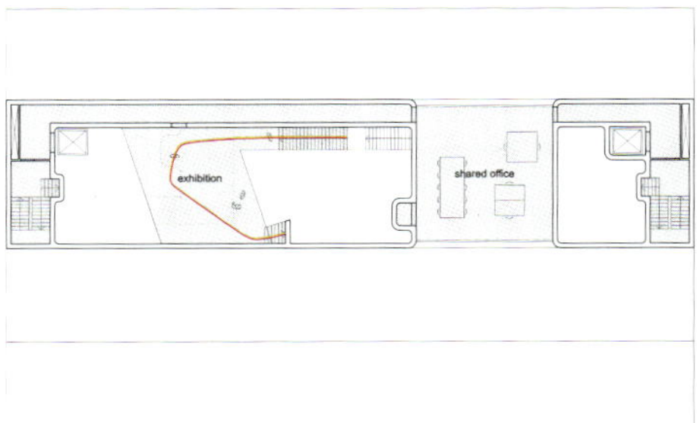

+16

TRASERA / BACK

ESTE / EAST

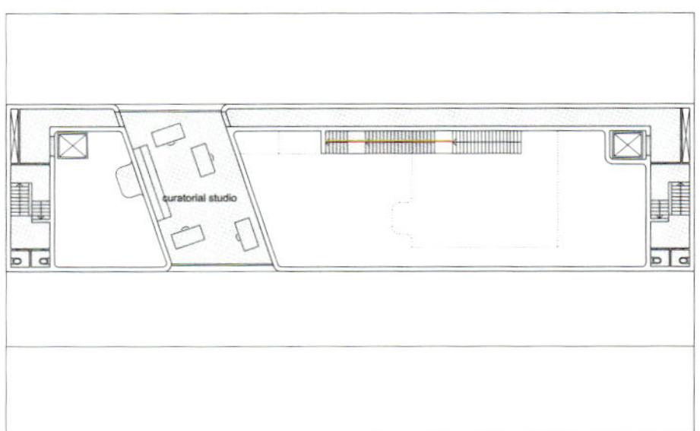

+15

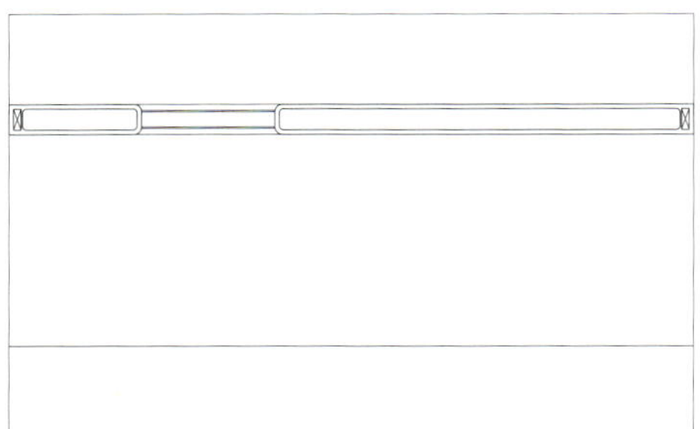
+22

+23

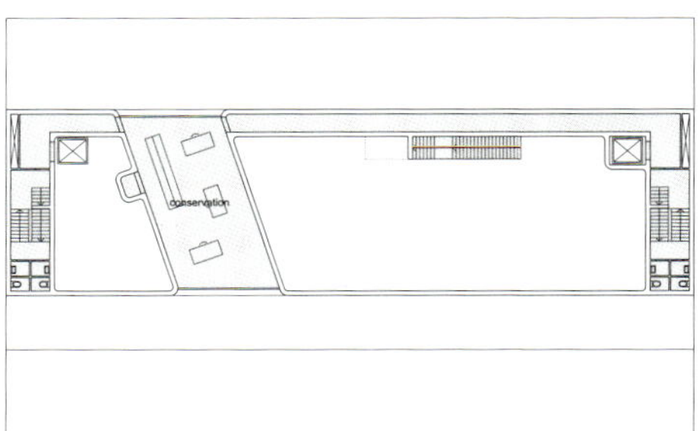

+14

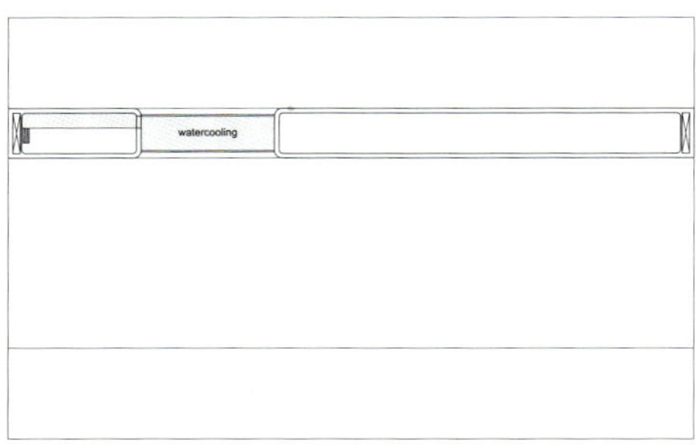

+21

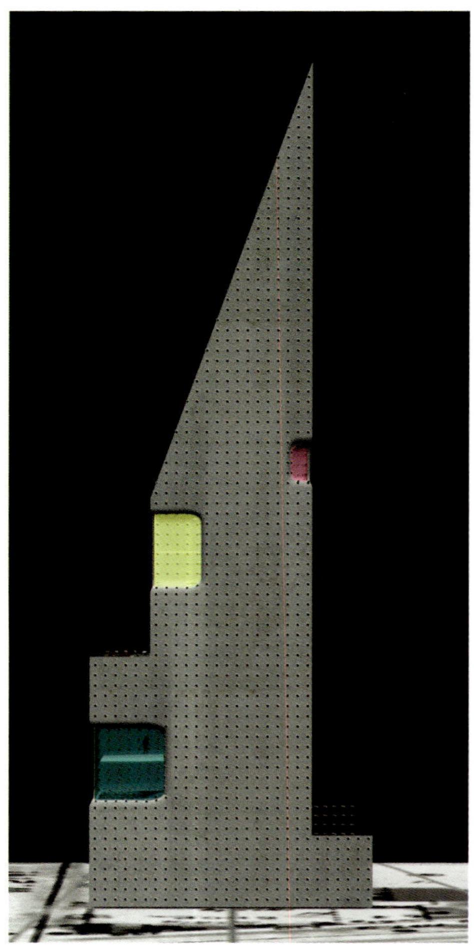
OESTE / WEST

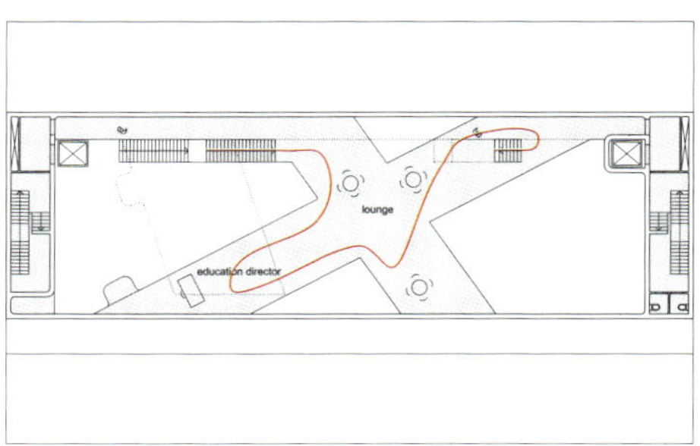

+13

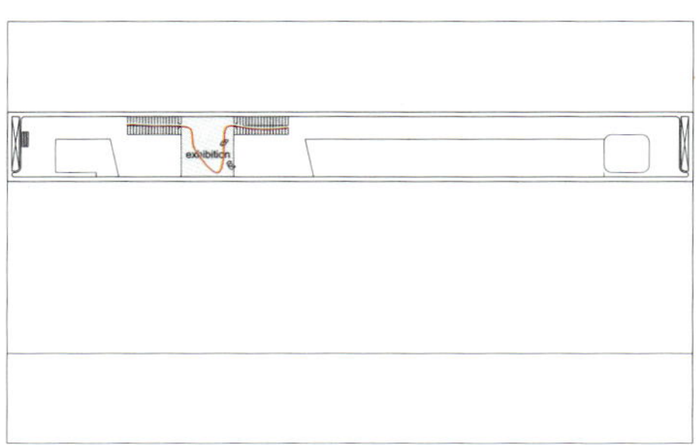

+20

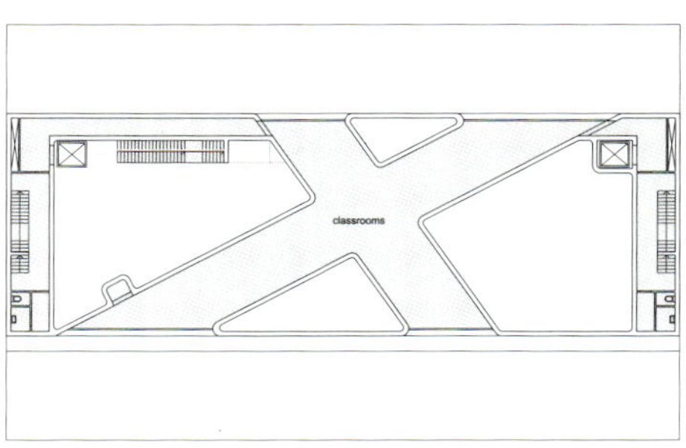

+12

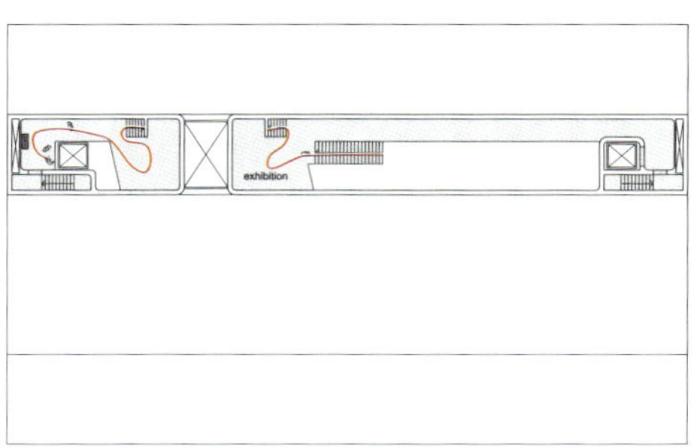

+19

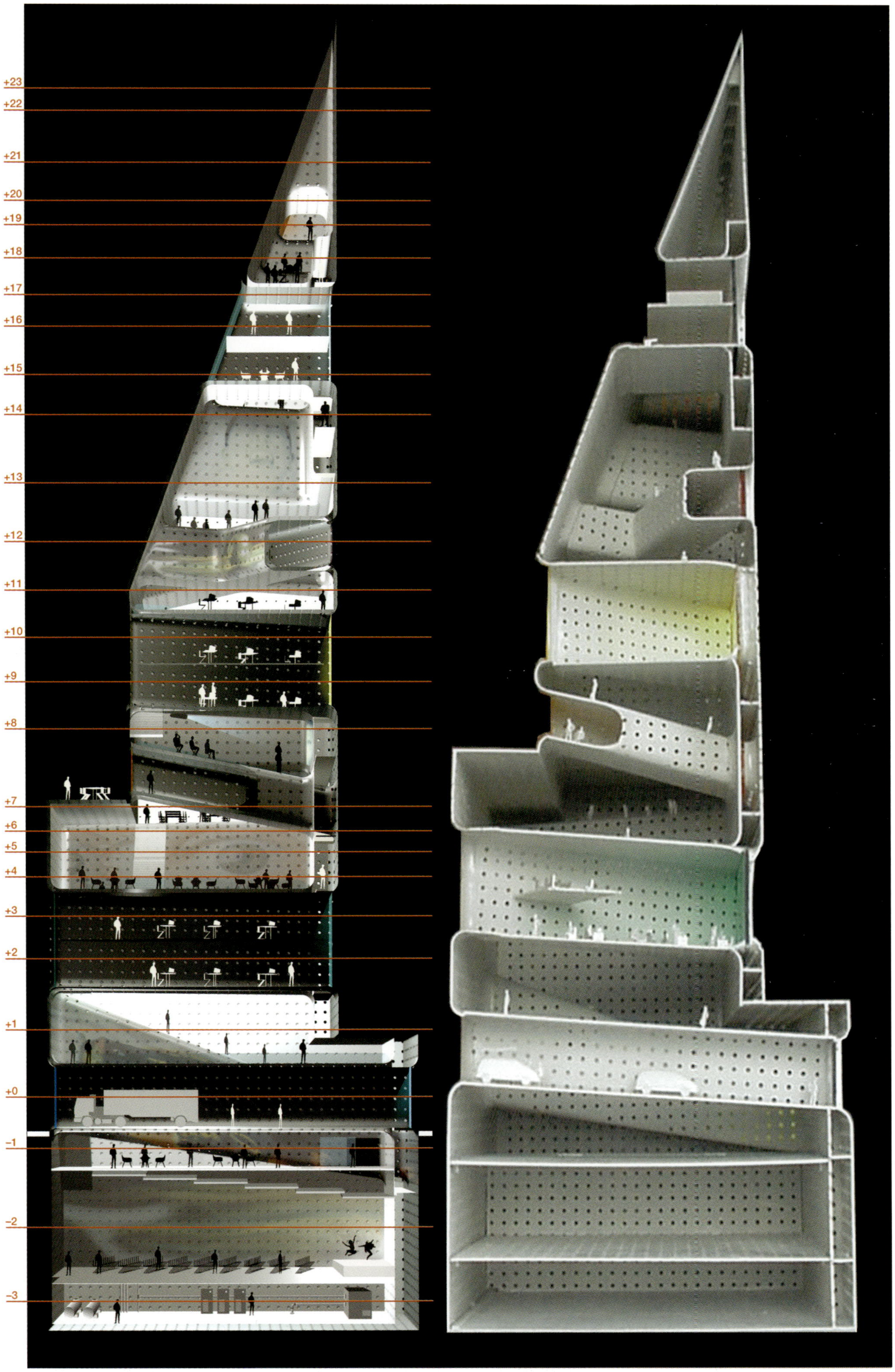
+23
+22
+21
+20
+19
+18
+17
+16
+15
+14
+13
+12
+11
+10
+9
+8
+7
+6
+5
+4
+3
+2
+1
+0
–1
–2
–3

Atrio. Opción color / Atrium. Color option

Atrio. Opción texto / Atrium. Text option

Atrio. Opción blanco / Atrium. White option

Duomo / Duomo

Vestíbulo / Lobby

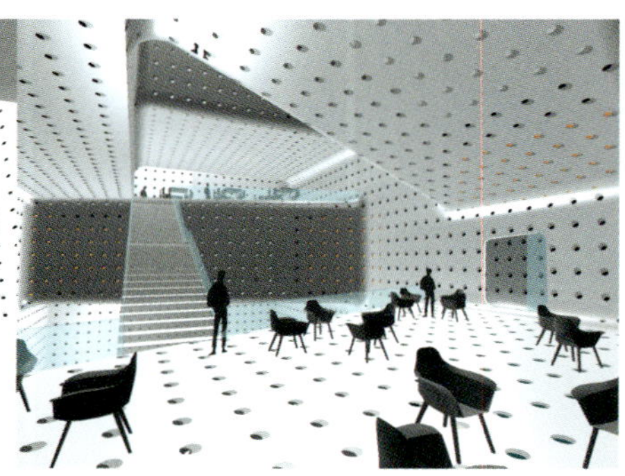

Sala de estar / Lounge

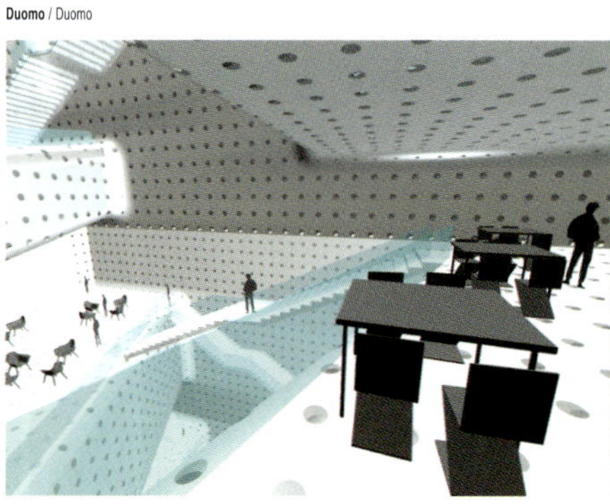

Restaurante / Restaurant

Restaurante / Restaurant

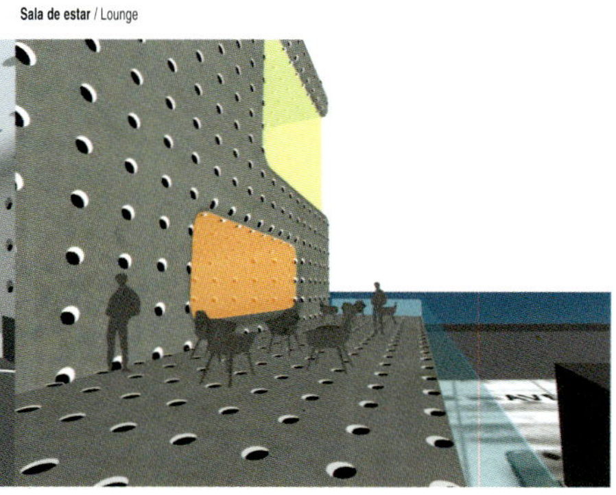

Terraza / Terrace

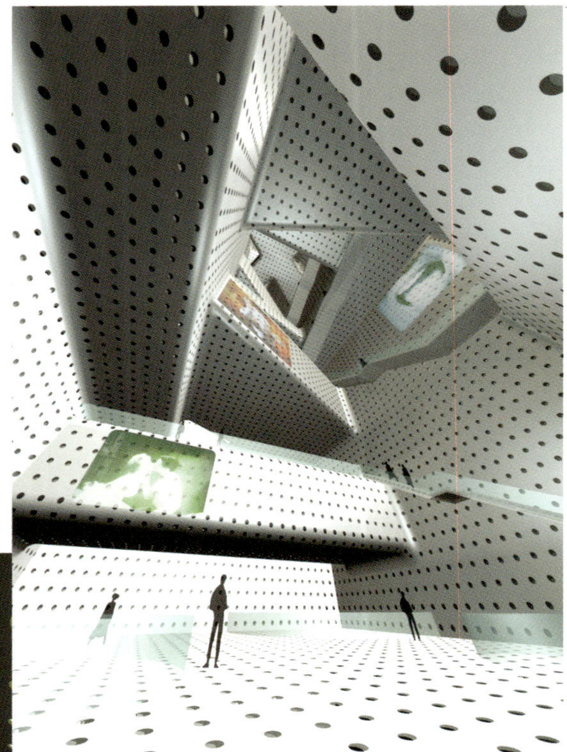

Atrio. Opción blanco / Atrium. White option

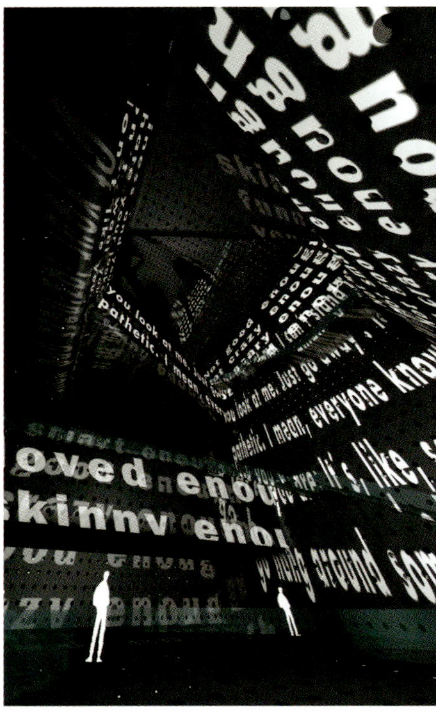

Atrio. Opción proyección / Atrium. Projection option

Atrio. Opción luz del sol / Atrium. Sunlight option

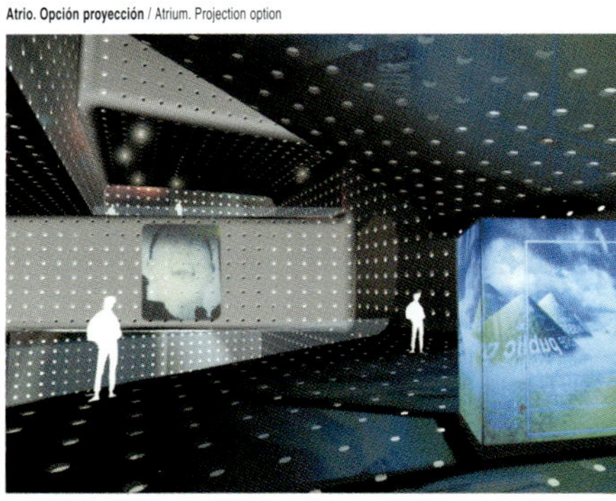

Arte. Espacio exposición / Art. Exhibition space

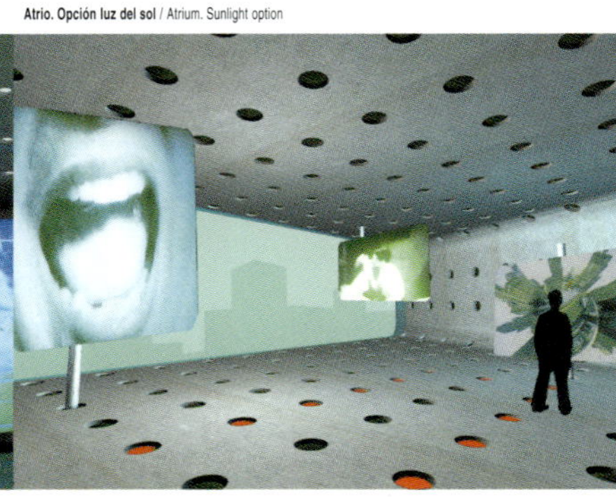

Arte. Espacio exposición / Art. Exhibition space

Arte. Espacio exposición / Art. Exhibition space

Arte. Guías de circulación / Art. Space guidance

Oficina / Office

Arte. Espacio envolvente / Art. Space surround

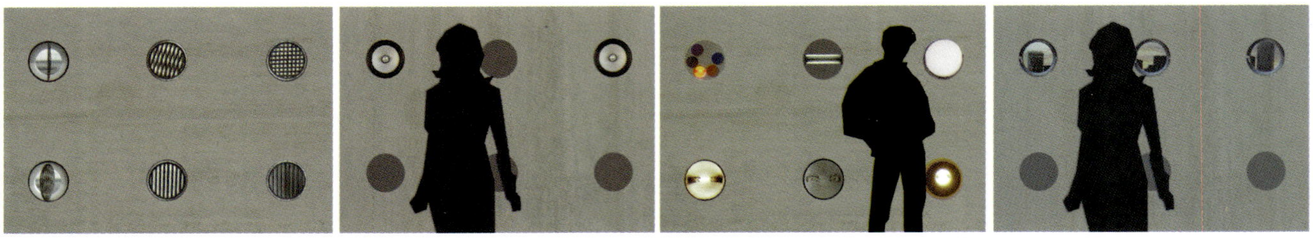

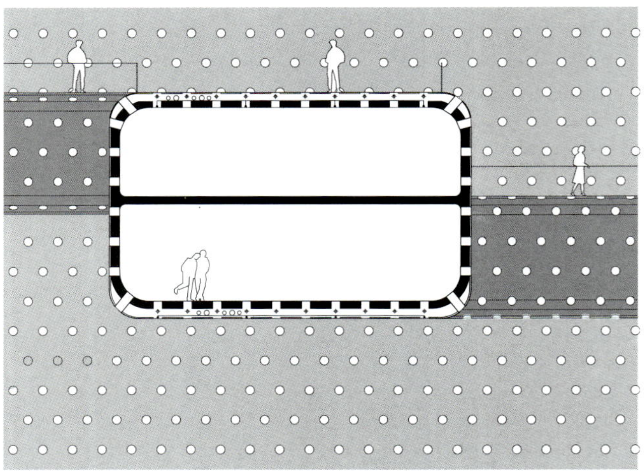

Sección transversal por 'haces' / Cross section through beams

Vista de la maqueta / Model view

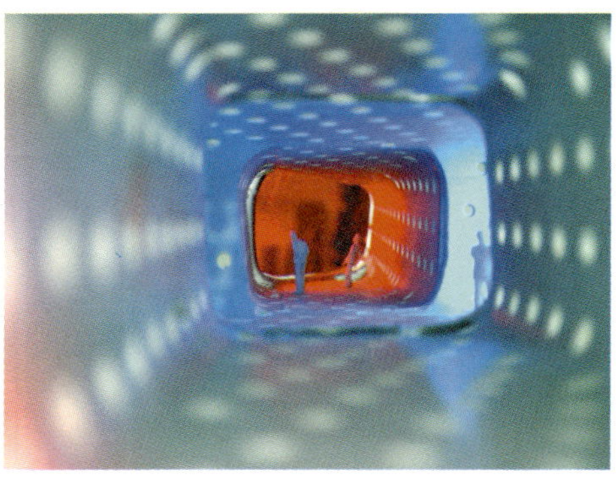

Vista de la maqueta / Model view

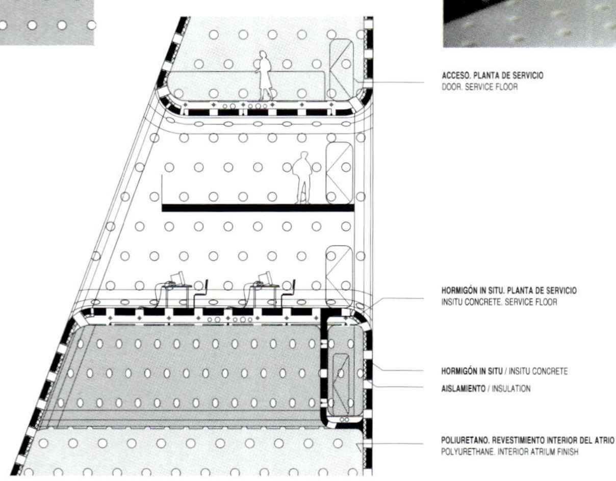

Detalle de sección transversal / Detail of cross section

Viena, Austria [Concurso. 2º Premio] / Austria [Competition. 2nd Prize]

CIUDAD DANUBIO [TORRES QUE SE BESAN]

2002 DONAU CITY [KISSING TOWERS]

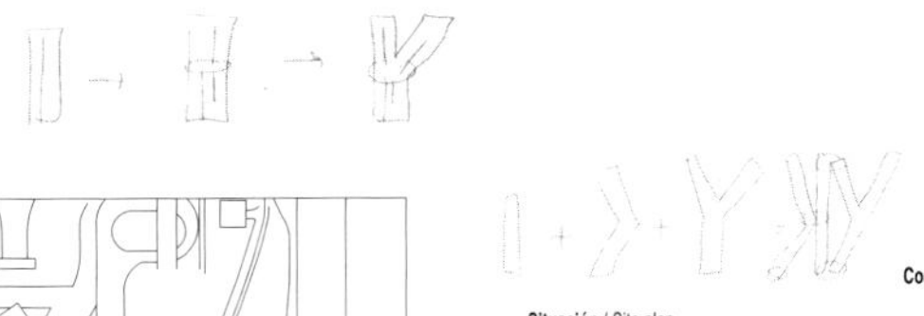

Concepto / Concept

← Situación / Site plan

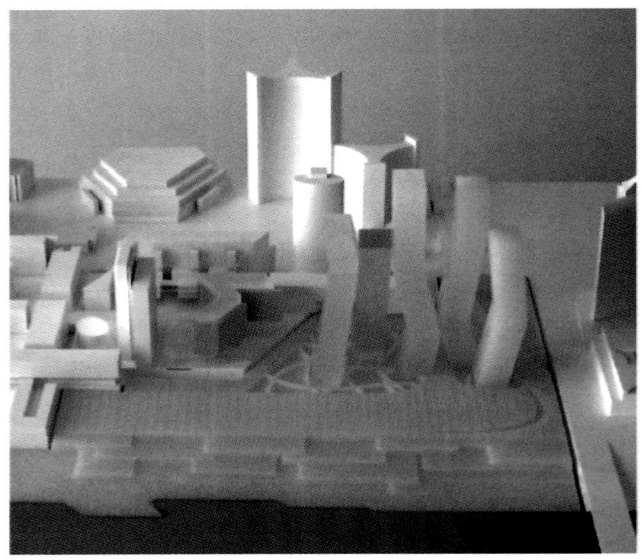

La Donau-City, o 'ciudad del Danubio', se ha concebido como un zócalo de infraestructuras, con edificios aislados encima. Aunque ya se ha llevado a cabo buena parte del programa, todavía no se puede hablar de un animado ambiente urbano. ¿Cómo continuar y actualizar esa iniciativa?

The Donau-City has been conceived as an infrastructure socle with solitude buildings on top. Although a lot of program has been created one still cannot speak of a vivid city-environment. How to continue and update this initiative?

Aunque las torres son las imágenes simbólicas de la densidad y la vida urbana, en realidad se comportan como islas introvertidas y aisladas. Aunque están pensadas para redes de uso intensivo, en realidad actúan como calles sin salida. Debido a su limitada relación con la planta (baja) pública, se comportan como elementos autónomos. Esta relación limitada llega a convertirse incluso en el talón de Aquiles de este tipo de edificios. ¿No podemos usar la proximidad de torres vecinas para desarrollar un plan más elaborado y menos vulnerable para las escaleras de incendios, una mejor resistencia estructural y un mayor número de relaciones funcionales? ¿Puede un programa concreto ayudar a los demás? ¿Puede beneficiarse de la proximidad de otros programas vecinos?

Although towers are the icons of density and city-life, they actually behave like introvert isolated islands. Although they are meant for intense networks they actually operate like dead-end streets. Because of their limited relation with the public (ground) level they behave as stand-alones. This limited relationship becomes even the Achilles' heel of the typology. Can we not use the proximity of adjacent towers to develop a more elaborated and less vulnerable fire-escape strategy, better structural stiffness and an increased number of functional relationships? Can individual programs help each other? Can the proximity of the neighbouring programs benefit from each other?

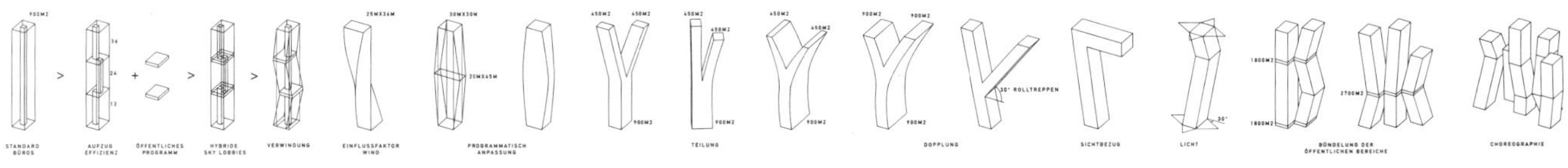

Las nuevas tecnologías dan mayor libertad a las actuales construcciones de gran altura. Los ascensores directos optimizan la eficacia del movimiento vertical y las paradas en las plantas intermedias —desde donde otros ascensores distribuyen a la gente—, y crean *skylobbies* o'vestíbulos en el aire' susceptibles de albergar mayor número de actividades públicas. Los ascensores inclinados pueden dibujar otras direcciones y alcanzar plantas diferenciadas. La tecnología permite llevar a cabo un proceso en el que las plantas de oficina —y, por tanto, las torres— pueden 'buscar' su figura, posición y tamaño óptimos.

New technologies liberate current high rise constructs. Express elevators optimise lift efficiencies and stops at intermediate levels from where local elevators distribute people create sky lobbies that can accommodate more public program. Angled elevators can create more directions in shafts and lead to differentiated floor plans. Structural skins allow for differentiation of the size and the position of floor plates. Technology allows for a process in which the office floor plan (and therefore the towers) can 'search' for their optimal shape, size and position.

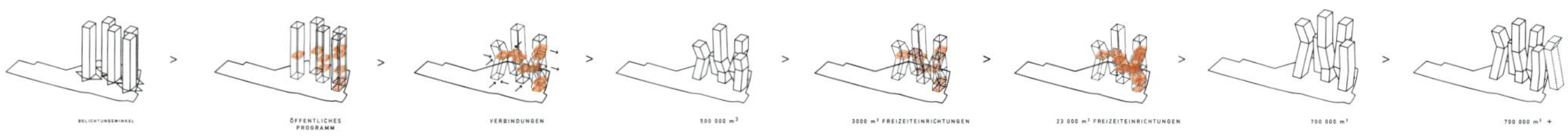

Las torres pueden 'flexionarse' en distintos grados dependiendo del modo de transporte: ascensores normales, ascensores inclinados o escaleras mecánicas que permitan la aproximación a otras torres. Estas 'flexiones' pueden 'tocar', 'besar' o 'abrazar' a otras torres, y permiten conexiones y forjados más gruesos para dar cabida a otras funciones como las de ocio, los vestíbulos, espacios para conferencias, museos y tiendas.

Towers can 'bend' in different degrees depending on the mode of transport: normal elevators inclined elevators, escalators allowing an approach towards other towers. These 'bendings' can 'touch', 'kiss' or 'embrace' other towers, allow for connections and fatter floor plates to accommodate other programs like leisure, lobbies, conference spaces, museums and shops.

Colocando cuidadosamente las funciones colectivas —las tiendas, cerca de la estación de metro en la planta baja; el núcleo cultural, cerca de la Diagonal en el piso 10, con una nueva vista sobre la propia Diagonal; y el hotel, con su vestíbulo, en el piso 20, con vistas panorámicas de toda la ciudad—, la operación se convierte en una ciudad tridimensional. La soledad se convierte en colectividad en este barrio vertical con calles, plazas, salas y paseos, todo ello flotando en el aire.

By positioning carefully the collective programs —shops next to the metro-station on ground level; the cultural node next to the Diagonal on floor 10 allowing for a view over the Diagonal; and the hotel with its lobby on floor 20 allowing for panoramic views over the city— the operation is turned into a 3d city. Solitude becomes collectiveness in this vertical neighbourhood with sky streets, sky plazas, sky halls and sky walks.

Diagrama funcional / Functional diagram

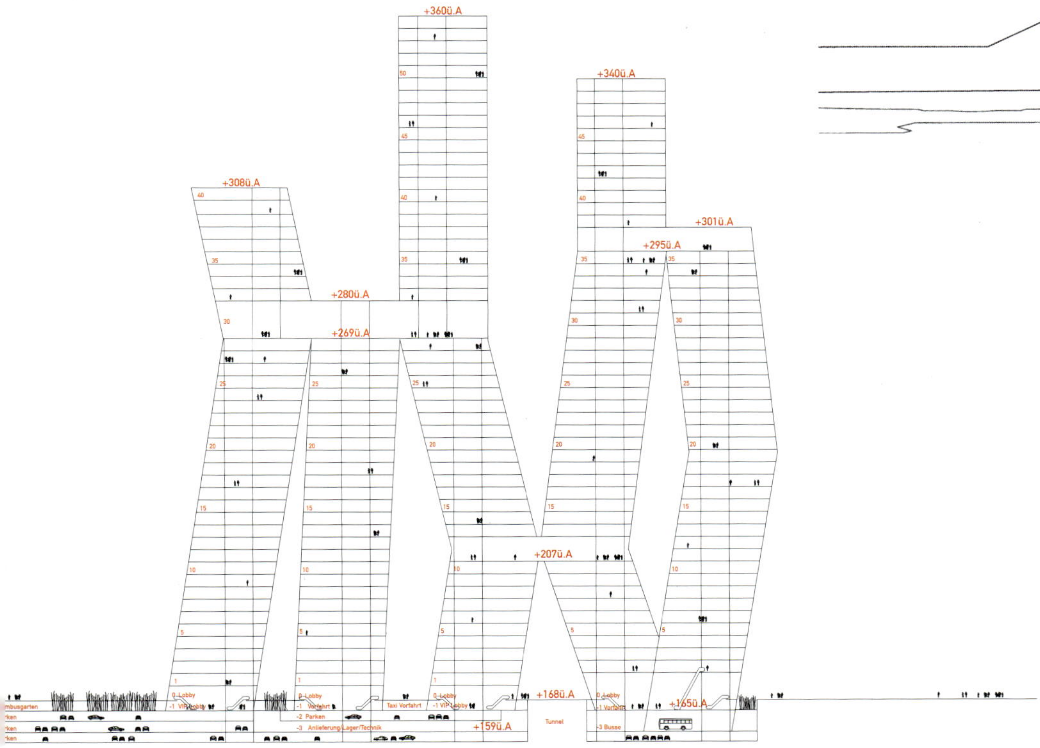

Sección longitudinal / Longitudinal section

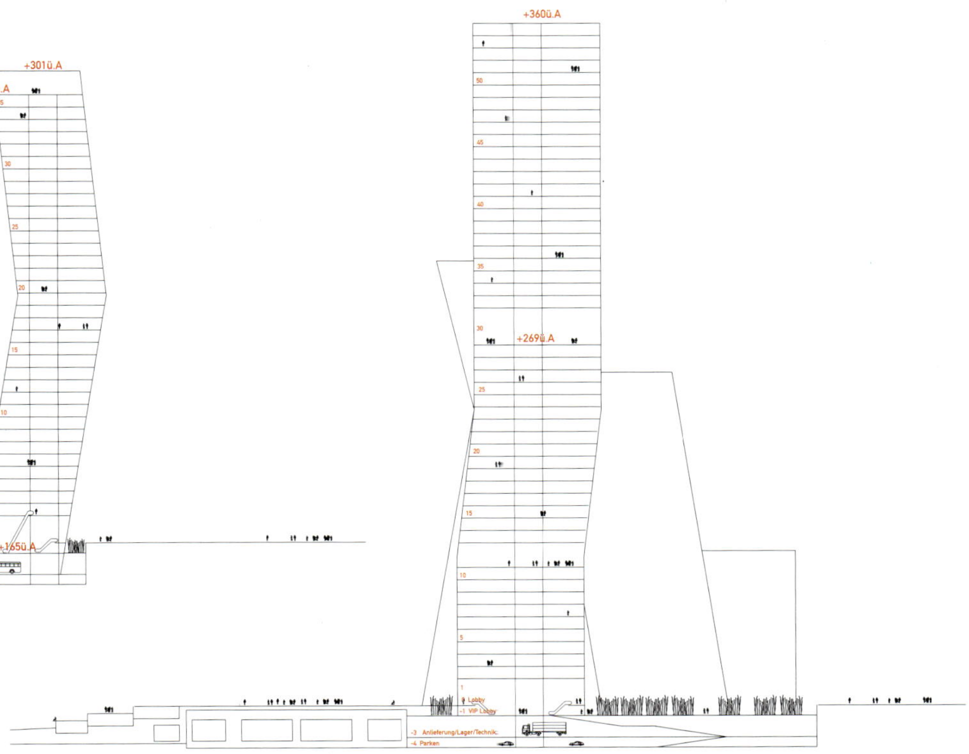

Sección transversal / Cross section

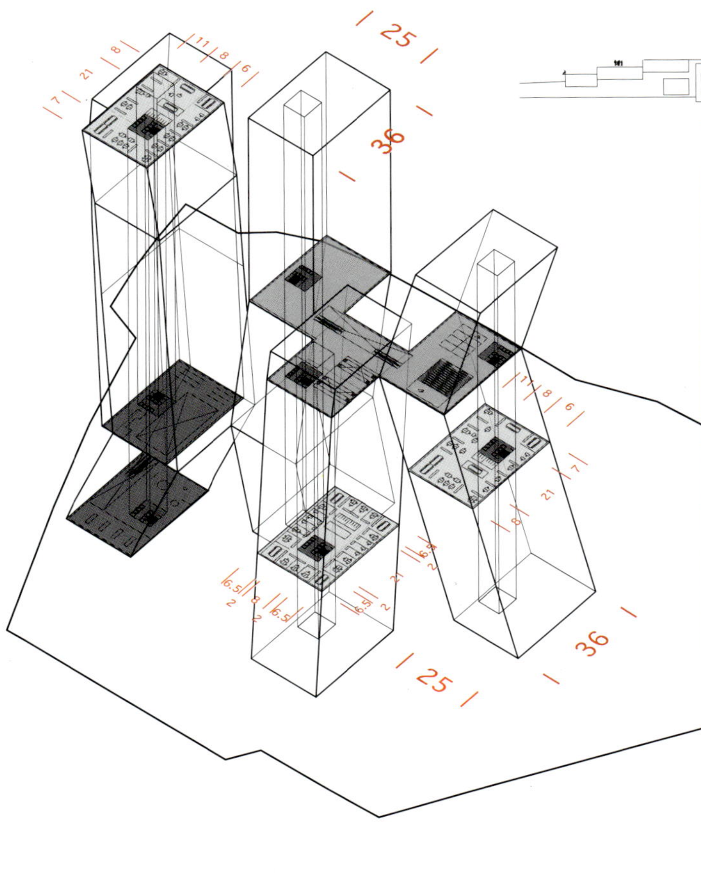

Diagrama de plantas. Tipologías / Diagram of floor types

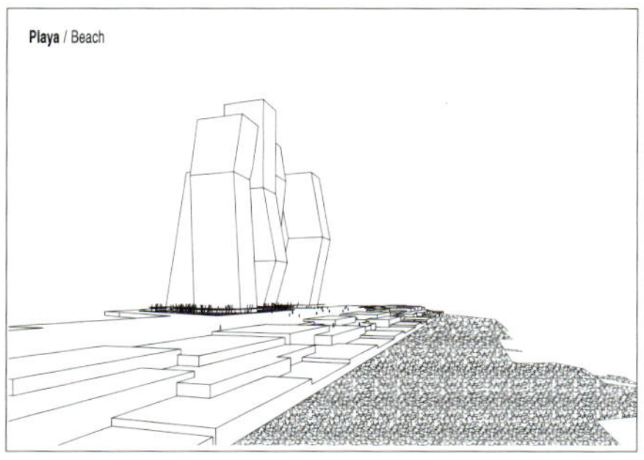

Playa / Beach

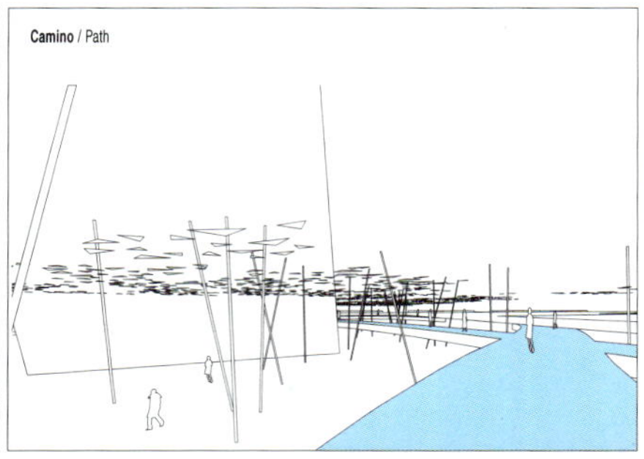

Camino / Path

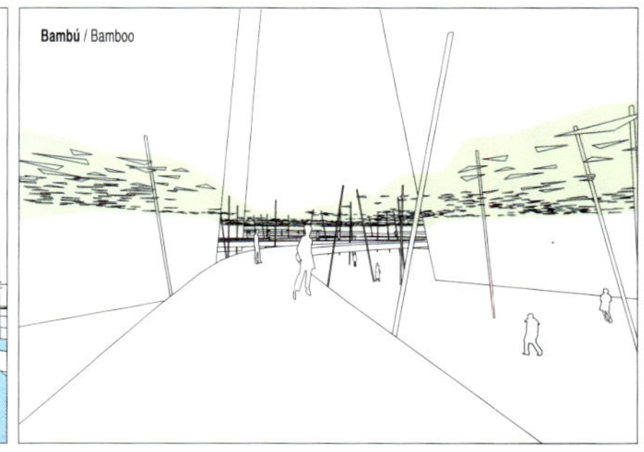

Bambú / Bamboo

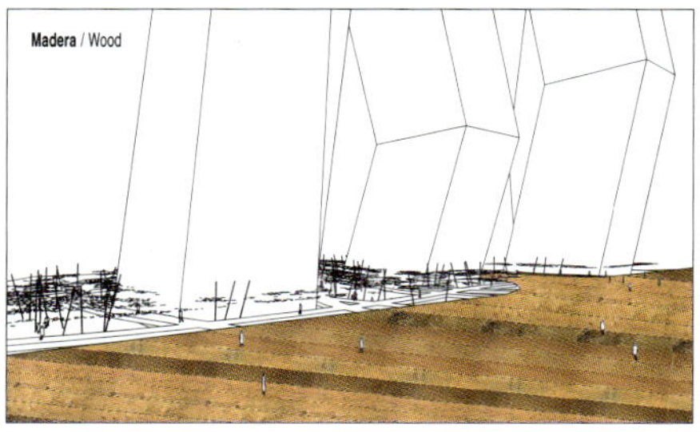

Madera / Wood

Estado actual / Present situation

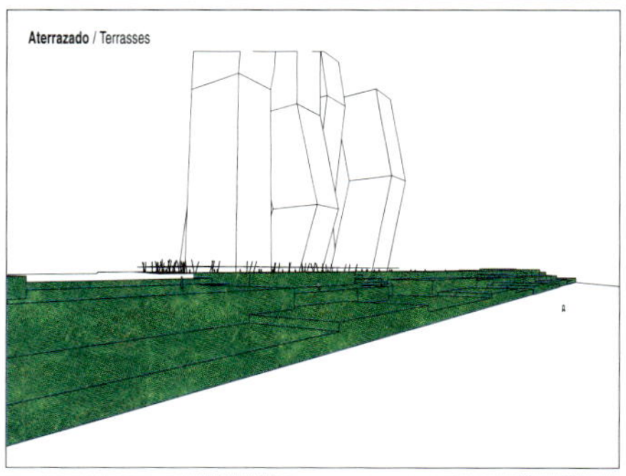

Aterrazado / Terrasses

Diagrama volumétrico / Volumetric diagram

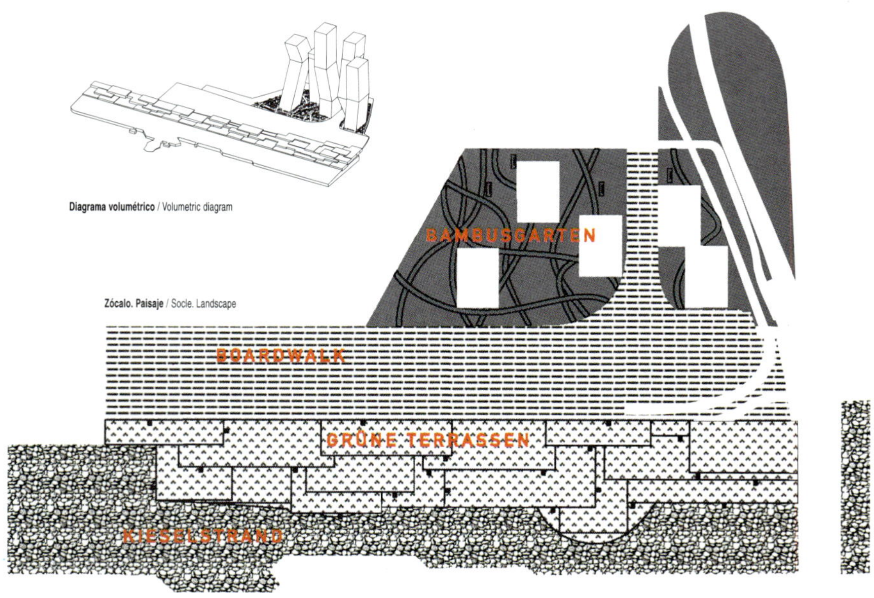

Zócalo. Paisaje / Socle. Landscape

Al proponer entre cinco y seis parcelas, la realización por etapas puede aplicarse de manera flexible. Las parcelas albergan torres con unos 900 metros cuadrados de plantas de oficina, de acuerdo con la normativa de incendios. Una organización longitudinal permite la razonable separación entre el espacio de oficina con vistas y el espacio interno oscuro. Colocando las plantas perpendiculares al Danubio, el 85% de las oficinas tiene una vista hacia el casco viejo y el río.

By proposing five to six plots, phasing can be applied in a flexible way. The plots accommodate towers with ca. 900 square meter office floors, based on the fire laws. A longitudinal organisation allows for a reasonable division between office space with a view and internal dark space. By positioning the floor plans perpendicular to the Danube, 85% of the offices have a view towards the inner city and the river.

El aparcamiento está ubicado dentro del zócalo adyacente al resto de las infraestructuras. Abriendo el forjado superior se crea un valle que quiebra las posibles corriente de aire y alberga las rampas. En este 'valle' se ha plantado de bambú. Unos senderos con rejillas cruzan el valle en el nivel cero. Las torres 'desaparecen' en el terreno.

Parking is situated within the socle adjacent to the other infrastructure. By opening the top floor a valley is created that breaks the possible wind effect and accommodates the drop offs. This 'valley' has been planted with bamboo. Grilled paths cross the valley on level zero. The towers 'disappear' into the ground.

Colocando todas las funciones cerca del túnel, el espacio situado en lo alto de dicho túnel puede usarse como un gigantesco espacio público. Revistiéndolo de madera puede convertirse en un 'paseo entarimado urbano'; se crea así un gigantesco balcón sobre el Danubio que puede albergar las amplias actividades de la Copa Cagrana.

By positioning all programs next to the tunnel, the space on top of the tunnel can be used as a giant public space. By cladding it with wood it can become the Urban Boardwalk. It creates a giant urban balcony over the Danube that can accommodate the extended activities of the Copa Cagrana.

Añadiendo funciones en las escaleras existentes y en las laderas actuales, esta parte puede transformarse en un *sawah* programático, una especie de campo inundado que acompaña el recorrido entre el Danubio y la ciudad tridimensional.

By adding program on the existing stairs and in the current slopes, this part can turn into a programmatic 'sawah', that accompanies the trajectory between the Danube and the 3d city.

Viena, Austria [Conjunto Residencial] / Vienna, Austria [Housing Complex]

VILLA VOLADORA

1999 FLYING VILLAGE

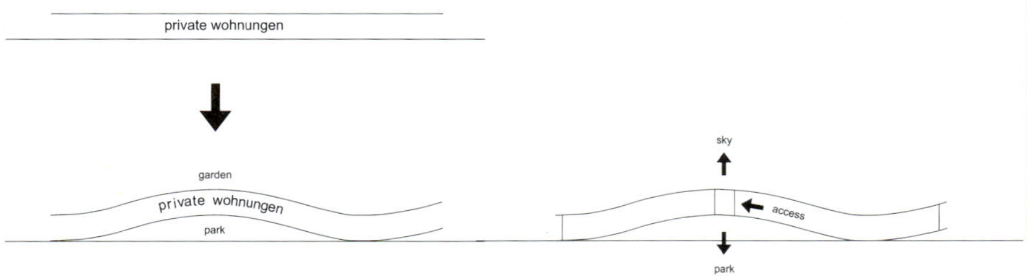

Durante siglos, Viena ha desarrollado un sistema urbano de envolturas, poderoso e imponente, que bajo determinadas economías ha producido densas manzanas de vivien-
For centuries Vienna has developed a strong and imposing urban envelope-system that under the given economies leads to extremely dense housing blocks
das en torno a grandes patios y patios traseros. Esta combinación de envoltura y economía ha dado estabilidad a la tradición residencial vienesa, y ha acabado con cual-
organized around yards and backyards. This combination of envelope and economy has been stabilizing the Viennese housing tradition. It has wiped out almost
quier posible invención urbanística, arquitectónica o social.
any possible urbanistic, architectural or social invention.
La envoltura dada se organiza en cadenas de casas colocadas a lo largo de corredores y en torno a una serie de patios. Levantando al máximo este volumen puede lograrse
The given envelope is organized in bands of houses along corridors, around a series of courtyards. By lifting this volume maximally, a 'sandwich' of landscapes
un 'sándwich' de paisajes. Esta deformación crea magníficas perspectivas y conexiones de carácter visual, ecológico y funcional en el solar, y entre el solar y sus aledaños;
can be realized. The deformation creates major perspectives and connections visually, ecologically and functionally on the site and between the site and the
ofrece una serie de arcos de hasta ochenta metros de luz que atraviesan una *Pusta* pública con lagos, playas y un 'velo' de abedules, que configura una gran gruta urbana;

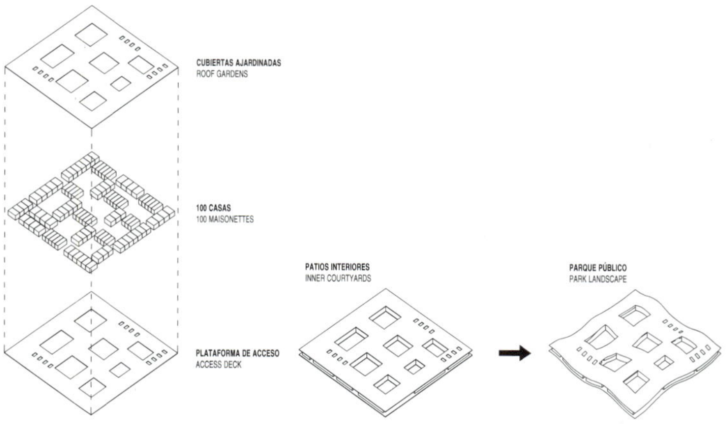

surroundings. It gives a series of arches spanning up to eighty meters over a public *Pusta* with lakes, beaches and a 'voile of birchtrees, allowing a large urban grotto. It enables better views from the apartments under or over the adjacent houses towards the surroundings and offers a new public park for Simmering. It allows for a semi-public roof, that can be described as a sequence of slopes and hills 'echoing' the distant alpine landscape.

This lifting act redefines the position of the zero level. It enables a 'geographical' sequence of routes through the building: a series of semi-public corridors, alleys, stairs, steps, slopes, hills and bridges up to the hilly roof, that transform the building into an interior 'hilltown'. The arches are constructed by a three dimensional steel grid, which will be colonized or inhabited with apartments constructed out of prefabricated concrete panels.

también proporciona mejores vistas de los alrededores desde las viviendas situadas por debajo o por encima de las casas contiguas, y ofrece un nuevo parque público para Simmering; constituye también una cubierta semipública que puede describirse como una secuencia de pendientes y colinas que se 'hacen eco' del lejano paisaje alpino.

Este acto de elevación redefine la posición del nivel cero; configura una secuencia 'geográfica' de recorridos a través del edificio: una serie de corredores, callejones, escaleras, pendientes, colinas y puentes que llevan hasta la cubierta empinada, y que transforman el edificio en una 'ciudad en cuesta' interior. Los arcos están formados por una malla tridimensional de acero que será colonizada o habitada por viviendas construidas con paneles prefabricados de hormigón.

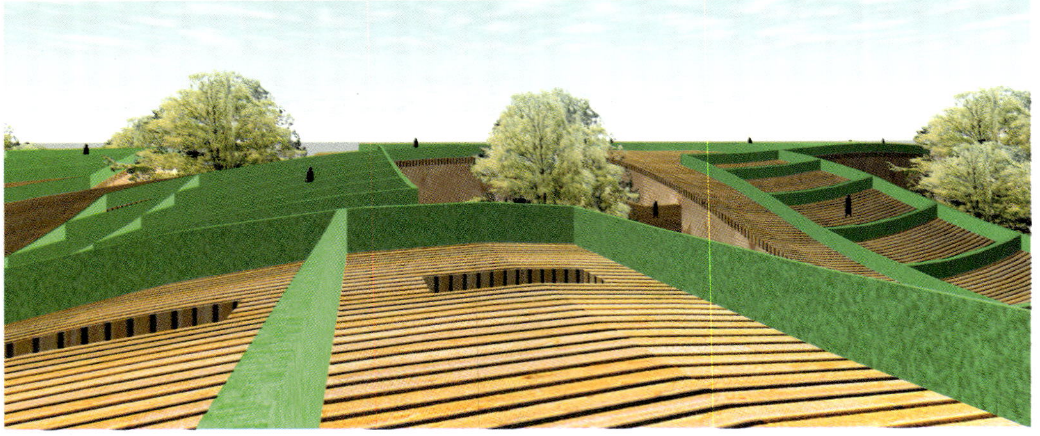

Luces estructurales / Structural spans

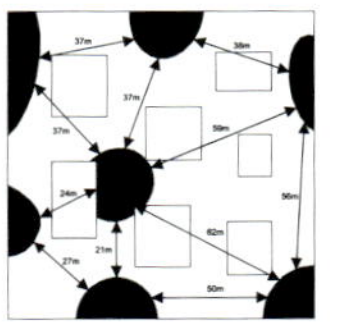

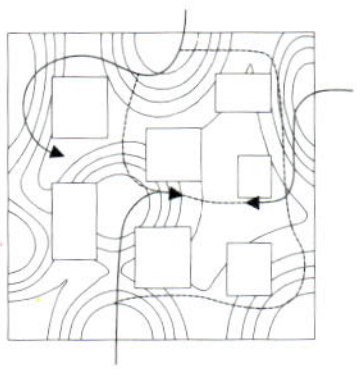

Rutas de cubierta / Roof paths

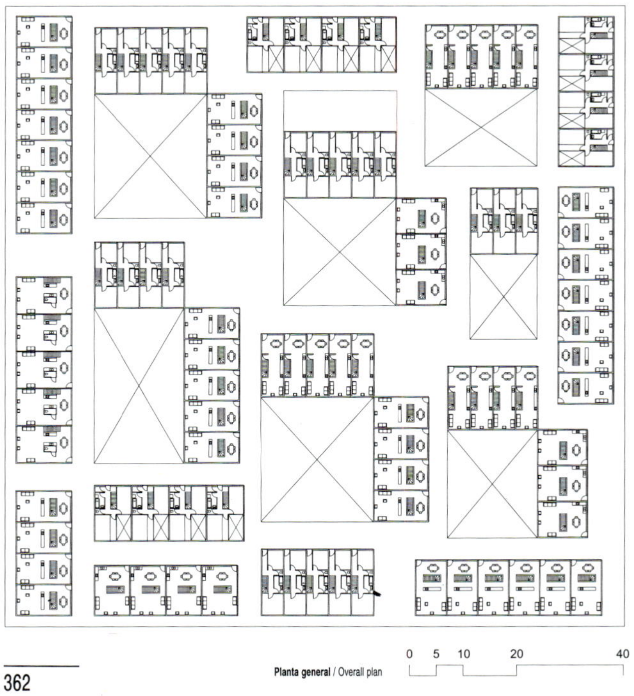

0 5 10 20 40

Planta general / Overall plan

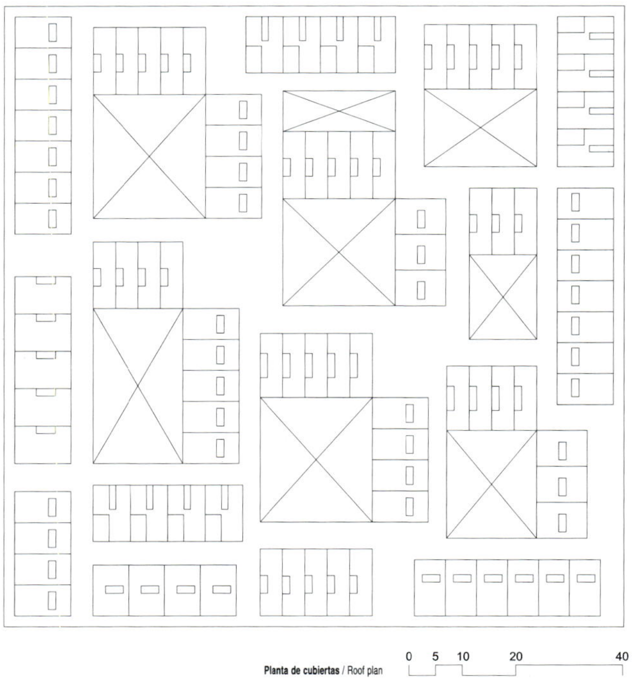

0 5 10 20 40

Planta de cubiertas / Roof plan

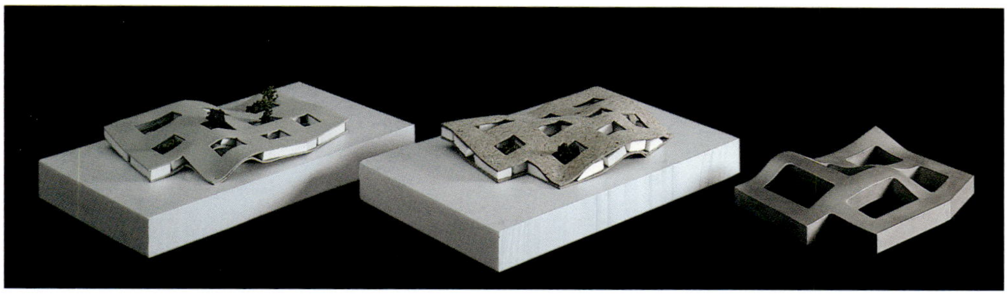

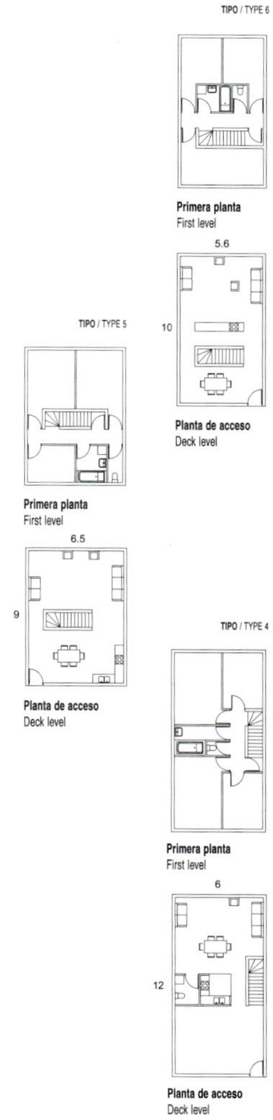

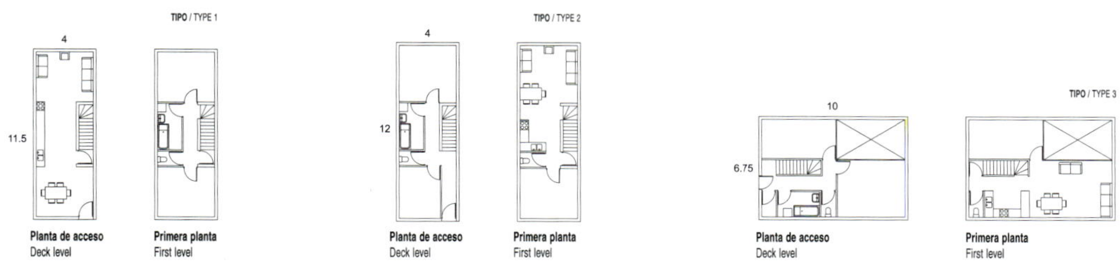

TIPOLOGÍA DE PLANTAS / FLOOR PLAN TYPES

La Haya, Holanda / The Hague, The Netherlands

QUATTRO VILLAS EN YPENBURG

2000- QUATTRO VILLAS, YPENBURG

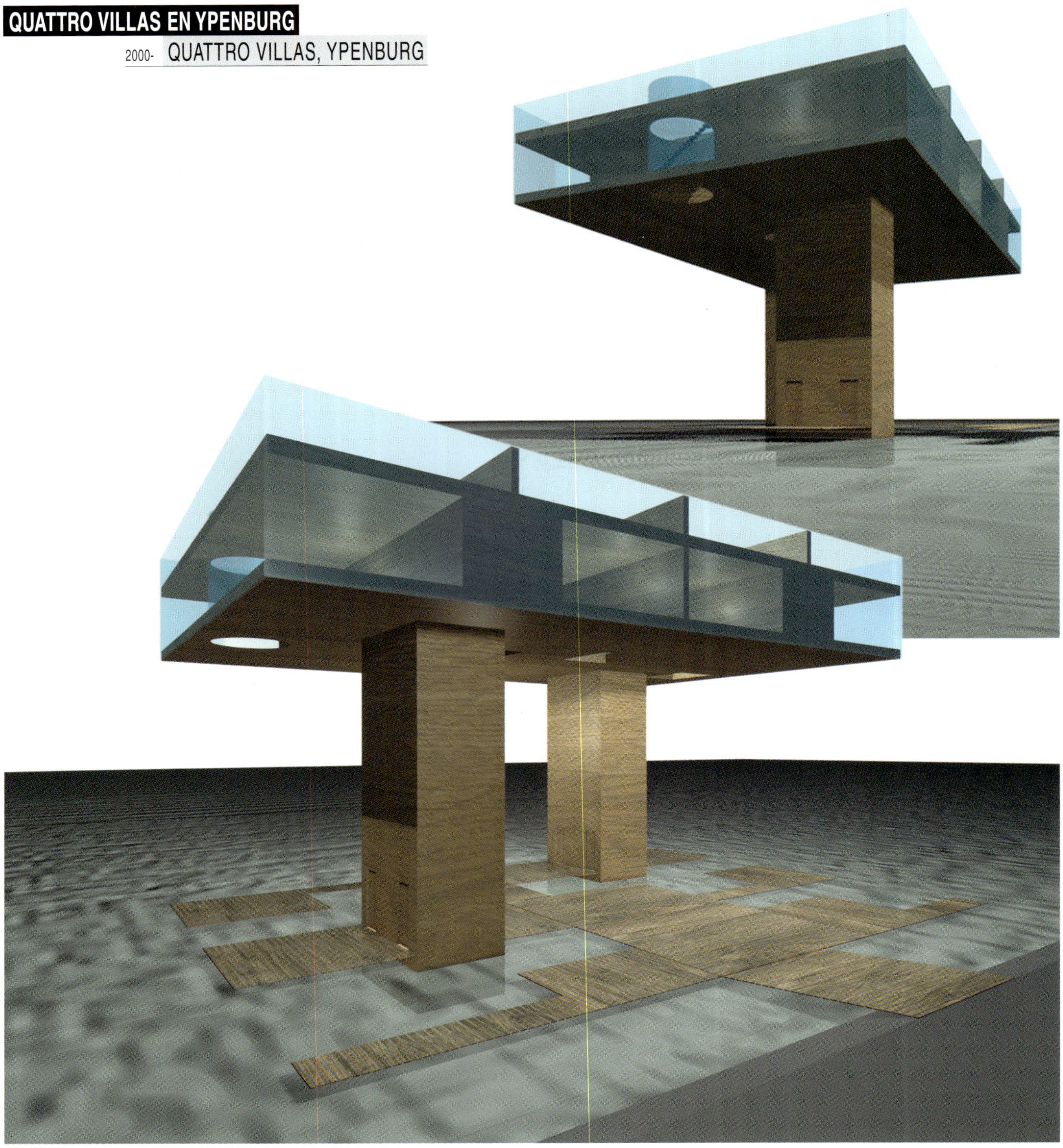

Dentro de la zona residencial de Ypenburg, Waterwijk goza de una posición especial. En comparación con otros proyectos de esta región, en Waterwijk se lucha por lograr
Within the Ypenburg housing area Waterwijk takes up a special position. Compared to other plans in this region one strives for in Waterwijk for the most watery
un entorno con la mayor cantidad posible de agua. La zona residencial se propone como un archipiélago de islas con casas encima. ¿Cómo realizar o consolidar un archipiélago como éste con las posibilidades técnicas actuales?
environment. The housing area is proposed as an archipelago of islands with houses on them. How to realise or strengthen an archipelago like this within the market technical possibilities of today?

Conforme a las premisas básicas del desarrollo urbano, el funcionamiento del archipiélago mejora cuanto mayor es el número de interpretaciones de las islas. De ello se deduce el paradójico axioma de los archipiélagos: un incremento de las diferencias entre las islas hace aumentar su coherencia espacial.
In accordance with the urban development basic assumptions the working of the archipelago is increased by as many different interpretations of the islands as possible. It hereby follows the paradox axiom of archipelagos; an enlargement of the difference between the islands increases the spatial coherence between islands.

Esta diversidad comienza por la elección de tantos entornos habitables como sea posible dentro de cada grupo de islas: casas con patio, casas con jardín, casas en torno a un patio común, pisos y casas entre juncos. Las diferencias se amplían mediante la posibilidad de escoger entre varias opciones de espacios verdes, varias medidas ecológicas, diferente iluminación, diferente pavimentación y diferentes materiales y colores de cubiertas y fachadas en las casas de cada isla.
Making as many different living environments as possible for each group of islands starts the diversity: patio houses, garden houses, houses around a court, apartments and reed houses. The differences are enlarged by the choice of different green facilities, different ecological measures, different lighting, different pavement and different material and colours for the roofs and fronts of the houses for each island.

WATERWIJK
Zona residencial de Ypenburg
Ypenburg housing area

Urban plan / Supervisor MVRDV

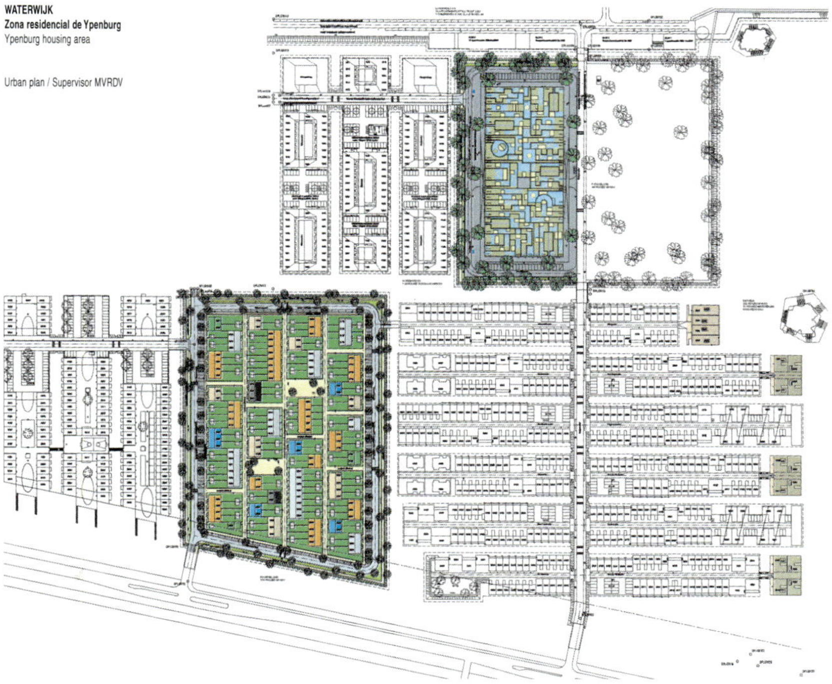

Algunas partes de los Países Bajos van a ser re-naturalizadas, como en este caso. Con el fin de aumentar las marismas, las 4 villas del programa solicitado se han agrupado y levantado doce metros por encima del nivel del agua. Esto proporciona a cada casa un solárium privado en la cubierta y una 'terraza a la marisma' de aspecto catedralicio en la parte inferior. Dos ascensores dan acceso a las casas, que se mantienen en equilibrio sobre estas dos columnas de infraestructuras.

Parts of the Netherlands are going to be renaturalised, as in this case. In order to enlarge the new marshlands, the given program of 4 villas have been grouped and raised up twelve meters above the water level. This gives each house a private sundeck on the roof and a cathedral like 'marsh terrace' underneath the house. Two elevators give access to the houses. The houses balance on these two infrastructural columns.

1 **Quattro Villas** / Quattro Villas
2 **Casas Patio** / Patio houses
3 **Viviendas Hageneiland** / Hageneiland housing

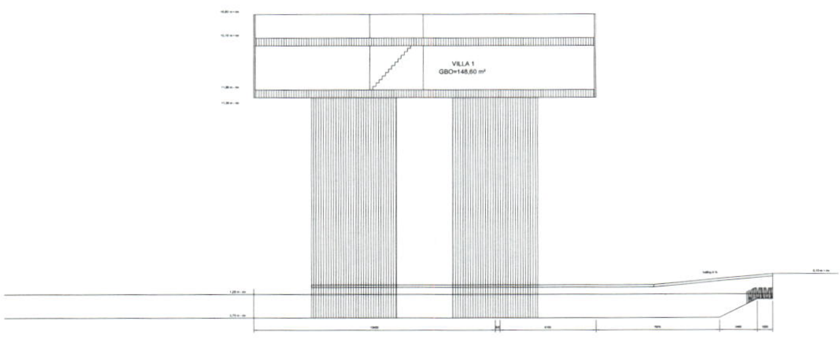

Alzado Noroeste / Northwest elevation

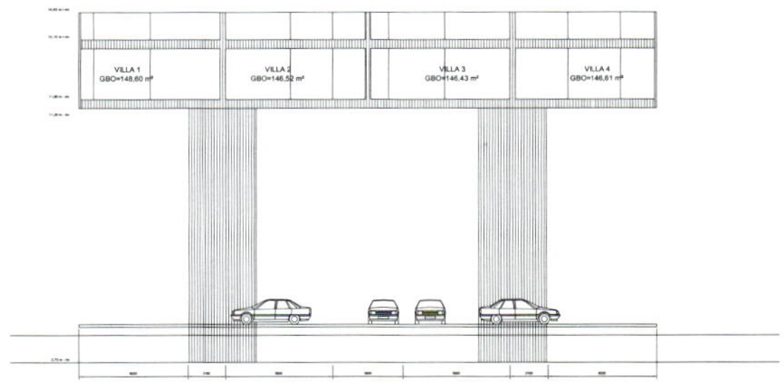

Alzado Suroeste / Southwest elevation

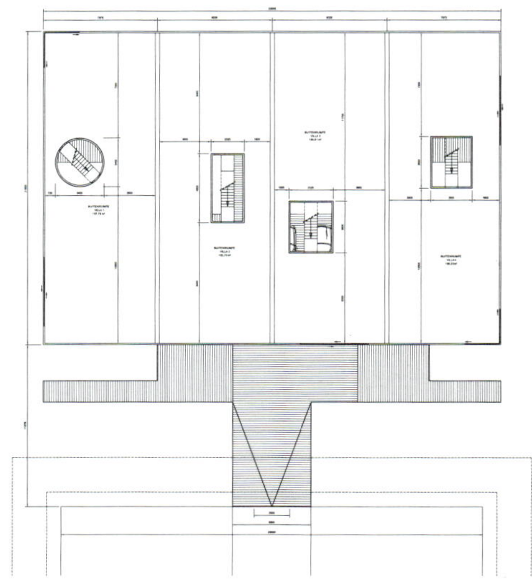

Planta alta (cota +15.10) / Upper floor (level +15.10)

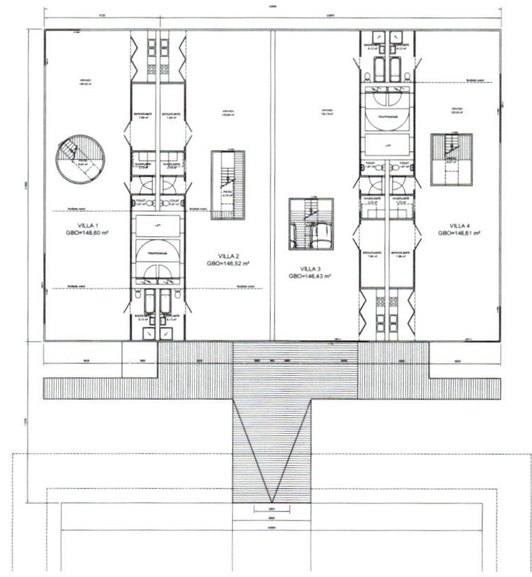

Planta baja (cota +11.80) / Ground floor (level +11.80)

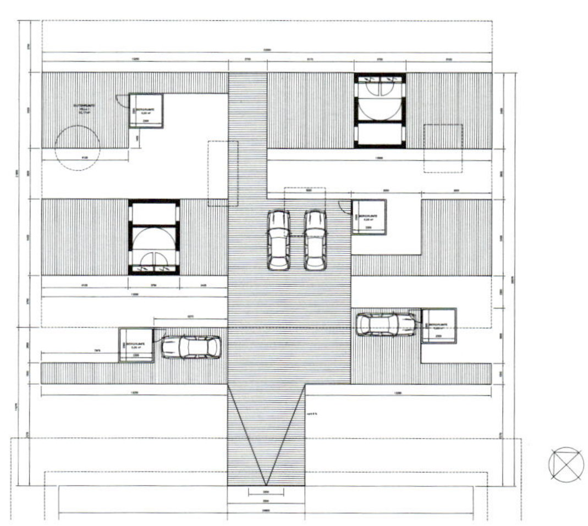

Planta plataforma de acceso (cota +0.60) / Access platform (level +0.60)

La Haya, Holanda / The Hague, The Netherlands

CASAS PATIO EN YPENBURG

1999- PATIO HOUSES, YPENBURG

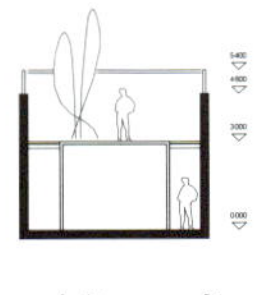

Sección transversal tipo ↑ Plano de situación / Standard cross section ↑ Site plan

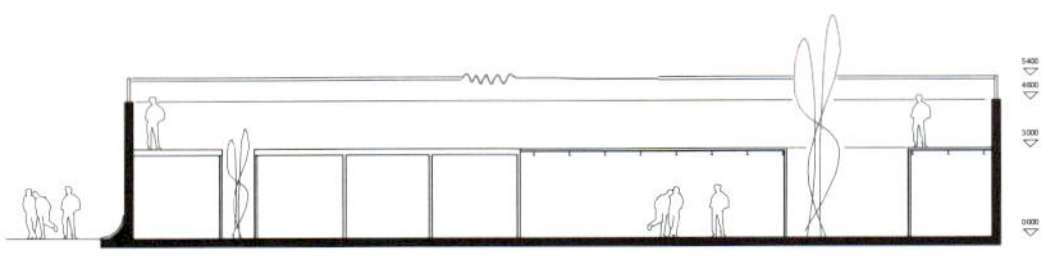

Sección longitudinal tipo / Standard longitudinal section
→ Fragmento de fachada tipo / → Standard facade. Fragment

¿Cómo sobrevivir en los nuevos conjuntos residenciales? ¿Es el jardín el último instrumento para vivir? En Ypenburg —un nuevo barrio de viviendas en La Haya— hemos agrupado las cuarenta y cinco casas requeridas en una única placa de casas patio, de 4,5 metros de altura. Proponemos una introversión que satisfaga las demandas de la gente con un estilo de vida más 'japonés', dentro de una sociedad cada vez más densificada.

How to survive in the new housing developments? Is the garden the ultimate tool to live with? In Ypenburg, a new housing development in The Hague, we grouped 46 demanded houses into one plaque of patio houses, 4,5 meters high. We suggested an introversion that would cover the demands of people with a more 'Japanese' lifestyle within a densifying society.

Se han escogido una serie de interiores que transforman esa placa en un rompecabezas de 'idealismos'. Esto reduce la relación con la calle. Dotando a las casas de una cubierta de vidrio, todas ellas tendrán vistas hacia el cielo, —las más estimulantes en este tipo de entornos—. El vidrio es parcialmente transitable, para crear una terraza privada. La altura del muro circundante combina la discreción con una posible supervisión de la barbacoa de los vecinos.

A series of interiors have been selected to turn this plaque into a puzzle of 'idealisms'. This reduces the relationship with the street. By giving the houses a glass roof, all the houses will have a view towards heaven, the most inspiring view anyway in these types of environments. The glass can be accessed partly for a private terrace. The height of the surrounding wall combines discretion with a possible overview of the 'barbecue-plain' of neighbours.

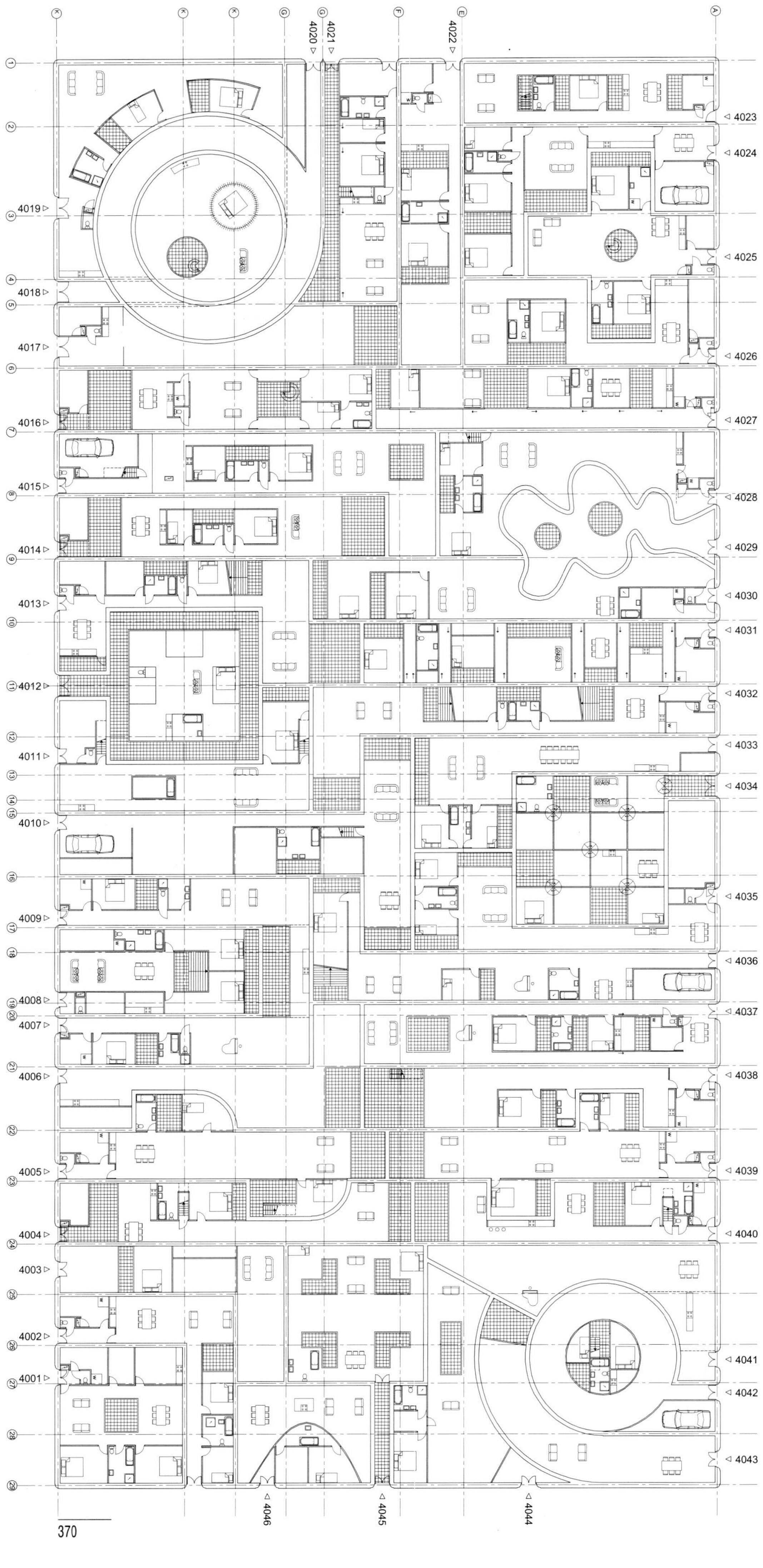

Planta general / Overall plan

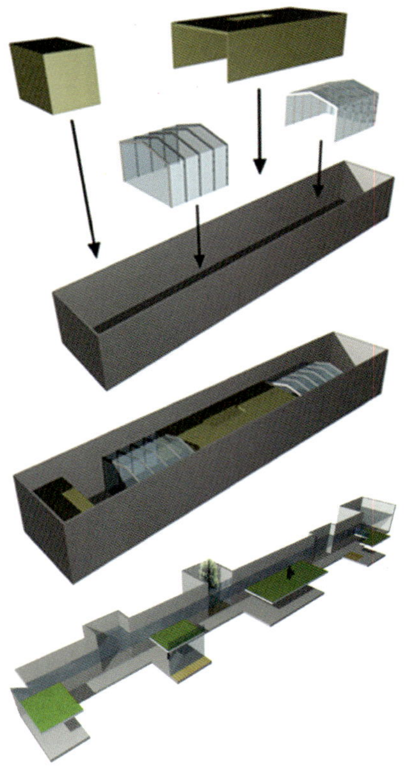

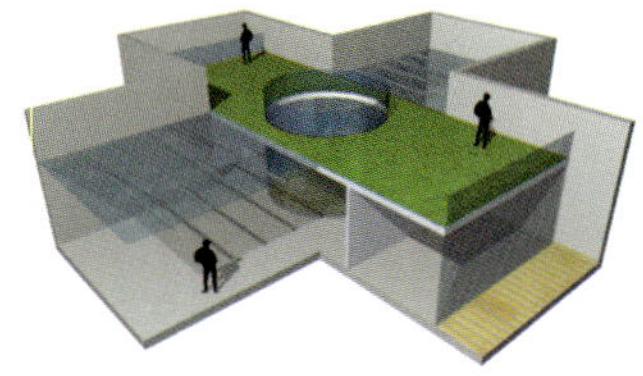

TIPOLOGÍA DE PLANTAS
FLOOR PLAN TYPES

CASA CRUZ / CROSS HOUSE

Superficie útil: 136 m² / Interior area: 136 sq.m.
Patio: 18 m² / Patio: 18 sq.m.

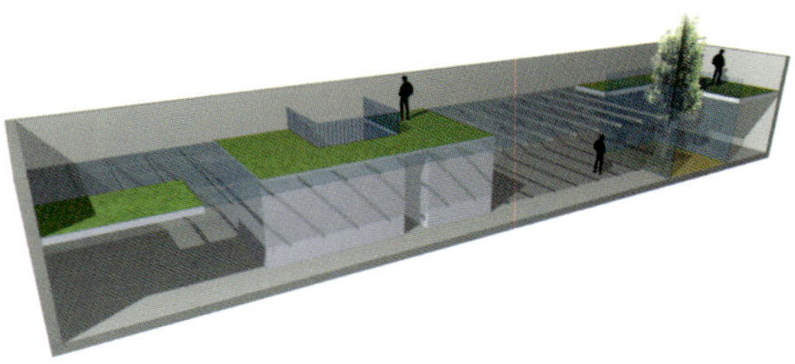

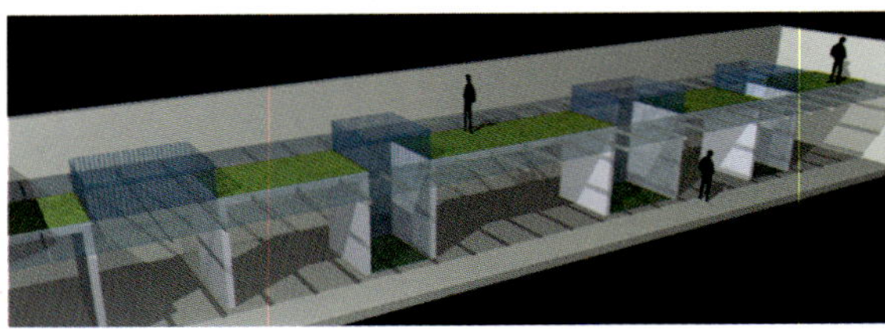

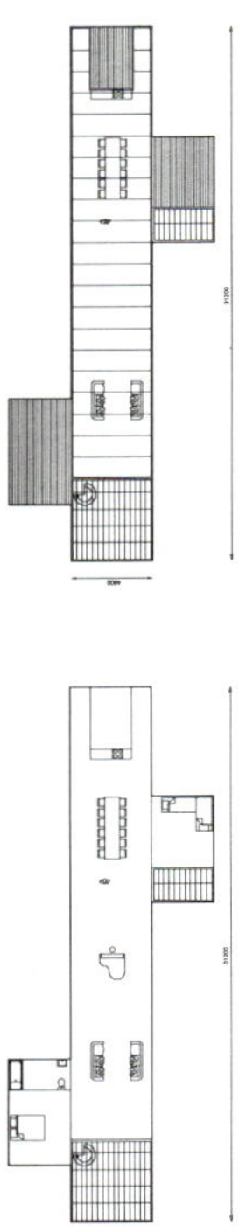

CASA CON NICHOS / NICHES HOUSE

Superficie útil: 108 m² / Interior area: 108 sq.m.
Patio: 28 m² / Patio: 28 sq.m.

CASA SIN FIN / ENDLESS HOUSE

Superficie útil: 145 m² / Interior area: 145 sq.m.
Patio: 14 m² / Patio: 14 sq.m.

CASA CLUB-MED / CLUB-MED HOUSE

Superficie útil: 134 m² / Interior area: 134 sq.m.
Patio: 28 m² / Patio: 28 sq.m.

CASA SILBATO / WHISTLE HOUSE

Superficie útil: 138 m² / Interior area: 138 sq.m.
Patio: 12 m² / Patio: 12 sq.m.

CASA GUGGENHEIM / GUGGENHEIM HOUSE

Superficie útil: 150 m² / Interior area: 150 sq.m.
Patio: 33 m² / Patio: 33 sq.m.

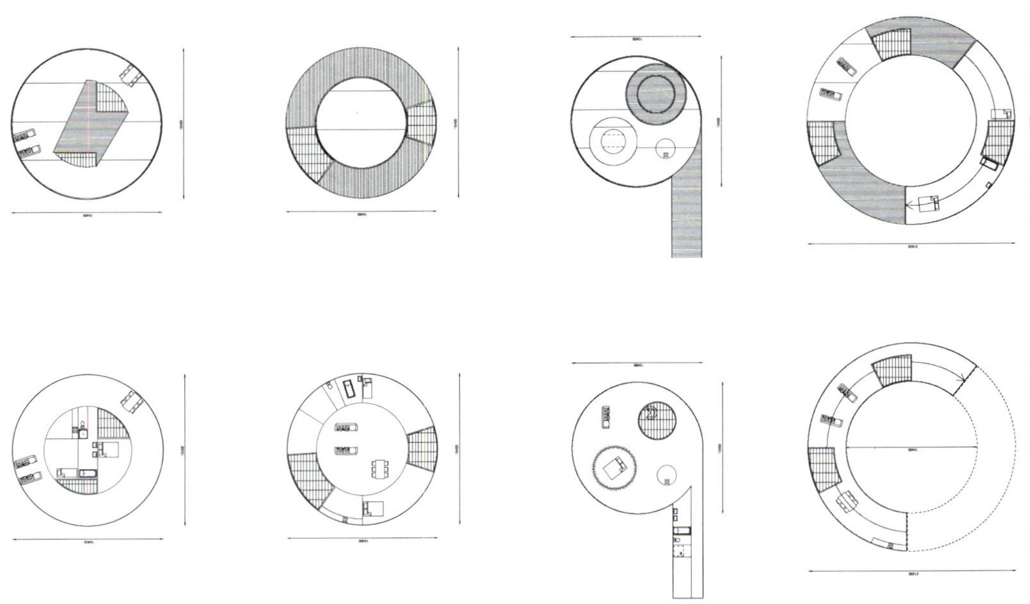

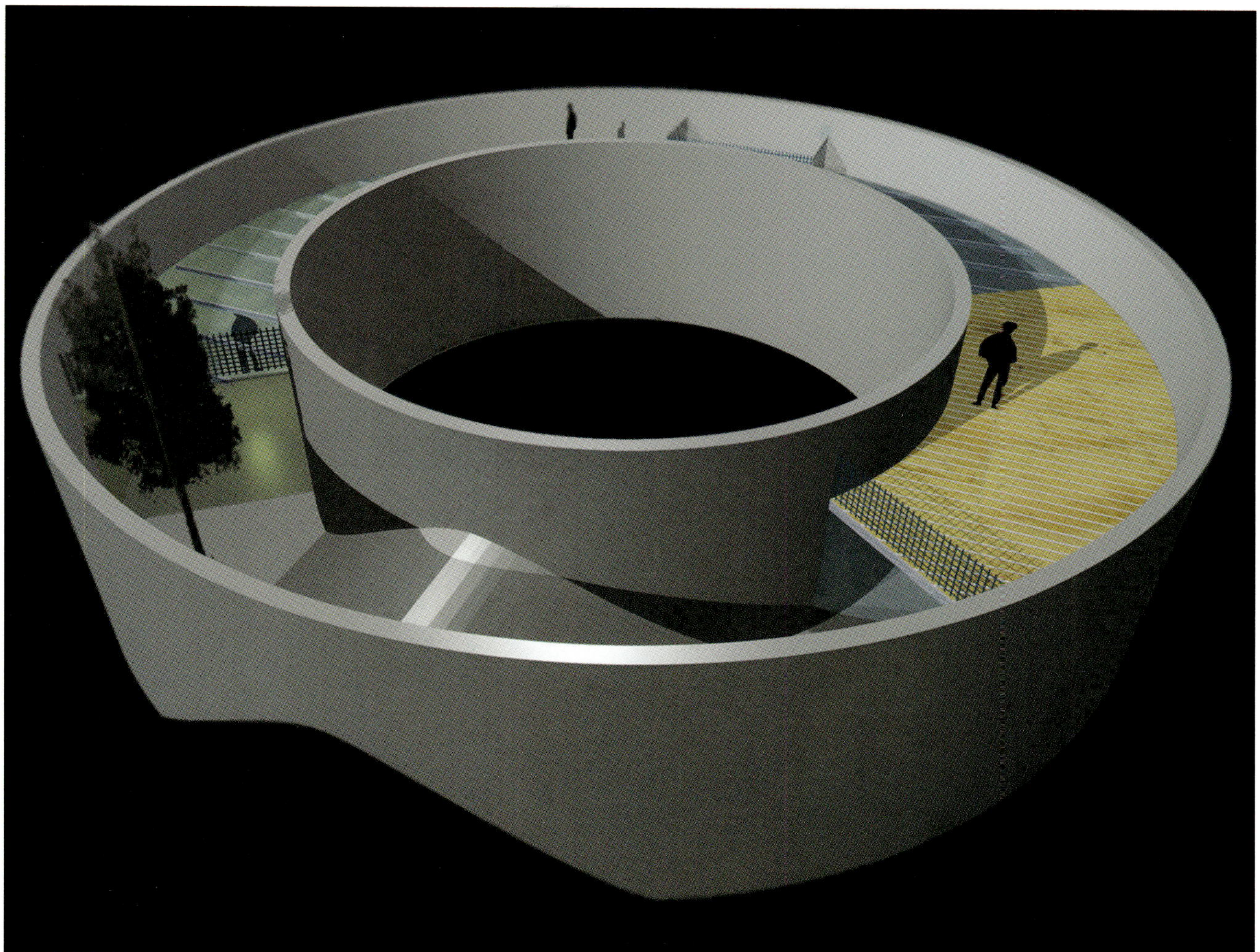

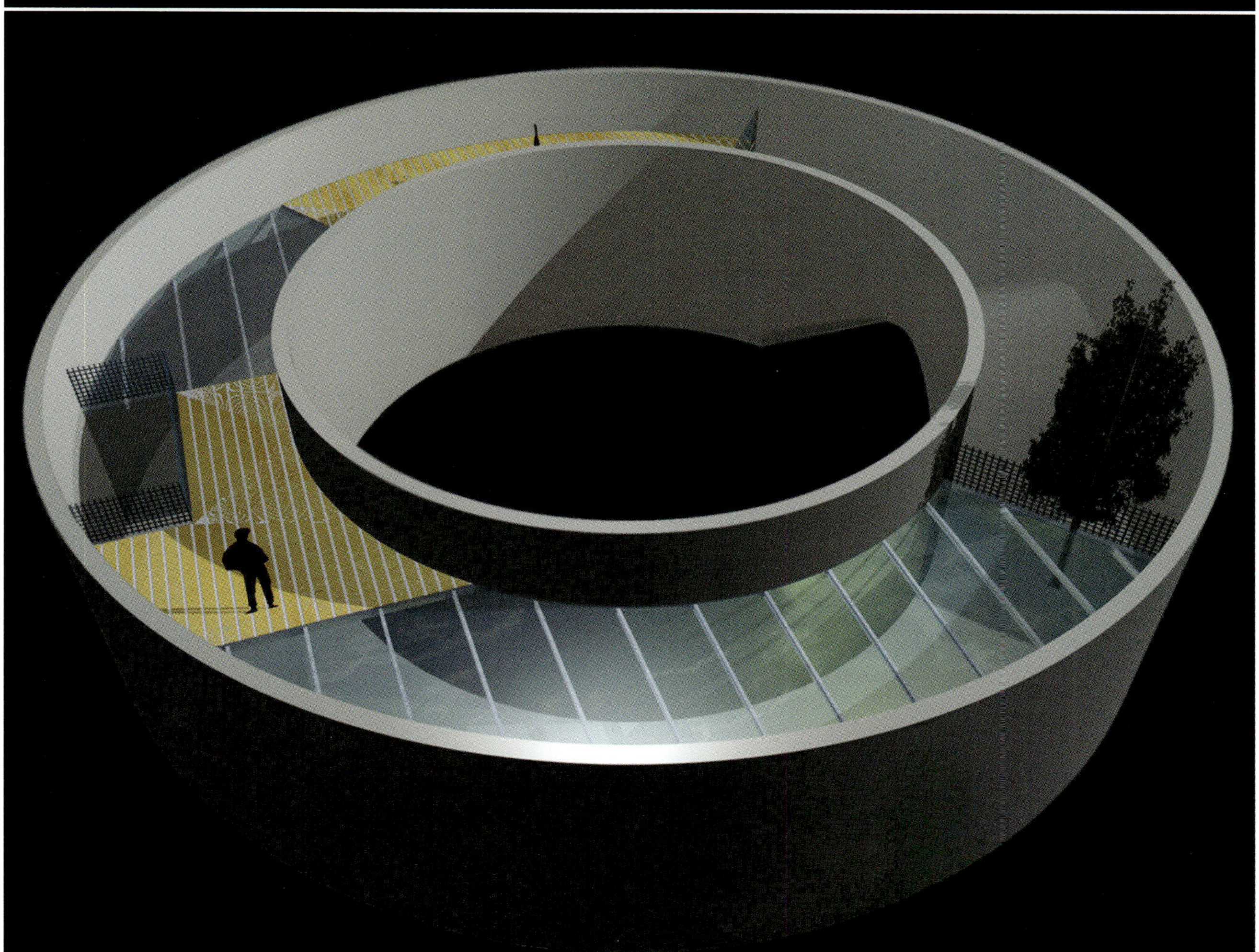

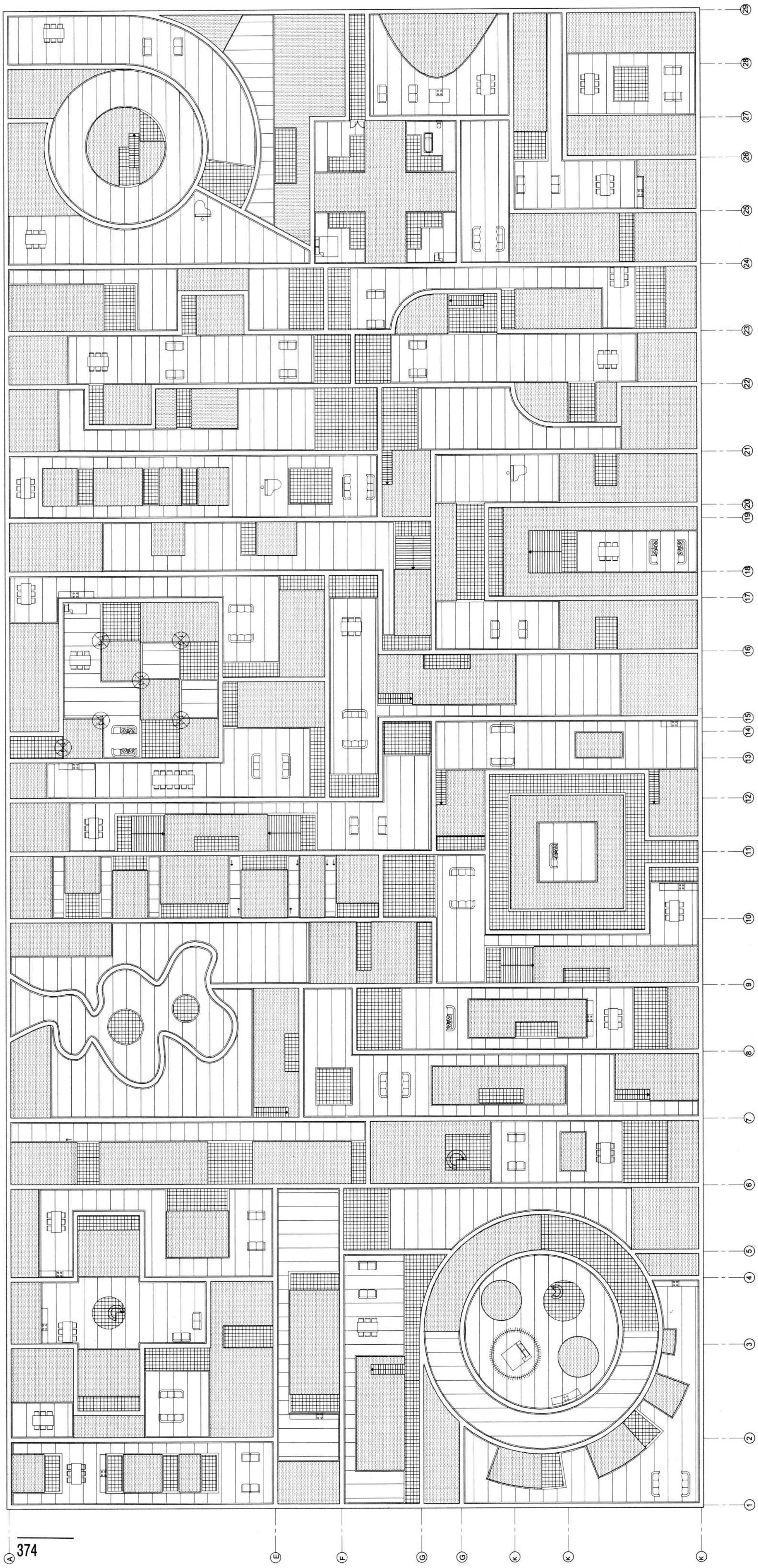

Planta de cubiertas / Roof plan

TIPOLOGÍA DE PLANTAS
FLOOR PLAN TYPES

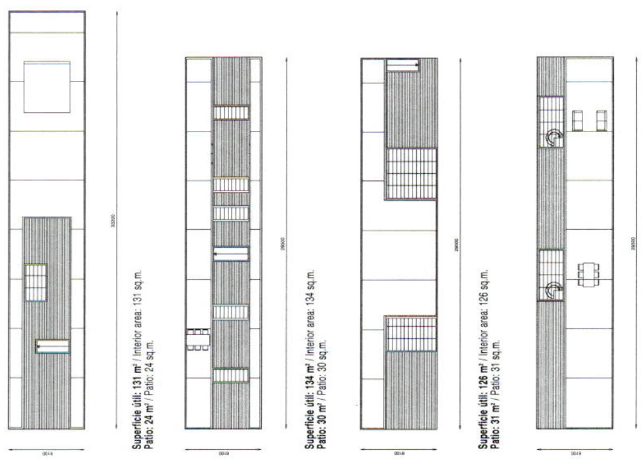

Superficie útil: 131 m² / Interior area: 131 sq.m.
Patio: 24 m² / Patio: 24 sq.m.

Superficie útil: 134 m² / Interior area: 134 sq.m.
Patio: 30 m² / Patio: 30 sq.m.

Superficie útil: 126 m² / Interior area: 126 sq.m.
Patio: 31 m² / Patio: 31 sq.m.

Superficie útil: 126 m² / Interior area: 126 sq.m.
Patio: 31 m² / Patio: 31 sq.m.

CASA ALARGADA / ELONGATED HOUSE

CASA-INVERNADERO / GLASS-HOUSE

CASA DE LARGO CORREDOR / LONG-CORRIDOR HOUSE

CASA CON MURO TÉCNICO / TECHNICAL WALL HOUSE

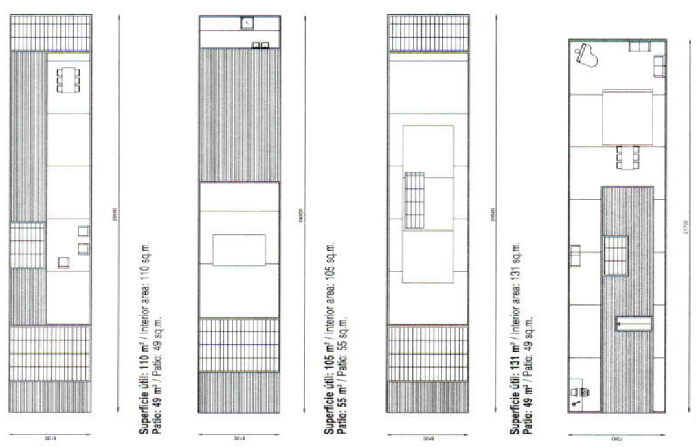

Superficie útil: 110 m² / Interior area: 110 sq.m.
Patio: 49 m² / Patio: 49 sq.m.

Superficie útil: 105 m² / Interior area: 105 sq.m.
Patio: 55 m² / Patio: 55 sq.m.

Superficie útil: 131 m² / Interior area: 131 sq.m.
Patio: 49 m² / Patio: 49 sq.m.

Superficie útil: 151 m² / Interior area: 151 sq.m.
Patio: 24 m² / Patio: 24 sq.m.

CASA CON MURO TÉCNICO+2 JARDINES / TECHNICAL WALL HOUSE+2 GARDENS

CASA CON JARDÍN INTERIOR / HOUSE WITH INTERIOR GARDEN

CASA CON JARDÍN DELANTERO Y TRASERO / FRONT AND BACK GARDEN HOUSE

CASA ANCHA / WIDE HOUSE

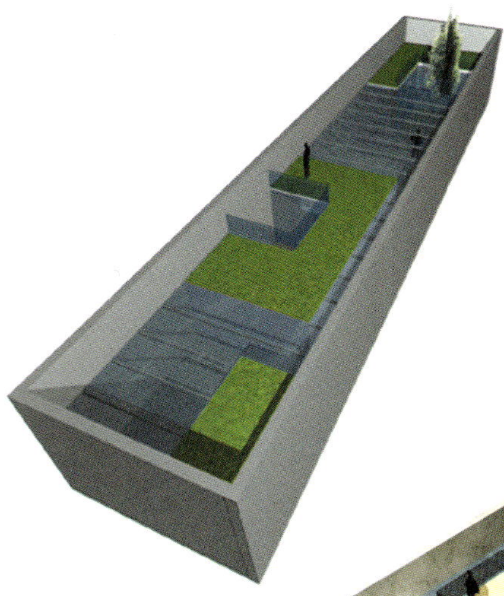

CASA DOBLE / DOUBLE HOUSE
Superficie útil: 153 m² / Interior area: 153 sq.m.
Patio: 18 m² / Patio: 18 sq.m.

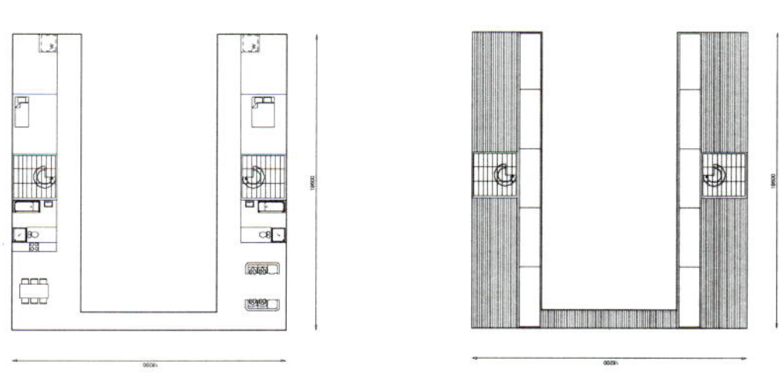

CASA DOBLE CON COCINA O PATIO COMPARTIDO
DOUBLE HOUSE SHARING PATIO AND KITCHEN
Superficie útil: 160 m² / Interior area: 160 sq.m.
Patio: 38 m² / Patio: 38 sq.m.

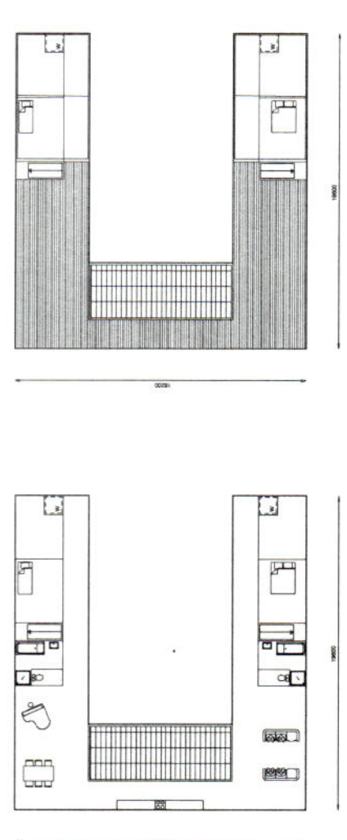

CASA DOBLE CON DORMITORIO COMPARTIDO
DOUBLE HOUSE SHARING BEDROOM
Superficie útil: 163 m² / Interior area: 163 sq.m.
Patio: 29 m² / Patio: 29 sq.m.

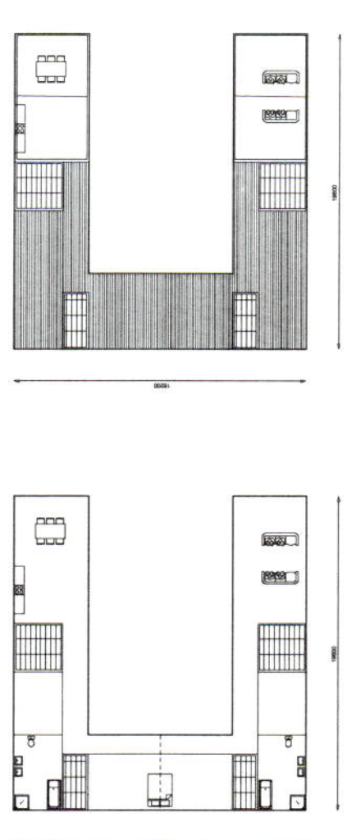

CASA SANDWICH
SANDWICH HOUSE
Superficie útil: 130 m² / Interior area: 130 sq.m.
Patio: 22 m² / Patio: 22 sq.m.

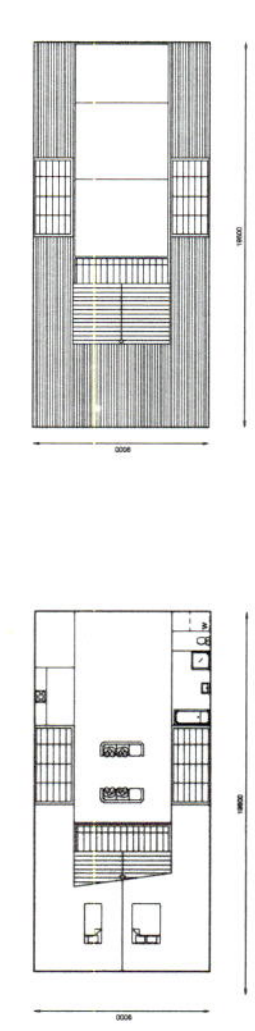

CASA DE 16 HABITACIONES
16-ROOM HOUSE

Superficie útil: 135 m² / Interior area: 135 sq.m.
Patio: 37 m² / Patio: 37 sq.m.

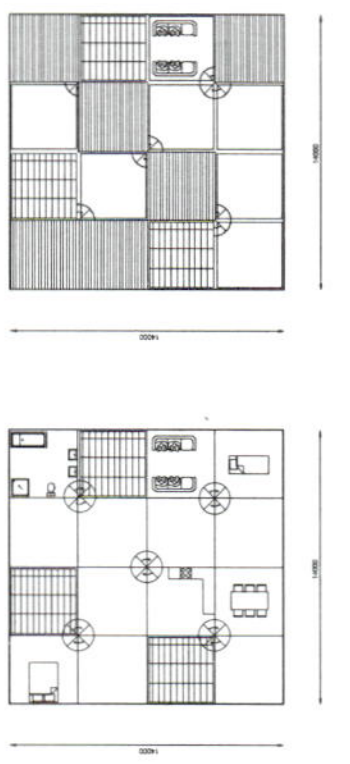

VILLA EXENTA
FREESTANDING VILLA

Superficie útil: 102 m² / Interior area: 102 sq.m.
Patio: 104 m² / Patio: 104 sq.m.

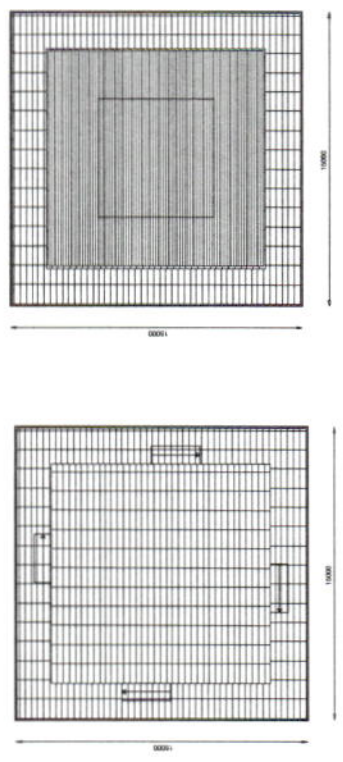

CASA CON ATRIO
ATRIUM HOUSE

Superficie útil: 163 m² / Interior area: 163 sq.m.
Patio: 32 m² / Patio: 32 sq.m.

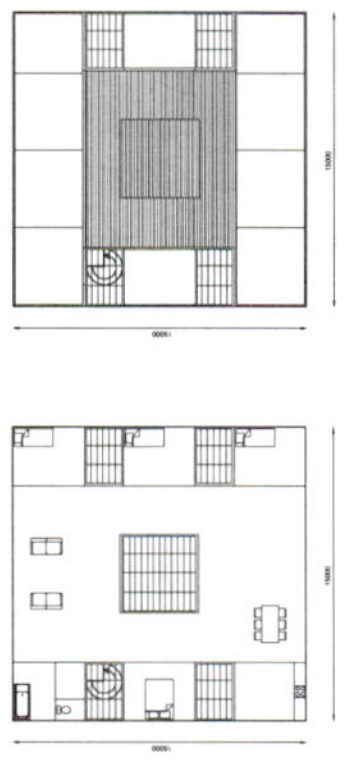

CASA DE CRUZ GRIEGA
GREEK CROSS HOUSE

Superficie útil: 133 m² / Interior area: 133 sq.m.
Patio: 67 m² / Patio: 67 sq.m.

CASA DE 7 PATIOS
7 PATIOS HOUSE

Superficie útil: 132 m² / Interior area: 132 sq.m.
Patio: 45 m² / Patio: 45 sq.m.

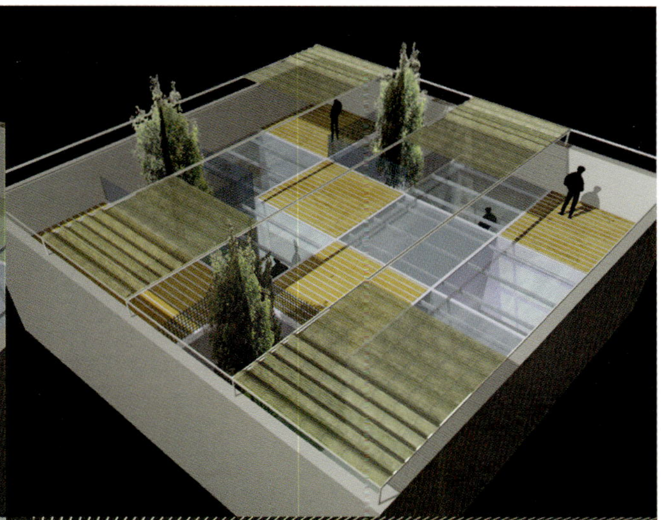

Holanda / The Netherlands

MUELLE DE VIVIENDAS EN OEGSTGEEST

2000- PIER HOUSING IN OEGSTGEEST

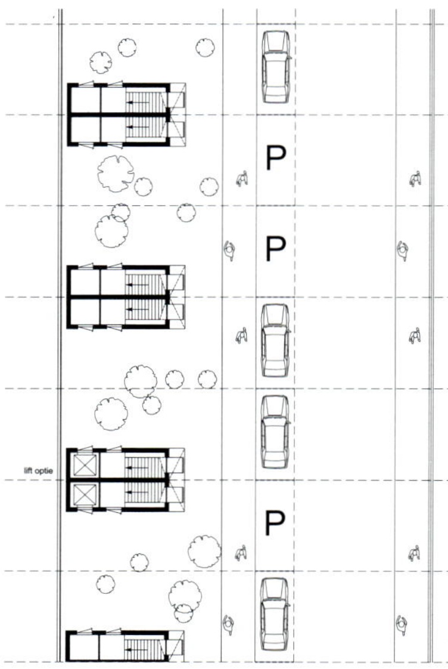

Planta de cubiertas / Roof plan

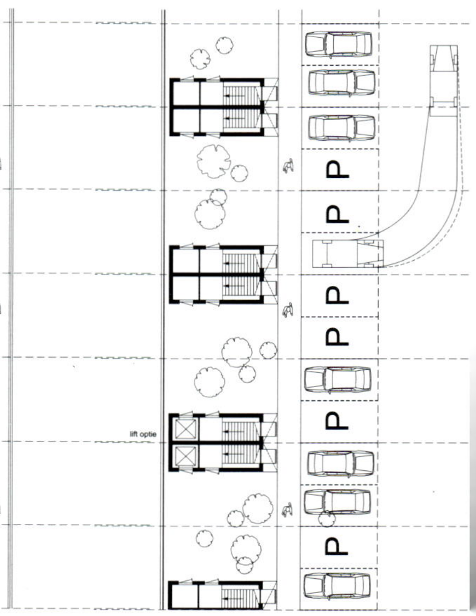

Variante plazas de parking / Alternative parking arrangement

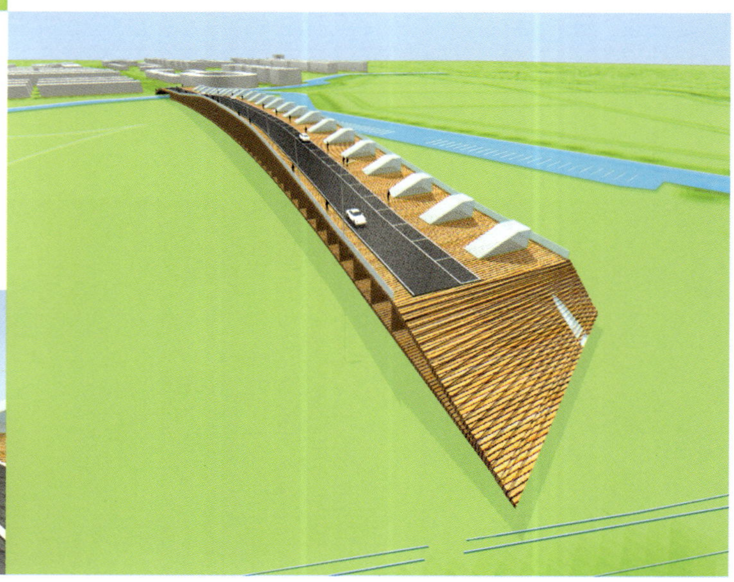

En el municipio de Oegstgeest, en los Países Bajos, una parte del desarrollo residencial Poelgeest exigía la construcción de 47 casas de lujo en una zona de pastizales. El terreno está ubicado en el extremo norte del conjunto residencial existente; entre el canal de Holle Mare situado al oeste, las vías férreas al este y la naturaleza boscosa al norte. Con el fin de aprovechar al máximo los pastizales y guardar cierta distancia con respecto a las vías del tren, se ha optado por un modelo compacto, en conjunción con las infraestructuras necesarias para dar servicio a la zona. De este modo, el diseño de un edificio 'muelle' ofrece la oportunidad de continuar y realzar la vía Jac. P Thijsse, eje principal del trazado urbano, extendiéndolo por la 'plataforma' del edificio y logrando así que el paisaje urbano forme parte integral del diseño. El muelle acaba en una gran escalera que permite a los peatones descender hacia los bosques.

In the municipality of Oegstgeest in the Netherlands, a part of the housing development Poelgeest has requested 47 luxurious houses to be built in a grass-land area. The site is situated at the north end of the existing housing scheme, between the Holle Mare canal to the west, the train tracks to the east and the forested nature to the north. In order to maximise the grassland area and to keep distance from the train tracks, a compact model has been chosen in conjunction with the infrastructure needed to serve this area. Thus the design of a 'pier' building gives the opportunity to continue and celebrate the Jac. P Thijsse Lane, the major axis of the urban plan, as an extension along the 'deck' of the building and making the street-scape an integral part of the design. The pier ends with a grand staircase unit that descends pedestrians into the woods.

Las viviendas tienen, como término medio, unos 200 m², y a ellas se puede acceder desde la calle y desde la plataforma ajardinada de la cubierta. Las terrazas situadas en los extremos este y oeste reciben el sol matutino en las zonas de desayuno y el sol vespertino en las zonas de descanso, en unos espacios altos y de 22 metros de longitud. Además, las terrazas dan acceso al puerto deportivo por un lado, y a los sinuosos senderos de los pastizales por el otro.

The apartments are on average 200 m² and can be reached from the street and roof garden deck. The balconies at the east and west ends receive morning sun in the breakfast areas and evening sun in the resting areas of this 22m long loft space. Further, the balconies provide access to the yacht harbour to one side as well as the wandering footpaths of the grass field to the other.

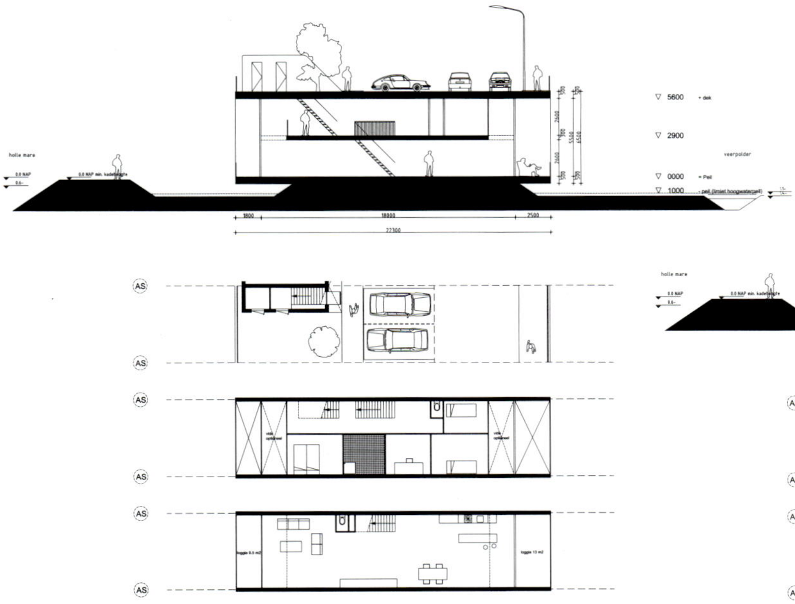

Plantas y sección viviendas dúplex / Duplex houses. Floor plans and section

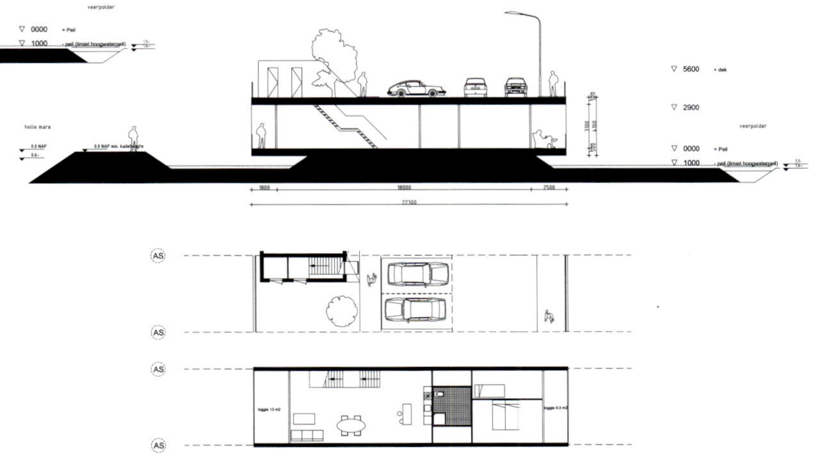

Plantas y sección viviendas en una sola planta / One-floor houses. Floor plans and section

Madrid, España / Spain

VIVIENDAS EN SANCHINARRO

2001- HOUSING IN SANCHINARRO

MVRDV + BLANCA LLEÓ

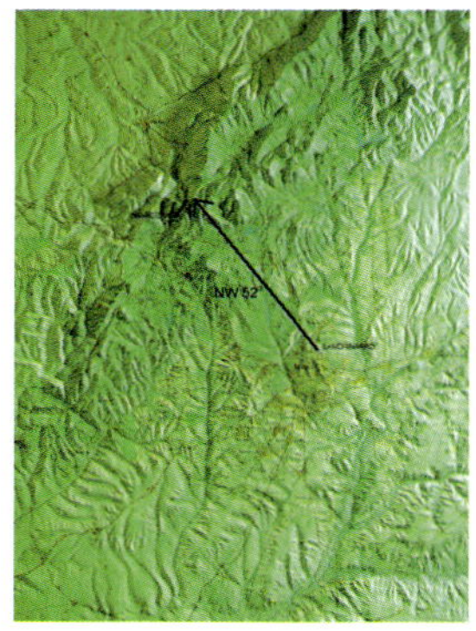

Situación / Site

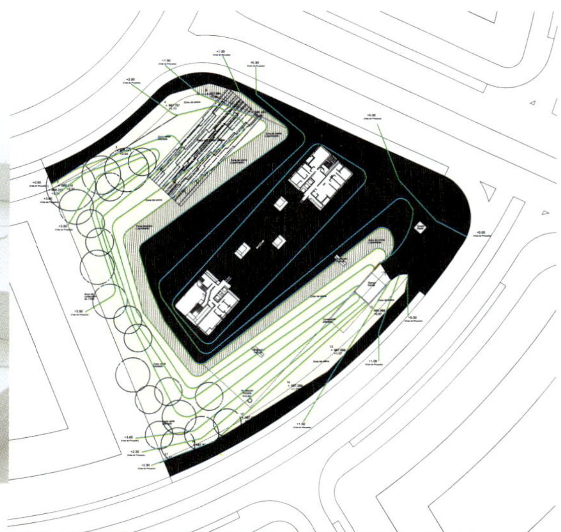

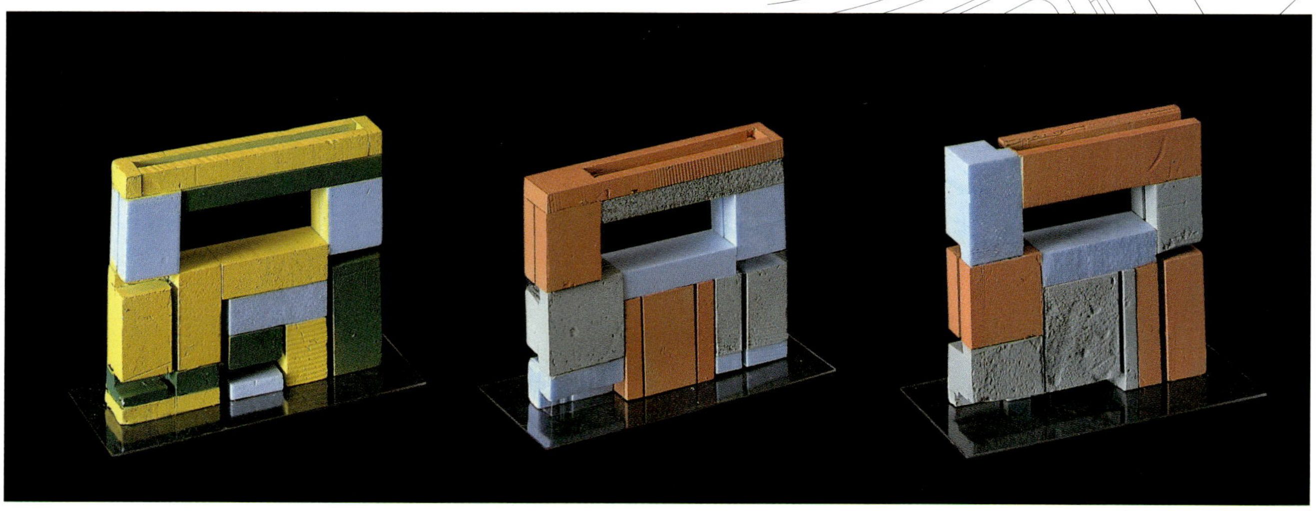

Sanchinarro es hoy una extensa planicie vacía en el borde noreste de Madrid. En estos terrenos, rodeado por vías, se asentará muy pronto un nuevo barrio residencial, de privilegiadas vistas hacia la sierra de Guadarrama. Para romper la excesiva homogeneidad y la sensación de claustrofobia del trazado urbano previsto —en manzanas cerradas de seis plantas—, el edificio fue desarrollado como referente para la ampliación de la ciudad y del territorio. El nuevo edificio —de veintidós plantas— es un encuadre del paisaje lejano y, al mismo tiempo, emerge como un elemento singular entre la uniformidad de los bloques urbanos. Al elevarse, la construcción libera un espacio público que la ciudad contemporánea demanda. El gran mirador situado a cuarenta metros del suelo, ofrece a los vecinos un jardín comunitario y un espacio donde contemplar el horizonte. La propuesta pretende abrir la arquitectura doméstica al entorno de la ciudad nueva y a los territorios próximos.

Sanchinarro is currently a large empty plain on the north east edge of Madrid. Surrounded by highways, the land will soon become a residential suburb with privileged views towards the Guadarrama Mountains. To break down the excessive uniformity and claustrophobia of the proposed design that asks for closed blocks of six storey buildings, this apartment building was developed as a reference point for the city extension and region at large. The 22 level building acts as a frame for the distant landscape and at the same time emerges as distinctive within the uniform city of blocks. The tower opens up public space demanded by the modern city. The large lookout at 40 metres above the ground provides inhabitants and neighbours with a community garden and a space from where they can contemplate the skyline. The proposal opens domestic architecture to the new city environment and to its surrounding territories.

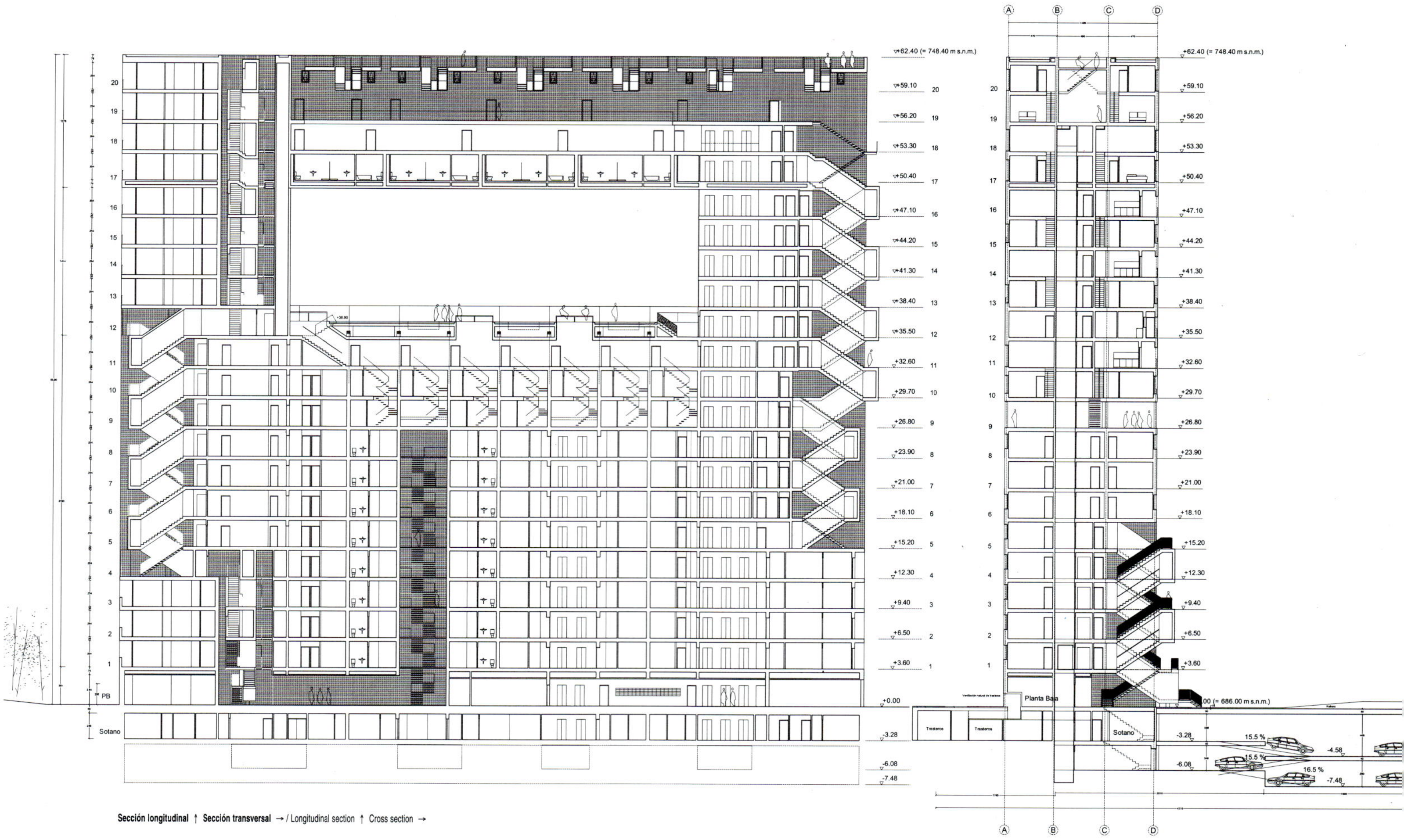

Sección longitudinal ↑ **Sección transversal** → / Longitudinal section ↑ Cross section →

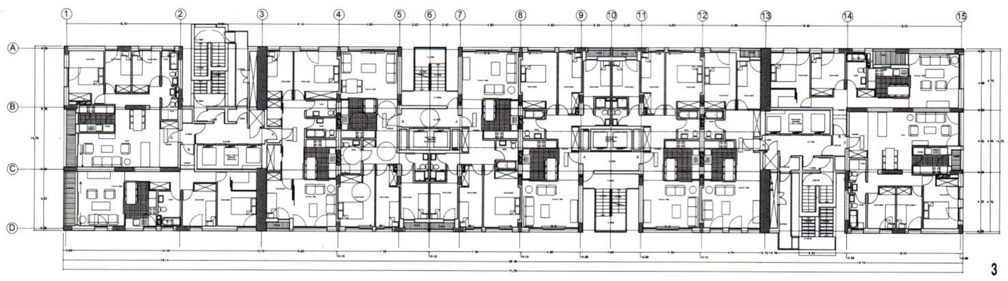

3

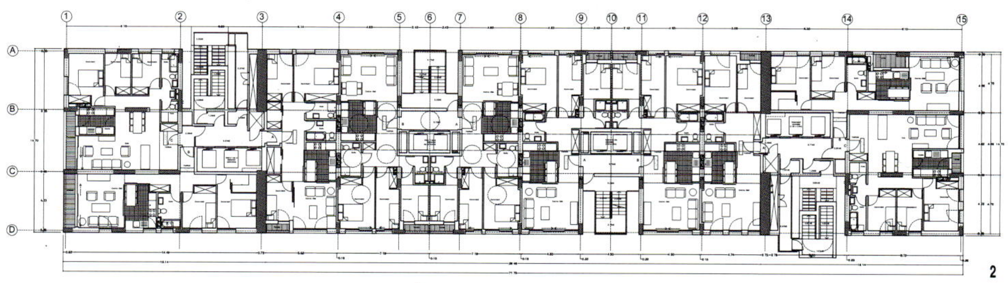

2

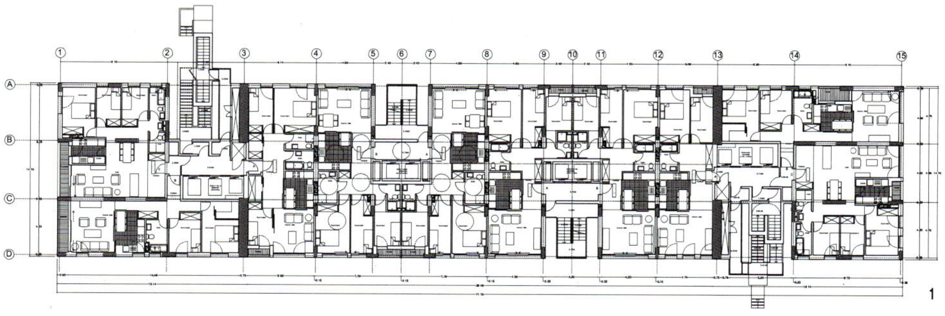

1

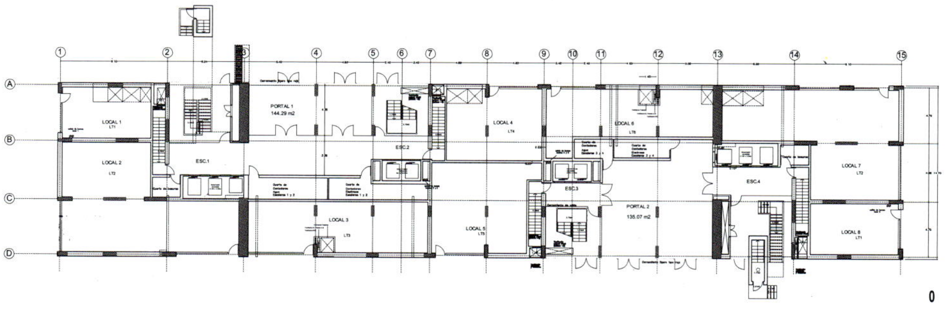

0

Esquema de tipología. Alzados
Typological diagram. Elevations

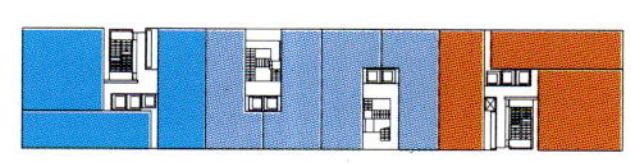

3

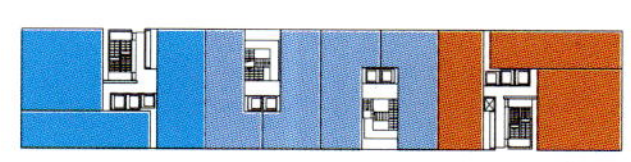

2

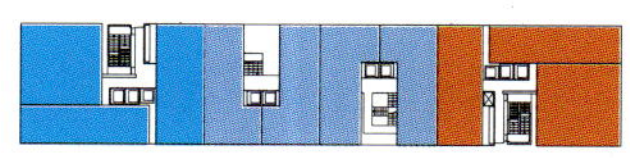

1

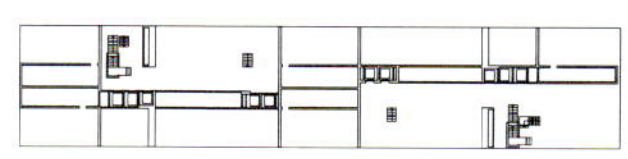

0

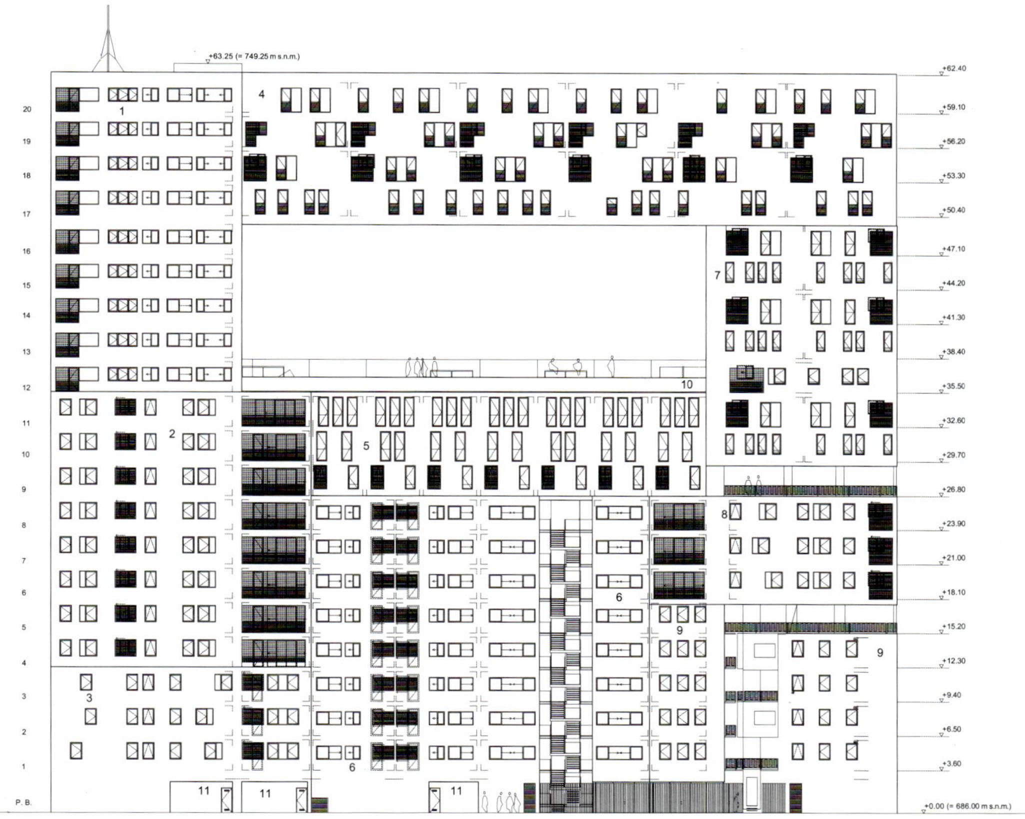

Alzado Sur / South elevation

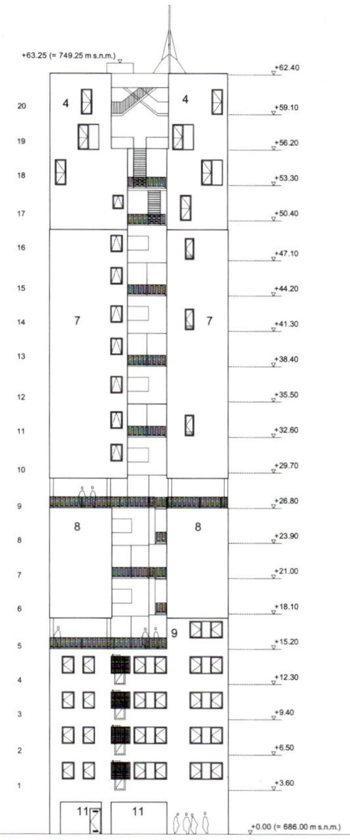

Alzado Este / East elevation

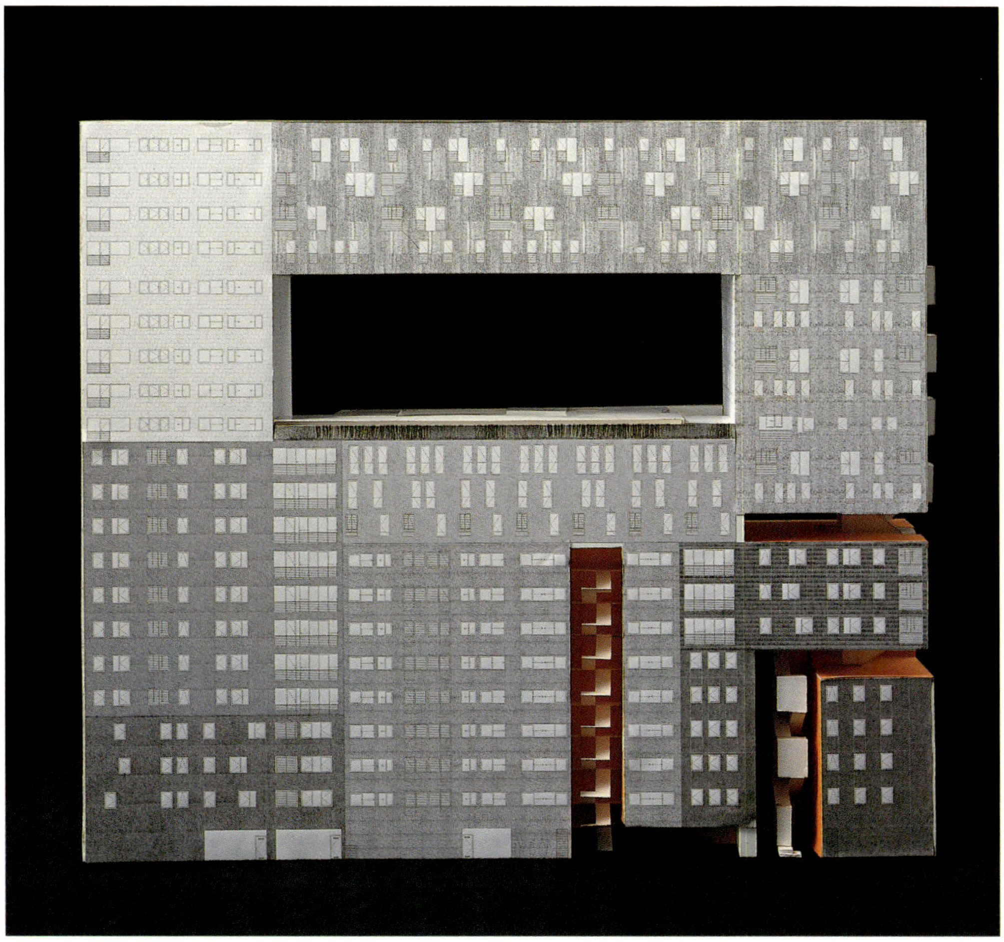

Esquema de barrios / Suburbs diagram

Los 16.000 m² construidos contienen una gran variedad de tipos de viviendas compactas, con el fin de integrar grupos sociales y modos de vida distintos. En contraste con la repetición racionalista de las tradicionales casas unifamiliares en serie, aquí las viviendas son agrupadas en pequeños 'edificios'. Estos 'bloques', apilados y aglutinados, constituyen un nuevo 'superbloque' en altura. Las circulaciones en el edificio son como pequeñas calles verticales que serpentean a través del volumen. Sus transformaciones a lo largo de cada recorrido aglutinan el compendio de tipologías estructuradas a modo de pequeños barrios.

The 16,000 sqm. structure contains a wide variety of compact housing types integrating different social groups and lifestyles. In contrast to the serial and rationalist repetition of the standard family unit, the housing units are grouped in small 'buildings'. These 'blocks', stacked and glued together, make up a new towering 'superblock'. The circulations in the building are like small vertical streets, snaking through the volume. Their transformation along each itinerary agglomerates the compendium of typologies that are structured like small suburbs.

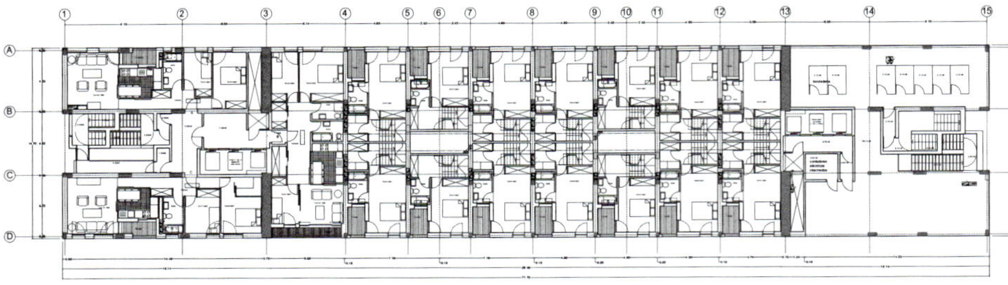

9

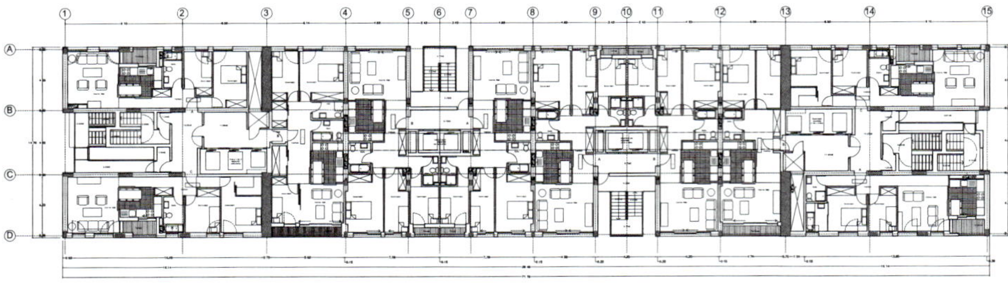

8

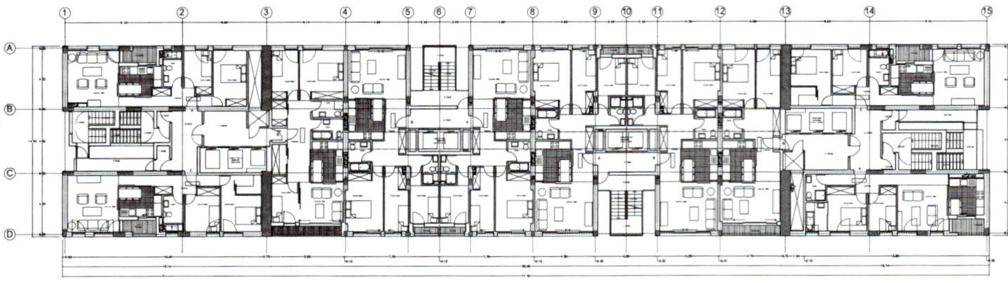

7

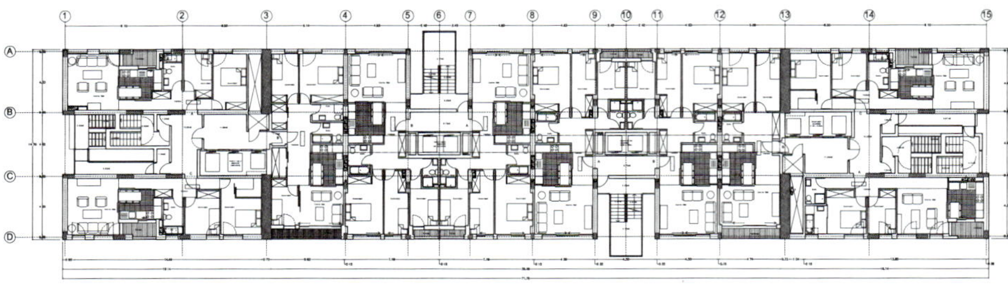

6

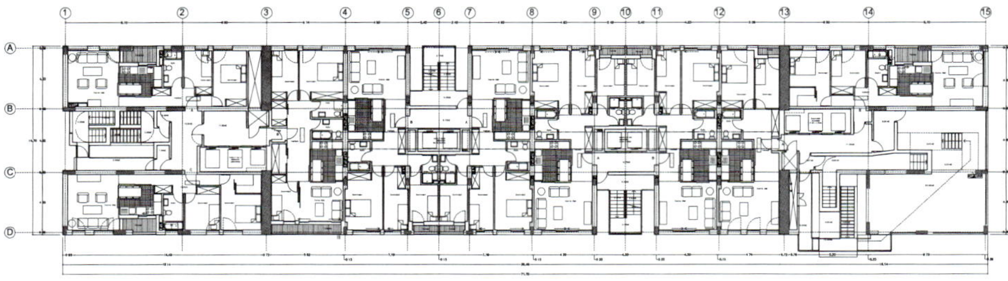

5

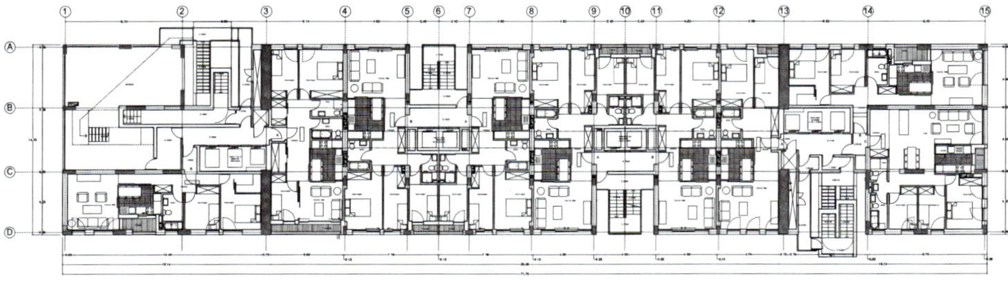

4

Ladrillo / Brick

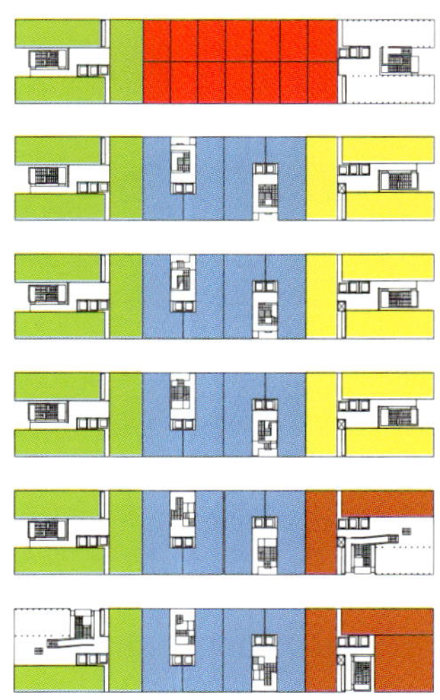

9

8

7

6

5

4

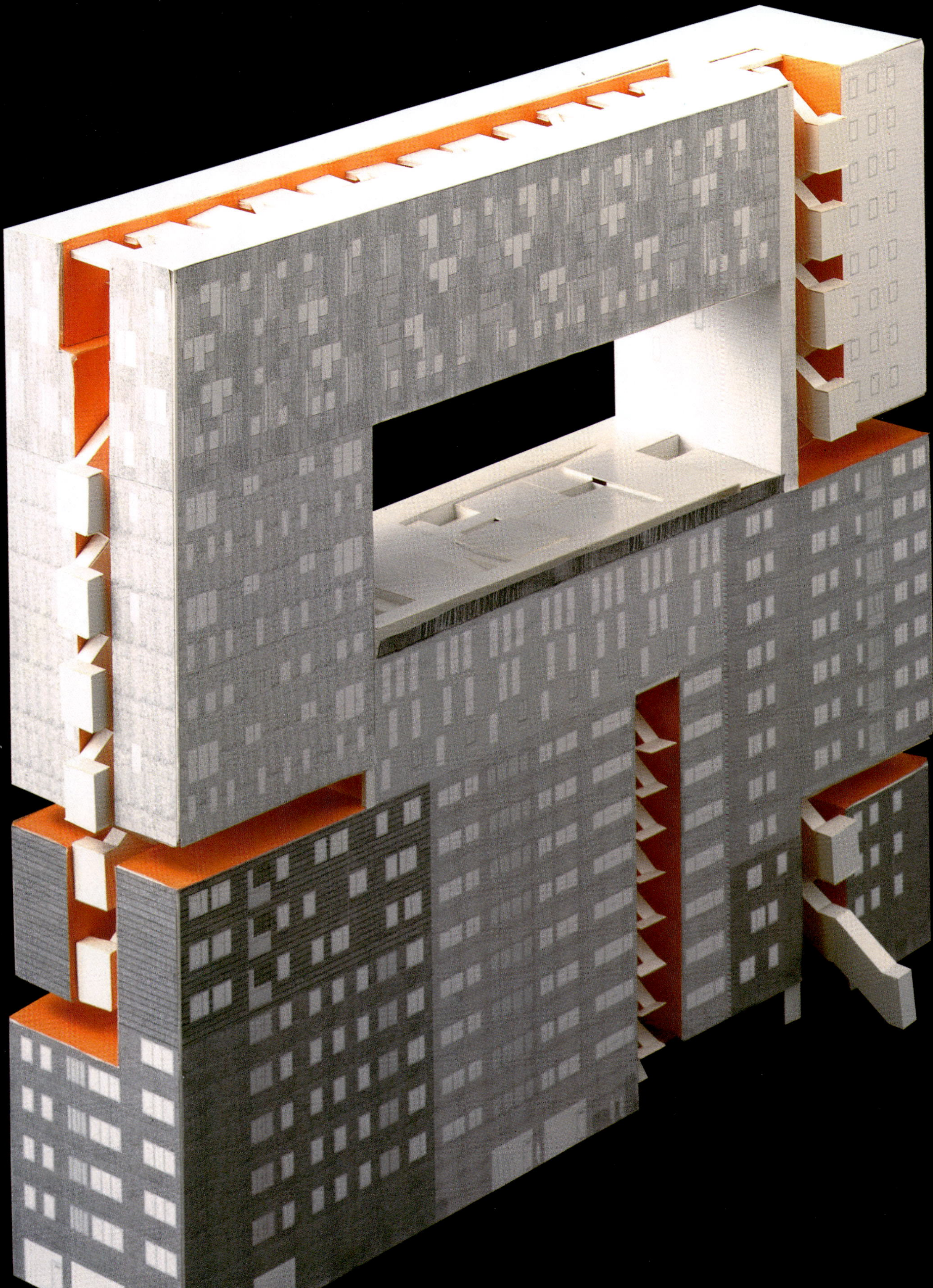

15

14

13

12

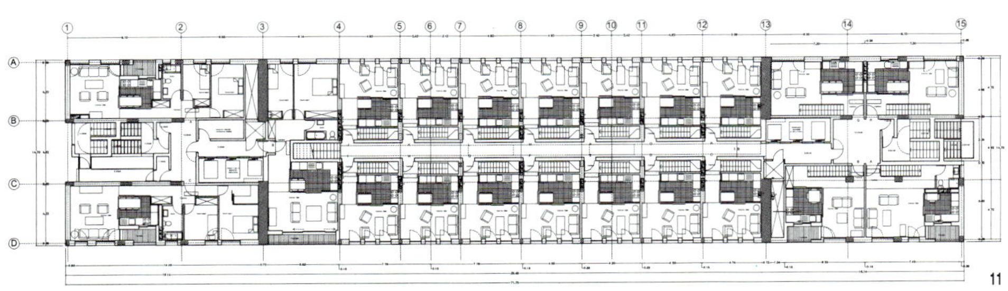

11

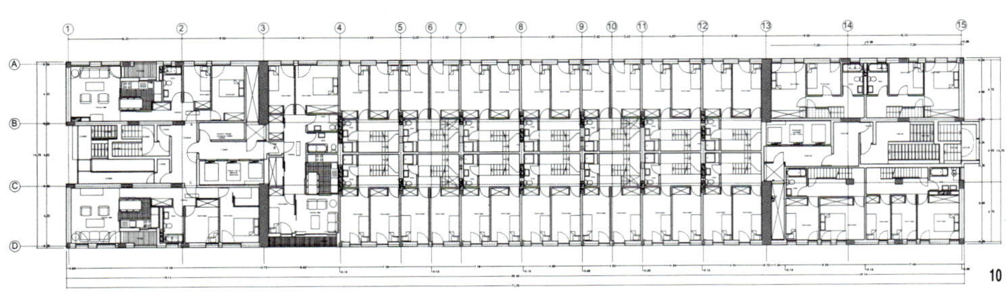

10

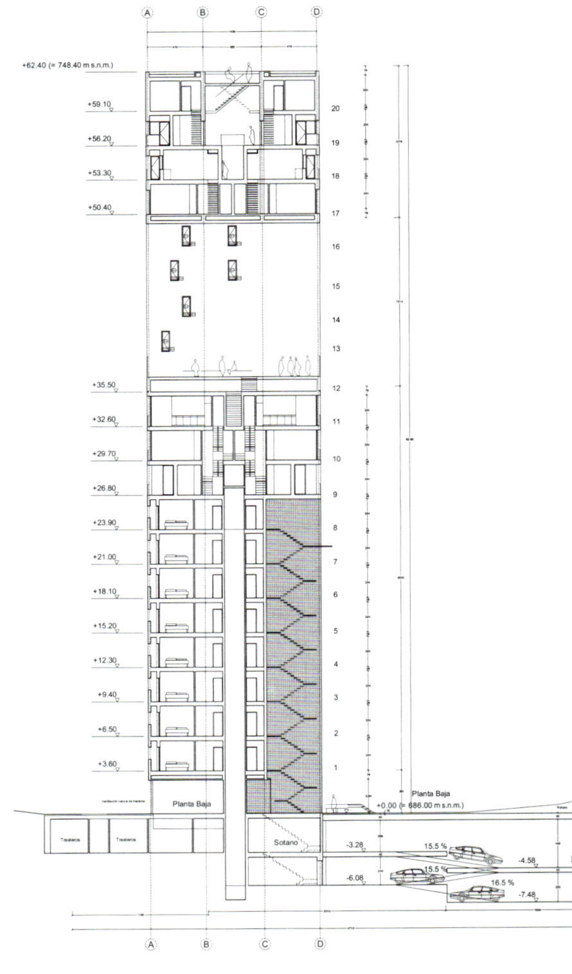

Sección transversal / Cross section

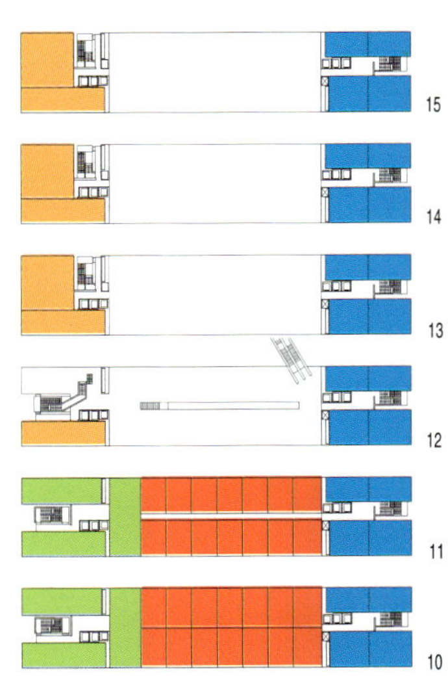

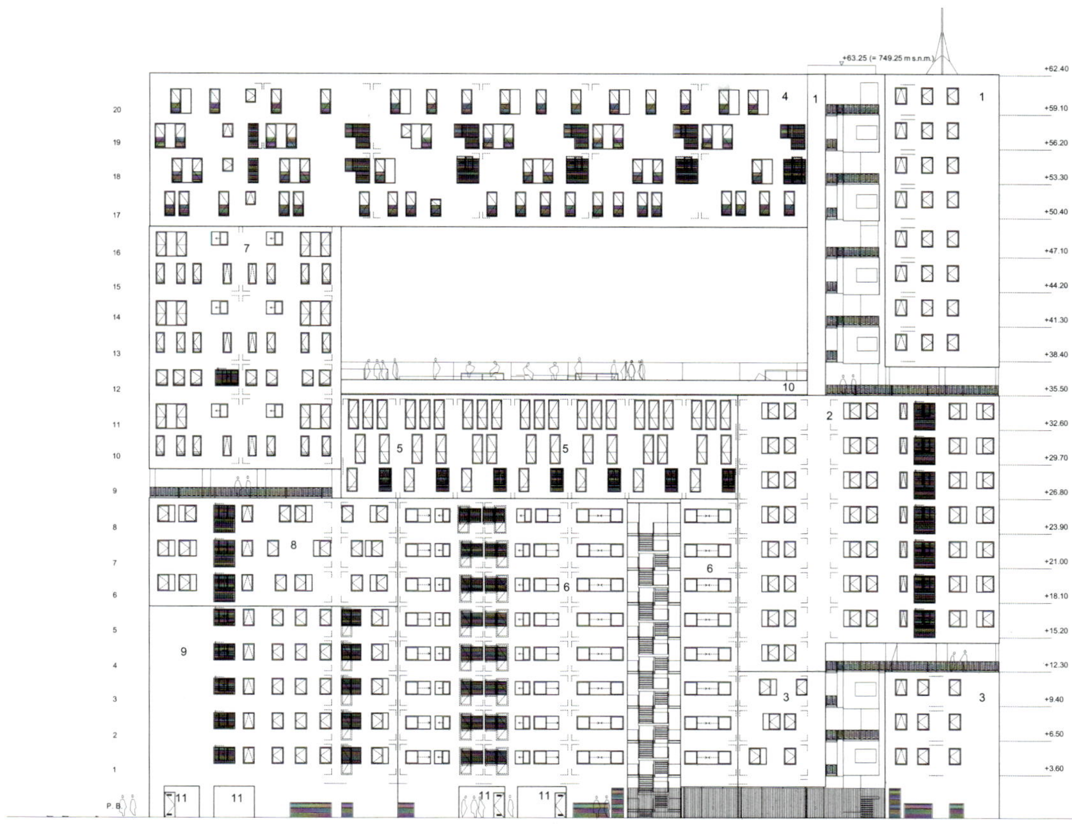

Alzado Norte / North elevation

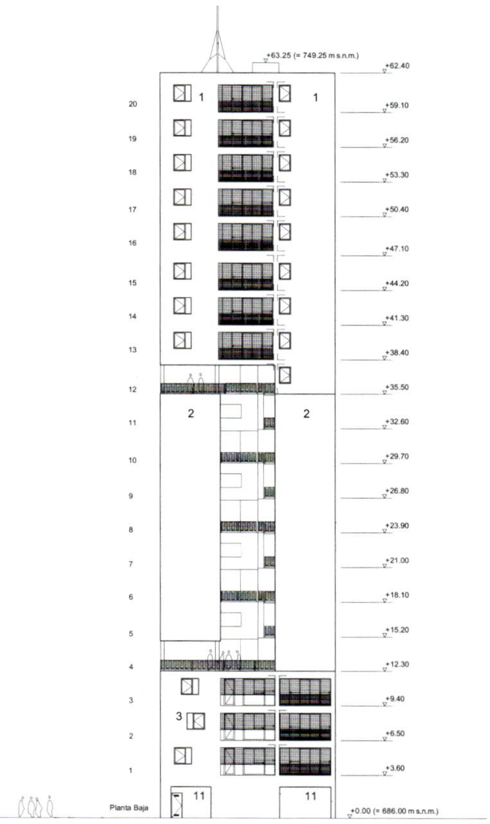

Alzado Oeste / West elevation

El vacío exterior de 550 m^2 en planta y 15 m de altura —situado en la planta duodécima— aglutina la diversidad, y da identidad al conjunto edificado y, por extensión, al barrio. La plaza en altura —de carácter semi-público— será accesible gracias a un ascensor que la conecta directamente con la plaza que rodea el edificio. De este modo, se dotará al espacio vecinal de una insólita capacidad urbana.

The exterior void measuring 550 sqm. in area and 15m high on the twelfth floor synthesis the diversity and provides the building as a whole and the neighbourhood with a sense of identity. The semi-public sky plaza will be easily accessible with a direct lift connection from the plaza surrounding the building. It will provide the neighbourhood area with an unusual urban capacity.

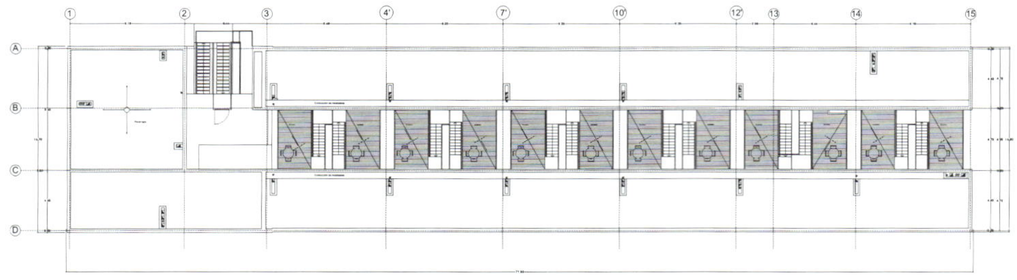

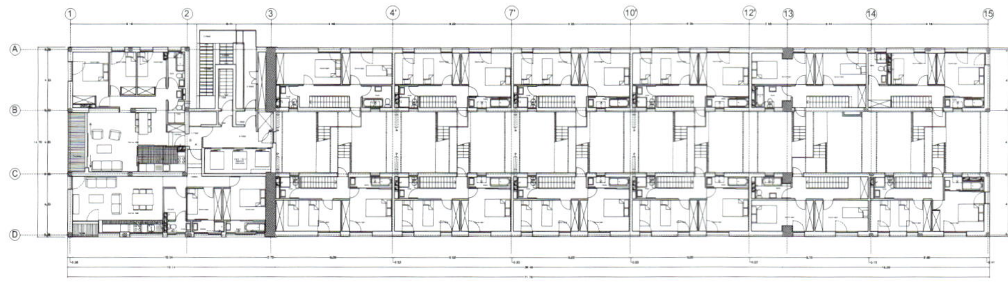

20

19

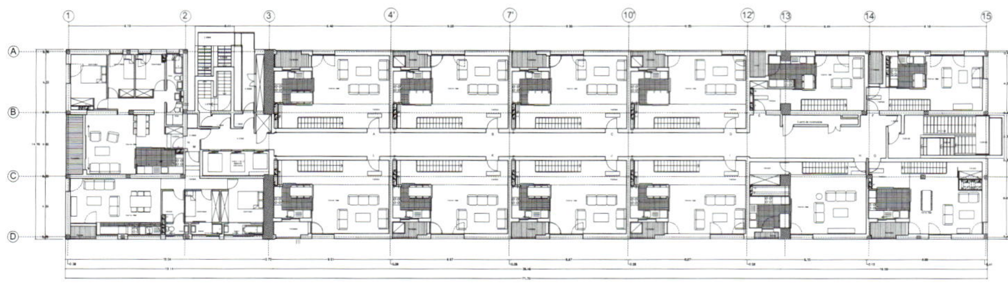

18

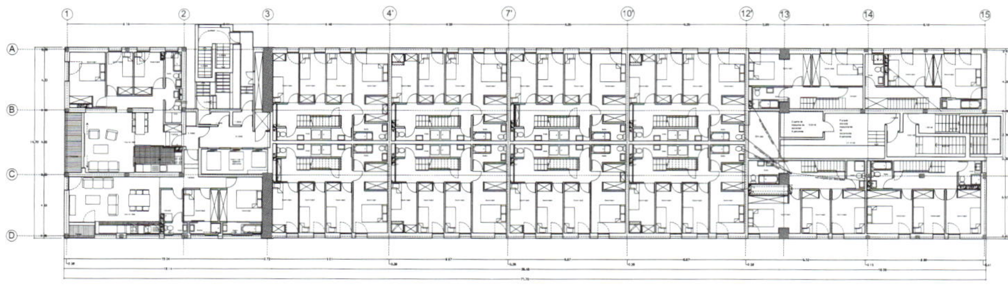

17

16

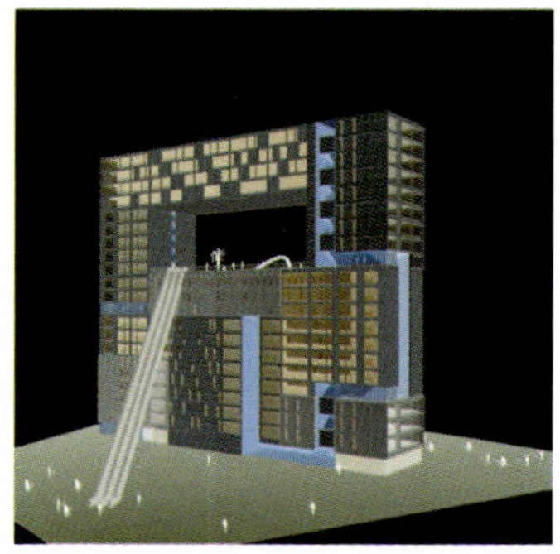

Versión previa / Preliminary version

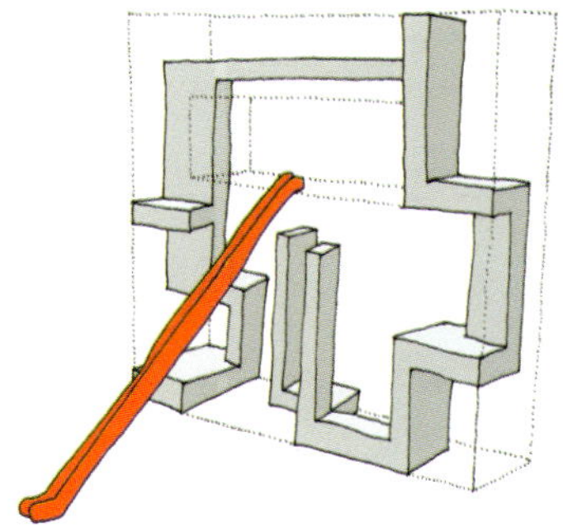

Esquemas de circulación / Circulation diagrams

20

19

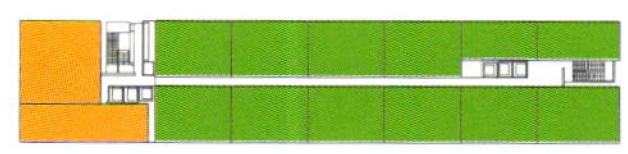

18

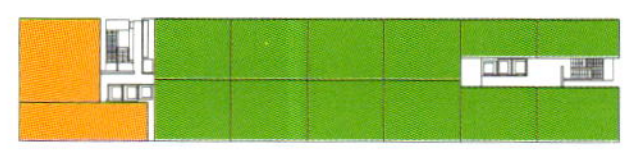

17

16

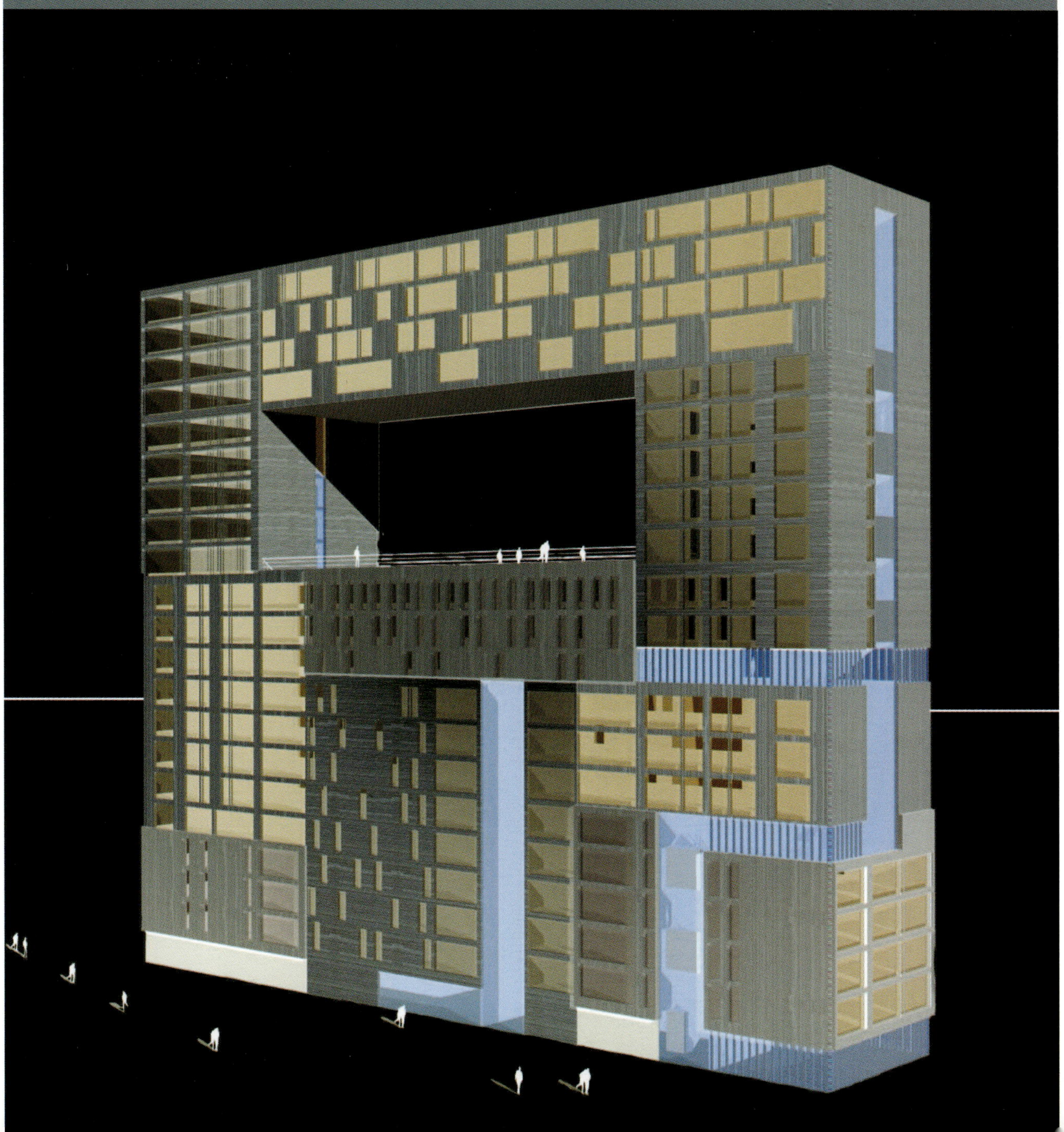

1 Pasantes / Street to street

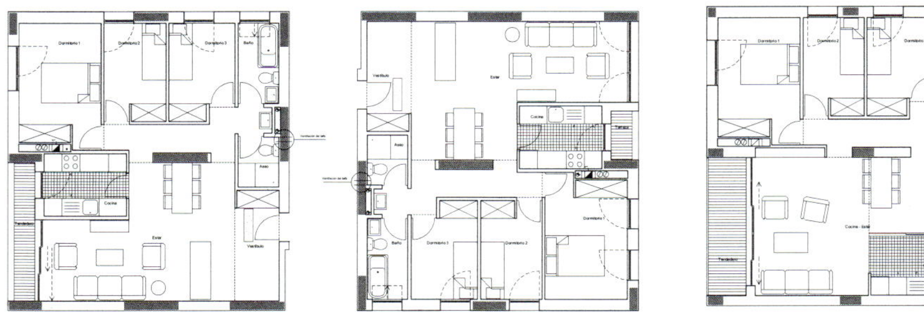

2 Cuadradas / Square

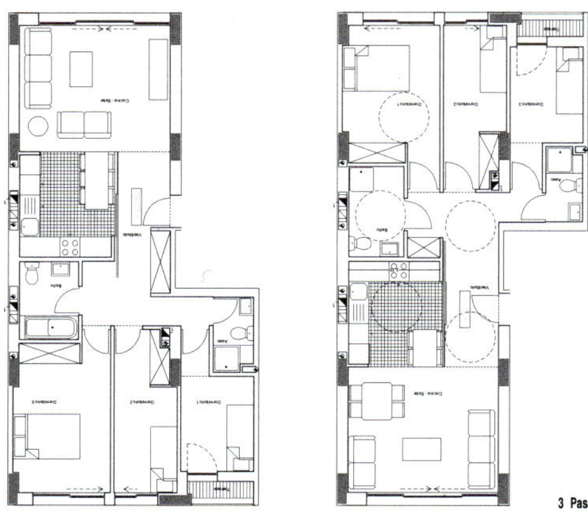

3 Pasantes en L / Street to street. L-shaped

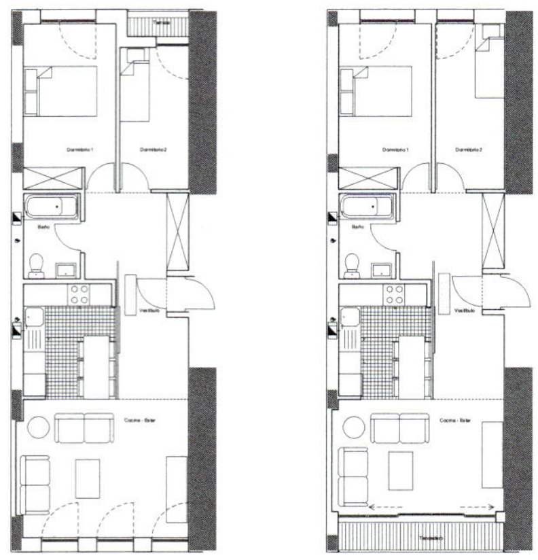

4 Pasantes pequeñas / Street to street. Small

5.1 Largas A / Elongated A

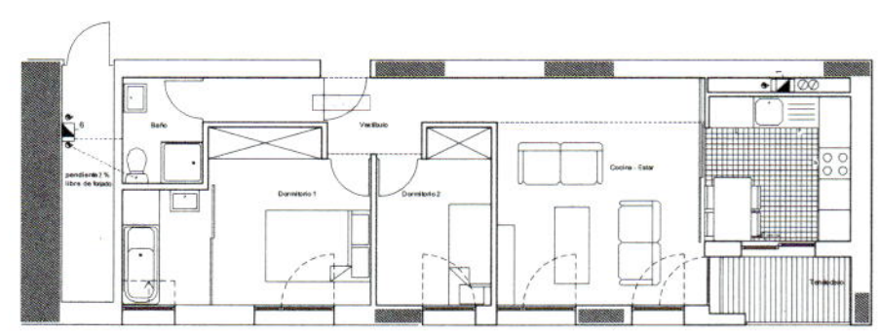

5.3 Larga C / Elongated C

5.2 Largas B / Elongated B

Planta alta / Upper level **Planta media** / Intermediate level **Planta baja** / Lower level

Planta alta / Upper level **Planta media** / Intermediate level **Planta baja** / Lower level

6 Triplex / Triplex

10 Espacios húmedos en fachada / Damp spaces on facade

15

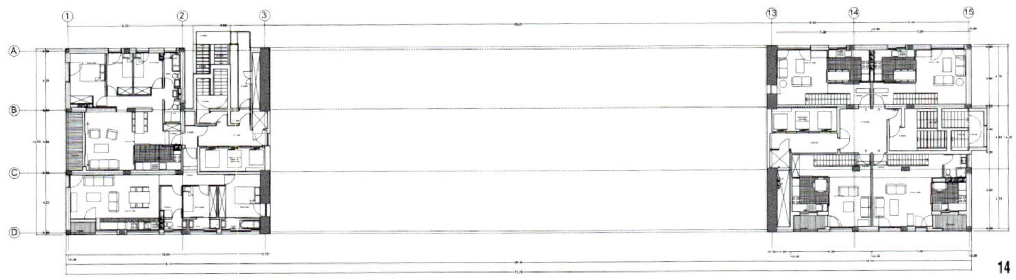
14

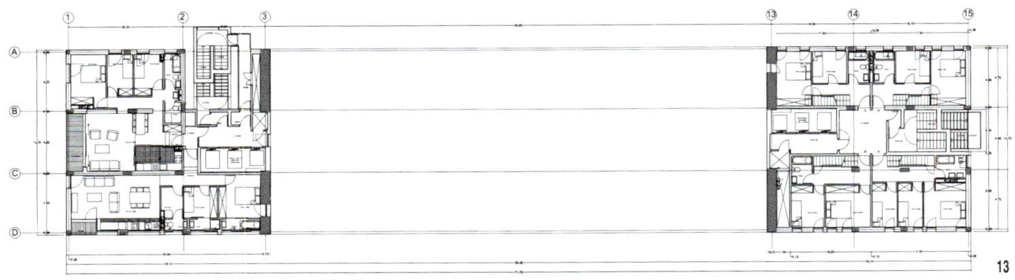
13

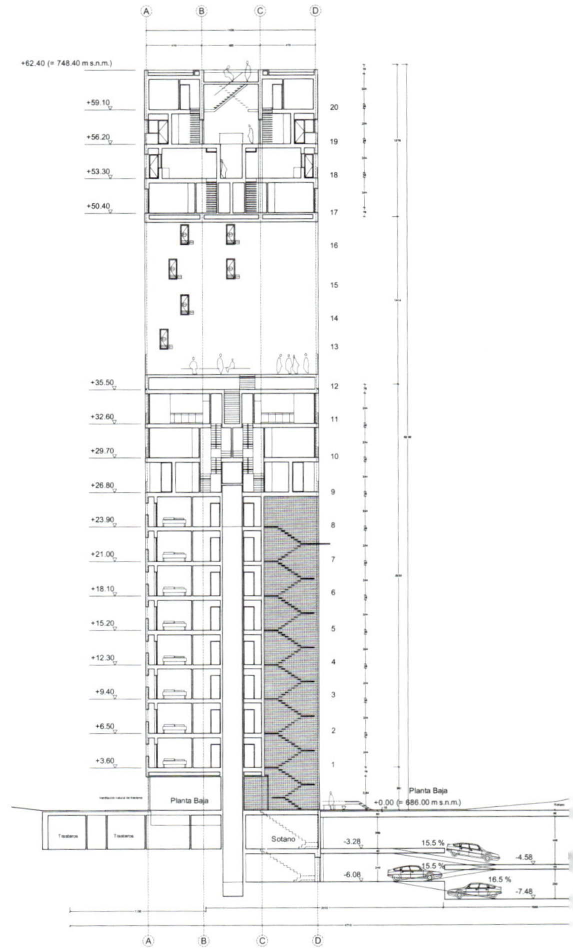

Sección transversal / Cross section

12

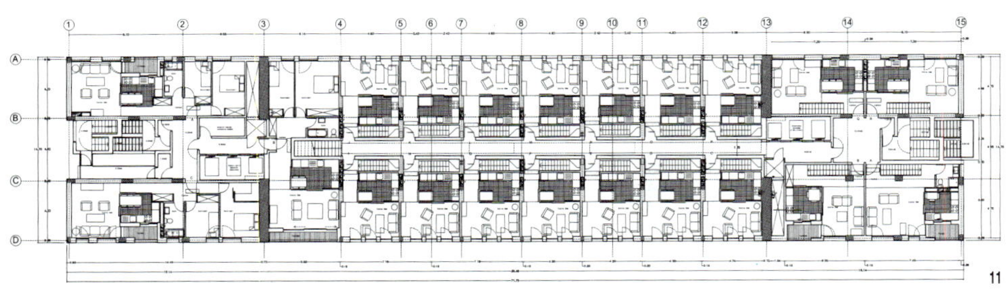
11

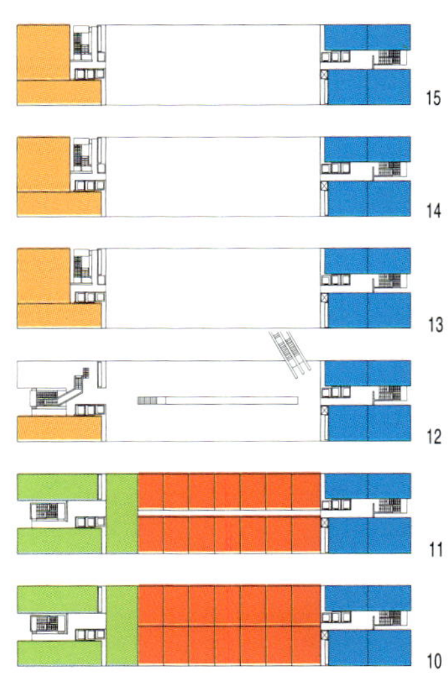

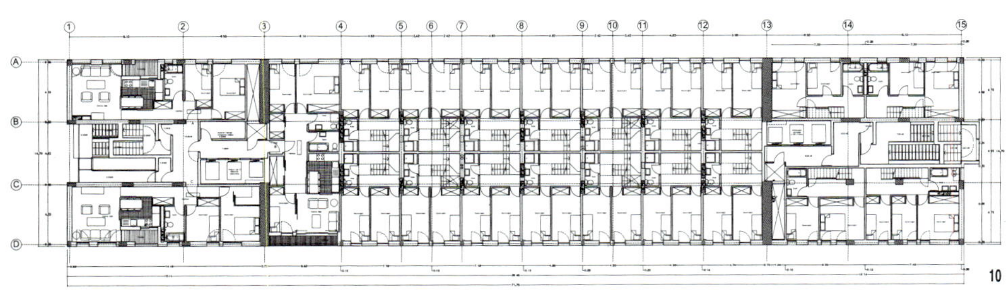
10

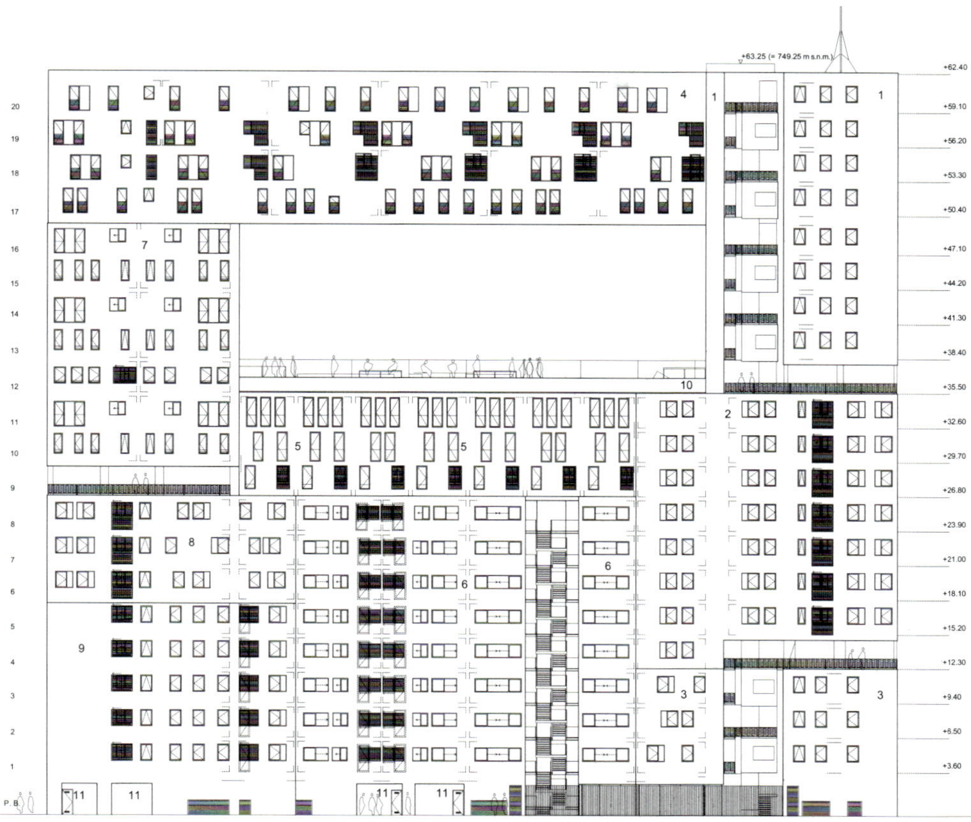

Alzado Norte / North elevation

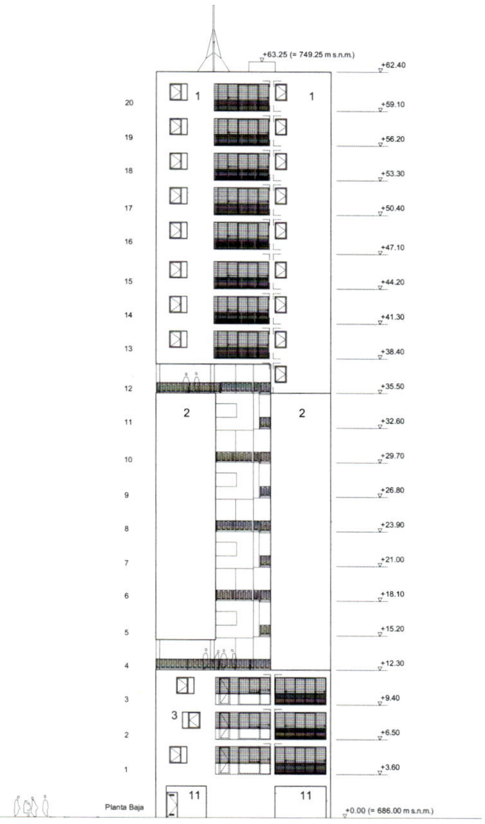

Alzado Oeste / West elevation

El vacío exterior de 550 m² en planta y 15 m de altura —situado en la planta duodécima— aglutina la diversidad, y da identidad al conjunto edificado y, por extensión, al barrio. La plaza en altura —de carácter semi-público— será accesible gracias a un ascensor que la conecta directamente con la plaza que rodea el edificio. De este modo, se dotará al espacio vecinal de una insólita capacidad urbana.

The exterior void measuring 550 sqm. in area and 15m high on the twelfth floor synthesis the diversity and provides the building as a whole and the neighbourhood with a sense of identity. The semi-public sky plaza will be easily accessible with a direct lift connection from the plaza surrounding the building. It will provide the neighbourhood area with an unusual urban capacity.

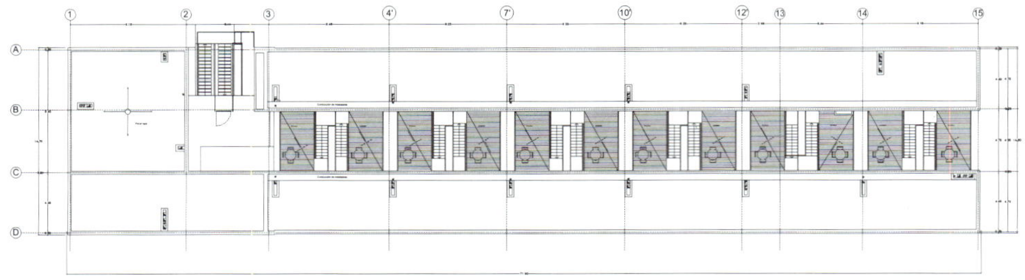

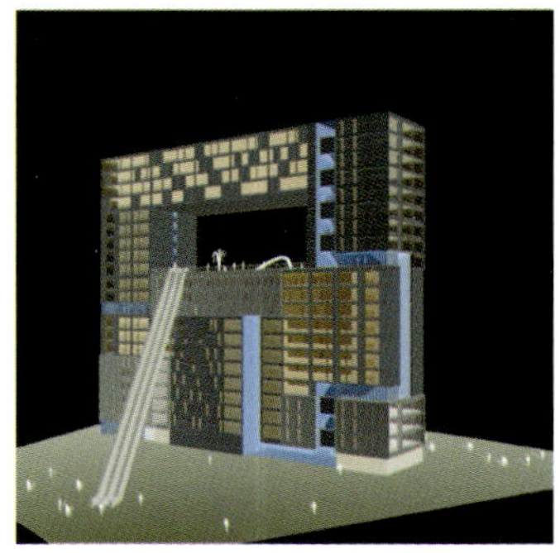

Versión previa / Preliminary version

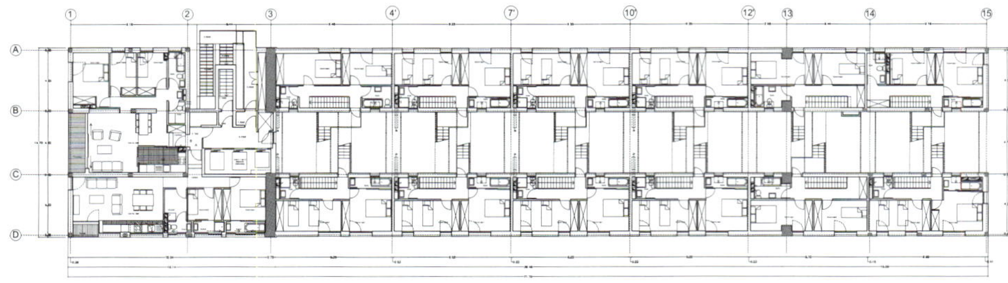

20

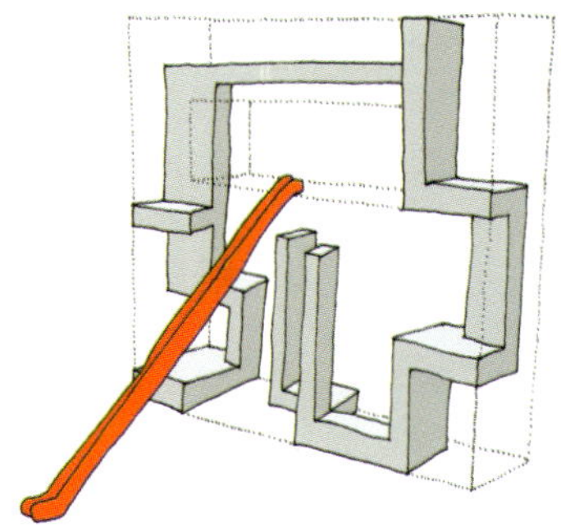

Esquemas de circulación / Circulation diagrams

19

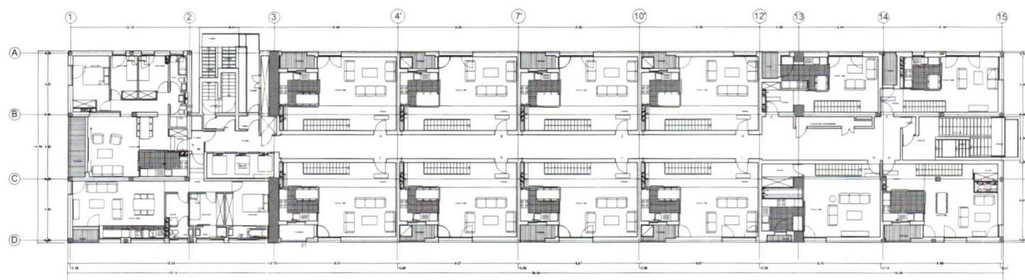

18

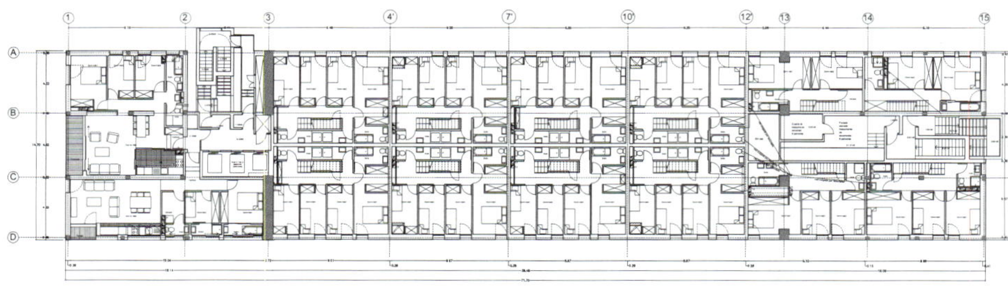

17

16

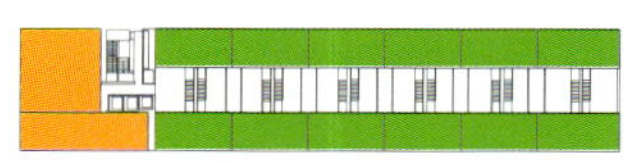

20

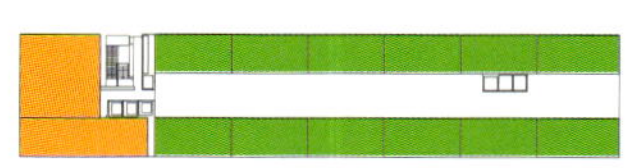

19

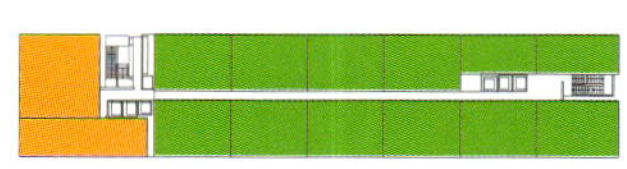

18

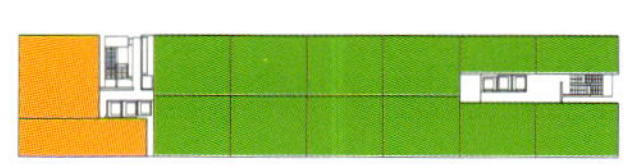

17

16

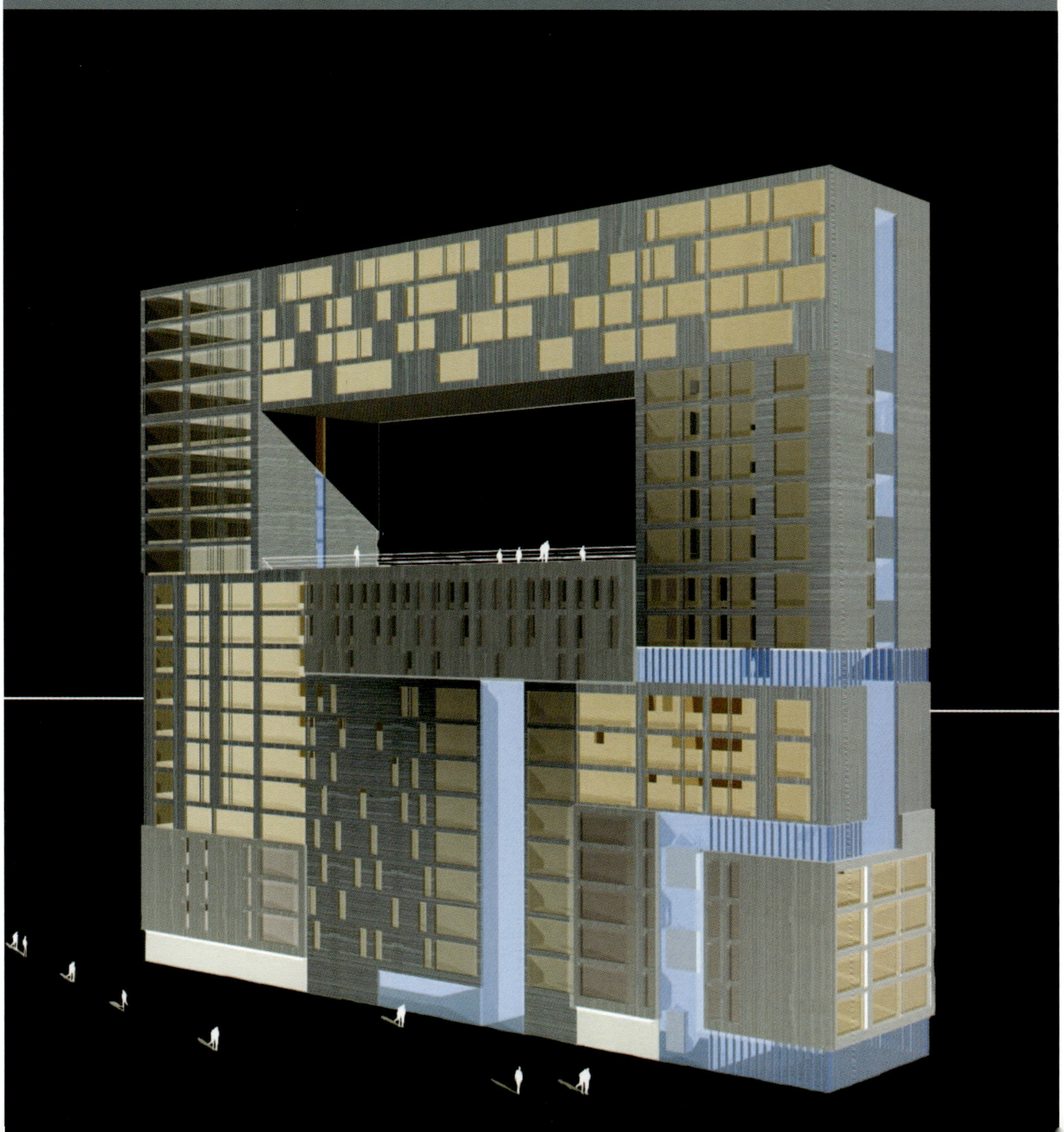

1 **Pasantes** / Street to street

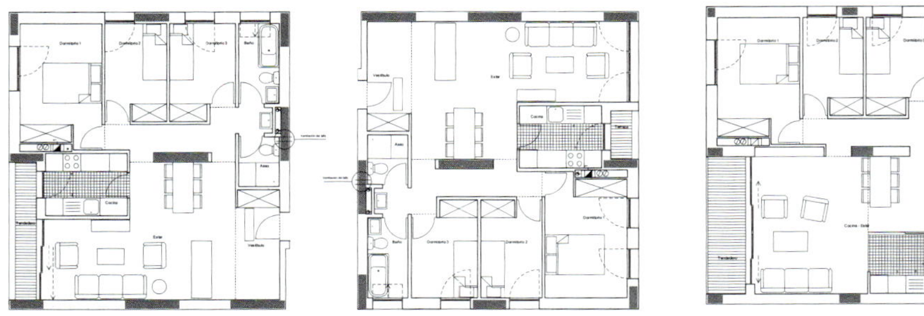

2 **Cuadradas** / Square

5.1 **Largas A** / Elongated A

4 **Pasantes pequeñas** / Street to street. Small

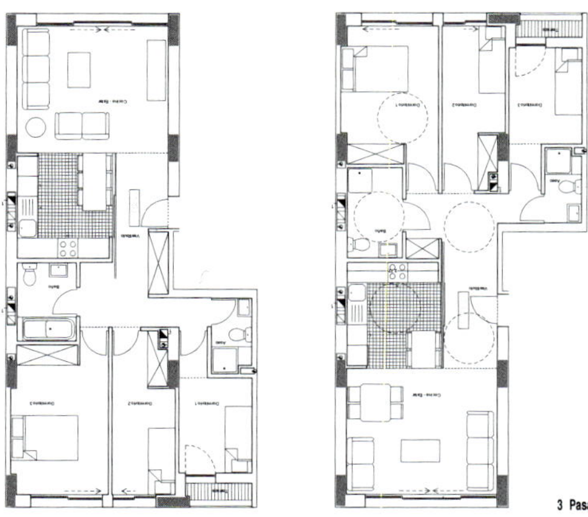

3 **Pasantes en L** / Street to street. L-shaped

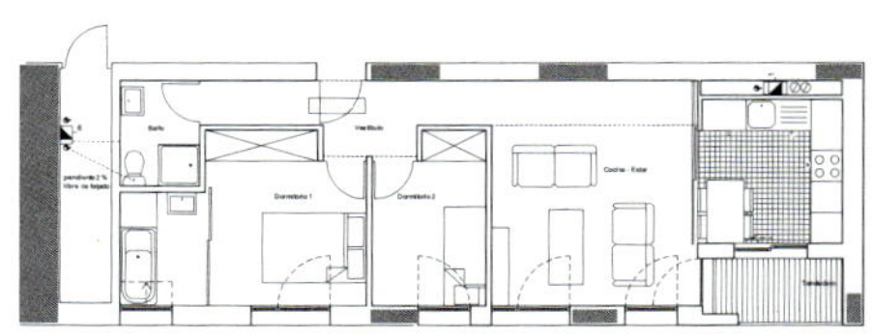

5.3 **Larga C** / Elongated C

5.2 **Largas B** / Elongated B

Planta alta / Upper level

Planta media / Intermediate level

Planta baja / Lower level

Planta alta / Upper level

Planta media / Intermediate level

Planta baja / Lower level

6 **Triplex** / Triplex

10 **Espacios húmedos en fachada** / Damp spaces on facade

Planta alta / Upper level Planta baja / Lower level

Planta alta / Upper level Planta baja / Lower level

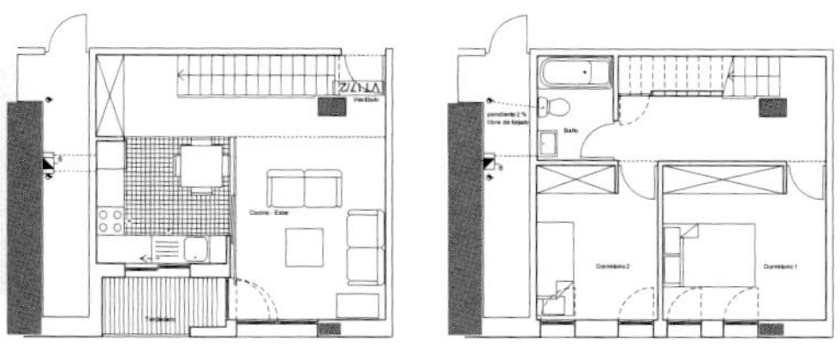

Planta alta / Upper level Planta baja / Lower level

8, 9, 12 Dúplex / Duplex

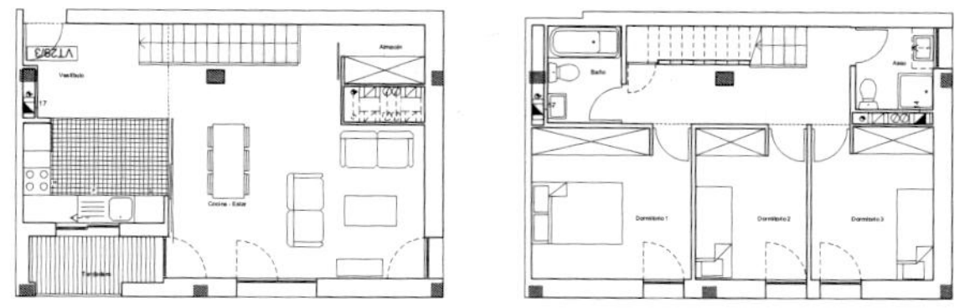

Planta alta / Upper level Planta baja / Lower level

Planta alta / Upper level Planta baja / Lower level

11 Dúplex largas puente / Duplex bridge elongated

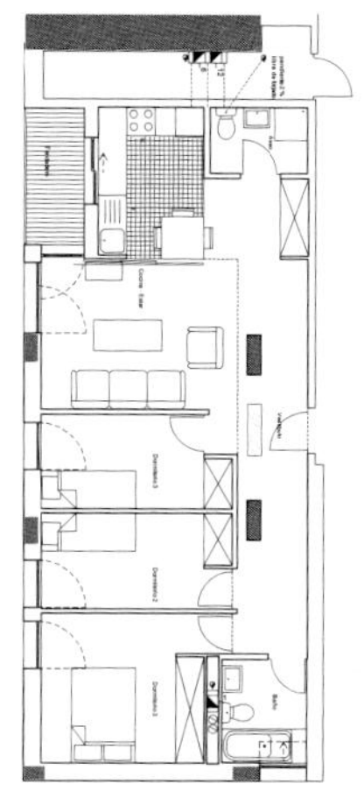

13 Larga pilares / Elongated columns

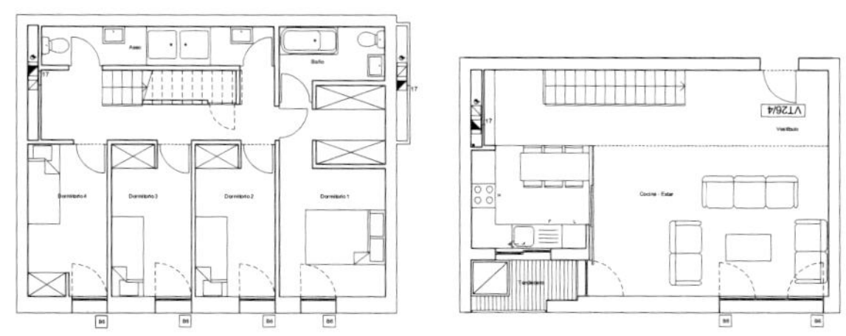

Planta alta / Upper level Planta baja / Lower level

14 Dúplex grande puente / Duplex bridge big

Planta alta / Upper level Planta baja / Lower level

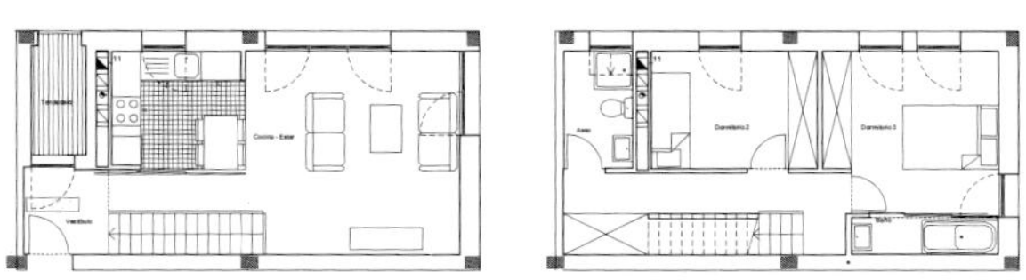

Planta alta / Upper level Planta baja / Lower level

15 Dúplex en puente / Bridge duplex

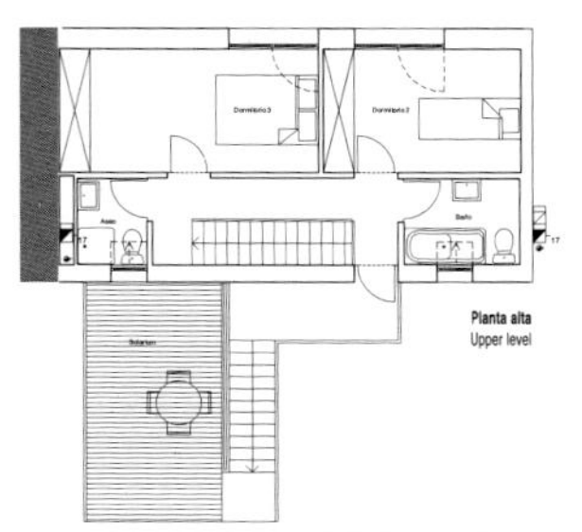

Planta alta
Upper level

Planta baja
Lower level

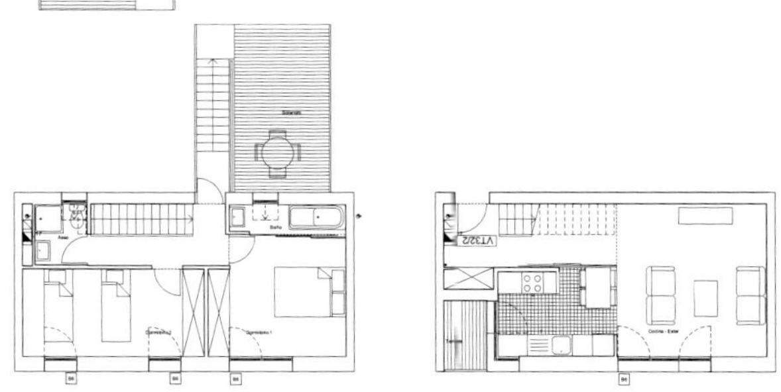

Planta alta / Upper level Planta baja / Lower level

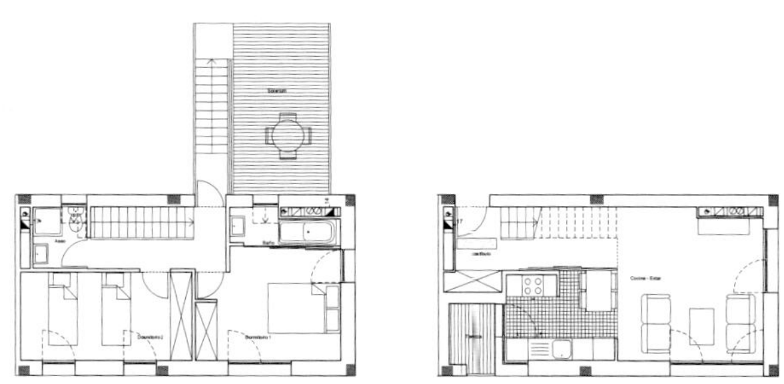

Planta alta / Upper level Planta baja / Lower level

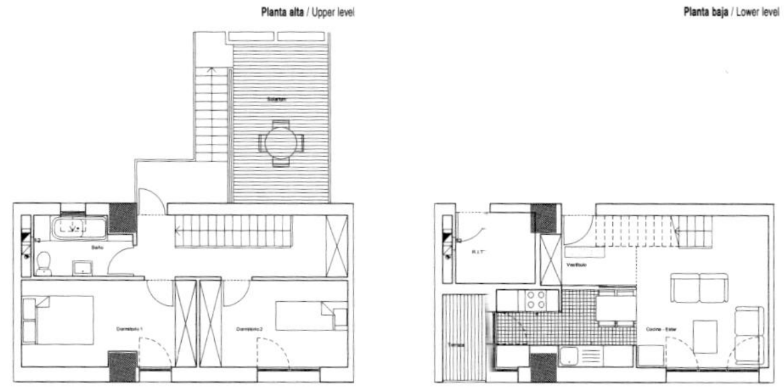

Planta alta / Upper level Planta baja / Lower level

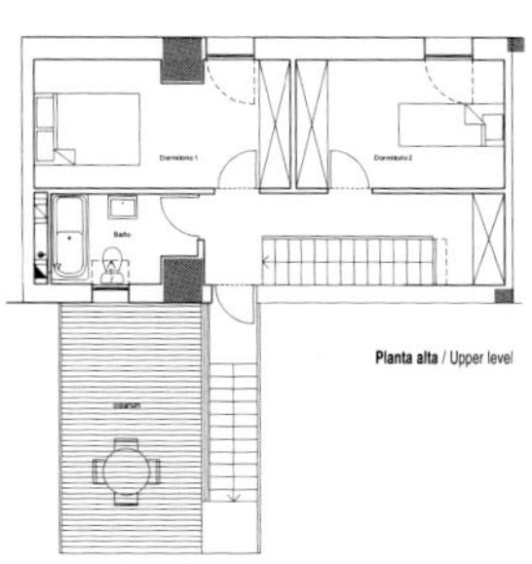

Planta alta / Upper level

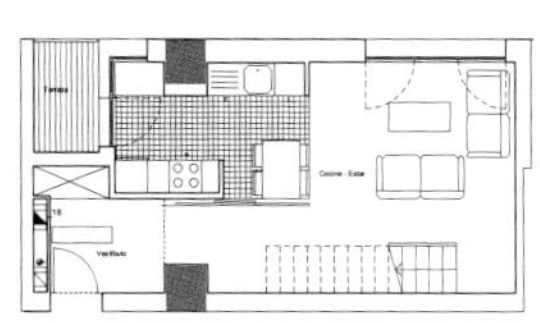

Planta baja / Lower level

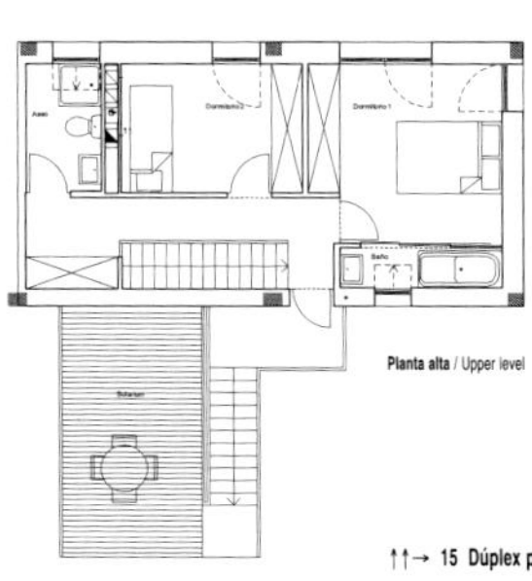

Planta alta / Upper level

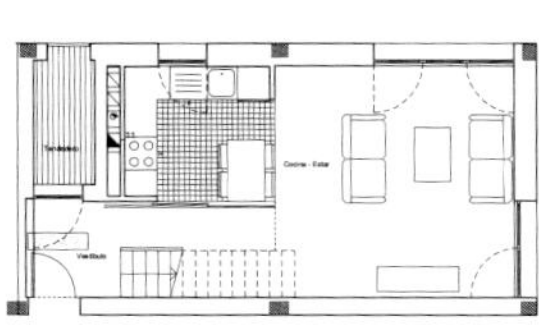

Planta baja / Lower level

↑↑→ 15 **Dúplex puente con solarium** / Bridge duplex with solarium

Amsterdam, Holanda / The Netherlands

BUURT NE9EN

2002- BUURT NE9EN

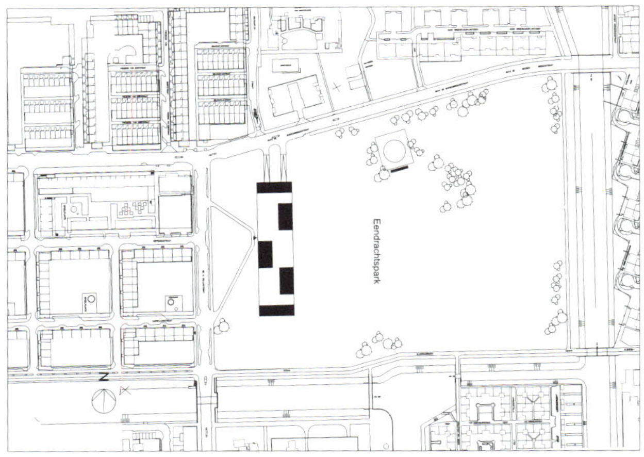

↑ **Plano de situación** / Site plan

↓ **Propuestas preliminares** / Preliminary proposals

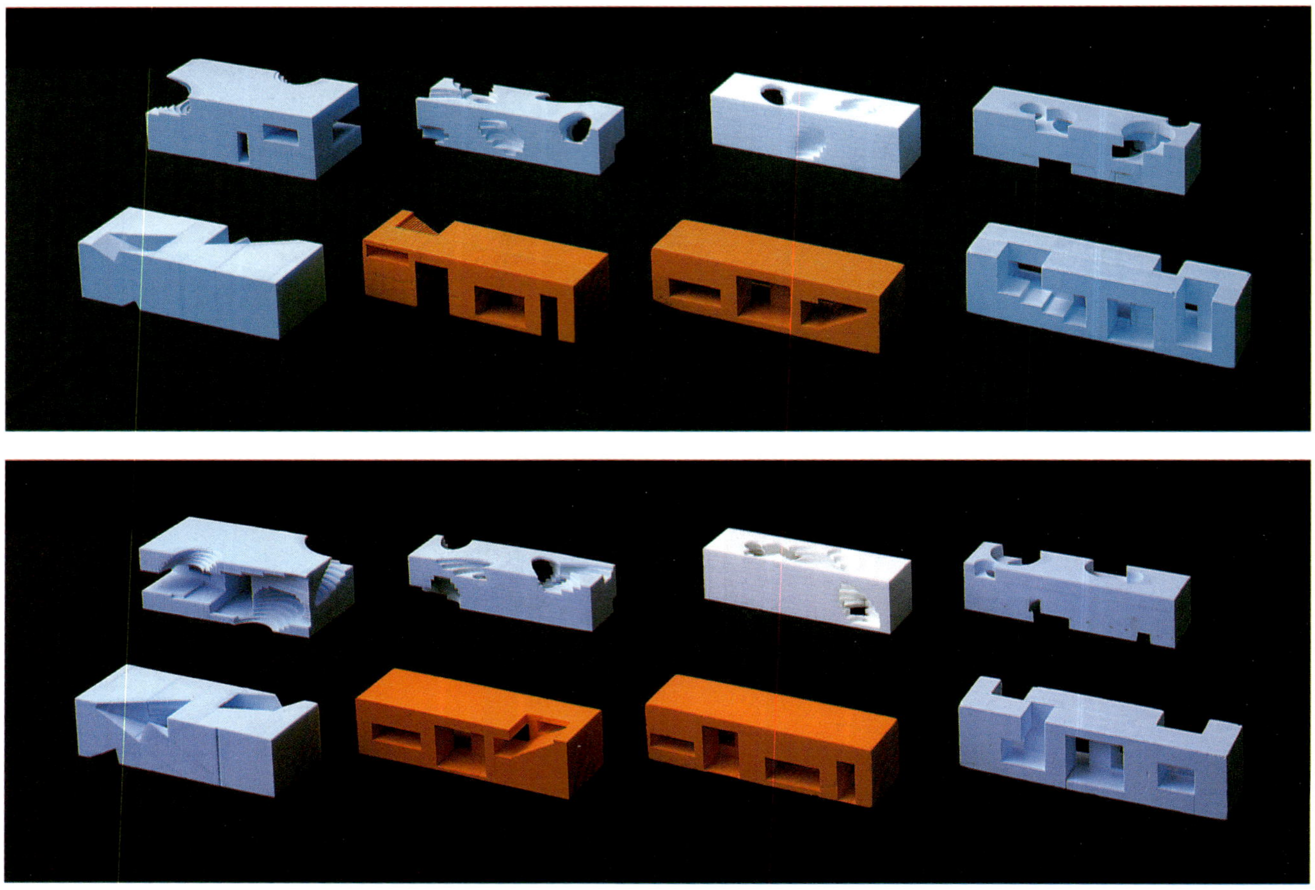

El Buurt Ne9en o 'barrio número nueve' está situado en el distrito de Geuzeveld, una de las ciudades jardín al oeste de Amsterdam. En la postguerra, el objetivo de estos barrios fue dar alojamiento a la mayor cantidad posible de personas, y lo más rápidamente posible. Se prestó poca atención a la expresión de los bloques residenciales y a otros servicios que habrían podido generar un ambiente más animado. Hay césped por todos sitios, y cuentan con montones de espacios públicos; sin embargo, la mayoría de estos espacios carece de solemnidad, y en casi ningún sitio se tiene sensación de intimidad. Al mismo tiempo, el carácter abierto y espacioso de estas zonas se considera valioso y atractivo. A este respecto, el emplazamiento del Buurt Ne9en puede considerarse típico de las ciudades jardín al oeste de Amsterdam. Las 174 viviendas normalizadas, agrupadas en tres edificios en forma de L y cercanas al parque Eendragt, van a ser reemplazadas por otras nuevas y más grandes. La intención de los urbanistas locales era lograr que, con la mejora del parque Eendragt y la sustitución de los tres bloques en L situados en uno de sus bordes, la presencia del parque podría apreciarse desde más lejos. Este proyecto se considera una 'operación clave para la renovación urbana de Geuzeveld, y debería incorporar cualidades iconográficas que actualmente no existen en esa zona'. El proyecto debería 'mejorar la relación entre el barrio y el parque, y aumentar el contraste entre ellos'.

Buurt Ne9en, or neighbourhood number nine, is located in the district Geuzeveld, one of the western garden cities of Amsterdam. The postwar purpose of these neighbourhoods was to house as many people as fast as possible. Little attention was spent on the expression of the housing blocks, or on other facilities that would generate a lively environment. There is green everywhere and plenty of public space available, however most of these spaces lack grandeur and almost nowhere is there a sense of more intimate quality. At the same time the openness and the spaciousness of these areas are considered as valuable and attractive. In that respect, the site for the Buurt Ne9en can be seen as typical for western garden cities. The 174 standard housing units that are located in 3 L-shaped buildings positioned next to the Eendragt-park would have to be replaced by newer and larger ones. The intention of the local planners was that with the upgrade of the Eendragts-park and the replacement of the 3 L-shaped blocks at the edge of the park, the presence of the park could be noticed from greater distance. This project is regarded as a 'key-operation for the urban renewal of Geuzeveld, and should contain iconographic qualities that are nowadays not existing in the area'. The project should 'improve the relation and increase the contrast between neighbourhood and the park'.

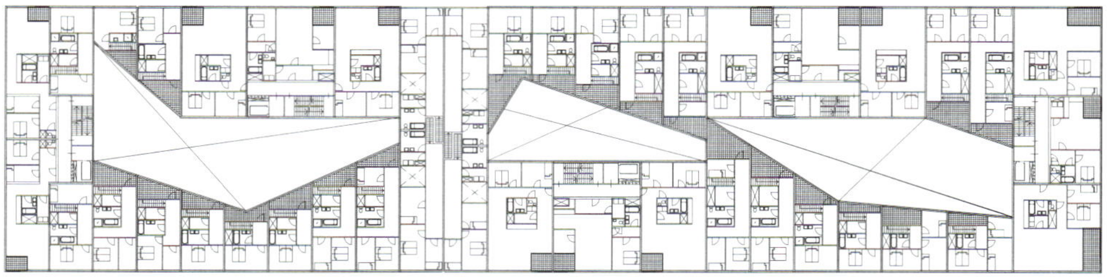

Planta décima / Tenth floor plan

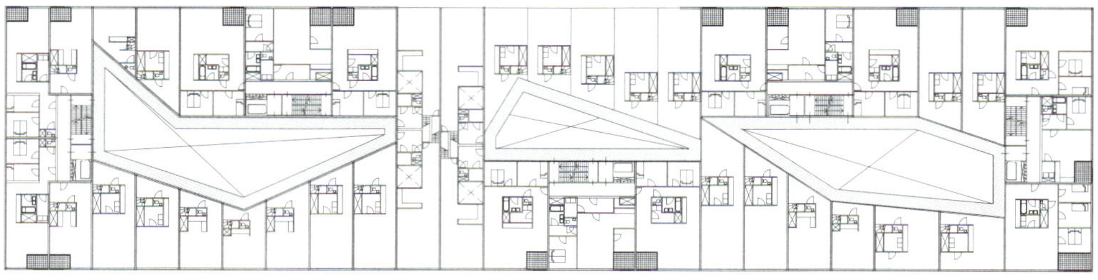

Planta novena / Ninth floor plan

Alzado Oeste / West elevation

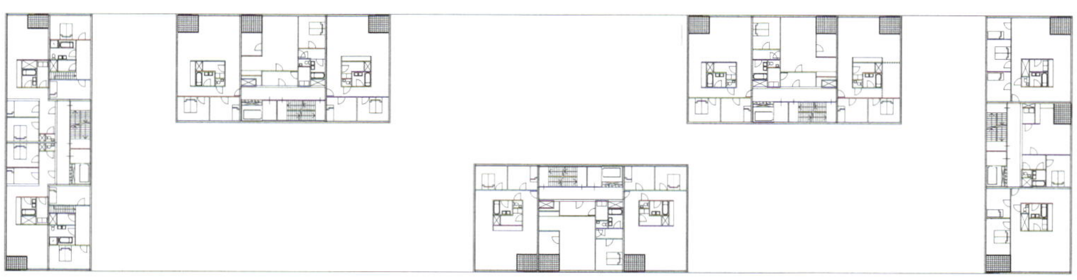

Plantas segunda a octava / Second to eighth floor plans

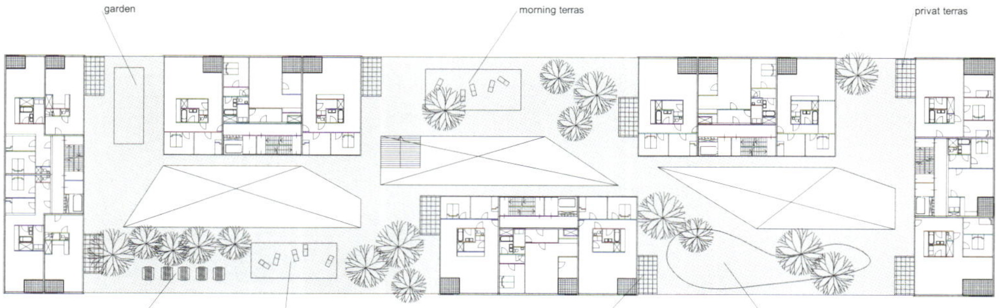

Planta primera / First floor plan

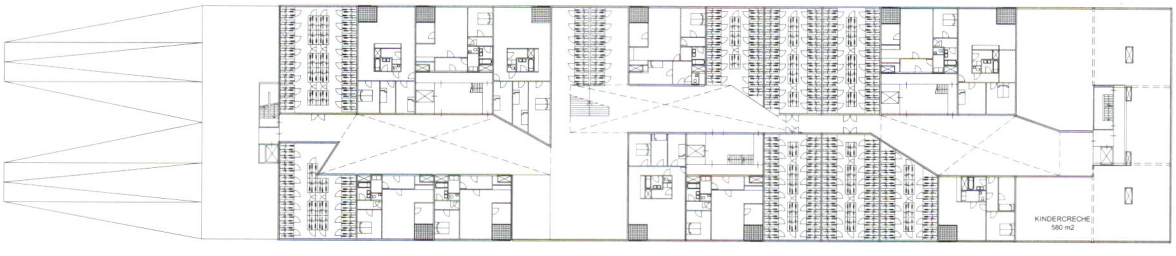

Planta baja / Ground floor plan

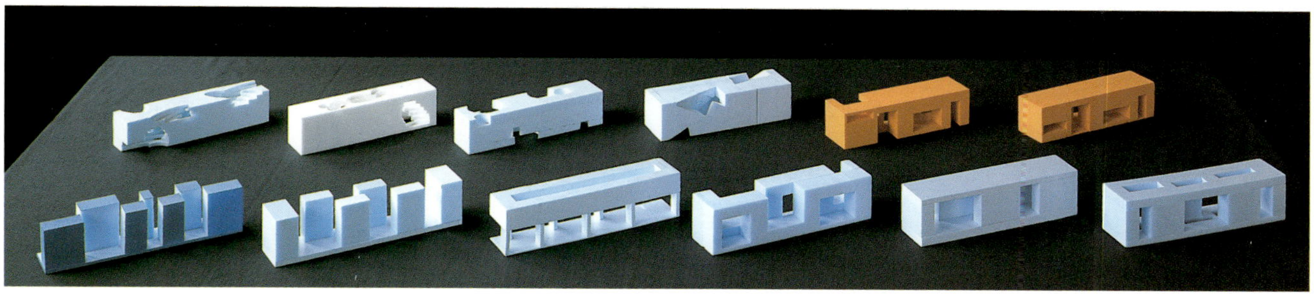

Reemplazar los tres edificios existentes por un nuevo bloque resolvería esta aparente paradoja. Un edificio grande crearía un contraste de tamaño con las construcciones existentes en la zona; y abriendo grandes huecos en este volumen se mejoraría la relación visual entre el barrio Buurt Ne9en y el parque. Sin aumentar sensiblemente la altura, el nuevo edificio salvaría la diferencia de tamaños entre los bloques compactos de cinco plantas y la espléndida escala del parque. Las proporciones globales de la manzana —135 metros de longitud, 34 de altura y 34 de fondo— podrían considerarse las de una mansión que estuviese en relación con la amplitud del parque. Surge así una nueva 'casa de campo' que contendría unas 180 viviendas-parque y que, al mismo tiempo, daría más carácter al propio parque.

Replacing the three existing buildings by one new block instead of three would solve this apparent paradox. One big building would create a contrast in size with existing buildings in the area and by making huge openings in this volume the visual relation between the Buurt9-neighbourhood and the park would be improved. Without significantly increasing the height, the new building would bridge the size of the compact 5 storey-blocks and the royal size of park. The proportions of the outline for the block, 135m long x 34m high and 34 m deep, could be considered as mansion-like in relation to the spacious park. A new 'landhouse' arises, that would contain around 180 park-apartments, and at the same time gives more character to the park.

La manzana propuesta se compone de cinco torres colocadas sobre una plataforma y que sostienen una cubierta de dos alturas. Las torres están colocadas de tal modo que, por un lado, no entorpecen las vistas del parque desde el barrio y, por otro, todas las viviendas situadas en ellas combinan la vistas del parque con una buena orientación solar. Esto se consigue perforando la cubierta con tres huecos. La forma y la posición de estos huecos tienen relación con la posición de las torres y los ángulos del sol. De ese modo, las viviendas situadas justo debajo de la cubierta reciben sol por dos lados. En el forjado inferior se repite este mismo principio, haciendo dos patios, que proporcionan luz, vistas y acceso a las viviendas de la primera planta.

The proposed block consists out of 5 towers, positioned on a deck, that carry a two level roof plate. The towers are positioned in such a way that on the one hand they do not block views from the neighbourhood to the park and that on the other hand, all apartments located in the towers combine a view to the park with a good sun-orientation. This is achieved by perforating the roofplate with 3 holes. The shape and position of these holes are related with the position of the towers and the sun-angles. In that way the apartments located closely under the roofplate get sun from 2 sides. In the bottom plate this principle is repeated, by making two courtyards that give light, view and access to the apartments on the first level.

En la plataforma del primer piso se proyecta un jardín semipúblico. Este 'jardín en el parque' puede considerarse una extensión del parque Eendragt, pues éste se usa principalmente para correr o pasear el perro y, con buen tiempo, para jugar al fútbol y salir a merendar —esto último las familias turcas—. El jardín ofrece una mejor protección del viento y la lluvia, un acceso seguro y espacios y zonas de juego de carácter más íntimo; se usará con más frecuencia que el parque y la gente será distinta.

De este modo, el nuevo edificio-parque Buurt Ne9en añade más 'jardín' y más 'ciudad' a las cambiantes ciudades jardín al oeste del Amsterdam; y de ese modo continúa la tradición optimista que caracteriza la historia de estos barrios.

On the first level deck, a semi-public garden is made. This garden in the park can be seen as a supplement to the Eendragtspark —a park that is mostly used by joggers and dog-owners and on good days, soccerplayers and picnicking Turkish families. The garden offers better protection to rain and wind, a secured access, and more intimate spaces and playgrounds. It will be used more frequently and by different people than the park.

In that way the new BuurtNe9en-park-building is adding, more 'garden' and more 'city' to the changing western garden cities of Amsterdam. It is continuing the optimistic tradition that characterises the history of these neighbourhoods.

Munich, Alemania / Germany

CASA BARCODE

2002- BARCODE HOUSE

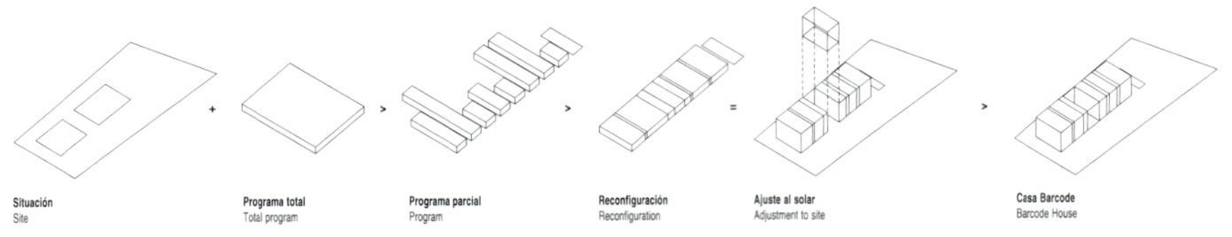

Versión previa / Preliminary version

Situada en uno de los barrios burgueses más periféricos de la capital secreta de Alemania (Munich), esta generosa villa se extiende por los dos solares rectangulares de su emplazamiento formando un collage de códigos de barras. La disposición funcional, determinada por la rutina diaria de los propios dueños, se pone de manifiesto en la suma de elementos singulares (rayas), diseñados para satisfacer las exigencias espaciales del programa interior.

Located in one of the outermost bourgeois suburban neighbourhoods of Germany's secret capital —Munich— the bountiful villa stretches itself across two rectangular building plots on the site forming a barcode collage. The programmatic arrangement, determined by the daily routine of the owners themselves, manifests itself in the addition of individual elements —stripes— designed to fulfil the spatial demands of the interior program.

El volumen, amplio y robusto, se divide en diez partes de las que nueve están incluidas dentro de la envoltura edificada que se propone. Una cortina salva los 6 metros de espacio que separan las dos envolturas y unifica los elementos para formar una única entidad.

The capacious, heavyset volume is divided into 10 parts of which 9 are incorporated in the proposed building envelope. A curtain effectively crosses over the 6 metres wide gap between the two envelopes and unifies the elements to form a single entity.

La identidad de cada raya singular se refleja en su representación material plasmada en la fachada. La configuración espacial interior se basa en el concepto clásico de *enfilade* (salas en fila); no obstante, la forma resultante es consecuencia de la suma de partes singulares. La interacción entre los espacios nítidos y amplios —que ocupan la anchura entera de una raya del código de barras— y las pequeñas habitaciones o gabinetes laterales —que sirven a aquellos espacios— crea un entorno doméstico lleno de vitalidad, un equilibrio entre la apertura espacial y la intimidad.

The identity of each individual stripe is reflected in its material representation in the facade. The interior spatial configuration is based upon the classical notion of the 'enfilade' nonetheless its resulting form is a consequence of the addition of the individual parts. The interaction of clear, full size spaces, which use the entire width of one barcode strip and very small side rooms, alcoves, which serve these spaces, creates a vivid domestic environment— a balance between spatial openness and privacy.

Un marcado eje central conecta espacial y visualmente la secuencia de elementos y enriquece la villa con un momento para la curiosidad.

A noticeable middle axis spatially and visually connects the sequence of elements and enriches the villa with a voyeuristic moment.

Alzado Este / East elevation

Alzado Oeste / West elevation

VERSIÓN PRELIMINAR
PRELIMINARY VERSION

Alzado Este / East elevation

Alzado Norte 1 / North elevation 1

Alzado Norte 2 / North elevation 2

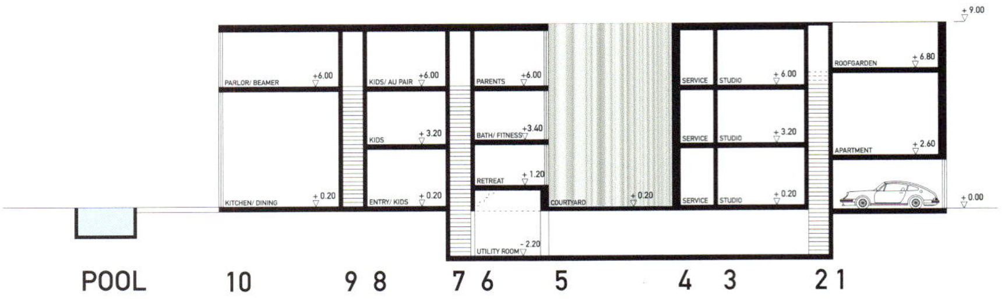

Sección longitudinal / Longitudinal section

Alzado Sur 1 / South elevation 1

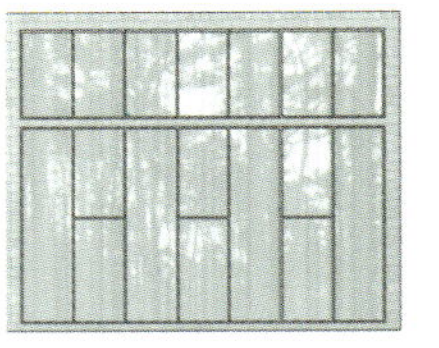

Alzado Sur 2 / South elevation 2

Alzado Oeste / West elevation

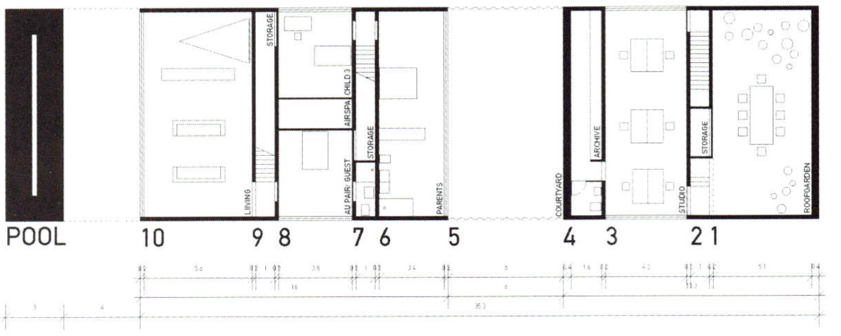

Planta segunda / Second floor plan

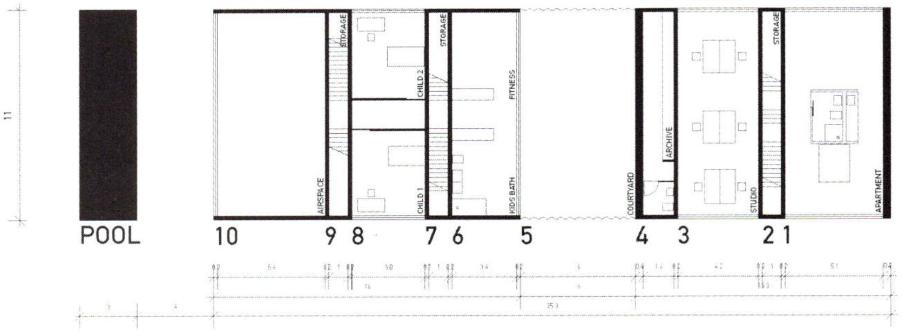

Planta primera / First floor plan

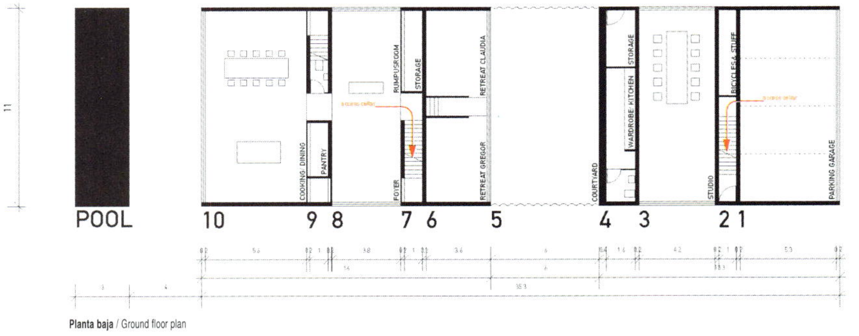

Planta baja / Ground floor plan

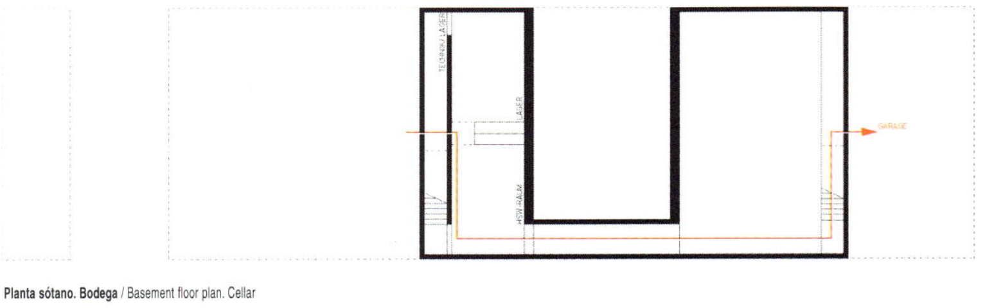

Planta sótano. Bodega / Basement floor plan. Cellar

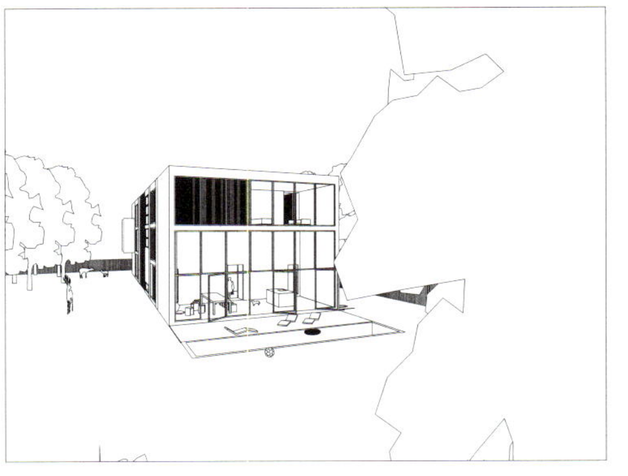

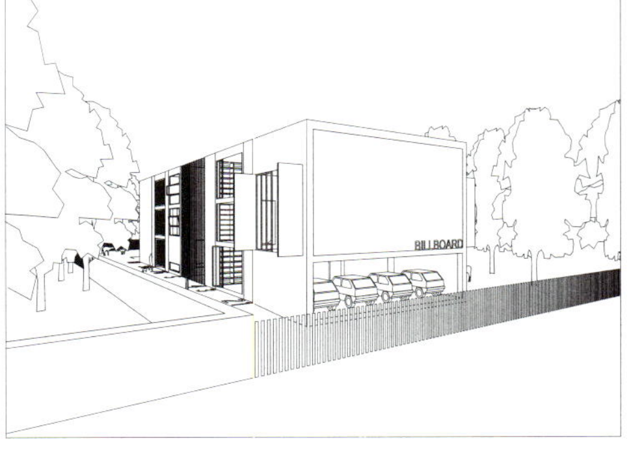

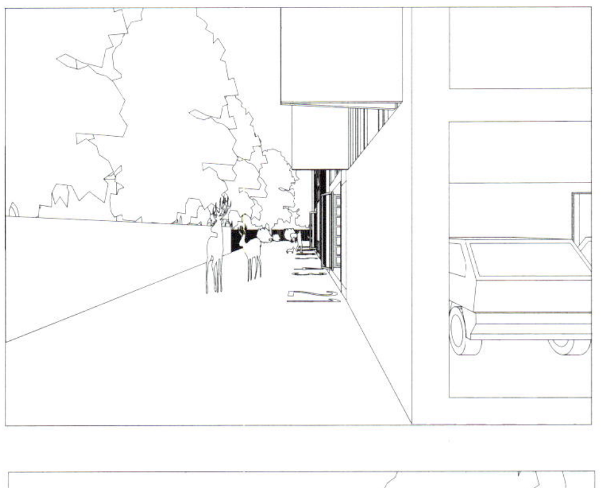

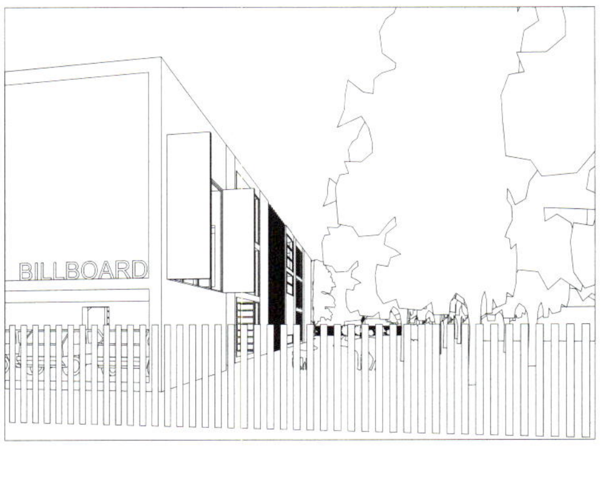

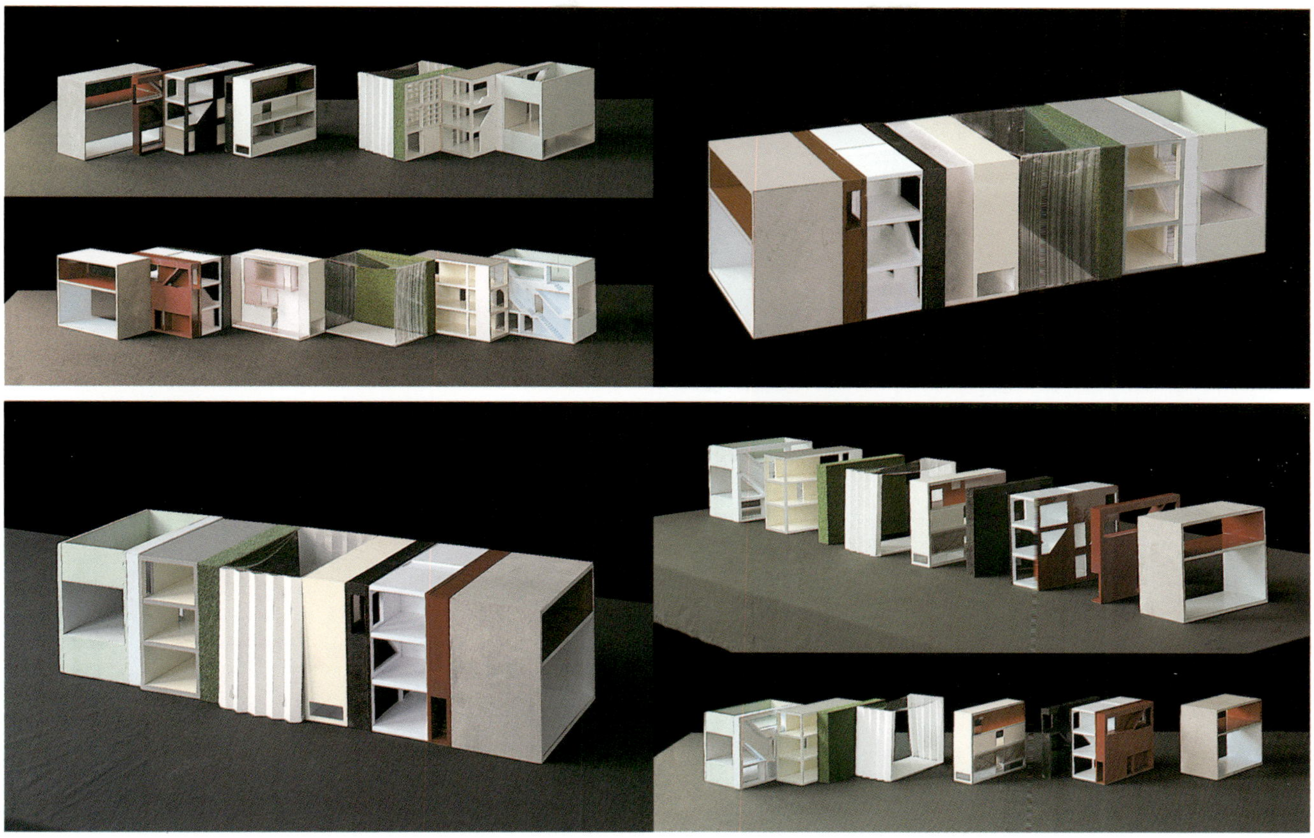

↑ **Versión previa** / Preliminary version

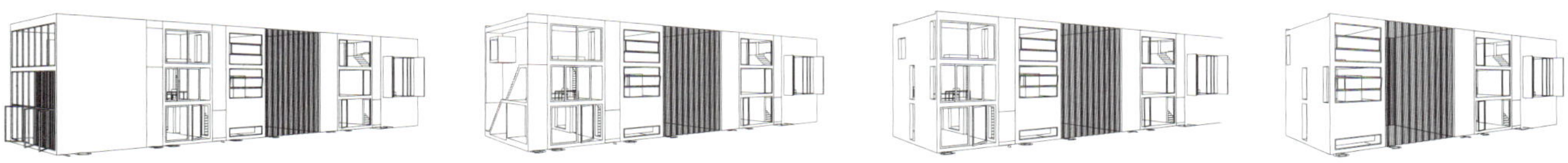

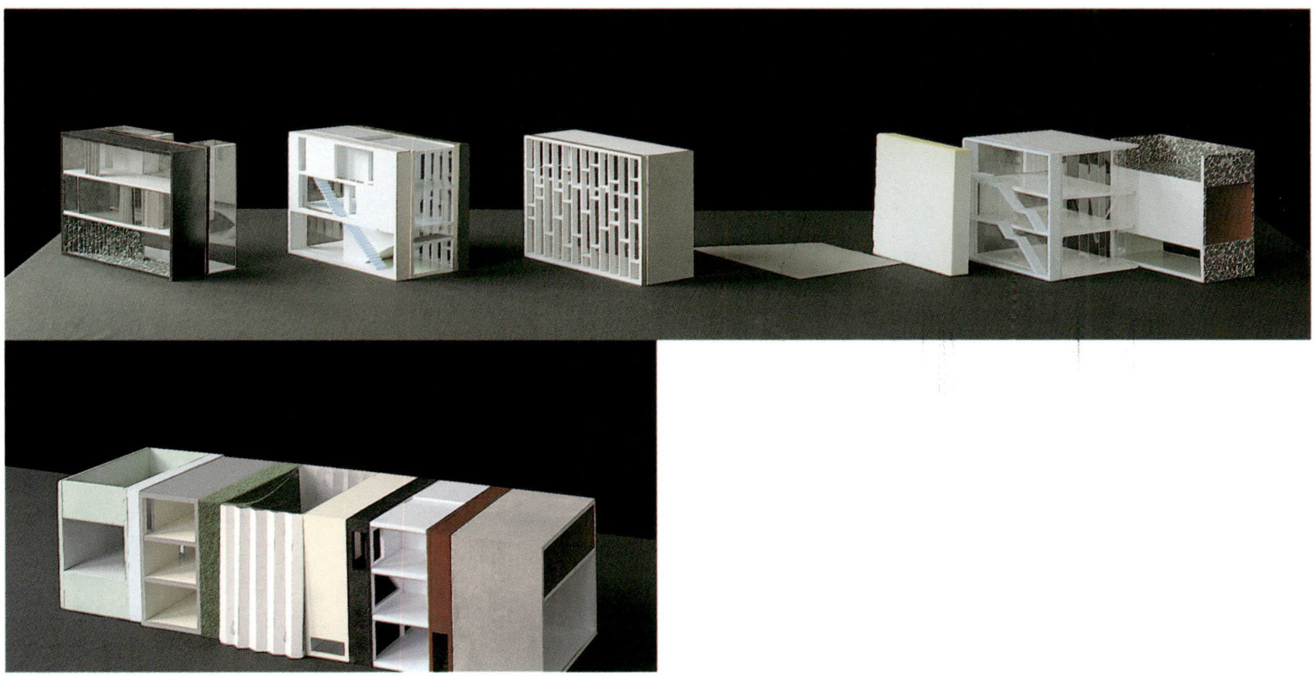

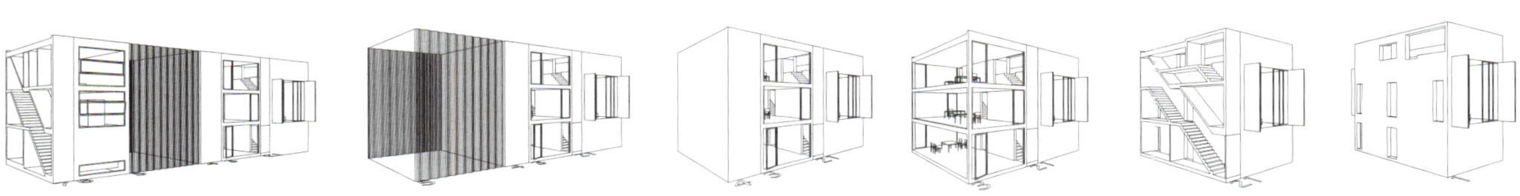

PROYECTO BÁSICO
BASIC PROJECT

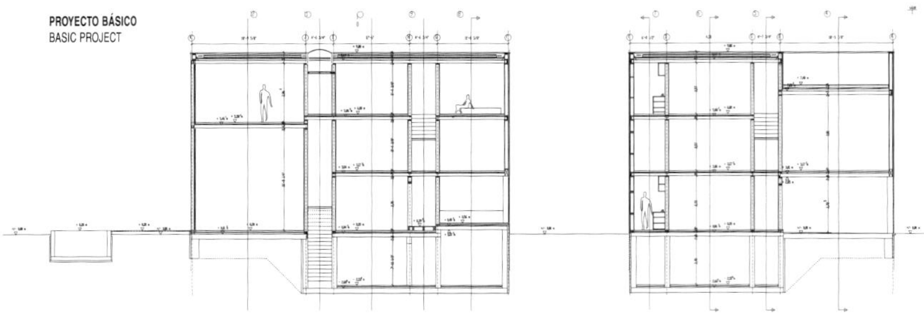

Sección longitudinal 1 / Longitudinal section 1

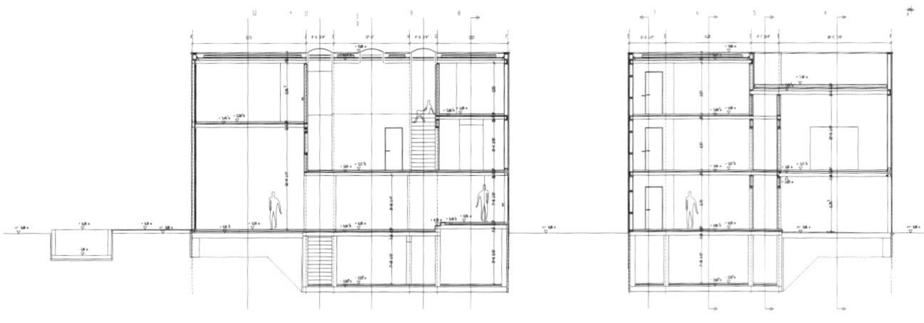

Sección longitudinal 2 / Longitudinal section 2

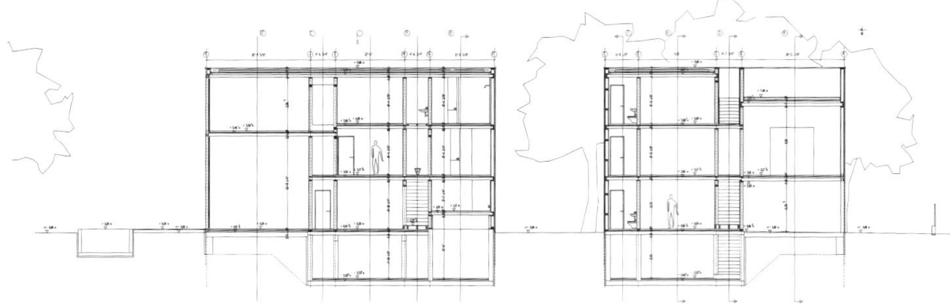

Sección longitudinal 3 / Longitudinal section 3

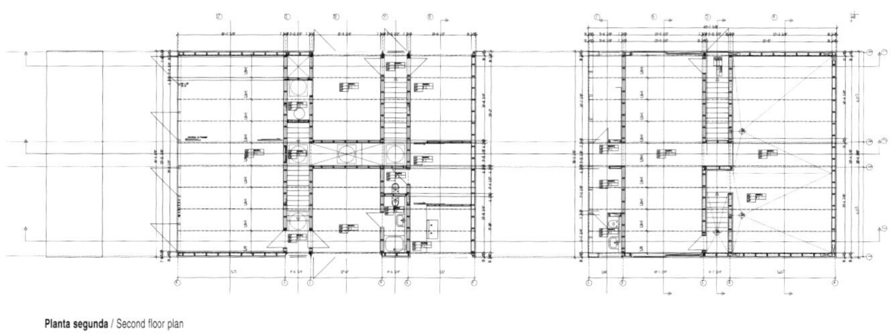

Planta segunda / Second floor plan

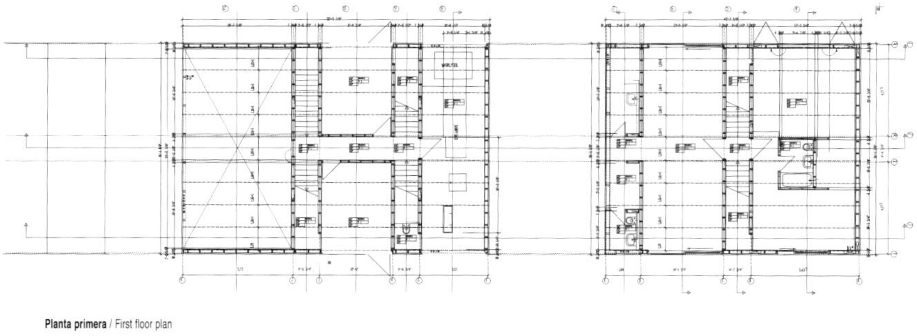

Planta primera / First floor plan

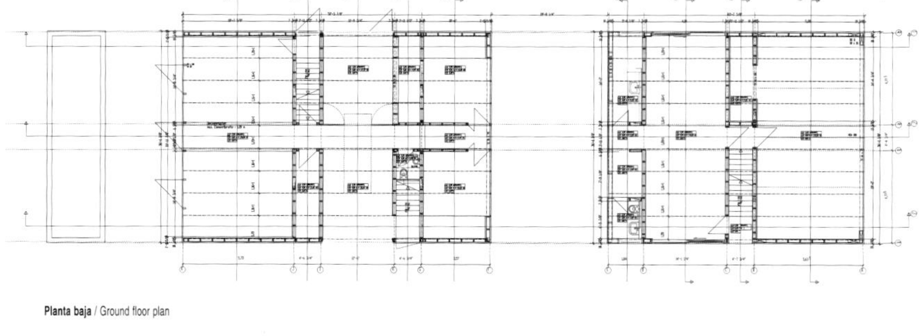

Planta baja / Ground floor plan

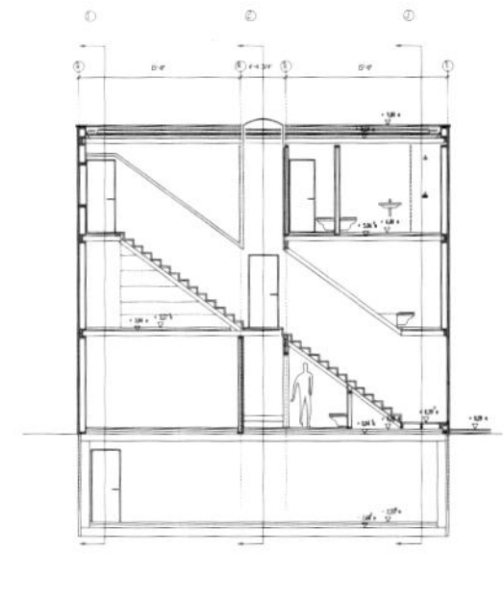

Sección transversal 9 / Cross section 9

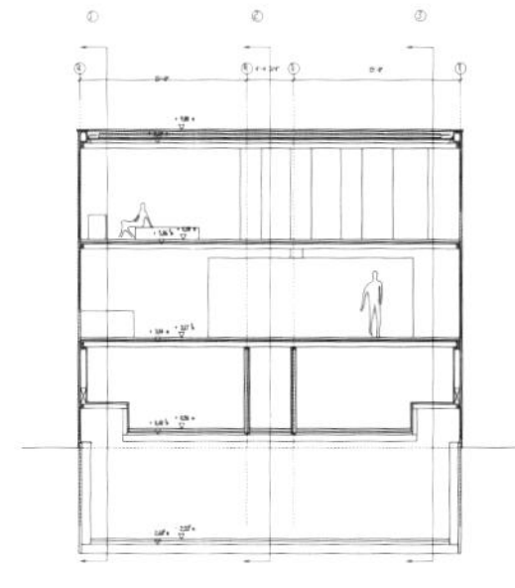

Sección transversal 8 / Cross section 8

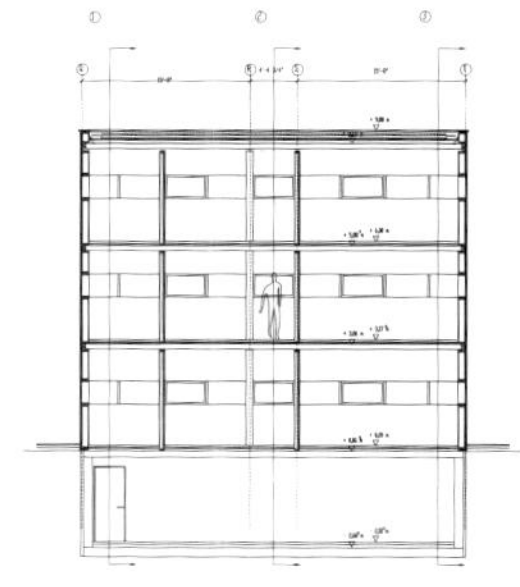

Sección transversal 7 / Cross section 7

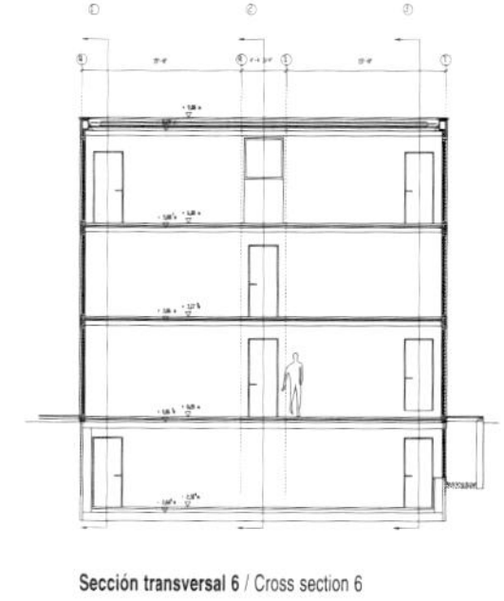

Sección transversal 6 / Cross section 6

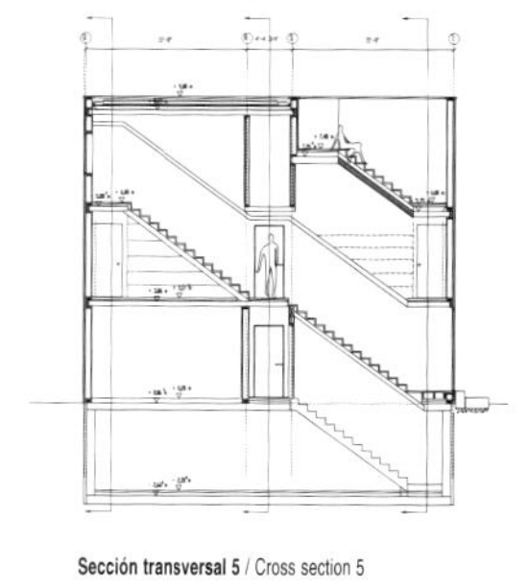

Sección transversal 5 / Cross section 5

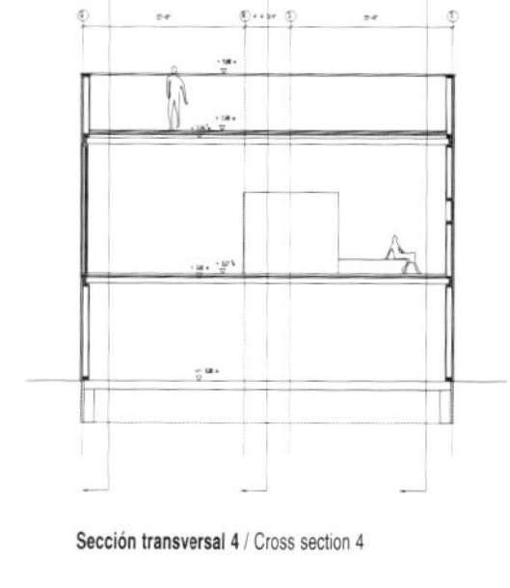

Sección transversal 4 / Cross section 4

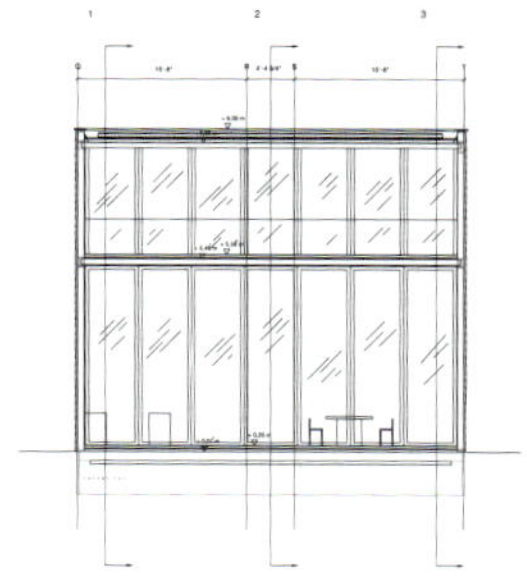

Sección transversal 12 / Cross section 12

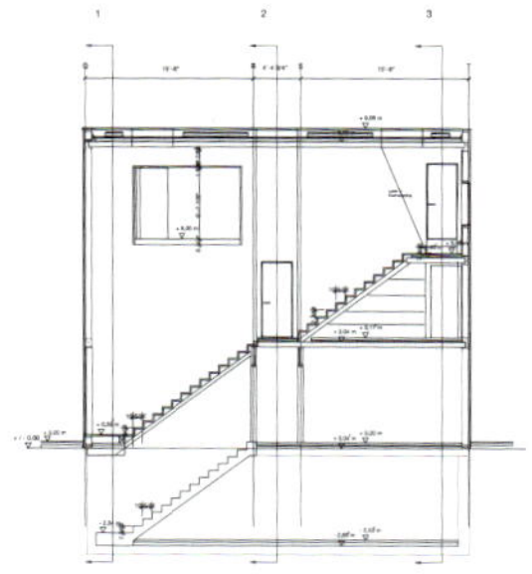

Secciones transversales 10 y 11
Cross sections 10 and 11

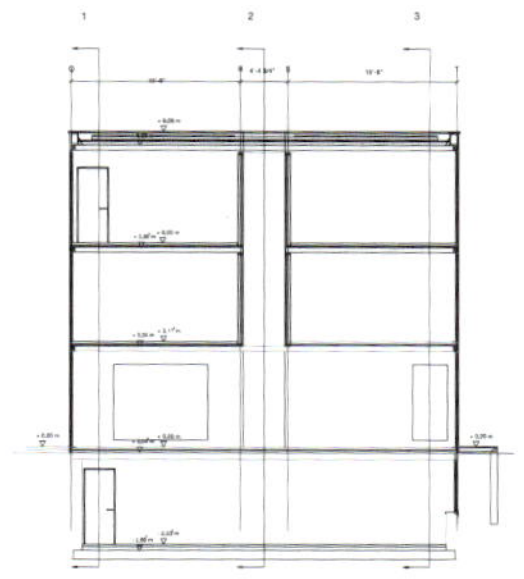

Holanda / The Netherlands

VILLA HUNTING

2002- VILLA HUNTING

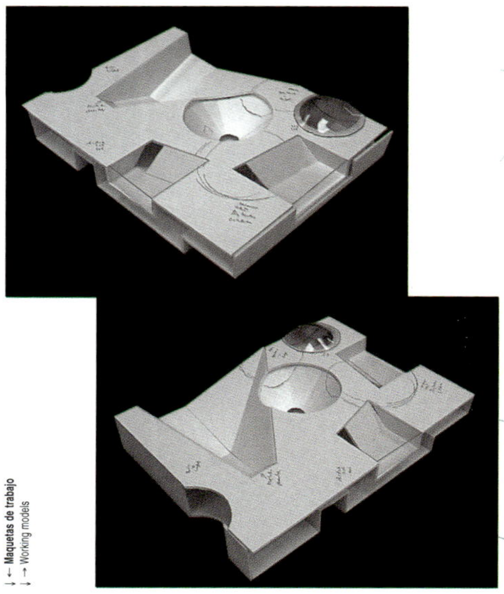

Maquetas de trabajo
Working models

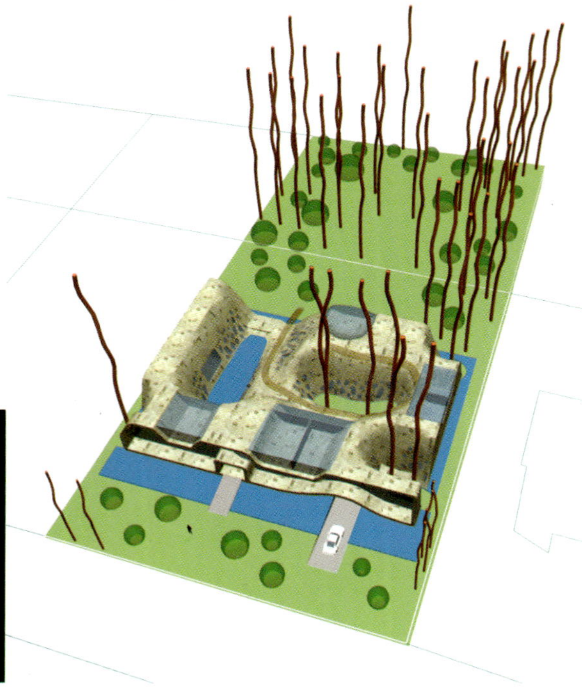

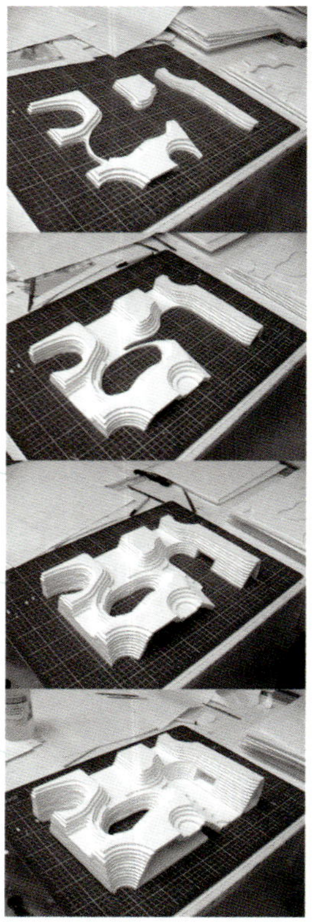

¿Cómo puede combinarse un vasto interior con el máximo de privacidad y aislamiento? ¿Podemos imaginar el que todas las partes públicas de la casa estuvieran envueltas conjuntamente formando un espléndido espacio único? La privacidad y la intimidad podrían organizarse entonces manipulando la envoltura; colocando los dormitorios y los cuartos de baño en la parte exterior, en los entrantes y los salientes del envoltorio.

How can a vast interior be combined with maximum privacy and seclusion? Could one imagine that all public parts of the house are wrapped together forming a single splendid space? Privacy and intimacy could then be organized by manipulating the envelope, placing bedrooms and bathrooms outside in the indentations and manipulations of the wrap.

El salón envuelto puede modelarse y configurarse suspendiendo los dormitorios, forzando el espacio de un patio que albergue un grupo de árboles existentes, o formando una colina para dar cabida al aparcamiento inferior. Por dentro un interior continuo con diversas cualidades: desde nichos aislados hasta planicies a modo de dunas. El espacio interior se forma por un acuerdo entre lo de dentro y lo de fuera, y entre lo público y lo privado. Una colección particular de diez coches se aparca abajo, en torno a los robles, elevando el suelo aproximadamente media planta. Todos los espacios divideros importantes están colocados en la parte superior, sobre un podio que circunda el patio de los árboles. La piscina genera un valle y el nivel del agua puede adaptarse a la edad de los usuarios.

The wrapped living space can be modelled and formed by suspending bedrooms, forcing room for a patio holding a group of existing oak trees, or shaping a hill to accommodate the car park below. Internally, a continuous interior comes into being with different qualities: from secluded niches to dune like plateaus. The interior space is formed by negotiations between inside and outside and between public and private. A private collection of 10 cars is parked below around the oak trees, raising the floor to about half a storey. All main living spaces are positioned on top, on a podium that circles the tree patio. The swimming pool generates a valley and the water level can be adapted to the age of the user.

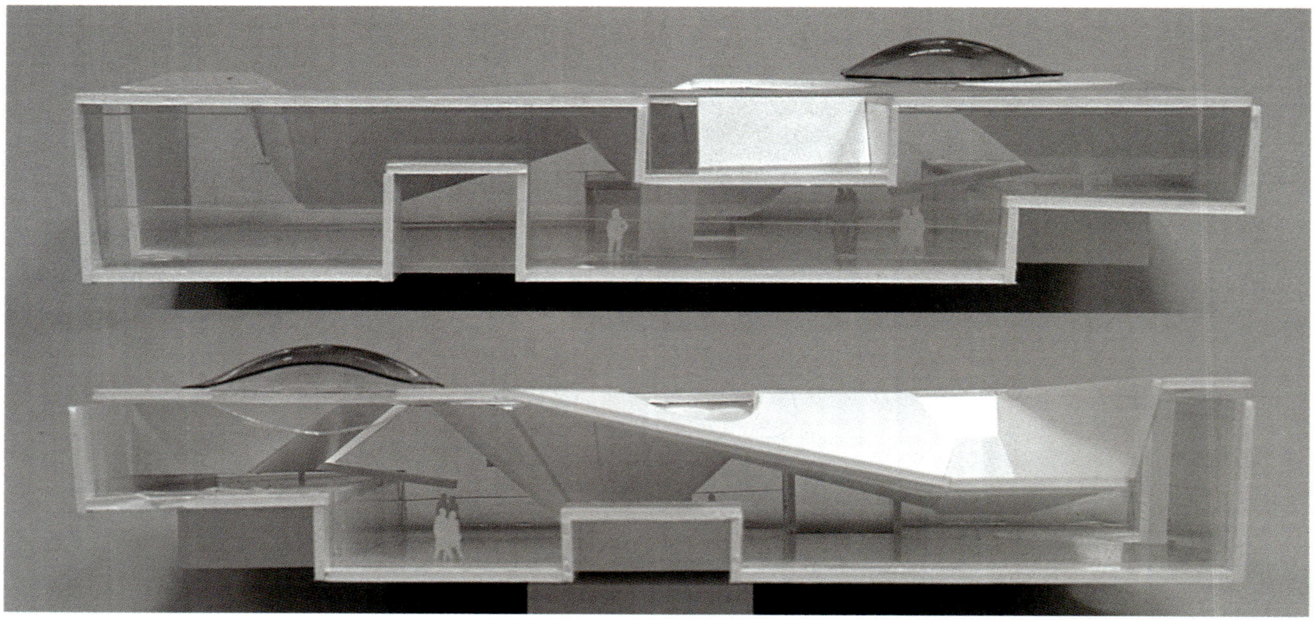

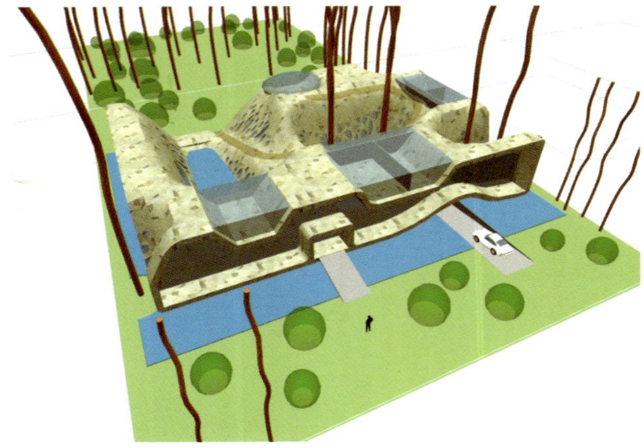

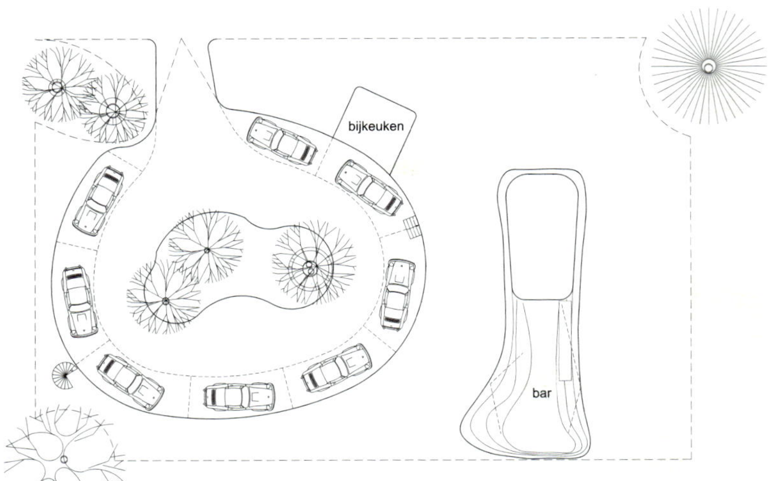

Planta sótano / Basement floor plan

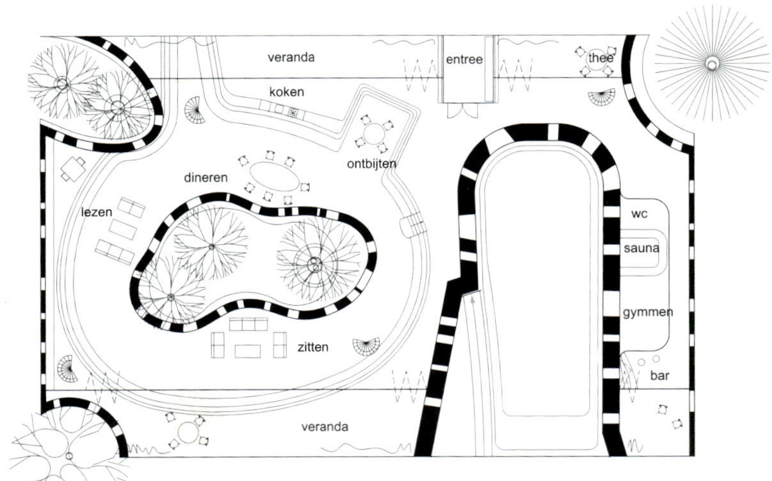

Planta baja / Ground floor plan

Hacia la calle y el jardín, el envoltorio es transparente; un sistema de cortinas proporcionará más intimidad cuando sea necesario. Las fachadas de vidrio están retranqueadas para que haya galerías, y la ondulación del suelo y la cubierta continua por estas galerías. El envoltorio constituye una estructura continua que se adapta a las necesidades específicas: se introducen rocas de vidrio cuando hace falta más luz natural y el tratamiento acústico lo proporcionan unos refuerzos de material absorbente cuidadosamente colocados para crear zonas de confort. El paisaje estructural es autoportante; y se basa en arcos y suspensiones.

Towards the street and the garden, the wrap is transparent, a system of curtains will allow for more intimacy when needed. The glass facades are set back to allow for verandas, the wavy floor and roof continue into the verandas. The wrap constitutes a continuous structure that adapts to specific needs, glass rocks occur when additional daylight is needed and acoustic treatment is provided by patches of absorbent material pinpointed to create areas of comfort. The structural landscape is self-supporting and based on arching and suspension.

Una única escalera gira en torno al patio y se convierte en un corredor que comunica todos los espacios del piso superior. El paisaje de la cubierta ofrece un jardín vallado, rodeado por los dormitorios, —en torno al patio de árboles—, y luego continúa descendiendo hacia el valle de la piscina. Un sendero ofrece un paseo que sale del jardín, sube por el valle hasta el jardín vallado y continúa hasta lo alto de la cubierta. El dormitorio principal tiene la forma de una concha, y la parte alta puede hacerse rotar para poder mirar las estrellas de noche.

A single staircase revolves around the patio and becomes a corridor connecting all upper floor spaces. The roof landscape offers a secluded garden surrounded by bedrooms around the tree patio and continues down into the swimming valley. A footpath offers a walk from the garden, up along the valley to the secluded roof garden and continues to the rooftop. The master bedroom is shaped in the form of a shell where the top can be rotated to allow for a look at the stars at night.

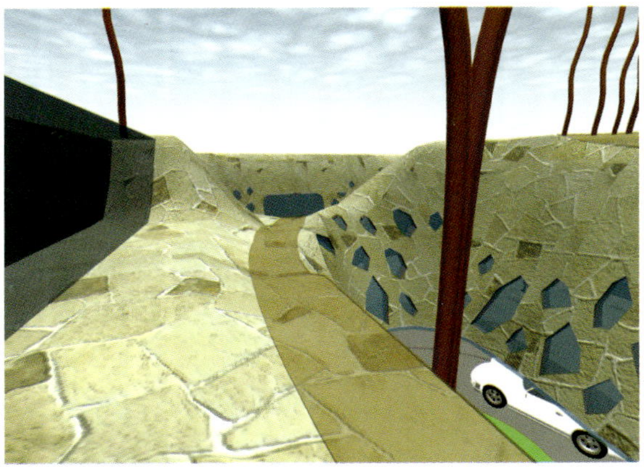

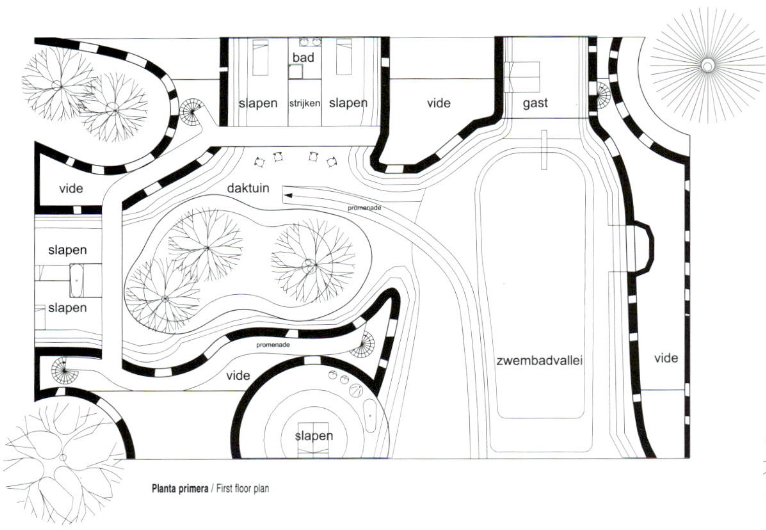

Planta primera / First floor plan

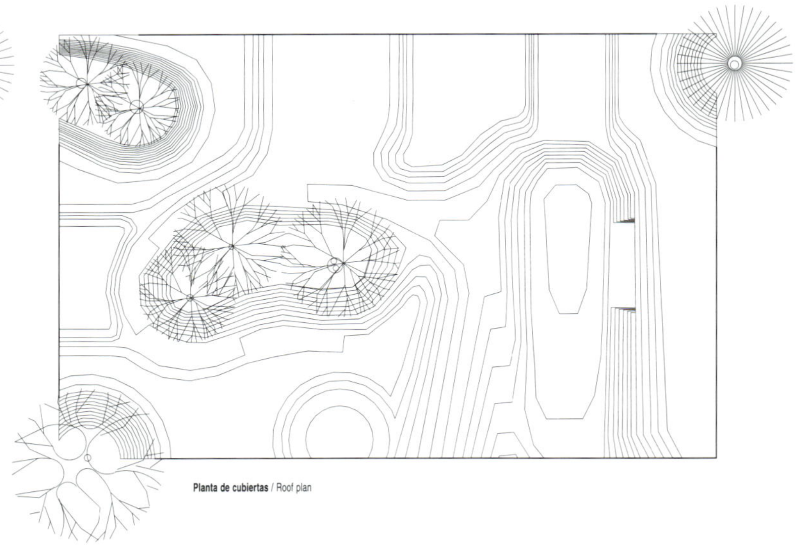

Planta de cubiertas / Roof plan

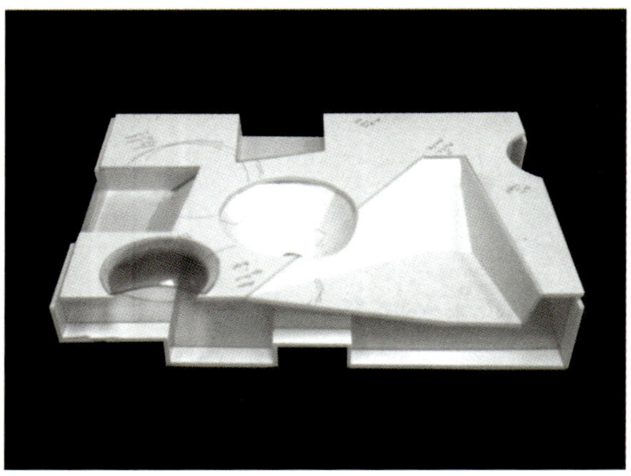

Maqueta previa / Preliminary model

Sección longitudinal / Longitudinal section

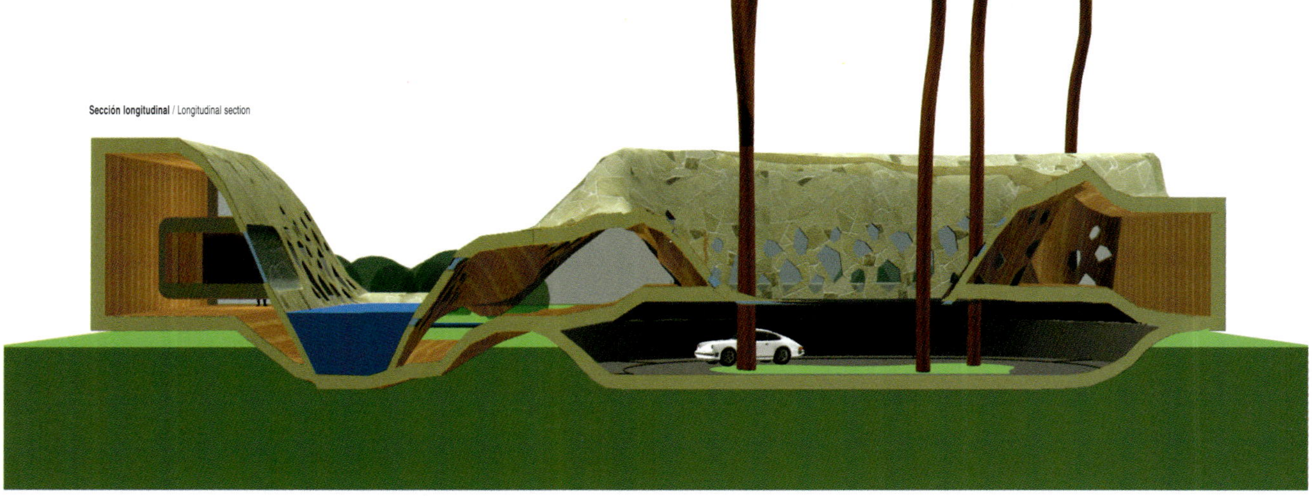

EPÍLOGO EN TRES TIEMPOS
THREE STEP EPILOGUE

ECOLOGÍAS ARTIFICIALES: EL TRABAJO DE MVRDV

ARTIFICIAL ECOLOGIES: THE WORK OF MVRDV

STAN ALLEN

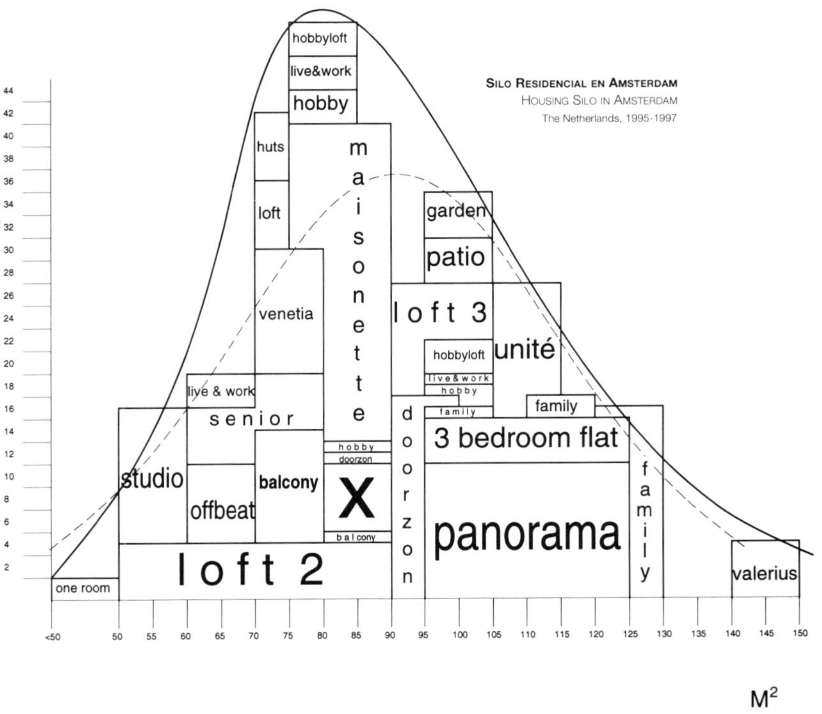

SILO RESIDENCIAL EN AMSTERDAM
HOUSING SILO IN AMSTERDAM
The Netherlands, 1995-1997

Explicaciones

"El mundo funciona porque al principio hay una falta de equilibrio".
Georges Perec[1]

Hay una categoría particular de explicaciones que todo lo revelan a la vez que no descubren nada. Jasper Johns, ante la pregunta de por qué usaba un determinado tipo de rotulación en sus pinturas, solía decir que era porque podía comprar las plantillas en la ferretería local; cuando a James Stirling se le preguntó sobre las proporciones de ciertos paneles prefabricados, musitó algo acerca del gálibo de un puente cercano. Andy Warhol era el maestro de la respuesta inexpresiva que todo lo contesta sin decir nada. No hace falta decir que estas explicaciones exageradamente francas normalmente plantean más preguntas que las que contestan.

Quizá el ejemplo más conocido sea *Como escribí algunos de mis libros,* de Raymond Roussel, que describe el método de composición usado en sus novelas *Locus Solus* e *Impresiones de Africa*. El proceso de trabajo que subraya empieza con el descubrimiento de dos frases que, como resultado de una variación lingüística menor, son capaces de producir significados enteramente diferentes. Complejos juegos de palabras, dobles *entendres* y equívocos son los materiales con los que empieza. Una vez que ha encontrado las dos frases, la actividad de escribir consiste en construir un puente entre estos dos puntos fijos: "Sólo era cuestión de escribir una historia que pudiera empezar con el primero y terminar con el segundo".[2] Es decir, que la entera producción novelística de Roussel se explica como un ejercicio mecánico: no como auto-expresión creativa, erudición literaria, u otros misterios esotéricos, sino como la resolución de un problema técnico de composición.

¿Cómo es que, entonces, un método aparentemente tan directo produce resultados tan complejos? Alain Robbe-Grillet ha observado que "tratamos con el exacto opuesto de lo que convencionalmente se denomina un buen escritor: Raymond Roussel no tiene nada que decir, y lo dice mal..." [3]

1 Georges Perec, parafraseando a Epicuro en "Entretien Perec/Ewa Pawlikowska", *Littératures 7* (1983) 70-71, citado en *Oulipo : A Primer of Potential Literature*, Warren F. Motte, editor (Lincoln Nebraska, 1986)
2 Raymond Roussel, *How I wrote certain of my books*, trad. Trevor Winkfield, (Sun, New York, 1977) p.3.
3 Alain Robbe-Grillet, "Enigmas and Transparency in Raymond Roussel" (1963) *For A New Novel : Essays on Fiction,* trad. Richard Howard, Grove Press, New York, 1965) p. 80.

Explanations

"The world functions because at the outset there is a lack of balance".
Georges Perec[1]

There is a particular category of explanation that reveals everything while giving nothing away. Jasper Johns, asked why he used a particular type of lettering in his paintings, used to say it that was because he could buy the stencils at the local hardware store; James Stirling, asked about the proportion of certain precast panels, mumbles something about the clearance on a nearby bridge. Andy Warhol was the master of the deadpan reply that answers everything without saying anything. Needless to say, these exaggeratedly straightforward explanations usually raise more questions than they answer.

Perhaps the best known example Raymond Roussel's, *How I Wrote Certain of My Books* which describes the method of composition used in his novels *Locus Solus* and *Impressions of Africa*. The working process he outlines begins with the discovery of two phrases that, as a result of minor linguistic variation, are capable of producing entirely different meanings. Complex puns, double *entendres* and misreadings are the materials he begins with. Once he has found the two phrases, the activity of writing consists in constructing a bridge between these two fixed points: "It was only a case of writing a story which could begin with the first and end with the second."[2] That is to say, Roussel's entire novelistic output is explained as a mechanical exercise: not creative self-expression, literary erudition, or other esoteric mysteries, but the resolution of a technical problem in composition.

How is it then, that such an apparently straightforward method produces such complex results? Alain Robbe-Grillet has remarked that "we are dealing with the exact opposite of what is conventionally called a good writer: Raymond Roussel has nothing to say, and says it badly...." [3]

1 Georges Perec, paraphrasing Epicurus in "Entretien Perec / Ewa Pawlikowska," *Littératures 7* (1983) 70-71, cited in *Oulipo: A Primer of Potential Literature*, Warren F. Motte, editor (Lincoln Nebraska, 1986) 19-20
2 Raymond Roussel, *How I Wrote Certain of My Books*, trans. Trevor Winkfield, (Sun, New York, 1977) p. 3
3 Alain Robbe-Grillet, "Enigmas and Transparency in Raymond Roussel" (1963), *For A New Novel: Essays on Fiction*, trans. Richard Howard, (Grove Press, New York, 1965) p. 80.

Michel Leiris ha comentado de Roussel que "su voluntaria subyugación a una regla difícil y complicada estaba acompañada, como corolario, por una distracción respecto a todo lo demás".[4] Deja absolutamente al descubierto la estructura oculta de sus trabajos. Se nos da una llave que todo lo abre, pero la explicación es demasiado completa, demasiado transparente, demasiado mecánica. Al lector no le queda ningún misterio por desentrañar. Y a pesar de todo ello, el enigma persiste. O quizá, el enigma es tanto más complejo por estar localizado en la brutal superficialidad de hecho. El efecto es desviar la atención del lector no al significado enterrado bajo la superficie, sino a la superficie del lenguaje mismo: "La descomposición del todo en sus partes más diminutas, la perfecta identidad de estas últimas con su función, conduce meramente al puro espectáculo de un gesto desprovisto de su significado... una significación que es demasiado transparente coincide con una opacidad total".[5] Para Roussel, escribir consiste en una serie de conmutadores, circuitos o relés que activan ensamblajes de materia e información.

Pues bien, lo que es refrescante acerca del trabajo de MVRDV es precisamente que no depende de justificaciones teóricas elaboradas —mucho menos de referencias a la literatura francesa oscura—. Se presenta como examen minucioso de los hechos puros y duros de la práctica arquitectónica contemporánea: datos económicos, códigos de edificación y de zonificación, comportamiento del consumidor, organización corporativa y hábitos de trabajo; la gestión del tiempo y del espacio. Las realidades de una nueva Europa, donde el dinero, los cuerpos y las ideas circulan dentro de patrones cada vez más complejos, son puestas en atenta observación. El método de trabajo de MVRDV consiste en llevar a cabo una investigación extensiva, agrupar cantidades masivas de datos, y después ponerse racional y objetivamente a resolver el problema. Sin intuiciones borrosas, sin expresión 'artística', sin aspiraciones metafísicas. Utilizan las herramientas convencionales del arquitecto —dibujos, ordenadores y maquetas—, pero éstas se complementan con métodos estadísticos, diagramas abstractos y levantamientos de información. La creatividad no se expresa como invención de nuevas formas, sino como reformulación de los condicionantes existentes. Al describir un problema de una manera nueva, emerge una solución inesperada. La forma se explica en relación a la información que cifra. Arquitectura como una serie de conmutadores, circuitos o relés que activan ensamblajes de materia e información. Todo explicado, nada inventado, nada arbitrario.

En el trabajo de MVRDV, siempre se nos presenta simultáneamente el proyecto y el aparato gráfico que explica el proyecto: diagramas, estadísticas, tablas y cuadros. Todo está en la superficie; el sistema de condicionantes se hace temático para el trabajo. La búsqueda de causas ocultas es prioritaria. Se subrayan los condicionantes, se propone una solución, se tiene todo en cuenta. Pero, si todo está en su lugar, ¿por qué resulta este trabajo tan constantemente sorprendente? ¿Cómo es que las soluciones tan lógicas y racionales de MVRDV son siempre inesperadas? ¿Por qué sus propuestas parecen tan *insolentes?*

Su trabajo es enigmático, no a pesar de sus métodos imparciales, sino precisamente por ello. El pragmatismo reconoce las convenciones e impone una norma firme de lógica en lugar de aceptar fórmulas precedentes y conocidas. MVRDV no buscan la novedad. Más bien, van más allá del 'sentido común', porque las

4 Michel Leiris, *Brisées*, pp. 59-60 ; citado en Motte, ed., *Oulipo*.... (p43)
5 Robbe-Grillet, p.82

Michel Leiris has noted of Roussel that "his voluntary subjugation to a complicated and difficult rule was accompanied, as a corollary, by a distraction regarding all the rest".[4] He lays absolutely bare the hidden structure of his works. We are given a key that unlocks everything, but the explanation is too complete, too transparent, too mechanical. There is no mystery left for the reader to unravel. And yet for all that, the enigma persists. Or perhaps, the enigma is all the more complex for being located in the brutal superficiality of fact. The effect is to turn the reader's attention not to the meaning buried beneath the surface, but to the surface of language itself: "The decomposition of the whole into its tiniest parts, the perfect identity of the later with their function, merely leads to the pure spectacle of a gesture deprived of its meaning... a signification that is too transparent coincides with a total opacity".[5] For Roussel, writing is a series of switches, circuits or relays activating assemblages of matter and information.

Now what is refreshing about the work of MVRDV is precisely that it does not depend on elaborate theoretical justifications, much less on references to obscure French literature. It is presented as a close examination of the hard facts of contemporary architectural practice: economic data, building and zoning codes, consumer behavior, corporate organization and work habits, the management of time and space. The realities of a new Europe, where money, bodies and ideas circulate in increasingly complex patterns, are brought into sharp focus. The working method of MVRDV is to conduct extensive research, assemble massive quantities of data, and then set out, rationally and objectively to resolve the problem. No fuzzy intuition, no 'artistic' expression, no metaphysical claims. They utilize the conventional tools of the architect (drawing, computers and modelmaking) but these are supplemented by statistical methods, abstract diagrams and information mapping. Creativity is not expressed as the invention of new forms, but as the re-formulation of existing constraints. By describing a problem in a new way, an unexpected solution emerges. Form is explained in relation to the information it encodes. Architecture as a series of switches, circuits or relays activating assemblages of matter and information. Everything explained, nothing invented, nothing arbitrary.

In the work of MVRDV, we are always presented with both a project and a graphic machine that explains the project: diagrams, statistics, tables and charts. Everything is on the surface; the system of constraints is made thematic to the work. The search for hidden causes is preempted. Constraints are outlined, a solution is proposed, everything is accounted for. But if everything is in its place, why is this work so constantly surprising? How is it that MVRDV's solutions so logical and rational, are always unexpected? Why do these proposals seem so *impolite*?

This work is enigmatic not in spite of its impartial methods, but because of it. Pragmatism inspects convention and imposes a hard rule of logic rather than accepting precedent and known formula. MVRDV do not seek out novelty. Rather, they go beyond 'common sense' because the known solutions are incapable of solving the

4 Michel Leiris, *Brisées*, pp. 59-60; cited in Motte, ed., *Oulipo*... (p 43)
5 Robbe-Grillet, p. 82

soluciones conocidas son incapaces de resolver los problemas planteados. El pragmatismo radical de MVRDV les distancia de la enumeración formulada de las convenciones, pero además les mantiene alejados de un neo-vanguardismo que desafía las convenciones por el hecho mismo de desafiarlas. Y como Roussel, a menudo se plantean a sí mismos problemas absurdos, o aparentemente imposibles de resolver: los voladizos de las Viviendas Wozoco's; el borde negociado de la Doble casa en Utrecht; el profundo forjado de VPRO. Podríamos decir de este trabajo —como Robbe Grillet dijo de Roussel— que "la explicación se convierte en fútil a su vez. Responde tan bien a las preguntas hechas, agota la cuestión tan completamente que parece, al final, ser una inútil duplicación del sistema mismo".[6]

problems posed. The radical pragmatism of MVRDV distances them from the formulaic rehearsal of convention, but is also sets them apart from a neo-avantgardism that defies convention for the sake of defying convention. And like Roussel, they often seem to set for themselves absurd, or apparently impossible problems to solve: the cantilevers of the Wozoco's Housing; the negotiated boundary of the Double house in Utrecht; the deep floor plate of VPRO. We might say of this work, as Robbe Grillet said of Roussel, that "the explanation becomes futile in its turn. It answers the questions asked so well, it so totally exhausts the subject that it seems, ultimately, to be a useless duplication of the machinery itself".[6]

Condicionantes

"Mientras pueda jugar, sé que las reglas están en su sitio".
Ludwig Wittgenstein[7]

Si el efecto de sus métodos es convertir el material de la arquitectura y sus técnicas en temáticos, podría parecer que el trabajo cae en un formalismo. Pero verlo como formalismo es perderse el particular carácter de su compromiso con la realidad. El trabajo de MVRDV hace visibles las fuerzas invisibles que dan forma a los edificios hoy: el fenómeno que han llamado 'escenarios de datos (*datascapes*):

"A causa de diferencias en los impuestos, los límites entre Bélgica y los Países Bajos están ocupados por un vasto número de villas que generan una ciudad lineal a lo largo de la frontera. La demanda del mercado ha precipitado una 'mancha' de casas-con-un-pequeño-jardín en Holanda. Los condicionantes políticos en Hong Kong generan 'pilas' de casas alrededor de sus límites. [...] Las regulaciones monumentales en Amsterdam limitan la demanda de programas modernos, generando 'montañas de programa' invisibles desde la calle detrás de las fachadas medievales.[...] En La Défense de París, para evitar las normas de rascacielos, los programas masivos se manifiestan a sí mismos como zigurats con escaleras de acceso de 18 metros de altura, de tal manera que se pueda acceder a todas las oficinas con la longitud máxima de las escaleras de incendios. Cuestiones psicológicas, pautas anti-catástrofe, regulaciones de iluminación, tratamientos acústicos. Todas estas manifestaciones pueden ser vistas como 'escenarios' (*scapes*) de los datos que hay tras ellas".
(*Datascapes*, textos FARMAX, MVRDV, 1997)

MVRDV trabajan a la vez con los condicionantes impuestos desde fuera —los motores económicos que guían la práctica arquitectónica, y el aparato burocrático que la gobierna— y las normas dadas desde dentro —las técnicas arquitectónicas, las convenciones y los hábitos de trabajo—. Al articular los medios específicos disponibles para la arquitectura con el fin de cifrar información social, económica y política, MVRDV abre la arquitectura a otros discursos, sin perder lo que es específico a la arquitectura en tanto que práctica. Es decir que están más interesados en los efectos espaciales o materiales de la información que en los efectos escenográficos o discursivos. La información tiene consecuencias formales, pero el formalismo no es un fin en el trabajo de MVRDV.

La mayoría de los arquitectos definen los condicionantes negativamente, como algo contra lo que trabajar, un obstáculo a evitar. MVRDV no solamente tratan los condicionantes como oportunidad —para la invención o la improvisación—, sino que los aprovechan como fuerza impulsora en el trabajo. El condicionante es redefinido, no como *freno*, sino como *motor*. En este sentido, trabajan desde la conciencia de que el mundo como tal siempre se mueve más rápidamente que la disciplina de la arqui-

Constraints

"As long as I can play, I know the rules are in place".
Ludwig Wittgenstein[7]

If the effect of their methods is to make the material of architecture and its techniques thematic, the work might appear to fall into a formalism. But to see this as formalism is to miss the particular character of their engagement with reality. MVRDV's work makes visible the invisible forces that shape building today —the phenomenon they have called 'datascapes':

"Because of tax differences the borders between Belgium and the Netherlands are occupied with vast numbers of villas generating a linear town along the frontier. Market demand has precipitated a 'slick' of houses-with-a-small-garden in Holland. Political constraints in Hong Kong generate 'piles' of dwellings around its boundaries.[...] Monumental regulations in Amsterdam limit the demand for modern programs, generating 'mountains of program' invisible from the street behind the medieval facades.[...] In La Defense in Paris, to avoid the high-rise rules massive program manifest themselves as ziggurats with 18 meter high accessible 'steps' so that all offices can be entered by the maximum length of the fire ladders. Psychological issues, anti-disaster patterns, lighting regulations, acoustic treatments. All these manifestations can be seen as 'scapes' of the data behind it".
("Datascapes" FARMAX texts, MVRDV, 1997)

MVRDV work both with the rules imposed from outside (the economic engines that drive architectural practice, and the bureaucratic apparatus that governs it) and the rules given from within (architecture's techniques, conventions and habits of work). In articulating the specific means available to architecture to encode social, economic and political information, MVRDV open architecture to other discourses, without losing what is specific to architecture as a practice. That is to say, they are more interested in the spatial or material effects of information than in scenographic, or discursive effects. Information has formal consequences, but formalism is not an end in the work of MVRDV.

Most architects define constraint negatively, as something to work against, an obstacle to get around. MVRDV not only treat constraint as opportunity (for invention or improvisation), but they embrace it as a driving force in the work. Constraint is redefined, not as a *brake* but as an *engine*. In this sense, they work out of an awareness that the world as such always moves more quickly than the discipline of architecture. New patterns of land settlement, new management structures, new ways of organizing the building trades all emerge more rapidly than the ability of architects to react or theorize. Data and information, as expressed in the form of complex

6 Robbe-Grillet, p.82
7 Ludwig Wittgenstein, *Conferencias y conversaciones*

6 Robbe-Grillet, p. 82
7 Ludwig Wittgenstein, *Lectures and Conversations*

tectura. Nuevos modelos de asentamiento en el territorio, nuevas estructuras de gestión, nuevas maneras de organizar los oficios de la construcción emergen todos más rápidamente que la capacidad de los arquitectos para reaccionar o teorizar. Los datos y la información, expresados en forma de complejos condicionantes, son los medios a través de los cuales MVRDV abordan la complejidad de esta masa cambiante. No están interesados en representar estas condiciones emergentes, sino más bien en aprovecharse de su potencial. Construyen de acuerdo con la reflexión de Jane Jacobs de que el comercio es el motor del urbanismo. Su trabajo se desarrolla desde el desajuste entre una realidad que se mueve deprisa y el catálogo disponible de soluciones arquitectónicas. Por esta razón, los elementos de su lenguaje formal no son necesariamente llamativos en sí mismos. Son más bien sus combinaciones las que no resultan familiares. Utilizan formas conocidas en combinaciones inesperadas, posiciones extrañas o escalas aparentemente inapropiadas. Una lógica tenaz depara soluciones frescas e improbables.[8]

8 Ver Rommer van Toorn "Fresh Conservatism : Landscapes of Normality" escrito presentado en la conferencia *Poldergeist : Landscapes of the Artificial*, organizada por Bart Lootsma en Nueva York, Abril, 1997, próxima publicación por Princeton Architectural Press.

8 See Roemer van Toorn "Fresh Conservatism: Landscapes of Normality" paper given at the conference *Poldergeist: Landscape of the Artificial*, organized by Bart Lootsma in New York, April, 1997, publication forthcoming from Princeton Architectural Press

constraints, are the means by which MVRDV engage the complexity of this shifting mass. They are not interested in representing these emerging conditions but rather in taking advantage of their potential. They build on Jane Jacobs' insight that commerce is the engine of urbanism. Their work develops out of the slippage between a fast moving reality and the available catalogue of architectural solutions. It is for this reason that the elements of their formal language are not necessarily startling in themselves. Rather is it their combinations that are unfamiliar. They utilize known forms in unexpected combinations, strange positions or apparently inappropriate scales. A stubborn logic yields fresh,[8] improbable solutions.

BUGA 2001+Plant City
Concurso
Competition
Berlin, Germany, 1997

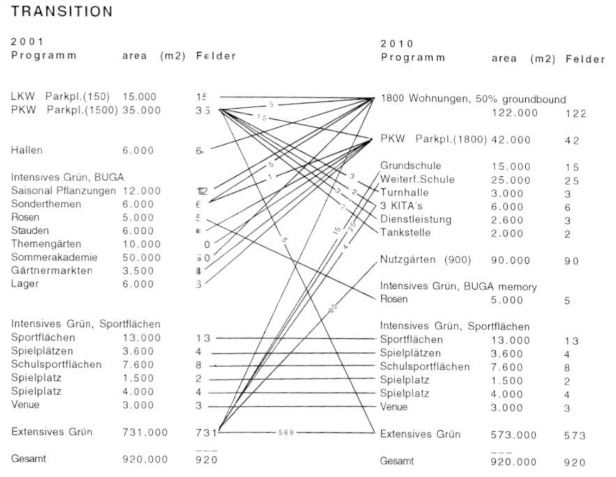

PROGRAMMATICAL TRANSITION

Regularidades por Defecto

Los debates arquitectónicos recientes han tendido a describir una situación polarizada. En el lado americano, un interés en la complejidad formal, y un compromiso con la teoría y la tecnología, ejemplificados por la presencia internacional altamente visible de Frank Gehry y por los experimentos formales y de procedimiento de Peter Eisenman. Opuesto a todo esto queda un neomodernismo europeo —o 'nueva ortodoxia'— que lo engloba todo, desde las construcciones ligeras de Jean Nouvel hasta el minimalismo de Jacques Herzog y Pierre de Meuron.

Como muchas clasificaciones binarias, ésta se evapora frente a la innovación real. Un observador accidental del trabajo de MVRDV notará una predominancia de las geometrías rectilíneas, una preferencia por las formas de caja y la tectónica piso-sobre-columna de la estructura dominó. Podría ser tentador, bajo esta evidencia, entender su trabajo como parte de la nueva ortodoxia europea, o incluso como un retorno al minimalismo. Pero esto es equivocarse en una doble vertiente. En primer lugar, es perderse la complejidad consumada real en el trabajo de MVRDV que resulta de la superposición de múltiples sistemas o de la acumulación de partes. Puede no parecer complejo, pero se comporta de maneras complejas. Y en segundo, es ignorar las consecuencias de su pragmatismo. La forma, para MVRDV, no es la suplantación de un sistema de ideas o un medio de creencia fortalecedora. MVRDV no están ideológicamente investidos en la complejidad ni constitucionalmente comprometidos con la simplicidad. Una simple forma rectangular en su trabajo no es la expresión de una fe perdurable en la estabilidad de la forma pura, un baluarte de resistencia frente a un mundo complejo y cambiante, o una reafirmación de tectónica esencialista.

Default Regularities

Recent architectural debates have tended to describe a polarized situation. On the American side, an interest in formal complexity, and an engagement with theory and technology, exemplified by the highly visible international presence of Frank Gehry or by the formal and procedural experiments of Peter Eisenman. Opposed to this is a European neo-modernism (or 'new orthodoxy') that encompasses everything from the lightweight constructions of Jean Nouvel to the minimalism of Jacques Herzog and Pierre de Meuron.

Like many binary classifications this one evaporates in the face of real innovation. A casual observer of the work of MVRDV will note a predominance of rectilinear geometries, a preference for boxy forms and the slab-on-column tectonics of the domino frame. It might be tempting, on this evidence, to understand their work as part the European new orthodoxy, or even a return to minimalism. But this is to miss the point in two ways. In the first place, it is the miss the actual performative complexity that results from the overlay of multiple systems or the accumulation of parts in the work of MVRDV. It may not look complex, but it behaves in complex ways. And second, it is to ignore the consequences of their pragmatism. Form, for MVRDV, is not a stand-in for a system of ideas or a means of reinforcing belief. MVDRV are not ideologically invested in complexity nor constitutionally committed to simplicity. A simple rectangular shape in their work is not the expression of an enduring faith in the stability of pure form, a bulwark of resistance against a complex and changing world, or a reassertion of essentialist tectonics.

Es sólo una forma, útil o no, limitada por condiciones de programa, realización y economía. La regularidad es un imperativo 'por defecto': en ausencia de información al contrario, hágase directo. La forma regular es más fácil de describir, más sencilla de construir y cuesta menos. Pero por la misma lógica programática, si el programa, el lugar o *cualquier otra fuerza* tiende a la irregularidad, o necesita una geometría compleja, no se duda en llevar la forma a la complejidad. Este pragmatismo radical genera mezclas extrañas en su trabajo, y socava sutilmente el aparente conservadurismo de su lenguaje formal. Hace la experiencia de estos edificios levemente inquietante. Siempre ligeramente impropios, estos edificios dan la sensación de no estar nunca realmente acabados. Sus geometrías pueden ser regulares, pero su tosco inacabado proporciona un sentido de precariedad al conjunto que está completamente en desacuerdo con un neo-modernismo nominal.

It is just a shape, useful or not, limited by conditions of program, realization and economy. Regularity is a 'default' imperative: in the absence of information to the contrary, make it straightforward. Regular form is easier to describe, simpler to build and it costs less. But by the same pragmatic logic, if program, site or *any other forces* tend toward irregularity, or necessitate complex geometry, there is no hesitation in moving the form toward complexity. This radical pragmatism generates strange mixtures in their work, and subtly undermines the apparent conservatism of their formal language. It makes the experience of these buildings mildly discomforting. Always slightly improper, these buildings give the sensation of never really being finished. Their geometries may be regular, but their rough incompleteness gives a sense of precariousness to the whole that is completely at odds with a nominal neo-modernism.

Casa Doble
Double House
Utrecht,
The Netherlands,
1995/1997

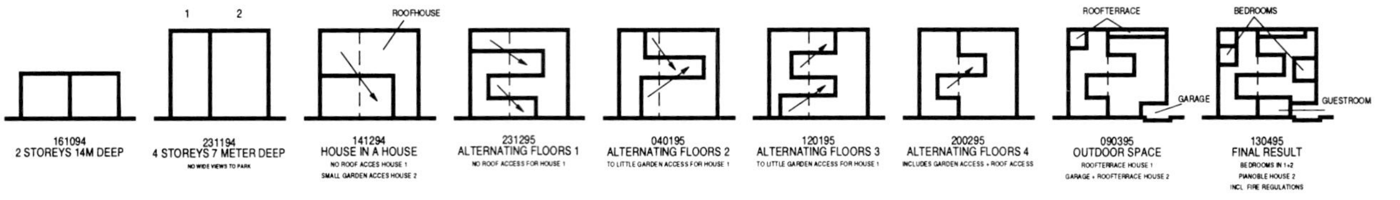

Abstracciones Reales/Realidades Abstractas

El trabajo de MVRDV hace evidente otra interesante verdad acerca de la realidad de hacer edificios al final del siglo XX. El diseño arquitectónico, convencionalmente entendido, presenta una paradoja. La actividad del arquitecto consiste en imaginar y proponer transformaciones concretas de lo real. Los edificios son cosas en el mundo, la arquitectura es "un apetito por modificar la realidad".[9] Y aún así, el arquitecto emplea una serie de técnicas altamente abstractas —dibujos, maquetas, especificaciones, o simulaciones por ordenador— para llevar a cabo esta modificación de la realidad. Esta paradoja —una práctica dedicada a la transformación de la realidad que está condenada a trabajar con herramientas mediatizadas y altamente abstractas — ha sido profundamente incorporada en el propio entendimiento de sí misma de la arquitectura como disciplina. Gran parte de la historia de la representación, por ejemplo, está salpicada de intentos de salvar la brecha entre la abstracción de los medios de la arquitectura y la concreción de sus fines. Numerosos debates contemporáneos pueden ser rastreados hasta esta oposición : una cultura de la edificación que está preocupada por las realidades de los materiales y la concreción de la tectónica versus una cultura del diseño que está preocupada por la representación, el proceso y las geometrías abstractas.

Pero como cualquier arquitecto en activo sabe, edificar hoy es cada vez menos un ejercicio dentro de las realidades de la construcción y sus materiales. Es muy difícil hablar hoy del campo de la construcción como algo concreto en oposición a los procedimientos abstractos del diseño. Ladrillos, mortero, hormigón, piedra, acero, vidrio, o incluso aleaciones, siliconas, o fibras de vidrio no son los materiales que el arquitecto maneja en el día a día. El contacto del arquitecto con el proceso real de la construcción está altamente limitado, y siempre mediatizado. [Y de hecho legalmente condicionando. En los Estados Unidos, por

Real Abstractions/Abstract Realities

The work of MVRDV makes visible another interesting truth about the reality of making buildings at the end of the twentieth century. Architectural design, as conventionally understood presents a paradox. The activity of the architect consists in imagining and proposing concrete transformations of the real. Buildings are things in the world, architecture is "an appetite for modifying reality."[9] And yet, the architect employs a series of highly abstract techniques (drawings, models, specifications, or computer simulations) in order to effect this modification of reality. This paradox —a practice devoted to the transformation of reality that is condemned to work with mediated and highly abstract tools— has been deeply incorporated into architecture's own understanding of itself as a discipline. Much of the history of representation, for example is bound up with attempts to bridge the gap between the abstraction of architecture's means and the concreteness of its ends. Many contemporary debates can be traced back to this opposition: a culture of building that is concerned with the realities of materials and the concreteness of tectonics versus a culture of design that is concerned with representation, process and abstract geometries.

But as any working architect knows, building today is less and less an exercise in the realities of construction and its materials. It is very difficult today to speak of the realm of building as something concrete as opposed to the abstract procedures of design. Bricks, mortar, concrete, stone, steel, glass, or even alloys, silicones, or glass fibers are not the materials that the architect handles on a day to day basis. The architect's contact with the actual fabric of building is highly limited, and always mediated. [And in fact legally constrained. In the United States for example, the role of the architect during construction is limited by law to the 'obser-

9 Esta frase está tomada de K. Michael Hays, en el contexto de una presentación sobre Mies van der Rohe en el Illinois Institute of Technology, Septiembre 1997.

9 This phrase taken from K. Michael Hays, in the context of a presentation on Mies van der Rohe at the Illinois Institute of Technology, September, 1997

ejemplo, el papel del arquitecto durante la construcción está limitado por ley a la 'observación' de la construcción]. Los instrumentos abstractos de gestión caracterizan hoy los procedimientos de la construcción, tanto como los instrumentos abstractos de la geometría proyectual han caracterizado tradicionalmente el proceso de diseño. Podríamos incluso llegar a decir que, hoy, construir es una actividad más abstracta que diseñar, un hecho confirmado por el uso creciente de la tecnología informática en la fabricación y en la construcción.

Los instrumentos del día a día de la gestión de la construcción son cuadros, tablas y gráficos que describen presupuestos, estándares de logros, y coordinación entre los numerosos participantes del proceso de construcción. Estos son los temas de reuniones sin fin y negociaciones con clientes, representantes de las agencias gubernamentales, contratistas, vendedores, consultores y expertos técnicos. En lugar de poner en funcionamiento una división de trabajo, o de intentar recuperar el contacto tradicional del arquitecto con el proceso de la construcción, MVRDV han tomado las realidades de los procedimientos modernos de construcción —que enfatizan la gestión y la negociación— como modelo para los procedimientos de diseño. En general, han tomado un desarrollo aparentemente negativo, lo han absorbido y redefinido como una oportunidad. Esta actitud es por supuesto completamente consistente con su propio pragmatismo. En el contexto de la escena holandesa, insistir hoy en la edificación como una exploración de la ontología de la construcción sería más bien un obstáculo. Las capacidades del arquitecto hoy tienden más a los medios de comunicación, las relaciones públicas y la negociación. Es decir que MVRDV están particularmente bien situados para tomar ventaja de la particular relación entre la industria de la construcción holandesa y un estado de burocracia cultural dedicada a la promoción de jóvenes arquitectos. De una manera muy real, el cambio descrito aquí ha hecho posible que una firma relativamente inexperta realice un cuerpo sustancial de impresionantes trabajos.

vation' of construction]. The abstract instruments of management characterize the procedures of building today, much as the abstract instruments of projective geometry have traditionally characterized the process of design. We might even go so far as to say that today, to build is a more abstract activity than to design, a fact confirmed by the increasing use of computer technology in fabrication and construction.

The day-to-day instruments of construction management are the charts, tables and graphs that describe budgets, codes, schedules, performance standards, and coordination among the many participants in the building process. These in turn are the subject matter of endless meetings and negotiations with clients, representatives of governmental agencies, contractors, salesmen, consultants and technical experts. Rather than enforce a division of labor, or attempt to recuperate the architect's traditional contact with the fabric of construction, MVRDV have taken the realities of modern construction procedures —which emphasize management and negotiation— as a model for the procedures of design. Characteristically, they have taken an apparently negative development, absorbed it and redefined it as an opportunity. This attitude of course is completely consistent with their own pragmatism. In the context of the Dutch scene to insist today on building as an exploration of the ontology of construction would be something of an impediment. The skills of the architect today tend more to media, public relations and negotiation. That is to say, MVRDV are particularly well situated to take advantage of the particular relation between the Dutch construction industry and a state cultural beauracracy devoted to the promotion of young architects. In a very real way, the shift described here has made it possible for a relatively inexperienced firm to realize a substantial body of impressive works.

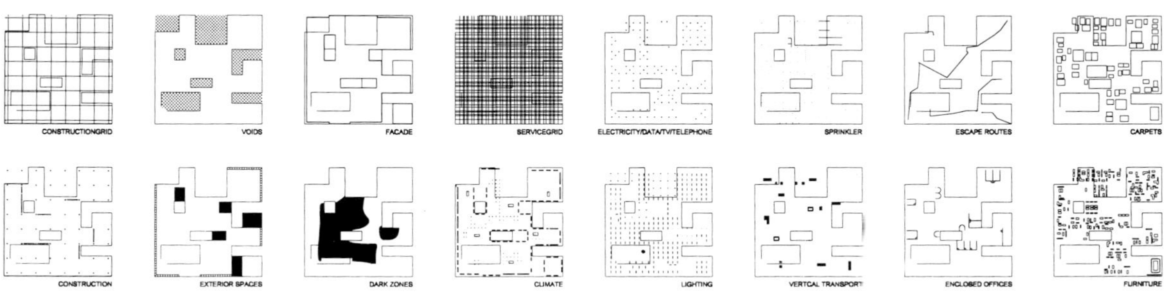

Villa VPRO
Villa VPRO
Hilversum,
The Netherlands,
1993/1997

Ecologías Artificiales

Es difícil abandonar el trabajo de MVRDV sin decir algo acerca del 'paisaje'. [Una palabra que según Winy Maas se emplea en el discurso arquitectónico más a menudo de lo que los americanos usan la palabra *fuck*]. Reconociendo el escepticismo de Maas acerca de la actual atracción hacia el paisaje como inocencia pastoral, podríamos sin embargo insistir, dada la formación de Maas como paisajista, en la importancia del paisaje —no tanto como imagen sino como *proceso*— en el trabajo de MVRDV. Los Países Bajos, se comenta a menudo, se están acercando hoy día a la densidad de población de Japón.

Artificial Ecologies

It is hard to leave the work of MVRDV without saying something about 'landscape'. (A word that, according to Winy Maas is used more often in architectural discourse than the Americans use the word 'fuck'.) Recognizing Maas' skepticism about the current appeal to landscape as pastoral innocence, we might nevertheless insist, given Mass' training as a landscape architect, on the importance of landscape —not so much as image but as *process*— in the work of MVRDV. The Netherlands, it is often pointed out, is currently approaching the population density of Japan.

Como consecuencia, el borde entre ciudad y paisaje se hace cada vez más ambiguo. MVRDV están entre un número de estudios arquitectónicos holandeses que han hecho del paisaje un tema en su modo de trabajar. Para estos diseñadores, la idea de un 'paisaje urbano' sugiere que un edificio no es algo que ocupa un lugar, sino más bien que la actividad del arquitecto es construir el lugar mismo. El paisaje queda alineado con la infraestructura y el urbanismo. Funciona para construir el suelo para futuras ocupaciones y eventos. No se puede diseñar y controlar el paisaje en su totalidad, sino que se debe proyectar hacia el futuro y permitir que crezca a lo largo del tiempo.

En el trabajo de MVRDV el paisaje no es simplemente una metáfora o una alusión formal, sino un modelo para el proceso. En particular, podríamos decir que en la Villa VPRO, el diseño está concebido como una *ecología artificial*. Las ecologías son complejos ensamblajes de recursos, especies y climas, que operan en múltiples circuitos de transmisión. En el caso de la Villa VPRO —sede para una emisora pública innovadora—, MVRDV consultó atentamente con los futuros ocupantes del edificio. Como eran incapaces de predecir con certeza las necesidades futuras —contando con las nuevas tecnologías disponibles, los cambios en las pautas de trabajo y los modelos de organización corporativos— los arquitectos concibieron el proyecto como una serie de espacios y superficies lo suficientemente flexibles como para evolucionar con el tiempo, pero lo suficientemente específicos como para proporcionar una dirección al futuro crecimiento. Esto no es el diseño participativo de los setenta, ni tampoco el diseño abierto de los sesenta. Tampoco consideran los arquitectos que su papel sea representar simbólicamente el programa del cliente, como fue el caso del post-modernismo. En cambio, los arquitectos proyectan un encaje amplio entre programa y forma, dejando suficiente 'holgura' para acomodar las improvisaciones tácticas de los usuarios. El arquitecto establece la estructura inicial y un juego de relaciones entre las partes, pero estas determinaciones están hechas con el completo conocimiento de que una serie entera de fuerzas impredecibles activará, y modificará estas relaciones a lo largo del tiempo. La estructura se deja incompleta a la expectativa de una futura evolución hasta un estado provisional de acabado.

Por consiguiente, 'proceso' para MVRDV implica no tanto los procedimientos de diseño como el proceso de negociación, ejecución y construcción —todos esos aspectos de la arquitectura que emergen una vez que se completa el trabajo de diseño—. El trabajo del arquitecto es repensado como gestión y cultivo. La atención se desvía de los herméticos procedimientos del diseño, a la vida del edificio desplegada a lo largo del tiempo, más allá del control de sus autores, y fuera del control omnipresente de la industria de la cultura.

Desviaciones

"Cuando se establece un sistema de condicionantes, también debe haber anticondiconante dentro de él. El sistema de condicionantes —y esto es importante— debe ser destruido. No debe ser rígido; debe haber alguna holgura en él; debe, como dicen, 'chirriar' un poco; no debe ser completamente coherente..."

***George Perec*[10]**

En teoría atómica antigua, se postulaba una 'desviación' aleatoria en la disminución de átomos, un desequilibrio dinámico que mantenía al sistema en funcionamiento. Una vez descartado por los científicos bajo el dominio del determinismo, la incertidumbre ha reaparecido en la ciencia moderna y las matemáticas.

10 George Perec, "Entretrien Perec / Ewa Pawlikowska" en *Oulipo*, p.20

As a consequence, the boundary between city and landscape is increasingly blurred. MVRDV are among a number of Dutch architectural practices that have made landscape thematic to their way of working. For these designers, the idea of an 'urban landscape' suggests that a building is not something that occupies the site, but rather that the activity of the architect is to construct the site itself. Landscape is aligned with infrastructure and urbanism. It works to construct the ground for future occupations and events. Landscape cannot be designed and controlled as a totality, but instead must be projected into the future and allowed to grow in over time.

In the work of MVRDV landscape is not simply a metaphor or a formal allusion, but a model for process. In particular, we might say that in the Villa VPRO, design is conceived as *artificial ecology*. Ecologies are complex assemblages of resources, species and climates, operating in multiple feedback loops. In the case of the Villa VPRO (headquarters for an innovative public broadcasting network), MVRDV consulted closely with the building's future occupants. As they were unable to predict with certainty the future needs (given newly available technologies, changing work patterns and corporate organizational models) the architects conceived the project as a series of spaces and surfaces flexible enough to evolve over time but specific enough to give a direction to the future growth. This is not the participant design of the seventies, nor the open design of the sixties. Nor do the architects see their role as symbolically representing the client's program, as was the case with post-modernism. Instead the architects project a loose fit between program and form, leaving enough 'play' to accommodate the tactical improvisations of the users. The architect establishes the initial framework and a set of relations among the parts, but these determinations are made with the full knowledge that a whole series of unpredictable forces will activate, and modify these relationships over time. The structure is left incomplete in the expectation of future evolution into a provisional state of completion.

Hence 'process' for MVRDV implies not so much the procedures of design, but the process of negotiation, implementation and construction— all those aspects of architecture that surface after the design work is completed. The work of the architect is rethought as management and cultivation. Attention is shifted from the hermetic procedures of design, to the life of the building as it unfolds over time, beyond the control of its authors and outside of the pervasive grasp of the culture industry.

Swerve

"When a system of constraints is established, there must also be anticonstraint within it. The system of constraints —and this is important— must be destroyed. It must not be rigid; there must be some play in it; it must, as they say "creak" a bit; it must not be completely coherent..."

Georges Perec[10]

In ancient atomic theory, a random 'swerve' was postulated in the fall of atoms, a dynamic imbalance that kept the system going. Once dismissed by scientists under the sway of determinism, uncertainty has reappeared in modern science and mathematics. Following Heisenberg and Schrödinger, quantum mechanics has incorpo-

10 George Perec, "Entretien Perec / Ewa Pawlikowska" in *Oulipo*, p. 20

Siguiendo a Heisenberg y Schrödinger, la mecánica cuántica ha incorporado la incertidumbre como principio fundamental en el orden de las cosas. Sería un error pensar que los esquemas de diseño sistemáticos de MVRDV expresan alguna clase de fe en un universo determinista como un reloj. Un sistema de diseño tan completo y controlado como el descrito por MVRDV sería de hecho aterrador si no fuera por el potencial que tiene para desviarse. Otra manera de describir su trabajo sería como un esfuerzo sistemático por buscar las fisuras en el sistema donde algo nuevo puede ocurrir a pesar de su lógica envolvente. Lo que interesa a MVRDV no es la ejecución mecánica de una serie de condicionantes. Más bien, dando forma y exagerando los condicionantes, se fuerza el sistema al máximo. Emergen soluciones poco ortodoxas. Trabajando con una lógica incisiva, formulan una manera de trabajar que deja espacio para la improvisación táctica, y para el ejercicio de la imaginación creativa frente a la lógica firme del sistema. "El genio es el error en el sistema" (Paul Klee), pero el sistema también necesita ser diseñado de tal manera que permita de entrada el error.

Los voladizos flotantes de las Viviendas Wozoco's pueden ser entendidos como una respuesta lógica a los requerimientos de luz y aire de las normas holandesas de vivienda, pero estas extrañas cajas revestidas de madera —por un lado tan domésticas, y a la vez tan mecánicas— persisten como una imagen enigmática. Si examinamos la sección sabemos cómo se soportan, pero no se da ninguna pista al observador accidental, no hay ningún deseo de desvelar el juego. La forma de colmena de la Villa VPRO sugiere una mezcla promiscua de tipologías de fábrica, casa y oficina. Escalas y tipologías dispares anidan una dentro de la otra en relaciones inesperadas. Se mantiene una disciplina sistemática, pero el efecto es producir lo que Perec llama anticondicionantes —lo que no es lo mismo que una simple falta de condicionantes—. En VPRO, por ejemplo, no hay ventanas. Un condicionante arbitrario, pero válido. Hay, sin embargo, puertas, y como resultado de no tener ventanas, las puertas necesitan actuar como ventanas. Se abren deslizándose, a veces muy por encima del suelo, disolviendo el muro cortina, induciendo un leve vértigo y dejando grandes trozos de naturaleza dentro del espacio de trabajo. La economía de la desviación significa que la rígida disciplina con respecto a un elemento puede forzar a otro elemento a una sorprendente nueva forma.

Es éste por lo tanto un trabajo optimista y confiado. Por una parte demuestra confianza en la propia capacidad del diseñador para la innovación, una fe que no estará enteramente dirigida por las reglas de su propia invención. Esta es la misma confianza que permite al trabajo ser presentado sólo como es, desnudo y sin adornos. Pero más significativamente, este trabajo revela una confianza en algo más grande que el arquitecto individual. Este trabajo está fundado en la seguridad de que la arquitectura, ella misma, es lo suficientemente vigorosa y compleja como para no agotarse nunca en la presentación de su propia objetividad. No importa lo objetivamente que sea presentada, no importa lo completamente que sea explicada, el sistema siempre se desviará. Siempre habrá algo estático en el mensaje. Esta inevitable complejidad tiende a afirmar una fe, a veces vacilante, en la capacidad de la arquitectura para continuar sorprendiendo.

Stan Allen es arquitecto, afincado en Nueva York, y Profesor Adjunto de Arquitectura en la Universidad de Columbia. Después de trabajar con Richard Meier and Partners en Nueva York, y con Rafael Moneo en España, estableció su propio estudio en 1989. De forma paralela al ejercicio de su profesión, ha elaborado una serie de escritos teóricos y críticos que han aparecido en la revista *Assemblage*, de la que es director de proyectos, así como en otras publicaciones.

rated indeterminancy as a fundamental principle in the order of things. It would be a mistake to think that the systematic design schemas of MVRDV express some sort of faith in a deterministic, clockwork universe. A design system as complete and controlled as that described by MVRDV would in fact be horrifying if it were not for the potential to swerve. Another way of describing their work might be as a systematic effort to find the cracks in the system where something new can happen in spite of its overarching logic. What interests MVRDV is not the mechanical implementation of a series of constraints. Rather, by sharpening and exaggerating the constraints, the system is forced to extremes. Unorthodox sulutions emerge. Working with an incisive logic, they formulate a way of working that leaves space for tactical improvisation, and for the exercise of creative imagination in the face of the hard logic of the system. "Genius is the error in the system" (Paul Klee), but the system also needs to be designed in such a way as to allow for error in the first place.

The floating cantilevers of the Wozoco's Housing may be understood as a logical response to the light and air requirements of the Dutch housing codes, but these strange wood sheathed boxes, at once so domestic, and at the same time so mechanical persist as an enigmatic image. If we examine the section we know how they are supported, but there is no clue given to the casual observer, no desire to give the game away. The hive-like form of the Villa VPRO suggests a promiscuous mixture of factory, house and office typologies. Disparate scales and typologies are nested within one another in unexpected relationships. A systematic discipline is sustained, but the effect is to produce what Perec calls anticonstraint —which is not the same as a simple lack of constraint—. At VPRO, for example, there are no windows. An arbitrary constraint, but fine. There are, however, doors, and as a result of not having windows, the doors need to act like windows They slide open, sometimes high above the ground, dissolving the curtain wall, inducing a mild vertigo and letting big chunks of nature into the workspace. The economy of the swerve means that the rigid discipline with regard to one element may force another element into an astonishing new form.

This is therefore an optimistic and confident work. On the one hand it demonstrates a confidence in the designer's own capacity for innovation, a faith that they will not be entirely bound by the rules of their own invention. This is the same confidence that allows the work to be presented just as it is, bare and unadorned. But more significantly, this work reveals a confidence in something larger than the individual architect. This work is founded on a assurance that architecture itself is robust and complex enough to never be exhausted in the presentation of its own objectivity. No matter how factually presented, no matter how completely explained, the system will always swerve. There will always be some static on the message. This unavoidable complexity tends to affirm a sometimes wavering faith in the capacity of architecture to continue to surprise.

Stan Allen is a licensed architect working in New York, and Assistant Professor of Architecture at Columbia University. After working for Richard Meier and Partners in New York and Rafael Moneo in Spain, he began working independently in 1989. Parallel to this practical work, a body of theoretical and critical writings have been developed which have appeared in *Assemblage*, where he is projects editor, as well as in other journals.

Hacia Una Arquitectura Reflexiva

Bart Lootsma (Amsterdam, 1957) es historiador y crítico en el campo de la arquitectura, el diseño y las artes visuales. Es profesor invitado en el Instituto Berlage y en el PAS, ambos en Amsterdam, y miembro del consejo de redacción de las revistas *ARCHIS* y *Daidalos*.

Bart Lootsma

"La Ciudad Genérica es sociología aconteciendo"
Rem Koolhaas[1]

"Se supone entonces que modernización reflexiva quiere decir que un cambio de la sociedad industrial, que ocurre subrepticiamente, sin planificar a raíz de la modernización normal y autónoma, con un orden político y económico intacto, y sin alterar, implica lo siguiente: una radicalización de la modernidad, que rompe las premisas y los contornos de la sociedad industrial y abre caminos a otra modernidad"
Ulrich Beck[2]

Casa Doble en Utrecht. Maqueta de trabajo. Fachada principal / Double House in Utrecht. Working model. Main facade. The Netherlands, 1995/1997 Photo: Hisao Suzuki

1989 fue el año en que el mundo comunista se derrumbó; al final bastante abruptamente. También fue el año en que MVRDV se embarcaron en su primera empresa en colaboración. La correspondencia en el tiempo no es coincidencia, ya que MVRDV es uno de los estudios de la nueva generación de arquitectos que ve retos y oportunidades en la nueva situación que ha emergido desde la caída del muro de Berlín. De esos estudios, MVRDV es probablemente el más radical, y ciertamente el más rápido en producir resultados construidos concretos. En un esfuerzo por asegurarse el total aprovechamiento de las consecuencias de la nueva situación política y económica, buena parte del trabajo del estudio es investigación. No investigación histórica, formal o semántica dentro de la naturaleza de la arquitectura misma, sino, al contrario, principalmente investigación ahistórica y estadística, que no está a priori interesada en la forma sino que forma parte integral de la situación del encargo real. La historia juega un papel para MVRDV en la medida en que es un desarrollo dinámico: se zambullen en este movimiento e intentan extrapolarlo.

1989 was the year when the communist world, rather abruptly as it turned out, fell apart. It was also the year when MVRDV embarked upon their first collaborative venture. The timing is not coincidental, for MVRDV is one of the offices of a new generation of architects who see challenges and opportunities in the new situation that has risen since the fall of the Berlin Wall. Of these offices, MVRDV is probably the most radical and certainly the quickest off the mark in producing concrete built results. In an effort to ensure that it takes full advantage of the consequences of the new political and economic situation, a good deal of the office's work consists of research. Not historical, formal or semantic research into the nature of architecture itself, but, on the contrary, mainly ahistorical, statistical research that is not a priori interested in form but is geared rather to the situation of the actual commission. To the extent that history plays a role for MVRDV, it is as a dynamic development: they dive into this movement and try to extrapolate it.

1 Rem Koolhaas, "Generic City", en: *Rem Koolhaas, S, M, L, XL*. Rotterdam, 1995.
2 Ulrich Beck, "The Reinvention of Politics: Towards a Theory of Reflexive Modernization", en: Ulrich Beck, Anthony Giddens, Scott Lasch, *Reflexive Modernization. Politics, Tradition and Aesthetics in the Modern Social Order*, Cambridge (UK), 1994.

1 Rem Koolhaas, "Generic City", in: *Rem Koolhaas, S,M,L,XL*, Rotterdam, 1995
2 Ulrich Beck, "The Reinvention of Politics: Towards a Theory of Reflexive Modernization", in: *Ulrich Beck, Anthony Giddens, Scott Lasch, Reflexive Modernization, Politics, Tradition and Aesthetics in the Modern Social Order*, Cambridge (UK), 1994

Towards a Reflexive Architecture

Bart Lootsma (Amsterdam, 1957) is a historian, critic and curator in the fields of architecture, design and the visual arts. He is a guest professor at the Berlage Institute and lecturing at the PAS, both in Amsterdam. He is a member of the editorial board of *ARCHIS* and *Daidalos*.

Bart Lootsma

"The Generic City is sociology happening"

Rem Koolhaas[1]

"Reflexive modernization, then, is supposed to mean that a change of industrial society which occurs surreptitiously and unplanned in the wake of the normal, autonomized modernization and with an unchanged, intact political and economic order implies the following: a radicalization of modernity, which breaks up the premises and the contours of industrial society and opens paths to another modernity"

Ulrich Beck[2]

Casa Doble en Utrecht. Maqueta de trabajo. Fachada posterior / Double House in Utrecht. Working model. Rear facade. The Netherlands, 1995/1997 Photo: Hisao Suzuki

De todos modos, desde 1989 el mundo se ha ido decantando por los desarrollos de la economía global y por el impacto siempre creciente de la tecnología, especialmente en lo que respecta a la movilidad y a los (nuevos) medios de comunicación. Esto ha llevado a un difuminado de las fronteras nacionales, a una congestión creciente en determinados lugares y a la fragmentación de la sociedad en innumerables subculturas e individuos. "Occidente se enfrenta a preguntas que desafían las premisas fundamentales de su propio sistema social y político. La pregunta clave a la que nos estamos enfrentando ahora es si la simbiosis histórica entre capitalismo y democracia que caracterizó a Occidente puede ser generalizada a escala global sin agotar sus cimientos físicos, culturales y sociales", escribe el sociólogo Ulrich Beck.[3] El propio Beck ve oportunidades en esta fase del proceso de modernización —a la que llama 'modernización reflexiva'— para conseguir una sociedad totalmente nueva, una que pueda ofrecer a los individuos un mayor papel en numerosos niveles, pero también una en la que los individuos formen una nueva imagen de la masa de la que son parte y de las consecuencias que esto supone— por ejemplo, para el medio ambiente. "Este concepto no implica (como podría sugerir el adjetivo 'reflexivo') *reflexión*, sino (primero) *auto-confrontación*".[4]

Since 1989 at any rate the world has been increasingly shaped by global economic developments and by the ever-increasing impact of technology, especially with respect to mobility and the (new) media. This has resulted in a blurring of national borders, increasing congestion in a number of places and in the fragmentation of society into countless subcultures and individuals. "The West is confronted by questions that challenge the fundamental premises of its own social and political system. The key question we are now confronting is whether the historical symbiosis between capitalism and democracy that characterized the West can be generalized on a global scale without exhausting its physical, cultural and social foundations", writes the sociologist Ulrich Beck.[3] Beck himself sees opportunities in this phase of the modernization process —which he calls 'reflexive modernization'— for achieving a totally new society, one which offers individuals a bigger role on numerous levels but also one in which individuals form a new image of the mass of which they are part and the consequences this has— for example, for the environment. "This concept does not imply (as the adjective 'reflective' might suggest) *reflection*, but (first) *self-confrontation*".[4]

3, 4 Ibid.

Beck está interesado en nuevas formas de política, lo que llama 'sub-política', en las que la sociedad se perfila de abajo a arriba. "El 'instrumento de poder' en sub-política es la congestión (en el sentido directo y figurativo) como la forma modernizada del ataque involuntario. La frase que los motoristas de Munich pueden leer en un lugar típico de congestión, "No está en un atasco; usted es el atasco", clarifica este paralelo entre ataque y congestión.[5] Esto encuentra eco en la proposición de MVRDV de que "en nuestra búsqueda por lo 'fuera de serie', entre un montón de lo 'único', la expresión del objeto individual se ha convertido en ridícula: en un 'mar de unicidad' masivo, el objeto individual simplemente deja de existir. En esta masa, la arquitectura se convierte en sinónimo de urbanismo".[6] En el sentido que su arquitectura y urbanismo tienen su punto de partida en la congestión y en la individualización crecientes, MVRDV sí parecen estar persiguiendo un objetivo similar al de Beck. Parecen haber convertido la autoconfrontación de Beck en un método: durante el proceso de diseño enfrentan continuamente a las distintas partes involucradas con las consecuencias extremas de sus deseos.

La nueva legislación —reflejando los objetivos duales de un mercado abierto y de una mínima interferencia gubernativa— está caracterizada por la desregularización y por los efectos de los procedimientos de consulta y de la posibilidad para los individuos de albergar peticiones contra todo un abanico de iniciativas tomadas por el gobierno o por instituciones privadas. Gobierno e industria juntos alcanzan acuerdos acerca de las normas de producción, pero grupos de intereses especiales también se organizan y negocian sucesivamente normas y reglas con el gobierno y la industria. Aparte de la legislación, las 'leyes empíricas' que los inversores desarrollan, sobre la base de análisis y prognósis económicos, también tienen un considerable efecto en la dirección de la sociedad.

Todas estas partes —en un esfuerzo por aparecer todo lo 'objetivas' y fuertes que sea posible— utilizan la investigación 'científica' en sus argumentaciones. Al mismo tiempo, las distintas partes se disputan unas a otras sus métodos y descubrimientos. La única cosa que tienen en común es que todos estos estudios son presentados en forma de números, estadísticas y tablas. Incluso cuando los argumentos instintivos o emocionales juegan un papel en el proceso de toma de decisiones, casi siempre pueden ser cuantificados —por ejemplo, porque sean transmitidos por un colectivo—. Este el caso, por ejemplo, de los referéndums, las encuestas de opinión o la investigación de mercado. Algo cínicamente, uno podría dudar que toda esta situación fuera propia de una democracia de mercado. Las cantidades son el nuevo lenguaje de esta forma internacional de gobierno. El ordenador no es solamente la herramienta usada para manipular las cantidades; también sirve, como medio de comunicación, para reforzar este lenguaje como el nuevo estándar internacional.

La nueva democracia de mercado tiene consecuencias para todo el mundo, pero especialmente para arquitectos y urbanistas. El campo en el que deben trabajar se está haciendo cada vez más complejo, caótico e inestable. El proceso que lleva a un diseño arquitectónico o urbano, y su eventual realización, involucra a un gran número de partes. Algunas de éstas, tales como el cliente o sus representantes, las autoridades locales, el responsable de planeamiento urbano, los diversos asesores técnicos, los contratistas y sub-contratistas, pueden sentarse en la misma mesa de negociación con los arquitectos. Otras partes operan en un segundo plano y surgen en los momentos más

5 Ibid.
6 Winy Maas, "Datascape" en Winy Maas, Jacob van Rijs y Richard Koek, *FARMAX, excursions on density*, mecanografiada, a publicar por 010 Publishers en 1998.

Beck is interested in new forms of politics, what he calls 'sub-politics', in which society takes shape from the bottom up. "The 'instrument of power' in sub-politics is congestion (in the direct and the figurative sense) as the modernized form of the involuntary strike. The phrase that Munich motorists can read at a typically congestion location, "You are not in a jam, you are the jam", clarifies this parallel between strike and congestion.[5] This finds an echo in MVRDV's proposition that "in our search for the 'one-off', in a slew of the 'unique', the expression of the individual object has become ridiculous: in a massive 'sea of uniqueness' the individual object simply ceases to exist. In this massiveness, architecture becomes synonymous with urbanism".[6] In the sense that their architecture and urbanism have their point of departure in the growing congestion and individualization, MVRDV do seem to be pursuing a similar goal to Beck. They appear to have turned Beck's self-confrontation into a method: during the design process they continually confront the various parties involved with the extreme consequences of their desires.

New legislation, reflecting the dual goals of an open market and minimal government interference, is characterized both by deregulation and by the effects of consultation procedures and the possibility for individuals to lodge appeals against a whole range of initiatives taken by government or private parties. Government and industry together reach agreements about production norms but special interest groups also organize themselves and in turn negotiate on norms and rules with both government and industry. Apart from legislation, the 'empirical laws' that investors develop on the basis of economic analyses and prognoses also have a considerable effect on the direction in which society is steered.

All these parties, in an effort to appear as 'objective' and as strong as possible, use 'scientific' research in their argumentation. At the same time the various parties dispute one another's methods and findings. The only thing they have in common is that all these studies are presented in the form of numbers, statistics and charts. Even when instinctive or emotional arguments play a role in the decision-making process, they can nearly always be quantified—for example, because they are carried by a collective. This is the case, for instance, with referendums, opinion polls and market research. With a touch of cynicism one might dub this situation a market democracy. Quantities are the new language of this international form of government. The computer is not only the tool used to manipulate quantities; it also, as a means of communication, serves to enforce this language as the new international standard.

The new market democracy has consequences for everybody, but especially for architects and urbanists. The field in which they must work is becoming more and more complex, chaotic and unstable. The process that leads to an architectural or urban design and its eventual realization involves a great many parties. Some of these, such as the client or his representatives, the local council, the urban planner, the various technical advisers, the contractors and sub-contractors, may sit around the same negotiating table with the architects. Other parties operate in the background and pop up at the most unexpected moments in the hope of catching the architect red-handed. These may be local residents, or

5 Ibid.
6 Winy Maas, "Datascape", in: Winy Maas, Jacob van Rijs and Richard Koek, *FARMAX, excursions on density*, typescript, to be published by 010 Publishers in 1998.

inesperados con la esperanza de coger al arquitecto en un renuncio. Pueden ser residentes locales, o futuros empleados del cliente, empresas públicas, periodistas, políticos locales o cualquier otra figura directa o indirectamente involucrada. Además, la arquitectura por sí misma conlleva innumerables normas, reglas, leyes empíricas y jurisprudencia. Estas también tienen un enorme impacto en la arquitectura, quizá incluso más grande que las figuras del arquitecto o del diseñador urbano.

A numerosos arquitectos y diseñadores urbanos les resulta difícil ajustarse a la nueva democracia de mercado. En los setenta y ochenta muchos de ellos fomentaron la orgullosa idea de que debían resistir a estos desarrollos, y que la única vía de salvar la arquitectura era considerarla una disciplina autónoma. Su investigación estaba dirigida a la definición histórica de la disciplina y a su lenguaje. Para estos arquitectos, las nuevas reglas y normas que gobiernan la arquitectura y el urbanismo eran sólo obstáculos para la consecución de sus ideales. Restricciones impuestas desde el exterior. De hecho se pensaba que la nueva situación sólo admitiría un número limitado de tipologías de edificios, y que el papel creativo del arquitecto quedaría confinado al de una especie de asesor estético. Esta inminente homogeneización fue eludida en el debate arquitectónico oficial con una sucesión increíblemente rápida de estilos y temas. En proyectos grandes de diseño urbano tales como el área este de los muelles (Oostelijk Havengebied) de Amsterdam, Almere y Kattenbroek, que han sido realizados en poco más de una década, esto ha llevado a retales más bien extraños carentes de continuidad. En años recientes, con influencias de mercado fortalecidas ahora que el gobierno ya no subsidia la vivienda social, la arquitectura aparece considerada cada vez más como un artículo de consumo en lugar de como el delimitador del espacio público. La gente quiere su propia casa marcadamente individual, una casa que no solamente les albergue sino que además exprese su identidad. Esto ha llevado a una situación en la que "se puede hacer cualquier cosa, cualquier objeto es imaginable y nada parece ya extraño o extravagante".[7]

La idea de que la globalización conduciría a un entorno construido cada vez más homogéneo la encontramos incluso puesta en tela de juicio por Rem Koolhaas, aunque en la *Ciudad Genérica* sí se pregunta cuales podrían ser los aspectos positivos de esta tendencia.[8] Sin embargo en años recientes cada vez más arquitectos han estado argumentando también lo contrario— como Alejandro Zaera, por ejemplo, que clama que la globalización en realidad conduce a "el ensalzamiento de la diversificación y la heterogeneidad al incrementar nuestra conciencia de las diferencias, las particularidades de un sitio y sus especificidades".

Según Zaera: "Somos testigos de una regionalización artificial, una naturaleza artificialmente ensalzada, donde el sabor local se convierte en sintético".[9] Por su parte, Willem Jan Neutelings ha acuñado el concepto de la 'Metropolis de retales', mientras que según Adrian Geuze, la nueva ciudad es "Una metrópolis bien aireada de pueblos, centros urbanos, suburbios, áreas industriales, muelles, campos de aviación, bosques, lagos, playas, reservas y monocultivos de agricultura de alta tecnología".[10] Sin embargo, a la luz de su proyecto 'En Holanda se levanta una casa', que supuso hacer una maqueta que contiene las 800 000 casas que el gobierno holandés quiere construir para el 2005,

7 Ibid.
8 Ver nota 1.
9 Alejandro Zaera Polo, "Order out of Chaos, The Material Organization of Advanced capitalism", en: *Architectural Design Profile* núm. 108, The Periphery, Londres, 1994.
10 Willem Jan Neutelings, "Patchwork Metropolis", en: *Willem Jan Neutelings, Architect*, Rotterdam, 1991; Adrian Geuze, "Accelerating Darwin", en: Gerrit Smienk (editor) *Nederlandse Landschapsarchitectuur, tussen traditie en experiment*, Amsterdam, 1993.

future employees of the client, public utilities, journalists, local politicians or any other directly or indirectly involved figure whatsoever. In addition, architecture itself entails countless rules, norms, empirical laws and jurisprudence. These too have an enormous impact on architecture, even greater perhaps than the individual architect or urban designer.

Many architects and urban designers find it very difficult to play along with the new market democracy. In the 1970s and 80s many of them cherished the proud idea that they should resist these developments and that the only way of saving architecture was to regard it as an autonomous discipline. Their research was directed at the historical definition of the discipline and at its language. For these architects, the new rules and norms governing architecture and urbanism were merely obstacles to the achievement of their ideals. They were restrictions imposed from outside. In fact it was thought that the new situation would admit only a limited number of building typologies and that the creative role of the architect would be confined to that of some kind of aesthetic adviser. This impending homogenization was parr ed in the official architectural debate with an incredibly rapid succession of styles and themes. In large urban design projects such as the eastern docks area (Oostelijk Havengebied) in Amsterdam, Almere and Kattenbroek, that have been realized in little more than a decade, this has lead to rather bizarre patchworks lacking in continuity. In recent years, with market influences strengthened now that the government no longer subsidizes social housing, architecture has increasingly come to be regarded as a consumer item rather than as the delimiter of public space. People want their own highly individual home, one that not only houses them but also expresses their identity. This has led to a situation in which "Everything can be made, every object is imaginable and nothing seems weird or extravagant any more."[7]

The idea that globalization would lead to an increasingly homogeneous built environment is one that we even find being mooted by Rem Koolhaas, although in *Generic City* he does wonder what the positive aspects of this trend might be.[8] Yet in recent years more and more architects have also been arguing quite the reverse — like Alejandro Zaera, for instance, who claims that globalization actually leads to "the enhancement of diversification and heterogeneity by increasing our awareness of differences, the particularities of a location and its specificities'.

According to Zaera: "We witness an artificial regionalisation, an artificially enhanced nature, where the local flavour becomes synthetic".[9] For his part, Willem Jan Neutelings has come up with the concept of the 'Patchwork Metropolis', while according to Adriaan Geuze, the new city is "a well-aired metropolis of villages, urban centres, suburbs, industrial areas, docks, airfields, woods, lakes, beaches, reserves and the monocultures of hi-tech farming".[10]

7 Ibid.
8 See note 1.
9 Alejandro Zaera Polo, "Order out of Chaos, The Material Organisation of Advanced Capitalism", in: *Architectural Design Profile* no. 108, The Periphery, London, 1994
10 Willem Jan Neutelings, "Patchwork Metropolis", in: *Willem Jan Neutelings, Architect*, Rotterdam, 1991; Adriaan Geuze, "Accelerating Darwin", in: Gerrit Smienk (ed.) *Nederlandse Landschapsarchitectuur, tussen traditie en experiment*, Amsterdam, 1993

Geuze también concluía que en semejantes cantidades la firma individual se convierte en irrelevante, tanto a nivel de vecindad como arquitectónico.[11]

Tampoco están MVRDV convencidos con la noción de una situación que converge en homogeneidad, creyendo en cambio que es posible identificar 'campos de gravedad' en el caos aparente de desarrollos, lógicas escondidas que eventualmente aseguran que áreas enteras adquieran sus propias características especiales. "Estas gravedades se revelan al sublimarse tras determinadas circunstancias asumidas y maximizadas o dentro de determinados condicionantes maximizados".[12]

"A causa de diferencias en los impuestos, los bordes entre Bélgica y los Países Bajos están ocupados por un vasto número de villas que generan una ciudad lineal a lo largo de la frontera. La demanda del mercado ha precipitado una 'mancha' de casas-con-un-pequeño-jardín en Holanda".[13]

De hecho, el entorno construido entero está gobernado por tales campos de fuerza, pero debido a que normalmente hay varios operando al mismo tiempo y ninguno es verdaderamente dominante, es difícil detectar el impacto de fuerzas individuales. Por eso MVRDV acuñaron el concepto de 'escenarios de datos' (*datascapes*). Los escenarios de datos son representaciones visuales de todas las fuerzas cuantificables que pueden influir en el trabajo del arquitecto, o incluso dirigirlo o regularlo. Estas influencias pueden ser regulaciones de planeamiento o de edificación, condicionantes técnicos, condiciones naturales como el sol o el viento, pero de igual manera pueden ser la legislación —por ejemplo, sobre condiciones mínimas de trabajo— o la presión política de grupos de intereses a la vez de dentro y fuera de la organización del encargo. Cada escenario de datos trata con una o dos de estas influencias y revela su impacto en el proceso de diseño mostrando sus efectos más extremos. Un emplazamiento normalmente contiene más de un escenario de datos.

Los escenarios de datos son de hecho visualizaciones de lo que el sociólogo Anthony Giddens denomina 'sistemas expertos' y 'sistemas abstractos': sistemas burocráticos en los que la confianza en el sistema está basada en la presunta pericia en un campo específico.[14] El status de una persona en un sistema no dice nada acerca de su status en otro sistema. Pero esto no es todo: la información producida por diferentes sistemas expertos está también abierta a discusión. La sociedad contemporánea está gobernada por una multiplicidad de tales 'sistemas abstractos'.

Lo que hace tan fascinantes a los escenarios de datos es que en muchos casos generan en realidad esquemas que parecen acercarse a algo que podría llamarse proyecto arquitectónico. Como tal, ciertamente tienen un atractivo estético por sí mismos. Además, el método y los resultados son a veces muy similares a verdaderos diseños, por ejemplo, a algunos de los de Greg Lynn. Sin embargo, los escenarios de datos no son proyectos arquitectónicos. Mientras que en el caso de Greg Lynn el

[11] Adrian Geuze, West 8, In Holland staat een huis, maqueta de 800 000 casas, Instituto de Arquitectura de los Países Bajos, Rotterdam, 1995.
[12] ver nota 6.
[13] Ibid.
[14] Anthony Giddens, "Living in a Post-Traditional Society", ver nota 2.

However, in the light of his 'In Holland stands a house' project, which entailed making a model containing the 800,000 houses the Dutch government wants to build by 2005, Geuze also concluded that in such quantities the individual signature becomes irrelevant, at both the neighbourhood and the architectural level.[11]

MVRDV, too, is unconvinced by the notion of a situation that is converging on homogeneity, believing instead that it is possible to identify 'gravity fields' in the apparent chaos of developments, hidden logicalities that eventually ensure that whole areas acquire their own special characteristics. "These gravities reveal themselves when sublimated beneath certain assumed maximised circumstances or within certain maximized constraints".[12]

"Because of tax differences the borders between Belgium and the Netherlands are occupied with vast numbers of villas generating a linear town along the frontier". Market demands have precipitated a 'slick' of houses-with-a-small-garden in Holland".[13]

In fact the entire built environment is governed by such force fields, but because there are usually several operating at the same time and none is truly dominant, it is difficult to detect the impact of individual forces. Which is why MVRDV came up with the concept of 'datascapes'. Datascapes are visual representations of all the quantifiable forces that may influence the work of the architect or even steer or regulate it. These influences could be planning and building regulations, technical constraints, natural conditions such as sun and wind, but they could just as well be legislation, for example on minimum working conditions, or political pressure from interest groups both inside and outside the commissioning organization. Each datascape deals with only one or two of these influences and reveals their impact on the design process by showing their most extreme effects. Hence, a site normally contains more than one datascape.

Datascapes are in fact visualizations of what the sociologist Anthony Giddens calls 'expert systems' and 'abstract systems': bureaucratic systems in which faith in the system is based on the presumed expertise in a specific field.[14] The status of a person in one system says nothing about his or her status in another system. But that is not all: the information produced by the different expert systems is also open to dispute. Contemporary society is governed by a multiplicity of such 'abstract systems'.

What makes the datascapes so fascinating is that in many cases they actually generate schemes that seem to come close to something that might be called an architectural project. As such, they certainly have an aesthetic appeal of their own. Also, the method and the results are sometimes very similar to actual designs, for example, some of those by Greg Lynn. Nevertheless, datascapes are not architectural projects.

[11] Adriaan Geuze, *West 8, In Holland staat een huis, model of 800,000 houses*, Netherlands Architecture Institute, Rotterdam, 1995.
[12] See note 6.
[13] Ibid.
[14] Anthony Giddens,"Living in a Post-Traditional Society", see note 2

input es elegido por el arquitecto con el fin de producir un efecto espacial específico, los escenarios de datos vienen *dados*, de tal manera que cada arquitecto tiene que trabajar con ellos quiera o no quiera. "Lo que hace los escenarios de datos completamente *distintos* al proyecto arquitectónico 'normal' hoy en día es su *deliberada* negación de la negociación sin fin entre las fuerzas que concurren, las regulaciones, los consabidos criterios de planeamiento —como los procedimientos de planeamiento por los que todo espacio es administrado hoy en día— en el sentido en que Tafuri ha escrito, una tarea administrativa compleja que caracteriza en gran parte a la *profesión* de la arquitectura y define sus principales formas de trabajo".[15] La visualización de los escenarios de datos a menudo contradictorios que juegan un papel en un proyecto, marca el comienzo de un proceso de negociación que involucra a todos los participantes. Este proceso puede finalmente conducir al proyecto mismo, o por lo menos ayudar a mostrar lo que es posible si el arquitecto optara por otros puntos de partida. La superimposición de los distintos escenarios de datos relevantes al emplazamiento —los cuales tienen a menudo consecuencias totalmente contradictorias— dan lugar a una compleja envolvente espacial que refleja no solamente las restricciones sino también las posibilidades y límites externos del diseño.

Como señala Detlef Martins: "Es aquí, en los límites de lo posible, donde la arquitectura debe tomar partido, en el punto donde lo razonable se hace irrazonable, lo normal anormal y viceversa".[16] Brett Steele señala, por otra parte, que los escenarios de datos podrían ellos mismos ofrecer oportunidades para el escape, y sugiere que al final ofrecen la posibilidad de tratar con el espacio como una categoría de producto que puede ser tratada apropiándose de las tácticas usuales de diseño de productos y marketing.[17] *Lichte Stedebouw* (Urbanismo Ligero) es un ejemplo de un plan de MVRDV basado casi enteramente en un cambio de las normas y reglas vigentes.[18] Incluso es paradójico el hecho de que en este escenario del urbanismo ligero hay una rendición total de la arquitectura al mercado. "Un 'país' de parcelas más grandes y más pequeñas emerge allí donde los individuos y los grupos son libres para encontrar un sitio en casas de campo, *fermettes* belgas, chalets suizos, casonas de New Hampshire, alquerías y colonias. El resultado es un lugar grande de acampada familiar. Toma el espíritu de acampada proclamado una y otra vez en los medios de comunicación como allí hacia donde está tendiendo la vida doméstica".[19] Anticipándose a Brett Steele, Carel Weeber, el presidente de la Asociación de Arquitectos Holandeses (BNA) se fijó inmediatamente en el escenario propuesto por MVRDV y sugirió que el arquitecto se convirtiera en un diseñador industrial que produjera componentes estandarizados a partir de los cuales los futuros residentes puedan ensamblar sus casas en un supermercado DIY".[20]

Pero, ¿qué clase de arquitectura debería hacerse en las presentes circunstancias, se pregunta MVRDV ? "¿Aspiramos todavía a la extravagancia última ? ¿Sufrimos de 'cansancio de objetos', una consecuencia de la multitud de objetos que compiten por nuestra atención, todos estos edificios vociferando para decir algo?"[21] La posición de MVRDV acerca de esto es ambi-

15 Brett Steele, "Data Escape", conferencia en la Escuela de Arquitectura de la Architectural Association, Londres, 09-07-97.
16 Detlef Martins, *Memo a Winy Maas*, Toronto, 21-06-97.
17 ver nota 15.
18 Winy Maas "MVRDV, Midden Ijsselmonde, Lichte Stedebouw, Smitschoek en de toekomst van de Nederlandse uitbreidingswijt", en: Ole Bouman e. a. (editor), *Rotterdam 2045, visies op de toekomst van stad, haven en regio*, Rotterdam, 2045.
19 Ibid.
20 Carel Weeber, NRC Handelsblab, 05-04-97.
21 Ver nota 6.

Whereas in the case of Greg Lynn the input is chosen by the architect in order to produce a specific spatial effect, the datascapes are *given*, so that every architect has to work with them whether he or she wants to or not. "What makes datascapes wholly *unlike* the 'normal' architectural project today is their *deliberate* denial of the endless negotiation between competing forces, regulations, planning criteria familiar as the planning-procedure by which all space is administered today: in the sense that Tafuri has written, a complex managerial task that largely characterizes the *profession* of architecture and defines its principal forms of labour".[15]

The visualization of the often contradictory datascapes that play a role in a project, marks the start of a process of negotiation involving all the participants. This process may finally lead to the project itself or at least help to show what is possible should the architect opt for other starting points. The superimposition of the various datascapes relevant to the location, which often have totally contradictory consequences, gives rise to a complex spatial envelope that reflects not just the restrictions but also the possibilities and outer limits of the design.

Yet that is not all for as Detlef Martins puts it: "It is here at the limits of the possible that architecture must take a stand, at the point where the reasonable becomes unreasonable, the normal abnormal and vice versa".[16] Brett Steele points out on the other hand that the datascapes —as the name suggests— might themselves offer opportunities for escape, and he suggests that they ultimately offer the possibility of dealing with space as a product category that can be dealt with by appropriating the usual tactics of product design and marketing.[17] *Lichte Stedebouw* (Light Urbanism) is an example of a plan by MVRDV based almost entirely on a change in the prevailing norms and rules.[18] Even paradoxical is the fact that this light urbanism scenario can go hand in hand with a total surrender of architecture to the market. "A 'country' of smaller and larger plots emerges where individuals and groups are free to find a place in cottages, Belgian *fermettes*, Swiss chalets, New Hampshire homes, farmsteads and colonies.

The result is one big family camp site. It picks up on the camping spirit proclaimed over and over again in the media as where domestic life is heading".[19] Anticipating Brett Steele, Carel Weeber, the president of the Association of Dutch Architects (BNA) immediately seized on MVRDV's scenario and suggested that the architect become an industrial designer producing standardized components from which future residents could assemble their houses in a DIY supermarket.[20]

But what sort of architecture should be made in the present circumstances, wonders MVRDV? "Do we still aspire to the final extravaganza? Are we suffering from 'object fatigue', a consequence of the multitude of objects competing for our attention, all these buildings clamouring to say something?"[21] MVRDV's position on this is ambiguous. On the one hand, with some of their designs they clearly

15 Brett Steele, "Data Escape", lecture at the Architectural Association School of Architecture, London, 09-07-97.
16 Detlef Martins, *Memo to Winy Maas*, Toronto, 21-06-97.
17 See note 15.
18 Winy Maas "MVRDV, Midden IJsselmonde, Lichte Stedebouw, Smitshoek en de toekomst van de Nederlandse uitbreidingswijk", in: Ole Bouman e.a. (ed.), *Rotterdam 2045, visies op de toekomst van stad, haven en regio*, Rotterdam, 1995.
19 Ibid.
20 Carel Weeber, NRC Handelsblad, 05-04-97.
21 See note 6.

gua. Por una parte, con algunos de sus diseños, siguen claramente el ejemplo de la tipología o morfología del entorno, o parecen basarse en reglas anónimas, pero en muchos casos esto es seguido de tal radicalización de los principios que subrayan el diseño que el resultado final es todavía bastante extravagante.

En Amsterdam Osdorp, el edificio WoZoCo's ha sido realizado dentro de una envoltura espacial presente en el plan de diseño urbano trazado por Cornelis van Eesteren en los cincuenta. La tipología básica del edificio (apartamentos galería) también concuerda con este plan. Pero entonces MVRDV se enfrentaron con el problema de que sólo ochenta y siete de los cien apartamentos que se pedían podían ser realizados dentro de este marco. Resolvieron el problema colgando las viviendas restantes del edificio. El efecto es asombroso, con grupos de cuatro apartamentos pareciendo flotar por encima del suelo. La naturaleza chocante del edificio es ensalzada aún más al haber sido ingeniosamente distribuidos a lo largo de la fachada diferentes tipos de balcones y ventanas siguiendo un patrón aparentemente aleatorio. El resultado es que no solamente cada apartamento, a pesar de plantas virtualmente idénticas, ha adquirido una identidad individual sino que, aún más relevante, el edificio en su conjunto renuncia a la elegante monotonía que caracteriza a la mayor parte de la arquitectura de las 'ciudades jardín' del oeste de Amsterdam. En este caso parece haber sido la combinación del deseo de MVRDV de seguir el plan de diseño urbano vigente, la demanda de una mayor densidad que en los días de Van Eesteren y la ambición de los residentes de verse individualmente representados la que ha conducido a un diseño espectacular, y aún así aparentemente inevitable.

Lo interesante es que debido a la manera en que MVRDV los trata, los escenarios de datos no conducen a soluciones hechas sino a posibilidades insospechadas. Parece que hay más libertad entre todas las reglas de lo que nadie había nunca imaginado, y que es posible jugar con las reglas por medio de la negociación. El resultado depende de lo que el arquitecto aporte en este juego: la estrategia, la agenda secreta —y no necesariamente la firma o el estilo—. A este respecto uno puede señalar un número de cosas que juegan un papel en casi todos los proyectos de MVRDV: mayor densidad edificatoria —con el fin de compartir el cada vez más escaso paisaje abierto e incrementar los contactos sociales—, interpretación del edificio como una continuación del paisaje (urbano), funciones mezcladas y programas yuxtapuestos, y plantas diferenciadas que permite a los individuos identificarse con el edificio.

La sede de VPRO en Hilversum es probablemente la mejor ilustración de este método o estrategia de diseño. La VPRO es una organización de radiodifusión pública que siempre ha ocupado una posición más bien especial en el paisaje de los medios de comunicación holandeses, donde el tiempo de emisión está dividido sobre la base del número de miembros que las diversas organizaciones de radiodifusión pueden reunir— bastante parecido al sistema de representación proporcional usado para determinar la fuerza parlamentaria de los partidos políticos. En años recientes, sin embargo, el sistema de radiodifusión pública ha sucumbido a una fuerte presión por parte del creciente número de emisoras comerciales creadas en los Países Bajos. Además, también están teniendo que enfrentarse al auge de los nuevos medios de comunicación. La VPRO decidió por lo tanto dejar su antigua sede, repartida en más de trece villas de Hilversum, y juntar a todos sus empleados en un edificio buscando un mayor contacto mutuo. Al nuevo edificio se le añadirán los edificios de las otras organizaciones de radiodifusión que proveerán la programación para la tercera cadena pública de televisión.

take their cue from the typology and morphology of the environment, or seem to base themselves on anonymous rules, but in many cases this is followed by such a radicalization of the principles underlying the design that the end result is still fairly extravagant.

In Amsterdam Osdorp, the WoZoCo's building has been realized within a spatial envelope already present in the urban design plan drawn up by Cornelis van Eesteren in the 1950s. The basic typology of the building (galleried flats) also accords with this plan. But then MVRDV ran up against the problem that only eighty-seven of the hundred apartments called for in the brief could be realized within this framework. They solved the problem by hanging the remaining dwellings from the building. The effect is astounding, with clusters of four apartments seeming to float above the ground. The striking nature of the building is further enhanced in that different types of balconies and windows have been ingeniously distributed across the facade in a seemingly random pattern.

The result is that not only has each apartment, despite virtually identical floor plans, acquired an individual identity but, more to the point, the building as a whole eschews the elegant monotony that characterizes most of the architecture in the western 'garden cities' of Amsterdam.

In this instance it seems to have been the combination of MVRDV's desire to go along with the prevailing urban design plan, the demand for a higher density than in Van Eesteren's day and the residents' ambition to see themselves individually represented that has led to a spectacular yet seemingly inevitable design.

The interesting thing is that because of the way MVRDV handles them, the datascapes lead not to ready-made solutions but to unsuspected possibilities. It appears that there are more freedoms in between all the rules than anyone ever imagined and that it is possible to play with the rules by negotiating. The outcome depends on what the architect throws into this game: the strategy, the secret agenda— and not necessarily the signature or style. In this respect one can point to a number of things that play a role in nearly all MVRDV's projects: greater building density (in order to spare the increasingly scarce open landscape and to increase social contacts), interpretation of the building as a continuation of the (urban) landscape, mixed functions and juxtaposed programmes, and differentiated floor plans that enable individuals to identify with the building.

The VPRO headquarters in Hilversum is probably the best illustration of this design method or strategy. The VPRO is a public broadcasting organization that has always occupied a rather special position in the Dutch media landscape, where broadcasting time is divided up on the basis of the number of members the various broadcasting organizations can muster— rather like the system of proportional representation used to determine the parliamentary strength of the political parties. In recent years, however, the public broadcasting system has come under strong pressure from the growing number of commercial broadcasters beamed at the Netherlands. On top of this, they are also having to cope with the boom in the new media.

The VPRO decided, therefore, to leave its previous accommodation, which was spread over thirteen villas in Hilversum, and bring all its staff together in one building in the interests of greater mutual contact. In due course, the new VPRO building will be joined by the buildings of the other broadcasting organizations which, in a few years' time and together with the VPRO, are to provide the programming for the third public television network. Some of these buildings will also be designed by MVRDV.

It is a magnificent location, on the edge of forest and heath, close to a lake, but also on the same site as the studios of the Netherlands Broadcasting Services Corporation (NOB).

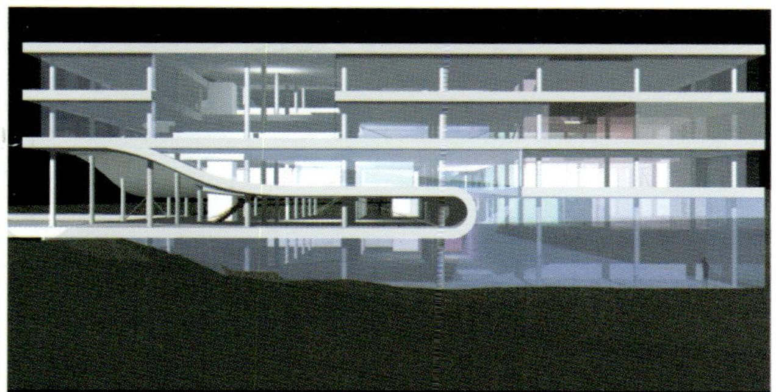

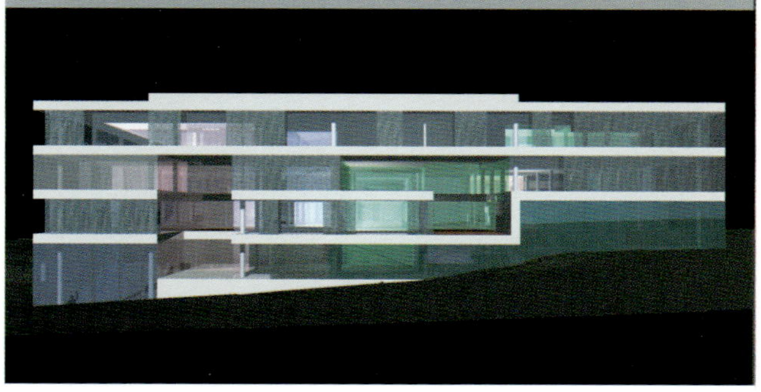

La solución de MVRDV es un edificio de cinco pisos que impacta lo menos posible en el paisaje e incluso devuelve un poco de naturaleza en forma de cubierta jardín. Dentro, se ha evitado toda asociación con un edificio de oficinas. En lugar de pasillos sin fin flanqueados por salas, el edificio se manifiesta como una continuación ininterrumpida del paisaje capaz de acomodar todo tipo de disposiciones de oficinas. Todos los pisos están conectados unos con otros por rampas, 'super escaleras', colinas y pendientes. Esta forma se hizo posible jugando con los requerimientos oficiales con respecto a las condiciones de trabajo allí donde se relacionan con el clima, la penetración de la luz y las vistas, y después negociando el resultado con los futuros usuarios.

Empezando por el diseño general, el edificio estaba sistemáticamente sujeto a una diferenciación creciente, bastante a la manera en que un plan de diseño urbano está sostenido por la infraestructura y rellenado con edificios individuales. El espacio resultante quedaba listo para ser colonizado por mini-edificios que contienen las oficinas privadas, células temporales para trabajo concentrado, cortinas, pantallas, y demás. Nichos para el uso de los inconformistas emergieron entre medias. Se decidió muy al principio que parte del mobiliario existente fuera trasladado al nuevo edificio al estar tan asociado con la identidad de los distintos equipos editoriales y de programa. Sin embargo, MVRDV también planteó un concepto suplementario para un programa de adquisición de mobiliario orientado a la diferenciación. El catálogo consiste en mobiliario de estándares simples suplementado con diseños modernos nada convencionales de una variedad de diseñadores de diferentes periodos. Es precisamente esta diferenciación caótica la que asegura que la sede de VPRO proyecta inconfundiblemente la misma identidad progresista y experimental que distingue al emisor en el aire.

A diferencia de los arquitectos de la generación de FORUM y de los arquitectos de vivienda de los ochenta, tales como Mecanoo, no es tanto el énfasis en el aspecto social y el cultivo de un sentimiento artificial del 'nosotros' lo que parece perseguir MVRDV. En efecto, la división entre público y privado ha cambiado demasiado para eso: "La sociedad se está haciendo incluso más compacta".[22]

22 MVRDV, "7 Notities", en: Bernard Colenbrander (editor), *Mutaties*, Rotterdam, 1996.

MVRDV's solution is a compact building of five storeys that impacts as little as possible on the landscape and even gives back a bit of nature in the form of a roof garden. Inside, every association with an office building has been avoided. Instead of endless corridors lined with rooms, the building manifests itself as an uninterrupted continuation of the landscape capable of accommodating all manner of office arrangements.

All the floors are linked to one another by ramps, 'super staircases' —stairs that can also be used as a grandstand— hills and slopes. This form was made possible by playing around with the official requirements with regard to working conditions where they related to climate, light penetration and view, and then negotiating the outcome with the future users.

Starting from the general design, the building was then systematically subjected to increasing differentiation, rather in the way that an urban design plan is underpinned by infrastructure and filled in with individual buildings. The resulting space was then ready to be colonized by mini-buildings containing private offices, temporary cells for concentrated work, curtains, screens and so on. Niches for the use of nonconformists emerged in-between. Interestingly, it was decided at the very beginning that part of the existing furniture would be taken along to the new building because it was so strongly associated with the identity of the various editorial and programme teams.

Nevertheless, MVRDV also devised a supplementary concept for a furniture purchasing programme that is once again aimed at differentiation. The catalogue consists of plain standard furniture supplemented with offbeat modern design by a variety of designers from different periods. It is precisely this chaotic differentiation which ensures that the VPRO headquarters unmistakably project the same progressive, experimental identity that distinguishes the broadcaster on air.

Unlike the architects of the FORUM generation and the housing architects of the 1980s, such as Mecanoo, it is not so much the emphasis on the social aspect and the cultivation of an artificial 'we' feeling that MVRDV seem to be pursuing. Indeed, the division between public and private has changed too much for that: "Society is becoming ever more compact".[22]

22 MVRDV, "7 Notities", in: Bernard Colenbrander (ed.), Mutaties, Rotterdam, 1996.

Apilamiento y Estratificación

Hubertus Adam

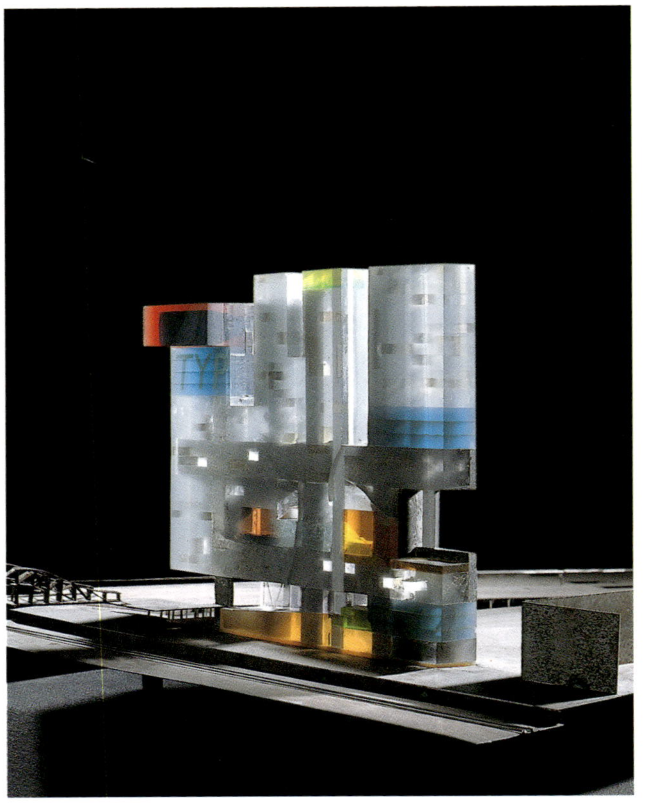

VACIOS BERLINESES
BERLIN VOIDS
Europan Competition. First Prize, 1991

La idea de apilar y estratificar las funciones es el hilo conductor de la obra teórica y práctica de estos arquitectos de Rotterdam, empezando por el proyecto de los Vacíos Berlineses (1991), un bloque residencial de 27 plantas para el barrio berlinés de Prenzlauer Berg. No se buscaba un estereotipo del bloque de viviendas en altura dentro de la tradición moderna de la postguerra, sino más bien un rompecabezas tridimensional en el que agujeros, espacios vacíos y lugares públicos se intercalaban con viviendas de diversos tipos: en forma de cruz y de L, ensambladas como piezas angulares en varios niveles. La tradicional *Mietkaserne* —una casa de vecindad, agrupada en torno a unos patios y extendida en profundidad— quedaba, por decirlo así, descompuesta y colocada en vertical.

Las concepciones más recientes de MVRDV también se basan en la cuestión fundamental de si el urbanismo que hasta ahora ha funcionado primordialmente en dos dimensiones podría reemplazarse por otro urbanismo tridimensional y altamente concentrado. A partir de tres puntos de referencia, los arquitectos ponen de manifiesto, con la instalación de vídeo *KM*^{3} (2001), cómo las construcciones existentes podrían transformarse en otras más eficaces.[1]

El ejemplo más provocador, —en estos tiempos de encefalopatía espongiforme bovina y fiebre aftosa—, es el estudio de la *Ciudad Porcina* (2000), apoyado en los datos de la Universidad Agrícola de Wageningen. Los Países Bajos son el país de Europa que más carne de cerdo produce y exporta: con una población de 15,5 millones de habitantes, hay 15,2 millones de cerdos. Si esta cantidad de animales tuviese que ser alimentada con productos procedentes de la agricultura ecológica, la superficie requerida ascendería del actual 35% hasta el 75% de todo el país. Si suponemos que los hábitos alimentarios no cambiarán sensiblemente en un futuro próximo, la introducción de una agricultura ecológica extensiva por todo el país sigue siendo una idea romántica que sólo podría llevarse a la práctica, en todo caso, en los países del llamado 'primer mundo'. MVRDV encuentra una alternativa factible en una concepción que una los elementos ecológicos con la industrialización de la explotación ganadera. Con el fin de evitar el transporte de ganado a través de media Europa —una práctica que sólo se justifica por los beneficios, y que es igualmente censurable por motivos de higiene epidémica y de protección animal—, los arquitectos proyectan 'torres porcinas' que funcionan, en la medida de lo posible, como sistemas autosuficientes; su tamaño está determinado por las estadísticas de rentabilidad de los mataderos: en torno a 200.000 cerdos al año. Esto significa que, con una expectativa de vida de unos 180 días, aproximadamente 100.000 cerdos se distribuyen en 40 plantas por encima del matadero alojado en la planta baja de las torres. Estas luminosas plantas se dividen en una serie de granjas conforme a criterios ecológicos; los cerdos viven sobre heno, en lugar de los habituales suelos con hendiduras, y pueden correr por unas terrazas plantadas de manzanos. Las instalaciones de servicio se encuentran por encima de esas plantas: estanques con peces especiales —que finalmente sirven de alimento a los cerdos como proteínas— para depurar el agua industrial bombeada desde abajo; depósitos de comida; y finalmente, una gigantesca cúpula de bio-gas que genera energía no sólo para la 'torre porcina' de 620 m de altura, sino también para 2.250 casas. Con 77 torres de esta capacidad, y con esta eficiencia productiva, se podrían reemplazar todas las explotaciones porcinas que actualmente existen en los Países Bajos.

1 Mientras que el barrio de Weena —construido en los años setenta junto a la estación central de Rotterdam— se optimiza funcionalmente con algunos aditamentos, en el bien conservado centro histórico de Amsterdam el espacio de las calles existentes se rebaja hasta 45 metros en tres escalones, de modo que sólo las vías de los tranvías y los pasos peatonales cruzan como puentes estos abismos, y se crea un nuevo espacio por debajo de los edificios existentes: Amsterdam se convierte así en Gotham City. Un tercer proyecto muestra un modelo de construcción sobre las autopistas: lo que cuenta ya no es el 'aquí y ahora', sino más bien el 'antes y después', 'izquierda y derecha', 'encima y debajo'; y todo ello, con un límite de velocidad local de 30 kilómetros por hora y otro nacional de 120 kilómetros por hora.

Stacking and Layering

Hubertus Adam

CIUDAD PORCINA
PIGCITY
The Netherlands, 2000

The idea of stacking and layering functions runs like a red thread through the theoretical and practical oeuvre of the Rotterdam architects, beginning with the concept Berlin Voids (1991), a 27-story residential block for the Berlin city district Prenzlauer Berg. The aim was not a stereotype multistoried apartment block in the tradition of post-war modernism, but rather a three-dimensional puzzle of diverse types of flats interspersed with holes, empty spaces and public spaces. The different types of flats interlock nook-like in cross shapes and L-forms across several levels. The traditional tenement house grouped around courtyards and extending at the bottom was virtually unhinged and tipped into the vertical.

The most recent concepts by MVRDV are also based on the fundamental question of whether urban planning that has previously operated primarily with two dimensions could be replaced by a three-dimensional, strongly condensed urbanism. On the basis of three reference areas, the architects demonstrate with the video installation *KM³* (2001) how existing structures could be transformed into more efficient ones.[1]

The most provocative example in the days of BSE and foot and mouth disease is the study *Pig City* (2000), based on data from the Agricultural University of Wageningen. The Netherlands are the biggest pork producing and exporting country in Europe; for the 15.5 million inhabitants, there are 15.2 million pigs. If this mass of animals were to be nourished with products from ecological agriculture, the area required for this would shoot up from currently 35% to 75% of the entire Netherlands. If we presume that eating habits will not principally change in the near future, the introduction of an extensive ecological agriculture throughout the whole country remains a romantic notion that could only be implemented in the countries of the so-called 'first' world anyway. MVRDV see a feasible alternative in a concept that unites ecological elements with an industrialization of livestock production. In order to avoid the transport of productive livestock through half of Europe, a practice that is indebted solely to profit and equally objectionable on the grounds of epidemic hygiene and animal protection, the architects plan 'pig towers' that function as far as possible as autarkic systems. Their size is determined by the profitability statistics from slaughterhouses, around 200,000 pigs per year. With a life expectancy of about 180 days, this means that about 100,000 pigs are distributed among 40 levels above the slaughterhouse housed in the ground floors of the Pig Towers. The bright floors are divided into a series of farms according to ecological criteria; the pigs live on hay, instead of the usual split floors, and can run around on terraces planted with apple trees. The infrastructure facilities are found above these floors: water basins, which special fish —which are ultimately fed to the pigs as protein food— purify the service water pumped up from below, food depots, and finally a gigantic biogas dome that generates energy not only for the 620 meters high Pig Tower, but also for 2,250 houses. 77 towers with this capacity and production efficiency could replace the entire pig production as it now exists in the Netherlands.

1 Whereas the Weena District by the main train station in Rotterdam, built in the seventies, are functionally optimized with add-ons, in the historically preserved city center of Amsterdam, existing street spaces are lowered by up to 45 meters in three steps, so that only tram tracks and pedestrian paths cross the abysses like bridges and a new space is created underneath the existing buildings: Amsterdam goes Gotham City. The third project demonstrates a model way of building over highways: it is no longer the here and now that counts, but rather the before and after, left and right, over and under— and that at a local speed limit of 30 kilometers per hour and a national speed limit of 120 kilometers per hour.

COSTA IBÉRICA
Hacia la Ciudad del Ocio
Towards the Leisure City
Benidorm, Spain, 2001

AFIRMACIÓN Y SUBVERSIÓN

En realidad, el escenario de la *Ciudad Porcina* dio lugar a debates controvertidos. La estrategia elegida por MVRDV es ciertamente perturbadora: los elementos de la agricultura ecológica se vinculan al concepto de explotación ganadera industrial; de este modo se sintetizan dos posturas que anteriormente se han considerado antitéticas. Lo que resulta especialmente provocador en todo esto es que en una época en la que el sistema agrícola se enfrenta cada vez más a una crisis, la solución no se busca en una reorientación fundamental. Lo que le interesa a MVRDV no son las alternativas a los hábitos actuales de producción y consumo, sino más bien las posibilidades que quedan para su optimización. De igual modo, en el estudio *Costa Ibérica* no se trata de hacer de la ciudad de Benidorm (España) un lugar de vacaciones más agradable, introduciendo para ello cambios estructurales o incluso cuestionando su existencia con otros conceptos de turismo; por el contrario, los arquitectos desarrollan dos sugestivos escenarios visuales: aunque condensan la orilla de Benidorm con rimbombantes megaestructuras —multiplicando así exponencialmente la estética y la morfología modernas de los bloques de viviendas, y llevando todo ello hasta un nivel alarmantemente absurdo—, esto les ofrece la posibilidad de liberar de construcciones otras regiones costeras con menor densidad de ocupación.

MVRDV ha dejado a un lado esa teoría crítica que buscaba la solución fuera de los límites de un sistema dado. Su postura es, hasta cierto punto, afirmativa puesto que acepta las condiciones de partida. Al representar la arquitectura en *Metacity/Datatown*,[2] *FARMAX*, *Costa Ibérica*, *KM*[3] o *Ciudad Porcina* como el resultado inevitable de análisis estadísticos, confieren a esa arquitectura una aparente objetividad. MVRDV utiliza los métodos analíticos convencionales del urbanismo, y desarrolla profusamente sus propuestas como si la solución fuese una ecuación matemática. Las representaciones y las animaciones también contribuyen significativamente a realzar el aspecto sugestivo de la solución propuesta. Esto no implica realmente nuevas visiones, sino más bien nuevas configuraciones de las condiciones existentes. MVRDV distorsiona la aporía de lo real hasta el punto de hacerlo irreconocible; la afirmación se transforma así en subversión.

NATURALEZA Y ARTIFICIO

La coincidencia de afirmación y subversión quedó claramente patente en el Pabellón de Holanda en la EXPO 2000, al que el cliente puso el ambiguo título de 'Holanda hace espacio'.[3] El término 'pabellón' —que generalmente sugiere un edificio relativamente pequeño— no encaja realmente con la extravagante construcción que los holandeses levantaron en Hannover. Con sus 40 metros de lado y 50 de altura, difícilmente se puede hablar de unas modestas dimensiones, y tampoco la construcción —de base cuadrada y sin fachada— corresponde a la noción convencional de lo que es una casa. Lo que el edificio mostraba eran paisajes apilados: como el enorme muestrario de un demiurgo que tuviese como misión reinventar los Países Bajos de hoy en día, como si ya no existiesen. En el piso inferior había una construcción de cemento a modo de gruta —equipada con una cervecería Heineken, bocadillos de arenque fresco y grabaciones de gaviotas chillando— que recordaba fácilmente el paisaje de las dunas; en el piso siguiente había plantas cultivadas, flores amarillas dispuestas en austeras filas de tiestos colocados en mesas de acero e iluminados con brillantes luces de vivero; encima estaba el piso de las raíces, donde uno se movía como si se hallase entre descomunales macetas de árboles que, sin embargo, no estaban completamente rellenas de tierra —lo que causaba otro momento de irritación—, y que funcionaban también como aseos o armarios; luego venía el espectacular piso de los árboles, como un elevado paisaje boscoso en el que las plantas vivas rivalizaban con imponentes troncos de árboles usados como soportes; encima de éste había un piso con dos salas de proyección y, finalmente, en la cúspide, un lago con una isla (la sala de personalidades) y molinos de viento en las esquinas.

2 A finales de 1998, MVRDV presentó en el Centro Stroom de Artes Visuales, en La Haya, una espectacular instalación de vídeo —luego publicada más tarde como libro— titulada *Metacity/Datatown* (Metaciudad/Población de datos). A partir de un análisis de datos, se visualizaba el esfuerzo edificatorio necesario para organizar de manera autosuficiente una zona de 400 por 400 kilómetros, con una densidad de población cuatro veces superior a la de los Países Bajos; la población total, de 241 millones de habitantes, equivaldría aproximadamente a la de los Estados Unidos. Se investigaban además los seis sectores centrales que serían necesarios para que esta ciudad ficticia pudiera funcionar: habitación, agricultura, $(C)O_2$, energía, residuos y agua. La distribución proporcional de la zona en su conjunto, y los requerimientos espaciales previstos para cada uno de los sectores, corresponden a los valores estadísticos medios de los Países Bajos, ya que el propósito del proyecto era visualizar los cambios potenciales en los hábitos de vida, las formas de alojamiento y las estructuras de abastecimiento. Conforme a ello, MVRDV proponía una 'turbofachada' compuesta de molinos de viento, de 10 kilómetros de longitud, 400 kilómetros de anchura y 760 metros de altura; comparaba la superficie necesaria para el sector agrícola, dados los hábitos alimentarios actuales, con la exigida por una sociedad vegetariana; y experimentaba con distintas concentraciones residenciales: casas individuales aisladas, manzanas de Barcelona, una ciudad jardín vertical y cubos residenciales compactos. El espacio residencial total sería un cubo de 1,52 kilómetros de lado; pero también podría organizarse como un tapiz disperso de viviendas unifamiliares, aunque entonces sería 169 veces mayor que la superficie disponible.

3 El término propuesto por MVRDV fue 'Naturaleza Nueva'.

↑ ***METACITY/DATATOWN***
1998

→ **PABELLÓN DE HOLANDA EN LA EXPO 2000**
DUTCH PAVILION FOR THE EXPO 200
Hannover, Deutschland, 2000

AFFIRMATION AND SUBVERSION

In fact, the *Pig City* scenario met with controversial discussions. The strategy chosen by MVRDV is indeed unsettling: elements of ecological agriculture are linked with the concept of industrial livestock production; in this way, two positions are synthesized, which have previously been considered antithetical. What is especially provocative about this is that at a time when the agricultural system is increasingly finding itself in a crisis, the solution is not sought in a fundamental re-orientation. It is not the alternatives to today's habits of production and consumption that interest MVRDV, but rather the remaining potential for optimization. Similarly, in the study *Costa Iberica*, it is not a matter of making the Spanish holiday resort Benidorm more congenial through structural changes or even questioning its existence with other concepts for tourism. Instead, the architects develop two suggestive visual scenarios: whereas they condense the waterfront of Benidorm with bombastic mega-structures, thus exponentially multiplying the late modernist aesthetics and morphology of apartment blocks and taking this to a disturbing point of absurdity, this makes it possible to free less densely settled coast regions from building development.

MVRDV have left behind the critical theory that sought a solution outside the boundaries of a given system. Their stance is affirmative, to a certain degree, because it accepts given conditions. By representing architecture in *Metacity/Datatown*[2], *FARMAX*, *Costa Iberica*, *KM³* or *Pig City* as the inevitable result of statistical analyses, they imbue it with an apparent objectivity. MVRDV utilize conventional analytical methods of urbanism and unreservedly develop proposals, as though the solution were a mathematical equation. The renderings and animations also contribute significantly to enhancing the suggestiveness of the proposed solution. This does not actually involve visions, but rather new formations of existing conditions. MVRDV distort the aporia of the real to the point of recognizability; affirmation is turned into subversion.

NATURE AND ARTIFICIALITY

The coincidence of affirmation and subversion was clearly evident in the Dutch Pavilion for the EXPO 2000, to which the client gave the ambiguous title 'Holland Makes Space'.[3] The term 'pavilion', which generally suggests a relatively small building, does not really suit the extravagant structure that the Dutch realized in Hannover. With its side length of 40 meters and a height of 50 meters, one can hardly speak of modest dimensions, nor did the structure on a square foundation without a facade correspond to conventional notions of a house. What it involved was stacked landscapes— like a huge pattern book of a demiurge charged with the task of reinventing the Netherlands of today, as though it did not already exist. At the lowest level, a grotto-like cement formation —complete with Heineken bar, *matje* sandwiches and tape-recorded seagull cries— that was easily reminiscent of a dune landscape; at the next level cultivated plants, yellow flowers arranged in austere rows in pots on steel tables and lit with bright plant lights; above this, the root level, where one moved as though among oversized tree pots, which were, however, not completely filled with earth —resulting in another moment of irritation— but rather also functioned as toilets or closets; then the spectacular tree level as an elevated forest landscape, in which living plants vied with mighty tree trunks used as supports; above this was the level with two screening rooms, and finally, at the top, a lake with an island (VIP room) and windmills at the corners.

2 In late 1998 MVRDV presented a spectacular video installation, later also published as a book, at the 'Stroom Center for the Visual Arts' in Den Haag, entitled *Metacity/Datatown*. On the basis of data analyses they visualized the building endeavors that would be necessary for the autarkic organization of an area of 400 square kilometers with a population density four times that of the Netherlands— the total population of 241 million would approximately equal that of the USA. Six central sectors were investigated, which would be needed for the fictive city to function: Living, Agriculture, $(C)O_2$, Energy, Waste and Water. The proportional distribution of the area as a whole and the presupposed spatial requirements for the individual sectors follows the statistic average values for the Netherlands, because the aim of the project was to visualize potential changes in living habits, housing forms and supply structures. In keeping with this, MVRDV proposed a 'turbo facade' consisting of windmills, 10 kilometers in length, 400 kilometers across and 760 meters high, compared the area needed for the agricultural sector for today's nutritional habits with that required by a vegetarian society, and experimented with different residential concentrations: whether free-standing individual homes, Barcelona blocks, a vertical garden city or compact residential cubes. The total residential space would result in a cube with an edge length of 1.52 kilometers— but it could also be organized in a loose tapestry of single-family dwellings, although it would then be 169 times bigger than the available area.

3 The initial title proposed by MVRDV was 'New Nature'.

↓ → **PABELLÓN DE HOLANDA EN LA EXPO 2000**
DUTCH PAVILION FOR THE EXPO 200
Hannover, Deutschland, 2000

GRUTA. DUNAS / GROTTO. DUNES

INVERNADERO / GLASS HOUSE

JARDINERAS / POTS

La festiva ligereza con la que MVRDV apiló los paisajes de su tierra natal encajaba con los 'caprichos' que siempre han formado parte del inventario arquitectónico recurrente de las exposiciones mundiales; por ejemplo, una casa puesta del revés hizo las delicias de quienes visitaron la de 1900 en París. Con el bosque flotante y el lago de la cubierta, MVRDV utilizó magistralmente el topos de un 'mundo al revés', conocido gracias a la historia del arte y la literatura. Se trata de un mundo en el que las leyes de la naturaleza quedan derogadas y el abajo se transforma en arriba; es una torre de paisajes que habitualmente se encuentran uno al lado del otro: todo ello contradice nuestra percepción. Sin embargo, la imagen que tenemos de la naturaleza raras veces se corresponde con la realidad. Desde hace mucho tiempo, la naturaleza ha sido 'operativizada' e instrumentalizada, cultivada y adaptada a las necesidades humanas. En las reservas naturales y en las áreas de conservación, todas las actuaciones son intervenciones humanas para proteger la naturaleza de otras intervenciones humanas. Sin embargo, la autenticidad se ha fundido en una imagen; especialmente en Alemania —donde se celebró la EXPO 2000—, la percepción de la naturaleza aún está marcada por una concepción romántica. Por tanto, no es de extrañar que fuesen los holandeses quienes torpedeasen las ilusiones habituales con su enfoque pragmático pero en absoluto moralizador. El Romanticismo nunca ha sido una tendencia influyente en los Países Bajos. Al ser en cierto modo como un fragmento de Holanda, el proyecto de MVRDV hacía referencia a la artificialidad de los paisajes que caracterizan actualmente a los países industriales. El pabellón podría ser malinterpretado como algo cínico, o incluso pedagógico o didáctico, lo que llevaría directamente a otra trampa romántica. No hay vuelta atrás: la artificialidad de lo aparentemente natural no es una amenaza, sino más bien una condición dada. El pabellón holandés ofrecía un estimulante ejemplo de cómo puede tratarse esa condición dada. Y es que las capas de paisaje no estaban sencillamente apiladas de manera arbitraria, sino que estaban bastante relacionadas funcionalmente entre sí, formando un ecosistema en miniatura. El agua del lago de la cubierta resbalaba por una especie de cortinas de gasa que protegían el piso del auditorio; luego se recogían para ser conducidas hacia las raíces de los árboles; y finalmente corrían por el piso agrícola, para volver a ser bombeadas hasta la parte alta; para todo ello, los molinos de viento proporcionaban la energía necesaria. Se trataba, ciertamente, de un 'capricho', pero también de la imagen construida de una posible síntesis futura de naturaleza y cultura.

IRONÍA Y PARADOJA

'Hombre, naturaleza, tecnología', el lema de la EXPO 2000, fue convenientemente puesto en práctica por MVRDV. Más que en la confrontación, los arquitectos de Rotterdam se centraron en la síntesis. La tecnología y la naturaleza no pueden seguir separadas hoy en día, y tampoco pueden debatirse por separado. Surgirán nuevas estructuras y también alianzas desconocidas. El trabajo de MVRDV intenta abordar esas tareas planificando y proyectando con una completa coherencia pragmática, y poniendo en duda algunas aparentes certezas. Éste es también el caso de la propuesta presentada a un concurso en Karlsruhe —y modificado para Capelle, en el Ijssel—, en la que se combinaba, en subdivisiones variables, un cementerio, un barrio de casas unifamiliares y una colonia jardín de fin de semana. El cementerio dispone de varios tipos de parcelas para adaptarse a los diversos deseos: desde hileras de urnas hasta una isla como la de la princesa Diana.

Ideas como ésta tienen sin duda un efecto audazmente provocador y no están faltas de ironía. Sin embargo, como dijo hace ya tiempo Friedrich Schelling: "La ironía es una forma de paradoja. La paradoja es todo lo que resulta simultáneamente bueno y grandioso". Es precisamente la ironía lo que permite a estos holandeses volver a citar unos tópicos universalmente conocidos, ya sea el estereotipo de la imagen de Holanda en el pabellón de la EXPO 2000, o los distintos paisajes fúnebres en el proyecto del cementerio. La banalidad y la extravagancia alcanzan así la síntesis.

HOMOGENEIZACIÓN Y DIFERENCIACIÓN

Desde los Vacíos Berlineses, MVRDV ha estado afrontando continuamente la cuestión del alojamiento contemporáneo en ese campo de fuerzas situado entre la individualidad y la colectividad. Entre los ejemplos más recientes están los tres proyectos para Ypenburg, un nuevo conjunto residencial implantado en los terrenos de un antiguo aeropuerto militar al sur de La Haya. Waterwijk, un sector de este conjunto, situado en el paisaje de los pólderes, se concibió como un archipiélago.[4]

4 El plan general de Waterwijk —uno de los barrios (*buurten*) de la nueva ciudad de Ypenburg, que acogerá 11.000 nuevas viviendas— fue diseñado por Frits Palmboom, quien estableció la división de la nueva ciudad en 25 partes, que fueron asignadas a equipos y a arquitectos supervisores diferentes. (Frits Palmboom controló también el trabajo de los arquitectos supervisores). Una de estas partes, el planeamiento de 900 viviendas, fue diseñada y supervisada por MVRDV. En este marco, en el que la estructura de las islas, la organización vial, etcétera, estaban prediseñadas por el urbanista, MVRDV situó las diferentes tipologías de viviendas siguiendo unas instrucciones precisas. La propuesta consiste en granjas acuáticas (*waterhoeven*) —realizadas por Herman Hertzberger y John Bosch—, casas en los cañaverales (*rietvelden*) —realizadas por Claus & Kaan— y los proyectos Hageneiland, Patioeiland y Quattrovilla —a cargo de MVRDV—.

BOSQUE / FOREST

SALAS DE PROYECCIÓN. TEATRO / PROJECTION ROOMS. THEATER

SALA VIP / VIP ROOM

The playful lightness, with which MVRDV piled up the landscapes of their origins, tied into the follies that have always been part of the fixed architectonic inventory of world exhibitions; a house turned upside-down, for example, amused visitors in 1900 in Paris. With the floating forest and the lake on the roof, MVRDV masterfully made use of the topos of an 'upside-down world' familiar from the history of art and literature. It is a world, in which the laws of nature are rescinded and the bottom turned into the top, a tower of landscapes that are usually found next to one another: all of this contradicts perception. Yet the image that we have of nature hardly corresponds to reality. Nature has long since been operationalized and instrumentalized, cultivated and adapted to human needs. In natural reserves and conservation areas, everything is done using human interventions to preserve nature from other human interventions. Yet authenticity has melted into an image; particularly in Germany, where the EXPO 2000 was held, the perception of nature is still marked by a romantic understanding. It was therefore not surprising that it was the Dutch, who torpedoed familiar illusions with their pragmatic, but not at all moralizing approach to things. Romanticism has never become an influential tendency in the Netherlands. As an extract of Holland, to a certain extent, the project by MVRDV referred to the artificiality of the landscapes that characterize industrial countries today. The pavilion could be misunderstood as being cynical or even pedagogical or didactical— which would lead right into another romantic trap. There is no going back; the artificiality of the seemingly natural is not a threat, but rather a given condition. And the Dutch pavilion provided a stimulating example of how this given condition might be dealt with. For the landscape layouts were not just stacked up arbitrarily, but rather functionally related to one another— in the form of an ecosystem in miniature. The water of the sky-lake ran down the gauze-like curtains sheltering the theater level, was then collected to be redirected to the roots of the trees, finally running through the agricultural level— only to be pumped back up to the top; the windmills provided the requisite energy. A folly indeed, but also the constructed appearance of a possible future synthesis of nature and culture.

IRONY AND PARADOX

'Human, Nature, Technology', the motto of the EXPO 2000, was congenially put into practice by MVRDV. Rather than confrontation, the Rotterdam architects focused on synthesis. Technology and nature can no longer be separated today, nor can they be separately discussed. New structures will emerge— and unfamiliar alliances. MVRDV's work attempts to deal with these tasks through planning and designing with complete pragmatic consistency and by questioning apparent certainties. This is also the case with the proposal entered in a competition in Karlsruhe (and modified for Capelle on the Ijssel) of combining a cemetery, a single-family housing quarter and a weekend garden colony in variable subdivisions. Various layouts for the cemetery plots are to be made available to accommodate diverse wishes: from rows of urns to an island à la Princess Diana.

Ideas like this naturally have a provocatively audacious effect and are not without irony. However, as Friedrich Schelling formulated it long ago: "Irony is a form of paradox. Paradox is everything that is simultaneously good and grand." It is precisely irony that allows the Dutch to cite universally familiar clichés yet again— whether it is the stereotype Holland images of the EXPO pavilion or the various landscapes of mourning in the cemetery project. Banality and extravagance reach a synthesis.

HOMOGENIZATION AND DIFFERENTIATION

Since Berlin Voids, MVRDV have been continuously addressing the question of contemporary housing in the charged field between individuality and community. One of the most recent examples is three projects for Ypenburg, a new housing development on the grounds of a former military airport south of Den Haag. Waterwijk, a section of the development in the polder landscape, was conceived as an archipelago.[4]

4 The Waterwijk urban plan is one of the neighbourhoods (*buurten*) within the new town Ypenburg (consisting of 11.000 new dwellings), which was designed by Frits Palmboom, who established the division of the new town into 25 parts, each one assigned to a different team of architects including a supervising architect. (Frits Palmboom supervised again the work of the supervising architects). One of these parts, a plan for 900 dwellings, was designed and supervised by MVRDV. Within this framework, in which the structure of the islands, the road organisation, etc., were pre-designed by the urban planner, the MVRDV team positioned the different housing types as requested in a specific way. The proposal consists of waterfarms (*waterhoeven*) by Herman Hertzberger and by John Bosch, reedfields-houses (*rietvelden*) by Claus & Kaan and the Hageneiland, Patioeiland and Quattrovilla projects commissioned to MVRDV.

QUATTRO VILLAS
Ypenburg, The Hague
The Netherlands, 2001

CASAS PATIO
PATIO HOUSES
Ypenburg, The Hague
The Netherlands, 2001

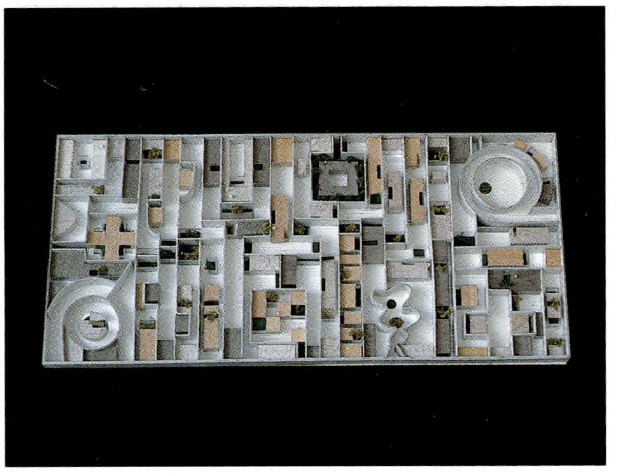

Unos canales separan cada una de las áreas distintas de viviendas, que quedan como islas. El diferente diseño arquitectónico de las islas habitadas refuerza su autonomía. Esta idea de una diferenciación arquitectónica cumple con el programa VINEX, que ha determinado de manera esencial el desarrollo residencial holandés, —este programa se puso en marcha en 1990 y postula una identidad distinta para los conjuntos residenciales vecinos, en lugar de una dispersión urbana indiferenciada—. MVRDV concibió tres conjuntos heterogéneos para Waterwijk (2001): las Viviendas Hageneiland, las Casas Patio y las Quattro Villas. La intención no era sólo revolucionar las formas tradicionales de la vivienda, sino también promover casas para niveles de ingresos bajos, medios y altos al mismo tiempo.

Una de las categorías más lujosas de viviendas en Waterwijk está representada por las Quattro Villas, que han de construirse directamente en la orilla de un lago artificial. Dado que la vista del agua por parte de los vecinos no debería quedar obstaculizada, MVRDV propone elevar los edificios como pequeños *Wolkenbügel* o 'planchanubes'. Dos columnas con ascensores e instalaciones sostienen una plataforma residencial que flota a unos 12 metros por encima del suelo. Estas plataformas están divididas en bandas, formando cuatro viviendas con un espacio habitable de 150 metros cuadrados cada una; cada ascensor da servicio a dos viviendas. Una azotea situada en el piso superior tiene la misma superficie que la vivienda respectiva.

En las Viviendas Hageneiland, MVRDV opera con la imagen arquetípica de la casa. El terreno, ligeramente trapezoidal, se divide en cuatro filas de parcelas, separadas por senderos. Las casas en hilera con un pequeño jardín delante pueden considerarse como la forma más típica de la vivienda holandesa, y los arquitectos de Rotterdam también se sirven de este tópico. Con ello logran alcanzar el equilibrio entre una exhibición del estereotipo repetido implacablemente y un distanciamiento irónico, evitando así la monotonía en este conjunto residencial, que incluye indistintamente casas de alquiler y casas en propiedad.

Aunque sólo hay un modelo básico, con una estrecha cubierta a dos aguas y alero continuo, MVRDV utiliza varias estrategias para lograr la diversidad espacial y óptica con una disposición básica explícitamente banal. Mientras que una casa puede quedar aislada, otras se agrupan en casas pareadas, e incluso otras forman hileras de distintas longitudes. Además, la posición de las casas en la parcela varía: a veces están hacia el lado oeste, otras veces hacia el este, y otras en el medio. Y finalmente, el revestimiento de las superficies de fachadas y cubiertas va cambiando, —aunque todas ellas se tratan del mismo modo—, de manera que lo que destaca de estos cuerpos aparentemente monolíticos es el volumen: plástico negro, plástico verde, poliuretano azul, planchas de cinc, ladrillo rojo, madera, etcétera.

Aunque, por un lado, el proyecto se distancia de la monotonía de los grandes conjuntos residenciales, por otro produce el efecto de un comentario sarcástico sobre la directriz urbanística *Een eigen huis* (una casa propia), con la que el gobierno holandés está intentando actualmente dar una nueva orientación a la propiedad de las casas. 'Desarrollo de proyectos adecuados para el consumidor' es la expresión dada a este concepto, con el que se quiere fomentar un tipo de propiedad basada en las necesidades, en contraste con los grandes conjuntos residenciales realizados por las empresas constructoras y los promotores inmobiliarios. Sin embargo, el resultado suele tener el aspecto de una burda mezcla de chalés, casas prefabricadas e insulsas villas en miniatura.

En las Casas Patio, los arquitectos buscan un nuevo camino entre los polos opuestos de la diferenciación y la homogeneización, la individualidad y la colectividad, gracias al cual rompen deliberadamente con las ideas holandesas convencionales acerca del alojamiento: no sólo prescinden de los jardines, sino también de esa característica de un 'interior visible' que se distingue por cierto exhibicionismo. El bloque rectangular presenta una apariencia hermética desde fuera: un muro de 4,50 metros de altura, interrumpido tan sólo por las puertas, deja al observador la tarea de adivinar la forma de las casas. En realidad, esa forma grande y numinosa está dividida por muros angulares de la misma altura, que forman viviendas completamente entrelazadas.

Lo sorprendente de estas viviendas es su insólito trazado: se extienden como tubos o ganchos, y algunas tienen plantas de forma circular o de cruz. Desde arriba se tiene la impresión de estar ante un rompecabezas laberíntico; los muros también recuerdan unas excavaciones arqueológicas, razón por la que a Winy Maas también le gusta hablar del 'modelo Pompeya'. Dado que las viviendas están rodeadas por muros, la luz entra por las cubiertas de vidrio. Además, unos cilindros y cubos de vidrio dejan unas zonas a cielo abierto, tan introvertidas como patios recortados en el continuo de los espacios habitables. Algunas partes de la cubierta de vidrio sirven como terrazas; los muros de 1,50 metros de altura que las separan forman una especie de barrera visual, pero también permiten que una persona de pie tenga una visión general del conjunto.

VIVIENDAS HAGENEILAND
HAGENEILAND HOUSING
Ypenburg, The Hague
The Netherlands, 2001

WATERWIJK
Ypenburg, The Hague
The Netherlands, 2001

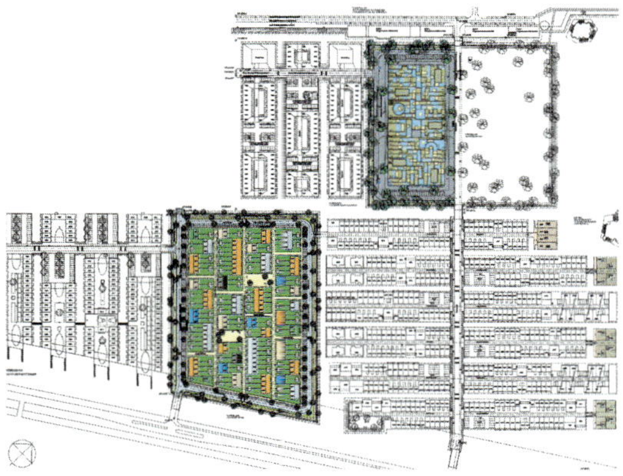

Channels separate individual housing areas from one another, which are like islands. The different architectural design of the inhabited islands reinforces their autonomy. This idea of an architectural differentiation complies with the VINEX program that has essentially determined Dutch residential development. The program was put into effect in 1990 and postulates the distinct identity of neighboring housing developments instead of an undifferentiated urban sprawl. MVRDV conceived three heterogeneous complexes for Waterwijk (2001): Hageneiland Housing, Patio Houses, and Quattro Villas. The aim was not only to revolutionize traditional housing forms, but also to develop houses for low, middle and higher income levels at the same time.

One of the most luxurious housing categories of Waterwijk is represented by the Quattro Villas, which are to be built directly at the edge of an artificial lake. Since the neighbors' view of the water should not be blocked, MVRDV proposed elevating buildings like small cloud-hangers. Two elevator and supply shafts each support a housing platform floating a good eleven meters above the ground. These are divided stripe-like into four flats with a living space of 150 square meters each; each elevator services two flats. A rooftop terrace is located on the level above, corresponding to the size of the respective flat.

In Hageneiland Housing, MVRDV operates with the archetypal image of a house. The slightly trapezoid area is divided into four separate rows of plots by pathways. The row houses with a small garden in front may be regarded as the most typical form of Dutch housing, and the Rotterdam architects make use of this cliché as well. They succeed in achieving a balancing act between an exposure of the stereotype with implacable repetition and an ironic alienation, thus preserving the housing development —which indistinguishably includes houses to rent and houses for sale— from monotony.

Although there is only one basic unit, a narrow, rainspouted pitched roof, MVRDV use various strategies to achieve a spatial and optical diversity with an explicitly banal fundamental position. Where one house may be free standing, others are joined into double houses and still others form rows of different lengths. In addition, the position of the houses on the plot varies: sometimes they are on the western side of the plot, sometimes the eastern side, sometimes in the middle. And finally, the paneling of the facade and roof surfaces changes, although they are all treated in the same way, so that the cubature of the seemingly monolithic volumes clearly stands out: black plastic, green plastic, blue polyurethane, zinc plating, red bricks, wood.

Although the project distances itself from the monotony of large-scale housing developments on the one hand, on the other, it has the effect of a sarcastic commentary on the planning directive *Een eigen huis* (a house of one's own), with which the Dutch government is currently seeking to put house ownership on a new track. 'Consumer-appropriate project development' is the term for the concept, with which need-oriented home ownership is to be encouraged, in contrast with the large-scale housing developments of the building societies and project developers. However, the result usually looks like a crude mixture of chalet, prefabricated house and tasteless miniature villa.

In Patio Houses, the architects seek a different path between the poles of differentiation and homogenization, individuality and collectivity, whereby they consciously break with conventional Dutch ideas of housing: they not only dispense with gardens, but also with the character of a 'visible interior' that is defined by a certain exhibitionism. The rectangular block presents a hermetic appearance to the outside: a 4.50 meters high wall, interspersed only with doors, leaves the viewer guessing about the form of the houses. In fact, the numinous large form is divided by walls of the same height at an angle into mutually, completely interlocking flats.

What is astonishing about these flats is their unusual cut: they are stretched out like hoses or hooks, some have circular or cross-shaped floor plans. From above, one has the impression of a labyrinthine puzzle; the walls are also somewhat reminiscent of archeological excavations, which is why Winy Maas also likes to speak of the 'Pompeii model'. Since the flats are surrounded by walls, light comes in through glass-covered roofs. In addition, glass cylinders and cubes result in patio areas as introverted courtyard spaces within the continuum of the living spaces. Parts of the glass roof serve as terraces; the 1.50 meter high separating walls serve as a kind of view shield, but still allow a person standing an overview of the complex.

SILO RESIDENCIAL EN AMSTERDAM
HOUSING SILO IN AMSTERDAM
The Netherlands, 2002

La experiencia, bastante traumática, del gran conjunto residencial Bijlmermeer, al sur de Amsterdam, explica ese deseo de diferenciación que también se articula en las Casas Patio. Por este motivo, MVRDV también se apoya en otras tradiciones holandesas: las disposiciones en planta de Aldo van Eyck, y las estructuras a modo de *casbah* de Piet Blom. Sin embargo, el impulso moral se ha relativizado de un modo pragmático. En lugar de un forzado 'vivir unos con otros', lo que se ha aceptado es 'vivir unos al lado de otros'.

Esta actitud es también patente, con una forma distinta, en el Silo Residencial en Amsterdam (2002), donde no es una coincidencia que las proporciones tengan cierto parecido con parte del Bijlmermeer. En un malecón que se extiende por el río Ij, al noroeste del centro urbano de Amsterdam, hay un enorme muelle dividido en cuatro sectores de la misma longitud, que forman el contrapunto óptico de las construcciones fabriles vecinas que se han remodelado para albergar viviendas y oficinas. MVRDV desarrolló una serie de tipos de vivienda: estudios, áticos, casas patio y dúplex. Entre cuatro y ocho viviendas de cada tipo se combinan para formar un sector al mismo nivel, un vecindario. De este modo, MVRDV ha desarrollado un 'contramodelo' de la *Unité d'Habitation* de Le Corbusier: mientras que éste organizaba viviendas de los más diversos tipos alrededor de unas calles interiores casi idénticas, MVRDV manipula el sistema de acceso, que a veces se configura como un sendero ramificado, otras veces como un corredor, otras como un puente y otras como un pasaje. Una diferenciación adicional se consigue usando varios colores. A cada uno de los sectores se le asigna determinado tipo de vivienda, una estructura que también queda patente en la fachada exterior. Construido sobre el malecón, desde lejos el bloque produce el efecto de un barco cargado de contenedores: sabemos que las cajas de colores esconden cosas diversas, pero el contenido sigue siendo un misterio.

[Traducción: Jorge Sainz]

The rather traumatic experience of the failure of the large-scale housing development Bijlmermeer in the south of Amsterdam explains the wish for differentiation as it is also articulated in Patio Houses. For this reason, MVRDV also tie into other Dutch traditions: the floor plan configurations by Aldo von Eyck, but also Piet Blom's Casbah structures. However, the moral impetus has been pragmatically relativized. Instead of a forced living-together, living alongside one another has been accepted.

This attitude is also apparent in a different form in the Housing Silo in Amsterdam (2002), of which it is not a coincidence that its proportions bear a resemblance to part of Bijlmermeer. On a mole extending into the river Ij to the north-west of the city center of Amsterdam, there is a huge bar divided into four sections of equal lengths, which forms an optical counterpart to the neighboring mill buildings that have been renovated for housing and business purposes. MVRDV developed a series of types of residences— studio apartments, lofts, patio apartments, maisonettes. Four to eight residences of each type are combined to form a level section, a neighborhood. In this way, MVRDV have developed a counter-model to Le Corbusier's *Unité d'habitation*: whereas Le Corbusier organized residences of the most diverse types around almost identical inner streets, MVRDV manipulate the access system, which is sometimes formed as an arbored path, sometimes a corridor, sometimes a bridge, and sometimes a passage. Various colors provide further differentiation. Each of these sections is assigned to a certain type of residence— a structure that is also evident on the external facade. Built on the mole, from a distance the block has the effect of a ship loaded with containers— one knows that various things are hidden in the colorful boxes, but the contents remain a mystery.

CREDITOS
CREDITS

BERLIN VOIDS

Location Bornholmerstrasse, Berlin, Germany
Design Winy Maas, Jacob van Rijs and Nathalie de Vries
Model Parthesius & de Rijk, Rotterdam and Herman Helle, Rotterdam
Photographs Hisao Suzuki

CHURCH IN BARENDRECHT

Location The Netherlands
Design MVRDV: Winy Maas, Jacob van Rijs and Nathalie de Vries
with Stefan Witteman, Willem Timmer, Jaap van Dijk, Elaine Didyk
Model Joost Kok
Photographs Hisao Suzuki

SLOTERPARK SWIMMING-POOL

Location Amsterdam, The Netherlands
Design Winy Maas, Jacob van Rijs and Nathalie de Vries
with Elaine Didyk, Willem Timmer, Jaap van Dijk
Model Bas Suykerbuik with Vincent de Rijk
Photographs Hisao Suzuki

PORTERS' LODGES HOGE VELUWE NATIONAL PARK

Location Otterlo, Hoenderloo, Arnhem/Rijzenburg, The Netherlands
Competition design Winy Maas, Jacob van Rijs and Nathalie de Vries
with Elaine Didyk
Design Winy Maas, Jacob van Rijs and Nathalie de Vries
with Joost Glissenaar, Elaine Didyk, Jaap van Dijk
Structure ABT, Velp
Building physics DGMR, Arnhem
Photographs ROB't Hart, Rene de Wit, Christian Richters

NET 3 CAMPUS

Location Hilversum, The Netherlands
Design Winy Maas, Jacob van Rijs and Nathalie de Vries
with Willem Timmer, Frans de Witte, Alex Brouwer, Duzan Doepel
in collaboration with Haskoning, Amsterdam
Construction Pieters Bouwtechniek, Haarlem
Building Physics DGMR, Arnhem
Installations Van Heugten, Nijmegen
Photographs Hisao Suzuki

VILLA VPRO

Location Hilversum, The Netherlands
Design Winy Maas, Jacob van Rijs and Nathalie de Vries
with Stefan Witteman, Alex Brouwer, Joost Glissenaar, Arjan Mulder,
Eline Strijkers, Willem Timmer, Jaap van Dijk, Fokke Moerel, Joost Kok
Facilitary office Bureau Bouwkunde, Rotterdam
Structure Pieters Bouwtechniek, Haarlem and Ove Arup & Partners, London
Services Ketel R.I., Delft and Ove Arup & Partners, London
Building physics DGMR, Arnhem
Acoustics Centrum Bouwonderzoek TNO-TU, Eindhoven
Interior Design: Winy Maas, Jacob van Rijs and Nathalie de Vries
with Joost Glissenaar, Eline Strijkers
Lighting: MVRDV with RobinHood Produkties. Sink: Peter Hopman.
Pantry: Koot Productie (Jan Koot) and Peter Hopman
Signing: Fred Inklaar
Photographs Hisao Suzuki

RVU BUILDING

Location Hilversum, The Netherlands
Design Winy Maas, Jacob van Rijs and Nathalie de Vries
with Willem Timmer, Duzan Doepel, Eline Strijkers
Facilitary office Bureau Bouwkunde, Rotterdam
Structure Pieters Bouwtechniek, Haarlem
Services Ketel R.I., Delft
Building physics DGMR, Arnhem
Interior Design:Winy Maas, Jacob van Rijs and Nathalie de Vries
with Eline Strijkers
Photographs Hisao Suzuki and Christian Richters

WOZOCO'S APARTMENTS FOR ELDERLY PEOPLE

Location Amsterdam-Osdorp (Ookmeerweg), The Netherlands
Design Winy Maas, Jacob van Rijs and Nathalie de Vries
with Willem Timmer, Arjan Mulder, Frans de Witte
Facilitary office Bureau Bouwkunde, Rotterdam
Structure Pieters Bouwtechniek, Haarlem
Building physics DGMR, Arnhem
Photographs Hisao Suzuki and Christian Richters

VILLA IN HASSELT

Location Hasselt, Belgium
Design Winy Maas, Jacob van Rijs and Nathalie de Vries
with Alex Brouwer, Eline Strijkers
Photographs Hisao Suzuki

DOUBLE HOUSE IN UTRECHT

Location The Netherlands
Design Winy Maas, Jacob van Rijs and Nathalie de Vries
with Mike Booth, Joost Glissenaar
And De Architectengroep loerakker rijnboutt ruijssenaars hendriks van gameren mastenbroek bv: Bjarne Mastenbroek, with Floor Arons and Michiel Raaphorst
Structure ABT Velp
Building physics DGMR, Arnhem
Photographs Hisao Suzuki and Christian Richters

TWO HOUSES IN BORNEO-SPORENBURG

Location Borneokade (26/40), Amsterdam, The Netherlands
Spatial concept MVRDV and Arno van der Mark
Design-team Winy Maas, Jacob van Rijs and Nathalie de Vries with
Joost Glissenaar, Bart Spee, Alex Brouwer, Frans de Witte
Structure Pieters Bouwtechniek, Haarlem
Building physics DGMR, Arnhem
Photographs Hisao Suzuki

HOUSING SILO IN AMSTERDAM [SILODAM]

Location Westerdoksdijk, Amsterdam, The Netherlands
Competition-team Winy Maas, Jacob van Rijs and Nathalie de Vries with
Tom Mossel, Joost Glissenaar, Alex Brouwer, Ruby van den Munckhof, Joost Kok
Design-team Winy Maas, Jacob van Rijs and Nathalie de Vries with
Frans de Witte, Willem Timmer, Eline Strijkers, Duzan Doepel, Bernd Felsinger
Facilitary Office Office for Achitectural Engineering, Bureau Bouwkunde, Rotterdam
Structure Pieters Bouwtechniek, Haarlem/Delft
Services Cauberg Huygen, Rotterdam
Photographs Hisao Suzuki, Rob't Hart

HAGENEILAND HOUSING YPENBURG

Location Rijswijk, Waterwijk, Ypenburg, The Hague, The Netherlands
Design-team Winy Maas, Jacob van Rijs and Nathalie de Vries with Renske van der Stoep, Bart Spee, Tom Mossel, Frans de Witte, Carolien Ligtenberg
Facilitary Office Office for Achitectural Engineering, Bureau Bouwkunde, Rotterdam
Structure ABT, Delft
Photographs Hisao Suzuki

BALCONY DWELLINGS IN ZOETERMEER

Location The Netherlands
Design Winy Maas, Jacob van Rijs and Nathalie de Vries with Duzan Doepel, Joost Glissenaar, Willem Timmer, Kristina Adsersen
Photographs Hisao Suzuki

COUNTRY ESTATES IN WADDINXVEEN

Location The Netherlands
Design Winy Maas, Jacob van Rijs and Nathalie de Vries with Stefan Witteman, Martin Young, Marco de Francesco, Christelle Gualdi
Photographs Hisao Suzuki

LEIDSCHENVEEN TOWN CENTRE

Location Leidschendam, The Netherlands
Design Winy Maas, Jacob van Rijs and Nathalie de Vries with Tom Mossel, Stefan Witteman, Bernd Felsinger, Marco De Francesco
Model Carolien Ligtenberg, Christelle Gualdi, Martin Young, Kristina Adsersen
Photographs Hisao Suzuki

BUGA 2001+PLANT CITY

Location Postdam, Germany
Design Winy Maas, Jacob van Rijs and Nathalie de Vries with Tom Mossel, Bernd Felsinger, Eline Strijkers, Frans de Witte, Carolien Ligtenberg
in collaboration with Hemprich/Tophof Architekten, Berlin
Katie Tedder, landscape architect, The Hague
Photographs Hisao Suzuki

DUTCH PAVILION FOR THE EXPO 2000

Location Hannover, Germany
Concept-team Winy Maas, Jacob van Rijs and Nathalie de Vries with Philipp Oswalt, Joost Grootens, Christelle Gualdi, Eline Strijkers, Martin Young
Design-team Winy Maas, Jacob van Rijs and Nathalie de Vries with Stefan Witteman, Jaap van Dijk, Christoph Schindler, Kristina Adsersen, Rüdiger Kreiselmayer
Facilitary Office ABT-Bouwkunde, Velp and Office for Achitectural Engineering, Bureau Bouwkunde, Rotterdam
Structure ABT, Velp
Services Technical Managment, Amersfoort
Building physics DGMR, Arnhem and GRBV, Hannover
Gardendesign B+B, Amsterdam
Interior VIP-Room Studio Marcel Wanders, Amsterdam
Photographs Hisao Suzuki, Christian RIchters, Rob't Hart

OFFICE BUILDING IN CALVEEN

Location Calveenselaan, Amersfoort, The Netherlands
Design-team Winy Maas, Jacob van Rijs and Nathalie de Vries with Duzan Doepel, Willem Timmer, Frans de Witte, Christoph Schindler, Eline Strijkers
Services Wichers & Dreef, Badhoevedorp
Structure Pieters Bouwtechniek, Delft
Building physics DGMR, Arnhem
Photographs Hisao Suzuki

UNTERFÖHRING PARK VILLAGE

Location Unterföhring, Munich, Germany
Competition-team Winy Maas, Jacob van Rijs and Nathalie de Vries with Duzan Doepel, Marc Feustel, Marco de Francesco, Yves Malysse, Maiko Nagamine
Design *Masterplan*: MVRDV
Building A,D,E,F,G: MVRDV, Rotterdam
Building B,C,H,I: Lauber architekten, Munich
Design-team Winy Maas, Jacob van Rijs and Nathalie de Vries with Marc Feustel, Sven Thorissen, Dagmar Niecke, Chris Daehne, Antonio Lloveras, Stefan de Konink, Anna Gerlach
Associated architect BGSP + Kraemer Architekten GmbH, Munich
Services ARUP GmbH, Berlin
Structure Ingenieurgemeinschaft Dr. Henke, Lintl, Siebenson & Partner, Munich
Landscape architect Bürger Landschaftsarchitekten Munich
Outdoor furniture Richard Hutten Ontwerpen, Rotterdam with MVRDV
Photographs Hisao Suzuki (model), Hans Engels (work)

FLIGHT FORUM

Location Eindhoven, The Netherlands
Design-team Winy Maas, Jacob van Rijs and Nathalie de Vries with Rene Marey, Andrew Tang, Marnix Vink, Penelope Dean, Fokke Moerel, Carolien Ligtenberg, Bas van Neijenhof, Gabriela Bojalil, Marco de Francesco, Christelle Gualdi, Bouke Kapteyn, Jaap van Dijk, Kristina Adsersen, Kristian Orn Kjartansson, Andreas Pedersen
Landscape design Katie Tedder, Scheveningen
Lighting design DRFTWD, Amsterdam: Arno van der Mark
Photographs Hisao Suzuki

MUSEUM OF PRIMITIVE ARTS QUAI BRANLY

Location Paris, France
Design MVRDV, Rotterdam and PERIPHERIQUES, Paris
Design-team Winy Maas, Jacob van Rijs and Nathalie de Vries with René Marey, Christell Gualdi, Marco DeFrancesco, Kersten Nabielek
PERIPHERIQUES: Louis Paillard, Anne Francoise Jumeau, David Trottin, Emmanulee Trottin and Jacques Moussafir with Stephane Razafindralambo, Anne Chavepayre, Remi Schnebelin, Daniel Graignic-Ramiro
Structure Ove Arup & Partners, London and SETEC, Paris
Services SETEC, Paris
Consultants Ducroux, Paris (costs), Christophe Valtin, Paris (infographics)
Model Vincent de Rijk and Rob Gijsbers, Rotterdam with MVRDV
Photographs Hisao Suzuki

CREDITOS
CREDITS

[LNV] NEW OFFICE OF THE MINISTRY OF AGRICULTURE

Location The Hague, The Netherlands
Design team Winy Maas, Jacob van Rijs and Nathalie de Vries with René Marey, Kersten Nabielek, Yves Malysse, Bart Hollanders, Marco de Francesco, Arthur de Roover, Andrew Tang, Sören Christian Madsen
Structure Ove Arup & Partners
Services Ove Arup & Partners
Building physics DGMR Arnhem, Paul van Bergen
Consultants Office for architectural engineering Bureau Bouwkunde Rotterdam, PKB Amsterdam (costs), Grontmij, De Bilt (ecology)
Photographs Hisao Suzuki

EFFENAAR CULTURAL CENTRE

Location Eindhoven, The Netherlands
Design-team Winy Maas, Jacob van Rijs and Nathalie de Vries with Stefan Witteman, Sandor Naus, Fokke Moerel, Jasper Jägers, Bart Hollanders, Maiko Nagamine, Frank Maat, Niek Janssen, Marjolijn Guldemond, Nieves Mestre
Facilitary Office Office for Achitectural Engineering, Bureau Bouwkunde, Rotterdam
Services Nelissen, Eindhoven
Structure Ove Arup & Partners, Amsterdam
Building physics Dorsser, Eindhoven
Model MVRDV, Rotterdam
Photographs Hisao Suzuki

NATURE ACTIVITY CENTER [NAC]

Location Lelystad, The Netherlands
Design-team Winy Maas, Jacob van Rijs and Nathalie de Vries with Duzan Doepel, Bart Spee, Anet Schurink, Yasutaka Yoshimura, Ulrika Connheim, Pieter Kleinman, Marcus Podehl
Facilitary Office ABT- Bouwkunde, Velp
Structure ABT, Velp
Services Halmos, The Hague
Building physics Rybka, London
Model MVRDV
Photographs Hisao Suzuki

CENTRAL LIBRARY BRABANT

Location Province of NoordBrabant, The Netherlands
Design-team Winy Maas, Jacob van Rijs and Nathalie de Vries with Rene Marey, Kersten Nabielek, Penelope Dean, Marco de Francesco, Duzan Doepel, Arthur de Roover, Arjan Harbers, Marc Joubert, Bart Hollanders, Andrew Tang, Elma van Boxel
Model MVRDV/ Moeders Mooiste/ Papermoon
Photographs Hisao Suzuki

NUAGE D'ART [DOUZE TERRES]

Location Ille Seguin, Paris, France
Design-team Winy Maas, Jacob van Rijs and Nathalie de Vries with Rene Marey, Andrew Tang, Frans de Witte, Kersten Nabielek, Bart Hollanders, Arthur de Roover, Kristian Orn Kjartansson, Dagmar Nieke, Carola Dietrich, Caroline Nagel, Ismael M. Prieto, Fabien Mazenc, Andreas Pedersen, Dan Stubbergaard
Structure Ove Arup & Partners, London
Services Ove Arup & Partners, London, ARUP GmbH, Berlin
Consultants LE FIVE, Paris (costs), PCA, Paris (fire), Christelle Gualdi, (art), Dick Rijken (information)
Graphic design Graphic Language, Rotterdam
Model MVRDV/ Vincent de Rijk
Photographs Hisao Suzuki

SILICONE HILL

Location Stockholm, Sweden
Design-team Winy Maas, Jacob van Rijs and Nathalie de Vries with Rene Marey, Christelle Gualdi, Marco de Francesco, Yves Malysse, Karin Larsson
Associated Architect Lindberg Stenberg Arkitekter AB, Stockholm
Structure Ove Arup & Partners, London
Services Ove Arup & Partners, London
Consultants Rybka, London (climate)

MATSUDAI CULTURAL VILLAGE MUSEUM

Location Matsudai, Niigata-prefecture, Japan
Design MVRDV, Rotterdam with Super-OS, Tokyo
Design-team Winy Maas, Jacob van Rijs and Nathalie de Vries with Yasutaka Yoshimura, Marc Feustel, Arvid Wölfel
SUPER-OS: Yasutaka Yoshimura, Michiyo Kawabe, Hidetaka Yoshimura
Associated Architect CLIP-architects, Tokyo
Structure Masahiro Ikeda Architecture Studio, Tokyo and Sasaki and Partners, Tokyo
Services ES Associates, Tokyo
Coordination Art Front Gallery, Tokyo

BMW EVENT AND DELIVERY CENTRE

Location Munich, Germany
Design-team Winy Maas, Jacob van Rijs and Nathalie de Vries with Marc Feustel, Penelope Dean, Sven Thorissen, Yasutaka Yoshimura, Danijela Pilic, Dagmar Niecke, Carola Dietrich, Vanessa Carlow, Michael Wagner, Fabien Mazenc, Uli Queisser, Antonio Lloveras, Katarzyna Glazewska, Arjan Harbers
Structure Ove Arup & Partners, Amsterdam
Services ARUP GmbH, Berlin

MEDIA GALAXY [EYEBEAN INSTITUTE]

Location New York City, USA
Design team Stage 2 Winy Maas, Jacob van Rijs and Nathalie de Vries with Rene Marey, Andrew Tang, Kersten Nabielek, Frans de Witte, Caroline Nagel, Kristjan Orn Kjartansson
Design team Stage 3 Winy Maas, Jacob van Rijs and Nathalie de Vries with Rene Marey, Andrew Tang, Kersten Nabielek, Bart Hollanders, Jeroen Zuidgeest, Sven Thorissen, Marc Joubert, Anet Schurink, Caroline Nagel, Ismael Miguel, Andreas Pedersen
Associated Architect Garrison Siegel Architects, New York, Robert Siegel
Structure Ove Arup & Partners, London and New York
Services Ove Arup & Partners, London
Consultants Mueser Rutledge Consulting Engineers, (geotech), Ove Arup and Partners, (fire), Pete & Company, (costs)
Model Vincent de Rijk

DONAU CITY [KISSING TOWERS]

Location Vienna, Austria
Design-team Winy Maas, Jacob van Rijs and Nathalie de Vries with Penelope Dean, Marc Feustel, Carola Dietrich, Dagmar Niecke, Kersten Nabielek, Annemarie Ove Schmidt, Dewi Cisek
Structure Ove Arup & Partners, London
Services Ove Arup & Partners, London
Building physics DGMR, Arnhem

FLYING VILLAGE

Location Vienna, Austria
Design-team Winy Maas, Jacob van Rijs and Nathalie de Vries with Penelope Dean, Marc Feustel, Kersten Nabielek, Gwendolyn Kerschbaumer, Yasutaka Yoshimura
Structure Mischek Bau AG, Vienna
Associated architect Arch. Büro LSSS and Frau Arch. Ing. Margarete Cufer, Vienna

QUATTRO VILLAS YPENBURG

Location Rijswijk, Waterwijk, Ypenburg, The Hague, The Netherlands
Design-team Winy Maas, Jacob van Rijs and Nathalie de Vries with Renske van der Stoep, Bart Spee, Tom Mossel
Facilitary Office Office for Achitectural Engineering, Bureau Bouwkunde, Rotterdam
Structure ABT, Delft
Model MVRDV
Photographs Richard A. Stoner

PATIO HOUSES YPENBURG

Location Rijswijk, Waterwijk, Ypenburg, The Hague, The Netherlands
Design-team Winy Maas, Jacob van Rijs and Nathalie de Vries with Renske van der Stoep, Jasper Jägers, Bart Spee, Tom Mossel
Facilitary Office Office for Achitectural Engineering, Bureau Bouwkunde, Rotterdam
Structure ABT, Delft
Building physics DGMR, Arnhem
Photographs Hisao Suzuki

PIER HOUSING IN OEGSTGEEST

Location Oegstgeest, The Netherlands
Design-team Winy Maas, Jacob van Rijs and Nathalie de Vries with Andrew Tang, Frans de Witte, Rene Marey, Anet Schurink, Margarita Salmeron Espinosa, Kersten Nabielek, Fiona Scott, Guus Peters, Caroline Nagel, Kristján Örn Kjartansson, Ismael Miguel
Structure Pieters Bouwtechniek, Delft

HOUSING IN SANCHINARRO

Location Sanchinarro, Madrid, Spain
Design MVRDV, Rotterdam and BLANCA LLEÓ asociados, Madrid
Design-team Winy Maas, Jacob van Rijs and Nathalie de Vries with Ignacio Borrego, Stefan Witteman, Pedro García Martínez, Gabriela Bojalil, Antonio Lloveras, Nieves Mestre, Marjolijn Guldemond, Fabien Mazenc, Dagmar Niecke, Renzo Leeghwater, Florian Jenewein
BLANCA LLEÓ: Blanca Lleó, Ignacio Borrego, Maria Espinosa, Helena Aguilar, Beatriz Fierro, Miguel Tejada, Juan Andrés Antolin, Maria González Campo
Technical architect Enrique Gil, Apartec Colegiados S.L.
Structure Jesús Jiménez, NB35
Services Emilio González, JG & asociados
Photographs Hisao Suzuki

BUURT NE9EN

Location Amsterdam, The Netherlands
Design-team Winy Maas, Jacob van Rijs and Nathalie de Vries with Marc Joubert, Anet Schurink, Jeroen Zuidgeest, Joanna Gasparski, Jaap van Dijk, Gabriella Bojalil, Arjan Harbers
Structure Pieters Bouwtechniek, Delft

BARCODE HOUSE

Location Munich, Germany
Design-team Winy Maas, Jacob van Rijs and Nathalie de Vries with Carola Dietrich, Marc Feustel, Vanessa Carlow, Chris Daehne, Dewi Cisek
Associated Architect Jürke Architekten, Munich
Photographs Hisao Suzuki

VILLA HUNTING

Location The Netherlands
Design-team Winy Maas, Jacob van Rijs and Nathalie de Vries with Rene Marey, Kersten Nabielek, Frans de Witte, Bart Hollanders, Marnix Vink, Bart Hollanders, Thijs Ultee, Guus Peters

MVRDV Dunantstraat 10, 3024 BC Rotterdam, The Netherlands

Special Thanks to:
Ignacio Borrego, Nieves Mestre, Roddy McMahon, Penelope Dean, and the rest of the MVRDV-staff for their help and support with the production of this monograph